W0416608

westermann

Peter J. Schneider, Manfred Zindel, Roland Lötzerich

Check 32

Wirtschaftslehre für Zahnmedizinische Fachangestellte

10. Auflage

Bestellnummer 5755

Die in diesem Produkt gemachten Angaben zu Unternehmen (Namen, Internet- und E-Mail-Adressen, Handelsregistereintragungen, Bankverbindungen, Steuer-, Telefon- und Faxnummern und alle weiteren Angaben) sind i. d. R. fiktiv, d. h., sie stehen in keinem Zusammenhang mit einem real existierenden Unternehmen in der dargestellten oder einer ähnlichen Form. Dies gilt auch für alle Kunden, Lieferanten und sonstigen Geschäftspartner der Unternehmen wie z. B. Kreditinstitute, Versicherungsunternehmen und andere Dienstleistungsunternehmen. Ausschließlich zum Zwecke der Authentizität werden die Namen real existierender Unternehmen und z. B. im Fall von Kreditinstituten auch deren IBANs und BICs verwendet.

Materialien für Lehrerinnen und Lehrer

Lösungen: 978-3-8045-5759-8
Lösungen Download: 978-8045-0219-2

BiBox westermann inkl. E-Book

BiBox für Lehrerinnen und Lehrer (Einzellizenz) 978-3-8045-0230-7
BiBox für Lehrerinnen und Lehrer (Kollegiumslizenz) 978-3-8045-0231-4

Materialien für Schülerinnen und Schüler

BiBox westermann inkl. E-Book

BiBox (Laufzeit 1 Jahr) 978-3-8045-0233-8

westermann GRUPPE

© 2021 Bildungsverlag EINS GmbH, Köln, www.westermann.de

Das Werk und seine Teile sind urheberrechtlich geschützt. Jede Nutzung in anderen als den gesetzlich zugelassenen bzw. vertraglich zugestandenen Fällen bedarf der vorherigen schriftlichen Einwilligung des Verlages. Nähere Informationen zur vertraglich gestatteten Anzahl von Kopien finden Sie auf www.schulbuchkopie.de.

Für Verweise (Links) auf Internet-Adressen gilt folgender Haftungshinweis: Trotz sorgfältiger inhaltlicher Kontrolle wird die Haftung für die Inhalte der externen Seiten ausgeschlossen. Für den Inhalt dieser externen Seiten sind ausschließlich deren Betreiber verantwortlich. Sollten Sie daher auf kostenpflichtige, illegale oder anstößige Inhalte treffen, so bedauern wir dies ausdrücklich und bitten Sie, uns umgehend per E-Mail davon in Kenntnis zu setzen, damit beim Nachdruck der Verweis gelöscht wird.

Druck und Bindung: Westermann Druck GmbH, Braunschweig

ISBN 978-3-8045-5755-0

Vorwort

In der 10. Auflage präsentiert sich das Buch für Zahnmedizinische Fachangestellte in seiner bewährten Form, aber in einem neuen Layout. Es setzt darauf, dass eine Fachkraft in einer Zahnarztpraxis nicht nur gute Fachkenntnisse im zahnmedizinischen Bereich oder im Abrechnungswesen haben muss. Mindestens ebenso wichtig für den Erfolg einer Zahnarztpraxis sind das Auftreten und das Verhalten der Mitarbeiter/-innen im täglichen Umgang mit den Vorgesetzen und vor allem den Patienten. Daher wird den Themen Kommunikation und Umgang mit Patienten in dem Buch ein großer Stellenwert eingeräumt.

Im Mittelpunkt des Buches steht das Praxisteam der Zahnärztin Dr. Andrea Heilmann und ihrer sechs Mitarbeiterinnen, von denen sich zwei in der Ausbildung befinden. Durchlaufen Sie mit diesem Team im Teilbereich Wirtschaftslehre bzw. Praxisorganisation die sieben Lernfelder des Rahmenlehrplans. Erleben Sie dabei Praxissituationen, von denen Ihnen die eine oder andere aus Ihrer eigenen Erfahrung bekannt vorkommen dürfte.

In der 10. Auflage wurde Check 32 in allen Bereichen aktualisiert. So werden nicht nur die aktuellen Sozialversicherungsbeiträge und damit verbunden die aktuellen Lohnabzugsrechnungen, sondern auch die Europäische Krankenversicherungskarte ausführlich dargestellt.

Der Reiz des Buches bestand von Anfang an darin, dass alle Lerneinheiten mit praxisnahen Beispielen und Tipps versehen sind. Gerade die Auseinandersetzung mit Situationsbeschreibungen aus dem Praxisalltag öffnet die Tür zu einem Lernprozess, der Spaß macht.

Dies hoffen wir auch für Sie und wünschen Ihnen viel Freude beim Arbeiten mit Check 32 und schon jetzt den nötigen Erfolg bei den anstehenden Prüfungen.

Ihr Autorenteam
Dezember 2020

Unser Praxisteam:

Dr. Andrea Heilmann Zahnärztin

Corinna Maybaum, Zahnarzthelferin, 29 Jahre, ledig

Carmen Kirsten, Zahnarzthelferin, 33 Jahre, Halbtagsstelle, 3-jähriges Kind, alleinerziehend

Manuela Harris, Zahnarzthelferin, 47 Jahre, Halbtagsstelle nach mehrjähriger Elternzeit

Selma Kasta, auszubildende Zahnmedizinische Fachangestellte, 18 Jahre, im 1. Ausbildungsjahr

Saskia Schultz, Zahnmedizinische Fachangestellte, 28 Jahre, geht bald in Mutterschutz

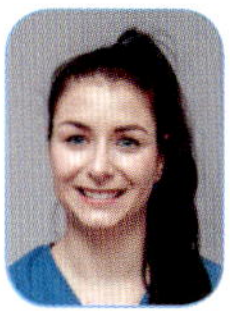
Lucia Fernandez, auszubildende Zahnmedizinische Fachangestellte, 20 Jahre, im 3. Ausbildungsjahr

Die einzelnen Kapitel des Buches bestehen aus folgenden Bausteinen:

Die Kapitel beginnen mit einer Einstiegssituation, die überwiegend aus dem beruflichen Alltag unseres Praxisteams stammt.

Hieran schließen sich Fragen an. Diese sind als Anstoß für eine Weiterbeschäftigung mit der beschriebenen Problemlage zu verstehen.

Hauptteil

Unterstützt durch Bilder, Übersichten und Tabellen können Sie sich im Hauptteil mit allen wichtigen Hintergrundinformationen vertraut machen.

PRAXIS-TIPP

Hinweise zur Bewältigung von Alltagssituationen in der Zahnarztpraxis befinden sich an geeigneter Stelle im Informationsteil.

Arbeitsaufträge

Innerhalb der Lernfelder befinden sich zahlreiche Arbeitsaufträge, die zur Wiederholung und zur Anwendung des Lernstoffes dienen und Ihre Kommunikationsfähigkeit schulen sollen.

→ Dieses Verweissymbol finden Sie im Text, wenn Inhalte an einer anderen Stelle des Lehrwerkverbundes ausführlich behandelt werden.

WWW. Hinweis zu weiteren Informationen im Internet

Lernfeld 1

Im Beruf und Gesundheitswesen orientieren

In diesem Lernfeld reflektieren Sie Ihre Situation in der Praxis mit dem Ziel, teamorientiert zu arbeiten.

Sie kommunizieren im Praxisteam und mit Personen des beruflichen Umfeldes und entwickeln Lösungsstrategien für dabei auftretende Probleme. Tätigkeitsfelder und Funktionsbereiche in der Zahnarztpraxis werden von Ihnen identifiziert, beschrieben und mit Arbeitsabläufen verknüpft. Dabei wird der für das eigene Handeln relevante rechtliche Rahmen einbezogen.

Sie skizzieren die Zahnarztpraxis als wirtschaftliches Dienstleistungsunternehmen des Gesundheitswesens und ordnen sie in das Wirtschaftsgefüge ein.

Zur Vorbeugung möglicher Risiken für Sicherheit und Gesundheit am Arbeitsplatz und zur aktiven Mitgestaltung Ihrer Berufsausbildung und späteren Tätigkeit informieren Sie sich über Unfallverhütungsvorschriften, gesetzliche und vertragliche Regelungen von Ausbildung und Berufstätigkeit sowie soziale und tarifliche Absicherungen. Dazu werten Sie Vertrags- und Regelwerke aus und entwickeln und artikulieren eigene Interessen.

Für die Informationsbeschaffung nutzen Sie aktuelle Medien.

1 Viele Patienten haben Angst davor ...
Die Zahnarztpraxis als Teil des Gesundheitswesens in Deutschland

Lales Wunschberuf

Wie in vielen anderen Ländern der Welt steigen auch in Deutschland die Ausgaben für Gesundheit von Jahr zu Jahr. Wurden nach dem Statistischen Bundesamt im Jahr 1992 im Durchschnitt für jede Bürgerin/jeden Bürger noch 1.980,00 € für Gesundheitsversorgung ausgegeben, stiegen diese Kosten im Jahr 2005 auf 2.975,00 €, im Jahr 2016 auf 4.360,00 € und 2018 auf 4.912,00 €. Das ist der zweithöchste prozentuale Anteil in Europa. Das im internationalen Vergleich hohe Versorgungsniveau in Deutschland, das zu einem großen Teil von den gesetzlichen Krankenkassen getragen wird, wird immer weniger bezahlbar. In Zukunft wird daher ein immer größer werdender Anteil der Kosten von den Patienten selbst aufzubringen sein. Die Bereitschaft dazu ist vorhanden, wie auch eine Umfrage des Bundesverbandes der Arzneimittel-Hersteller bestätigte. Danach sind fast 46 % der deutschen Bevölkerung bereit, mehr Eigenverantwortung im Gesundheitswesen zu übernehmen. Und dies gilt nicht nur für die Gesunderhaltung der Zähne. Was in den Ländern Nordamerikas längst zur gesellschaftlichen Selbstverständlichkeit gehört, entwickelt sich zunehmend auch in Europa: ein ästhetisches Zahnbewusstsein. Immer mehr Menschen investieren auch hierzulande in die Schönheit ihrer Zähne. Dazu gehören unter anderem zahnfarbene Füllungen, Kronen aus Keramik, Veneers, Zahnaufhellung oder die Zahnregulierung im Erwachsenenalter.

Rückentext der Postkarte, die die Praxis Dr. Heilmann regelmäßig an Stammpatienten verschickt:

„ERINNERUNG VORSORGE – Ihr Lächeln ist uns wichtig! Bitte rufen Sie uns an, damit wir für Sie einen neuen Vorsorgetermin reservieren können ... Damit Ihr Lächeln strahlend bleibt!“

Diese Ansprüche werden zu Patienten führen, die zwar bereit sind, selbst zu zahlen, aber auch mit einer hohen Erwartungshaltung an Qualität, Innovation und Service in die Zahnarztpraxis kommen. Diesen Herausforderungen müssen sich die ca. 41 000 Zahnarztpraxen (von denen sich immer mehr zusammenschließen) und die ca. 7 800 Dentallabors stellen.

Wie ist das Gesundheitswesen in Deutschland aufgebaut?

1.1 Unser Gesundheitswesen

Unter dem Gesundheitswesen verstehen wir alle Einrichtungen, deren Ziel die Vorbeugung von Erkrankungen (Prophylaxe, Prävention), deren Erkennung (Diagnostik) sowie deren Behandlung (Therapie) ist.

1.1.1 Aufgaben und Aufbau des Gesundheitswesens

Folgende Aufgaben werden vom öffentlichen Gesundheitswesen, der ambulanten Versorgung in den Arzt- und Zahnarztpraxen, dem Krankenhauswesen und den Apotheken wahrgenommen:

- **Gesundheitsschutz**
  Allgemeine Hygiene, Schutz vor Erkrankungen, Unfallverhütung, Seuchenbekämpfung, Überwachung der Pharmaindustrie, Apotheken usw., Arbeits- und Betriebsmedizin, Überwachung der Gesundheitseinrichtungen

- **Gesundheitspflege**
  Bewahrung der Bevölkerung vor gesundheitsschädlichem Handeln durch
  - **primäre Prävention:** durch „unspezifische Maßnahmen" (fördern die Gesundheit und verhüten von Krankheiten durch gute Ernährung, sauberes Wasser, adäquate Kleidung und Wohnung, Umweltschutzmaßnahmen, Hygienemaßnahmen) und „spezifische Maßnahmen" (Impfungen, Rauchverbote, Verbote für Alkoholwerbung usw.)
  - **sekundäre Prävention:** Krankheitsfrüherkennung durch Filter- und Vorsorgeuntersuchungen
  - **tertiäre Prävention:** Sie soll bei eingetretener Krankheit ein Fortschreiten bzw. eine Rezidivbildung verhüten. Die tertiäre Prävention fällt in den Bereich der Rehabilitation und der kurativen Medizin.

- **kurative Medizin**
  Maßnahmen zur Wiederherstellung der Gesundheit

Unser Gesundheitswesen gliedert sich in drei Bereiche:

Öffentlicher Gesundheitsdienst	Ambulante Versorgung	Stationäre Versorgung
Das sind Einrichtungen der Kommunen, Kreise, Länder und des Bundes, z. B. die Gesundheitsämter, der medizinische Dienst der Versorgungsämter, Bundeswehrkliniken, der schul-zahnärztliche Dienst. Sie sind für die gesundheitliche Aufklärung der Bevölkerung zuständig.	Sie erfolgt vor allem in den Praxen der niedergelassenen Ärzte und Zahnärzte. Aber auch in den Krankenhäusern werden zunehmend kleinere Eingriffe ambulant durchgeführt. Die Patienten werden nach erfolgtem Eingriff nach Hause entlassen. Zahlreiche zahnklinische Leistungen erfolgen ambulant.	Sie ist die typische Versorgung in Allgemeinkrankenhäusern, Spezial-, Schwerpunkt- und auch Zahnkliniken. Hierzu gehören auch Rehabilitationsmaßnahmen sowie die Behandlung chronisch kranker Personen.

1.1.2 Öffentliches Gesundheitswesen

Es umfasst alle Einrichtungen des öffentlichen Dienstes, die den Gesundheitsstand der Bevölkerung feststellen (ermitteln), ihn überwachen, fördern und Gefahren für diesen Gesundheitsstand erkennen und bekämpfen. Dies geschieht auf internationaler sowie nationaler Ebene.

In der Weltgesundheitsorganisation **„WHO" (World Health Organization)** sind über 150 Länder organisiert. Sie ist eine Unterbehörde der UN (Vereinte Nationen) und hat folgende Aufgaben: medizinische Forschung, Seuchenbekämpfung, Kontrolle und Standardisierung von Heilmitteln sowie eine Zusammenarbeit und Aus- und Weiterbildung der Menschen im Gesundheitswesen, um eine bestmögliche gesundheitliche Versorgung möglichst aller Völker zu erreichen.

Die **oberste Gesundheitsbehörde** in Deutschland ist das Bundesministerium für Gesundheit. Es ist zuständig für

- die gesetzliche Krankenversicherung,
- die Studien- und Approbationsordnungen für Zahnärzte und Ärzte,
- das Bundesseuchen-, Medizinproduktegesetz und andere gesetzliche Regelungen,
- das Gesetz zur Ausübung der Zahnheilkunde,
- die Gebührenordnungen für Zahnärzte (GOZ) und für Ärzte (GOÄ)

usw.

www.bmg.bund.de

Das **Bundesinstitut für Arzneimittel und Medizinprodukte (BfArM)** ist eine selbstständige Bundesoberbehörde im Geschäftsbereich des Bundesministeriums für Gesundheit mit folgenden Hauptaufgaben:

- Zulassung und Registrierung von Arzneimitteln: Dabei wird der Nachweis der Wirksamkeit, der Unbedenklichkeit und der angemessenen pharmazeutischen Qualität geprüft.
- Sammlung und Auswertung von Berichten zu unerwünschten Arzneimittelwirkungen und Treffen von Maßnahmen zur Risikominimierung.
- Erlaubnisse zur Teilnahme am legalen Verkehr mit Betäubungsmitteln und Grundstoffen.
- Beratung von Regierung und Parlamenten (Bundestag und EU).

Beim BfArM müssen auch besondere Vorkommnisse bei der Anwendung von Medizinprodukten gemeldet werden.

www.bfarm.de

Noch zwei weitere Bundesministerien haben Einwirkungen auf das Gesundheitswesen:

- Das Bundesministerium für Arbeit und Soziales (BMAS) ist zuständig für die gesetzliche Sozialversicherung (außer Krankenversicherung), Jugendarbeitsschutz, Mutterschutz, Kündigungsschutz und andere Arbeitsschutzgesetze.

www.bmas.de

- Das Bundesministerium für Umwelt, Naturschutz und nukleare Sicherheit ist u. a. zuständig für die Reinheit unseres Trinkwassers, die Entsorgung oder das Recycling von Sondermüll wie z. B. Amalgam.

www.bmu.de

Paul-Ehrlich-Institut (Bundesinstitut für Impfstoffe und biomedizinische Arzneimittel): Es prüft, überwacht und spricht Zulassungen von Sera und Impfstoffen aus. Auf der Homepage können sich sowohl Bürger/-innen als auch die Ärzte- und Apothekerschaft informieren.

www.pei.de

Robert Koch-Institut (Bundesinstitut für Infektionskrankheiten und nicht übertragbare Krankheiten, RKI): Die Kernaufgaben des RKI sind die Erkennung, Verhütung und Bekämpfung von Krankheiten, insbesondere Infektionskrankheiten.

www.rki.de

Bundeszentrale für gesundheitliche Aufklärung (BZgA): Die BZgA hat das Ziel, die Bereitschaft der Bürger/-innen zu einem verantwortungsbewussten, gesundheitsgerechten Verhalten und zur sachgerechten Nutzung des Gesundheitssystems zu fördern. Sie führt bundesweite Aufklärungskampagnen durch und stärkt durch Qualitätssicherungsmaßnahmen die Wirksamkeit der gesundheitlichen Aufklärung.

www.bzga.de

Auf Länderebene sind die **Innenministerien oder die Ministerien für Arbeit und Gesundheit** (oder so ähnlich, je nach Bundesland verschieden) zuständig. Sie führen die Maßnahmen aus den Bundesgesetzen durch, beaufsichtigen das Krankenhauswesen, Apotheken, Gesundheitsämter u.a. und sind zuständig für Prüfungen bestimmter Berufe im Gesundheitswesen wie Krankengymnasten, Krankenpfleger, Krankenschwestern, Physiotherapeuten usw.

Daneben gibt es auf Landesebene die Landeskrankenhäuser sowie die **medizinischen und chemischen Landesuntersuchungsämter**. Erstere führen bakteriologische und virologische, parasitologische, serologische und mykologische Untersuchungen durch. Letztere untersuchen Lebensmittel, Trink- und Brauchwasser, Pflanzenschutzmittel usw.

Die **Gewerbeaufsichtsämter** sind bei der Bekämpfung von Berufskrankheiten, beim Unfallschutz, technischen Arbeitsschutz und Schutz der Anwohner vor gesundheitsschädigenden Einwirkungen durch Betriebe usw. zuständig. Letztlich gibt es noch die **Tierärztlichen Untersuchungsämter**.

In den jeweiligen **Landkreisen oder kreisfreien Städten** nehmen die Gesundheitsämter die verschiedensten Aufgaben wahr. Die wichtigsten sind:

- **amtsärztliche Zeugnisse und Gutachten**
  (z.B. Arbeitsunfähigkeit, Einstellungsuntersuchungen, Pensionierungen usw.)
- **Aufsicht und Kontrolle über das Gesundheitswesen**
  - z.B. über Krankenhäuser, Alten- und Pflegeheime, über medizinische Berufe (Personenkartei der Zahnärzte und Ärzte sowie deren Helfer/-innen, Krankenpfleger/-innen) usw.
  - über Apotheken und das Betäubungsmittelgesetz
  - über meldepflichtige Krankheiten (Bundesseuchengesetz, Desinfektionen)
- **Untersuchungen und Gesundheitsberatungen** wie Impfungen, Mütterberatungen, Schüleruntersuchungen (Schulzahnarzt), Präventionen, Betreuung Suchtkranker usw.

1.1.3 Krankenhauswesen

Wenn man nicht mehr ausreichend in Praxen versorgt werden kann, wird man in einem Krankenhaus stationär oder auch ambulant versorgt. Dies ist in folgenden Krankenhäusern möglich:

- **Allgemeine Krankenhäuser:** Grund- und Regelversorgung
- **Fachkrankenhäuser:** Sie versorgen Patienten in einer bestimmten Fachrichtung (z.B. Zahn-, Kinder-, Augenklinik).
- **Sonderkrankenhäuser:** z.B. Psychiatrisches Landeskrankenhaus, Bundeswehrkrankenhaus, Reha-Kliniken, Uni-Kliniken
- **Belegkrankenhäuser:** Ein Belegarzt hat eine eigene Praxis und belegt daneben auch noch Betten in einem Krankenhaus. Den von ihm dort betreuten Patienten berechnet er seine ärztlichen Leistungen (Kasse oder Privat). Das Krankenhaus berechnet dann den um die Arztkosten gekürzten Pflegesatz zusätzlich.

Krankenhausträger können sein:

- öffentliche Träger (Land, Kreis, Stadt, Rentenversicherungsanstalt, Berufsgenossenschaft),
- freie gemeinnützige Träger (Kirchen, Caritas, Rotes Kreuz),
- private Träger (Unternehmungen, wie z.B. Rhön-Klinikum AG, Asklepios Kliniken usw.).

Finanzierung
Zwischen den Krankenhäusern und den Krankenkassen werden Pflegesätze ausgehandelt. Diese werden dann (inkl. ärztlicher Versorgung) berechnet. Privatpatienten müssen bei der Wahl des Arztes noch dessen Liquidation bezahlen. Immer mehr Krankenhäuser berechnen ihre Leistungen nach diagnoseorientierten Fallpauschalen (DRGs). Hierbei entfällt der Reiz, Patienten länger im Krankenhaus zu behalten, als es notwendig wäre.

1.1.4 Zahnmedizinisch-zahntechnische Versorgung

Ein Teil dieses Gesundheitswesens ist die zahnmedizinisch-zahntechnische Versorgung. Diese findet überwiegend in allgemeinen Zahnarztpraxen statt. Behandelt werden die Patienten aber auch in Kliniken für Mund-, Zahn- und Kieferkrankheiten, Krankenhaus-ZMK-Abteilungen und Spezialpraxen, wie oralchirurgische und kieferorthopädische Praxen, sowie in Bundeswehrkrankenhäusern und -zahnstationen.

Voraussetzung zur Ausübung einer Zahnarztpraxis ist der erfolgreiche Abschluss eines Zahnmedizinstudiums an einer Hochschule und eine anschließende Anerkennung durch das zuständige Regierungspräsidium (= Approbation). Der Doktortitel kann durch eine Dissertation erworben werden, ist aber nicht zwingend notwendig.

Die Kassenzulassung kann erst nach einer zweijährigen Assistenzzeit beantragt werden.
Die privaten Zahnarztpraxen werden von einzelnen oder mehreren Zahnärzten geführt. Diese sind als Freiberufler private Unternehmer/-innen, die in unserer Marktwirtschaft allen Erfolgsmöglichkeiten, aber auch Risiken ausgesetzt sind.

1.2 Kooperationsformen bei Zahnärzten

Die Dienstleistung von niedergelassenen Zahnärzten gibt es neben der Einzelpraxis auch als Zusammenarbeit mit Berufskolleginnen/-kollegen:

Praxisgemeinschaft
Mehrere Zahnärzte arbeiten räumlich zusammen, bleiben aber rechtlich selbstständige Partner. Gemeinsam genutzt werden nur die Räume und das vorhandene Inventar, außerdem wird das Personal gemeinsam beschäftigt. Eine solche Form der Zusammenarbeit kann man auch als „Kostengemeinschaft“ bezeichnen.

Berufsausübungsgemeinschaft (BAG)
Hier schließen sich mehrere Zahnärzte zu einer wirtschaftlichen Abrechnungsgemeinschaft zusammen, geben also ihre Eigenständigkeit auf. Früher bezeichnete man diese Kooperation als Gemeinschaftspraxis. Neben einer örtlichen BAG gibt es auch die überörtliche Berufsausübungsgemeinschaft, d. h., es können auch Zweigpraxen an unterschiedlichen Vertragsarztsitzen betrieben werden.

Eine gemeinsame Berufsausübung setzt die auf Dauer angelegte berufliche Kooperation selbstständiger, freiberuflich tätiger Zahnärzte voraus. Erforderlich ist hierfür eine Beteiligung aller Mitglieder der Berufsausübungsgemeinschaft an deren unternehmerischem Risiko und Teilhabe an unternehmerischen Entscheidungen sowie eine gemeinschaftliche Gewinnerzielungsabsicht. Die Abrechnung vertragszahnärztlicher Leistungen einer BAG erfolgt unter einer Abrechnungsnummer und ist über einen Datensatz einzureichen.

1.3 Berufsorganisationen der Zahnärzte

Die Interessen der Zahnärzte in Deutschland werden von verschiedenen Einrichtungen vertreten. In „freien Verbänden" ist die Mitgliedschaft freiwillig. Außerdem müssen alle Zahnärzte als Pflichtmitglieder in der Zahnärztekammer sein. Kassenärzte sind daneben auch noch Mitglied der Kassenärztlichen Bundesvereinigung. Die beiden Letzteren sind Körperschaften des öffentlichen Rechts.

1.3.1 Landeszahnärzte-/ Bundeszahnärztekammer

Um die zahlreichen Aufgaben, die in unabhängig von der jeweiligen Größe und Struktur grundsätzlich von jeder einzelnen Zahnarztpraxis zu erledigen oder umzusetzen sind, gibt es **17 Landeszahnärztekammern (LZK)**.

Nordrhein-Westfalen ist dabei das einzige Bundesland mit zwei Kammerbezirken (Zahnärztekammer Westfalen-Lippe und Zahnärztekammer Nordrhein). In Baden-Württemberg bestehen vier Bezirkszahnärztekammern unter dem Dach der Landeszahnärztekammer BaWü, in Rheinland-Pfalz gibt es drei Bezirkszahnärztekammern unter der Landeszahnärztekammer und in Bayern gibt es acht Zahnärztliche Bezirksverbände unter dem Dach der Landeszahnärztekammer.

Die Landeszahnärztekammern sind Körperschaften des öffentlichen Rechts. Alle in dem jeweiligen Bundesland praktizierenden **Zahnärzte sind** als **Pflichtmitglieder** eingetragen.

Die Kammern nehmen auf der Grundlage der ihnen übertragenen Aufgaben eigenverantwortlich wahr. Die Einzelheiten lassen sich aus den Heilberufe-Kammergesetzen der Länder ableiten. Zu den Kernaufgaben gehören schwerpunktmäßig:

- die Überwachung und **Qualitätssicherung der Arbeit der Zahnärzte** in ihrem Gebiet
- der Erlass von **Satzungen**
- die Einrichtung von Ethikkommissionen und **Schlichtungsstellen**
- die Organisation und Förderung von **Weiterbildungsmaßnahmen** für ihre Mitglieder
- die Organisation der **Ausbildung der zahnmedizinischen Fachangestellten**

Das jeweils zuständige Landesministerium übt die Rechtsaufsicht über die Landeszahnärztekammer des jeweiligen Bundeslandes aus.

Die Landeszahnärztekammern haben sich in der Arbeitsgemeinschaft der Deutschen Zahnärztekammern bzw. der „Bundeszahnärztekammer" **(BZÄK)** zusammengeschlossen. Diese ist rechtlich als ein eingetragener Verein tätig.

BUNDESZAHNÄRZTEKAMMER

Im Einzelnen gehören zu den **Aufgaben der Bundeszahnärztekammer**

- die Vertretung des zahnärztlichen Berufsstandes gegenüber der Politik, den Medien und der Öffentlichkeit
- das Hinwirken auf die Schaffung von Rahmenbedingungen zur Erbringung und Anerkennung zahnmedizinischer Leistungen
- die Koordinierung und Durchführung übergreifender Aufgaben der Verbandsmitglieder
- die Weiterentwicklung der zahnärztlichen Aus-, Fort- und Weiterbildung on Zusammenarbeit mit zahnärztlich-wissenschaftlichen Organisationen
- die Vertretung der Interessen der Zahnärzteschaft auf europäischer und internationaler Ebene
- eine gezielten Öffentlichkeitsarbeit im Interesse der Zahnärzte und Patienten

PRAXIS-TIPP

Wenn Sie genauere oder aktuellere Informationen benötigen oder gerne haben möchten, schauen Sie am besten einfach auf die Homepage der jeweiligen (für Sie zuständigen) Landesärztekammer

1.3.2 Die Kassenzahnärztliche Bundesvereinigung (KZBV)

Die Aufgaben der Kassenzahnärztlichen Bundesvereinigung wie auch ihrer Mitgliedsorganisationen, der Kassenzahnärztlichen Vereinigungen der Länder, resultieren aus den gesetzlichen Aufträgen im vierten Kapitel des Sozialgesetzbuches V (SGB).

Die KZBV ist eine Körperschaft des öffentlichen Rechts. Sie vertritt die Interessen der Vertragszahnärzte („Kassenzahnärzte") Deutschlands. Die wichtigste Aufgabe der KZBV wie auch der Kassenzahnärztlichen Vereinigungen der Länder ist die Sicherstellung der vertragszahnärztlichen Versorgung. Das heißt: In verbindlichen Verträgen mit den gesetzlichen Krankenkassen werden die Rechte und Pflichten der Vertragszahnärzte festgelegt, aufgrund derer die zahnärztliche Behandlung einschließlich der Versorgung mit Zahnersatz und kieferorthopädischer Maßnahmen der gesetzlich Versicherten und ihrer Angehörigen durchzuführen ist.

Im Einzelnen gehört zum Aufgabengebiet der KZBV:

- die Wahrung der Rechte der Zahnärzte gegenüber den Krankenkassen;
- die Wahrung der Interessen gegenüber der Aufsichtsbehörde und dem Gesetzgeber;
- die Sicherstellung (Gewährleistung) der vertragszahnärztlichen Versorgung entsprechend den gesetzlichen und vertraglichen Bestimmungen;
- die Sicherung angemessener Vergütung für die Vertragszahnärzte;
- die Vereinbarung von Bundesmantelverträgen;
- die Regelung der länderübergreifenden Durchführung der zahnärztlichen Versorgung und des Zahlungsausgleichs zwischen den Kassenzahnärztlichen Vereinigungen der Länder.

Die Kassenzahnärztliche Bundesvereinigung untersteht der Aufsicht des Bundesgesundheitsministeriums. Sie ist in 17 regionale bzw. Landesverbände unterteilt.

www.kzbv.de

Empfehlenswert ist auch der Besuch der Seite von www.zm-online.de.

Weitere Organisationen:

Organisation	Link
Berufsverband der Deutschen Kieferorthopäden	www.bdk-online.org
Freier Verband Deutscher Zahnärzte e. V.	www.fvdz.de
Deutscher Arbeitskreis für Zahnheilkunde	https://daz-forum.org/

1.3.3 Verband medizinischer Fachberufe e. V.

- Zahnarzthelfer-/innen und Zahnmedizinische Fachangestellte (ZFA) können sich im Verband medizinischer Fachberufe e. V. (VMF) organisieren.

Der Verband medizinischer Fachberufe e. V. vertritt und unterstützt die Zahnmedizinischen Fachangestellten besonders in folgenden Schwerpunkten:

- Er tritt für die gesellschaftliche Anerkennung der Zahnmedizinischen, Medizinischen und Tiermedizinischen Fachangestellten und die Sicherung der qualifizierten Arbeitsplätze ein und handelt angemessene Tarifverträge aus.
- Er engagiert sich für die zeitgerechte Ausbildung in diesen Berufen und bietet ein eigenes umfangreiches Fort- und Weiterbildungsprogramm an.
- Er berät und vertritt seine Mitglieder in Fragen des Arbeitsrechts.
- Er bietet für die Kolleginnen und Kollegen ein bundesweites Netzwerk, das es ihnen direkt vor Ort ermöglicht, ihre beruflichen Probleme mit Gleichgesinnten zu diskutieren und sich über Entwicklungen zu informieren.

Der Verband medizinischer Fachberufe e. V. ist in vier Landesverbände mit insgesamt ca. 120 Bezirksstellen aufgeteilt. Als unabhängige Gewerkschaft ist er keiner Dachorganisation untergeordnet.

Die Mitgliedschaft ist freiwillig und kostet einen relativ geringen Monatsbeitrag. Mitglieder erhalten das alle zwei Monate erscheinende Verbandsorgan „praxisnah“ mit vielen wertvollen Informationen. Mitglieder sind zudem in Prüfungsausschüssen regionaler Zahnärztekammern und in Berufsbildungsausschüssen vertreten. Es gibt zahlreiche Bezirksstellen, in denen die Mitglieder mit ihren Anliegen betreut werden.

Anschrift: Verband medizinischer Fachberufe e. V. Gesundheitscampus-Süd 33, 44801 Bochum

WWW. *www.vmf-online.de*

Zahnmedizinische Fachangestellte können sich aber auch in der Gewerkschaft ver.di organisieren, die dem Deutschen Gewerkschaftsbund (DGB) angegliedert ist.

WWW. *www.verdi.de*

PRAXIS-TIPP

Wertvolle Tipps im Internet finden Sie auch auf folgenden Seiten:

www.dgzmk.de
- Deutsche Gesellschaft für Zahn-, Mund- und Kieferheilkunde

www.praxisfit.de
- Alle Infos rund um den Beruf der Zahnmedizinischen Fachangestellten, Fachausdrücke usw.

Arbeitsaufträge

1. Erläutern Sie den Unterschied zwischen den Organisationsformen einer Zahnarztpraxis als
   - Einzelpraxis
   - Praxisgemeinschaft und einer
   - Berufsausübungsgemeinschaft

2. Alle zahnärztlichen Praxisinhaber sind auch Mitglied der jeweiligen Landeszahnärztekammer und werden damit einhergehend auch von der Bundeszahnärztekammer „vertreten".

   Beschreiben Sie die Aufgaben, die von den diesen beiden Institutionen wahrgenommen werden.

2 Dienstleistungs- oder Wirtschaftsbetrieb?
Die Zahnarztpraxis im Wirtschaftsgefüge

Ein ganz normaler Tag in der Praxis von Frau Dr. Heilmann

08:30

In einer halben Stunde öffnet die Praxis. Doch zuvor wird im Praxisteam der Tagesablauf geklärt. Im Terminbuch und in der Patientenkartei ist alles genau festgehalten.

09:15

Die erste Patientin kommt.
Alle wichtigen Daten werden geklärt.

09:30

Schon nach kurzer Zeit kann die Patientin ins Behandlungszimmer gehen.
Lange Wartezeiten gehören dank genauer Terminabsprache der Vergangenheit an. Im Behandlungszimmer legen die Zahnmedizinischen Fachangestellten die Instrumente bereit. Während der Behandlung müssen sie immer genau wissen, welche Hilfsmittel die Zahnärztin gerade braucht.

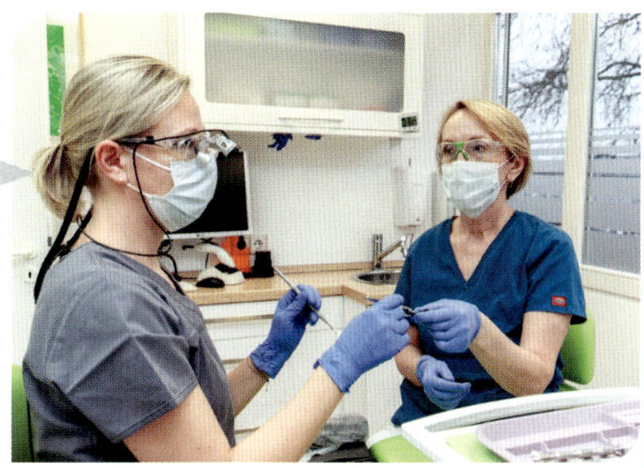

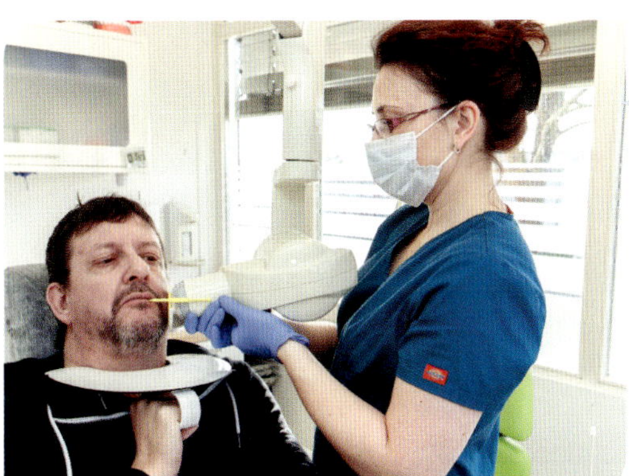

10:30

Vor der nächsten Behandlung ist eine Röntgenaufnahme nötig. Natürlich kennen sich die Zahnmedizinischen Fachangestellten am Röntgengerät perfekt aus.

Eine Füllung wird vorbereitet – bei den Materialien haben sie den notwendigen Überblick.

11:15

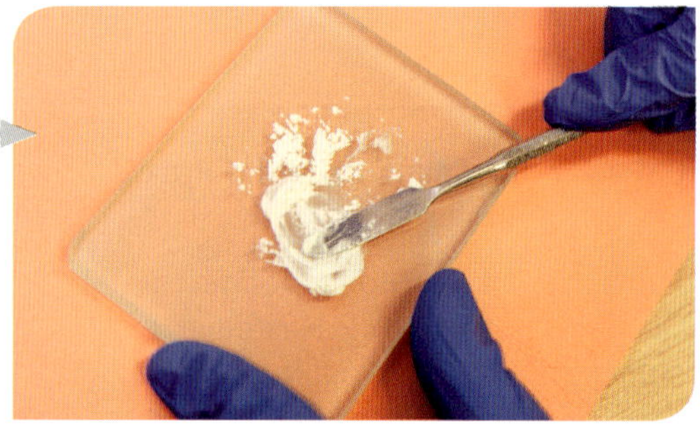

Teamwork ist Trumpf. Gespräche unter Kolleginnen sorgen für ein prima Klima.

12:00

In der Praxis muss alles 100-prozentig hygienisch sein. Die Zahnmedizinischen Fachangestellten sorgen dafür, dass Keime keine Chance haben.

13:00

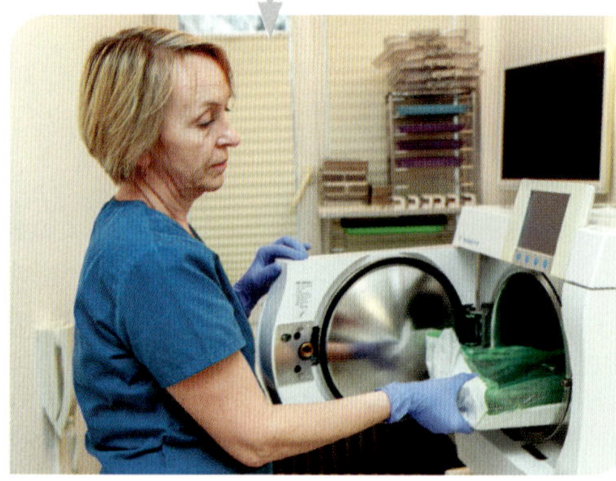

Eine Gruppe Kinder ist in die Praxis gekommen: Jetzt sind pädagogische Fähigkeiten und Prophylaxe-Know-how gefragt.

15:00

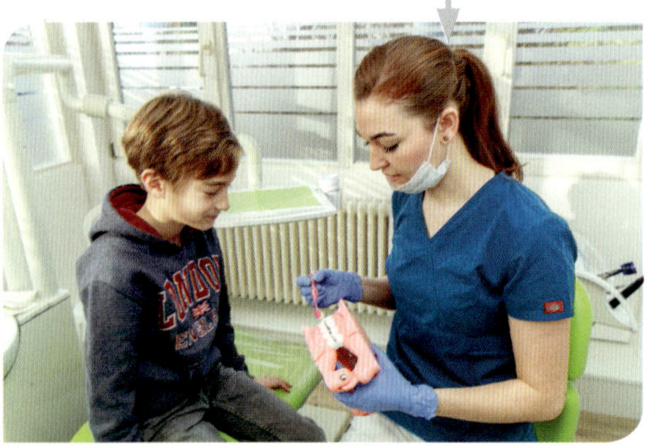

Zeit für ein wenig Verwaltung: Die Datei muss immer auf dem neuesten Stand gehalten werden. Und auch Abrechnungsarbeiten wickeln Zahnmedizinische Fachangestellte routiniert über die Praxis-EDV ab.

16:00

Wie sind Zahnarztpraxen strukturiert?
Welche Konflikte entstehen durch die Aufgaben, einerseits zum Wohle der Patienten da zu sein, andererseits aber eine wirtschaftlich erfolgreiche Praxis zu führen?

2.1 Zielkonflikte in einer Zahnarztpraxis

2.1.1 Ziele einer Zahnarztpraxis

Im „Gesetz über die Ausübung der Zahnheilkunde" heißt es in § 1 Abs. 4: „Die Ausübung der Zahnheilkunde ist kein Gewerbe."

Der Zahnarzt gehört daher zu den freien Berufen. Wenn dieser Beruf in selbstständigen Praxen ausgeübt wird, sind deren Eigentümer Unternehmer, d. h. Wirtschaftsbetriebe, die nach betriebswirtschaftlichen Gesichtspunkten geführt werden müssen. Daraus lassen sich zwei zentrale Ziele der Zahnarztpraxen ableiten:

INFO 1 Erstes Ziel: das Wohl der Patienten

Die Zahnarztpraxis ist ein Dienstleistungsunternehmen, in dessen Mittelpunkt die Patienten stehen. Diagnostik, Therapie, Prophylaxe und Beratung zur Erhaltung oder Wiederherstellung der Gesundheit stehen im Vordergrund.

INFO 2 Zweites Ziel: betriebswirtschaftlicher Erfolg

Praxen müssen nach betriebswirtschaftlichen Zielen geführt werden, denn sie

- sollen die Einkommen und Arbeitsplätze der Zahnärzte und des gesamten Praxisteams sichern,
- sind aus gesamtwirtschaftlicher Sicht auch Investitionsobjekte, die Steuern zahlen, Pachtbeträge und Ausgaben für Investitionen, Leasinggebühren usw. verdienen müssen,
- sind auf Gewinnerzielung ausgerichtet.

So sind nicht nur die ärztlichen, sondern auch die betriebswirtschaftlichen Qualitäten eines Praxisteams notwendig, um die Praxis wettbewerbsfähig zu erhalten. Dabei stehen wirtschaftlicher und medizinischer Erfolg durchaus in einem Zusammenhang. Der Ruf einer Praxis wird sicherlich bestimmt von der zahnärztlichen Leistungsfähigkeit. Außerdem wird er aber auch vom gesamten Erscheinungsbild und Geschehen in der Praxis mit beeinflusst.

Die Praxisdichte, die freie Zahnarztwahl und mehr Wettbewerb der Praxen sowie die vermehrten Kostensenkungen im Gesundheitswesen können zu Einnahmerückgängen führen.

2.1.2 Konflikte in einer Zahnarztpraxis

Gleichzeitig müssen die Kosten für Praxis, Löhne usw. gehalten oder gesenkt werden. Daraus können immer wieder Zielkonflikte entstehen, die von den Zahnärzten und ihren Praxisteams gelöst werden müssen.

INFO 1 Konflikt Nr. 1

Zeitaufwand kontra „Produktivität"

Zahnärzte sind mehr als reine „Bohrer". Oft sind es gar nicht so sehr die medizinischen Diagnosen und die sich anschließende Therapie, die eine Heilung oder Besserung versprechen, sondern es sind eher psychische Probleme, die ein Arzt erkennen muss und auf die er eingehen sollte. Das Gespräch mit Mutter und Kind, das dem Abbauen der Ängste dient, dauert oft viel länger als die eigentliche Behandlung und kann nicht abgerechnet werden. Der Zahnarzt, der einerseits nur den Zeitaufwand für die Extraktion eines Milchzahnes erstattet bekommt, hat unter Umständen viel länger damit zu tun, zusammen mit seinen Zahnmedizinischen Fachangestellten das Kind dazu zu bewegen, dass es sich überhaupt auf den Stuhl setzt. Und das Spielzeug, das zur Ablenkung bereitgehalten wird, zahlt die Kasse auch nicht [...].

INFO 2 Konflikt Nr. 2

Individuelle Behandlung kontra Wartezeit
Selbst die beste Terminplanung nutzt nichts, wenn die Patienten nicht „mitspielen". So muss der Terminplan einerseits möglichst lückenlos gefüllt sein, um „Leerläufe" zu vermeiden, andererseits sind aber nicht alle Behandlungszeiten exakt planbar. Zum einen müssen der Zahnarzt und sein Praxisteam bemüht sein, die Wartezeiten zu minimieren, zum anderen sollen sie aber auch freundlich gegenüber den Patienten sein, die ihren Termin nicht eingehalten haben, aber trotzdem noch behandelt werden wollen.

INFO 3 Konflikt Nr. 3

Privatpatienten kontra Kassenpatienten
Sind Privatpatienten nun etwas Besonderes oder nicht? Einerseits sind Schmerzen unabhängig von der Brieftasche, andererseits kann man sich wahrscheinlich auch nicht ganz davon freimachen, denjenigen, bei denen man mehr oder höher abrechnen kann, auch einen gewissen Vorzug einzuräumen, denn oftmals sichern die Privatpatienten den wirtschaftlichen Erfolg der Praxen. Außerdem sind sich viele Privatpatienten auch dessen bewusst und treten entsprechend fordernd auf. Sollen nun alle Patienten bei der Terminvergabe gleich behandelt werden oder wird der Privatpatient „mal eben am Wartezimmer vorbeigeschleust", weil er es ja eilig hat und die Rentner oder Mütter im Wartezimmer zwar auch quengeln, aber doch mehr Zeit haben ...?

INFO 4 Konflikt Nr. 4

Kostensenkung kontra „Praxisservice"
Die Reduzierung der Kassenbudgets und der steigende Wettbewerbsdruck zwingen Praxen zu einem wirtschaftlichen Verhalten. Dies bedeutet einerseits, Kosten zu sparen und zu rationalisieren, andererseits sind damit aber auch hohe Investitionskosten verbunden. Eine moderne Zahnarztpraxis ist teurer als eine alte Praxis, die patientenfreundliche Gestaltung von Warte- und Behandlungszimmer kostet Geld, das erst erwirtschaftet werden muss. Letztlich gehören dazu auch die Personalkosten. Wird die Zahl der Mitarbeiter/-innen auf das absolute Minimum reduziert oder auch an den notwendigen Fortbildungsmaßnahmen gespart, wirkt sich das negativ auf den gesamten Praxisbetrieb aus.

2.2 Praxismarketing – ein Instrument zur Zielerreichung?

Immer mehr Experten raten den Zahnärzten, sich vermehrt auf die Einnahmeseite, d.h. auf die Patienten, zu besinnen. Zukunft gestalten würde dann bedeuten, die Stärken einer Praxis herauszuheben und den Patienten in den Mittelpunkt der Praxis zu stellen. Denn die Patienten sind die „Könige" – sie bestimmen letztendlich die Einkommen der Zahnärzte und den Bestand der Arbeitsplätze des Praxisteams. In diesem Sinne wird Praxismarketing immer wichtiger.

Doch was kann man machen?
„Weil es nicht nur darauf ankommt, wie gut die Leistungen einer Praxis sind, sondern vor allem, für wie gut die Patienten diese halten."

Eine gut gehende Praxis bedeutet sichere Arbeitsplätze für die Mitglieder des Praxisteams. Daher machen sich bewusst denkende Zahnmedizinische Fachangestellte auch laufend Gedanken über ihre Praxis. Sie überlegen sich Verbesserungsvorschläge für ein erfolgreiches Praxismarketing und arbeiten zielgerichtet bei der Vorstellung und dem Verkauf von IGeL-Leistungen mit (siehe S. 106).

Mögliche neue Patienten auf die Praxis aufmerksam zu machen, ehemalige Patienten wieder an die Praxis zu erinnern oder aktuelle Patienten langfristig an die Praxis zu binden, sind die Ziele eines erfolgreichen Praxisteams. Dabei stehen oft die Privatpatienten im Vordergrund. Aber auch die Kassenpatienten können als „Stammkunden" erhalten bleiben oder Praxen wechseln. Der Erfolg hängt dabei von der Qualität der von einer Praxis angebotenen Leistungen ab. Die Patienten können jedoch mangels eigener Fachkenntnisse die eigentlichen medizinischen Leistungen der Ärzte und der Fachangestellten nur wenig beurteilen und nicht direkt vergleichen.

Sie werden daher den Umgang mit den Patienten, die Freundlichkeit und auch das Erscheinungsbild der Praxen vergleichen. Diese äußeren, sichtbaren Kriterien können auch von den Patienten ohne Fachkenntnisse in Medizin beurteilt werden. Eine Befragung von Patienten, die ihre Praxis gewechselt hatten, ergab, dass man weniger mit den medizinischen Leistungen der Ärzte, sondern überwiegend mit den Leistungen des gesamten Praxisteams, wie z. B. dem Umgang mit den Patienten, nicht einverstanden war.

2.3 Instrumente des Praxismarketings

2.3.1 „König Kunde": Umgang mit den Patienten

Die Patienten stehen im Mittelpunkt moderner Praxisteams. Die Ziele sind Patientenorientierung, Patientenzufriedenheit und Empfehlungsmarketing. Um erfolgreich zu sein, müssen also die Bedürfnisse und Erwartungen der Patienten befriedigt werden. Ein ganz wichtiges und zudem noch kostenloses Instrument ist die „Mund-zu-Mund-Propaganda".

Dennoch wird in unternehmerisch geführten Praxen der Erfolg nicht dem Zufall überlassen, sondern es wird selbst aktiv die Kommunikation über die Praxisstärken und das Leistungsangebot übernommen. Dies ist heute durch die Lockerung des Werbeverbotes für Praxen auch besser möglich. Es gibt verschiedene Möglichkeiten, sich besonders um die Patienten zu kümmern.

PRAXIS-TIPP

Praxisberater sagen: „Ein zufriedener Patient erzählt seine positiven Eindrücke drei bis fünf Bekannten – ein unzufriedener aber mindestens 15 Personen." Daher bemühen Sie sich um zufriedene Patienten.

2.3.2 Freundlichkeit und Kommunikation der Zahnmedizinischen Fachangestellten

Das nach wie vor wichtigste Instrument, um die Praxis ins Gespräch zu bringen, ist die Freundlichkeit der Ärzte und vor allem der Zahnmedizinischen Fachangestellten. Der erste Eindruck sollte zwar der beste sein, der letzte Eindruck ist jedoch der bleibende. Die Zahnmedizinischen Fachangestellten empfangen und begleiten die Patienten und verabschieden diese. Dabei sollten sie – auch unter Stress – immer freundlich zu den Patienten sein.

→ *LF 2, Patienten empfangen und begleiten*

PRAXIS-TIPP

Bemühen Sie sich darum, dass die Patienten ein Vertrauensverhältnis zu Ihnen aufbauen. Denken Sie immer daran: Patientenverlust kann Ihren Arbeitsplatz kosten.

2.3.3 Werbung

Werbung für Praxen hat die Aufgabe, auf diese aufmerksam zu machen, sachlich zu informieren und zu interessieren, Vertrauen zu schaffen und der Praxis ein klares Profil zu geben. Die Patienten und Kollegen sollen erfahren, welche Leistungen die Praxis zusätzlich anbietet. In der Berufsordnung für Ärzte ist die sachliche Information im Hinblick auf das Informationsinteresse des Patienten sogar erwünscht.

So dürfen Ärzte und Zahnärzte jetzt werben:

- Die Größenbegrenzung für Praxisschilder wurde aufgehoben.
- Die zulässigen Inhalte wurden ergänzt. Jetzt dürfen auch Internetadresse, Handynummer, E-Mail, Weiterbildung sowie Zusatzqualifikationen angegeben werden.
- Zeitungsanzeigen dürfen jetzt auch ohne bestimmten Anlass (Urlaub, Praxisvertretung, Änderung der Sprechzeiten usw.) geschaltet werden.
- Rundfunk- und Fernsehwerbung sind prinzipiell zulässig (z. B. für Zahnimplantate).
- Flyer und Informationsbroschüren (Praxiszeitungen) dürfen in den Praxisräumen ausgelegt werden. Diese können organisatorische Hinweise, eine Übersicht über das Leistungsspektrum sowie persönliche Angaben zur Arztperson beinhalten.
- An Patienten dürfen bedruckte Krankenkassenkartenhüllen, Kugelschreiber und Kalender als kleine Werbegeschenke abgegeben werden.
- Möglich sind Tage der offenen Tür, Kunstausstellungen usw. in der Praxis.

Kunstausstellung in der Zahnarztpraxis

Welche Werbung ist verboten?
- Anpreisende, irreführende und vergleichende Werbung (z. B. „Bei uns ist der Test sicherer.“)
- „Marktschreierische Werbung“ (z. B. „Ich bin der Superzahnarzt.“)
- Werbung mit besonders günstigen Preisen (z. B. für IGeL)
- „Scheinqualifikation“ (z. B. für Gesundheits-förderung)
- Persönlich vergleichende Werbung (z. B. „Bei uns gehts ohne schmerzhaftes Bohren.“)
- Hinweise wie z. B. „die Behandlung mit einem Gerät der Firma X oder den Präparaten Y“ (Verstoß gegen das Heilmittelwerbegesetz)
- Wartezimmer-TV-Programm mit Werbung für Produkte („unlauterer Wettbewerb“)

2.3.4 Zahnärzte online

Auch im Internet kann man auf seine Praxis aufmerksam machen. Immer mehr Internetnutzer informieren sich über Gesundheitsfragen. Die Patienten recherchieren auch Informationen, mit denen sie glauben, die zahnärztliche Kompetenz und die Betreuung in der Praxis beurteilen zu können. In größeren Städten suchen Sie einfach auch nur eine geeignete Praxis. Und hierbei spielt das Internet eine immer größere Rolle. Mit einer Homepage kann sich die gesamte Praxis präsentieren und die Patientenentscheidung damit beeinflussen.

Rezepte und Termine online

Wie oft kommt das vor: Ein Patient möchte nur schnell einen Termin ausmachen – doch das Telefon in Ihrer Praxis ist laufend besetzt. Andere möchten sich Rezepte bestellen – doch sie kommen nicht durch. Besonders zu Stoßzeiten wie z. B. Montagvormittag oder in den Abendsprechstunden häufen sich diese Anrufe. Dies ist nicht nur lästig für die Patienten, auch das Praxisteam am Empfangsbereich wird von zahlreichen Anrufen immer wieder bei seiner normalen Arbeit gestört – das bringt Unruhe und Stress. Außerdem fühlen sich Patienten nicht genügend beachtet, wenn sie z. B. während eines Aufnahmegesprächs mehrmals durch Anrufe unterbrochen wurden und evtl. immer wieder neu beginnen müssen.

Entzerren Sie diese Flut von Anrufen mit dem Internet. Wenn die Patienten auf der Praxishomepage ein Formular für das Bestellen von Wiederholungsrezepten oder/und eines für Termine vorfinden, können sie diese leicht online bestellen bzw. reservieren.

2.3.5 Weitere Marketingmaßnahmen

INFO 1 Recall

Eine sehr erfolgreiche Werbemaßnahme bildet der Recall. Dies ist eine telefonische oder schriftliche Empfehlung oder Erinnerung an Kontrolluntersuchungen, Entfernung von Zahnbelägen usw. Sie geben den Patienten das Gefühl, dass man sich um sie kümmert. Diese Maßnahme setzt das schriftliche Einverständnis der Patienten voraus.

INFO 2 Praxisbroschüre

Sie ist eine gute Maßnahme, Werbung für die Praxis zu betreiben. In ihr können sich die Patienten über die Praxisphilosophie sowie über die verschiedenen Leistungen in Ruhe zu Hause informieren. Eine Praxisbroschüre ist besonders sinnvoll, wenn in der Praxis besondere Behandlungsmethoden oder Serviceleistungen erbracht werden. Beispiel: Zahnarzt macht auch Implantologie. Die Praxisbroschüre sollte natürlich mit der Homepage abgestimmt werden. Sie muss beim Patienten Interesse wecken und darf ihn nicht mit zu vielen fachlichen Informationen und unverständlichen Fremdwörtern erschlagen.

INFO 3 Gratulationen

Gratulationen bei Geburt, runden Geburtstagen, Hochzeiten oder anderen besonderen Ereignissen können in Form einer Bildkarte, auf der das Praxisteam abgebildet ist, verschickt werden. Gerade ältere Menschen freuen sich, wenn ihr Zahnarzt an sie gedacht hat.

INFO 4 Corporate Identity

Ein gemeinsames Erscheinungsbild von Praxis und Praxisteam wirkt professioneller auf die Patienten. Folgende Möglichkeiten bieten sich an:

- Praxislogo: Ein gleiches Praxislogo ist auf allen Rezepten/Notizzetteln und anderen Mitteilungen sowie Stempeln, Briefen, Visitenkarten und anderen Formularen enthalten. Es sollte auch auf allen Schildern in der Praxis, auf den Namensschildern der Mitarbeiter/-innen, aber auch in den Anzeigen für Urlaub, Personalsuche, auf der Homepage, in der Praxisbroschüre usw. wiederkehren.
- Einheitliche Berufskleidung: Tragen alle Mitglieder des Praxisteams einheitliche Kleidung, wird den Patienten der Teamgeist gezeigt.
- Einheitliche Argumentation: In Teambesprechungen sollten einheitliche Argumente, Begriffe und Redewendungen für bestimmte Fälle festgelegt werden.

INFO 5 Informationsabend

Ein Informationsabend in Ihrer Praxis oder z. B. bei Frauenvereinen usw. über richtige Zahnpflege, Implantate oder Ähnliches trägt zur Patientenbindung bei und eröffnet die Chance, neue Patienten zu gewinnen.

INFO 6 Belohnung der Patienten

Kleine Spielsachen, eine „Tapferkeitsmedaille" oder ein „Selfie" im Behandlungsstuhl lassen bei Kindern schnell den Bohrer oder die Spritze vergessen. Erwachsene kann man vielleicht mit der Kopie eines Zeitschriftenartikels über Krankheiten, Ernährung, Wellness usw. interessieren.

INFO 7 Patienten- und Praxisanalyse

Die Gründe zu kennen, weshalb Patienten eine bestimmte Praxis aufsuchen und Kollegen gerade diese Zahnarztpraxis empfehlen, sind Voraussetzungen für eine erfolgreiche Praxis. Anhand von Checklisten, Patientenbefragung oder in Teamdiskussionen sollte das Praxisteam herausfinden, was die Patienten an dieser Praxis und Ihrem Team schätzen (und natürlich auch, was sie weniger gut finden). Diese Analyse hilft, die Qualität der Praxis zu verbessern.

INFO 8 Praxiseinrichtung

Eine gemütliche Atmosphäre im Wartezimmer, sinnvolle Kinderspielecken, ausreichend neue Zeitschriften, Blumen, schöne Bilder und Einrichtungen usw. und vor allem ein sauberer und hygienischer Eindruck steigern das Vertrauen des Patienten in das Praxisteam.

INFO 9 Nebenleistungen

Das Besorgen eines Taxis, Ausleihe von Regenschirmen im Bedarfsfall u. a. erhöhen die Patientenbindung.

2.4 IGeL – Individuelle GesundheitsLeistungen

Patienten können neben den von den Kassen bezahlten Leistungen noch weitere sogenannte „Individuelle Gesundheits-Leistungen (IGeL)" wünschen. Diese Leistungen werden dann aber nicht von der gesetzlichen Krankenversicherung übernommen, obwohl sie oftmals durchaus sinnvoll sind. Daher erfolgen IGeL nur auf ausdrücklichen Wunsch des Patienten. Diese Leistungen werden immer mehr in Praxen angeboten. Ziele sind,

- den wirtschaftlichen Erfolg der Praxen zu erhöhen und Kürzungen wegen der Sparpolitik im Gesundheitswesen auszugleichen, aber auch
- ein Serviceangebot für die Patienten.

IGeL spielen oftmals im Bereich der Prävention eine besondere Rolle. Die Kassenärztliche Bundesvereinigung hat zur Erklärung dieser Leistungen eine spezielle Liste herausgegeben oder veröffentlicht. Beispiele hierfür sind Schönheitsoperationen oder Wunschleistungen, wie die Krebsvorsorgeuntersuchung beim Hautarzt. Auch zusätzliche Früherkennungsuntersuchungen (z. B. mehr als drei Ultraschallaufnahmen in der Schwangerschaft) stehen auf der IGeL-Liste. Beim Zahnarzt zählen u. a. die **professionelle Zahnreinigung** und das **Bleaching** zu diesen Leistungen.

Auch IGeL verkaufen sich nicht von selbst. Die Wartezeit in der Praxis kann daher als Informationszeit für IGeL genutzt werden. Diese Infos könnten im Praxis-TV, in der Praxisbroschüre oder auf der Praxishomepage gegeben werden. Neugierig machen kann man die Patienten auch mit Infopostern an der Wand z. B. im Wartezimmer oder mit speziellen IGeL-Infobroschüren.

Nachdem ein erstes Interesse beim Patienten geweckt wurde, sollte das IGeL-Angebot persönlich vorgestellt und auf dessen Vorteile für den Patienten hingewiesen werden. Fachleute raten, dass dies unbedingt von der ZFA geschehen sollte.

PRAXIS-TIPP

Vorsicht: Seien Sie nicht aufdringlich bei der Beratung oder dem Hinweis auf IGeL. Der Patient muss immer selbst die Notwendigkeit erkennen und daher die Leistung wünschen. Sonst kann er sich überrumpelt fühlen und in Zukunft die Praxis meiden.

2.5 „Jede Zahnarztpraxis bekommt die Patienten, die sie verdient"

Zu diesem Schluss kommt Prof. Gerhard F. Riegl in einem Buch „Erfolgsfaktoren für die zahnärztliche Praxis" (2010). Einige Erkenntnisse, die er mit Befragungen von über 3 000 Patienten aus 400 Praxen erhoben hat:
Wie werden Zahnarztpraxen heute von Patienten beurteilt? Was macht sie aus dem Blickwinkel von Patienten zu Spitzenpraxen, zu Geheimtipps, also zu Zahnärzten mit exzellentem Ruf? Wie informieren sich Menschen über Zahngesundheit?

2.5.1 Rundum-Zufriedenheit bei Patienten

Anders als viele Zahnärzte vermuten, hat „Excellence" für Patienten nicht so sehr mit Luxusausstattung, Praxisgröße und Fachlichem zu tun, sondern mit der gesamten menschlichen Qualitätsfaszination beim Praxisbesuch. Qualität beim Zahnarzt ist nur dann etwas wert, wenn sie vom Patienten als Laie wahrnehm- und beurteilbar ist und damit bevorzugt werden kann.

2.5.2 Zahnarzt-Ranking

Mit „besser als andere Zahnärzte“ beurteilen Patienten ihre(n) eigene(n) Zahnärztin/-arzt aus folgenden vier Hauptgründen:

1. Es wird mehr Freundlichkeit erlebt (52 %).
2. Es gibt haltbarere, gründlichere zahnärztliche Arbeiten (44 %).
3. Die Behandlungen sind komplikationsfreier und schonender (36 %).
4. Es wird bessere Prophylaxe geboten (35 %).

2.5.3 Patienten ins Team aufnehmen

Gut beurteilte Praxen besitzen einen Wissensvorsprung über ihre Patienten, nicht nur über deren Zahnstatus, praktizieren harmonische Teamarbeit und nehmen Patienten quasi in ihr Team mit auf, damit sie sich wie in Abrahams Schoß fühlen können. Die Patienten müssen weniger warten, vor allem nicht auf dem Behandlungsstuhl mit Latz. Sie erfahren mehr über das Zahngeschehen in ihrem Mund, die verwendeten Materialien und müssen keine Angst vor „Zeitbomben“ im Mund haben.

2.5.4 Minuspunkte

Die weniger gut beurteilten Praxen sind häufig in die Jahre gekommen, haben angeschmutzte Teppiche, verkalkte Mundspülbecken, sie begrüßen mit Handschuhen, haben eine kritische Stimmung im Team, irritieren mit häufigem Personalwechsel und verhandeln mit dem flach liegenden Patienten über wichtige Entscheidungen.

2.6 Formelle und informelle Praxisorganisation

Die zahlreichen und vielfältigen Aufgaben, die in den verschiedenen Praxen erfüllt werden müssen, erfordern, dass das Praxisteam, die Apparate, Räume und die Informationen so aufeinander abgestimmt und verkettet werden, dass ein möglichst reibungsloser Ablauf gewährleistet wird. Hektik und Stress bei Patienten und Fachangestellten lassen sich so abbauen oder ganz vermeiden. Im Mittelpunkt der Praxis stehen die Patienten. Dennoch muss auch unter Kostengesichtspunkten geplant werden. Gut die Hälfte des Umsatzes einer Zahnarztpraxis entfällt im Durchschnitt auf die Praxiskosten. Zahlreiche Praxen haben dabei mit steigenden Kosten zu kämpfen. Daher sollte mit einer reibungslosen Praxisorganisation versucht werden, durch Rationalisierung die Kostensteigerung aufzuhalten oder sogar Kostensenkungen zu erreichen.

2.6.1 Formelle Organisation

In modern geführten Praxen wird im Praxisteam gearbeitet. Wichtig dabei ist aber ein Organisationsplan, nach dem Kompetenzen und Aufgaben der einzelnen Teammitglieder festgelegt werden. Alle Vorgänge, die sich in Praxen immer wiederholen, können so in organisierten und vorausgeplanten Abläufen vollzogen werden.

→ *LF 2, Die Arbeit im Praxisteam*

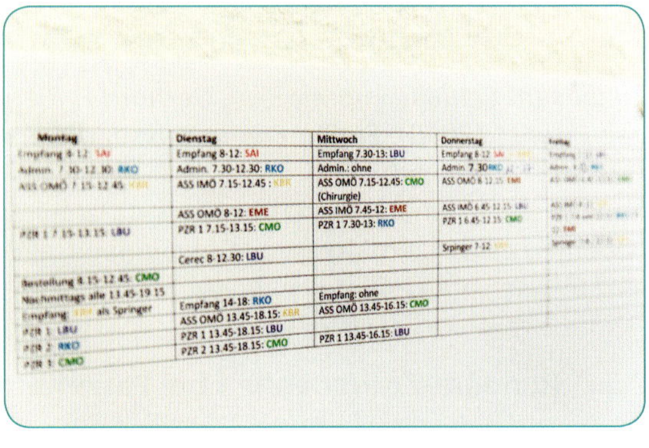

Durch genaue Urlaubs- und Arbeitszeitplanungen werden Leerzeiten der Mitarbeiter/-innen verhindert.

Feste Organisationsabläufe können für viele Bereiche, wie z. B. für Röntgen, Labor- oder Apparatebelegungen, für Assistenz an Behandlungsstühlen, den Empfang usw., erfolgen. So wird festgelegt, wer welche Aufgaben wahrnimmt, aber auch Urlaubs- oder tägliche Arbeitszeitplanungen wie z. B. Jobsharing müssen organisatorisch geregelt werden.

Eine gute formelle Praxisorganisation sollte folgende Ziele verfolgen:
- zufriedene Patienten durch reibungslosen Ablauf und kurze Wartezeiten sowie eine weitestgehende Berücksichtigung der Patientenwünsche,
- ordnungsgemäße Erledigung der Aufgaben ohne Beanstandungen,
- Verminderung der Praxiskosten durch wirtschaftliches Arbeiten, d. h. möglichst keine Überschneidungen der Tätigkeiten und auch möglichst wenig Leerzeiten der Mitarbeiter/-innen.

2.6.2 Informelle Organisation

Auch in gut organisierten Praxen kommt es aber immer wieder zu unvorhergesehenen Zwischenfällen, die eine strukturierte Ablauforganisation sprengen und ein hohes Maß an Flexibilität des Praxisteams erfordern. Der Ausfall eines Gerätes, plötzliche Notfälle z. B. durch Schmerzpatienten oder mehr als die veranschlagte Zeit bei der Behandlung eines Kindes, eine unvorhergesehene Wurzelbehandlung oder Schwierigkeiten bei einer Zahnextraktion usw. erfordern Improvisation und Flexibilität der Fachangestellten. Der unvorhergesehene Ausfall einer Mitarbeiterin durch Krankheit oder Ähnliches kann ebenfalls zu spontanen Umorganisationen führen.

Bei diesen Unwägbarkeiten ist das Praxisteam gefordert. Spontane Absprachen und Änderungen untereinander, ohne die Zahnärzte während oder zwischen den Behandlungen damit zu belasten, sind notwendig. Diese informelle Organisation erfordert Flexibilität, Übersicht und vor allem Teamfähigkeit. Besonders wichtig ist der reibungslose Ablauf, ohne dass die Patienten mit einer hektischen Praxisatmosphäre konfrontiert werden. Denn sie sollen sich in der Praxis wohlfühlen und dem Praxisteam vertrauen.

→ *LF 6, Kap. 2 und 3*

2.6.3 Führungsstile

Natürlich ist die Zahnärztin/der Zahnarzt oder sind mehrere Zahnärzte als Eigentümer auch die Führungspersonen ihrer Praxis. Dabei gibt es ganz verschiedene Führungsstile. Diese werden von der Art des Verhaltens der Ärzte gegenüber den Mitarbeiterinnen/Mitarbeitern und deren Persönlichkeitsmerkmalen geprägt.

→ *LF 13, Kap.*

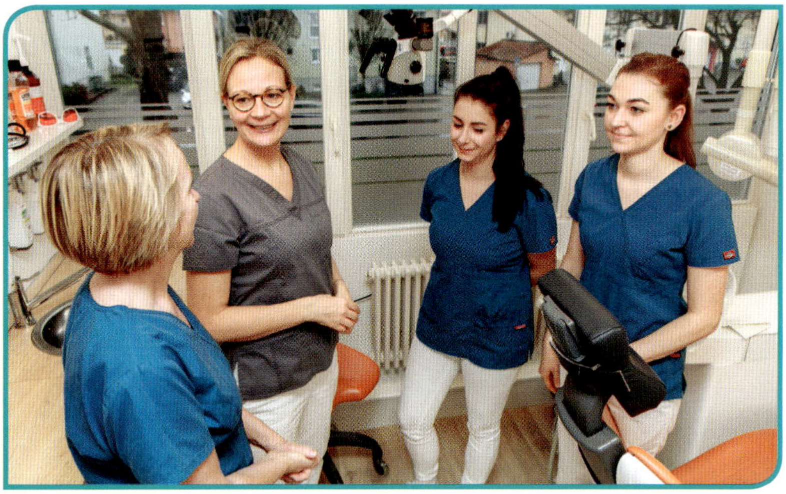

Arbeitsaufträge

1. Stellen Sie die Zielkonflikte in der Zahnarztpraxis dar.
2. Warum wird Praxismarketing in Zukunft immer wichtiger?
3. Unterscheiden Sie zwischen erlaubter und verbotener Werbung in Zahnarztpraxen.
4. Welche Marketingmaßnahmen führen Sie in Ihrer Praxis schon durch und welche Erfahrungen haben Sie damit gemacht?
5. Welche der genannten Marketingmaßnahmen finden sie am effektivsten? Begründen Sie Ihre Meinung.
6. „Praxismarketing – meine Praxis ist dafür zu klein“, sagte der Zahnarzt. – „Dann erst recht“, entgegnet der Berater. Erklären Sie diesen Dialog.
7. Erklären Sie die These eines Marketingexperten: „Ihr stärkster Marketingmitarbeiter ist Ihr Patient.“
8. Begründen Sie folgende These mit evtl. Beispielen aus Ihrer Praxis: „Glaubwürdigkeit, Begeisterung, Lächeln und Sich-Zeit-Nehmen für Patienten sind kostenlose Marketinginstrumente und zudem noch die effektivsten.“
9. Was sollten Sie beachten, wenn Sie mit Patienten über IGeL sprechen?
10. Welche Gefahr birgen IGeL für die Praxis?
11. „Sie können nur so gut sein wie Ihre beste Praxismitarbeiterin.“ Erklären Sie diese These eines Marketingspezialisten im Hinblick auf den Verkauf von IGeL.

3. Traumberuf oder nur Job?
Der Ausbildungsberuf „Zahnmedizinische/r Fachangestellte/r“ und andere Berufe des Gesundheitswesens

Selmas Wunschberuf

„Sie wollen also die rechte Hand des Zahnarztes werden und gleichzeitig die Ansprechpartnerin der Patienten. Dazwischen noch den Praxisablauf und die kaufmännischen Tätigkeiten erledigen – das ist nicht einfach [...]“, beginnt Frau Dr. Heilmann das Vorstellungsgespräch.

„Ich gehe gern mit Menschen um, bin kontaktfreudig, beende die Realschule mit gutem Abschluss und möchte gern Zahnarzthelferin werden. Diesen Beruf fand ich bei jedem Zahnarztbesuch interessanter. Denn er ist auch sehr vielseitig und bestimmt nicht langweilig“, erwidert Selma.

„‚Zahnarzthelferin‘ gibt es heute nicht mehr“, korrigiert die Zahnärztin. „Der Beruf heißt heute ‚Zahnmedizinische Fachangestellte‘, fährt sie fort, „man will damit symbolisieren, dass es ein sehr vielseitiger und anspruchsvoller Beruf ist.“

Das Vorstellungsgespräch nimmt seinen Lauf.

Welche Aufgaben haben Zahnmedizinische Fachangestellte?

3.1 Berufe im Gesundheitswesen

Bei der Berufswahl konnte sich Selma damals noch nicht so genau festlegen. Ein sozialer oder pflegerischer oder noch lieber ein Beruf im Gesundheitswesen sollte es schon sein. Doch welcher? Es gibt gegenwärtig 325 Ausbildungsberufe. Sie sind in 13 Berufsgruppen unterteilt (Stand BIBB: 2019). Die Berufsgruppe „Gesundheit“ hat die Nummer 10.

Die wichtigsten Berufe im Deutschen Gesundheitswesen:

- **Heilberufe**
  Arzt, Zahnarzt, Tierarzt, Heilpraktiker, Apotheker
- **Berufe nach Berufsbildungsgesetz**
  - Ausbildungsberufe: Zahnmedizinische Fachangestellte, Medizinische Fachangestellte, Tiermedizinische Fachangestellte, Pharmazeutisch-kaufmännische Angestellte
  - Fortgebildete Zahnmedizinische Assistentinnen (beispielhaft für Fortbildungsberufe): Fortgebildete Zahnmedizinische Fachangestellte (ZFA, Prophylaxe oder Verwaltung), Zahnmedizinische Prophylaxeassistentin, Zahnmedizinische Fachassistentin, Zahnmedizinische Verwaltungsassistentin, Dentalhygienikerin

- **Heilhilfsberufe**
  - Berufe der Primärversorgung: Rettungsassistent, Krankenschwester, Hebamme, Entbindungspfleger
  - Pflegeberufe: Altenpfleger, Altenpflegehelfer, Krankenpflegehelfer, Kinderkrankenpfleger
  - Diagnostisch-technische Berufe: Assistent im Gesundheitswesen, Medizinisch-technischer Radiologieassistent, Medizinisch-technischer Laborassistent, Medizinisch-technischer Assistent, Zytologisch-technischer Assistent, Pharmazeutisch-technischer Assistent, Operationstechnischer Assistent, Veterinärmedizinisch-technischer Assistent
  - Therapeutisch rehabilitative Berufe: Krankengymnast, Masseur, Logopäde, Medizinischer Bademeister, Ergotherapeut, Arbeitstherapeut, Diätassistent, Erzieher, Kinderpfleger, Orthoptist
- **Nichtärztliche Berufe**
  Psychologe, Psychagoge, nichtärztlicher Psychotherapeut

3.2 Zahnmedizinische Fachangestellte: Die Anforderungen steigen

Im Durchschnitt begannen in letzter Zeit jedes Jahr etwa 13500 junge Menschen eine Berufsausbildung als Zahnmedizinische/r Fachangestellte/r.

Der Beruf lässt sich so charakterisieren: Personenorientierte Dienstleistung und Patientenbetreuung sind von großer Bedeutung. Dementsprechend werden den Auszubildenden Fertigkeiten und Kenntnisse zu Kommunikationsformen und -methoden, zum Arbeiten im Team und zum eigenverantwortlichen Handeln im Rahmen ihrer späteren beruflichen Tätigkeit vermittelt. Um einen dauerhaften Erfolg in der Prävention zu sichern, spielen zudem Kenntnisse und Fertigkeiten in der Individual- und Gruppenprophylaxe eine größere Rolle. Auch die Praxisorganisation und -verwaltung erfordert heute in der Zahnarztpraxis prozessorientiertes Denken, um die immer komplexeren Abrechnungs- und Verwaltungsarbeiten zu bewältigen. Einerseits gibt es in diesem Tätigkeitsbereich immer mehr gesetzliche Vorgaben, die beachtet und umgesetzt werden müssen, andererseits wird die Anwendung von Informations- und Kommunikationssystemen immer wichtiger (PC, Anwendersoftware, Datentransfer, Internet usw.). Auch nimmt die Qualitätssicherung und -verbesserung im Rahmen des Qualitätsmanagements einen ganz eigenen Stellenwert ein. Damit der berufliche Alltag bewältigt werden kann, ist der Erwerb von Handlungskompetenz, ergänzt durch Methoden- und Sozialkompetenz erklärtes Ausbildungsziel.

3.2.1 Arbeitsgebiete

Zahnmedizinische Fachangestellte sind überwiegend in Zahnarztpraxen, in kieferorthopädischen, in oral- und kieferchirurgischen Praxen sowie Zahnkliniken tätig. Sie werden auch im öffentlichen Gesundheitswesen, in der Dentalindustrie, bei Krankenkassen und Rechenzentren eingesetzt. Ihre Tätigkeitsbereiche liegen insbesondere in der Assistenz bei der Behandlung, in der Prophylaxe und in der Praxisorganisation und -verwaltung, wozu auch die Durchführung sämtlicher Abrechnungen gehört.

3.2.2 Handlungs- und prozessorientierte Ausbildung

Nach der Ausbildungsverordnung muss handlungs- und prozessorientiert ausgebildet werden. Das heißt: Neben fachlichen Anforderungen in der Ausbildung muss auch die Fähigkeit zum selbstständigen Planen, Durchführen und Kontrollieren vermittelt werden, wobei weitere persönliche Qualifikationen, wie beispielsweise Team- und Kooperationsfähigkeit, Entscheidungsfähigkeit, Qualitätsbewusstsein und prozessorientiertes Denken, Ausdrucks-, Transfer- und Konzentrationsfähigkeit gefördert werden müssen. Teilweise sind diese Kriterien auch in der Prüfung zu berücksichtigen.

3.2.3 „Persönliche Qualifikationen" oder „Schlüsselqualifikationen"

Das sind berufs- und fachübergreifende Fähigkeiten, die so fundamental sind, dass sie nur in geringem Maße vom technischen Fortschritt und anderen Veränderungen in der Arbeitswelt entwertet werden. Einfach gesagt, bekommt der Mensch dadurch einen Schlüssel in die Hand, mit dem er sich beispielsweise selbstständig neues Fachwissen oder einen Berufsweg erschließen kann.

Im Rahmen der Kommunikations- und Kooperationsfähigkeit gehören allerdings auch Qualifikationen wie „Ausdrucksfähigkeit" dazu.

Viele Lernziele im Ausbildungsrahmenplan sind neben dem fachlichen Inhalt geeignet, bei Auszubildenden die folgenden „Schlüsselqualifikationen" zu fördern. Diese werden unter übergeordneten Zielbereichen genauer definiert:

Zielbereich	Arbeitsplanung und -ausführung, Ergebniskontrolle	Sozialkompetenz, Kommunikation, Teamarbeit	Methodenkompetenz, Lernverhalten	Handlungskompetenz, Selbstständigkeit und Verantwortung	Psychische und physische Beanspruchung
Wesentliche Einzelqualifikationen	Organisationsfähigkeit Koordinationsfähigkeit Systematisches Vorgehen Vorausschauendes Denken Prozessorientiertes Denken Genauigkeit	Soziale Verantwortung Einfühlungsvermögen Patientengerechtes Verhalten Ausdrucksfähigkeit	Umsetzen von theoretischen Grundlagen in praktisches Handeln Rationelles Arbeiten Einsatz von Lerntechniken Weiterbildungsbereitschaft	Zuverlässigkeit Entscheidungsfähigkeit Qualitätsbewusstsein Erkennen eigener Grenzen und Defizite Mitdenken Transferfähigkeit	Konzentrationsfähigkeit Aufmerksamkeit Umstellungsfähigkeit

Arbeitsauftrag

1. Der Beruf der ZFA ist gerade in seiner Vielseitigkeit und dem ständigen Kontakt mit Menschen sehr anspruchsvoll. In dem vorangehenden Text werden die mit dem Beruf verbundenen Herausforderungen beschrieben.

   Sie haben diesbezüglich im Verlauf Ihrer bisherigen Ausbildung sicher schon eigene Erfahrungen gesammelt. Versuchen Sie vor diesem Hintergrund in wenigen Worten „auf den Punkt zu bringen", welche der genannten persönlichen Qualifikationen und Verhaltensweisen Sie im Praxisablauf besonders wichtig finden.

   Gehen Sie dabei nicht nur auf die fachliche, sondern auch auf die persönlichen Kompetenzen und die psychologischen Anforderungen im Arbeitsalltag ein.

4. Alles geregelt ...
Der Berufsausbildungsvertrag und das Berufsbildungsgesetz (BBiG)

Selma hat es geschafft

Nur nicht schon wieder eine Absage!, denkt Selma, als sie den Brief öffnet – Absender „Zahnarztpraxis Dr. Heilmann. Denn Absagen hat sie schon einige bekommen – doch diesmal hatte sie ein gutes Gefühl. Ihre schriftliche Bewerbung war top. Daher wurde sie auch zum Vorstellungsgespräch eingeladen. Auch in der Praxis waren alle sehr freundlich, einschließlich Frau Dr. Heilmann.

Endlich hat Selma den Brief geöffnet und überfliegt den Text. Dann ein lautes „Juchhu – ich hab's geschafft!".

„Frau Dr. Heilmann freut sich, dass Sie unser Praxisteam verstärken wollen. Wir bitten Sie, zur Unterzeichnung des Ausbildungsvertrages am 16.03.20.. um 17:00 Uhr in unsere Praxis zu kommen. Da Sie noch nicht volljährig sind, bitten wir Sie, einen Erziehungsberechtigten mitzubringen."

„Endlich geschafft", denkt Selma, das muss sie gleich Hendrik über WhatsApp mitteilen.

Was muss bei Abschluss eines Berufsausbildungsvertrages beachtet werden?

4.1 Der Abschluss des Ausbildungsvertrages

In Deutschland herrscht Vertragsfreiheit, d. h., die Vertragspartner sind frei im Aushandeln der Vertragsbedingungen, soweit sie dabei nicht gegen Gesetze verstoßen. Allerdings wird durch immer mehr Regelungen und Gesetze zum Schutz des Verbrauchers und der schwächeren Vertragspartner diese Vertragsfreiheit eingeschränkt, bei Abschluss eines Berufsausbildungsvertrages z. B. durch das Berufsbildungsgesetz und das Jugendarbeitsschutzgesetz.

→ *LF 1 Kap. 8*

Minderjährige, die zu Beginn des Ausbildungsverhältnisses das 18. Lebensjahr noch nicht vollendet haben, müssen eine ärztliche Bescheinigung über die Erstuntersuchung (§ 32 Jugendarbeitsschutzgesetz) vorlegen. Das für diese Untersuchung zu verwendende Formular ist beim Einwohnermeldeamt oder der Stadtverwaltung erhältlich.

Der Berufsausbildungsvertrag muss vor Beginn der Berufsausbildung schriftlich abgeschlossen werden. Dabei müssen beide Vertragsparteien, der Ausbilder (z. B. Zahnarzt/Zahnärztin) und die oder der Auszubildende (ZFA), unterschreiben. Bei Minderjährigen ist zusätzlich die Unterschrift des gesetzlichen Vertreters notwendig. Der unterschriebene Vertrag muss dann der zuständigen Landesärztekammer zur Eintragung in das Verzeichnis der Berufsausbildungsverhältnisse eingereicht werden. Denn erst mit dieser Eintragung ist ein anerkanntes Berufsausbildungsverhältnis begründet. Die Eintragung wird aber nur vorgenommen, wenn der Berufsausbildungsvertrag dem Berufsbildungsgesetz und der Ausbildungsordnung entspricht.

Wichtig ist, dass **vor Beginn der Ausbildung** eine sogenannte **„G-42-Erstuntersuchung"** durchgeführt wurde (BG = Berufsgenossenschaftlicher Grundsatz). Dies gilt für alle „Tätigkeiten mit Infektionsgefährdung". Dazu gehören auch Zahnmedizinische Fachangestellte. Die genauen Untersuchungsanlässe für arbeitsmedizinische Vorsorgeuntersuchungen werden durch die Verordnung der arbeitsmedizinischen Vorsorge (ArbMedVV) vom 18. Juli 2019 vorgegeben. Die Kosten für die Erstuntersuchung trägt der Ausbilder, also die Zahnarztpraxis. Das Ergebnis ist Bestandteil der Personalunterlagen.

Diese Untersuchung ist alle **zwei Jahre** zu **wiederholen**. Bei besonderen Anlässen, wie z. B. nach Infektionen oder Verletzungen, bei denen möglicherweise ein Infektionsträger eingedrungen sein könnte, bei Unfällen oder bei sonstigen begründeten gesundheitlichen Bedenken, kann eine Nachuntersuchung auch vorzeitig erfolgen.

4.2 Rechte und Pflichten in der Ausbildung

Im Rahmen des Ausbildungsverhältnisses haben die beiden Vertragspartner eine Reihe von grundsätzlichen Pflichten und damit verbundenen Verhaltensregeln einzuhalten. Die Kerninhalte dafür sind im Berufsbildungsgesetz festgeschrieben und können dort auch nachgelesen werden. Unabhängig davon können aber –sofern sie diesen gesetzlichen Vorgaben nicht widersprechen- vertraglich auch weitergehende Sachverhalte festgelegt werden.

§ **Pflichten der Ausbildenden**

§ 14 Berufsausbildung

Ausbildende haben

1. dafür zu sorgen, dass den Auszubildenden die berufliche Handlungsfähigkeit vermittelt wird, die zum Erreichen des Ausbildungsziels erforderlich ist, und die Berufsausbildung in einer durch ihren Zweck gebotenen Form planmäßig, zeitlich und sachlich gegliedert so durchzuführen, dass das Ausbildungsziel in der vorgesehenen Ausbildungszeit erreicht werden kann,
2. selbst auszubilden oder einen Ausbilder oder eine Ausbilderin ausdrücklich damit zu beauftragen,
3. Auszubildenden kostenlos die Ausbildungsmittel, insbesondere Werkzeuge, Werkstoffe und Fachliteratur zur Verfügung zu stellen, die zur Berufsausbildung und zum Ablegen von Zwischen- und Abschlussprüfungen, auch soweit solche nach Beendigung des Berufsausbildungsverhältnisses stattfinden, erforderlich sind,
4. Auszubildende zum Besuch der Berufsschule anzuhalten,
5. dafür zu sorgen, dass Auszubildende charakterlich gefördert sowie sittlich und körperlich nicht gefährdet werden.

Darüber hinaus

- sind die Auszubildenden zum Führen der Ausbildungsnachweise ..... anzuhalten und diese sind regelmäßig durchzusehen. Den Auszubildenden ist Gelegenheit zu geben, den Ausbildungsnachweis am Arbeitsplatz zu führen.
- dürfen den Auszubildenden nur Aufgaben übertragen werden, die dem Ausbildungszweck dienen und ihren körperlichen Kräften angemessen sind.

§ 15 Freistellung (*der Auszubildenden*), Anrechnung (*durch die Ausbildenden*)

Ausbildende dürfen Auszubildende vor einem vor 9 Uhr beginnenden Berufsschulunterricht nicht beschäftigen. Sie haben Auszubildende freizustellen

1. für die Teilnahme am Berufsschulunterricht,
2. an einem Berufsschultag mit mehr als fünf Unterrichtsstunden von mindestens je 45 Minuten, einmal in der Woche,
3. in Berufsschulwochen mit einem planmäßigen Blockunterricht von mindestens 25 Stunden an mindestens fünf Tagen,
4. für die Teilnahme an Prüfungen und Ausbildungsmaßnahmen, die auf Grund öffentlich-rechtlicher oder vertraglicher Bestimmungen außerhalb der Ausbildungsstätte durchzuführen sind, und
5. an dem Arbeitstag, der der schriftlichen Abschlussprüfung unmittelbar vorangeht.

§ 17 Vergütungsanspruch / Mindestvergütung

(1) Ausbildende haben Auszubildenden eine angemessene Vergütung zu gewähren. Die Vergütung steigt mit fortschreitender Berufsausbildung, mindestens jährlich, an.

(2) Die Angemessenheit der Vergütung ist ausgeschlossen, wenn sie folgende monatliche Mindestvergütung unterschreitet:

- im ersten Jahr einer Berufsausbildung
  a) 515 Euro, wenn die Berufsausbildung im Jahr 2020 begonnen wird,
  b) 550 Euro, wenn die Berufsausbildung im Jahr 2021 begonnen wird,
  c) 585 Euro, wenn die Berufsausbildung im Jahr 2022 begonnen wird
  d) 620 Euro, wenn die Berufsausbildung im Jahr 2023 begonnen wird
- im zweiten Jahr einer Berufsausbildung ...zuzüglich 18 Prozent,
- im dritten Jahr einer Berufsausbildung ... zuzüglich 35 Prozent und
- im vierten Jahr einer Berufsausbildung ... zuzüglich 40 Prozent.

§ 16 Zeugnis (nach Ausbildungsende)

Ausbildende haben den Auszubildenden bei Beendigung des Berufsausbildungsverhältnisses ein schriftliches Zeugnis auszustellen. Die elektronische Form ist ausgeschlossen. [...] Das Zeugnis muss Angaben enthalten über Art, Dauer und Ziel der Berufsausbildung sowie über die erworbenen beruflichen Fertigkeiten, Kenntnisse und Fähigkeiten der Auszubildenden. Auf Verlangen Auszubildender sind auch Angaben über Verhalten und Leistung aufzuführen.

§ Pflichten der Auszubildenden

§ 13 Verhalten während der Berufsausbildung

Auszubildende haben sich zu bemühen, die berufliche Handlungsfähigkeit zu erwerben, die zum Erreichen des Ausbildungsziels erforderlich ist. Sie sind insbesondere verpflichtet,

1. die ihnen im Rahmen ihrer Berufsausbildung aufgetragenen Aufgaben sorgfältig auszuführen,
2. an Ausbildungsmaßnahmen teilzunehmen, für die sie nach § 15 freigestellt werden,

3. den Weisungen zu folgen, die ihnen im Rahmen der Berufsausbildung von Ausbildenden, von Ausbildern oder Ausbilderinnen oder von anderen weisungsberechtigten Personen erteilt werden,
4. die für die Ausbildungsstätte geltende Ordnung zu beachten,
5. Werkzeug, Maschinen und sonstige Einrichtungen pfleglich zu behandeln,
6. über Betriebs- und Geschäftsgeheimnisse Stillschweigen zu wahren,
7. einen schriftlichen oder elektronischen Ausbildungsnachweis zu führen.

Sonstige Grundsätze:

Die Auszubildenden haben

- die Berufsschule zu besuchen,
- Geräte, Instrumente und sonstige Einrichtungen pfleglich zu behandeln und sie nur zu den ihr/ihm übertragenen Arbeiten zu verwenden,
- über Patienten- und Praxisbelange Stillschweigen zu wahren, die ihr/ihm in Ausübung ihrer/seiner Ausbildungstätigkeit anvertraut oder bekannt geworden sind (§ 203 StGB, Schweigepflicht),
- der/dem Ausbildenden im Erkrankungsfalle unverzüglich im Laufe des Vormittags des ersten Fehltages von der betrieblichen Ausbildung, vom Berufsschulunterricht oder von sonstigen Ausbildungsveranstaltungen schriftlich, telefonisch oder durch einen Beauftragten Mitteilung zu machen. Dauert die Arbeitsunfähigkeit länger als drei Kalendertage, hat die/der Auszubildende eine ärztliche Bescheinigung über das Bestehen

4.3 Anrechnung Berufsschulbesuch und Urlaubsanspruch

An einem vor 09:00 Uhr beginnenden Unterrichtstag dürfen Auszubildende vorher nicht im Betrieb beschäftigt werden. Obwohl diese Regelung im Jugendarbeitschutzgesetz festgelegt ist und daher eigentlich nur für minderjährige Auszubildende gedacht war, ist die altersbedingte Ungleichbehandlung seit dem 1.Januar 2020 aufgehoben.

Nunmehr gilt für alle Auszubildenden, dass

- der Berufschulunterricht grundsätzlich mit der tatsächlichen Unterrichtszeit einschließlich der Pausen auf die Ausbildungszeit angerechnet wird.
- sie nach Unterrichtsende an einem Berufsschultag mit mehr als fünf Stunden Unterricht (also sechs oder mehr Stunden) bei Anrechnung eines vollen Arbeitstages danach nicht mehr in den Betrieb zurückkehren müssen
- im Falle von zwei Berufsschultagen mit mehr als fünf Stunden (aber weniger als acht Stunden) die Freistellung am zweiten Tag entfällt. Hier Verpflichtung besteht, an einem der beiden Tage nach Unterrichtsende noch einmal in den Betrieb zurückzukommen, Welcher Tag das konkret ist, kann frei vereinbart werden. Auf die Arbeitszeit angerechnet wird an diesem Tag nur die tatsächliche Verweildauer in der Berufsschule
- die Freistellungsverpflichtung auch für die mögliche Form eines virtuellen Unterrichts (Homeschooling) mit der von der Berufsschule veranschlagten Zeit gilt.

Urlaub
Die Dauer des Urlaubs pro Kalenderjahr richtet sich nach den gesetzlichen Vorgaben. Für volljährige Auszubildende ist der gesetzliche Mindesturlaub von derzeit 24 Werktagen zu gewähren.

→ *LF 1, Kap. 9.3.2*

Bei minderjährigen Auszubildenden ist gemäß § 19 Abs. 2 Jugendarbeitsschutzgesetz die Dauer wie folgt festgelegt:

Der Anspruch auf Erholungsurlaub für Jugendliche, die zu Beginn des Kalenderjahres
- noch nicht 16 Jahre alt sind, beträgt mindestens 30 Werktage;
- noch nicht 17 Jahre alt sind, beträgt mindestens 27 Werktage;
- noch nicht 18 Jahre alt sind, beträgt mindestens 25 Werktage.

Als Werktage gelten alle Kalendertage, die nicht Sonn- oder gesetzliche Feiertage sind. 24 Werktage entsprechen also 20 Arbeitstagen oder 30 Werktage entsprechen 25 Arbeitstagen. Diese Berechnung geht von fünf Arbeitstagen pro Woche aus.

4.4 Die Probezeit

Die Ausbildung beginnt mit einer Probezeit. Diese muss mindestens einen und darf höchstens vier Monate betragen.

In dieser Probezeit soll die oder der Auszubildende prüfen, ob ihr/ihm die Ausbildung und der Ausbildungsbetrieb zusagen, ob sie/er gesundheitlich und persönlich für die Ausbildungstätigkeiten geeignet ist. Der Ausbildende soll dagegen feststellen, ob die/der Auszubildende für diese Tätigkeit geeignet ist, ob sie/er sich in das Praxisteam integriert und ob sie/er den Anforderungen der Tätigkeiten und der Ausbildung entspricht. Daher kann innerhalb der Probezeit von beiden Vertragspartnern das Ausbildungsverhältnis fristlos und ohne Angabe von Gründen gekündigt werden.

Nach Beendigung der Probezeit haben die Auszubildenden einen besonderen Kündigungsschutz. Der Ausbildende kann dann während der gesamten Ausbildungszeit keine ordentliche Kündigung gegenüber der oder dem Auszubildenden aussprechen.

Eine außerordentliche, d. h. fristlose Kündigung ist nur aus wichtigem Grund durch beide Vertragspartner möglich. Diese ist allerdings unwirksam, wenn der Kündigungsgrund dem Kündigenden länger als zwei Wochen bekannt ist, bevor er die Kündigung ausspricht. Auch längere oder häufiger vorkommende Fehlzeiten in der Berufsschule können im Übrigen unter bestimmten Umständen ein Grund für eine Kündigung des Ausbildungsverhältnisses sein.

PRAXIS-TIPP

Von einem „wichtigen Grund", der eine fristlose Kündigung nach der Probezeit rechtfertigt, kann nur bei einem schwerwiegenden Vorfall gesprochen werden: z. B. Diebstahl, Tätlichkeit, regelmäßiges Zuspätkommen, Arbeitsverweigerung, Beleidigung des Ausbilders oder der Patienten.

4.5 Beendigung des Berufsausbildungsverhältnisses

Das Berufsausbildungsverhältnis ist immer mit dem Ablauf der Ausbildungszeit beendet.

Besteht aber die/der Auszubildende vor Ablauf der Ausbildungszeit ihre Abschlussprüfung, so ist das Berufsausbildungsverhältnis bereits dann beendet. Wenn eine Auszubildende/ein Auszubildender die Abschlussprüfung nicht besteht, verlängert sich das Berufsausbildungsverhältnis auf ihren/seinen Wunsch hin bis zur nächstmöglichen Wiederholungsprüfung. Der Verlängerungszeitraum beträgt höchstens ein Jahr.

PRAXIS-TIPP

Bei bestandener schriftlicher Prüfung endet Ihr Ausbildungsverhältnis am Tag des Bestehens der mündlichen Prüfung. Werden Sie übernommen, erhalten Sie ab dem darauf folgenden Tag das Gehalt der Zahnmedizinischen Fachangestellten.

Wird die/der Auszubildende nach bestandener Prüfung weiterbeschäftigt, ohne dass hierüber ausdrücklich etwas vereinbart worden ist, beginnt ab dem nächsten Tag nach der mündlichen Prüfung (praktische Übungen) ein Arbeitsverhältnis. Die entsprechende Vergütung fällt ebenfalls ab diesem Tag an. Ihre Höhe ist mindestens das tariflich festgelegte Gehalt.

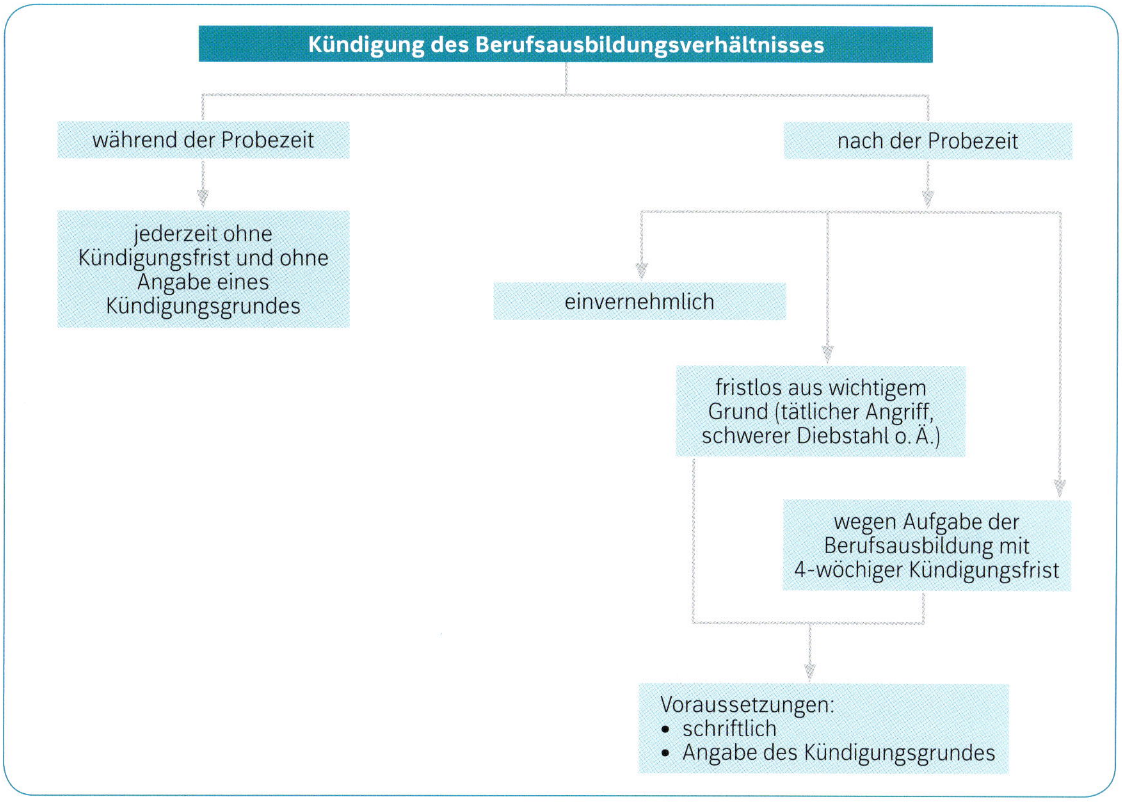

Wird die/der Auszubildende nach bestandener Abschlussprüfung nicht weiterbeschäftigt, so ist der Ausbildende verpflichtet, der/dem Auszubildenden mindestens ein einfaches Zeugnis auszustellen. Auf Verlangen muss er ein qualifiziertes Zeugnis formulieren.

Arbeitsaufträge

1. Warum gibt es die Probezeit und was sollten Sie während dieser beachten?
2. Unter welchen Umständen könnte Ihre Berufsausbildung vorzeitig beendet werden?

3. Lesen Sie die Pflichten des Ausbildenden und der Auszubildenden nach Berufsbildungsgesetz durch. Diskutieren Sie ihre Umsetzbarkeit in der Praxis.

4. Eine Auszubildende erhält im dritten Ausbildungsjahr 1.020,00 € (brutto). Am 22. Juni 20.. besteht sie die Abschlussprüfung. Da sie als Zahnmedizinische Fachangestellte übernommen wird, arbeitet sie am nächsten Tag in derselben Praxis weiter. Wie viel Euro (brutto) verdient sie im Juni, wenn ihr Anfangsgehalt als Zahnmedizinische Fachangestellte nach dem Tarifvertrag für das Jahr 2021 bei 2.043,50 € (brutto) liegt?

5. Eine Kündigung ist bekanntlich eine einseitige Willenserklärung, bedarf also nicht der Zustimmung des Betroffenen. Trotzdem muss man sie nicht unbedingt widerspruchslos hinnehmen. Aber: Genauso wie es Gründe für eine Kündigung geben muss, muss auch derjenige, der sich dagegen wehren will, gute Argumente haben.

Rollenspiel: Bilden Sie drei Gruppen, die folgende Rollen einnehmen:

Gruppe A: Chefin, die die Kündigung zu begründen hat.

Gruppe B: Auszubildende, die gegen die Kündigung vorgeht.

Gruppe C: Richterin, die nach der Anhörung ein Urteil zu fällen hat.

Phase a) Die Gruppen A und B (es sollten maximal sechs Mitglieder pro Gruppe sein) bestimmen eine Gruppensprecherin, die später die erarbeiteten Argumente vorträgt. In einer Zeit von ca. 20 Minuten erarbeiten Sie Gesichtspunkte, mit denen Sie ihre jeweilige Position möglichst überzeugend untermauern. Die Gruppe C beschäftigt sich damit, welche Fragen die Richterin während der Anhörung an die beiden Gruppen stellen kann, um der „Wahrheit" auf die Spur zu kommen.

Phase b) Anhörung der beiden Parteien vor dem Richtergremium: Der Redeanteil jeder Partei soll maximal fünf Minuten betragen.

Phase c) Richterspruch mit Begründung durch die Gruppe C.

5. Ausbildung in Schule und Praxis
Die duale Ausbildung zur Zahnmedizinischen Fachangestellten

Ursprünglich dachte Selma, dass sie die Berufsschule freiwillig besuchen könne, weil sie ihre Schulpflicht erfüllt habe. „Denn mit der Schule habe ich doch keinen Vertrag geschlossen“, so Selma. „Wichtig ist doch nur, dass die Praxis und der Ausbilder den Ausbildungsplan einhalten und dafür sorgen, dass ich die Prüfung schaffe. Wie ich das mache, ist doch eigentlich egal, oder?“

Selma begann die Ausbildung am 1. August. Der Berufsschulunterricht startete wegen der Sommerferien erst am 29. August. In diesen vier Wochen war Selma in die Handhabung der Telefonzentrale eingewiesen worden und wusste, wie man Kleingeräte sterilisiert. Ein Ausbildungsgespräch hatte aber noch nicht stattgefunden.

Welche Aufgaben sollte eine Zahnmedizinische Fachangestellte in den ersten Monaten der Ausbildung übernehmen?

Die Ausbildung zur Zahnmedizinischen Fachangestellten erfolgt einerseits in der **Praxis** eines niedergelassenen Zahnarztes in kieferorthopädischen, oral- oder kieferchirurgischen Praxen oder in einer Zahnklinik und andererseits in der **Berufsschule**.

Diese gleichzeitige Ausbildung in Praxis **und** Berufsschule wird als **„duale Ausbildung“** bezeichnet.

Das „duale“ System

Auszubildende ← **Grundlagen der Ausbildung** → **Berufsschüler/-innen**

Auszubildende:
Berufsausbildungsvertrag
Ausbildungsverordnung
Berufsbildungsgesetz

Berufsschüler/-innen:
Berufsschulpflicht
Lehrpläne
Schulgesetz der Länder

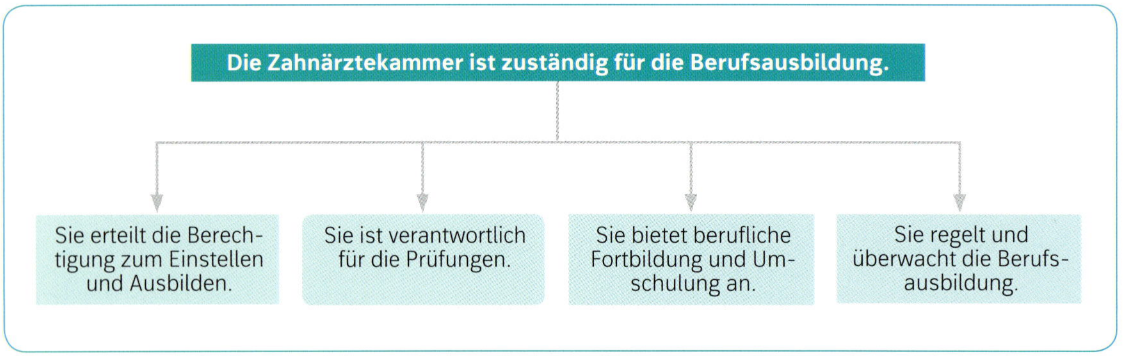

5.1 Ausbildung in der Praxis

5.1.1 Ausbildungsplan

Der Ausbildungsrahmenplan, der in der Ausbildungsordnung enthalten ist, beschreibt die Fertigkeiten und Kenntnisse, die der/die ausbildende Zahnarzt/Zahnärztin in der Praxis vermitteln müssen. Damit bildet er die Grundlage für den in der Arztpraxis zu erstellenden Ausbildungsplan.

Vor Beginn der Ausbildung stellt jede(r) ausbildende Zahnarzt/Zahnärztin Überlegungen an, welche Ausbildungsinhalte am zweckmäßigsten an welchem Ausbildungsplatz und zu welchem Zeitpunkt vermittelt werden sollen. Diese Überlegungen werden mithilfe des Ausbildungsplans dokumentiert. Dabei sind eventuelle „betriebspraktische Besonderheiten“ und andere Tatbestände, die eine Abweichung vom Ausbildungsrahmenplan rechtfertigen, zu berücksichtigen.

Der Ausbildungsplan hat die Aufgabe, dem Ausbildenden jederzeit die Überprüfung zu ermöglichen, ob die bis zu einem bestimmten Zeitpunkt vorgesehenen Lernziele erreicht sind.

5.1.2 Inhalte

1. **Der Ausbildungsbetrieb**
   - Stellung der Zahnarztpraxis im Gesundheitswesen
   - Organisation, Aufgaben, Funktionsbereiche und Ausstattung des Ausbildungsbetriebes
   - Gesetzliche und vertragliche Regelungen der zahnmedizinischen Versorgung
   - Berufsausbildung, Arbeits- und Tarifrecht
   - Sicherheit und Gesundheitsschutz bei der Arbeit
   - Umweltschutz

2. **Durchführen von Hygienemaßnahmen**
   - Infektionskrankheiten
   - Maßnahmen der Arbeits- und Praxishygiene

3. **Arbeitsorganisation, Qualitätsmanagement**
   - Arbeiten im Team
   - Qualitäts- und Zeitmanagement

4. **Kommunikation, Information und Datenschutz**
   - Kommunikationsformen und -methoden
   - Verhalten in Konfliktsituationen
   - Informations- und Kommunikationssysteme
   - Datenschutz und Datensicherheit

5. **Patientenbetreuung**

6. **Grundlagen der Prophylaxe**

7. **Durchführen begleitender Maßnahmen bei der Diagnostik und Therapie unter Anleitung und Aufsicht des Zahnarztes**
   - Assistenz bei der zahnärztlichen Behandlung
   - Röntgen und Strahlenschutz

8. **Hilfeleistungen bei Zwischenfällen und Unfällen**

9. **Praxisorganisation und -verwaltung**
   - Praxisabläufe
   - Verwaltungsarbeiten
   - Rechnungswesen
   - Materialbeschaffung und -verwaltung

10. **Abrechnung von Leistungen**

5.2 Ausbildung in der Berufsschule

Der fachbezogene Unterrichtsstoff ist in einem **„Rahmenlehrplan"** in 13 Lernfelder aufgeteilt. In diesen sind betriebswirtschaftliche (kaufmännische/verwaltende), zahnmedizinische und Inhalte aus dem Abrechnungswesen vertreten.

Der Rahmenlehrplan wird durch die ständige Konferenz der Kultusminister der Länder (KMK) beschlossen. Die Bundesländer übernehmen den Rahmenlehrplan unmittelbar oder setzen ihn in eigene Lehrpläne um. Kaufmännische Inhalte sowie die der zahnmedizinischen Fachkunde und des Abrechnungswesens sind in den einzelnen Lernfeldern integriert.

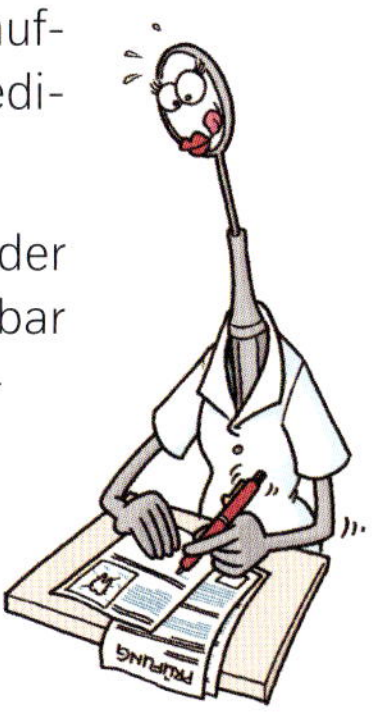

5.3 Zwischen- und Abschlussprüfung

Die Berufsausbildung wird unabhängig von den Zeugnisnoten der Berufsschule durch zwei Prüfungen geprägt, welche von den einzelnen Landeszahnärztekammern eigenständig organisiert und durchgeführt werden. Die Inhalte der Prüfung orientieren sich grundsätzlich an der Ausbildungsordnung und den darin festgeschriebenen Ausbildungsabschnitten und -inhalten.

INFO 1 Zwischenprüfung

Dauer: im Regelfall 120 Minuten

Themengebiete:
- Durchführung von Hygienemaßnahmen
- Hilfeleistungen bei Zwischenfällen und Unfällen
- Assistenz bei konservierenden und chirurgischen Behandlungsmaßnahmen
- Anwenden von Gebührenordnungen und Vertragsbestimmungen

Bedeutung:
- Feststellung des Leistungsstandes
- Teilnahme ist Voraussetzung für die Zulassung zur Abschlussprüfung

INFO 2 Abschlussprüfung

Der „Endspurt" der Berufsausbildung besteht aus einem schriftlichen und einem mündlichen Teil. Die schriftliche Prüfung findet an zwei Tagen mit einer Prüfungszeit von insgesamt ca. 360 Minuten statt. Es geht dabei um vier Prüfungsbereiche, deren Inhalte nicht nur in der Berufsschule, sondern auch in den Zahnarztpraxen in den drei Jahren der Ausbildung vermittelt und erworben werden sollten:

a) **schriftlicher Teil** – Durchführung an zwei Tagen

Themengebiete	Dauer	
– Wirtschafts- und Sozialkunde	50 Minuten	Jeweils mehrere Fälle aus dem Praxisalltag mit in der Regel weitgehend offen zu beantwortenden Fragen
– Praxisorganisation und -verwaltung	60 Minuten	
– Behandlungsassistenz	150 Minuten	
– Abrechnungswesen	100 Minuten	

b) **mündlicher Teil**
Aufgabenstellung aus dem Praxisalltag mit anschließendem Prüfungsgespräch. Sie sollen dabei als angehende ZFA unter Beweis stellen, dass Sie in der Lage sind:
- Patientengespräche personenorientiert und situationsgerecht zu führen,
- Prophylaxemaßnahmen praxisnah zu veranschaulichen,
- Materialien, Werkstoffe und Arzneimittel vorzubereiten und zu verarbeiten,
- den Einsatz von Geräten und Instrumenten zu demonstrieren.

PRAXIS-TIPP

Wenn Sie Näheres über die Prüfungsinhalte und -abläufe der für Sie zuständigen Landeszahnärztekammer wissen wollen, gehen Sie ganz einfach auf deren Homepage und holen sich dort die nötigen Informationen.

Arbeitsaufträge

1. Was versteht man unter dem „dualen Ausbildungssystem"?
2. Stellen Sie dar, welche Rollen die Ausbildungspraxis auf der einen und die Berufsschule auf der anderen Seite zum erfolgreichen Durchlaufen Ihrer Ausbildung zur ZFA haben und wo die besonderen Herausforderungen für beide Ausbildungsorte und nicht zuletzt auch für Sie selbst liegen.

6. Sicherheit geht vor
Arbeitssicherheit und Arbeitsschutz

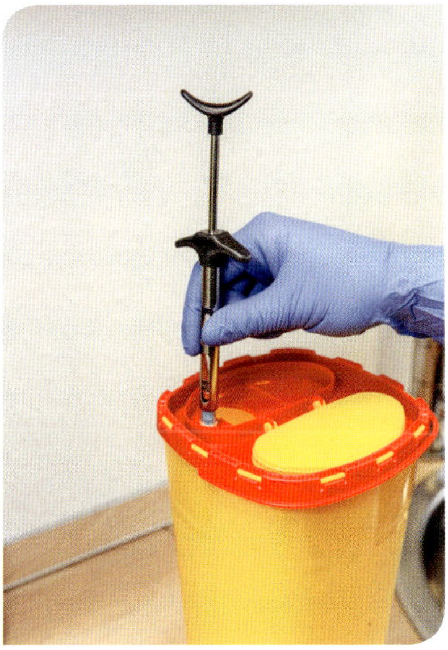

Lucia Fernandez hat in ihren drei Ausbildungsjahren schon einiges an Routine gewonnen. Das gilt auch für die Vorbereitung und Assistenz bei einer Zahnextraktion.

Werner Müller, ein langjähriger Patient, sitzt heute Morgen auf dem Stuhl und hofft, bald von einem schmerzenden Backenzahn befreit zu werden. Zwei Schmerzinjektionen sind erforderlich, bevor Frau Dr. Heilmann mit dem Extrahieren des Zahns beginnen kann. Alles verläuft ohne Komplikationen. Die Zahnärztin verabschiedet sich von ihrem Patienten, der mit einem gequälten Lächeln erklärt, froh darüber zu sein, diese „moderne Form einer Folterkammer" wieder verlassen zu dürfen.

Nun ist Lucia gefordert: Desinfektion und Reinigung des Behandlungsplatzes und der Instrumente müssen zügig erledigt werden. Und dann passiert es: Die gebrauchte Injektionskanüle ist von der Zylinderampullenspritze abzuschrauben und zu entsorgen. Anstatt aber den gefahrlosen Entsorgungsbehälter im angrenzenden Behandlungsraum zu verwenden, fängt Lucia selbst an zu schrauben. Ein Moment Unaufmerksamkeit und Leichtsinn werden sofort bestraft: Die sich plötzlich lösende Kanüle durchsticht ihren Schutzhandschuh. Die kleine punktförmige Blutung an ihrem Handballen ist dabei das geringste Übel. Nach einer Schrecksekunde und einem kräftigen Fluch denkt die immer noch verdutzte Lucia: „Ich Kamel, hoffentlich habe ich mich nicht infiziert!"

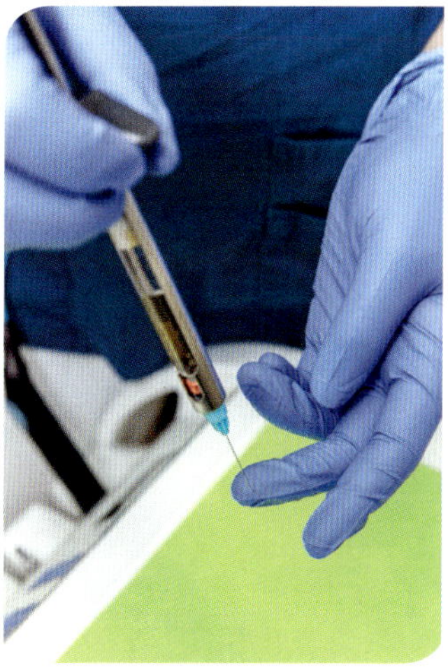

„Eigentlich war die Sache für mich klar: Kanüle von der Zylinderampullenspritze entfernen und in einem speziellen Behälter entsorgen."

Welche Gefahren für Sicherheit und Gesundheit bestehen in Zahnarztpraxen? Wie sieht ein berufsbezogener Arbeitsschutz aus?

6.1 Arbeitsschutz ist unverzichtbar

Der Arbeitsschutz bildet nicht nur für die Zahnarztpraxis, sondern für alle Unternehmen eine elementare Grundlage für einen sicheren und auf die Gesunderhaltung und Unfallvermeidung ausgerichteten Arbeitsplatz. Dabei geht es bei der Arbeit in der Zahnarztpraxis nicht nur darum, dass Sie und Ihre Kolleginnen vor den vielfältigen Risiken, welche sich mit Ihrer Arbeit verbinden, geschützt sind. Sondern die Patienten stehen gleichermaßen im Mittelpunkt der Betrachtungen. Auch sie haben ein Recht darauf, dass ihnen durch den Behandlungsablauf kein Schaden zugefügt wird.

INFO 1 Arbeitsschutzgesetz

Das Arbeitschutzgesetz schafft dafür als rechtliche Grundlage die Rahmenbedingungen. Es gilt natürlich nicht nur für Zahnarztpraxen, sondern generell für alle Unternehmen und damit für eine kleine Zahnarztpraxis ebenso wie für eine große Zahnklinik.

Gerade deshalb sollte man die Inhalte kennen, um sie dann in den relevanten Bereichen auf den eigenen Arbeitsplatz zu übertragen

§

§ 3 Grundpflichten des Arbeitgebers

(1) Der Arbeitgeber ist verpflichtet, die erforderlichen Maßnahmen des Arbeitsschutzes unter Berücksichtigung der Umstände zu treffen, die Sicherheit und Gesundheit der Beschäftigten bei der Arbeit beeinflussen. Er hat die Maßnahmen auf ihre Wirksamkeit zu überprüfen und erforderlichenfalls sich ändernden Gegebenheiten anzupassen. Dabei hat er eine Verbesserung von Sicherheit und Gesundheitsschutz der Beschäftigten anzustreben.

(2) Zur Planung und Durchführung der Maßnahmen nach Absatz 1 hat der Arbeitgeber unter Berücksichtigung der Art der Tätigkeit und der Zahl der Beschäftigten
- für eine geeignete Organisation zu sorgen und die erforderlichen Mittel bereitzustellen sowie
- Vorkehrungen zu treffen, dass die Maßnahmen erforderlichenfalls bei allen Tätigkeiten [...] beachtet werden und die Beschäftigten ihrer Mitwirkungspflicht nachkommen können

§ 4 Allgemeine Grundsätze

Der Arbeitgeber hat bei Maßnahmen des Arbeitsschutzes von folgenden allgemeinen Grundsätzen auszugehen:
- Die Arbeit ist so zu gestalten, dass eine Gefährdung [...] möglichst vermieden wird Gefahren sind an ihrer Quelle zu bekämpfen.
- Bei allen Maßnahmen sind der Stand von Technik, Arbeitsmedizin und Hygiene sowie sonstige Arbeitsbedingungen, soziale Beziehungen und Einfluss der Umwelt auf den Arbeitsplatz sachgerecht zu verknüpfen.
- Individuelle Schutzmaßnahmen sind nachrangig zu anderen Maßnahmen den Beschäftigten sind geeignete Anweisungen zu erteilen.

Danach ist in erster Linie der Praxisinhaber bzw. der Zahnarzt dazu verpflichtet, alles zu tun, damit die einschlägigen Vorschriften des Arbeitsschutzes eingehalten werden und die nötigen arbeitstechnischen Voraussetzungen dafür auch gegeben sind. Dazu gehört an erster Stelle die Beurteilung der Arbeitsbedingungen, denn die Ergreifung entsprechender Schutzmaßnahmen ist nur möglich, wenn die jeweiligen Gefahren und Risiken auch bekannt sind.

§ 5 Beurteilung der Arbeitsbedingungen

(1) Der Arbeitgeber hat durch eine Beurteilung der für die Beschäftigten mit ihrer Arbeit verbundenen Gefährdung zu ermitteln, welche Maßnahmen des Arbeitsschutzes erforderlich sind.

(2) Der Arbeitgeber hat die Beurteilung je nach Art der Tätigkeiten vorzunehmen. Bei gleichartigen Arbeitsbedingungen ist die Beurteilung eines Arbeitsplatzes oder einer Tätigkeit ausreichend.

Das Ergebnis dieser Analyse und der sich daraus ergebenden Vorgaben sind festzuhalten und den Mitarbeitern in geeigneter Form zur Kenntnis zu geben.

§ 6 Dokumentation

Der Arbeitgeber muss über die [...] Unterlagen verfügen, aus denen das Ergebnis der Gefährdungsbeurteilung. die von ihm festgelegten Maßnahmen des Arbeitsschutzes und das Ergebnis ihrer Überprüfung ersichtlich ist.

§ 15 Pflichten der Beschäftigten

Die Beschäftigten sind verpflichtet, nach ihren Möglichkeiten sowie der Unterweisung und Weisung des Arbeitgebers für ihre Sicherheit und Gesundheit bei der Arbeit Sorge zu tragen. Dabei haben sie auch für die Sicherheit und Gesundheit der Personen zu sorgen, die von ihren Handlungen oder Unterlassungen bei der Arbeit betroffen sind.

Gerade daraus wird ersichtlich, welche Bedeutung diese gesetzlichen Vorschriften haben. Dem Zahnarzt als Praxisinhaber und insbesondere Ihnen als ZFA obliegt es zu Ihrer eigenen Sicherheit und der Sicherheit der zu behandelnden Patienten, dass die allgemeinen und praxisintern festgelegten Vorschriften auch eingehalten und bedingungslos umgesetzt werden.

INFO 2 Weitere Einzelvorschriften

Neben den eher allgemeinen Rahmenvorschriften des Arbeitsschutzgesetzes gibt es eine Reihe weiterer Bestimmungen, in denen es um eine Konkretisierung der hier aufgeführten Vorgaben geht. Dazu gehören u. a. folgende Vorgaben:

- **Gefahrstoffverordnung**: Hierin sind die Vorschriften über den Umgang mit gefährlichen Arbeitsstoffen enthalten. Ihre Verwendung wird durch die Verordnung beschränkt. Bestimmte Sicherheitsauflagen werden gefordert, um die Arbeitskräfte nicht zu gefährden.
- **Unfallverhütungsvorschriften**: Dies sind rechtsverbindliche Vorschriften, die von den Berufsgenossenschaften erlassen werden, um Arbeitsunfälle und Berufskrankheiten zu verhindern oder zu beschränken.
- **Medizinproduktegesetz:** Geregelt wird in erster Linie der freie Warenverkehr von Medizinprodukten in der EU. Dazu gehören medizinische Instrumente, Apparate, Vorrichtungen und Medikamente. Die Einhaltung dieser Anforderungen soll einen hohen Grad an Gesundheitsschutz sowie die Sicherheit für die Patienten und Anwender garantiert.

  Nach diesem Gesetz ist es z.B. verboten, Medizinprodukte in den Verkehr zu bringen, wenn das Verfallsdatum abgelaufen ist. Untersagt wird u.a. auch, den fälschlichen Eindruck zu erwecken, dass ein medizinischer Erfolg garantiert ist oder dass auch bei längerem Gebrauch keine schädlichen Nebenwirkungen eintreten könnten.

- **Röntgenverordnung:** Hierin wird vorgeschrieben, dass Personen, die Röntgenstrahlen anwenden, per Unterschrift bestätigen, dass sie informiert wurden über:
  - Arbeitsmethoden,
  - mögliche Gefahren,
  - anzuwendende Schutzmaßnahmen

Des weiteren wird verlangt, dass die mit der Röntgeneinrichtung arbeitenden Personen fachkundig in die sachgerechte Handhabung der Geräte eingewiesen wurden. Auch ist alles zu tun, um die Strahlenbelastung so gering wie möglich zu halten.

G-42-Untersuchung

Alle MFA's einschließlich der Auszubildenden müssen sich einer G-42-Untersuchung unterziehen. Diese Vorsorgeuntersuchung wird bei beruflichen Tätigkeiten mit einem erhöhten Infektions- und Strahlenrisiko durchgeführt.

Die Untersuchung gliedert sich in einen allgemeinen sowie einen speziellen Teil. Der allgemeine Teil umfasst eine ausführliche Anamnese, eine Bestandsaufnahme des aktuellen Impfschutzes sowie eine labortechnische Blut- und Urinuntersuchung.

Der spezielle Teil wiederum variiert je nach Berufsfeld und individueller Gefährdungsbeurteilung. eine Erstuntersuchung muss vor Antritt der entsprechenden Tätigkeit durchgeführt werden. Innerhalb von 12 Monaten sollte eine erste Nachuntersuchung stattfinden. Nach diesen ersten beiden Untersuchungen pendelt sich ein 3-Jahres-Rhythmus für die weiteren Untersuchungen ein.

6.2 Gefahrenstoffe in der Zahnarztpraxis

Allgemein spricht man von Schadstoffen, wenn es sich um Stoffe oder Stoffgemische handelt, die schädliche Auswirkungen für für menschlichen Organismus haben, wenn man mit ihnen in Berührung kommt oder sie inhaliert oder konsumiert.

Auch in Zahnarztpraxen führt kein Weg daran vorbei, dass man es in der täglichen Arbeit mit Stoffen zu tun hat, die einerseits für den Behandlungsprozess wichtig oder unabdingbar sind (wie z.B. eine Betäubungsspritze bei einer Zahnextraktion), die andererseits aber auch nicht ungefährlich sind.

Nach den Vorgaben der Gefahrstoffverordnung gibt es folgende Regeln für den Umgang mit solchen Stoffen:

- **Ermitteln der Gefahrenstoffe:** Alle Stoffe, die in einer Praxis verwendet werden und von denen gesundheitliche Gefahren ausgehen können, müssen erfasst werden und es sind Informationen über diese zu sammeln und ständig auf den neusten Stand zu bringen. Die Kennzeichnung dieser Stoffe bringt dabei eine erste Orientierung. Außerdem müssen die Hersteller über die Gefahren informieren, die von ihren Produkten ausgehen können. Sie sind verpflichtet, ein Sicherheitsdatenblatt zur Verfügung zu stellen, welches Abgaben über die chemische Zusammensetzung, möglich Gefahren, Erste-Hife-Maßnahmen, Angaben zur Giftigkeit, Lagerung usw. enthält.

- **Erstellen eines Gefahrenstoffverzeichnisses:** Eine Auflistung aller im Arbeitsalltag zum Einsatz kommenden Gefahrstoffe kann eine wichtige Informationsgrundlage und Arbeitshilfe sein. Das nachfolgend beispielhaft dargestellte Muster zeigt, wie umfangreich, aber auch wie hilfreich die Angaben auf einem solchen Verzeichnis für den Arbeitsalltag sein können.

Gefahrstoffverzeichnis der Zahnarztpraxis: Dr. Mustermann

Gefahrstoff	Kennzeichnung: Signalwort: Achtung	Signalwort: Gefahr	giftig	ätzend	umweltgefährdend	entzündlich	oxidierend	explosiv	komprimierte Gase	Arbeitsbereich, Tätigkeit z. B.: Desinfektion	Exposition: Umgang: Minuten, Stunden pro Tag	Minuten, Stunden pro Monat	Minuten, Stunden pro Jahr	Verbrauchsmenge: pro Tag	pro Monat	pro Jahr	einatembar	hautresorptiv	Überschreitung des AGW (Arbeitsplatzgrenzwert): nein	ja	H-Sätze Gefahrenhinweise	P-Sätze Sicherheitshinweise	Gefährdung: gering (O)	erhöht (O)	CMR (O)	Brand- und Explosionsgefahr (O)
Mustergefahrstoff	☒	☐	☐	☒	☐	☐	☐	☐	☐	Instrumentendesinfektion	10 min			20 ml			☐	☒	☐	☒	000	XXX	☐	☒	☐	☒
Beispiel: Orange Solvent®	☒	☒	☐	☐	☒	☒	☐	☐	☐	Entfernung von Zementresten auf Flächen	25 min			5 ml			☒	☐	☒	☐	225, 304, 315, 317, 319, 410	210, 301, 280, 310, 305, 351	☐	☒	☐	☒
	☐	☐	☐	☐	☐	☐	☐	☐	☐								☐	☐	☐	☐			☐	☐	☐	☐
	☐	☐	☐	☐	☐	☐	☐	☐	☐								☐	☐	☐	☐			☐	☐	☐	☐
	☐	☐	☐	☐	☐	☐	☐	☐	☐								☐	☐	☐	☐			☐	☐	☐	☐
	☐	☐	☐	☐	☐	☐	☐	☐	☐								☐	☐	☐	☐			☐	☐	☐	☐
	☐	☐	☐	☐	☐	☐	☐	☐	☐								☐	☐	☐	☐			☐	☐	☐	☐
	☐	☐	☐	☐	☐	☐	☐	☐	☐								☐	☐	☐	☐			☐	☐	☐	☐

Für JEDEN aufgeführten Gefahrstoff ist:
- das Sicherheitsdatenblatt vorzuhalten,
- eine Betriebsanweisung zu erstellen,
- die nachfolgende Anlage 2 bei Kreuz in Spalte O (grün) O (gelb), ggf. auch Anlage 3 bei Kreuz O (rot) zu Schutzmaßnahmen auszufüllen.

(vgl Landeszahnärztekammer Sachsen, 2021)

- **Ersatzstoffe prüfen:** Sind die in der Praxis verwendeten Stoffe erfasst, ist zu prüfen, ob es für die Gefahrenstoffe nicht auch ggf. neu entwickelte Ersatzstoffe mit einem geringeren Gefahrenpotential gibt. Außerdem sollte auch die Verwendung von Stoffen kritisch geprüft werden, die Reaktionen auf der Haut oder in den Atemwegen auslösen. Wenn Sie diesbezüglich etwas spüren, sollten Sie darüber mit Ihrer Chefin oder Ihrem Chef sprechen und nach einer Lösung suchen.
- **Kennzeichnung von Gefahrstoffen:** Um die Arbeit der in großer Vielfalt vorkommenden Gefahrstoffe und deren jeweilige Einstufung zu erleichtern, werden bestimmte Gefahrensymbole verwendet. Deren Bedeutung kann der folgenden Übersicht entnommen werden:

Gefahrenbezeichnung	Symbol	Art der Gefahr	Beispiele aus der Praxis	Notwendige Sicherheitsmaßnahmen
Gesundheitsgefahr	 GHS 08	Stoffe können • **allergische Reaktionen** auslösen • **krebserzeugend** wirken • **erbgutverändernd** sein • **fruchtschädigende** Auswirkungen haben oder • **Organe schädigen.**	• ätherische Öle • Chemikalien • Pinselreiniger • Steinbodenreiniger	• **Eingehende Information** vor Beginn der Arbeit mit solchen Stoffen • Tragen von **Schutzkleidung** und Handschuhen sowie • **Augen-** und **Mund-** oder **Atemschutz**
Hochentzündlichkeit	 GHS 02	Flüssigkeiten • bilden mit Luft **explosionsfähige Mischungen** und • können mit Wasser entzündbare Gase erzeugen oder • sind **selbstentzündbar** • können bei Raumtemperatur in Brand geraten	• Handdesinfektionsmittel • Aceton	Unbedingt • **Gefäße** dicht **verschließen** • Stoffe **von offenen Flammen** und Wärmequellen **fernhalten** • Brandsichere Aufbewahrung.
Brandfördernd	 GHS 03	• Für den Brennvorgang muss eine **Zündquelle** vorhanden sein. • Brandvorgang wird stark beschleunigt, und es entstehen **explosionsgefährliche Gemische**, wenn ein brandfördernder Stoff mit hohem Sauerstoff vorhanden ist	• Peroxide	• Von brennbaren Stoffen fernhalten und nicht mit diesen mischen • **Saubere Aufbewahrung**

Ätzende Wirkung	 GHS 05	**Ätzende Substanzen** • verursachen schwere **Schäden am lebenden Gewebe** • greifen andere Stoffe an	• Entkalker • Rohrreiniger	• **Körperkontakt vermeiden** • **Schutzbrille** und **Handschuhe** tragen. • **Kontakt mit Augen und Haut vermeiden** und ggf. sofort mit Wasser spülen.
Reizwirkung	 GHS 07	**Gesundheitsschäden** in der Folge von • Einatmung • Verschlucken • Aufnahme über die Haut	• allgemein verwendete Desinfektionsmittel	
Totenkopf mit Knochen	 GHS 06	Sehr giftige und giftige Stoffe, die schon in kleinen Mengen sofort zu schweren gesundheitlichen Schäden oder zum Tode führen können	• Quecksilber • Methanol • Formaldehyd;	• **Nicht einatmen**, berühren, verschlucken. • **Arbeitsschutz** tragen. • Sofort **Giftinformationszentrum** oder Arzt anrufen. • Stabile Seitenlage

- **Arbeitssicherheit:** Zahnarztpraxen sind verpflichtet, sich von einer Sicherheitsfachkraft betreuen zu lassen. Dabei geht es darum, dass externe Experten eine Analyse der möglichen Gefahrenquellen in einer Praxis vornehmen.

  Diese Hilfestellung ist deshalb wichtig, weil es nahezu unmöglich ist, dass ein Praxisinhaber alle Vorgaben kennt. Im Zweifelsfall bzw. dann, wenn etwas passiert, gilt aber auch in der Zahnarztpraxis der allgemein bekannte Spruch „Unwissenheit schützt nicht vor Bestrafung“

INFO 3 Checklisten als Hilfe bei der Umsetzung

Im Praxisalltag kann die Verwendung einer Checkliste eine große Hilfe sein, um sicher zu sein, dass bei der Umsetzung der Vorschriften nichts vergessen wird und keine Fehler passieren.

Beispiel

Beispiel einer Checkliste für den Praxisbetrieb

Hygieneplan/Unterweisungsmaßnahmen		
1	Die Zahnarztpraxis hat einen Hygieneplan.	
2	Alle Mitarbeiter/-innen werden mindestens einmal pro Jahr in der Anwendung der notwendigen Schutzmaßnahmen unterwiesen.	
Händehygiene		
3	Nach jedem direkten Kontakt mit Patienten werden die Hände desinfiziert.	
4	Desinfektionsmittel werden in Direktspendern bereitgestellt.	
5	Es werden nur Handtücher zum Einmalgebrauch oder Handtrocknungsgeräte benutzt.	
6	Bei der Arbeit wird evtl. Schmuck an Armen und Händen abgelegt.	

Schutzkleidung		
7	Bei Ausübung der Tätigkeit im Behandlungsraum wird Schutzkleidung und ein Mund-Nasen-Schutz getragen.	
Instrumentenwartung/Desinfektionsmanagement		
8	Die Wartung der Instrumente erfolgt unter Beachtung der Anweisungen des Hygieneplans.	
9	Alle eingesetzten Mehrfachinstrumente werden unmittelbar nach der Behandlung gereinigt und desinfiziert.	
10	Beim Einsatz von Desinfektionsmitteln werden die Betriebsanweisungen und Dosierungsvorgaben beachtet.	
11	In den Praxisräumen erfolgt in regelmäßigen Abständen eine staubbindende Feuchtreinigung.	
Abfallentsorgung		
12	Es erfolgt eine sichere Trennung der verschiedenen Abfallarten – Arznei- oder Hilfsmittelrückstände werden getrennt gesammelt und ggf. als Sondermüll entsorgt.	

Diese Checkliste ist keinesfalls vollständig, sondern sie zeigt nur den generellen Aufbau eines solchen Überprüfungssystems.

Arbeitsaufträge

1. Erläutern Sie, was man unter dem Begriff „Arbeitsschutz" versteht und welche Rolle dieser Bereich einerseits für die Praxismitarbeiter/-innen, andererseits aber auch für die Patienten hat.
2. Welche grundsätzlichen Pflichten haben die Arbeitgeber und die Arbeitnehmer/-innen im Sinne des Arbeitsschutzgesetzes jeweils zu erfüllen?
3. Mit welchen „Gefahrstoffen" hat man es im Allgemeinen in einer Zahnarztpraxis zu tun und welche Aufgabe hat dabei das „Gefahrstoffverzeichnis"?
4. Wie stufen Sie aus Ihrer persönlichen Erfahrung die Rolle und Bedeutung von Checklisten unter Rückgriff auf das Beispiel für den Bereich Arbeitsschutz und Hygiene ein?

7. Reden ist Silber – Schweigen ist Gold

Die Schweigepflicht als besondere Pflicht der Zahnmedizinischen Fachangestellten

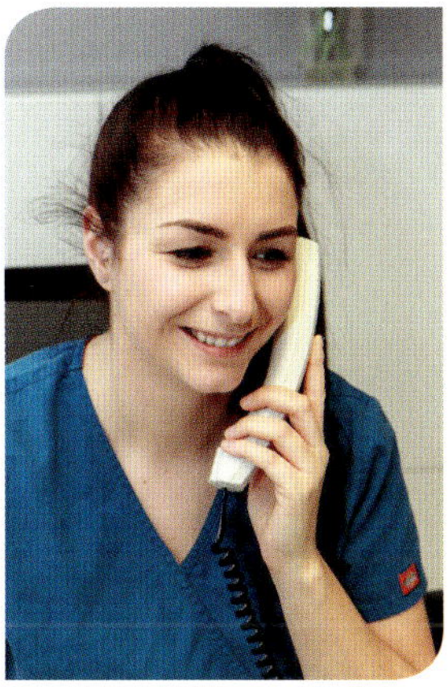

„Das darf ich Ihnen nicht sagen."

Dienstag, 15:33 Uhr – das Telefon in der Zahnarztpraxis Dr. Heilmann klingelt. „Praxis Dr. Heilmann, Fernandez am Apparat, was kann ich für Sie tun?", sagt Lucia.

Am Telefon meldet sich ein Herr Müller, Neu-Markt, Kassel.

„Ich hab da eine Frage", beginnt er gleich, „ist eine Frau Petra Schleicher heute in Ihrer Praxis erschienen? Das ist meine Auszubildende."

Nachdem Lucia im Terminbuch nachgesehen hat, meldet sie sich wieder: „Ja, Herr Müller, Frau Schleicher sitzt im Wartezimmer, sie wird etwa in 15 Minuten zur Behandlung aufgerufen."

„Hat sie denn wirklich starke Zahnschmerzen oder ist sie nur zur Zahnsteinentfernung oder zum Nachsehen da?", will Müller weiter wissen.

„Das darf ich Ihnen nicht sagen", antwortet Lucia.

„Das muss ich aber wissen ..."

„Das muss ich aber wissen", besteht Müller, der offensichtlich sehr gereizt ist, auf seinem „Recht", „schließlich bin ich ihr Ausbilder und sie hat nun schon den dritten Dienstag immer nach der sechsten Berufsschulstunde Zahnschmerzen. Mir fehlt sie hier im Laden."

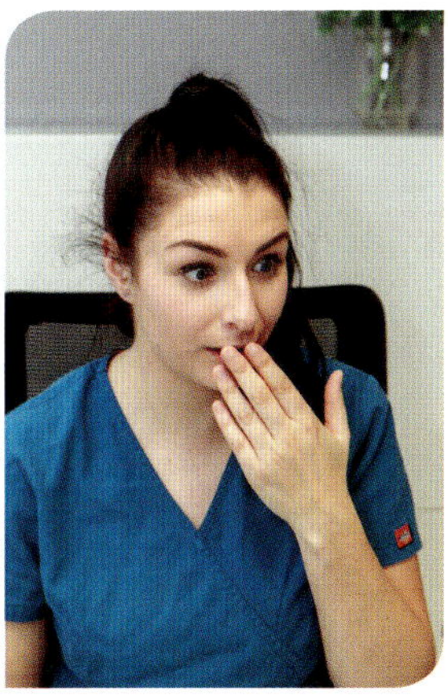

„Habe ich jetzt etwas Falsches gesagt?"

Herr Müller lässt nicht locker. Zahnarztbesuche könnten an ihrem freien Nachmittag erfolgen und nicht während der Arbeitszeit. Wenn man starke Zahnschmerzen habe, dann wäre das verständlich, doch er habe das Gefühl, Frau Schleicher wolle sich vor der Arbeit drücken.

„Warum sitzt die denn eigentlich im Wartezimmer, wenn sie starke Schmerzen hat, das kann doch nicht sein, dass man sie in Ihrer Praxis dann warten lässt?", fragt er weiter. Lucia sucht nach einer Antwort, doch der aufgebrachte Herr Müller spricht gleich weiter. „Also, wie ist das nun mit den Zahnschmerzen", herrscht er Lucia an. Eingeschüchtert schaut diese in die Karteikarte und antwortet: „Ob sie starke Schmerzen hat, kann ich nicht sagen, aber sie ist angemeldet zur Kontrolle ihrer Zahnspange."

„Das reicht mir!", unterbricht Herr Müller Lucia. „Sie haben mir sehr geholfen, denn Schwänzern muss das Handwerk gelegt werden. Lucia wird bleich, hat sie jetzt etwas Falsches gesagt?

Welche Tatsachen fallen unter die Schweigepflicht einer ZFA?
Gibt es Ausnahmen von dieser Schweigepflicht?

7.1 Die Schweigepflicht – Grundlage der Praxisarbeit

Für jedes Zahnarzt-Patienten-Verhältnis ist die Wahrung des Patientengeheimnisses durch den Arzt unentbehrliche Grundlage. Nur wenn sich ein Patient darauf verlassen kann, dass die dem Arzt anvertrauten persönlichen, familiären und beruflichen Daten vertraulich behandelt werden, wird er bereit sein, auch Auskünfte aus seiner Intimsphäre zu geben. Vollständige und wahrheitsgemäße Angaben sind aber häufig nötig, damit der Arzt eine richtige Diagnose stellen und die Ergebnisse der Behandlung zutreffend bewerten kann.

Unter die Schweigepflicht der Zahnarztpraxis fallen insbesondere:
- Name und persönliche Daten der Patienten,
- Angaben über die wirtschaftlichen Verhältnisse der Patienten,
- der Grund der Behandlung,
- Aufzeichnungen der Zahnärzte,
- schriftliche oder mündliche Mitteilungen der Patienten,
- Untersuchungsbefunde, Röntgenaufnahmen usw.

Die Schweigepflicht gilt auch gegenüber
- Familienangehörigen der Patienten,
- Arzt- u. Zahnarztkollegen, die nicht an der Behandlung beteiligt sind,
- Arbeitgebern von Patienten,
- Familienangehörigen oder Bekannten der Zahnärzte bzw. der Fachangestellten.

7.2 Schweigepflicht und Datenschutz

Der Umgang mit persönlichen Daten steht im Mittelpunkt der Arbeit in jeder Arztpraxis. Dies beginnt bei der Aufnahme neuer Patienten, der Führung einer Patientenkartei und der Abfassung von medizinischen Berichten. Oberstes Gebot der täglichen Arbeit in der Praxis ist, dass Unbefugte keinen Einblick in diese persönlichen Patientendaten nehmen dürfen. Schon beim Telefonieren muss eine Zahnmedizinische Fachangestellte darauf achten, dass ihr Gespräch nicht von anderen Patienten, die sich zufällig im Empfangsbereich befinden, mitverfolgt wird. Grundsätzlich gilt, dass der Empfang immer besetzt sein muss, solange sich Patienten in den Praxisräumen befinden. Sollte dies ausnahmsweise einmal nicht der Fall sein, müssen alle Unterlagen, Stempel, Formulare und Karteikarten gesichert werden.

§ 203 Strafgesetzbuch (StGB)

(1) Wer unbefugt ein fremdes Geheimnis, namentlich ein zum persönlichen Lebensbereich gehörendes Geheimnis oder ein Betriebs- oder Geschäftsgeheimnis, offenbart, das ihm als Arzt [...] bekanntgeworden ist, wird mit Freiheitsstrafe bis zu einem Jahr oder mit Geldstrafe bestraft [...].

(2) Kein Offenbaren im Sinne dieser Vorschrift liegt vor, wenn die in den Absätzen 1 und 2 genannten Personen Geheimnisse den bei ihnen berufsmäßig tätigen Gehilfen oder den bei ihnen zur Vorbereitung auf den Beruf tätigen Personen zugänglich machen.

Selbstverständlich darf eine Zahnmedizinische Fachangestellte nichts von dem, was sie in der Praxis erfährt, unbefugten Dritten und auch nicht ihren eigenen Angehörigen erzählen.

Ist der Zahnarzt/die Zahnärztin von einem Patienten von der Schweigepflicht entbunden worden, gilt dies **nicht** automatisch für die Zahnmedizinische Fachangestellte. Die Schweigepflicht gilt auch über den Tod eines Patienten hinaus.

Drei Beispiele aus der Praxis:
- Das Vorlegen der Krankenversicherungskarte darf nicht mit einer (für Unbefugte lesbaren) Postkarte, sondern muss im geschlossenen Umschlag angemahnt werden.
- Die Rechnung (Liquidation) für die Behandlung einer Patientin darf z. B. nicht deren Ehemann übersandt werden, auch wenn die Privatversicherung unter seinem Namen abgeschlossen wurde.
- Telefonische und mündliche Auskünfte über die Anwesenheit eines Patienten in einer Praxis dürfen an Dritte (auch an Verwandte) nur mit Einverständnis des Patienten gegeben werden.

Folgende Regelungen sollten in einer Praxis unbedingt eingehalten werden:
- **Erhebungen der Personalien** von neuen Patienten nicht im Beisein anderer Patienten!
- **Sicherung der Karteikarte, Stempel** und **Formulare** auch bei nur kurzfristiger Abwesenheit am Empfang!
- **Telefongespräche** so führen, dass wartende Patienten nicht mithören können!
- **Bildschirme** so einrichten, dass Patienten diese nicht einsehen können! Zugang zum Computer mit Codes versperren!
- **Sprechzimmer und Untersuchungsräume** können zwar nie ganz schalldicht sein, aber es ist dafür zu sorgen, dass wartende Patienten keine Arztgespräche mithören können!

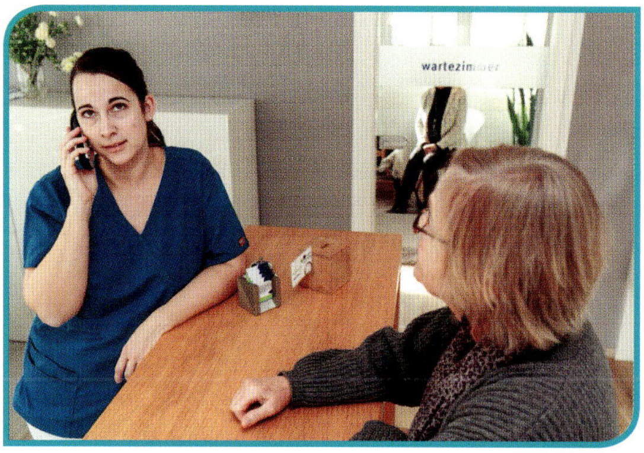

- **Mahnungen** jeglicher Art (z. B. Anforderungen der Vorlage von Chipkarten oder Mahnungen bei Privatliquidationen) dürfen nicht mit einer Postkarte erfolgen. Wenn bei Privatpatienten nicht direkt, sondern über eine Verrechnungsstelle liquidiert werden soll, muss der Patient damit einverstanden sein!
- **Papierabfälle** mit Patientendaten gehören in den Reißwolf!
- Bei einem **Eigentümerwechsel** der Zahnarztpraxis dürfen die bisherigen Patientendaten nur mit deren Einverständnis weitergegeben werden!

7.3 Entbindung von der Schweigepflicht

Folgende Möglichkeiten der Entbindung von der Schweigepflicht gibt es:

- Durch die Patienten selbst:
  Beispiele:
  - Die Schwiegertochter begleitet ihre 80-jährige Schwiegermutter beim Praxisbesuch.
  - Eine Patientin redet in einer offenen Anmeldung so laut, dass andere Patienten das Gespräch gut mithören können.

- Bei Minderjährigen gegenüber ihren Erziehungsberechtigten
  Beispiel: Einem 13-Jährigen, der allein zur Behandlung kam, muss eine Zahnspangenbehandlung dringend empfohlen werden. Bei Minderjährigen über 14 Jahren muss das Geheimhaltungsinteresse auch gegenüber den Eltern respektiert werden. Beispiel: Der abgebrochene Zahn eines 17-Jährigen resultierte aus einer Schlägerei.

- Durch mutmaßliche Einwilligung des Patienten
  Beispiel: Nach einem Unfall ruft ein Notarzt an und erkundigt sich über den Zustand des Bewusstlosen.

- Durch rechtfertigenden Notstand
  Beispiele:
  - Benachrichtigung der Polizei über das Gebiss eines Ermordeten
  - Benachrichtigung des Jugendamtes bei dem Verdacht auf Kindesmisshandlung

- Durch gesetzliche Meldepflicht
  Beispiel: Das Infektionsgesetz schreibt die Meldung übertragbarer Krankheiten vor.

Arbeitsaufträge

1. Welche Folgen können aus Lucias Auskunft (siehe S. 61) entstehen?

2. Wie hätte sie sich verhalten müssen?

3. Eine offensichtlich schwerhörige Patientin spricht mit Ihnen an der Anmeldung sehr laut über ihre Probleme mit dem Gebiss. Sie versteht Sie sehr schlecht. Wie verhalten Sie sich?

4. Welche Ausnahmeregelungen der zahnärztlichen Schweigepflicht gibt es und warum sind diese notwendig?

5. Eine Mutter kommt mit einem verängstigten 4-jährigen Kind in die Praxis. Sie gibt an, dass es beim Spielen gefallen sei und sich so zwei Schneidezähne ausgeschlagen habe. Es besteht jedoch im Praxisteam der dringende Verdacht, dass dies durch Prügel geschehen ist. Wie verhalten Sie sich?

6. Rollenspiel: Ein Schüler war von 08:00 Uhr bis 09:30 Uhr in Ihrer Praxis zur Behandlung. Er fehlte an diesem Schultag ganz. Am nächsten Tag legte er in der Schule eine von Ihnen ausgestellte Bescheinigung über den Praxisbesuch vor.

   Am darauf folgenden Tag ruft eine Lehrerin an und fragt, ob dieser Praxisbesuch zu dieser Zeit dringend notwendig gewesen sei. Der Schüler hätte während dieser Zeit eine Mathematikarbeit nachschreiben müssen, die er beim ersten Mal schon wegen Übelkeit versäumt habe. Diese Information sei sehr wichtig, da der Schüler sonst wegen „Leistungsverweigerung" die Note „Ungenügend" bekäme. Er würde dann wohl nicht versetzt werden. Außerdem sei der Schüler gegen 11:00 Uhr am Behandlungstag in der Stadt gesehen worden.

   Zahnmedizinische Fachangestellte: Erklären Sie der Lehrerin Ihren Standpunkt.

7. Datenschutz in einer Zahnarztpraxis ist ein sehr umfangreiches Thema. Trainieren Sie Ihr Wissen, indem jede(r) von Ihnen einen Begriff, der mit dem Bereich des Datenschutzes in Zusammenhang zu bringen ist, auf ein Blatt schreibt.

   Die Zettel werden eingesammelt. Jeweils ein Begriff wird danach vorgelesen und ist von einer Schülerin/einem Schüler zu beantworten. Die Reihenfolge kann sich nach dem Alphabet oder nach einem anderen Schema richten.

8. Warum Sie besonders geschützt werden
Das Jugendarbeitsschutzgesetz (JArbSchG)

Selma arbeitet eigentlich sehr gerne. Weil ihr die Arbeit so viel Spaß macht, schaut sie dabei auch gar nicht so sehr auf die Uhr. „Wenn noch Patienten da sind, kann ich nicht einfach gehen oder eine Pause machen“, sagt sie. Wegen der Sprechstunde für Berufstätige geht sie dienstags nach sechs Stunden Berufsschulunterricht auch noch zur Arbeit. Manchmal dauert diese Nachmittagssprechstunde sogar bis 19 Uhr, weil an diesem Tag oft besonders viele Patienten in die Praxis kommen.

Doch nun hat sich etwas geändert, denn kürzlich wurde in der Berufsschule das Jugendarbeitsschutzgesetz besprochen. Da Selma erst 17 Jahre alt ist, gerät sie ins Nachdenken, ob sie das, was sie durchaus gerne tut, als Jugendliche überhaupt darf ...

Worin bestehen die Kernaussagen des Jugendarbeitsschutzgesetzes und wie sehen die Regelungen auf diesen konkreten Fall bezogen aus?

INFO 1 Das Jugendarbeitsschutzgesetz (JArbSchG) – für wen gilt es?

Jugendliche, die in einer Berufsausbildung stehen oder als Arbeitnehmer beschäftigt sind, sollen durch das Jugendarbeitsschutzgesetz vor Überforderung, Überbeanspruchung und Gefährdung am Arbeitsplatz geschützt werden. Dabei bleibt innerhalb der gesetzlich festgelegten Rahmenbedingungen ein gewisser Spielraum, der eine Anpassung an die jeweilige betriebliche Praxis erlaubt.

Das Jugendarbeitschutzgesetz gilt nur für **Jugendliche unter 18 Jahren**, die in einer Aus bildung oder Beschäftigung stehen.

Als **Mindestalter für die Beschäftigung Jugendlicher** legt das Gesetz das **15. Lebensjahr** fest. Die Beschäftigung von Kindern (unter 13 Jahren) ist grundsätzlich verboten.

Jugendliche Auszubildende müssen vor Beginn der Ausbildung eine Einstellungsunter suchung und nach einem Jahr eine Nachuntersuchung machen lassen.

INFO 2 Ausbildungszeit, Freizeit, Feiertagsarbeit

Die **tägliche Arbeitszeit** (= Arbeitszeit + Ruhepausen + sogenannte Freistunden) darf für Jugendliche **acht Stunden** nicht überschreiten. Wenn an einem Tag weniger als acht Stunden gearbeitet wird, kann dies an den anderen Wochentagen mit achteinhalb Stunden täglich ausgeglichen werden.

Nach Beendigung der täglichen Arbeit muss den Jugendlichen eine ununterbrochene Frei zeit von mindestens 12 Stunden zur Verfügung stehen.

An Samstagen ist die Beschäftigung Jugendlicher nur zulässig
- in Krankenanstalten sowie in Alten-, Pflege- und Kinderheimen usw.,
- im ärztlichen Notdienst.

Mindestens zwei Samstage im Monat sollen beschäftigungsfrei bleiben.

Werden Jugendliche am Samstag beschäftigt, ist ihnen die Fünf-Tage-Woche durch Freistellung an einem anderen berufsschulfreien Arbeitstag derselben Woche sicherzustellen. Am Tag vor der **schriftlichen Abschlussprüfung** haben Jugendliche frei. Dieser Tag wird nicht auf den Urlaub angerechnet.

INFO 3 Ruhepausen

Die Ruhepausen für jugendliche Arbeitnehmerinnen/Arbeitnehmer sind im Jugendarbeitsschutzgesetz festgelegt.

§ 11 JArbSchG

(1) Jugendlichen müssen im Voraus feststehende Ruhepausen von angemessener Dauer gewährt werden. Die Ruhepausen müssen mindestens betragen:
- 30 Minuten bei einer Arbeitszeit von mehr als viereinhalb bis zu sechs Stunden,
- 60 Minuten bei einer Arbeitszeit von mehr als sechs Stunden.

Als Ruhepause gilt nur eine Arbeitsunterbrechung von mindestens 15 Minuten.

(2) Länger als viereinhalb Stunden hintereinander dürfen Jugendliche nicht ohne Ruhe pausen beschäftigt werden.

INFO 4 Anrechnung des Berufsschulbesuchs

Die Berufsschule ist von allen Auszubildenden zu besuchen. Hierfür müssen sie vom Ar beit geber freigestellt werden. Dazu zählen auch schulische Veranstaltungen wie z. B. Klassen fahrten.

An einem vor 09:00 Uhr beginnenden Unterrichtstag dürfen Auszubildende vorher nicht in der Praxis beschäftigt werden. Diese Regelung gilt auch für Volljährige. Ansonsten ist die Anrechnung auf die Wochenarbeitszeit und die Freistellung nach der Berufsschule wie folgt zu handhaben:
- **Volljährige Auszubildende** können generell nach der Berufsschule in der Praxis beschäftigt werden. Auf die Wochenarbeitszeit werden die tatsächlichen Unterrichts zeiten einschließlich der Pausen plus Wegezeit angerechnet.
- **Minderjährige Auszubildende** dürfen an einem Berufsschultag mit mehr als fünf vollen Unterrichtsstunden nicht mehr beschäftigt werden. An einem zweiten „langen“ Berufsschultag oder an einem Berufsschultag mit maximal fünf Unterrichts stun den entfällt die Freistellung. Bei zwei Berufsschultagen mit mindestens sechs Unterrichtsstunden entscheidet der Praxisinhaber, an welchem Tag die Freistellung erfolgt.

An einem Berufsschultag mit mehr als fünf Unterrichtsstunden sind acht Zeitstunden auf die Wochenarbeitszeit anzurechnen. An dem zweiten Berufsschultag dürfen nur die tatsäch lichen Unterrichtszeiten einschließlich der Pausen auf die Wochenarbeitszeit angerechnet werden.

Den Gesetzestext mit dem JArbSchG und dem BBiG können Sie sich aus dem Internet herunterladen.
www.bmbf.de
Download der Broschüre unter: https://www.bmbf.de/upload filestore/pub/Ausbildung und Beruf.pdf
Das komplette JArbSchG finden Sie auch im
Web unter: www.bmas.de/DE/Service/Gesetze/Jugendarbeitsschutzgesetz.html

INFO 5 Zusammenfassung des Jugendarbeitsschutzgesetzes

Geltungsbereich	Arbeitszeit	Beschäftigungsverbote
Ausbildung und Beschäftigung von Jugendlichen unter 18 Jahren	• 40 Stunden in der Woche, bis zu 8,5 Stunden am Tag • Fünf-Tage-Woche • Schichtzeit (Arbeitszeit und Pausen) höchstens zehn Stunden am Tag • Arbeitsbeginn ab 06:00 Uhr, Arbeitsschluss spätestens 20:00 Uhr • Ruhepausen • Verbot der Samstags- und Sonntagsarbeit • Jahresurlaub	• Kinderarbeit • Akkordarbeit • gefährliche Arbeiten • Arbeiten unter Tage

Arbeitsaufträge

1. Erläutern Sie die Regelungen für die Freistellung zum Besuch der Berufsschule und der Verpflichtung bzw. der Entbindung von der Anwesenheit in der Ausbildungspraxis vor oder nach der Unterrichtszeit
2. Erklären Sie die im JArbSchG enthaltenen Vorschriften zur Pausen- und Freizeitregelung und versuchen Sie anhand Ihrer eigenen Erfahrungen zu beurteilen, wie das Verhältnis von Theorie und Praxisalltag ist bzw. ob sich dies immer problemlos umsetzen lässt.

9. Sicherheit für Arbeitnehmer

Weitere soziale Arbeitsschutzbestimmungen in der Ausbildung und im Beruf

9.1 Was „frau“ wissen sollte

Das Mutterschutzgesetz (MuSchG)

Die 28-jährige ZFA Saskia Schultz ist im 7. Monat schwanger und steht kurz vor Beginn des Mutterschutzes. Da sie sich – wie sie selbst sagt – „rundherum pudelwohl und topfit“ fühlt, bittet sie ihre Chefin, auch während des Mutterschutzes noch ein bisschen in der Praxis helfen zu dürfen.

„Lange stehen darf ich zwar nicht mehr, aber Rechnungen schreiben oder Zahlungseingänge kontrollieren, das ist doch kein Problem“, so Saskia und ergänzt: „Hausarbeit muss ich ja schließlich auch machen oder ist dafür jetzt nur mein Mann zuständig?“

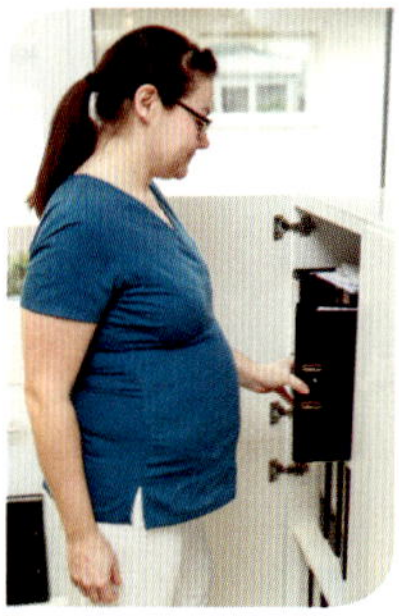

Ist es tatsächlich erlaubt, dass Saskia auf eigenen Wunsch nach Beginn der Mutterschutzfrist in der Praxis mithilft, oder welche Regelungen sieht das Mutterschutzgesetz hier vor?

Durch die Beachtung und Einhaltung der Vorschriften dieses Gesetzes soll die im Beschäftigungsverhältnis stehende Frau vor Gefahren, Überforderungen und Gesundheitsschädigungen am Arbeitsplatz (u. a. Beschäftigungsbeschränkungen und -verbote, Schutzfristen und Stillzeiten), vor finanziellen Einbußen (Sicherung der wirtschaftlichen Versorgung) und vor dem Verlust des Arbeitsplatzes (durch den besonderen Kündigungsschutz für die Zeit vor und nach der Schwangerschaft) geschützt werden.

Um keine Schutzrechte zu verlieren, aber auch um dem Arbeitgeber die Möglichkeit zu geben, sich auf den bevorstehenden Arbeitsausfall langfristig einstellen zu können, sollte eine bestehende Schwangerschaft möglichst bald dem Arbeitgeber angezeigt werden. Es entstehen dadurch keine Nachteile. Eine frühzeitige Benachrichtigung dient allen Seiten und schafft Vertrauen.

9.1.1 Keine Auskunftspflicht im Vorstellungsgespräch

Bei der Begründung eines Beschäftigungsverhältnisses dürfen vom Arbeitgeber neu einzustellende Mitarbeiterinnen im Grundsatz nicht mehr nach dem Vorliegen einer Schwangerschaft befragt werden. Das Bundesarbeitsgericht hat die Frage des Arbeitgebers nach dem Bestehen einer Schwangerschaft als unzulässige geschlechtsspezifische Benachteiligung bewertet.

Wird eine solche Frage von der Bewerberin bewusst nicht zutreffend beantwortet, so liegt keine arglistige Täuschung vor. Die spätere Anfechtung des Arbeitsvertrages wäre nicht möglich.

9.1.2 Gestaltung des Arbeitsplatzes und Arbeitszeit

Der Arbeitsplatz muss so eingerichtet sein, dass Leben und Gesundheit der werdenden Mutter geschützt sind. Der Arbeitgeber hat ihr u. a. eine Sitzgelegenheit zum kurzen Ausruhen bereitzustellen. Bei bereits überwiegend sitzend ausgeübten Tätigkeiten muss die werdende Mutter Gelegenheit zu kurzen Arbeitsunterbrechungen erhalten. Außerdem muss ein Liegeraum eingerichtet werden, in dem sie sich nach Bedarf ausruhen kann.

Werdende und stillende Mütter unter 18 Jahren dürfen nicht länger als täglich acht Stunden beschäftigt werden. Sind Mütter älter als 18 Jahre, dann dürfen sie täglich nicht länger als achteinhalb Stunden arbeiten.

9.1.3 Beschäftigungsverbote

Bescheinigt ein Arzt, dass Leben oder Gesundheit von Mutter und/oder Kind gefährdet sind, wenn die Mutter weiterarbeiten würde, so darf der Arbeitgeber sie nicht beschäftigen.

Ein Beschäftigungsverbot gilt bei schädlichen Einwirkungen von (Röntgen-)Strahlen, Gasen, Dämpfen. Werdende und stillende Mütter dürfen sich gemäß § 22 Abs. 2 Röntgenverordnung nicht im Kontrollbereich aufhalten oder gar dort eingesetzt werden.

Insbesondere dürfen werdende Mütter nicht beschäftigt werden
- nach Ablauf des 5. Monats der Schwangerschaft mit Arbeiten, bei denen sie ständig stehen müssen, soweit diese Beschäftigung täglich vier Stunden überschreitet;
- mit Arbeiten, bei denen sie infolge ihrer Schwangerschaft in besonderem Maße der Gefahr, an einer Berufskrankheit zu erkranken (z. B. Infektionserkrankungen), ausgesetzt sind oder bei denen durch das Risiko der Entstehung einer Berufskrankheit eine erhöhte Gefährdung für die werdende Mutter oder eine Gefahr für das ungeborene Kind besteht;
- mit Mehr-, Nachtarbeit (zwischen 20:00 und 06:00 Uhr) sowie Sonn- und Feiertagsarbeit.

Eine werdende Mutter darf nicht beschäftigt werden
- sechs Wochen vor der Entbindung (sie kann sich jedoch zur weiteren Arbeitsleistung bereit erklären);
- acht Wochen (bzw. 12 Wochen bei Früh- oder Mehrlingsgeburten) nach der Entbindung.

Mitteilungspflicht bei Beendigung der Schwangerschaft
Die Beschäftigte ist verpflichtet, den Arbeitgeber, der von ihr über das Bestehen einer Schwangerschaft unterrichtet worden ist, unverzüglich zu informieren, wenn z. B. aufgrund einer Fehlgeburt die Schwangerschaft vorzeitig endet.

9.1.4 Elternzeit/Elterngeld

Um die Betreuung und Entwicklung der kleinen Kinder und damit die Arbeit der Eltern von Neugeborenen zusätzlich zu unterstützen, besteht die Möglichkeit, dass nach dem Mutterschutz sowohl die Elternzeit als auch damit einhergehend das Elterngeld in Anspruch genommen wird.

Das Elterngeld wird zusätzlich zum Kindergeld gezahlt. Zudem können ggf. weitere Sozialleistungen neben dem Elterngeld beantragt werden.

Im Einzelnen gelten folgende Regeln:

Elternzeit	**Elterngeld**
Anrechnung Das Elterngeld wird auf evtl. Ansprüche auf Sozialhilfe, ALG II usw. voll angerechnet	für Mütter und/oder Väter, die ihr Kind selbst betreuen und nicht mehr als 30 Std. pro Woche erwerbstätig sind.
Alleinige oder gemeinsame Freistellung der Eltern von der erwerbstätigen Beschäftigung. Teilzeitarbeit von maximal 30 Std./Woche ist während der Elternzeit aber möglich. Bei einer Inanspruchnahme durch beide Elternteile also insgesamt max. 60 Std. Arbeitszeit/Woche.	**Nettoeinkommen/ Monat** – **Elterngeld davon** ab 1 240,00 € – 65 % höchstens 1 800,00 € ab 1 000,00–1 239,00 € – 67 % weniger als 1 000,00 € – 68–100 % mindestens aber 300,00 € (auch bei vorher nicht erwerbstätigen Elternteilen)
Dauer: bis spätestens drei Jahre nach der Geburt des Kindes	**Laufzeit:** **12** oder **14 Monate** (wenn beide Elternteile die Elternzeit in Anspruch nehmen, wenn sie die Erwerbstätigkeit für mind. zwei Monate reduzieren) **oder** doppelte Laufzeit mit dem halben Monatsbetrag („**ElterngeldPlus**“)
Inanspruchnahme: einzeln, gemeinsam oder maximal zweimal abwechselnd für beide Elternteile **Sonderfall:** Mit Zustimmung des Arbeitgebers können bis zu 12 Monate der maximal dreijährigen Elternzeit zwischen dem dritten bis zum achten Lebensjahr des Kindes verlegt werden.	**Partnerschaftsbonus** Eltern, die sich die Betreuung des Kindes teilen und mindestens vier Monate lang parallel zwischen 25 und 30 Stunden in der Woche arbeiten erhalten vier zusätzliche ElterngeldPlus-Monate. Die Betreuungszeit lässt sich so auf bis auf 32 Monate verlängern.

PRAXIS-TIPP

Informationen zum Thema „Elterngeld“ holen Sie sich bitte auf der Homepage des Bundesministeriums für Familie, Senioren, Frauen und Jugend (www.bmfsfj.de/BMFSFJ) oder auf www.elterngeld.net/elterngeldgesetz.html.

Das Elterngeld beträgt in der Regel zwischen 65 % und 67 % des durchschnittlichen Nettoeinkommens der letzten zwölf Monate vor der Geburt und liegt bei mindestens 300,00 €, höchstens 1 800,00 € im Monat. Es gibt mehrere Wahlmöglichkeiten:

- **Basiselterngeld:** 12 Monate oder 14 Monate (wenn auch der Partner Elternzeit in Anspruch nimmt)
- **ElterngeldPlus:** Eltern, die schon kurz nach dem Mutterschutz wieder stundenweise arbeiten wollen: Jeden Monat wird nur die Hälfte des Elterngeldes ausgezahlt, dafür aber doppelt so lange – also 24 statt zwölf Monate bzw. 28 statt 14 Monate.

- **Partnerschaftsbonus:** Eltern, die sich die Betreuung des Kindes teilen und mindestens vier Monate lang parallel zwischen 25 und 30 Stunden in der Woche arbeiten, erhalten vier zusätzliche Elterngeld-Plus-Monate. Die Betreuungszeit lässt sich so auf bis zu 32 Monate verlängern.

9.1.5 Kündigungsschutz

Das Kündigungsverbot für Schwangere, an das sich der Arbeitgeber halten muss, beginnt mit der Schwangerschaft und endet 4 Monate nach der Entbindung.

Ein Kündigungsschutz besteht auch während der Elternzeit. Gekündigt werden kann während der Elternzeit nur bei Ablauf des Beschäftigungsverhältnisses durch Befristung, Aufhebungsvertrag, Ende des Berufsausbildungsverhältnisses oder bei Stilllegung der Praxis des Arbeitgebers.

Ein Ausnahmefall zur Kündigung könnte auch dadurch gegeben sein, dass der Praxisinhaber zur Fortführung der Praxis dringend auf eine qualifizierte Ersatzkraft angewiesen ist, diese aber auf einem unbefristeten Arbeitsvertrag besteht. In diesem Fall muss vorher das Staatliche Amt für Arbeitsschutz eingeschaltet werden.

PRAXIS-TIPP

Informationen zum Kündigungsschutz für Schwangere erhalten Sie unter www.zahnaerztekammernordrhein.de/fileadmin/user_upload/Downloads/Arbeitsschutz/RZB_2017_11_Die__schwangere_Praxismitarbeiterin.pdf.

Arbeitsaufträge

1. Welche Tätigkeiten sind Schwangeren untersagt? Nennen Sie hierfür spezielle Beispiele aus Ihren Praxen.
2. Wie lange dauert die Mutterschutzfrist?
3. Ihre Freundin plant eine baldige Schwangerschaft. Erklären Sie ihr die Elternzeit.
4. Nach der Ausbildung stellen Sie sich in einer anderen Praxis vor. Sie werden nach einer bestehenden Schwangerschaft gefragt. Diskutieren Sie, wie man sich am besten verhalten sollte, wenn man tatsächlich im 2. Monat schwanger ist.
5. Diskutieren Sie darüber, ob es sinnvoll ist, dass auch Väter die Elternzeit nehmen können, dass man sich diese teilen kann oder sogar bis zum 8. Lebensjahr des Kindes wahrnehmen kann.
6. Welche Ausnahmeregelung gibt es beim Kündigungsschutz im Mutterschutzgesetz? Erklären Sie diese Regelung und interpretieren Sie diese.

9.2 Nicht einfach rausfliegen
Gut gesichert durch das Kündigungsschutzgesetz (KSchG)

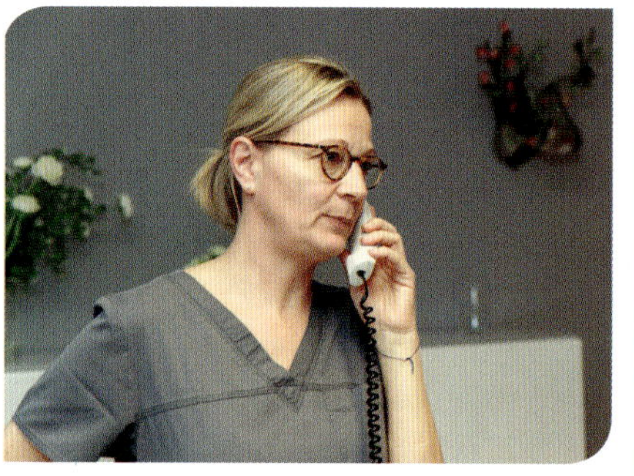

Praxis Dr. Heilmann, 29. September 20.., 08:45 Uhr. Offizieller Beginn der Sprechstunde ist um 09:00 Uhr, deshalb ist das Wartezimmer schon gut gefüllt. „Wie üblich" – so die Zahnarzthelferin Manuela Harris, die ab 08:00 Uhr Dienst tut. „Die Patienten meinen, dass sie vor Quartalsende alle noch einmal kommen müssten, da lassen sich Wartezeiten nun einmal nicht vermeiden."

Und dann das! Corinna Maybaum ruft an, um mitzuteilen, dass sie heute erst etwas später zur Arbeit kommen könne, da ihr Freund das Auto benötige.

Die Antwort von Frau Dr. Heilmann war bis in das Wartezimmer hinein zu hören: „Was erlauben Sie sich eigentlich? Frau Schultz hat Urlaub, Lucia ist in der Berufsschule, hier ist das Wartezimmer voll und Sie fehlen, nur weil Sie kein Auto haben. Vorige Woche drei Tage krank, in den letzten drei Monaten mindestens fünfmal zu spät gekommen und zweimal früher gehen müssen. So geht das nicht weiter! Wenn Sie nicht spätestens in zwanzig Minuten hier sind, können Sie gleich wegbleiben. Die Papiere schicke ich Ihnen dann nach Hause."

Zack! Frau Dr. Heilmann knallt den Hörer auf, nimmt die Kaffeetasse, lehnt sich in den Stuhl zurück und murmelt: „Diesmal mache ich ernst, das lasse ich mir nicht länger bieten. Wenn sie um fünf Minuten nach neun nicht da ist, fliegt sie raus!"

Glauben Sie, dass Corinna von Frau Dr. Heilmann entlassen werden kann und welche Kündigungsvorschriften sind „im Falle des Falles" vom Arbeitgeber einzuhalten?

Jeder Arbeitsvertrag kommt durch zwei übereinstimmende Willenserklärungen zustande. Auch eine Weiterbeschäftigung nach bestandener Prüfung ist eine solche stillschweigende, zweiseitige Willenserklärung. Sie kommt zustande, weil der Arzt die Medizinische Fach angestellte zu tariflichen Bedingungen übernimmt und diese stillschweigend einwilligt.

Arbeitsverträge können entweder befristet oder unbefristet abgeschlossen werden.

In **befristeten Arbeitsverträgen** endet das Beschäftigungsverhältnis mit Ende der im Vertrag festgelegten Frist.

Eine **Beendigung von unbefristeten Arbeitsverträgen erfolgt** entweder durch einen Aufhebungsvertrag oder durch Kündigung.

Befristungen, Kündigungen und Aufhebungsverträge bedürfen der Schriftform.

9.2.1 Aufhebungsvertrag

Mit ihm erklären sich beide Vertragspartner zur Beendigung eines bestehenden Arbeitsverhältnisses bereit. Oftmals erhalten Arbeitnehmer für die Einwilligung in einen Aufhebungsvertrag eine Abfindung.

Ein Teil davon wird allerdings auf das Arbeitslosengeld angerechnet. Dazu kann der Bezug des Arbeitslosengeldes bis zu drei Monaten gesperrt werden. Aufhebungsverträge werden oft aus betriebsbedingten Gründen (z. B. Rückgang der Patienten, Kosteneinsparungen usw.) angeboten, um den Kündigungsschutz zu umgehen. Sie können aber auch zur Anwendung kommen, wenn die Medizinische Fachangestellte einen Grund für eine fristlose Kündigung liefert, ihr Chef ihr aber eine solche ersparen will, damit sie bei späteren Bewer bungen bessere Chancen hat. In diesem Fall wird sicherlich keine Abfindung bezahlt.

PRAXIS-TIPP

Überlegen Sie sich gut, ob Sie sich auf einen Aufhebungsvertrag einlassen sollen. Sie verzichten damit auf den Ihnen evtl. zustehenden Kündigungsschutz – auch auf den besonderen von Schwangeren und Menschen mit Schwerbehinderung.
Erkundigen Sie sich auch vorher bei der Arbeitsagentur, inwieweit eine Ausgleichszahlung angerechnet wird und ob Sie eine Sperrzeit für das Arbeitslosengeld bekämen.

9.2.2 Kündigung

Eine **Kündigung** ist eine einseitige Willenserklärung des Kündigenden, die vom anderen Vertragspartner lediglich empfangen werden muss. Die gesetzlichen Kündigungsfristen sind im Bürgerlichen Gesetzbuch (BGB) als Mindestfristen geregelt. Längere Kündigungs zeiten können in Tarifverträgen oder in Arbeitsverträgen vereinbart werden.

Es gibt drei Kündigungsarten: **ordentliche, fristgemäße Kündigung, außerordentliche, fristlose Kündigung und Änderungskündigung.**

Ordentliche, fristgemäße Kündigung:
In der Probezeit gelten Kündigungsfristen von zwei Wochen für Arbeitsverträge und tägliche Kündigungsfrist für Ausbildungsverträge.

Wenn die Arbeitnehmerin kündigt, dann muss sie eine Kündigungsfrist von vier Wochen zum 15. oder zum Monatsende einhalten.

Kündigt der Arbeitgeber, gilt für Beschäftigte unter 25 Jahren eine Kündigungsfrist von vier Wochen zum 15. oder zum Monatsende. Für Beschäftigte über 25 Jahren hängen die Kündigungsfristen nach § 622BGB von der Länge der Betriebszugehörigkeit ab:

Betriebszugehörigkeit	Kündigungsfrist
unter 2 Jahren	4 Wochen zum 15. des Monats oder Monatsende
ab 2 Jahren	1 Monat zum Monatsende
ab 5 Jahren	2 Monate zum Monatsende
ab 8 Jahren	3 Monate zum Monatsende
ab 10 Jahren	4 Monate zum Monatsende
ab 12 Jahren	5 Monate zum Monatsende
ab 15 Jahren	6 Monate zum Monatsende
ab 20 Jahren	7 Monate zum Monatsende

Außerordentliche, fristlose Kündigung (§626 BGB)
Diese kann sowohl vom Arbeitgeber als auch durch die Medizinische Fachangestellte erfolgen. Bedingung ist, dass dem Kündigenden eine Fortsetzung des Arbeitsverhältnisses nicht mehr zugemutet werden kann. Nach dem Manteltarifvertrag für Medizinische Fachangestellte ist eine solche Kündigungnur möglich, wenn ein wichtiger Grund vorliegt. Beispiele:

- Diebstahl
- Arbeitsverweigerung
- grober Verstoß gegen die Praxisordnung
- selbst genommener Urlaub
- Beleidigungen
- Vorenthaltung des Gehalts
- sexuelle Belästigung

Jeder Vertragspartner muss dem anderen den Kündigungsgrund unverzüglich mitteilen. Eine fristlose Kündigung ist auch nur möglich, wenn der Kündigungsgrund nicht länger als zwei Wochen bekannt ist.

Änderungskündigung
Will der Chef eine Medizinische Fachangestellte zwar nicht entlassen, sondern nur eine Änderung der inhaltlichen Arbeitsbedingungen (z. B. Gehalt, Arbeitszeit) erreichen, kann eine Ände rungskündigung ausgesprochen werden. Das bedeutet, der Medizinischen Fachangestellten wird der alte Vertrag gekündigt und gleichzeitig ein geänderter neuer Arbeitsvertrag angeboten.

9.2.3 Kündigungsschutz

Die zwei Voraussetzungen des Kündigungsschutzes
Unter folgenden Voraussetzungen genießen Sie einen erweiterten Kündigungsschutz:

1. **Betrieblicher Geltungsbereich**
   Er gilt nur für Mitarbeiterinnen in Praxen mit mehr als fünf vollbeschäftigten Arbeit nehmern (ohne Azubis). In Betrieben mit weniger als zehn Arbeitnehmern (ohne Azubis) gilt kein Kündigungsschutz für die Arbeitnehmer, die dort erst nach dem 31.12.2003 begonnen haben.
2. **Personenbezogener Geltungsbereich – Wartezeit:**
   Zum Zeitpunkt des Zugangs der Kündigung muss das Beschäftigungsverhältnis länger als sechs Monate bestanden haben.

Allgemeiner Kündigungsschutz
Eine Medizinische Fachangestellte darf, wenn die Bedingungen erfüllt sind, nur dann gekündigt werden, wenn sie durch ihre Person oder ihr Verhalten einen Kündigungsgrund gibt oder wenn betrieb liche Erfordernisse vorliegen.

Kündigungsgründe nach dem Kündigungsschutzgesetz		
personenbedingte Gründe	**Verhaltensgründe**	**betriebliche Gründe**
• mangelhafte Kenntnisse und Fähigkeiten (Diese dürfen bei der Einstellung nicht bekannt gewesen sein.) • mangelnde körperliche oder geis tige Eignung (z. B. Allergien) • lange Krankheit, deren Ende nicht absehbar ist • häufige Kurzerkrankungen (wenn die wirtschaftliche Belastung für den Arbeitgeber zu groß wird)	• schuldhafte Vertragsverletzung, z. B. Arbeitsverweigerung, häufige Unpünktlichkeit • selbst genommener und nicht genehmigter Urlaub • Verletzung arbeitsrechtlicher Nebenpflichten, z. B. Nichtvorlage einer Arbeitsunfähigkeitsbescheinigung • Verstöße gegen die Praxisordnung • Verweigerung von Überstunden • Störung des Betriebsfriedens durch Beleidigungen von Kolleginnen, Ärzten, Patienten	• Umsatz-/Ertragsrückgang • Umstrukturierung der Praxis • Praxiseinschränkung, z. B. aus Altersgründen, Krankheit • erheblicher Umsatzrückgang im Verhältnis zu den fortschreiten den Praxiskosten, die sich unmit telbar auf den Arbeitsplatz auswirken • Reorganisationsmaßnahmen

Kündigungsgründe nach dem Kündigungsschutzgesetz		
personenbedingte Gründe	**Verhaltensgründe**	**betriebliche Gründe**
Zusatzpflichten des Praxisinhabers:	Vorherige schriftliche Abmahnung. Dadurch erhält die/ der Medizinische Fachangestellte die Chance, ihr/sein Verhalten zu ändern. Erfolgt dies nicht, kann die Kündigung ausgesprochen werden.	• vorherige Änderungskündigung prüfen • Berücksichtigung sozialer Gesichtspunkte (siehe im Folgenden)

Soziale Abwägung (KSchG § 1)
Ist einem Arbeitnehmer aus dringenden betrieblichen Erfordernissen gekündigt worden, so ist die Kündigung trotzdem sozial ungerechtfertigt, wenn der Arbeitgeber bei der Auswahl des Arbeitnehmers die Dauer der Betriebszugehörigkeit, das Lebensalter, die Unter haltspflichten und die Schwerbehinderung des Arbeitnehmers nicht oder nicht ausreichend berücksichtigt hat. Auf Verlangen des Arbeitnehmers hat der Arbeitgeber dem Arbeitnehmer die Gründe anzugeben, die zu der getroffenen sozialen Auswahl geführt haben.

In die soziale Auswahl sind Arbeitnehmer nicht einzubeziehen, deren Weiterbeschäftigung, insbesondere wegen ihrer Kenntnisse, Fähigkeiten und Leistungen oder zur Sicherung einer ausgewogenen Personalstruktur des Betriebs, im berechtigten Interesse der Praxis oder des Krankenhauses liegt.

Betriebsrat anhören
In Betrieben mit Betriebsrat ist dieser vor jeder Entlassung anzuhören, sonst ist die Kündi gung unwirksam. Widerspricht der Betriebsrat und es wird Klage eingereicht, muss die oder der Gekündigte bis zur Entscheidung des Arbeitsgericht weiterbeschäftigt werden.

Besonderer Kündigungsschutz
Folgende Gruppen genießen einen besonderen Kündigungsschutz:
- Menschen mit Schwerbehinderung
- Schwangere
- Auszubildende nach der Probezeit
- Betriebsratsmitglieder, Jugend- und Auszubildendenvertreter sind während ihrer Amtszeit und ein Jahr danach unkündbar.

9.2.4 Widerspruch – Möglichkeiten, gegen eine Kündigung vorzugehen

Wenn man meint, dass die Kündigung nicht rechtens oder nicht notwendig war oder dass gegen bestehende Vorschriften verstoßen wurde, kann man gegen eine Kündigung vorgehen. Kündigungsschutzklagen werden beim Arbeitsgericht eingereicht und erfahren folgende Behandlung:

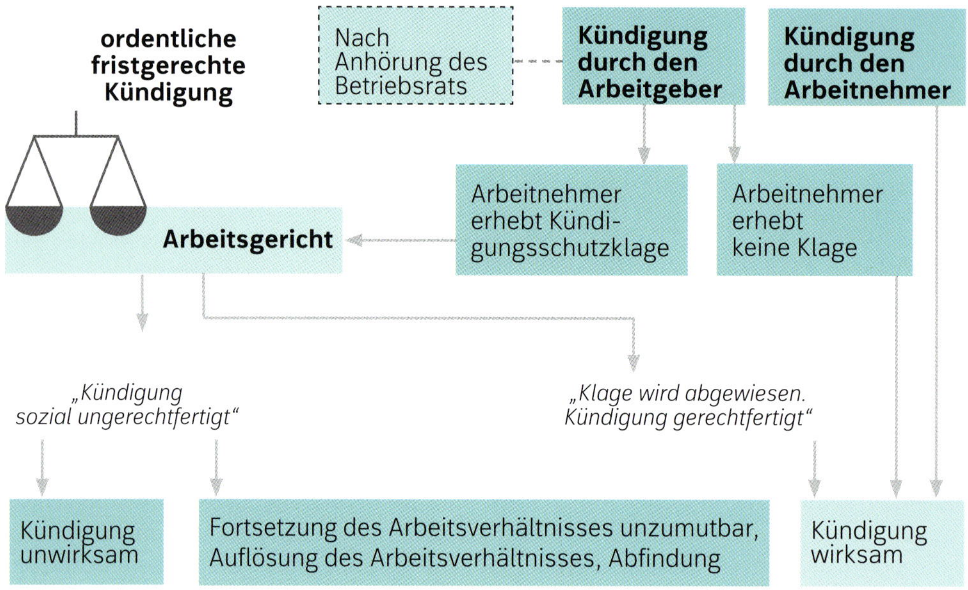

9.2.5 Rechte der Arbeitnehmerin nach der Kündigung

Sollten Medizinische Fachangestellte gekündigt worden sein, dann haben sie Anspruch auf
- angemessene Freistellung zu Vorstellungsgesprächen und Assessmentcentern,
- ein Arbeitszeugnis (auf Wunsch ein qualifiziertes Zeugnis),
- eventuellen Resturlaub,
- die Herausgabe der Arbeitspapiere (Lohnsteuerkarte, Sozialversicherungsnachweis, Urlaubsbescheinigung).

Arbeitsaufträge

1. In dem im Eingangsfall geschilderten Dall erscheint Corinna erst um 10 Uhr in der Praxis. Überlegen und entscheiden Sie, ob das eine Kündigung des Arbeitsvertrages zur Folge haben und ob diese ggf. sogar fristlos ausgesprochen werden könnte.

2. Welche unterschiedlichen Rechtsvorschriften gelten generell für eine „ordentliche" Kündigung durch den Arbeitgeber bzw. hier für Frau Dr. Heilmann und wie sieht dies aus, wenn ein/e Arbeitnehmer/in bzw. hier eine der beschäftigten ZFA´s aus persönlichen Gründen aus der Praxis ausscheiden möchte ?

3. Eine ordentliche Kündigung durch den Arbeitgeber muss „sozial gerechtfertigt" sein. In einem Dentallabor sind zusammen mit zwei Auszubildenden insgesamt zwanzig 20 Mitarbeiter/innen beschäftigt.
Aus betrieblichen Gründen soll eine/r von ihnen entlassen werden. Dabei spielt neben den individuellen Qualifikationen der Aspekt der „sozialen Rechtfertigung" eine ent scheidende Rolle.
Zur Disposition stehen folgende Stelleninhaber:

Name	Alter	Betriebszugehörigkeit	Sonstiges
Klara Schuhmann	53	13 Jahre	• verheiratet, • Ehemann in Altersteilzeit, • drei Töchter, davon eine mit Lebenspartner, zwei verheiratet
Edith Müller	46	12 Jahre	• geschieden, • eine Tochter arbeitet als MFA • ein Sohn der studiert •
Claudia Schmidt	28	8 Jahre	• Alleinverdienerin, • alleinerziehende Mutter • Sohn 4 Jahre alt (Kindergarten)
Christa Schnell	24	1 Jahr	• ledig, • kinderlos • Schuldenbelastung durch Kauf einer Eigentumswohnung

Wie würde Ihre Entscheidung in dieser Situation ausfallen und wie würden Sie diese begründen? Machen Sie daran auch die Schwierigkeit deutlich, den Begriff „soziale Rechtfertigung" auf eine konkrete Situation anzuwenden.

4. Beurteilen Sie die Rechtslage in folgenden Fällen, beurteilen Sie, ob und wenn ja, mit welcher Begründung eine Kündigung des Arbeitsverhältnisses möglich wäre:
Eine Mitarbeiterin

a) wurde nun schon zum dritten Mal aufgefordert, in der Mittagspause am Empfangstresen nicht zu rauchen

b) kommt immer wieder montags nicht zur Arbeit, weil sie nach einem ausgedehnten Wochenende dann unter starker Migräne leidet

c) ist wegen eines Bandscheibenvorfalles bei der Assistenz am Behandlungsstuhl nur noch bedingt einsetzbar

d) weigert sich, die ihr zugewiesene Arbeit im Abrechnungswesen zu erledigen. Anstatt am Schreibtisch zu sitzen, möchte sie lieber bei den Behandlungen assistieren.

e) kann als alleinerziehende Mutter hin und wieder nicht zur Arbeit kommen, weil eines ihrer schulpflichtigen Kinder krank ist.

9.3 Sorglos-Gesetze
Sonstige Schutzbestimmungen für Arbeitsverhältnisse

Die Karikatur nimmt das Thema „Arbeitszeit" ins Visier.

Was soll damit ausgedrückt werden, welche Regelungen vermuten Sie im „Arbeitszeitgesetz" und welche weiteren Schutzbestimmungen kennen Sie?

9.3.1 Arbeitszeitgesetz (ArbZG)

Dieses Gesetz gilt nur für volljährige Arbeitnehmer/-innen. Für die Ausbildung und Beschäftigung von Jugendlichen (d. h. jünger als 18 Jahre) gilt anstelle der neuen Bestimmungen des Arbeitszeitgesetzes weiterhin das Jugendarbeitsschutzgesetz.

→ *LF 1, Kap. 8*

PRAXIS-TIPP

Als Arbeitszeit wird die Zeit vom Beginn bis zum Ende der Arbeit ohne die Ruhepausen gerechnet.

INFO 1 Grundsatz

Die werktägliche Arbeitszeit von acht Stunden darf nicht überschritten werden. Die höchstzulässige Wochenarbeitszeit beträgt sechs Werktage à acht Stunden = 48 Stunden.

INFO 2 Ausnahmen

Die werktägliche Arbeitszeit kann bis auf zehn Stunden verlängert werden, wenn im Durchschnitt acht Stunden werktäglich in einem bestimmten Ausgleichszeitraum nicht überschritten werden.

Gesetzlich ungeklärt ist die Festlegung einer Mehrarbeitsvergütung zum Arbeitsentgelt für Zeiten, die über die gesetzliche Höchstarbeitszeit hinausgehen. Diese Festlegung muss daher im Tarifvertrag oder im Inhalt des einzelnen Arbeitsvertrages erfolgen. Nach der bisherigen Grundlage (Arbeitszeitordnung) betrug der übliche Zuschlag für diese Mehrarbeitsvergütung 25 % zum jeweiligen Stundensatz.

INFO 3 Ruhepausen

Bei einer Arbeitszeit von mehr als sechs bis zu neun Stunden: 30 Minuten Ruhepause.

Bei einer Arbeitszeit von mehr als neun Stunden: 45 Minuten Ruhepause.

Zu beachten ist:
- Ruhepausen werden nicht als Arbeitszeit vergütet.
- Ruhepausen können in Zeitabschnitte von jeweils 15 Minuten aufgeteilt werden.
- Länger als sechs Stunden hintereinander dürfen Mitarbeiter nicht ohne Ruhepause beschäftigt werden.
- Pausen von weniger als 15 Minuten sind keine Ruhepausen.
- Ruhepausen müssen im Voraus feststehen, d. h., zu Beginn der täglichen Arbeitszeit muss ein Zeitraum für die Ruhepausen festgelegt sein.

INFO 4 Ruhezeit

Nach Beendigung der täglichen Arbeitszeit müssen die Mitarbeiter/-innen eine ununterbrochene Ruhezeit von mindestens elf Stunden erhalten.

INFO 5 Sonn- und Feiertagsarbeit

Mitarbeiter/-innen dürfen an Sonn- und gesetzlichen Feiertagen von 00:00 bis 24:00 Uhr nicht beschäftigt werden.

Ausnahmen gibt es für bestimmte Berufe im Gastgewerbe, in Verkehrsbetrieben, Krankenhäusern usw., aber auch für den zahnärztlichen Notdienst.

Für die Tätigkeit an Sonn- und Feiertagen muss aber ein Ausgleich geschaffen werden: **Für Tätigkeiten an einem Sonntag** ist ein Ersatzruhetag innerhalb von zwei Wochen (ab Zeitraum des Beschäftigungstages) zu gewähren. **Für Tätigkeiten an einem auf einen Werktag folgenden Feiertag** muss ein Ersatzruhetag innerhalb von acht Wochen (ab Zeitraum des Beschäftigungstages) gewährt werden.

Es müssen aber mindestens 15 Sonntage im Jahr beschäftigungsfrei bleiben. Das Arbeitszeitgesetz (§ 25) sieht allerdings vor, dass hiervon abweichende Regelungen, die in einem Tarifvertrag festgelegt sind, davon unberührt bleiben. Das bedeutet, bezogen auf den Manteltarifvertrag für Zahnarzthelferinnen und ZFA gilt für die Beschäftigung im Notdienst an Sonn- oder Feiertagen anstelle der Freistellung die Gewährung des entsprechenden Zuschlags.

INFO 6 Tarifvertragliche Verbesserungen

Die meisten Tarifverträge verbessern diese Mindestbestimmungen. So legt z. B. der Manteltarifvertrag für Zahnarzthelferinnen für die Zuständigkeitsbereiche Berlin, Hamburg, Hessen, Westfalen-Lippe eine wöchentliche Höchstarbeitszeit von 38 Stunden fest.

9.3.2 Bundesurlaubsgesetz (BUrlG)

Der gesetzliche Mindesturlaubsanspruch für volljährige Beschäftigte ohne Staffelung nach dem Lebensalter beträgt mindestens 24 Werktage.

Bei einer Fünf-Tage-Woche in der Zahnarztpraxis beträgt der Urlaubsanspruch 27 Arbeitstage pro Kalenderjahr. Dieser erhöht sich nach achtjähriger Beschäftigungsdauer auf 29 Arbeitstage und nach sechzehnjähriger Beschäftigungsdauer auf 31 Arbeitstage pro Kalenderjahr. Maßgebend für die Berechnung der Urlaubsdauer ist die Beschäftigungsdauer am 1. Januar des Kalenderjahres.

Werktage sind alle Kalendertage, die nicht Sonn- oder gesetzliche Feiertage sind; somit sind auch die arbeitsfreien Werktage (z. B. Samstage) Urlaubstage. Je Kalenderjahr dürfen aber nur vier Samstage als Werktage angerechnet werden.

PRAXIS-TIPP

Die bei Erkrankung durch ärztliches Attest nachgewiesenen Tage der Arbeitsunfähigkeit während des Erholungsurlaubs werden nicht auf den Jahresurlaub angerechnet (§ 9 BUrlG).

Auch längere krankheitsbedingte Fehlzeiten vermindern somit nicht den Urlaubsanspruch. Jedoch: Der Urlaubsanspruch besteht längstens bis zum 31. März des Folgejahres.

Beispiel

Eine Zahnmedizinische Fachangestellte ist im gesamten laufenden Jahr und im darauf folgenden Jahr vom 01.01. bis 28.02. erkrankt.

Konsequenzen: Eine Übertragung ihres Urlaubs ist statthaft; Urlaub muss aber bis Ende März genommen werden. Ist die Fachangestellte auch im gesamten März arbeitsunfähig krank, erlischt der Urlaubsanspruch.

PRAXIS-TIPP

Lassen Sie sich bei einem Arbeitsplatzwechsel von Ihrem früheren Chef eine Urlaubsbescheinigung ausstellen, die Sie dem neuen Arbeitgeber vorlegen.

INFO 7 Teilurlaub (§ 5 Bundesurlaubsgesetz)

Der volle Urlaubsanspruch wird erstmalig nach sechs Monaten Beschäftigung erworben. Wenn im Eintrittsjahr diese Zeit nicht mehr erfüllt werden kann (durch Eintritt im September), so hat man nur Anspruch auf 1/12 des Jahresurlaubs für jeden vollen Monat des Bestehens des Beschäftigungsverhältnisses, soweit der Jahresurlaub nicht bereits von dem früheren Arbeitgeber erteilt worden ist. Bei der Zwölftelung ist zu beachten, dass Bruchteile von Urlaubstagen, die mindestens einen halben Tag ergeben, auf volle Urlaubstage aufzurunden sind.

Beispiel

- $^{3}/_{12}$ von 31 Werktagen = 7,8 = 8 Werktage
- $^{4}/_{12}$ von 31 Werktagen = 10,3 = 10 Werktage

INFO 8 Grundsatz der Urlaubserteilung

Den Zeitpunkt des Urlaubs bestimmt der Arbeitgeber. Er muss dabei allerdings die Wünsche seiner Angestellten berücksichtigen, sofern dem nicht dringende Belange der Praxis entgegenstehen. Achtung: Auszubildenden muss der Urlaub innerhalb der Schulferien gewährt werden.

Bei der Erteilung des Urlaubsanspruchs kann es immer wieder zu Schwierigkeiten zwischen den Erfordernissen der Praxis und den Wünschen der Mitarbeiter/-innen sowie zu Überschneidungen innerhalb der Interessen des Praxisteams kommen.

→ *LF 1, Kap. 10*

Es empfiehlt sich daher, spätestens zu Beginn jedes Jahres einen Urlaubsplan festzulegen, in dem die Wünsche von allen Angestellten nach Möglichkeit berücksichtigt werden. Beachtet werden dabei auch ein evtl. Praxisurlaub und soziale Belange der Mitarbeiter/-innen wie z. B. schulpflichtige Kinder, Urlaub der Ehegatten, Familienfeste, Kuraufenthalte. Dieser Urlaubsplan sollte einvernehmlich abgestimmt werden, um keine Unruhe in das Betriebsklima kommen zu lassen. Dennoch wird auch dieser Plan durch Krankheiten usw. im Laufe des Jahres umgestellt werden müssen. Den Urlaub genehmigt dann grundsätzlich der Praxisinhaber. Eine eigenmächtige Urlaubsnahme gegen dessen Willen ist nicht erlaubt und kann zur Kündigung führen.

→ *LF 1, Kap. 9.2*

9.3.3 Schwerbehindertengesetz (SGB IX)

Personen mit mindestens 50 % Schwerbehinderung genießen einen besonderen Schutz durch das Schwerbehindertengesetz, das Teil des Neunten Buches Sozialgesetzbuch (SGB IX) ist.

Abhängig von der Behinderung dürfen sie bestimmte Arbeiten nicht übertragen bekommen.

Sie haben Anspruch auf Zusatzurlaub in Höhe von fünf Arbeitstagen im Urlaubsjahr.

Außerdem genießen sie einen besonderen Kündigungsschutz. Eine Kündigung muss unter Angabe von Gründen der Hauptfürsorgestelle des zuständigen Versorgungsamtes angezeigt werden. Damit dennoch von den Betrieben Schwerbehinderte eingestellt werden, fördert der Staat deren Beschäftigung mit Zuschüssen.

PRAXIS-TIPP

Das komplette Gesetz und hilfreiche Informationen finden Sie unter: http://www.gesetze-im-internet.de/sgb_9_2018/.

Betriebe, die weniger als 5 % der Arbeitsplätze mit Schwerbehinderten besetzen, müssen eine monatliche Ausgleichsabgabe bezahlen.

9.3.4 Entgeltfortzahlungsgesetz (EntgFG)

Nach dem Entgeltfortzahlungsgesetz haben Arbeitnehmer/-innen einen Anspruch auf Gehaltsfortzahlung für die Dauer von sechs Wochen, wenn die Beschäftigten krankheitsbedingt arbeitsunfähig sind und die Krankheit nicht auf einem Verschulden der Beschäftigten beruht. Bei längerer Krankheit erhalten sie ab der 7. Woche Krankengeld von ihrer Krankenkasse.

→ *LF 1, Kap. 9.3.2*

Leichte Unvorsichtigkeiten gelten nicht als Verschulden. Den Gehaltsfortzahlungsanspruch verliert man nur durch ein ungewöhnlich leichtfertiges und verwerfliches Verhalten.

Beispiel

Eine Beschäftigte erhält keine Gehaltsfortzahlung, wenn die Arbeitsunfähigkeit – da verschuldet – durch erlittene Verletzungen bei einem Verkehrsunfall infolge Nichtanlegen des Sicherheitsgurtes entstanden ist (LAG Berlin v. 18.07.79 – 5 Sa 53/79).

INFO 9 Exkurs: Arztbesuche während der Arbeitszeit und Gehaltsfortzahlung während dieser Abwesenheit

Zum betrieblichen Alltag gehört der Wunsch von Mitarbeitern, während der Arbeitszeit zum Arzt gehen zu dürfen. Es existiert folgende Regelung:

1. **Arztbesuch zur Feststellung einer Arbeits-unfähigkeit**
   Dient der Arztbesuch während der Arbeitszeit zur Feststellung oder Behandlung einer krankheitsbedingten Arbeitsunfähigkeit, dann besteht für den Arbeitgeber die Verpflichtung, die durch den Arztbesuch ausgefallene Arbeitszeit zu bezahlen.
2. **Arztbesuch während der Arbeitszeit ohne Arbeitsunfähigkeit**
   Aufgrund ihrer Treuepflicht sind die Mitarbeitenden verpflichtet, Arbeitsausfälle so weit wie möglich zu vermeiden. Ein Arzt- oder Zahnarzttermin sollte möglichst außerhalb der betrieblichen Arbeitszeit, d. h. in die Freizeit gelegt werden. Es sollten alle Möglichkeiten genutzt werden, um den Termin außerhalb der Arbeitszeit wahrzunehmen.

   Hat eine Mitarbeiterin/ein Mitarbeiter allerdings keinen Einfluss auf die Termingestaltung, liegt ein persönlicher Hinderungsgrund i. S. d. § 616 BGB vor. Häufig sind dabei die Fälle, in denen der betreffende Arzt keine Sprechstunde außerhalb der Arbeitszeiten anbietet oder die Behandlung zu einem vom Arzt festgelegten Termin stattfinden soll. Auch in diesen Fällen muss das Gehalt für die ausgefallene Arbeitszeit gezahlt werden.

   Anmerkungen:
   Die Arbeitgeber haben dann sogar das Recht, ihre Mitarbeiter/-innen an einen anderen Arzt zu verweisen, der „günstigere Sprechstundenzeiten" unter dem Aspekt eines zu vermeidenden Arbeitszeitausfalls anbietet.

9.3.5 Überwachung

Die Überwachung der Arbeitsschutzbestimmungen obliegt verschiedenen Stellen: den Kammern, Berufsgenossenschaften, staatlichen Gewerbeaufsichtsämtern, Sicherheitsbeauftragten, Gewerk- schaften usw.

→ *Bei Streitigkeiten siehe LF 1, Kap. 10*

Arbeitsaufträge

1. Erklären Sie die wichtigsten Regelungen des Arbeitszeitgesetzes.
2. Informieren Sie sich bei Ihrer zuständigen Landeszahnärztekammer über die in Ihrem Manteltarifvertrag abgeschlossene Arbeitszeitregelung.

3. Ermitteln Sie die Ihnen zustehenden Urlaubstage. Berücksichtigen Sie evtl. das Jugendarbeitsschutzgesetz.

4. Erklären Sie den Unterschied zwischen Ruhepausen und Ruhezeiten.

5. Wie ist die Sonn- und Feiertagsarbeit geregelt?

6. Welche Ausnahme besteht für Not-, Sonn- und Feiertagsdienste?

7. Die Zahnarzthelferin Mareike hat zusammen mit ihrer Freundin einen Urlaubsflug gebucht. Doch der Chef erteilt ihr für diese Zeit keinen Urlaub, da dieser nicht in der Urlaubsliste festgehalten wurde. Überprüfen Sie jeweils die Rechtslage:

a) Sie ist Auszubildende und hat diesen Urlaub in die Sommerferien gelegt.
b) Sie ist Auszubildende, der Termin liegt außerhalb der Berufsschulferien.
c) Sie ist Angestellte und besteht auf diesem Urlaub.
d) Obwohl der Chef diesen Urlaub nicht genehmigt hat, fliegt sie als Angestellte einfach weg.

8. Begründen Sie den besonderen Schutz für Schwerbehinderte.

9. Ein Patient meint bei der Terminvergabe, dass sein Arbeitgeber einen Termin während der Arbeitszeit nicht genehmige. Klären Sie diesen Patienten über die Rechtslage auf.

10. Erklären Sie die Regelung bezüglich Arztbesuchen während der Arbeitszeit.

11. In einer Zahnarztpraxis arbeiten vier Angestellte. Fast regelmäßig kommt es bei der Frage der Arbeitseinteilung und der Urlaubstage zu Meinungsverschiedenheiten:

- Frau Heldmann ist verheiratet und hat ein schulpflichtiges Kind. Sie will grundsätzlich erst um 09:00 Uhr beginnen (die Praxis öffnet um 08:00 Uhr) und „muss ihren Urlaub in jedem Falle in den Ferien nehmen". Überstunden „mag" sie gar nicht, eine geregelte Arbeitszeit ist ihr am liebsten. Wenn ihr Kind krank ist, ruft sie schon mal kurzfristig an, um mitzuteilen, dass sie nicht zur Arbeit kommen kann, weil das Kind „ja nicht allein bleiben kann".
- Frau Schultze ist ledig, hat aber zu Hause eine pflegebedürftige Mutter. Auch sie „kann" wegen der Pflege nicht vor 09:00 Uhr beginnen und muss in jedem Fall mittags für zwei Stunden nach Hause. Mit ihrem Lebensgefährten (er ist Lehrer) kann auch sie nur in den Ferien Urlaub machen.
- Frau Seibers ist zu 50 % schwerbehindert. Sie ist auf öffentliche Verkehrsmittel angewiesen. Der erste Bus wäre um 07:05 Uhr bei der Praxis, der nächste Bus kommt um 08:15 Uhr an (also 15 Minuten zu spät). Auch Frau Seibers macht am liebsten in den Sommerferien Urlaub.
- Frau Dickens ist alleinerziehende Mutter eines 12-jährigen Kindes. „Am liebsten" wäre es ihr, wenn sie ihre Tochter vor Arbeitsbeginn in die Schule bringen könnte, weil sie die Gefahren, die auf dem Schulweg lauern, als zu hoch einschätzt. Tatsächlich hat es gerade in der dunklen Jahreszeit schon mehrfach unliebsame Zwischenfälle gegeben. Urlaub will Frau Dickens „für mindestens drei Wochen" in den Schulferien haben.

Schildern Sie die Probleme, die hinter diesen individuellen Vorstellungen (oder Notwendigkeiten) stehen und diskutieren Sie nicht nur die rechtliche Seite, sondern auch die Frage, wie ein „Praxisteam" damit umgeht und wo die Möglichkeiten und Grenzen einer gemeinsamen Lösung sind.

10. Miteinander ist besser als gegeneinander
Konflikte am Arbeitsplatz

Es ist am Arbeitsplatz wie im normalen Leben: Es geht nicht immer alles glatt und ohne unterschiedliche Meinungen ab. Sicher werden Sie das aus eigener Erfahrung auch berichten können.

Die Frage ist dann nur, wie sich ein Problem, wenn es schon mal aufgetreten ist, lösen lässt. Ein Beispiel aus dem Arbeitsalltag von Lucia, deren Kollegin Carmen zwar nur eine Halbtagsstelle hat, aber immer wieder kurzfristig ausfällt, weil sie zu Hause ihr Kind versorgen muss.

In der Zeit des „Corona-Lockdons" als ihr dreijähriger Sohn nicht in die Kita gehen konnte und sie als alleinerziehende Mutter zu Hause immer dann gefragt war, wenn ihre Mutter die Betreuung nicht übernehmen konnte, hatte ihre Chefin und die Kolleginnen ja noch Verständnis.

Als sich dann aber Jasmin obendrein nicht dazu in der Lage sah, an einer dreitätigen Fortbildung zur Einarbeitung in das für die Praxis neu beschaffte Röntgen- und Ultraschallgerät teilzunehmen, weil die jeweils ganztägige Abwesenheit von zu Hause nicht möglich sei, sah sich Frau Heilmann gezwungen, ein paar deutliche Worte zu sagen.

Sie versuchte Jasmin klar zu machen, dass sie sich trotz allem Verständnis für die zu persönliche Situation entscheiden müsse, was ihr mehr wert sei – der Arbeitsplatz oder die heimische Rolle als Mutter.

Mit den Worten „So leid mir es tut, aber so geht es nicht weiter, sonst müssen wir uns trennen. Ich brauche Mitarbeiter, auf die ich mich verlassen kann und ihre Kolleginnen sind auch am Rande ihrer Möglichkeiten und können nicht immer wieder Ihre Arbeit übernehmen" macht Frau Dr. Metz ihren Unmut deutlich.

„Aber ..." versuchte Jasmin etwas zu entgegnen, doch Frau Dr. Metz schnitt ihr das Wort ab. „Wie ich gesagt habe, entweder Sie kommen ab sofort regelmäßig zum Dienst oder Sie bleiben für immer zu Hause" waren ihre klaren Worte.

Wie beurteilen Sie diese Situation und welche Lösungsmöglichkeiten gibt es, wenn am sich aufgrund bestimmter Verhaltensweisen oder unterschiedlicher Meinungen der Betroffenen Konflikte am Arbeitsplatz ergeben, die gelöst werden müssen.

10.1 Konflikte durch Gespräche lösen

Die Situation, in der ein Konflikt zwischen dem Ausbildendem und der Auszubildenden beschrieben wird, ist nahezu alltäglich. Ähnliches passiert in vielen Praxen. Die Auseinandersetzung kann schärfer werden, bis hin zu einem Prozess vor dem Arbeitsgericht. Aber für die Interessen beider Seiten wäre es sinnvoller, eine Lösung zu finden, ohne vor ein Gericht zu gehen.

Dazu ist es notwendig, das Gespräch mit dem Chef/der Chefin nicht abreißen zu lassen. Eltern, Kolleginnen/Kollegen können helfen, dieses zu unterstützen, ohne gleich die nach dem Berufsbildungsgesetz zuständige Zahnärztekammer einzuschalten. Der erste Schritt zur Konfliktlösung sollte ein Gespräch sein.

Ratschläge für Konfliktgespräche: Für die Zahnmedizinische Fachangestellte ist das Gespräch mit dem Arzt über ihre persönlichen Belange eine große psychische Belastung. Rhetorische und psychologische Kenntnisse fehlen ihr häufig. Unausgesprochene Probleme können ihr aber den Schlaf rauben, schlimmstenfalls beseitigt sie diesen Zustand durch eine unerwartete Kündigung. Zunächst einmal ist also das Wohlwollen und nicht die spontane Ablehnung des Arztes Voraussetzung für ein gutes Gespräch. Die Fachangestellte selbst sollte auch einige Punkte beachten:

- **Wählen Sie den richtigen Zeitpunkt!** Jeder Zahnarzt, den Sie nach aktionsreicher Sprechstunde um ein Gespräch bitten, wird sicher zunächst unwirsch reagieren. Gehen Sie nicht zu ihm, wenn die Termine drängen oder er selbst ein wichtiges Problem zu bewältigen hat.
- **Unternehmen Sie nichts im Zorn!** Schlafen Sie erst einmal eine Nacht über Ihren Ärger. Wenn Sie wütend ein Gespräch beginnen, vergiften Sie die Atmosphäre und stimmen den Zahnarzt allenfalls gereizt. Hüten Sie sich vor Pauschalklagen, sagen Sie nicht: „Hier klappt überhaupt nichts mehr", sondern versuchen Sie, konkret Ihre Sache vorzutragen.
- **Bieten Sie Lösungen an!** Klagen Sie nicht, dass es Ihnen schlecht geht, dass Sie zu wenig verdienen und dass das Betriebsklima nicht stimmt...
- **Bereiten Sie sich auf das Gespräch vor!** Notieren Sie sich vorher, was Sie mit Ihrer Chefin/Ihrem Chef besprechen wollen. Sie sollten ihre/seine Zeit nicht mehr als nötig in Anspruch nehmen. Verzetteln Sie sich nicht, sondern versuchen Sie, Ihr Kernproblem klar und sachlich zu schildern.
- **Versetzen Sie sich in die Lage von Chef/-in** Reagieren Sie nicht beleidigt, auch wenn es in dem einen oder anderen Punkt zunächst zu keiner Einigung kommt. Bitten Sie darum, in absehbarer Zeit noch einmal darüber zu sprechen. Vielleicht ist zu einem anderen Zeitpunkt eher eine für beide Seiten befriedigende Lösung zu erreichen.
- **Psychologie für die ZFA!** Auch Ihrem Zahnarzt tut es einmal gut, wenn Sie sich bedanken: für das Gespräch, für das angenehme Arbeitsklima, für die Kostenübernahme der letzten Fortbildungsveranstaltung, für das Geburtstagsgeschenk und die Gehaltserhöhung. Sagen Sie ihm, dass Sie gerne mit ihm zusammenarbeiten. Lob und Anerkennung tun auch ihm gut.

PRAXIS-TIPP

Konflikte können nicht nur mit dem Praxisinhaber, sondern auch innerhalb des Praxisteams entstehen. Versuchen Sie auch hier, immer zuerst den Konflikt durch eine persönliche Aussprache zu klären. Hat dies keinen Erfolg, dann sollten Sie überlegen, ob sie eine weitere Kollegin zu dem Gespräch hinzuziehen. Wenn das keinen Erfolg hat, wäre der Zahnarzt als nächster „Schlichter" zu wählen.

10.2 Der Ausbildungsberater – Mittler zwischen den Parteien

§ 76 BBiG

Die zuständige Stelle überwacht die Durchführung der [...] Berufsausbildung und [...] und fördert diese durch Beratung der an der Berufsbildung beteiligten Personen. Sie hat zu diesem Zweck Berater oder Beraterinnen zu bestellen.

Die Ausbildungsberater/-innen der Zahnärztekammern sind praktizierende Zahnärzte, die beide Vertragsparteien fachgerecht mit dem Ziel beraten, bei der Lösung von Konflikten mitzuhelfen und so die Entstehung künftiger Konflikte möglichst zu verhindern.

In diesem Fall aber kann auch der Ausbildungsberater nicht helfen. Der Konflikt spitzt sich zu. Melanies Chef besteht auf dem Verzicht an der Teilnahme zur Studienfahrt. Als Melanie ablehnt, wird ihr gekündigt.

PRAXIS-TIPP

Wenn ein Konflikt mit Ihrem Ausbilder in einem Gespräch ungelöst bleibt, dann können Sie sich an die Ausbildungsberaterin/ den Ausbildungsberater bei Ihrer zuständigen Zahnärztekammer wenden. Wägen Sie aber immer vorher gut ab, ob der Gang zur Ärztekammer sinnvoll ist. Bedenken Sie, dass Sie ja Ihre Ausbildung in dieser Praxis beenden wollen.

10.3 Die letzte Instanz vor dem Gericht – der Schlichtungsausschuss

Wenn sich Konflikte am Arbeitsplatz durch die beschriebenen Möglichkeiten nicht lösen oder bereinigen lassen, bleibt als letzte Möglichkeit oft nur die Einschaltung eines jeweils bei den Landeszahnärztekammern eingerichteten Schlichtungsausschusses. Die Schlichtungsstellen haben auch das Ziel, eine außergerichtliche Einigung bei Streitfällen zwischen Arzt und Patient zu ermöglichen. Maßgebend ist, dass beide Seiten mit einem solchen Verfahren einverstanden sind. Die Lösung besteht darin, dass am Ende des Verfahrens beide Seiten mit dem erreichten Ergebnis einverstanden sind. Das Ziel besteht darin, dass die im Raum stehende Streitigkeit einvernehmlich beigelegt und dass eine oft langwierige und kostenintensive gerichtliche Auseinandersetzung vermieden wird. Unabhängig davon ist die Durchführung eines Schlichtungsverfahrens auch eine Voraussetzung für einen sich ggf. anschließenden Gerichtsprozess.

Eine Schlichtung muss immer bei der Landeszahnärztekammer in dem Bundesland beantragt werden, in dem die zahnärztliche Leistung erbracht wurde. Die Schlichtungskommission ist in den meisten Bundesländern mit einem Vorsitzenden und zwei Beisitzern besetzt. Dies sind in der Regel Zahnärzte. Hingegen gehören Patientenvertreter meist nicht zur Schlichtungskommission.

Kosten
In den meisten Bundesländern ist die Schlichtung nicht mit Kosten verbunden. Allerdings gilt diese nicht generell. In einigen Bundesländern ist das Verfahren kostenpflichtig. Im Jahr 2020 waren dies: Hamburg, Mecklenburg-Vorpommern, Rheinland-Pfalz, Bremen und Bayern. Hier ist ggf. mit bis zu 400,00 € zu rechnen.

10.4 Das Arbeitsgericht als letzte Instanz

Ist ein Konflikt um den Ausbildungs- oder Arbeitsvertrag außergerichtlich nicht beizulegen, dann kann das örtlich zuständige **Arbeitsgericht** angerufen werden. Dabei entfällt das sonst vorgeschaltete Güteverfahren durch das Schlichtungsverfahren.

Die Arbeitsgerichte gewährleisten eine sachgerechte Behandlung des Falles, da die ehrenamtlichen Richter (z. B. aus dem Berufsverband und der Kassenärztlichen Vereinigung) Erfahrungen aus der Berufswelt einbringen.

Bei einem Vergleich, d. h. einer Einigung der Parteien vor Urteilsverkündigung, werden keine Gerichtskosten fällig. Eine Berufung vor dem Landesarbeitsgericht ist nur möglich, wenn der Streitwert mehr als 600,00 € beträgt. Auch muss man sich dann durch einen Rechtsanwalt vertreten lassen. Die Arbeitsgerichtsbarkeit wird oftmals bei Kündigungen angerufen.

Berufung: Neue Verhandlung, neue Beweismittel, neues Urteil, welches das bisherige ggf. ersetzt.

Revision: Verhandlung des Bundesarbeitsgerichtes über Verfahrensfragen, nicht über Beweismittel oder neue Fakten.

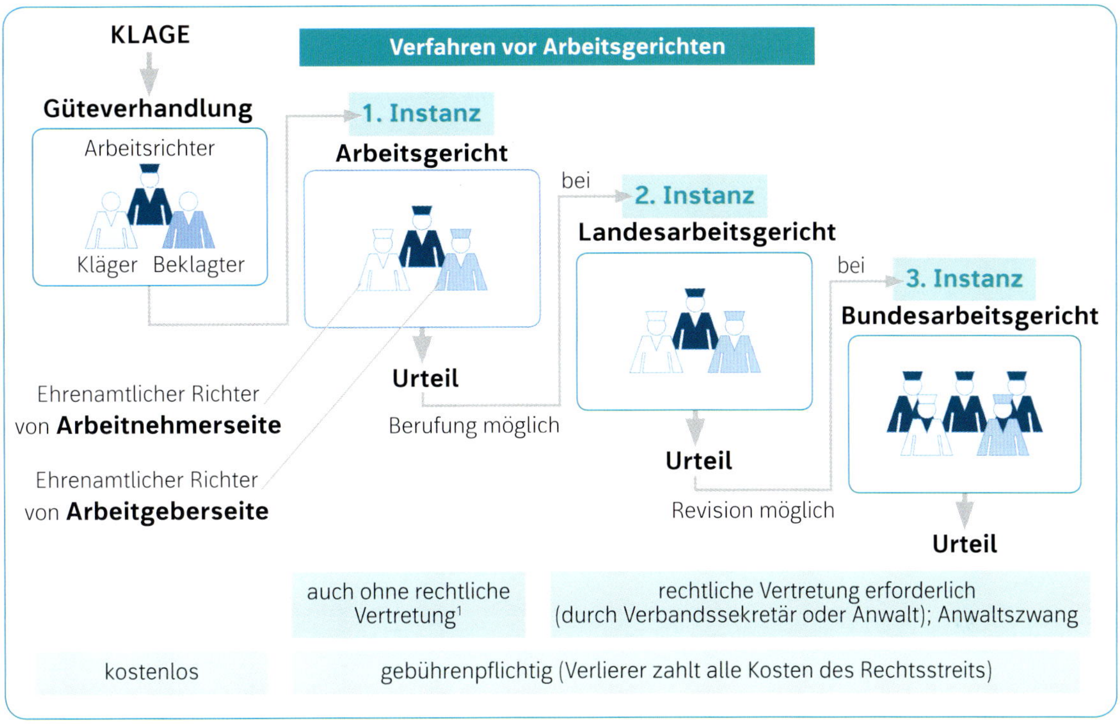

1 Die Anwaltskosten beim Arbeitsgericht (1. Instanz) trägt jede Partei selbst, auch dann, wenn sie den Prozess gewinnt.

PRAXIS-TIPP

- ***Die Klage vor dem Arbeitsgericht kann mündlich vorgetragen oder schriftlich eingereicht werden.***
- ***Als Mitglied eines Berufsverbandes oder einer Gewerkschaft erhalten Sie kostenlosen juristischen Beistand.***
- ***Personen mit geringerem Einkommen können Prozesskostenhilfe durch Antrag beim Arbeitsgericht erhalten.***

Arbeitsaufträge

1. Was ist zu tun, wenn es am Arbeits- oder Ausbildungsplatz nicht „rund läuft“? Nennen und beschreiben Sie, was getan werden sollte bzw. getan werden kann, um ein Problem ohne juristische Hilfe zu lösen.

2. Wie beurteilen Sie die „guten Ratschläge“ aus Info 2 mit den Tipps zur eigenen Verhaltens-weise im Konfliktfall und dem Hinweis, sich in solchen Fällen auch einmal in die Lage des jeweils anderen Konfliktpartners zu versetzen ?

3. Im Eingangsfall „Moment mal...) geht es ja nicht um eine Auszubildende, sondern um eine ausgelernte Fachkraft. Trotzdem können solche oder ähnliche Probleme auch in der Ausbildungszeit auftreten. Welche Rolle spielt dann ggf. ein Ausbildungsberater, wenn es um die Lösung oder Bereinigung von Meinungsverschiedenheiten von Ausbildern und Auszubildenden geht?

4. Überlegen Sie, ob und wenn ja, welche negativen Erfahrungen Sie selbst während Ihrer bisherigen Ausbildung gemacht haben und erklären Sie, worauf man es zurückführen kann, dass Konflikte manchmal unausweichlich erscheinen.

5. Erklären Sie, in welchen Stufen die Behandlung eines anders nicht beizulegenden Streitfalles vor dem Arbeitsgericht abläuft und was ein solcher Prozess selbst für den Fall, dass der Arbeitnehmer Recht bekommen sollte, für die Fortsetzung des Arbeitsverhältnisses bedeuten könnte oder bedeuten würde.

11. Die Zahnmedizinische Fachangestellte steigt auf

Fort- und Weiterbildungsmöglichkeiten

Zahnmedizinische Fachangestellte fragen sich:

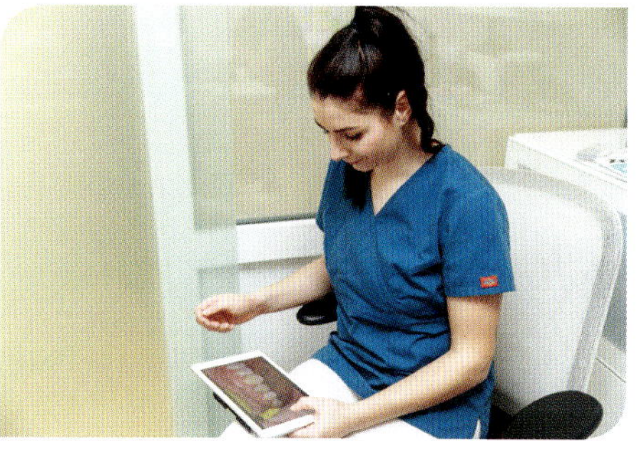

Weiterbilden ...

Einmal Fachangestellte – immer Fachangestellte?

Wie kann ich nach der Prüfung weiterkommen?

... oder ausruhen?

Beruflicher Aufstieg?

So geht's mir doch gut!

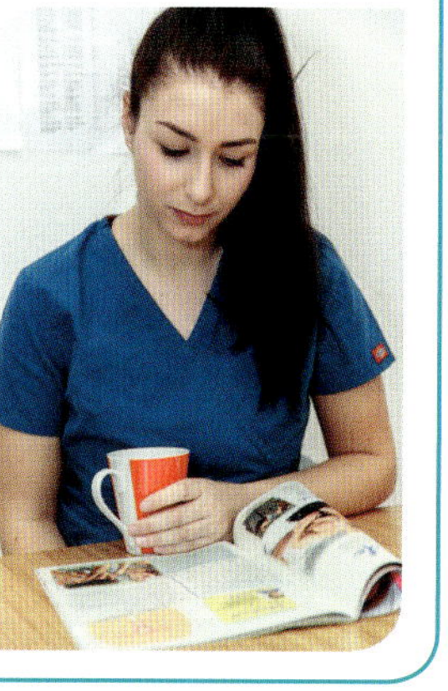

Wie kann eine Zahnmedizinische Fachangestellte/ein Zahnmedizinischer Fachangestellter aufsteigen?
Welche Fort- und Weiterbildungsmöglichkeiten sind Ihnen bekannt?

„Investition in Wissen bringt die höchsten Zinsen." (Benjamin Franklin)

PRAXIS-TIPP

Es gibt auch schon für Auszubildende zur Zahnmedizinischen Fachangestellten Möglichkeiten, Fort- und Weiterbildungsmaßnahmen zu besuchen. Informieren Sie sich hierüber am besten bei der für Sie zuständigen Landeszahnärztekammer.

→ *Linkliste in LF 1 Kap. 1*

Zeigen Sie auch gegenüber Ihrem Ausbilder Interesse an privaten Fortbildungskursen.

11.1 Berufe mit Zukunft

Die Entwicklung der modernen Zahnmedizin, der Einzug der EDV in den Verwaltungsbereich der Praxen und die medizinisch-technische Entwicklung erfordern eine ständige Fortbildung. Es bietet sich den Zahnmedizinischen Fachangestellten die Möglichkeit, sich anhand der unterschiedlichsten

Fachseminare weiterzuqualifizieren. Durch die Seminare bzw. die damit verbundenen Prüfungsnachweise erhalten die Absolventinnen und Absolventen eine besondere Qualifikation, die sie befähigt, weitere verantwortungsvolle Aufgaben in der Zahnarztpraxis wahrnehmen zu können.

Die ZFA führt z. B. Aufgaben im Bereich der zahnmedizinischen Individualprophylaxe selbstständig durch. Dazu gehören unter anderem begleitende Beratungs- und Behandlungsmaßnahmen auf dem Gebiet der Prävention und der Therapie. Die Zahnmedizinische Fachassistentin (ZMF) besitzt ebenso eine besondere Qualifikation im Bereich der Praxisorganisation und Praxisverwaltung. Nebenbei ist sie mitverantwortlich für die Aus- und Weiterbildung von jungen Kolleginnen/Kollegen, die neu in das Praxisteam kommen.

Die Berufsordnung für Zahnärzte sieht die Möglichkeit vor, dass bestimmte **behandlungsbegleitende Maßnahmen** an dafür speziell fortgebildete Mitarbeiter/-innen delegiert werden können. Die Zahnärztin/Der Zahnarzt trägt die Verantwortung für die übertragene Tätigkeit und darf die Mitarbeiter/-innen nur für Aufgaben einsetzen, für die sie qualifiziert sind. Den Zahnärztekammern ist gesetzlich die Möglichkeit gegeben worden, entsprechende Kurse anzubieten. Die Landeszahnärztekammern bieten diverse Anpassungsweiterbildungen nach kammereigener Fortbildungsordnung für Zahnmedizinische Fachangestellte an. Besondere Qualifikationen können darüber hinaus sowohl auf dem Gebiet der präventiven Zahnheilkunde als auch der Assistenz und des Praxismanagements erworben werden.

Kurz: Fortbildung lohnt sich – auch finanziell!

11.1.1 Zahnmedizinische Fachangestellte/Bereich Prophylaxe

Die Verhütung von Zahn- und Mundkrankheiten steht in der modernen Zahnheilkunde an oberster Stelle. Die zahnmedizinischen Therapiemöglichkeiten stellen die Zahnärzte und das gesamte Praxisteam vor neue Herausforderungen. Die Möglichkeiten, die die Aufstiegsfortbildung zur Zahnmedizinischen Fachangestellten/Bereich Prophylaxe der Landeszahnärztekammer bietet, tragen auch dem gesteigerten Gesundheitsbewusstsein der Patienten Rechnung.

Die Zahnmedizinische Fachangestellte entlastet den Zahnarzt bei der zahnmedizinischen Vorsorge. Sie ist befähigt, die professionelle Zahnreinigung mit den zur Verfügung stehenden Instrumenten und Hilfsmitteln unter Aufsicht des Zahnarztes selbstständig durchzuführen.

11.1.2 Zahnmedizinische Fachassistentin (ZMF)

In das Gebiet der Zahnmedizinischen Fachassistentin fällt die Patientenaufklärung hinsichtlich perfekter Mundhygiene und zahngesunder Ernährung.

Ziel dieser Aufstiegsfortbildung ist die Vermittlung umfassender Kenntnisse, sodass die/der Zahnmedizinische Fachassistent/in in einer Zahnarztpraxis qualifizierte Aufgaben nach Delegation im rechtlich zulässigen Rahmen übernehmen kann. Ein Schwerpunkt liegt hierbei im Bereich der professionellen Zahnreinigung, der Kariesprävention und der Kinderprophylaxe.

11.1.3 Zahnmedizinische Verwaltungsassistentin (ZMV)

Die Zahnmedizinische Verwaltungsassistentin übernimmt Tätigkeiten der gesamten Verwaltungsarbeit und Praxisorganisation. Sie entlastet den Praxisinhaber sachkundig und verantwortlich von allen Aufgabenstellungen im administrativen Bereich.

Durch ihre besonderen abrechnungstechnischen, informationstechnologischen, (arbeits-)rechtlichen und betriebswirtschaftlich-kaufmännischen Kenntnisse besitzt die Zahnmedizinische Verwaltungsassistentin eine besondere Schlüsselfunktion in der Praxis.

11.1.4 Dentalhygienikerin (DH)

Die gegenwärtige Spitze der Fortbildungsmöglichkeiten bildet die Dentalhygienikerin. Nach amerikanischem und Schweizer Vorbild ist sie in der Praxis des Zahnarztes für die Prophylaxe zuständig. Die Dentalhygienikerin handelt nach der Delegation durch den Zahnarzt. Sie erkennt und erfasst Erkrankungen im Bereich der Mundhöhle.

Ihr Aufgabenspektrum umfasst eine intensive Beratung und Motivierung der Patienten, um zur Verhütung von Krankheiten, zur Verhaltensänderung durch Information, Aufklärung, Anleitung und Überwachung beizutragen. Abgerundet wird das Berufsbild der Dentalhygienikerin durch die Assistenz bei allen komplizierten Behandlungen im Zahn-, Mund- und Kieferbereich.

PRAXIS-TIPP

Wenn Sie sich fortbilden wollen, kann dies auch ein Projekt im Rahmen des Programms „Begabtenförderung Berufliche Bildung" sein. Dies wird finanziell ggf. mit erheblichen Zuschüssen gefördert. Einzelheiten erfahren Sie bei Ihrer Landeszahnärztekammer oder von der Stiftung Begabtenförderung berufliche Bildung (SBB) unter www.sbb-stipendien.de.

11.1.5 Qualitätsmanagementbeauftragte/r

Es reicht schon längst nicht mehr aus, „nur" ein guter Zahnarzt zu sein, um eine Zahnarztpraxis erfolgreich zu führen. Unternehmerische Fähigkeiten sind immer mehr gefragt. Im gesetzlichen Bereich ist die Einführung eines Qualitätsmanagementsystems sogar vorgeschrieben. Insbesondere das Praxispersonal muss sich daher mit den Anforderungen eines Qualitätsmanagementsystems für die Zahnarztpraxis vertraut machen.

Hier kommen den Qualitätsmanagementbeauftragten eine zunehmend wichtige Rolle zu.

Sie werden hauptsächlich folgende Aufgaben übernehmen: Organisation eines prozessorientierten Qualitätsmanagements für die Praxis; Aufbau, Umsetzung und Weiterentwicklung eines QM-Handbuchs; Struktur von QM-Prozessen; Umsetzung des Medizinproduktegesetzes; Arbeitsschutz und Hygienevorschriften; fachgerechte Instrumentenaufbereitung in der Zahnarztpraxis; Kommunikation und Teamarbeit.

→ *Das Thema „Qualitätsmanagement" wird ausführlich in LF 13, Kap. 4 behandelt.*

11.2 Bildungsurlaub

In den meisten Bundesländern haben Arbeitnehmerinnen und Arbeitnehmer, einschließlich Auszubildender, einen Anspruch auf Freistellung von der Arbeit, um an einer Weiterbildungsmaßnahme teilzunehmen; sie werden dann unter Fortzahlung des Gehalts bzw. der Ausbildungsvergütung von der Arbeit freigestellt.

Grundsätzlich unterscheidet man hierbei berufliche, politische und allgemeine Weiterbildung.

Über den Rahmen der normalen Urlaubsgewährung hinaus haben Arbeitnehmer/-innen in verschiedenen Bundesländern (z. B. Berlin, Bremen, Hamburg, Hessen, Niedersachsen, Nordrhein-Westfalen) Anspruch auf zusätzlichen Bildungsurlaub.

Arbeitsaufträge

1. Warum ist die Teilnahme an Weiterbildungsmaßnahmen anzuraten?
2. Beschreiben Sie in Kurzform die Möglichkeiten, die eine ZFA ggf. nach Abschluss der Ausbildung hat., Nennen Sie auch die damit verbundenen Herausforderungen, sowie die grundsätzlichen persönlichen Bedingungen zur Teilnahme an solchen Maßnahmen.
3. Erklären Sie die Möglichkeit des Bildungsurlaubs und prüfen Sie, wie dieser in Ihrem Bundesland geregelt ist (zuständige Landeszahnärztekammer).

12. Ein System, das vielen hilft …
Pflichtmitgliedschaft in der gesetzlichen Sozialversicherung

Als Selma Kasta ihr Ausbildungsverhältnis vor einem Jahr begonnen hatte, bekam sie nicht nur den Ausbildungsvertrag und ihre Ausbildungsvergütung, sondern auch Post von der Deutschen Rentenversicherung. Zugesandt wurde ihr ein Schreiben mit ihrem Namen, dem Geburtsdatum, der Rentenversicherungsnummer und obendrein einer Seriennummer. Selma musste dieses Schreiben Ihrer Chefin, Frau Dr. Heilmann vorlegen, konnte es aber dann wieder „zur sorgfältigen Aufbewahrung“ mit nach Hause nehmen. Von ihrer Arbeitskollegin Manuela Harris erfuhr sie, dass diese „aus früheren Zeiten“ noch einen „richtigen“ Ausweis hatte. Diese Form wurde aber schon seit dem Jahr 2010 durch das „einfache“ Schreiben, das Selma bekommen hatte, ersetzt. Aber was sie nun mit dem Schreiben wirklich anfangen sollte und wann man es wo und wofür benötigt, wusste Selma nicht.

Viel wichtiger war ihr aber die erste Lohnabrechnung. Brutto erhält Selma die ihr tarifrechtlich zustehende Ausbildungsvergütung in Höhe von 870,00 €/Monat zzgl. einem Zuschuss in Höhe von 50,00 €, insgesamt also 920,00 €. Während Selma steuerlich noch in der Freizone liegt, also keine Abzüge hat, schlagen diese bei den Sozialabgaben mit insgesamt 182,39 € zu Buche, sodass sie nur 737,61 € ausgezahlt bekommt. Das wirft bei Selma rund um das Thema Sozialversicherung nun doch einige Fragen auf.

Lohnabrechnung (Ausbildungsvergütung) **Selma Kasta,** Auszubildende, 1. Lehrjahr ledig, kein Kind, Mitglied der ev. Kirchengemeinschaft Steuerklasse 1			
Ausbildungsvergütung			**920,00 €**
Lohnsteuer		---	
Kirchensteuer		---	
Solidaritätszuschlag		---	
Krankenversicherung	7,3 % + 0,5 %	71,76 €	
Rentenversicherung	9,3 %	85,65 €	**182,39 €**
Arbeitslosenversicherung	1,2 %	11,04 €	
Pflegeversicherung	1,525 %	14,03 €	
Nettolohn			**737,61 €**

Was bedeutet der Begriff „Pflichtversicherung“, wer fällt unter den davon betroffenen Personenkreis, welche Funktion hat der Sozialversicherungsausweis und was kann man „im Fall des Falles“ an Leistungen aus den einzelnen Versicherungszweigen erwarten?

12.1 Grundprinzip der gesetzlichen Sozialversicherung

Deutschland ist ein sozialer Rechtsstaat (Sozialstaat). Dies ist im Grundgesetz verankert. Ein wesentlicher Bestandteil des Sozialstaates ist die gesetzliche Sozialversicherung.

Dieses System steht auf fünf gesetzlichen Säulen:

- Krankenversicherung,
- Rentenversicherung,
- Arbeitslosenversicherung,
- Unfallversicherung,
- Pflegeversicherung.

In der Frage der sozialen Sicherung der Arbeitnehmer/-innen ist Deutschland vielen anderen Ländern wirklich ein großes Stück voraus. Nicht zuletzt die Coronakrise des Jahres 2020 hat gezeigt, dass selbst Großmächte wie die USA kein auch nur ansatzweise vergleichbares Sicherungssystem haben. Nicht nur im Grundgesetz ist seit dessen Inkrafttreten am 23. Mai 1949 in Artikel 20 festgeschrieben, dass die Bundesrepublik „ein demokratischer und sozialer Bundesstaat" ist. Mit der Krankenversicherung wurde schon viel früher im Jahr 1893 der Grundstein für umfassende und im Laufe der Jahrzehnte sich immer weiter fortentwickelnde Sozialgesetze gelegt.

Aber wie alles hat auch das seine zwei Seiten. Tatsache ist, dass die Sozialversicherungspflicht einerseits die Vorteile einer Absicherung gegenüber den finanziellen Risiken in verschiedenen Lebenssituationen beinhaltet. Andererseits nimmt sie den betroffenen Menschen aber auch die Freiheit, selbst zu entscheiden, ob sie sich gegen bestimmte Unwägbarkeiten des Lebens versichern wollen oder nicht, wie dies bei anderen sogenannten Individualversicherungen ja auch der Fall ist. Und rund 20 % Abzüge vom Bruttolohn für die Kranken-, Renten-, Arbeitslosen- und Pflegeversicherung sind ja nun auch kein „Pappenstiel".

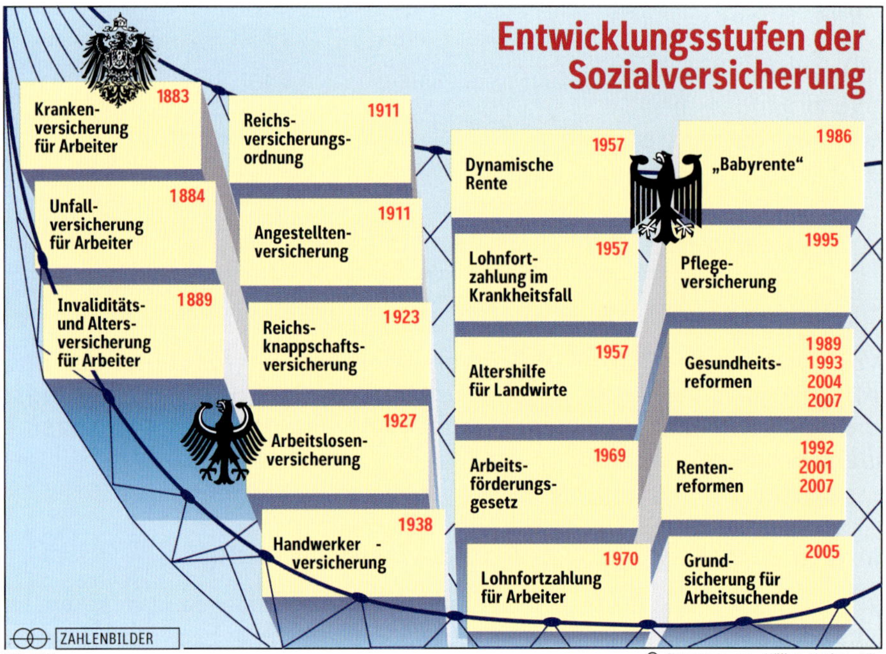

141 508 © Bergmoser + Höller Verlag AG

12.1.1 Versicherungspflicht und -umfang

Die soziale Sicherung gehört zu den Grundsäulen des Arbeitsverhältnisses. Versicherungspflichtig sind bis auf wenige Ausnahmen alle in einem Ausbildungs- oder dauerhaft in einem Arbeitsverhältnis stehenden Arbeiter/-innen und Angestellten.

Hinzu kommen:
- Mütter und Väter während der Kindererziehungszeiten,
- Menschen mit Behinderung, die sie vom Erwerbsleben ausschließen,
- Personen, die sogenannten Unterhaltsleistungen (z. B. Kranken- oder Arbeitslosengeld) beziehen,
- Schüler und Studenten im Rahmen eines Nebenjobs.

Eine Besonderheit der Sozialversicherungspflicht liegt darin, dass ein Versicherungsverhältnis automatisch zustande kommt, sobald die notwendigen Voraussetzungen vorliegen.

©Bergmoser + Höller Verlag AG 141 510

In einem sozialversicherungspflichtigen Beschäftigungsverhältnis ist es auch nicht möglich, die Versicherungspflicht durch vertragliche Vereinbarungen zwischen der/dem Beschäftigten und ihrem/seinem Arbeitgeber auszuschließen. Die einzelnen Sozialversicherungszweige stehen jeweils auf „eigenständigen Füßen" und sollten sich selbst, also ohne staatliche Unterstützungsmaßnahmen finanzieren. Der Kerngedanke dabei ist, dass die Versicherten untereinander durch das Prinzip der Solidarität verbunden sind. Das heißt z. B., Gesunde zahlen für die Kranken und Pflegebedürftigen, die Beschäftigten für die Arbeitslosen und die Jungen für die Alten. Gleichwohl hat die soziale Sicherung in den letzten Jahren aber auch recht starke Risse bekommen. Die Folgen der Coronakrise des Jahres 2020 haben die Probleme einzelner Sozialversicherungszweige noch verstärkt.

Sonderrolle für Beamte

Beamte gehören nicht zur sozialversicherungspflichtigen Arbeitnehmergruppe. Der Grund liegt u. a. darin, dass der „Dienstherr" im Falle einer Erkrankung zumindest anteilig eine Beihilfe zu den ggf. entstehenden Behandlungskosten zu leisten hat. Beamte können auch nicht arbeitslos werden und erhalten nach Beendigung des Arbeitslebens auch keine Rente, sondern sie empfangen von ihrem früheren Dienstherrn eine Pension

12.1.2 Kernleistungen der Versicherungszweige

Der Umfang der gesetzlichen Sozialversicherung lässt sich im Überblick wie folgt darstellen:

Krankenversicherung
- Medizinische Behandlung
- Prävention
- Früherkennung
- Rehabilitationsmaßnahmen
- Krankengeld
- Mutterschaftsgeld

Rentenversicherung
- Berufliche Rehabilitation
- Altersrente
- Erwerbsminderungsrente
- Hinterbliebenenrente

Pflegeversicherung
- Unterstützung im Pflegefall
- Pflegegeld bei familiärer „Eigenpflege"
- Anteilige Kosten bei Heimunterbringung

Arbeitslosenversicherung
- Arbeitslosengeld
- Arbeitsvermittlung
- Berufliche Bildungsmaßnahmen

Unfallversicherung
- Prävention
- Rehabilitation
- Verletztenrente
- Sterbegeld bei Tod durch Arbeitsunfall oder Berufskrankheit

12.1.3 Der Sozialversicherungsausweis

Mit einem **Sozialversicherungsausweis** wird Arbeitnehmerinnen und Arbeitnehmern, die zum ersten Mal eine Beschäftigung beginnen, ihre **Sozialversicherungsnummer** mitgeteilt. Der Ausweis wird auch denen, die eine Ausbildung beginnen, automatisch per Post vom Rentenversicherungsträger zugesandt. Er ist der Nachweis, dass man als Arbeitnehmer bei der Deutschen Rentenversicherung registriert ist. Damit verbindet sich die Aufnahme in alle Teile der deutschen gesetzlichen Sozialversicherung, also Renten-, Kranken-, Arbeitslosen-, Pflege- und Unfallversicherung.

INFO 1 Verhinderung von Leistungsmissbrauch

Ein weiterer Gesichtspunkt für die Ausweispflicht ist, dass den Sozialkassen jährlich Milliardenbeträge durch Schwarzarbeit und illegale Beschäftigung, durch den missbräuchlichen Bezug von Sozialleistungen und die Missachtung der Verdienstgrenzen, ab denen auch ein „Job“ sozialversicherungspflichtig ist, verloren gehen. Um solche Missbräuche zu erschweren und bessere Kontrollmöglichkeiten zu schaffen, erhalten alle Beschäftigten einen Sozialversicherungsausweis, der den Namen und die Versicherungsnummer der/des Beschäftigten enthält.

INFO 2 Vorlage bei Arbeitsbeginn

Der Ausweis ist dem Arbeitgeber bei Beginn der Arbeitsaufnahme vorzulegen bzw. zu zeigen.

© Bergmoser + Höller Verlag AG 141 720

INFO 3 Hinterlegung des Ausweises

Um auch zu verhindern, dass jemand bestimmte Sozialleistungen in Anspruch nimmt, obwohl er gleichzeitig einer Beschäftigung nachgeht, *sollen* die Agenturen für Arbeit und die Sozialämter verlangen, dass der Sozialversicherungsausweis bei ihnen hinterlegt wird, solange diese z. B. Arbeitslosengeld, Arbeitslosenhilfe, Unterhaltsgeld, Sozialhilfe oder Krankengeld zahlen. Gleiches können auch die Krankenkassen tun. Auch der Arbeitgeber erhält das Recht, den Ausweis für die Dauer der Lohn- oder Gehaltsfortzahlung an einen erkrankten Arbeitnehmer einzuziehen.

12.1.4 Ausgaben der Sozialversicherungszweige

Die Bedeutung der einzelnen Versicherungszweige lässt sich nicht zuletzt auch aus den pro Jahr gezahlten Leistungen ableiten. Hier sieht man z. B. dass aus der für Sie und Ihre Berufsausübung wichtigen gesetzlichen Krankenversicherung im Jahr 2018 rund 240 Milliarden Euro an die Arzt- und Zahnarztpraxen, Labore, Krankenhäuser, Reha-Einrichtungen, physiotherapeutischen Praxen, Massageinstitute und sonstige medizinische Bereiche geflossen sind.

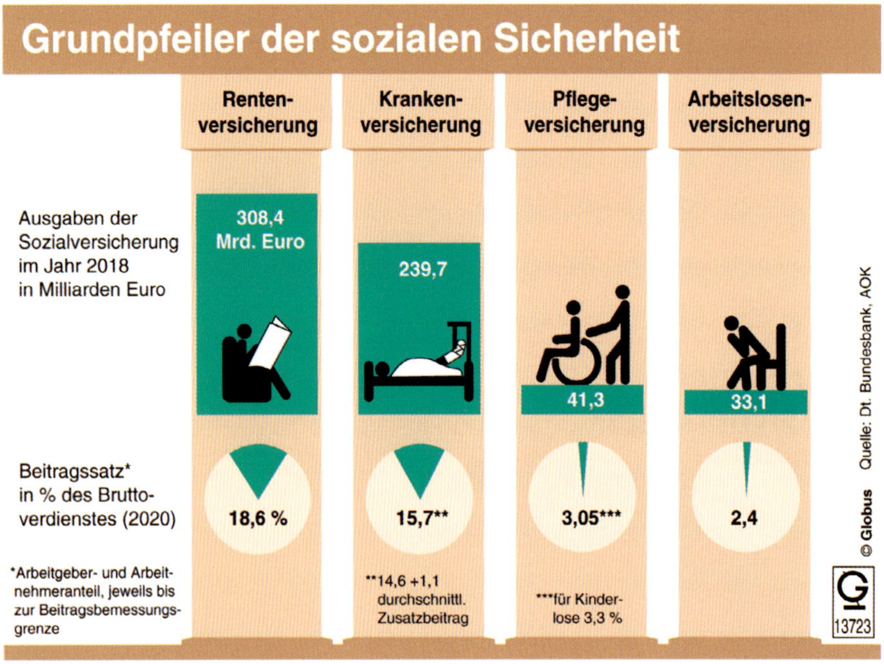

12.1.5 Gesamtumfang des sozialen Netzes

Das System der sozialen Absicherung in Deutschland besteht nicht nur aus den fünf genannten Sozialversicherungszweigen. Das „soziale Netz" ist viel engmaschiger geknüpft und beinhaltet noch zahlreiche weitere Sozialleistungen.

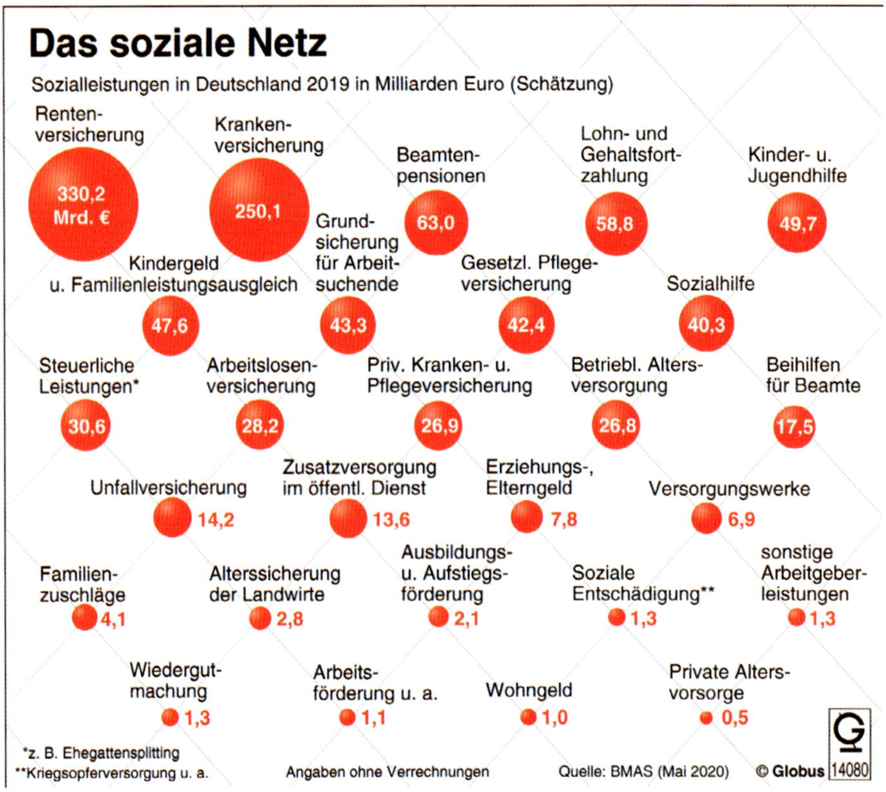

Arbeitsaufträge

1. Beschreiben Sie, welcher Personenkreis der Sozialversicherungspflicht unterliegt und nennen Sie Gründe, die dafür sprechen, dass es diese Versicherungspflicht, die keinesfalls in allen Ländern selbstverständlich ist, in Deutschland gibt.

2. Auch Sie haben ja einen Sozialversicherungsausweis. Beschreiben Sie unabhängig von den dargestellten Einzelheiten in einem Satz die grundsätzliche Funktion dieses Ausweises.

3. Erläutern Sie allgemein und unterstützt durch aussagefähige Beispiele, was man unter dem „Solidarprinzip" bei der gesetzlichen Sozialversicherung versteht, und nennen Sie ebenso beispielhaft für die Altersvorsorge durch die Rentenversicherung einige Bedingungen, von denen die Funktionsfähigkeit dieses Systems abhängt.

12.2 „Gesund hilft krank“
Die gesetzliche Krankenversicherung

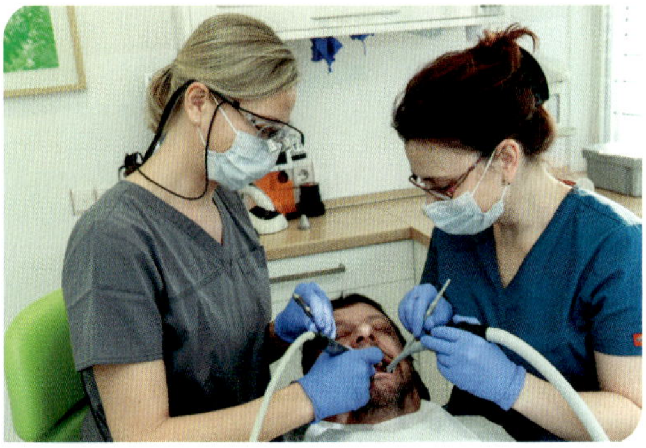

Dirk Bachmann hatte schon zu lange gewartet. Zwei Backenzähne waren stark kariös. Frau Dr. Heilmann musste bohren und dann ging es um die Frage der Zahnfüllung. „Amalgam kommt in meine Zähne nicht rein, ich will doch die Zeitbombe Quecksilber nicht im Mund haben“, erklärte Bachmann entschlossen. Dr. Heilmann musste auch diesem Patienten wieder erklären, dass es eigentlich keinen Grund für diese übertriebene Angst gibt. „Außerdem“, so fuhr sie fort, „müssen Sie die Mehrkosten für eine Kunststofffüllung selbst tragen. Die bezahlt Ihnen Ihre Krankenkasse nicht. Der Regelwerkstoff im Seitenzahnbereich ist nun mal Amalgam.“ Dirk Bachmann wurde ärgerlich: „Ständig erhöhen die Kassen die Beiträge und dann soll ich noch meine Füllung selbst bezahlen. Was zahlen die denn überhaupt noch an zahnärztlichen Leistungen?“

Welche Aufgaben haben die gesetzlichen Krankenkassen, von welcher Organisationsstruktur sind sie geprägt, wer sind ihre Mitglieder, welche Kern- und Zusatzleitungen haben sie zu erbringen und was muss ggf. von den Versicherten selbst gezahlt werden?

12.2.1 Die Krankenversicherungspflicht

Die älteste gesetzliche Sozialversicherung ist die gesetzliche Krankenversicherung In Deutschland besteht eine allgemeine Krankenversicherungspflicht. Das heißt, dass sich über die sich aus einem Beschäftigungsverhältnis ergebende gesetzliche Versicherungspflicht hinaus (fast) alle Personen mit Wohnsitz in Deutschland bei einem hier zugelassenen Krankenversicherer gegen Krankheitskosten versichern müssen. Damit sind auch sämtliche Arbeitslosen, Auszubildenden, selbstständigen Handwerker, Künstler, Landwirte, Studenten und Rentner in der Regel in der gesetzlichen Krankenversicherung pflichtversichert.

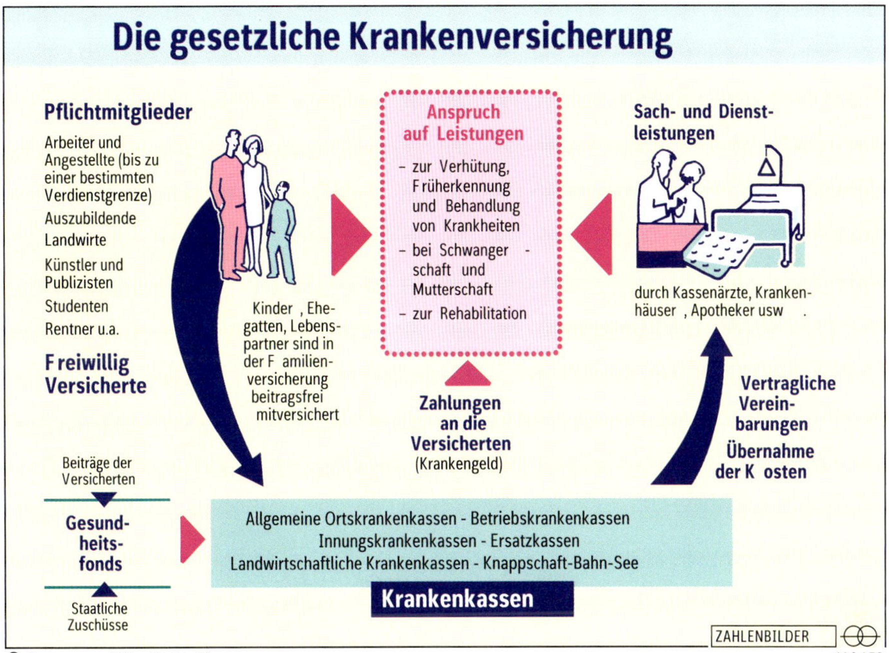

© Bergmoser + Höller Verlag AG 146 150

Mitversicherung von Familienmitgliedern
Dazu gehören auch Familienangehörige, die keiner eigenen Erwerbstätigkeit nachgehen. Sie sind bei dem versicherungspflichtig beschäftigten Familienmitglied mitversichert. Die „Familienversicherung" für Kinder besteht grundsätzlich bis zur Vollendung des 18. Lebensjahres und danach bis zur Vollendung des 25. Lebensjahres, wenn Kinder noch zur Schule gehen, studieren oder außerhalb einer regulären Ausbildung an einer anderen Berufsfindungsmaßnahme teilnehmen.

Ausnahme für Beamte
Ausgenommen von der Krankenversicherungspflicht (und ebenso der Renten- und Arbeitslosenversicherung) sind nur Personen, die z. B. als Beamte Anspruch auf Beihilfe haben (siehe oben). Sie schließen aber sinnvollerweise freiwillig eine Krankenversicherung ab oder lassen sich gegen entsprechende Beiträge privat versichern, weil die Beihilfe des Arbeitgebers nur rund die Hälfte der anfallenden Krankheitskosten übernimmt.

12.2.2 Gesundheitskarte als Versicherungsnachweis

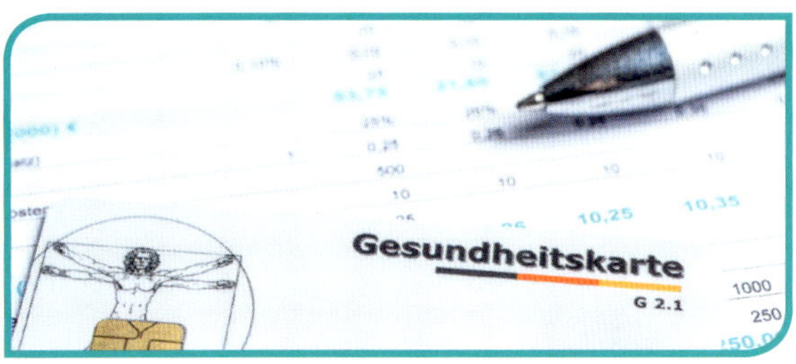

„Ihr Kärtchen bitte" – diesen Satz kennen Sie. Er wird hauptsächlich den Patienten gestellt, die zum ersten Mal in der Praxis sind. Die Frage wird gestellt, damit Sie wissen, ob der neue Patient versichert ist. Schließlich müssen Sie ja spätestens am Quartalsende wissen, mit wem die ärztlichen Leistungen abgerechnet werden können. Aber es gibt auch einen Personenkreis, der nicht von vornherein in einer gesetzlichen Krankenversicherung ist: „Ich benötige keine Gesundheitskarte, denn ich bin privat versichert", könnte die Antwort eines Patienten auf Ihre Frage nach dem „Kärtchen" lauten. Dann entgegnen Sie einfach mit einem freundlichen Blick, dass Sie das ja nicht wissen konnten. Gleichzeitig sollten Sie danach aber das Geburtsdatum und die Adresse sowie die private Krankenversicherung erfragen und in die Patientenkartei/-datei eintragen.

12.2.3 Versicherungspflicht- und Beitragsbemessungsgrenze

Sofern der Verdienst über der Versicherungspflichtgrenze (im Jahr 2021 z.B. bei 5.362,50 €) liegt, kann jede Arbeitnehmerin/jeder Arbeitnehmer dennoch in einer gesetzlichen Krankenversicherung freiwillig versichert bleiben. Es muss dann der Höchstbetrag in Höhe des festgelegten Prozentsatzes von der Beitragsbemessungsgrenze gezahlt werden. Diese ist bundeseinheitlich gleich und lag im Jahr 2021 bei 4.837,50 €. Der Höchstbeitrag für die KV betrug damit 342,19 € zzgl. der Hälfte des zu zahlenden Zusatzbeitrages.

Für einkommensstärkere Arbeitnehmer/-innen jenseits der Versicherungspflichtgrenze besteht dann aber auch die Möglichkeit, sich privat versichern zu lassen. Hier haben die privaten Krankenversicherer die Pflicht, die nicht gesetzlich versicherten Personen auf deren Wunsch im Rahmen eines sogenannten Basistarifs aufzunehmen.

12.2.4 Versicherungsträger

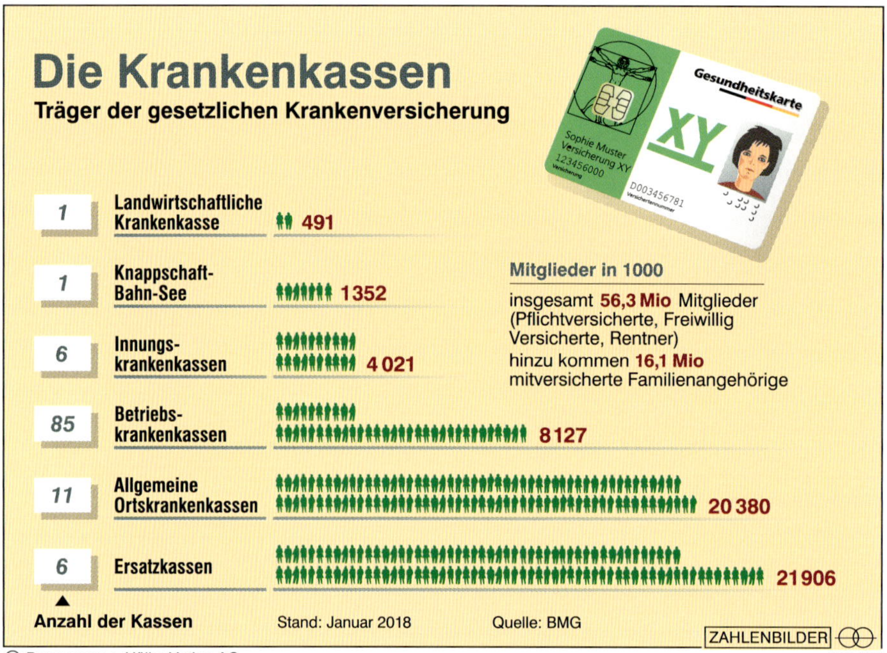

© Bergmoser + Höller Verlag AG 146 160

Bei den gesetzlichen Krankenversicherungen wird zwischen den Pflicht- und den Ersatzkassen unterschieden:

- Allgemeine Ortskrankenkassen,
- Betriebskrankenkassen,
- See-Krankenkasse,
- Bundesknappschaft,
- Landwirtschaftliche Krankenkasse,
- Ersatzkassen wie z. B. DAK, BEK oder Technikerkrankenkasse,
- Innungskrankenkassen.

Grundsätzlich kann die Arbeitnehmerin/der Arbeitnehmer die Krankenkasse frei wählen, sofern sich diese nicht auf einen bestimmten Personenkreis beschränkt (z. B. See-Krankenkasse, Knappschaft usw.).

12.2.5 Beitragssatz und Beitragsverwaltung/Gesundheitsfonds

Die Beiträge zur Krankenversicherung im Rahmen von „regulären" Arbeitsverhältnissen werden mit 14,6 % als fester Prozentsatz des Verdienstes vom Arbeitgeber und von der Arbeitnehmerin/vom Arbeitnehmer getragen. Die von den Krankenkassen erhobenen Zusatzbeiträge können unterschiedlich hoch sein. In der Regel lagen sie im Jahr 2021 bei 1,0 %. Der sich damit ergebende KV-Gesamtbeitrag wird von Arbeitnehmerinnen/Arbeitnehmern und Arbeitgebern jeweils zur Hälfte getragen. Sonderregelungen gelten für Arbeitnehmer/-innen mit „geringfügigen Beschäftigungsverhältnissen" (sogenannte Minijobs). Hier zahlt der Arbeitgeber die Sozialversicherungsbeiträge allein (siehe dazu Kapitel 12.7).

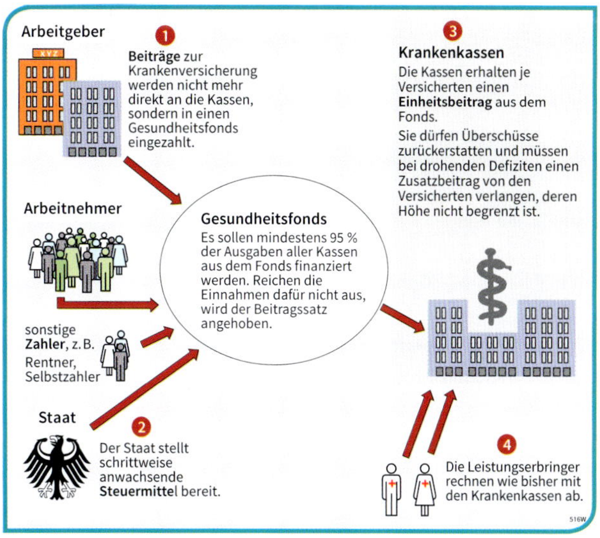

INFO 1 Gesundheitsfonds

Da die Zusammensetzung der Mitglieder in den einzelnen Krankenversicherungen mit allen sich daraus ergebenden Folgen für die Leistungspflicht und der Leistungsumfang der jeweiligen Kasse sehr unterschiedlich sein kann, wurde im Jahr 2009 der Gesundheitsfonds ins Leben gerufen. Seitdem werden die von den jeweiligen Krankenkassen eingezogenen Krankenversicherungsbeiträge hierhin abgeführt bzw. weitergeleitet. Die Krankenkassen erhalten aus diesem Fonds wiederum einen festen Betrag je Versicherter/Versichertem sowie einen Risikozuschlag, für dessen Höhe das Alter und das Geschlecht der/des Versicherten sowie bestimmte Krankheitsmerkmale maßgeblich sind. Auf diese Weise erfolgt eine finanzielle Umverteilung zwischen den Krankenkassen. So erhalten Krankenkassen z. B. für Versicherte, die älter sind, an bestimmten Krankheiten leiden oder deren Behandlung besonders aufwändig ist, zusätzliche Mittel aus dem Fonds.

INFO 2 Umfang der Gesundheitskosten

Die Ausgaben der gesetzlichen Krankenkassen sind in den letzten Jahren trotz verschiedener Maßnahmen zur Eindämmung der Krankheitskosten ständig gestiegen. Aus der nebenstehenden Darstellung lassen sich Erkenntnisse über die Ausgabenverteilung ableiten. Zu erkennen ist, dass die Behandlung in allgemeinärztlichen und zahnärztlichen Praxen sowie in Krankenhäusern in Verbindung mit den Ausgaben für Arznei- und Verbandsmittel mit insgesamt rund 135 Milliarden Euro im Jahr 2018 ca. zwei Drittel der von den Krankenkassen zu zahlenden Gesamtkosten ausmachte.

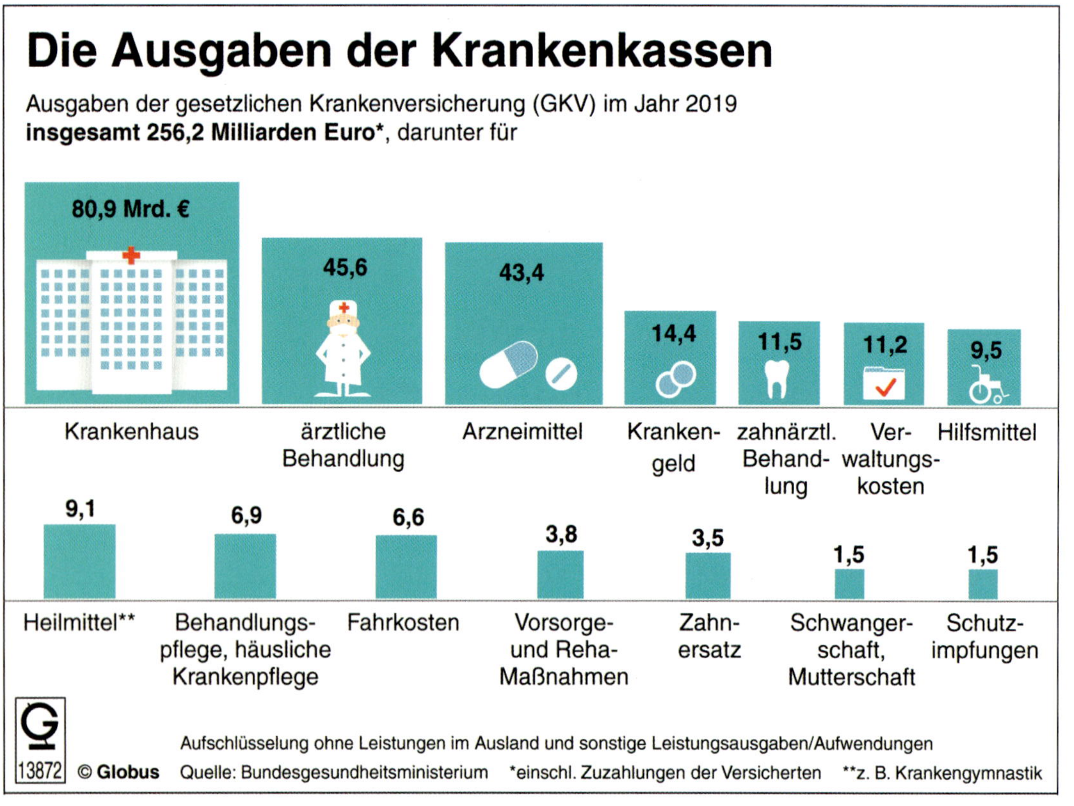

12.2.6 Allgemeine Leistungen der gesetzlichen Krankenversicherungen

Die Kernaufgabe der Krankenversicherungen besteht in der Förderung der Gesundheit und Verhütung von Krankheiten. Krankenkassen sollen möglichst schon vor Ausbruch einer Krankheit aktiv werden. Sie haben ihre Mitglieder allgemein über Gesundheitsgefährdungen und über die Verhütung von Krankheiten (Prävention) aufzuklären. Neben Information und Aufklärung können die Krankenkassen auch vorbeugende Einzelleistungen anbieten wie z. B. Ernährungsberatungen, Raucherentwöhnungskurse, präventive Rückenschule. Viele Kassen bieten auch Bonusprogramme an. Wer z. B. Vorsorge betreibt und an Fitnesskursen teilnimmt, kann Punkte sammeln, die zu einer Prämie berechtigen. Besonders Erfolg versprechend sind Maßnahmen zur Verhütung von Zahnerkrankungen.

Versicherte haben auch Anspruch auf medizinische Leistungen (ärztliche Behandlung, Arzneimittel, Heilmittel usw.), wenn diese notwendig sind, um eine Gesundheitsschwäche zu beseitigen, die in absehbarer Zeit zu einer Krankheit führen könnte. Zur Vorsorge können unter bestimmten Voraussetzungen auch ambulante oder stationäre Kuren durchgeführt werden. Viele Impfungen und Vater-/Mutter-Kind-Kuren zählen ebenfalls zu den Pflichtleistungen der Kasse.

Die Bandbreite der Leistungen, die von den Versicherten in Anspruch genommen werden können, ist umfangreich und lässt sich in folgende Bereiche gliedern:

- **Förderung der Gesundheit und Verhütung von Krankheiten**
  „Vorbeugen ist besser als heilen“ – unter diesem Gesichtspunkt können Krankenkassen vielfach aktiv werden und ihren Mitgliedern Leistungen im Sinne der Information und Aufklärung anbieten. Dazu gehören z. B. Ernährungsberatungen, Schwangerschaftsschulungen, Aufklärung über Krankheitsursachen, Raucherentwöhnungskuren, Rückenschulungen, Gymnastikkurse usw. Diese Leistungen sind einerseits zwar mit Kosten für die Leistungsträger verbunden. führen aber andererseits auch zu geringeren Ausgaben für die Behandlung vermeidbarer Erkrankungen. Nicht zuletzt führen sie auch zu einem höheren Maß an Zufriedenheit bei den Versicherten bezüglich der Serviceleistungen „ihrer“ Krankenkasse.

- **Früherkennung von Krankheiten**
  Versicherte haben einen Anspruch auf Maßnahmen/Untersuchungen zur Früherkennung von Krankheiten. Dies betrifft z. B. Herz-Kreislauf-Erkrankungen oder auch die Krebsvorsorgeuntersuchungen. Früherkennungsmaßnahmen schließen auch die Untersuchung der körperlichen oder geistigen Entwicklung von Kindern bis zum 6. Lebensjahr ein.

- **Leistungen bei Krankheit**
  Krankenbehandlung und die Zahlung von Krankengeld sind die „Kernleistungen" der Krankenkassen. Arbeitnehmer, die durch Krankheit vorübergehend arbeitsunfähig werden, erhalten in den ersten sechs Wochen eine Fortzahlung des Lohnes durch ihren Arbeitgeber.
  Danach wird von den Krankenkassen das Krankengeld für ein- und dieselbe Krankheit in Höhe von 70 % des Bruttolohnes, aber nicht mehr als 90 % des Nettoverdienstes für maximal 78 Wochen gezahlt. Der geringere dieser beiden Werte wird zur Berechnung herangezogen und danach noch um den Arbeitnehmeranteil zur gesetzlichen Renten-, Arbeitslosen- und Pflegeversicherung gekürzt.

- **Leistungen bei Schwangerschaft und Mutterschutz**
  Die Leistungen der Krankenversicherung bei Schwangerschaft und nach der Entbindung erstrecken sich auf:
  - ärztliche Betreuung und Hebammeneinsatz,
  - stationäre Entbindung,
  - häusliche Pflege,
  - benötigte Arzneimittel, Verbands- und sonstige Hilfsmittel,
  - Mutterschaftsgeld.

12.2.7 Spezielle zahnmedizinische Leistungen

INFO 1 Zahnmedizinische Vorsorge und Prophylaxe

- **Gruppenprophylaxe**
  Für Kinder bis zur Vollendung des 16. Lebensjahres. Die Gruppenprophylaxe umfasst vor allem die Untersuchung der Mundhöhle, Mundhygiene, Ernährungsberatung und Zahnschmelzhärtung. Kinder, die das 6. Lebensjahr noch nicht vollendet haben, können Früherkennungsmaßnahmen zur Feststellung von Zahn, Mund- und Kieferkrankheiten in Anspruch nehmen. Sie werden kostenfrei erbracht, und zwar vor allem in Kindergärten und Schulen, und durchgeführt in Zusammenarbeit mit den Zahnärzten und den Gesundheitsämtern.

- **Individualprophylaxe**
  Im Rahmen der Individualprophylaxe können sich Kinder bzw. Jugendliche auch nach dem 6. bis zum 18. Lebensjahr in festgelegter Häufigkeit von ihrem Zahnarzt untersuchen und beraten lassen. Diese Individualprophylaxe umfasst z. B. die Aufklärung über Krankheitsursachen und deren Vermeidung, Maßnahmen zur Schmelzhärtung der Zähne, Mundpflege. Auch auf die Fissurenversiegelung der Molaren (6. und 7. Backenzähne) haben Versicherte, die das 6., aber noch nicht das 18. Lebensjahr vollendet haben, Anspruch im Rahmen der Individualprophylaxe. Bei Zahnersatz mit sogenannten befundorientierten Festzuschüssen wird unabhängig davon, welche zahnmedizinische Versorgung bei Zahnersatz gewährt wird, immer ein fester Betrag erstattet.

INFO 2 Private Zusatzleistungen (IGeL) auf Patientenwunsch

Auf schöne Zähne und Zahnerhalt legen die meisten Menschen viel Wert. Versicherte haben Anspruch auf die zahnmedizinische Versorgung. Die Krankenkassen zahlen die Behandlungen, die notwendig sind, kosmetische Wünsche des Patienten werden dabei aber nicht berücksichtigt.

Für alle nicht in den Krankenkassenleistungen enthaltenen Behandlungsansprüche muss der Patient selbst aufkommen. Hierbei handelt es sich um die immer wieder diskutierten individuellen Gesundheitsleistungen, die auch mit dem Wort „IGeL“ abgekürzt werden. Oft wird auch der Begriff „private Zusatzleistung“ dafür verwendet.

Einige Beispiele dafür.

- **Zahnfüllungen** werden von den Krankenkassen erstattet. Wählen Versicherte jedoch eine über die Regelleistung (Amalgam-Füllung) hinausgehende Versorgung, müssen sie die Mehrkosten selbst tragen. Werden gar intakte plastische Füllungen ausgetauscht, sind alle Kosten selbst zu tragen.
- Versicherte haben Anspruch auf die medizinische Versorgung mit **Zahnersatz und Zahnkronen**. Vor Beginn der Behandlung hat der Zahnarzt einen kostenfreien Heil- und Kostenplan zu erstellen, der vor Behandlungsbeginn durch die Krankenkasse genehmigt werden muss.
  Die Krankenkassen beteiligen sich an den Kosten für Zahnersatz mit sogenannten befundorientierten Festzuschüssen. Der Festzuschuss beträgt allgemein 50 % der Kosten der Regelversorgung. Der Zuschuss der Krankenkasse erhöht sich, wenn eine regelmäßige Vorsorge mit dem Bonusheft für die letzten fünf bzw. zehn Kalenderjahre nachgewiesen wurde.
- Besondere Leistungen, wie z. B. eine Krone aus Keramik, muss der Patient selbst bezahlen, wobei die Kasse nur den Betrag zuzahlt, der für eine normale Behandlung notwendig ist. Das Gleiche gilt für Implantate, es sei denn, es liegt eine Ausnahmeindikation vor. Auch dann zahlt die Krankenkasse in der Regel nur einen Zuschuss in Höhe von 50 % der Regelversorgung. Kommt es anschließend zu Komplikationen, muss die Behandlung ebenfalls vom Patienten selbst bezahlt werden.
- Kosten für die **kieferorthopädische Behandlung von Kindern** und Jugendlichen werden von den Kranken-kassen übernommen. Voraussetzung ist, dass eine Kiefer- oder Zahnfehlstellung vorliegt, die das Kauen, Beißen, Atmen oder Sprechen erheblich zu erschweren droht.

PRAXIS-TIPP

Kassenversicherte können ihre Krankenkasse durchaus wechseln. Dann müssen sie mit einer Frist von zwei Monaten bis zum Monatsende kündigen. Die Bindung an die neue Kasse hat aber eine Mindestdauer von 18 Monaten, in denen nicht erneut gewechselt werden kann. Ein Sonderkündigungsrecht besteht dann, wenn die bisherige Kasse die Zusatzbeiträge erhöht.

Arbeitsaufträge

1. Stellen Sie dar, was der Begriff „Pflichtmitgliedschaft" in der Krankenversicherung bedeutet, welche Krankenversicherungsträger grundsätzlich unterschieden werden und auf welche Leistungen der jeweiligen Krankenkasse ein Versicherter Anspruch hat.

2. Beschreiben Sie, was unter dem Gesundheitsfonds verstanden wird und wie er „funktioniert".

3. Beschreiben Sie, was grundsätzlich zu den zahnärztlichen Pflichtleistungen der Krankenkassen zählt und nach welchen Kategorien diese unterschieden werden können.

4. Welche Erkenntnisse leiten Sie aus der Darstellung der Krankenkassenausgaben ab?

5. Sie wissen aus Ihrer praktischen Tätigkeit, dass nicht alle Leistungen im vollen Umfang von der gesetzlichen Krankenkasse bezahlt werden. Häufig müssen die Patienten alles oder einen Teil davon selbst zahlen. Die auch von vielen Praxen angebotenen IGeL-Leistungen gehören als „private Gesundheitsleistungen" z. B. auch dazu. Möglicherweise haben Sie diesbezüglich auch schon eigene Erfahrungen gesammelt, wenn mit Patienten darüber gesprochen wurde oder wenn Sie oder Ihre Ausbilderin/Ihr Ausbilder erklären mussten, dass und warum bestimmte Behandlungen oder Verordnungen nur dann erfolgen können, wenn dafür Zuzahlungen oder eine volle Kostenübernahme des Patienten erfolgt. „Dafür bin ich doch versichert!", kann man häufig aus dem Mund der betroffenen und manchmal mit Unverständnis reagierenden Patienten hören.

   Es ist nicht auszuschließen dass Sie (wie in der Ausgangssituation beschrieben) in eine Situation kommen, wo Sie von einem Patienten wegen einer Leistung, die von ihm gewünscht, aber von der Krankenkasse nicht bezahlt wird, angesprochen und in eine Diskussion verwickelt werden. Suchen Sie einige Aspekte, mit denen Sie den Patienten vielleicht nicht überzeugen, seine Unzufriedenheit aber doch zumindest etwas abbauen können.

12.3 Jung für alt
Die Rentenversicherung

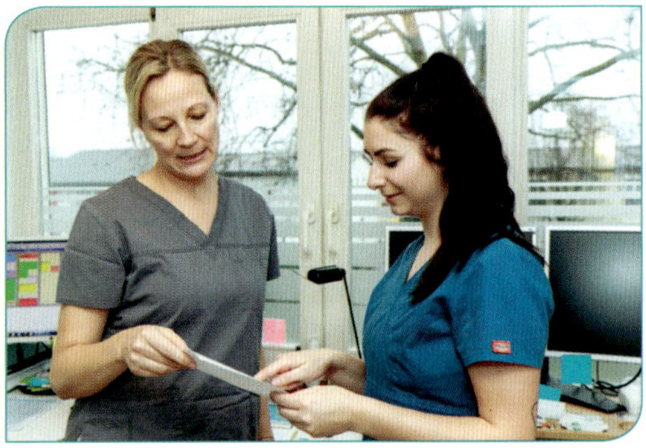

„Seit Beginn meiner Ausbildung vor zweieinhalb Jahren werden mir nun Monat für Monat die Beiträge für die Sozialversicherung abgezogen. Zusammen sind das aufgerundet etwa 20 % meiner Ausbildungsvergütung", klagt Lucia Fernandez. „Für die Kranken- und Arbeitslosenversicherung verstehe ich das ja. Wenn es ganz böse kommen würde, könnte ja auch ein Pflegefall eintreten, also ist das auch okay. Aber wo landen denn meine Beiträge für die Rentenversicherung? Wo wird denn das eingezahlte Geld gerade bei der derzeitigen Niedrigzinsphase eigentlich angelegt? Auch wenn es erst in ungefähr vierzig Jahren so weit sein wird, ist es doch mein Geld, was ich dann zurückbekomme, oder?", fragte Lucia in einer Arbeitspause ihre Kollegin Manuela Harris, als sie ihre Lohnabrechnung für den letzten Monat in der Hand hielt.

„Es wird gar nicht angelegt, sondern das, was wir einzahlen, wird direkt dazu verwendet, um die jetzt fälligen Rentenansprüche der aus dem Erwerbsleben ausgeschiedenen ‚Alten' zu bezahlen", versuchte Manuela ihr zu erklären, was mit ihren einbehaltenen Rentenversicherungsbeiträgen passiert.

Es sei eben das Prinzip einer Versicherung, dass das, was man einzahle, nicht direkt an einen selbst wieder ausgezahlt werde, sondern der Solidargemeinschaft zur Verfügung stehe. „Also sehe ich meine Beiträge und damit mein Geld gar nicht wieder", war die erste Frage, die Lucia dazu sofort einfiel.

Welches sind die Kernelemente der gesetzlichen Rentenversicherung, wer von den beiden hat Recht und vor welchen Herausforderungen steht dieser Versicherungszweig?

12.3.1 Der „Generationenvertrag" als Grundlage der Rentenversicherung

Im Mai 1889 verabschiedete der Reichstag des Deutschen Reiches unter Führung Otto von Bismarcks das Gesetz zur Alters- und Invaliditätsversicherung (übrigens nicht aus einem besonderen sozialen Bewusstsein heraus, sondern um die aufkeimende sozialistische und sozialdemokratische Bewegung, die durch die Verelendung der Arbeiterschicht Unterstützung bekam, in Schach zu halten). Alle Arbeiter/-innen zwischen 16 und 70 Jahren mussten in die gesetzliche Rentenversicherung einzahlen. Der Beitragssatz betrug 1,7 % und wurde jeweils zur Hälfte von Arbeitgeber und Arbeitnehmer/-innen getragen. Das Gesetz sah eine Rente ab 70 Jahren vor, wenn zuvor 30 Jahre lang Beiträge eingezahlt worden waren.

Zu dieser Zeit lag die durchschnittliche Lebenserwartung bei 40 Jahren. Damit lag das Renteneintrittsalter weit über der durchschnittlichen Lebenserwartung der Menschen. Deshalb war unter anderem auch ein solch niedriger und fast belangloser Beitragssatz möglich. Die Rentenversicherung sollte damals wie heute eine ausreichende Lebensgrundlage für das Alter nach dem Ausscheiden aus dem Erwerbsleben sicherstellen. Der „Generationenvertrag" sagt nichts anderes aus, als dass die im Erwerbsleben stehenden Arbeitnehmer/-innen die Beiträge aufbringen, die nötig sind, um die Renten der vorausgehenden Generation zu zahlen. Es werden also keine Rentenbeiträge für die jeweiligen Beitragszahler/-innen angelegt, sondern das System finanziert sich über die jeweiligen Generationen.

12.3.2 Versicherungsgrundlagen und Beitragssatz

Die Mitgliedschaft in der gesetzlichen Rentenversicherung bedarf keines Antrages, sondern die Aufnahme erfolgt mehr oder weniger automatisch nach einer entsprechenden Meldung.

Es gibt nur zwei **Träger der gesetzlichen Rentenversicherung:**

- Die **„Deutsche Rentenversicherung Bund"** mit 16 „untergeordneten" regionalen Trägern. Die Zuordnung der Versicherten erfolgt nach dem jeweiligen Wohnort.
- Die **„Deutsche Rentenversicherung Knappschaft-Bahn-See"** für Arbeitnehmer/-innen, die bei der Bahn, im Bergbau oder auf See beschäftigt sind.

INFO 1 Versicherungspflicht

Zu den Personen, die grundsätzlich rentenversicherungspflichtig sind, gehören

- außer Beamten alle sonstigen Arbeitnehmer/-innen (Arbeiter/-innen und Angestellte) in regulären Arbeitsverhältnissen,
- alle Auszubildenden.

Außerdem unterliegen der Rentenversicherungspflicht insbesondere auch folgende Personen:

- Mütter und/der Väter während der Kindererziehungszeiten,
- bestimmte Gruppen von Selbstständigen (z. B. Landwirte, Handwerker, Hebammen, Künstler und Publizisten u.a.),

- Studierende, die neben dem Studium arbeiten,
- Menschen mit Behinderungen, die sie von einer Erwerbstätigkeit ausschließen und die z.B. in anerkannten Werkstätten tätig sind,
- Personen, die sogenannte Unterhaltsleistungen wie z. B. Krankengeld oder Arbeitslosengeld beziehen,
- Personen, die einen Freiwilligendienst leisten.

Eine Versicherungspflichtgrenze gibt es im Gegensatz zur gesetzlichen Krankenversicherung in der Rentenversicherung nicht. Diejenigen, die nicht zum versicherungspflichtigen Personenkreis gehören, können sich auch freiwillig versichern lassen.

INFO 2 Beitragssatz

Der einheitliche Beitragssatz für die Rentenversicherung liegt im Jahr 2021 bei 18,6 % und ist jeweils zur Hälfte von der/vom Arbeitnehmer und vom Arbeitgeber zu tragen. Der Beitrag wird vom Bruttomonatslohn, aber maximal von 7.100,00 € (alte Bundesländer) bzw. 6.700,00 € (neue Bundesländer) berechnet.

Sonderregelungen gelten für Arbeitnehmer/-innen mit „geringfügigen Beschäftigungsverhältnissen" (sogenannte Minijobs). Hier zahlt der Arbeitgeber die Sozialversicherungsbeiträge allein (siehe dazu Kapitel 12.7).

INFO 3 Versicherungsnachweis

Im Sozialversicherungsausweis ist die Rentenversicherungsnummer ein zentraler Bestandteil. Unter ihr wird das „Rentenkonto" der Arbeitnehmerin/des Arbeitnehmers geführt. Daraus gehen neben den Beitragsjahren auch die Beitragsleistungen also die Höhe der Einzahlungen der oder des jeweiligen Versicherten hervor. Aus diesen beiden Faktoren leitet sich im Wesentlichen die Berechnung des späteren Rentenanspruchs ab.

12.3.3 Rentenarten und -leistungen

Aus der Rentenversicherung werden verschiedene Leistungen finanziert:

- **Altersrente**
  Die Rentenversicherung zahlt den Versicherten und ihren Hinterbliebenen dann die Rente, wenn bestimmte Voraussetzungen erfüllt sind. Dazu gehört grundsätzlich, dass für eine bestimmte Zeit Beiträge gezahlt wurden. Die Rentenhöhe wird im Wesentlichen durch die persönliche Versicherungsdauer und die gezahlten Beiträge bestimmt. Dabei werden z. B. auch Kindererziehungszeiten auf den späteren Rentenanspruch angerechnet. Der Rentenanspruch entsteht (mit hohen Abzügen) bereits nach einer Versicherungszeit von fünf Jahren. Für alle Versicherten, die nach 1964 geboren sind, liegt das **reguläre Renteneintrittsalter gegenwärtig bei 67 Jahren**. Mit jeder Beitragszahlung wächst das Rentenkonto eines Versicherten. Dabei wird der gezahlte Beitrag in Entgeltpunkte umgerechnet. Je höher die Beitragsleistungen sind und je länger eingezahlt wurde, desto mehr Entgeltpunkte bekommt der Versicherte.
  Das Erreichen der Regelaltersgrenze von 67 Jahren wird mit dem Zugangsfaktor 1,0 bewertet. Für jeden Monat, den eine Person früher ihren Ruhestand genießen möchte, gibt es einen Abschlag in Höhe von 0,3 Prozent. Jeder Monat längere Beitragszahlung bringt einen Zuschlag von 0,5 Prozent.
- **Witwenrente**
  Nach dem Tod des Ehepartners hat der/die Überlebende einen Anspruch auf eine Witwen- oder Witwerrente, wenn die Ehe bis zum Tod des Partners bestand, also weder rechtskräftig geschieden noch für nichtig erklärt worden oder aus sonstigen Gründen aufgehoben worden war.
- **Waisen- oder Halbwaisenrente**
  Eine Halbwaisenrente wird gezahlt, wenn nur noch ein unterhaltspflichtiger Elternteil lebt, eine Vollwaisenrente, wenn kein unterhaltspflichtiger Elternteil mehr lebt. Die Halbwaisenrente beträgt 10 %, die Vollwaisenrente 20 % der Versichertenrente, auf die der Verstorbene Anspruch gehabt hätte oder die er bereits bezogen hat.

Waisenrenten werden regelmäßig bis zum 18. Geburtstag des Kindes gezahlt. Darüber hinaus können die Waisen in besonderen Fällen diese Rente längstens bis zur Vollendung des 27. Lebensjahres erhalten.

- **Erwerbsminderungsrente**
  Versicherte, die nur noch über eine eingeschränkte Arbeitskraft verfügen, können eine Erwerbsminderungsrente beantragen. Man unterscheidet dabei die volle und die teilweise Erwerbsminderung. Die medizinischen Voraussetzungen für eine Rente wegen teilweiser Erwerbsminderung sind erfüllt, wenn ein Arbeitnehmer wegen Krankheit oder Behinderung mindestens drei, aber maximal sechs Stunden am Tag arbeiten kann. Sind es weniger als drei Stunden, so besteht ein Anspruch auf volle Erwerbsminderungsrente.
- **Erziehungsrente**
  Geschiedene können eine Rente erhalten, wenn sie ein Kind erziehen und ihr geschiedener Ehepartner stirbt. Diese Rente dient als Unterhaltsersatz und erlaubt es, sich verstärkt um die Kindererziehung zu kümmern. Voraussetzung ist, dass geschiedene Ehepartner nicht neu geheiratet haben. Die Erziehungsrente entspricht in ihrer Höhe der Rente wegen voller Erwerbsminderung.

12.3.4 Herausforderungen des „Generationenvertrages"

Der sogenannte **Generationenvertrag** bildet bis heute zwar die Grundlage der Rentenversicherung, ist aber allein nicht mehr tragfähig. Maßgebend dafür ist, dass sich die „Lebenspyramide" verschiebt. Die bisherigen Rentenreformen waren nicht zuletzt der Tatsache geschuldet, dass sich mit der längeren Lebenserwartung der Menschen bzw. der Rentenempfänger sich die Bezugszeit der Rente deutlich erhöhte. Lag diese im Jahr 1960 noch bei zehn Jahren, so ist sie heute auf mehr als 17 Jahre gestiegen. Eine der Folgen ist, dass durch die damit verbundene Belastung der Rentenkassen das Rentenniveau sinkt und gegenwärtig nur noch bei rund 46 % des vorangegangenen Bruttoeinkommens liegt.

Ein Rückblick in die vergangenen Jahre in Verbindung mit einem Blick auf die heutige Situation sowie ein Ausblick in die Zukunft zeigen, wo die Herausforderungen liegen:

- Der Anteil der älteren Menschen erhöht sich bei anhaltend niedrigen Geburtenzahlen.
- Die höhere Lebenserwartung der Menschen geht mit einer längeren Rentenlaufzeit einher.
- Junge Menschen treten immer später in das Erwerbsleben ein, sodass sich auch dadurch die Beitragszeiten verkürzen.

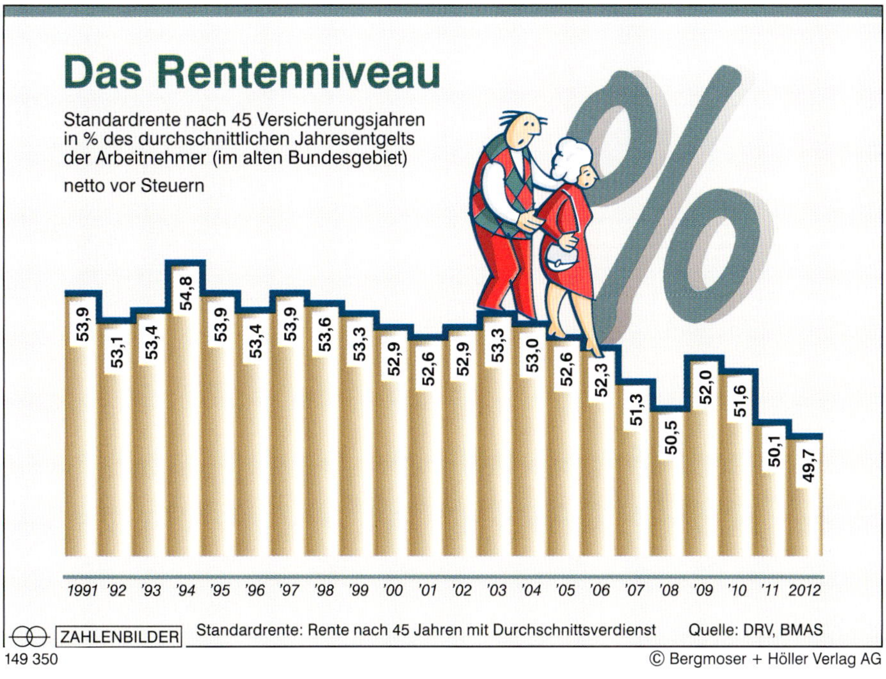

Im Ergebnis bedeutet dies, dass die Beiträge nicht mehr ausreichen, um die Renten zu finanzieren. Um immer höhere Beitragssätze zu vermeiden, muss der Bund in zunehmendem Maße finanziell einspringen und die Rentenkassen mit Steuergeldern füllen.

Das Verhältnis von Beitragszahlern zu denen, die im Sinne des Generationenvertrages die daraus finanzierte Rente beziehen, verändert sich aufgrund des demografischen Wandels dramatisch. Wurde z. B. ein Rentenbezieher im Jahr 1955 noch durch die Beiträge von rund fünf Beitragszahlern „finanziert", so wird sich dieses Verhältnis nach den derzeit geltenden Rahmenbedingungen und statistischen Grundlagen dahingehend verändern, dass auf einen Beitragszahler ein Rentenbezieher entfallen würde.

Dass das nicht „funktioniert" und weiterer Handlungsbedarf besteht, ist klar. Das tatsächliche Renteneintrittsalter der Deutschen lag im Jahr 2013 bei rund 64,1 Jahren. 1993 waren es noch 63,1 Jahre. Der Ruf nach mehr Flexibilität beim Renteneintritt wurde immer drängender.

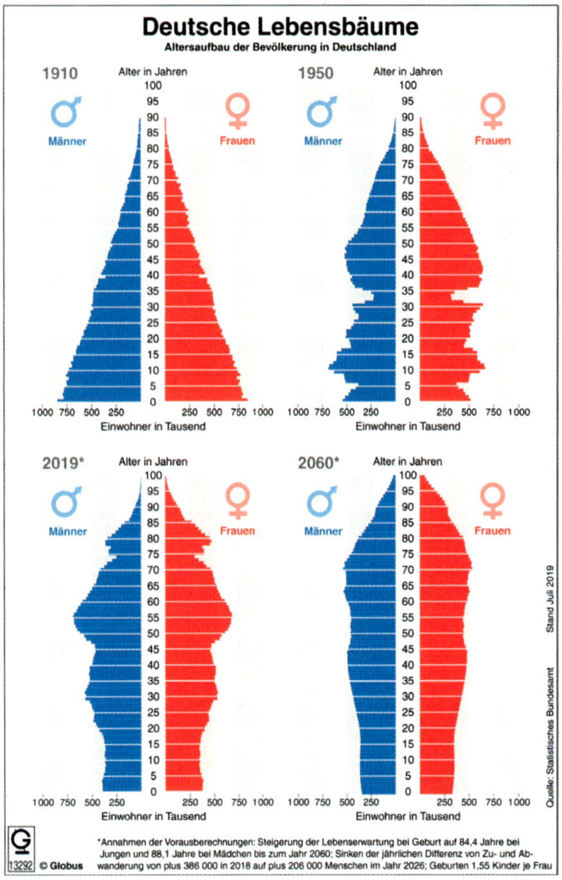

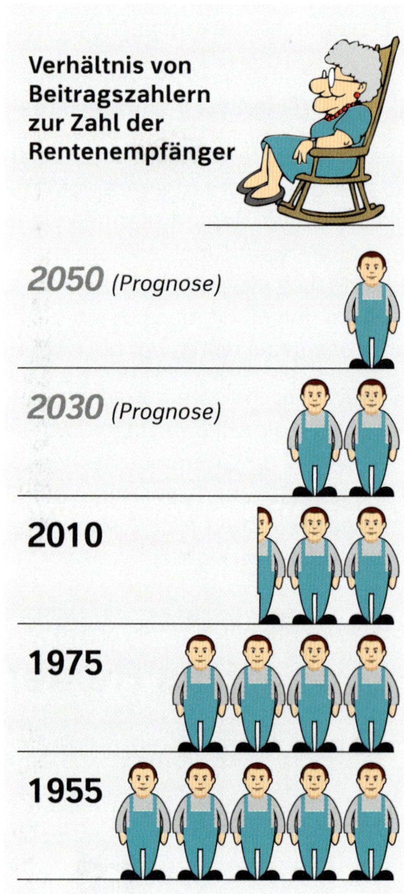

Arbeitsaufträge

1. Im Rahmen der Diskussionen um die Rentenversicherung taucht nimmer wieder der Begriff „Generationenvertrag“ auf. Erläutern Sie, was darunter verstanden wird.

2. Erläutern Sie, welche Personengruppen rentenversicherungspflichtig sind und wonach sich die Höhe der zu zahlenden Rentenbeiträge richtet.

3. Man unterscheidet bei der Rentenversicherung zwei Träger. Welche sind dies und für welche Arbeitnehmergruppen sind sie zuständig?

4. Erklären Sie welche Aufgaben der Rentenversicherungsausweis hat.

5. An wen bzw. an welche Institution und von wem werden die gesetzlichen Rentenversicherungsbeiträge gezahlt?

6. Was sagt Ihnen der Begriff „Beitragsbemessungsgrenze“ und wie hoch ist diese gegenwärtig in der Rentenversicherung?

7. Nennen und erläutern Sie kurz die verschiedenen Rentenarten und beschreiben Sie die Voraussetzungen zum Bezug einer Altersrente.

8. Der sogenannte demografische Wandel stellt eine große Herausforderung für das gegenwärtige System der Rentenversicherung dar. Damit hat sich die Situation der Rentenversicherung völlig verändert. Machen Sie an den voranstehenden Grafiken sowie der folgenden Darstellung des „magischen Dreiecks“ mit der dazugehörigen Erklärung deutlich, wo die Herausforderungen der Zukunft für die Rentenversicherung liegen und welche Entscheidungen diese der Politik bzw. in den Auswirkungen auch jedem von uns/Ihnen abverlangt.

Am besten und erstrebenswertesten wäre es natürlich, wenn es gelingen würde, die genannten Vorstellungen miteinander in Einklang zu bringen.

Da diese Ziele aber miteinander konkurrieren und sich eben nicht gleichzeitig verwirklichen lassen, spricht man auch von einem „magischen Dreieck“.

An dessen Ende wird man sich entscheiden müssen, welches Zielt die oberste Wichtigkeit hat, auch wenn dies ggf. zulasten der anderen Wunschvorstellungen geht.

Das Bild ist im weitesten Sinne ein Spiegelbild der Gefahr, dass das gesellschaftliche Gleichgewicht auch bezüglich der Herausforderung des „Generationenvertrages“ ins Wanken geraten ist. Für die junge Generation wird es offenbar immer schwerer, das Schiff auf Kurs zu halten, ohne dass es kentert, während sich die ältere Generation auf dem Oberdeck offenbar gar nicht bewusst ist, was sie denen, welche für sie arbeiten, zumuten. Damit verbindet sich die Frage, wie das Gleichgewicht von „Ober- und Unterdeck“ des Bootes aufrecht erhalten werden kann.

12.4 Schutz bei Verlust des Arbeitsplatzes
Die Arbeitslosenversicherung

Im Gesundheitswesen sind Sie eigentlich in einem Bereich tätig, der von Arbeitslosigkeit, Kurzarbeit und ähnlichen Einschränkungen nur ganz am Rande betroffen ist. Aber spätestens seit der Coronakrise im Jahr 2020 wurde klar, wie schnell es für viele Wirtschaftsbereiche und die dort tätigen Arbeitskräfte gehen kann und man plötzlich vor dem Nichts steht.

Auch aus Selmas Freundeskreis waren einige davon betroffen. Der Gang zum Arbeitsamt blieb ihnen nicht erspart und plötzlich wurde es sogar mit der Zahlung der Miete und den Raten für das gerade gekaufte neue Auto eng – vom geplanten Urlaub mal ganz abgesehen.

Welche Aufgaben hat die Arbeitslosenversicherung und auf welche Leistungen haben die betroffenen Arbeitnehmer/-innen Anspruch?

12.4.1 Versicherungsträger, Versicherungspflicht und der Beitragssatz

In der Arbeitslosenversicherung gibt es im Normalfall nur Pflichtversicherte. Dazu gehören alle Arbeiter/-innen, Angestellten, Auszubildenden und Heimarbeiter/-innen. Nicht versicherungsmäßig erfasst werden Selbstständige, Beamte/Beamtinnen, Rentner/-innen wegen Erwerbsunfähigkeit und Arbeitnehmer, die das 65. Lebensjahr vollendet haben.

Auch Existenzgründer/-innen haben die Möglichkeit, sich gegen Arbeitslosigkeit zu versichern. Zu beachten ist allerdings, dass der Antrag hierzu nur gestellt werden kann, wenn die Antragstellerin oder der Antragsteller innerhalb der letzten zwei Jahre, bevor sie/er seine Selbstständigkeit begonnen hat, mindestens zwölf Monate in einem versicherungspflichtigen Arbeitsverhältnis gestanden hat.

Träger der Arbeitslosenversicherung ist die Bundesagentur für Arbeit. Ihre Hauptstelle ist in Nürnberg. Regional werden die Aufgaben von den Landesarbeitsagenturen und den örtlichen Arbeitsagenturen wahrgenommen.

Die Aufgaben der Bundesagentur für Arbeit werden finanziert durch:
- Beiträge der Arbeitnehmer/-innen,
- Beiträge der Arbeitgeber,
- Mittel von Arbeitgebern bzw. Berufsgenossenschaften, die im Rahmen eines Umlageverfahrens aufgebracht werden,
- Steuermittel des Bundes (Arbeitslosenhilfe) bzw. Arbeitslosengeld II.

INFO 1 Beitragssatz

Der Beitrag für die Arbeitslosenversicherung lag im Jahr 2021 bei 2,4 %. Dabei erfolgt die Beitragsberechnung höchstens (Beitragsbemessungsgrenze) von einem Monatslohn in Höhe von 7.100 € (alte Bundesländer) bzw. 6.700 € (neue Bundesländer) .

In diesem Fall tragen Arbeitgeber und Arbeitnehmer/-innen jeweils die Hälfte des Beitrages. Bei geringfügigen Beschäftigungsverhältnissen trägt der Arbeitgeber den Beitrag alleine. Die Verdienstgrenze beträgt hier 450,00 € bzw. 325,00 € für Auszubildende.

Sonderregelungen gelten für Arbeitnehmer/-innen mit „geringfügigen Beschäftigungsverhältnissen" (sogenannte Minijobs). Hier sind keine Beiträge für die Arbeitslosenversicherung zu zahlen (siehe dazu Kap. 12).

12.4.2 Arbeitslosengeld und sonstige Leistungen

Das Sozialgesetzbuch enthält zahlreiche Bestimmungen zum Bezug von Arbeitslosengeld. Dabei wird unterschieden zwischen dem **ALG I** und dem **ALG II**. Grundsätzlich hat Anspruch auf Arbeitslosengeld, wer

a) arbeitslos ist, also nicht in einem Beschäftigungsverhältnis steht,
b) sich bei der Agentur für Arbeit arbeitslos gemeldet hat und sich bemüht, seine Beschäftigungslosigkeit zu beenden (Eigenbemühungen),
c) den Vermittlungsbemühungen der Agentur für Arbeit zur Verfügung steht und
d) die Anwartschaftszeit erfüllt hat.

Neben der Anspruchsvoraussetzung der Arbeitslosmeldung ist es gerade für Auszubildende wichtig, dass sie sich spätestens drei Monate vor Ende des Ausbildungsverhältnisses persönlich als arbeitssuchend melden. Gleiches gilt auch für „normale" befristete Arbeitsverhältnisse.

Um die Anwartschaftszeit zu erfüllen, muss man in den zurückliegenden drei Jahren mindestens zwölf Monate bzw. 360 Tage in der Arbeitslosenversicherung versicherungspflichtig beschäftigt gewesen sein. Der allgemeine Leistungssatz des ALG I liegt bei 60 % des vorherigen Bruttoeinkommens und 67 % für Arbeitslose, die ein Kind haben, für das Kindergeld bezogen wird. Die Zahlung des ALG I ist zeitlich befristet und hängt im Wesentlichen vom Alter der Antragstellerin/des Antragstellers ab:

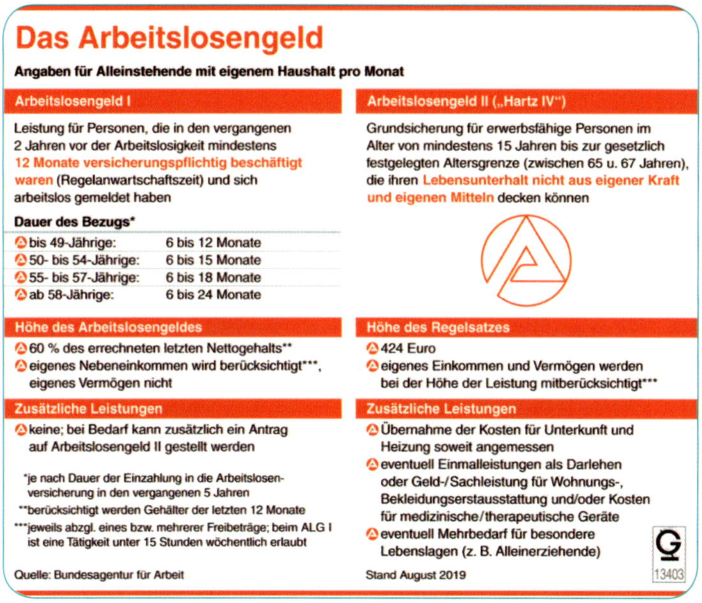

Darüber hinaus sind auch diejenigen abgesichert, die diese Voraussetzungen nicht erfüllen. Hier greift dann das ALG II. Die Leistungen sind allerdings deutlich geringer als die des ALG I.

Es handelt sich um eine **Grundsicherung** für erwerbsfähige Personen im Alter von mindestens 15 Jahren bis zur gesetzlich festgelegten Altersgrenze (siehe „Rentenversicherung"), die ihren Lebensunterhalt nicht aus eigener Kraft und eigenen Mitteln decken können und bei denen die Grundlagen für einen Bezug von Arbeitslosengeld I (ALG I) nicht (mehr) gegeben sind.

Weitere Unterstützungsleistungen
Neben dem Arbeitslosengeld gibt es in besonderen Situationen auch andere/weitere Unterstützungen bei einer unverschuldeten Verschlechterung der Arbeitssituation:

- **Kurzarbeitergeld** bei einer vorübergehenden Unterbeschäftigung von Betrieben in Höhe des Arbeitslosengeldes, das anteilig für die ausgefallenen Arbeitsstunden zu zahlen wäre,
- **Insolvenzausfallgeld** bei Zahlungsunfähigkeit des Arbeitgebers, wenn bei Insolvenzeröffnung noch Lohnansprüche für die letzten drei Monate bestehen,
- **Saison-Kurzarbeitergeld** und **Wintergeld** für witterungsbedingte Arbeitsausfälle und Erschwernisse.

12.4.3 Aufgaben der Arbeitsagenturen

Um Arbeitslose möglichst schnell zu vermitteln oder für neue Aufgaben zu qualifizieren, werden von der Arbeitsagentur im Rahmen der Arbeitsförderung verschiedene Leistungen angeboten:

- **Arbeitsvermittlung**
  Arbeitnehmer und Arbeitgeber sollen zusammengeführt werden, um ein Arbeitsverhältnis einzugehen.
- **Berufsberatung**
  Sie umfasst Rat und Auskunft bei Berufswahl und Berufswechsel. Außerdem betreibt die Berufsberatung die Vermittlung von Ausbildungsstellen.
- **Förderung der beruflichen Bildung**
  Gute fachliche Kenntnisse sind wichtig für die Beschäftigungs- und Aufstiegschancen von Arbeitnehmern und Arbeitnehmerinnen. Daher werden unter bestimmten Bedingungen die Berufsausbildung und die berufliche Weiterbildung gefördert. Voraussetzung ist, dass die Weiterbildung notwendig ist, um Arbeitnehmer bei Arbeitslosigkeit beruflich einzugliedern oder eine ihnen drohende Arbeitslosigkeit abzuwenden.

- **Förderung der Arbeitsaufnahme**
  Arbeitslose können durch Mobilitätshilfen gefördert werden, wenn dies zur Aufnahme der Beschäftigung notwendig ist und sie die erforderlichen Mittel nicht selbst aufbringen können. Die Hilfe umfasst z. B. Zuschüsse zum Lebensunterhalt, zur Arbeitskleidung, Fahrtkosten- und Trennungskostenbeihilfe.
- **Eingliederungszuschüsse**
  Arbeitgeber können diese erhalten, wenn sie bereit sind, förderungsbedürftige Arbeitnehmer einzustellen. Zu den geförderten Gruppen gehören z. B. ältere Arbeitnehmer, Langzeitarbeitslose und Menschen mit Behinderung.
- **Maßnahmen zur Arbeitsbeschaffung (ABM)**
  Für schwer vermittelbare Arbeitslose in Regionen mit hoher Erwerbslosigkeit können Arbeitgeber Zuschüsse zum auszuzahlenden Arbeitsentgelt erhalten.
- **Zuschüsse zur Ausbildungsvergütung**
  Für die betriebliche Ausbildung von Menschen mit Behinderung können Zuschüsse zur Ausbildungsvergütung bezahlt werden, wenn die Ausbildung sonst nicht möglich gewesen wäre.

Arbeitsaufträge

1. Erläutern Sie, welche Aufgaben die Agenturen für Arbeit wahrnehmen.
2. Mit welchem Satz (maximal 15 Wörter) würden Sie zusammenfassend beschreiben, was man unter dem Begriff „Arbeitsförderung" versteht?
3. Eine alleinerziehende Mitarbeiterin (35 Jahre) ist arbeitslos geworden, weil die Praxis, in der sie schon mehr als zehn Jahre beschäftigt war, aus Altersgründen nicht mehr fortgeführt wird. Überprüfen und entscheiden Sie, ob sie einen Anspruch auf Arbeitslosengeld hat und wie hoch das Arbeitslosengeld wäre (oder sein müsste), wenn sie zuletzt 3 000,00 € brutto erhalten und ein noch schulpflichtiges Kind hat.
4. Beschreiben Sie den Unterschied zwischen dem ALG I und ALG II und erklären Sie die Anspruchsvoraussetzungen für den Erhalt des „normalen" Arbeitslosengeldes (ALG I) sowie die Höhe des damit verbundenen Anspruchs.

12.5 Behütung im Alter
Die Pflegeversicherung

In der heutigen Zeit taucht immer wieder der Begriff „Pflegenotstand" auf. Viele wissen, wie schwer es manchmal sein kann, einen Heim- oder Pflegeplatz zu finden. Fragen Sie in diesem Zusammenhang einfach mal (ganz vorsichtig) Ihre Eltern oder Großeltern danach, wie es früher mit der Unterbringung in Pflegeheimen aussah und ob es damals auch schon solche Engpässe gab wie heute.

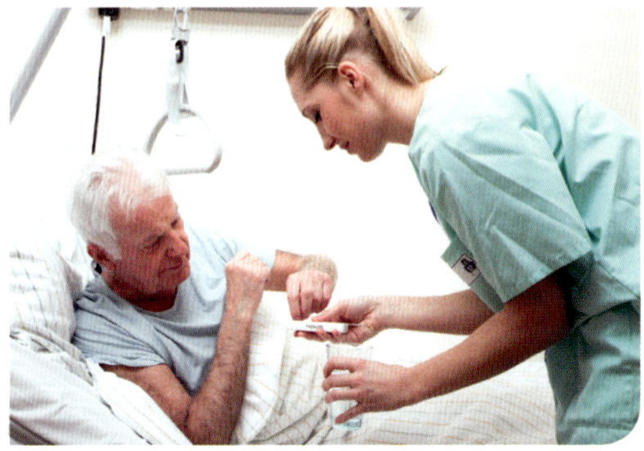

Das, was Sie hören, liegt natürlich außerhalb Ihres Erfahrungsbereiches und mittlerweile haben sich viele Rahmenbedingungen des Zusammenlebens verändert.

Nicht unwichtig ist dabei auch das veränderte Gesellschaftsbild bezüglich der Rollen der Geschlechter. Dies hat nicht nur Auswirkungen auf den Anspruch auf einen Platz im Pflegeheim, sondern es gilt – wenn auch ganz anders – auch schon für die ganz frühe Lebensphase mit der Notwendigkeit des Rückgriffs auf einen Platz in der Kita oder im Kindergarten.

Was hat dazu geführt, dass die Pflegeversicherung im Jahr 1995 und damit ca. 100 Jahre nach der ersten Sozialgesetzgebung unter Otto von Bismarck als fünfte Säule der gesetzlichen Sozialversicherung hinzukam?

12.5.1 Entwicklung und Mitgliedschaft

Seit dem 1. Januar 1995 ist mit der Einführung der Pflegeversicherung die fünfte Säule der gesetzlichen Sozialversicherung ins Leben gerufen worden. Anlass dafür war, dass die Bevölkerung immer älter wird und damit einhergehend auch die Pflegebedürftigkeit steigt. Andererseits können die damit verbundenen Leistungen oft nicht mehr wie früher von den Familienangehörigen erbracht oder aufgefangen werden.

Dies hat auch mit dem Rollenwechsel und Rollenverständnis insbesondere der Frauen zu tun, die heute in einem wesentlich höheren Maß als in den vorangehenden Generationen über die Tätigkeit im Haushalt hinaus auch ihren beruflichen Rollen im Erwerbsleben nachgehen wollen und auch nachgehen müssen.

Mit der Einführung dieses Zweiges ist jeder, der gesetzlich krankenversichert ist, automatisch auch Mitglied in der sozialen Pflegeversicherung; jeder privat Krankenversicherte sollte eine private Pflege-Pflichtversicherung abschließen. Dabei sind die jeweiligen Krankenkassen gleichzeitig auch die Träger der Pflegeversicherung.

12.5.2 Beitragserhebung und Beitragshöhe

Die Finanzierung erfolgt nach dem sogenannten Umlageverfahren. Dabei werden die geleisteten Beiträge nicht zurückgelegt bzw. angespart, sondern im Sinne des Solidarprinzips im Rahmen der Aufwendungen für die gegenwärtigen Leistungsempfänger verwendet.

- Der **Beitragssatz** liegt bei **3,05** % (2021) und wird jeweils zur Hälfte von der jeweiligen Arbeitnehmerin/dem jeweiligen Arbeitnehmer und dem Arbeitgeber getragen.
- Der finanzielle Ausgleich des Anteils, den die Arbeitgeber zu tragen haben, wurde bei Einführung der Pflegeversicherung mit der **Streichung des Buß- und Bettages** als gesetzlichem Feiertag vorgenommen.
- Lediglich im Bundesland Sachsen erfolgte diese Streichung nicht. In der Folge zahlen die Arbeitnehmer dort 0,5 % des jeweils geltenden Beitragssatzes allein.
- **Kinderlose Arbeitnehmer/-innen**, die das 23. Lebensjahr vollendet haben, zahlen (ohne Arbeitgeberanteil) einen um 0,25 % höheren Beitrag, sodass deren Gesamtbeitragssatz im Jahr 2021 bei 3,30 % liegt.
- Sogenannte Minijobs, also Beschäftigungsverhältnisse, bei denen der monatliche Bruttolohn 450,00 € nicht übersteigt, sind von der Beitragszahlung befreit.
- Bei Ausbildungsverhältnissen, in denen die Ausbildungsvergütung monatlich 325,00 € nicht übersteigt, wird der volle Beitragssatz vom Ausbilder gezahlt. Die oder der Auszubildende zahlt in diesem Falle nichts.

Arbeitnehmeranteil	Regelbeitragssatz 3,05 %	Arbeitgeberanteil
1,525 %	Alle Bundesländer außer Sachsen Arbeitnehmer unter 23 Jahre mit oder ohne Kinder oder ab dem 23. Lebensjahr mit mindestens einem Kind	1,525 %
2,025 %	Bundesland Sachsen	1,025 %
0,25 %	Zuschlag für kinderlose Arbeitnehmer ab dem 23. Lebensjahr	------
------	Auszubildende mit einer Vergütung von maximal 325,00 €/Monat	------
------	Minijobs bis 450,00 €/Monat	3,05 %

12.5.3 Leistungen bei Pflegebedürftigkeit

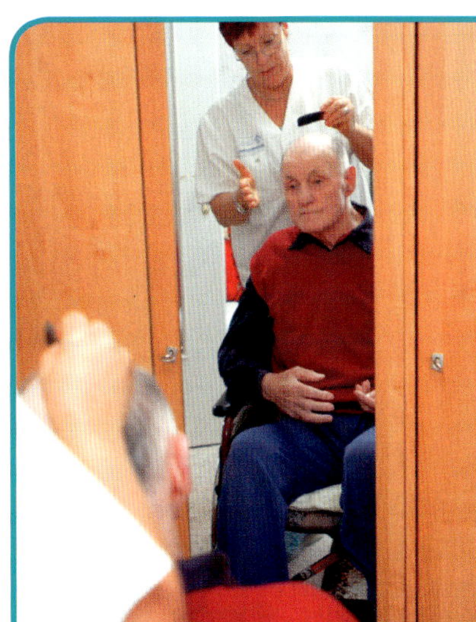

Die Zahl der Pflegebedürftigen wird auf ca. 3 Millionen Personen geschätzt. Es gibt für pflegebedürftige Menschen insgesamt fünf Pflegegrade mit unterschiedlichen Anspruchsvoraussetzungen und darauf aufbauenden Leistungen. Der jeweilige Stand der Pflegebedürftigkeit wird auf der Grundlage eines Begutachtungsverfahrens ermittelt. Dabei wird der Hilfebedarf, den jemand hat, nach dem Grad seiner Selbstständigkeit bzw. seiner Unselbstständigkeit beurteilt.

Es geht also im Kern darum, festzustellen, wie selbstständig und ohne Hilfe bzw. Unterstützung von anderen jemand sein Leben allein führen kann. Die Begutachtung wird vom Medizinischen Dienst im Auftrag der jeweiligen Krankenversicherung durchgeführt. Dabei stehen die folgenden sechs Bereiche im Vordergrund:
- individuelle Mobilität,
- geistige und kommunikative Fähigkeiten,
- allgemeines Verhalten,
- Umfang der möglichen Selbstversorgung,

- Umgang mit Erkrankungen und Belastungen,
- Vorhandensein und Intensität von sozialen Kontakten.

In jedem der Bereiche werden Punkte vergeben, die vom Ausmaß der Beeinträchtigung abhängig sind. Diese werden am Ende gewichtet und addiert. Vom Ergebnis hängt es ab, in welchen Pflegegrad eine Person eingeordnet wird.

	Selbstständigkeitsbereiche	**Gewichtung**
a	Mobilität	10 %
b	Kognitive und kommunikative Fähigkeiten/Verhaltensweisen/ psychische Situation	15 %
c	Fähigkeit zur Selbstversorgung	40 %
d	Belastung durch Therapie und Behandlungen	20 %
e	Alltagsleben/Soziale Kontakte	15 %
		100 %

Ergebnis der Gesamteinstufung	
Beeinträchtigung der Selbstständigkeit	**Pflegegrad**
gering	**1**
erheblich	**2**
schwer	**3**
schwerst	**4**
besonders schwer	**5**

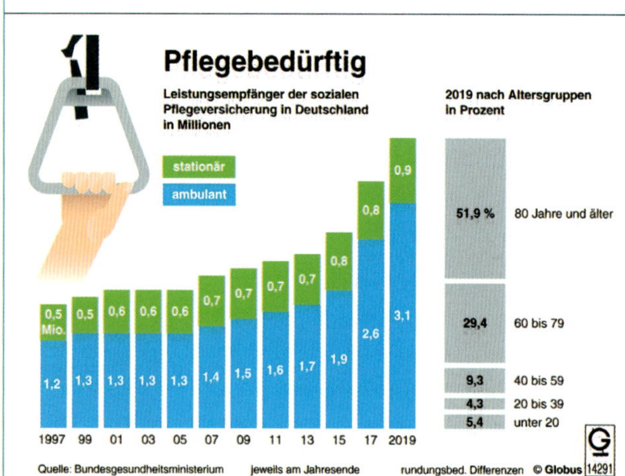

Generell kann hinsichtlich der Leistungen, die im Bedarfsfall von den Pflegekassen zu erbringen sind, unterscheiden werden zwischen:

- **Geldleistungen**, die gezahlt werden, wenn Angehörige die Betreuung selbst übernehmen und dafür das sogenannte Pflegegeld erhalten,

- **Pflegesachleistungen** in Form von Pflegesätzen für die Inanspruchnahme der Leistungen von ambulanten Pflegediensten oder stationärer Unterbringung in Alten- oder Pflegeheimen,
- **Pflegehilfsmitteln**, die für die Arbeit benötigt werden.

Die finanziellen Leistungen der Pflegeversicherung im Überblick:

Pflegestufe	**Geldleistungen**				
	Ambulante/Häusliche Pflege			Stationäre (Teil-)Pflege	
	Pflegegeld	**Pflegesachleistungen**	**Pflegehilfsmittel** (Handschuhe, Mundschutz, Betteinlagen usw.)	**Teilstationär**	**Vollstationär**
1	125,00 €	---	40,00 €	---	125,00 €
2	316,00 €	689,00 €	40,00 €	689,00 €	770,00 €
3	545,00 €	1 298,00 €	40,00 €	1 298,00 €	1 262,00 €
4	728,00 €	1 612,00 €	40,00 €	1 612,00 €	1 775,00
5	901,00 €	1 995,00 €	40,00 €	1 995,00 €	2 005,00 €

Selbstverständlich können die einzelnen Leistungen in einem bestimmten Rahmen auch miteinander verbunden werden. Dies betrifft beispielsweise den Fall, dass sich ambulante und stationäre Versorgung im Bedarfsfall (z. B. beim Urlaub oder anderweitiger Verhinderung des pflegenden Angehörigen) abwechseln oder ergänzen.

Als teilstationäre Versorgung wird die zeitweise Betreuung im Tagesverlauf in einer Einrichtung bezeichnet. Teilstationäre Pflege kann als Tages- oder Nachtpflege konzipiert sein.

Arbeitsaufträge

1. Nennen Sie Gründe, die dazu führten, dass die Pflegeversicherung im Jahr 1995 als fünfte gesetzliche Pflichtversicherung eingeführt wurde.

2. Stellen Sie dar, nach welchen Kriterien die Festlegung des Pflegegrades erfolgt und von wem diese vorgenommen wird.

3. Erläutern Sie, wie die Finanzierung der Pflegeversicherung im Rahmen der Beitragserhebung erfolgt.

4. Nehmen Sie dabei auch zu der Frage Stellung, ob es sozial angemessen ist, dass kinderlose Pflichtversicherte ab dem 23. Lebensjahr einen höheren Beitrag zu zahlen haben als diejenigen, die mindestens ein Kind haben, oder ob dies aus Ihrer Sicht eher eine nur schwer zu rechtfertigende Ungleichbehandlung darstellt.

   Diskutieren Sie in diesem Zusammenhang auch den noch weitergehenden Vorschlag, dass Familien mit heranwachsenden Kindern völlig von der Beitragspflicht befreit werden, weil diese mit den Kindern schon ihren „sozialen Beitrag“ für die Gesellschaft leisten oder geleistet haben.

12.6 Schutz bei der Ausübung der Tätigkeit
Die Unfallversicherung

Moment mal ...

In Ihre Praxis kommt ein Mann zur Behandlung. Er hatte sich auf einer Baustelle verletzt. Beim Aufbau eines Gerüstes hatte sich ein Bolzen gelöst und hatte ihn beim Herunterfallen im Gesicht getroffen.

Die Folge war nicht nur eine Platzwunde, sondern auch eine Verletzung im Kieferbereich. Unabhängig davon, dass an oberster Stelle die medizinische Erstversorgung stand, brauchten Sie natürlich auch weitere Abgaben zum Unfallhergang, aber auch zum Versicherungsträger.

Nebenbei bemerkt erlitt auch das Handy, was der Bauarbeiter beim Unfall dabei hatte, einen „Totalschaden“. Er glaubte, dass auch das „sicher“ als Unfallschaden mitversichert sei, denn es hätte schließlich 500,00 € gekostet und das Handy brauche er ja an der Arbeit, weil hin und wieder auch der Chef mal anrufe ...

Was ist das Besondere an der Behandlung von Schäden, die durch einen Arbeitsunfall verursacht wurden und welche Rolle spielt dabei die gesetzliche Unfallversicherung bzw. welche Aufgaben hat diese?

12.6.1 Der Arbeitsplatz als Versicherungsgegenstand

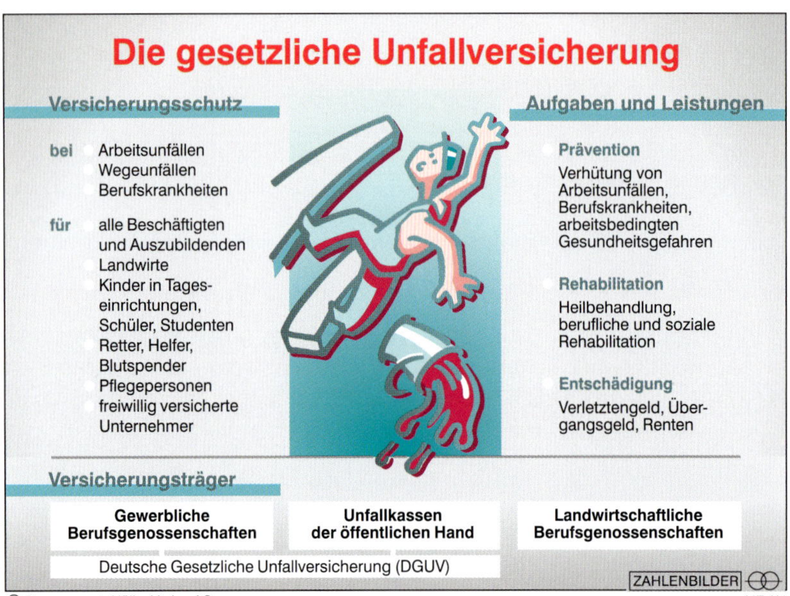

© Bergmoser + Höller Verlag AG 147 114

Die Unfallversicherung hat die Aufgabe, Unfälle zu verhüten und die Folgen eines Unfalls zu mildern oder zu beseitigen. Die Berufsgenossenschaften erlassen Unfallverhütungsvorschriften. Durch sie wird der Unternehmer verpflichtet, die Arbeitsstätte, die Betriebseinrichtungen und Gerätschaften so einzurichten, dass die Arbeitnehmer gegen Unfälle und Berufskrankheiten geschützt sind.

Die Arbeitnehmer/-innen sind verpflichtet, die erlassenen Vorschriften genau zu befolgen. Durch technische Aufsichtsbeamte der Berufsgenossenschaften wird die Durchführung der Unfallverhütungsvorschriften überwacht. Außerdem werden die Mitglieder beraten.

Wer dennoch bei der Ausübung seiner beruflichen Tätigkeit und auf dem Weg von und zur Arbeit einen Unfall erleidet, wird von der gesetzlichen Unfallversicherung betreut. Alle Arbeitnehmer/-innen sind hier pflichtversichert. Unternehmer können sich und ihre mitarbeitenden Familienangehörigen freiwillig versichern.

Für die Unfallversicherung sind folgende Träger zuständig:
- branchenbezogene gewerbliche Berufsgenossenschaften,
- landwirtschaftliche Berufsgenossenschaft,
- Seeberufsgenossenschaft,
- eine Vielzahl von Unfallversicherungsträgern der öffentlichen Hand (für die Unfallrisiken der Gebietskörperschaften, d. h. Städten und Gemeinden).

12.6.2 Beitragspflicht und Beitragshöhe

Die Berufsgenossenschaften finanzieren sich ausschließlich aus den Beiträgen der Arbeitgeber. Da Berufsgenossenschaften keine Gewinne erwirtschaften dürfen, können sie nur so hohe Beiträge erheben, wie sie für die Erfüllung ihrer Aufgaben benötigen.

Die Höhe der zu zahlenden Beiträge wird bestimmt durch die
- Unfallgefährdung in einem Betrieb,
- Lohn- und Gehaltssumme der Mitarbeiter/-innen,
- Schwere, Anzahl und Kosten der Unfälle.

12.6.3 Unfallursachen und Leistungen im Schadensfall

In der Unfallversicherung gibt es drei Situationen, die zu Ansprüchen der oder des Versicherten führen:

- **Arbeitsunfälle:** Unfälle, die Berufstätige während ihrer Arbeit und auf Dienstwegen erleiden.
- **Wegeunfälle:** Unfälle, die auf dem direkten Weg von und zur Arbeit passieren.
- **Berufskrankheiten:** Erkrankungen, die in einem direkten Zusammenhang mit der beruflich ausgeübten Tätigkeit stehen. Sie müssen berufsbedingt sein und auf der „Berufskrankheiten-Liste“ aufgeführt sein.

Ist ein Unfall passiert oder eine Berufskrankheit eingetreten, können Ansprüche an die Berufsgenossenschaft gestellt werden.

Leistungen der Berufsgenossenschaft
- Heilbehandlungen/ärztliche Behandlungskosten,
- Übernahme der Kosten für eine nötige soziale Rehabilitation (z. B. Wohnungshilfen),
- Übergangsgeld bei erforderlicher beruflicher Umschulung,
- Rente an die Versicherten bei vollständigem oder teilweisem Verlust der Erwerbstätigkeit,
- Im Todesfall Zahlung eines Sterbegeldes und ggf. einer Hinterbliebenenrente.

Arbeitsunfälle | **Wegeunfälle** | **Berufskrankheiten**

↓

berechtigen zu Ansprüchen an die Berufsgenossenschaft

↓

Leistungen der Berufsgenossenschaft

- Heilbehandlung (z. B. ärztliche Behandlungskosten)
- Leistungen zur sozialen Rehabilitation (z. B. Wohnungshilfe)
- Verletzungsgeld (z. B. Übergangsgeld während beruflicher Umschulung)
- Rente an Hinterbliebene (z. B. Waisenrente)
- Leistungen bei Pflegebedürftigkeit (z. B. ärztliche Hauspflege)
- Leistungen zur beruflichen Rehabilitation (z. B. Umschulung)
- Rente an Versicherte (z. B. Vollrente bei vollständigem Verlust der Erwerbstätigkeit)
- Sterbegeld

INFO 1 Wegfall des Versicherungsschutzes

Treten Verletzungen oder Gesundheitsschäden ohne Einwirkung von außen zufällig während der versicherten Tätigkeit auf, ist die Unfallversicherung nicht zuständig, wenn z. B.
- ein Mitarbeiter während der Tätigkeit am Schreibtisch einen Herzinfarkt erleidet oder
- eine Auszubildende plötzlich Nasenbluten oder einen Schwächeanfall bekommt.

An erster Stelle steht bei der gesetzlichen Unfallversicherung die Regulierung gesundheitlicher Schäden, die durch Arbeits- oder Wegeunfälle oder durch Berufskrankheiten entstanden sind. Dagegen werden beschädigte Sachgegenstände in der Regel nicht ersetzt. Im Ausnahmefall kann aber auch eine Erstattung der Kosten erfolgen wie z. B. bei
- Sachschäden, die durch das Leisten von Erster Hilfe entstehen (z. B. zerrissene Kleidung) oder
- bei durch den Arbeitsunfall beschädigten persönlichen medizinisch nötigen oder verordneten Hilfsmitteln (z. B. Brillen, Hörgeräte, Gehhilfen o. Ä.).

Arbeitsaufträge

1. In welchem der folgenden Fälle erbringt die gesetzliche Unfallversicherung der betreffenden Arbeitnehmerin oder des betreffenden Arbeitnehmers Leistungen?
   a) Eine Ihrer Kolleginnen besucht zurzeit einen externen Fortbildungskurs über die neuen Methoden bei der Behandlung von Zahnentzündungen, Bei einem Tennisspiel im Hotel stürzt sie und bricht sich das linke Wadenbein.
   b) Sie werden von ihrem Chef zu einem benachbarten Kieferchirurgen geschickt, um dort einen dringend benötigten Untersuchungsbefund abzuholen. Von einem unbekannt bleibenden Mopedfahrer werden sie angefahren und ziehen sich eine tiefe Fleischwunde zu.
   c) In einer kurzen Arbeitspause rutscht eine Kollegin in dem Aufenthaltsraum auf verschüttetem Orangensaft aus und verletzt sich am Arm.
   d) Ein zu verladendes Surfbrett fällt Ihnen im Urlaub aus der Hand und verletzt zwei Zehen an Ihrem rechten Fuß so unglücklich, dass Sie eine Woche nicht arbeiten können.

2. Wer sind die Träger der gesetzlichen Unfallversicherung und wie ist die Finanzierung der gesetzlichen Unfallversicherung geregelt?

3. Was tun Berufsgenossenschaften, um Unfälle zu verhindern und welche Leistungen erbringen sie, wenn auf dem Weg zur Arbeit oder bei der Ausübung der Tätigkeit doch etwas passiert?

4. Eine Arbeitskollegin von Ihnen kommt zehn Minuten zu spät in die Praxis. Aufgeregt erklärt sie: „Ich habe heute Morgen einen richtigen Schutzengel gehabt, sonst wäre ich bei der Eisglätte aus der Kurve geflogen. Es ist doch gut zu wissen, dass alle Unfälle auf dem Weg von und zu unserer Praxis immer besonders versichert sind." Diskutieren Sie diese Meinung.

5. Weil Ihr Auto zur Inspektion in der Werkstatt musste, wurden Sie von Ihrer Arbeitskollegin abgeholt. Diese musste zwar einen großen Umweg fahren, aber das tat sie gern, um Ihnen „aus der Patsche" zu helfen. Und dann passierte es. Auf glatter Straße kam der Wagen Ihrer Kollegin ins Schleudern und prallte gegen eine Erdböschung. Während Sie unverletzt blieb, zog sich Ihre Kollegin als Fahrerin eine Knieverletzung zu, die ärztlich behandelt werden musste. „Für Sie brauchen wir der Berufsgenossenschaft gar keine Unfallanzeige zu schicken, denn versichert sind ja nur Wegeunfälle, die auf dem direkten Weg zur Arbeitsstelle passieren", ist dazu die allgemeine Meinung im Praxisteam. Was halten Sie von dieser Auffassung?

12.7 Mini- oder Midijobs
Sonderfall – geringfügige Beschäftigungsverhältnisse

Für die Reinigung der Praxisräume am Ende eines Praxistages wurden zwei weibliche Arbeitskräfte eingestellt. Beide sind im Rahmen eines Minijobs tätig. Die eine erhält für ihre Arbeit monatlich 390,00 € und die andere, die ein paar Stunden mehr arbeitet, bekommt 450,00 €.

Sie haben sich noch nie so richtig mit den geringfügigen Beschäftigungsverhältnissen auseinandergesetzt, wollen jetzt aber wissen, ob die beiden Frauen ihren Lohn wirklich „brutto für netto“ bekommen und ob für sie gar keine Sozialabgaben zu leisten sind oder „wer was bezahlt“.

Wie sieht die Rechtslage und die Frage der Sozialabgaben bei geringfügigen Beschäftigungsverhältnissen aus?

INFO 1 Sozialabgaben und Steuern

In Deutschland gibt es knapp sechs Millionen Arbeitnehmer/-innen, die im engeren Sinn keine Vollerwerbstätigkeit ausüben, sondern in einem **Minijob** arbeiten. Dabei handelt es sich um Arbeitsplätze, bei denen ein Einkommen von **450,00 EUR** pro Monat nicht überschritten wird. Für Auszubildende liegt die Geringverdienergrenze bei **325,00 EUR**.

Bei diesen Arbeitsverhältnissen fallen für **die Arbeitnehmer/-innen keine Steuern oder Sozialabgaben** an, sie erhalten brutto für netto. Dies gilt jedoch nicht für **Arbeitgeber**. Sie **müssen für die 450-Euro-Jobs Sozialabgaben und Steuern abführen:**

Sozialversicherungsabgaben	
• Krankenversicherung	13,00 %
• Rentenversicherung	15,00 %
• Unfallversicherung	1,30 % (durchschnittlich)
Steuern	
• pauschale Steuer	2,00 %
Umlagen	
• Krankheit	0,90 %
• Umlage Mutterschutz	0,19 %
• Insolvenz	0,06 %
Summe der Arbeitgeberabgaben	32,45 %

(www.minijob-zentrale.de [13.10.2020].)

In der **Pauschalsteuer** von 2 % sind Abgaben für die Lohnsteuer, den Solidaritätszuschlag sowie die Kirchensteuer enthalten, auch dann, wenn der Beschäftigte gar keiner Religionsgemeinschaft angehört. Die Beiträge zur Krankenversicherung entfallen, wenn der Beschäftigte privat oder gar nicht krankenversichert ist. Für die Abwicklung der Beitragszahlungen ist die **Bundesknappschaft/Minijob-Zentrale** zuständig. Dort meldet der Arbeitgeber seine Minijobber an, dort entrichtet er auch seine Abgaben.

INFO 2 Sonderregelung für Minijobs in Privathaushalten

Bei geringfügig entlohnten Beschäftigungen (450-Euro-Jobs) in Privathaushalten zahlt der Arbeitgeber **niedrigere Beiträge** zur Sozialversicherung als bei gewerblichen Beschäftigungen. Die geringfügig entlohnte Beschäftigung wird der Minijob-Zentrale zudem in einem zu diesem Zweck **vereinfachten Verfahren** gemeldet, dem sogenannten **Haushaltsscheckverfahren.** Zudem übernimmt die Minijob-Zentrale einen Großteil der sonst üblichen Arbeitgeberpflichten.

Sozialversicherungsabgaben	
• Krankenversicherung	5,00 %
• Rentenversicherung	5,00 %
• Unfallversicherung	1,60 %
Steuern	
• Pauschalsteuer	2,00 %
Umlagen	
• Krankheit	0,90 %
• Umlage Mutterschutz	0,19 %
• Insolvenz	-----
Summe der Arbeitgeberabgaben	14,69 %

(*www.minijob-zentrale.de [13.10.2020].*)

Die bei der Bundesknappschaft eingerichtete Minijob-Zentrale zieht die Beiträge jeweils am 15. Januar und am 15. Juli vom Arbeitgeber über das Haushaltsscheckverfahren ein. Für die Arbeitnehmer/-innen besteht die Möglichkeit, den Pauschalbeitrag des Arbeitgebers zur Rentenversicherung von 5 % (bei Minijobs in Unternehmen) aus eigenen Mitteln aufzustocken und auf diese Weise weitere Ansprüche aus der gesetzlichen Rentenversicherung zu erwerben.

INFO 3 Zusammenrechnung der Einkünfte bei mehreren Minijobs

Hat der Arbeitnehmer einen rentenversicherungspflichtigen Hauptberuf und übt nur eine einzige derart geringfügige Beschäftigung aus, erfolgt keine Zusammenrechnung der Verdienste aus dem Hauptberuf und der Nebenbeschäftigung.

Anders verhält es sich, wenn mehrere geringfügige Beschäftigungen ausgeübt werden und dadurch die 450-Euro-Grenze überschritten wird. Dann erfolgt eine Zusammenrechnung der Verdienste. Die Nebenbeschäftigung ist dann voll sozialversicherungspflichtig.

Unabhängig von diesen „Mini-Job-Regelungen“ sind die Kurzzeitbeschäftigungen von zwei Monaten oder 50 Tagen im Jahr (Saisonbeschäftigung, Ferienjob usw.). Hier gilt die Befreiung von der Versicherungspflicht auch dann, wenn das Einkommen höher als 450,00 EUR pro Monat ist.

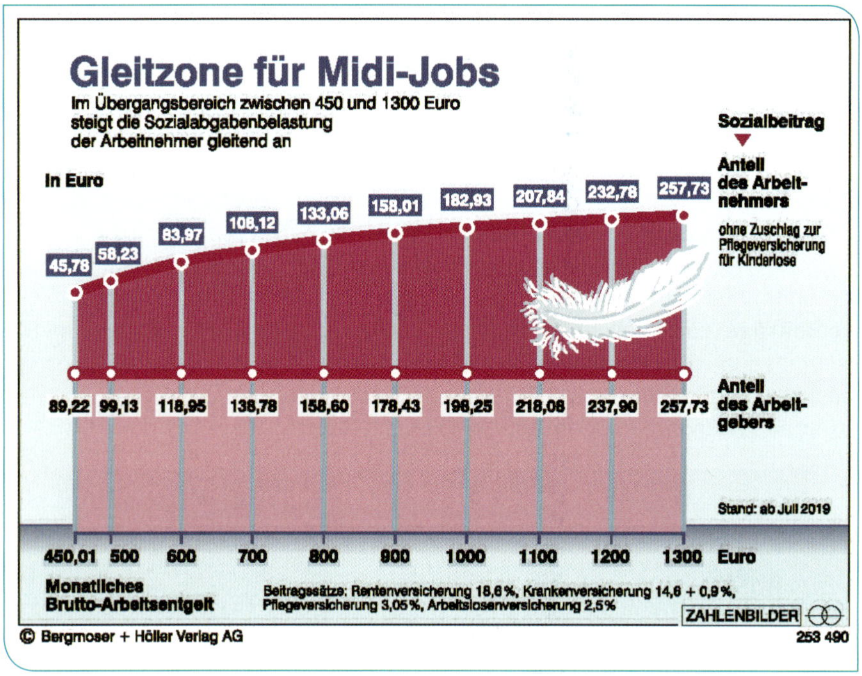

INFO 4 Was ist, wenn mehr verdient wird?

Wenn die Grenze von 450,00 EUR überschritten wird, beginnt auch die Beitragspflicht der Arbeitnehmerin/des Arbeitnehmers. Sie entwickelt sich allerdings gleitend. Erst bei einem Verdienst von 1.300,00 EUR werden die Beiträge jeweils zur Hälfte vom Arbeitnehmer und vom Arbeitgeber aufgebracht.

Arbeitsaufträge

1. Erläutern Sie, was ein Minijob ist und wie er aus der Sicht der Sozialabgaben behandelt wird.
2. Mit einem Minijob verbindet sich ohne Zweifel der Vorteil, dass die Arbeitnehmerin/der Arbeitnehmer keine Sozialabgaben zu leisten hat und das Entgelt demnach „netto“ ausgezahlt wird. Aber – welche nachteiligen Folgen können entstehen, wenn jemand auf Dauer nur Minijobber ist?
3. Beschreiben Sie die sogenannte Gleitzone in Bezug auf die zu leistenden Sozialabgaben, wenn der monatliche Verdienst die 450-Euro-Grenze überschreitet.

12.8 Alles in allem ...
Beitragslasten für Arbeitnehmer/-innen und Arbeitgeber

Moment mal ...

„Bisher hatte ich es so verstanden, dass alle sozialversicherungspflichtigen Arbeitnehmer den gleichen prozentualen Beitragsabzug vom Lohn zu leisten haben. Diejenigen, die besser verdienen, zahlen dann natürlich entsprechend mehr in die Kassen der Sozialversicherung und das wäre doch auch nur gerecht", sagte Corinna zu ihrer Kollegin Manuela, nachdem sie am Vorabend im Fernsehen eine Diskussion über die Beitragsbemessungsgrenzen gesehen hatten.

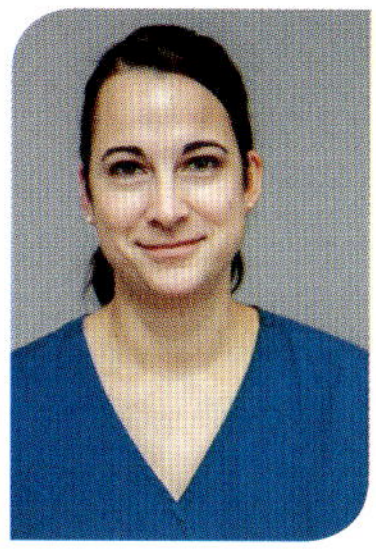
Corinna Maybaum

„Ja, da magst du ja Recht haben, aber es gibt dazu auch andere Auffassungen, denn wer mehr einzahlt, hat natürlich auch einen Anspruch auf höhere Leistungen", entgegnete diese. „Der ‚alte' Bismarck hat die Sozialversicherung vor mehr als hundert Jahren aber ins Leben gerufen, um „im Falle des Falles" einen sozialen Mindeststandard, aber nicht die Erhaltung des Reichtums zu sichern."

Manuela Harris

Wie ist die tatsächliche Situation bezüglich der Beitragszahlung und der Beitragslasten der Arbeitnehmer/-innen?

INFO 1 Beitragshöhe in den einzelnen Sozialversicherungszweigen

Die Sozialversicherungsbeträge richten sich bei der Kranken-, Renten-, Arbeitslosen- und Pflegeversicherung innerhalb bestimmter Höchstgrenzen nach dem Einkommen. Die **Beitragssätze und Höchstbeiträge** im Jahr 2020:

Versicherungszweig	Beitragssatz	Arbeitgeberanteil	Arbeitnehmeranteil	Beitragsbemessungsgrenze (2021)	Höchstbeitrag Arbeitnehmer (2021)
Krankenversicherung	14,6 + Zusatzbeitrag	7,3 % + Hälfte des Zusatzbeitrages		4.837,50 €	353,14 € + Hälfte des Zusatzbeitrages
Pflegeversicherung • Allgemeine Regelung	3,05 %	1,525 %	1,525 %	4.837,50 €	73,77 €
• Freistaat Sachsen (kein Wegfall des Buß- und Bettages, daher ein um 0,5 % höherer Beitrag zulasten der Arbeitgeber)	3,05 %	2,025 %	1,025 %		49,58 €
• Sonderregelung kinderlose Arbeitnehmer ab dem 23. Lebensjahr (alle Bundesländer außer Sachsen)	3,30 %	1,525 %	(Zuschlag 0,25%) 1,775 %		85,86 €
• Sonderregelung in Sachsen für kinderlose Arbeitnehmer ab dem 23. Lebensjahr	3,30 %	2.025 %	1,275 %		61,68 €
Rentenversicherung	18,60 %	9,30 %	9,30 %	Alte Bundesländer 7.100,00 €	660,30 €
				Neue Bundesländer 6.700,00 €	623,10 €
Arbeitslosenversicherung	2,40 %	1,20 %	1,20 %	Alte Bundesländer 7.100,00 €	85,20 €
				Neue Bundesländer 6.700,00 €	80,40 €

In der Krankenversicherung liegt außerdem die Versicherungspflichtgrenze bei 5.362,50 €. Wer mehr verdient, hat die Wahl zwischen der gesetzlichen und der privaten Krankenversicherung.

INFO 2 Versicherungspflicht- und Beitragsbemessungsgrenze

Die zu zahlenden Beiträge zur Sozialversicherung richten sich einerseits nach dem jeweiligen Bruttoverdienst, aber sie sind andererseits auch durch Höchstbeträge begrenzt. Diese sogenannten Beitragsbemessungsgrenzen werden u. a. damit begründet, dass auch die Leistungen, die im Behandlungsfall erforderlich sind und erbracht sowie abgerechnet werden, nicht vom Einkommen abhängig sind. Darüber hinaus werden mit höheren Beiträgen ggf. auch höhere Ansprüche erworben. Stellen Sie sich z. B. vor, wie sich eine unbegrenzte Beitragserhebung auf die Kassensituation auswirken würde, wenn z. B. ein Formel-1-Fahrer bei einem Unfall verletzt wird und Krankengeld als prozentualen Teil seines „Rennfahrergehaltes" beanspruchen würde.

Gleichermaßen groß wären die Geldbelastungen z. B. für Rentenversicherung, wenn ein Vorstandsvorsitzender einer Großbank oder eines Automobilkonzerns aus dem Berufsleben ausscheidet und „in Rente geht". Aus hohen Beitragsleistungen würden insbesondere bei der Rentenversicherung, aber auch beim Krankengeld entsprechend hohe Ansprüche der Versicherten abgeleitet, die die Kassen ggf. extrem stark belasten würden. Hinzu kommt, dass die Beitragsbemessungsgrenzen auch eine Begrenzung der Lohnnebenkosten für den Arbeitgeberanteil bedeuten.

Entscheidend ist, dass die Ende des 19. Jahrhunderts vom damaligen Reichskanzler Otto von Bismarck ins Leben gerufene Sozialversicherung allein die Existenzsicherung und damit die Befriedigung der Grundbedürfnisse zum Ziel hatte. Unabhängig von der sozialen Grundversorgung steht es jedem Versicherungspflichtigen frei, sich darüber hinaus freiwillig auf privater Grundlage höher zu versichern.

INFO 3 Beitragsabführung

Die Beiträge zur Renten-, Kranken-, Arbeitslosen- und Pflegeversicherung sind vom Arbeitgeber als Gesamtbeitrag an die Krankenkasse der Arbeitnehmerin/des Arbeitnehmers abzuführen. Die Krankenkasse ist die sogenannte Einzugsstelle. Die Anteile, die die Arbeitnehmerin/der Arbeitnehmer zu zahlen hat, werden (genau wie die Lohnsteuer) vom Bruttolohn abgezogen. Hinzu kommen die Anteile, die der Arbeitgeber zusätzlich zum Lohn zu entrichten hat. Die Beiträge zur Unfallversicherung, die der Arbeitgeber allein zu tragen hat, werden direkt an die jeweilige Berufsgenossenschaft abgeführt.

Die Unternehmen müssen die Beiträge zur gesetzlichen Kranken-, Pflege-, Renten- und Arbeitslosenversicherung spätestens bis zum drittletzten Bankarbeitstag des Monats, in dem die Beschäftigung ausgeübt wurde, überweisen. Als „Bankarbeitstage" gelten dabei die Wochentage Montag bis Freitag, solange es sich nicht um einen Feiertag handelt. Da die endgültige Lohn- und Gehaltshöhe insbesondere in Betrieben mit leistungsabhängigen Entgeltbestandteilen zum geforderten Zeitpunkt noch gar nicht feststeht, müssen die Beiträge zunächst vorab „gewissenhaft geschätzt" werden. Die endgültige Abrechnung sollen die Personalabteilungen dann zusammen mit der Schätzung des nächsten Monats vornehmen und die ermittelte Differenz nachzahlen bzw. einbehalten.

INFO 4 Meldepflicht

Der Arbeitgeber hat den Beginn und das Ende, aber auch die Unterbrechungen einer Beschäftigung sowie sonstige Änderungen zu melden. Er ist darüber hinaus verpflichtet, am Jahresende eine Entgeltbescheinigung auszustellen und bei der zuständigen Krankenkasse einzureichen. Die Meldung an die Krankenkasse hat mit dem offiziellen Formular „Meldung an die Sozialversicherung" bei der Neueinstellung eines Beschäftigten innerhalb von zwei Wochen nach Aufnahme der Arbeit zu erfolgen.

Arbeitsaufträge

1. Die Beiträge für die Sozialversicherungszweige hängen in erster Linie von der Höhe des Bruttolohnes ab. Wie hoch ist der prozentuale Gesamtabzug an Sozialversicherungsabgaben für die Arbeitnehmerin/den Arbeitnehmer?

2. Bis wann und an wen müssen die Sozialabgaben vom Arbeitgeber überwiesen werden?

3. Für welche(n) der fünf Sozialversicherungszweige zahlt der Arbeitgeber die Beiträge allein und wovon hängt die Beitragshöhe hier unter anderem ab?

4. Wie lässt sich die Beitragsbemessungsgrenze trotz der damit verbundenen geringeren Beitragsaufkommen für die jeweiligen Versicherungsträger begründen?

13 „Vom Brutto zum Netto“
Grundlagen der Gehaltsabrechnung

Noch sind Sie in der Ausbildung und erhalten Ihre feste Ausbildungsvergütung. Wenn Sie Ihre „Lohnabrechnung“ mit Ihren Mitschülerinnen und Mitschülern vergleichen, werden Sie feststellen, dass dabei keinesfalls alles gleich ist.

Es beginnt evtl. schon damit, dass die eine „nur“ die tariflich festgeschriebene Ausbildungsvergütung erhält, während sich „die andere“ darüber freuen kann, einen übertariflichen Zuschlag zu erhalten.

Hinzu kommt, dass man sich evtl. auch in unterschiedlichen Steuerklassen befindet. Schließlich spielt bei den Lohnabzügen auch der Familienstand und die Frage von evtl. eingetragenen Kindern eine Rolle.

In diesem Zusammenhang ist ggf. auch das Alter nicht ganz unwichtig. „Last, but not least“ ist es für den Abzug der Kirchensteuer wichtig, ob man Mitglied in einer Religionsgemeinschaft oder Atheist/-in ist.

Mal ganz ehrlich: Haben Sie die Abrechnung Ihrer Ausbildungsvergütung dahingehend schon einmal durchgeschaut und evtl. mit Arbeitskolleginnen oder -kollegen verglichen?

ZFA, 22 Jahre, ledig, kein Kind, Steuerklasse I		
Bruttolohn		**2400,00 €**
Lohnsteuer	253,83 €	
Solidaritätszuschlag	----	
Kirchensteuer	22,84 €	276,67 €
Krankenversicherung 7,3 % + 0,5 % = 7.8 %	187,20 €	
Rentenversicherung 9,30 %	223,20 €	
Pflegeversicherung 1,525 %	36,60 €	475,80 €
Arbeitslosenversicherung 1,20 %	28,80 €	
Nettolohn		1.647,53 €

Aus welchen Bestandteilen setzt sich eine Lohn- und Gehaltsabrechnung oder Ihre Ausbildungsvergütung zusammen und was bestimmt die Höhe der Abzüge im Einzelfall?

13.1 Berechnung des Bruttolohnes

Die Gehaltsabrechnung folgt einem einfachen Schema. Ausgehend vom Bruttolohn werden im ersten Schritt evtl. Zuschläge addiert, zum Beispiel Zuschüsse des Arbeitgebers zu vermögenswirksamen Sparverträgen, die die Arbeitnehmerin oder der Arbeitnehmer abgeschlossen hat. Meist sind diese Zuschüsse tarifvertraglich festgelegt.

Im Manteltarifvertrag für die Zahnmedizinischen Fachangestellten gibt es für diese und andere Leistungen u. a. folgende Zuschlagssätze:
- Mehrarbeit: 30 %
- Sonn- und Feiertagsarbeit: 60 %
- Nachtarbeit: 70 %
- Arbeit am Neujahrstag, am 1. Mai sowie an den Oster-, Pfingst- und Weihnachtsfeiertagen: 120 %

In der Regel gibt es unabhängig davon individuelle Vereinbarungen zwischen dem Arbeitgeber und der einzelnen Arbeitnehmerin/dem einzelnen Arbeitnehmer. Der Grundlohn kann z. B. auch durch Überstundenvergütungen oder andere „Sonderarbeitszeiten" ergänzt werden.

Von dem sich ergebenden Gesamtbruttolohn oder -gehalt werden die Lohn- und Kirchensteuer sowie der Solidaritätszuschlag abgezogen. Außerdem folgt der Block der Sozialversicherungsabzüge.

Der daraus errechnete Nettolohn kann evtl. durch weitere Abzüge verändert werden. Dabei kann es sich um Leistungen handeln, die in Form von vermögenswirksamen Sparverträgen zu zahlen sind. Es kann aber auch sein, dass eine Arbeitnehmerin/ein Arbeitnehmer durch Gehaltvorauszahlungen oder auch Lohnpfändungen Kürzungen des Nettolohnes hinnehmen muss. Das endgültige Ergebnis ist der Auszahlungsbetrag.

13.2 Tätigkeitsgruppen und Tarifvertrag bei ZFAs

Die Höhe der Vergütung hängt von der Vereinbarung im persönlichen Arbeitsvertrag ab. Wichtig ist, dass dabei zwar mehr, aber keinesfalls weniger als tarifvertraglich festgelegt gezahlt werden darf. Die individuelle Eingruppierung erfolgt nach Berufsjahren und Tätigkeitsgruppen:

INFO 1 Tätigkeitsgruppen

Tätigkeitsgruppe I	Zahnmedizinische Fachangestellte nach erfolgreich abgeschlossener Berufsausbildung
Tätigkeitsgruppe II Zuschlag: +7,5 % zur Grundvergütung	Zahnmedizinische Fachangestellte mit durch die Zahnärztekammern anerkanntem Fortbildungsnachweis (oder Fortbildungsnachweisen) von vertiefenden und/oder speziellen Qualifizierungen im Umfang von insgesamt mindestens 65 Unterrichtsstunden, soweit eine arbeitsplatzbezogene Tätigkeit im Rahmen der erworbenen Kompetenzen gegeben ist. Die Absolvierung praxistestatpflichtiger Zeiten im Rahmen der jeweiligen Fortbildung/en ist auf die Fortbildungsdauer von 65 Unterrichtsstunden anzurechnen.

Tätigkeitsgruppe III Zuschlag: +17,5 % zur Grundvergütung	Zahnmedizinische Fachangestellte mit durch die Zahnärztekammern anerkanntem Fortbildungsnachweis (oder Fortbildungsnachweisen) und/oder speziellen Qualifizierungen zur Erweiterung der beruflichen Handlungsfähigkeiten im Umfang von insgesamt mindestens 200 Unterrichtsstunden, soweit eine arbeitsplatzbezogene Tätigkeit im Rahmen der erworbenen Kompetenzen gegeben ist. Die Absolvierung praxistestatpflichtiger Zeiten im Rahmen der jeweiligen Fortbildung/en ist auf die Fortbildungsdauer von 200 Unterrichtsstunden anzurechnen.
Tätigkeitsgruppe IV Zuschlag: +25 % zur Grundvergütung	Praxismitarbeiter/-innen mit erfolgreichem Abschluss als • Zahnmedizinische Fachhelfer/-innen/Fachassistenten/Fachassistentinnen (ZMF) • Zahnmedizinische Prophylaxehelfer/-innen/Prophylaxeassistenten/Fachassistentinnen (ZMP) • Fachwirt/-innen für Zahnärztliches Praxismanagement • Zahnmedizinische Verwaltungshelfer/-innen/Verwaltungsassistentinnen/Verwaltungsassistenten (ZMV) • Assistenten/Assistentinnen für Zahnärztliches Praxismanagement (AZP) Bei Vorliegen mehrerer Qualifikationen aus dieser Tätigkeitsgruppe erhöht sich der Zuschlag auf mindestens 30 %, soweit eine arbeitsplatzbezogene Tätigkeit im Rahmen der erworbenen Kompetenzen gegeben ist.
Tätigkeitsgruppe V Zuschlag: +30 % zur Grundvergütung	Praxismitarbeiter/-innen mit erfolgreichem Abschluss als • Dental-Hygieniker/-innen (DH) • Betriebswirt/-innen im Gesundheitswesen • Betriebswirt/-innen für Management im Gesundheitswesen Bei Vorliegen mehrerer Qualifikationen aus dieser Tätigkeitsgruppe erhöht sich der Zuschlag auf mindestens 35 %, soweit eine arbeitsplatzbezogene Tätigkeit im Rahmen der erworbenen Kompetenzen gegeben ist.

INFO 2 Tarifvertrag für Zahnmedizinische Fachangestellte (ab 01.01.2020)

Berufsjahre	Tätigkeitsgruppe				
	1	2	3	4	5
1–3	2043,00 €	2197,00 €	2401,00 €	2554,00 €	2657,00 €
4–6	2118,00 €	2277,00 €	2489,00 €	2647,00 €	2753,00 €
7–9	2221,00 €	2389,00 €	2611,00 €	2777,00 €	2889,00 €
10–12	2299,00 €	2472,00 €	2702,00 €	2874,00 €	2989,00 €
13–15	2370,00 €	2548,00 €	2785,00 €	2963,00 €	3082,00 €
Zuzüglich je drei weitere Berufsjahre	68,00 €	74,00 €	80,00 €	86,00 €	89,00 €

13.3 Besteuerung des Einkommens

INFO 1 Einkunftsarten

Die Lohnsteuer ist eine besondere Form der Einkommensteuer. Sie bezieht sich auf die Einkünfte aus nichtselbstständiger Arbeit. Insgesamt unterscheidet man sechs bzw. sieben verschiedene Einkunftsarten, nämlich Folgende:

- Einkünfte aus nichtselbstständiger Arbeit
- Einkünfte aus selbstständiger Arbeit (unternehmerischer Tätigkeit)
- Einkünfte aus einem Gewerbebetrieb
- Einkünfte aus Kapitalvermögen (Zinsen, Dividenden usw.)
- Einkünfte aus Land- und Forstwirtschaft
- Einkünfte aus Vermietung und Verpachtung
- sonstige Einkünfte

Die Summe aller Einkünfte, die eine steuerpflichtige Person hat, ist das Einkommen. Bei den meisten Arbeitnehmerinnen und Arbeitnehmern liegt der Schwerpunkt bei Einkünften aus nichtselbstständiger Arbeit (Ausbildungsvergütung, Löhne, Gehälter). Gleichwohl kommen hier ggf. auch Kapitalerträge in Form von Zinsen für erspartes Kapital oder ggf. auch Mieteinnahmen hinzu. Ein Lottogewinn ist entgegen häufig geäußerter Meinungen nicht einkommensteuerpflichtig, wohl aber die Zinsen oder andere Erträge, die sich aus der damit zusammenhängenden Kapitalanlage ergeben.

Für die Lohnabzüge ist der Arbeitgeber verantwortlich. Dabei werden die beiden Kategorien Steuer- und Sozialabgaben unterschieden.

INFO 2 Steuerabgaben

Die Steuern werden vom Arbeitgeber an das jeweils zuständige Wohnsitzfinanzamt abgeführt. Im Einzelnen handelt es sich um die folgenden Kategorien:

- **Lohnsteuer**
  Die Höhe der Steuerbelastung ist abhängig von vier Faktoren:
  - Bruttolohn,
  - Steuerklasse,
  - Anzahl der Kinderfreibeträge,
  - evtl. weitere vom Finanzamt anerkannte und eingetragene Freibeträge wegen erhöhter Werbungskosten oder sonstiger besonderer Belastungen.

- **Kirchensteuer**
  Sie ist zu zahlen von den Mitgliedern der jeweiligen Religionsgemeinschaft. Der Steuersatz liegt in Bayern und Baden-Württemberg bei 8 % und in allen anderen Bundesländern bei 9 %.

- **Solidaritätszuschlag**
  Der „Soli“ wurde eingeführt, um den Aufbau in den neuen Bundesländern finanziell zu erleichtern. Er beträgt 5,5 % der Lohn- und Einkommensteuer. Seit Beginn des Jahres 2021 ist der SoLi für die allermeisten „Normalverdiener“ weggefallen. Er wird nur noch bei hohen Einkommen (ca. 61.000 € / Jahr) einbehalten.

Die von der Arbeitnehmerin/dem Arbeitnehmer zu zahlende Steuer wird vom Arbeitgeber an das Finanzamt abgeführt. Die Arbeitnehmerin/Der Arbeitnehmer ist damit die- bzw. derjenige, die/der mit der Steuer belastet wird (**Steuerträger**), weil sie von seinem Lohn einbehalten wird, aber der Arbeitgeber ist der Steuerschuldner gegenüber dem Finanzamt, wohin er die einbehaltene Steuer abführen muss.

Um die individuelle Lohnsteuer der jeweiligen Arbeitnehmerin/des jeweiligen Arbeitnehmers ermitteln und an das Finanzamt abführen zu können, benötigen die Arbeitgeber die sogenannten Lohnsteuerabzugsmerkmale. Diese bestehen aus

- der Steuerklasse,
- der Zahl der Kinderfreibeträge,
- den sonstigen Freibeträgen und
- dem Kirchensteuermerkmal.

Diese Informationen sind in einer Datenbank der Finanzverwaltung gespeichert. Als „Elektronische Lohnsteuerabzugsmerkmale" (ELStAM) werden sie dem Arbeitgeber zur Verfügung gestellt. Die Zuständigkeit für eine Änderung der Lohnsteuerabzugsmerkmale (z. B. Wechsel der Steuerklasse) liegt beim Finanzamt. Nur für bestimmte persönliche Merkmale (z. B. Heirat) ist die Gemeinde zuständig. Arbeitnehmer/-innen haben einen Anspruch darauf, dass sie von ihrem Arbeitgeber einen Ausdruck der elektronischen Steuerbescheinigung erhalten. Auf dieser ist auch die eTIN (elektronischeTransfer-Identifikationsnummer) anzugeben.

INFO 3 Steuerklassen

Das deutsche Einkommensteuersystem kennt sechs Steuerklassen. Die Einordnung der Steuerpflichtigen in diese Klassen erfolgt nach persönlichen und familiären Verhältnissen. Die Steuerschuld wird mithilfe von Steuertabellen ermittelt. Sie informieren über die Steuerbelastung der in Steuerklassen eingeteilten Steuerpflichtigen

Steuerklasse	Steuerpflichtige
I	Ledige, geschiedene, verwitwete oder dauernd getrennt lebende Ehegatten
II	Ledige, Geschiedene mit mindestens einem Kind, für das sie einen Kinderfreibetrag haben
III	Verheiratete, wenn nur ein Ehegatte Arbeitslohn bezieht oder wenn beide arbeiten und der Ehepartner in Steuerklasse V ist
IV	Verheiratete mit zwei Arbeitseinkommen, wenn sie nicht die Kombination III/V gewählt haben
V	Ehegatte, dessen Partner die Steuerklasse III gewählt hat
VI	Arbeitnehmer/-innen mit mehreren Beschäftigungsverhältnissen für das zweite und jedes weitere Arbeitseinkommen

Die Steuerbelastung ist unabhängig von allen anderen Faktoren in den einzelnen Steuerklassen verschieden hoch. Doppelverdiener der Steuerklasse VI werden mit den höchsten Abgaben belastet, während verheiratete Einzelverdiener in Steuerklasse III die geringsten Abzüge haben.

INFO 4 Steuerbelastung

Nimmt man an, dass eine medizinische Fachkraft einschließlich eines übertariflichen Zuschlages einen Monatslohn von 2 400,00 € brutto hat, dann wären die steuerliche Belastungen in den sechs Lohnsteuerklassen so hoch:

Steuerklasse	I	II	III	IV	V	VI
Lohnsteuer	253,83 €	210,91 €	39,00 €	**253,83 €**	**522,83 €**	555,16 €
Kirchensteuer	22,84 €	18,98 €	3,51 €	**22,84 €**	**47,05 €**	49,96 €
Solidaritätszuschlag	——	——	——	——	——	——
Summe der Abzüge	276,67 €	229,89 €	42,51 €	276,67 €	569,88 €	605,12 €

INFO 5 Gerechtigkeit des Steuersystems?!

Wäre es sozial und gerecht, wenn jedes Einkommen mit demselben Steuersatz belastet würde? Es wäre ungerecht und auch nicht sozial. Für eine Steuerzahlerin/einen Steuerzahler mit sehr niedrigem Einkommen würde diese Steuerlast ein sehr viel größeres Opfer bedeuten als für eine Großverdienerin/einen Großverdiener.

Unser Steuersystem versucht, sich vor allem an der Leistungsfähigkeit der/des Einzelnen zu orientieren. Die Steuerlast soll fair verteilt werden. Das Gebot der steuerlichen Fairness gehört mit zu den Eckpfeilern unseres Sozialstaates. Dies wird berücksichtigt im Aufbau des Einkommensteuertarifs und besteht aus vier Bausteinen:

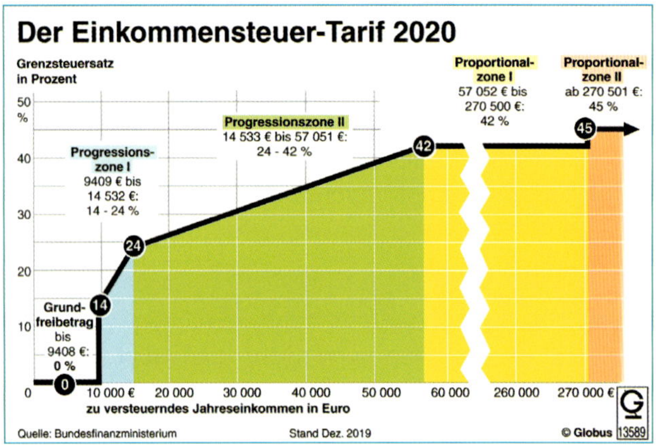

- **Grundfreibetrag (Nullzone)**
  Kleine oder nur sehr geringe Jahreseinkommen bis 9.408,00 € sind von der Steuerzahlung befreit. Für Verheiratete gilt im Rahmen des „Ehegattensplittings" der doppelte Betrag, also müssen bis zu einem Jahreseinkommen von 18.816,00 € keine Steuern gezahlt werden (Stand: 2020).

- **Progressionszone**
  Ausgehend vom Eingangssteuersatz beginnt der progressive Einkommensteuertarif. Das heißt, auf höhere Einkommen ist nicht nur eine höhere Steuer zu entrichten, sondern es gilt ein höherer Prozentsatz. Er steigt an, bis der Spitzensteuersatz erreicht ist.

- **Proportionalzonen**
  Ab einem bestimmten Jahreseinkommen (siehe Abbildung) wird der Steuersatz auf 42 %„eingefroren". Erst bei einem Einkommen von 270.501 € springt der Steuersatz auf den dann höchsten Wert von 45 %.

13.4 Weitere Lohnabzüge

Die im vorangehenden Kapitel ausführlich dargestellten Zweige der Sozialversicherung stellen die zweite große Gruppe der abzuführenden Abgaben dar. Hier hat der Arbeitgeber die berechneten Beträge in einer Summe in ihrer Gesamtheit an die jeweils zuständige Krankenkasse abgeführt. Die Belastung des Einkommens erfolgt linear, aber nur bis zu einem bestimmten Höchstbetrag, der als Beitragsbemessungsgrenze bezeichnet wird. Über diese Grenzen hinausgehende Einkünfte sind beitragsfrei.

Neben den Abgaben, die an den Staat und an die Sozialversicherungen fließen, kann es in der Gehaltsabrechnung weitere individuelle Abzüge geben, die den Auszahlungsbetrag gegenüber dem Nettolohn weiter verringern. Dazu gehören z. B. Gehaltsvorschüsse, Gehaltspfändungen, aber auch die Beiträge für vermögenswirksame Leistungen, die z. B. in einen Bausparvertrag oder eine Lebensversicherung fließen.

Arbeitsaufträge

1. Sie kennen nicht zuletzt auch aus Ihrer eigenen Erfahrung die Abrechnung Ihrer Ausbildungsvergütung.

a) Erklären Sie den grundsätzlichen Aufbau einer Lohnabrechnung.

b) Welche Abgaben/Beiträge werden an wen abgeführt?

c) Wie hoch ist die prozentuale Belastung durch die Sozialversicherungsbeiträge jeweils für die Arbeitnehmerin/den Arbeitnehmer und den Arbeitgeber?

2. Nennen Sie die sieben verschiedenen Arten von Einkünften, die in der Summe das zu versteuernde gesamte Jahreseinkommen ausmachen.

3. Das Einkommensteuersystem als Ganzes und das System der Steuerklassen sieht auf den ersten Blick kompliziert aus, hat aber bei näherem Hinsehen klare Zielsetzungen.

a) Erläutern Sie in knappen Worten das Wesen der sechs Steuerklassen.

b) Es wird oft behauptet, dass die Steuerklassen auch nach sozialen Gesichtspunkten aufgebaut bzw. gestaltet seien. Woran lässt sich dies ggf. konkret festmachen oder was spricht ggf. gegen diese Auffassung?

c) Welche Steuerklassenwahl haben verheiratete Doppelverdiener grundsätzlich?

d) Was fällt Ihnen bei einem Vergleich der Abzüge in den Lohnsteuerklassen I und IV auf und wie erklären Sie sich dies? Zufall oder System? Bitte geben Sie eine kurze Begründung.

4. Eine Arbeitskollegin ist 35 Jahre alt und schon seit 14 Jahren in der Praxis tätig. Sie ist ledig und hat keine Kinder. Aufgrund ihrer Berufserfahrung und ihres Alters ist sie in der Tätigkeitsgruppe IV eingeordnet und erhält einschließlich einer praxisinternen Zulage ein Bruttogehalt von 3200,00 €.

An steuerlichen Abgaben sind fällig:

• Lohnsteuer	444,58 €
• Kirchensteuer	40,01 €
• Solidaritätszuschlag	----

Ermitteln Sie das Nettogehalt aufgrund der Ihnen bekannten Sozialversicherungsbeitragssätze.

14 Wer es nicht tut, verschenkt unter Umständen sein Geld
Einkommensteuererklärung am Jahresende

Steuern zahlt niemand gerne – und Sie sicher auch nicht. Aber es lässt sich nicht ändern, dass sich der Staat Monat für Monat „seinen Anteil" am verdienten Lohn holt. Die Einkommensteuer macht einen nicht unerheblichen Anteil an den staatlichen Einnahmen aus ... und von irgendetwas müssen die Ausgaben, die letztlich auch jedem von uns wieder zugute kommen, ja bezahlt werden. Aber man kann auch etwas „dagegen tun". Wenn man durch seine Arbeit ein Einkommen erzielt, steht das, was als Brutto auf dem Lohnzettel steht, auch ohne Steuern und Sozialabgaben nicht zur freien Ausgabe zur Verfügung.

Das gilt auch für Sie. Ähnlich wie Corinna Maybaum fahren Sie wahrscheinlich ja auch zur Arbeit. Ganz gleich, ob mit öffentlichen Verkehrsmitteln oder mit dem eigenen Auto kostet das Monat für Monat oder Kilometer für Kilometer Geld.

Oder denken Sie an die Schutzkleidung, die Sie tragen und eben nur für die Arbeit kaufen müssen. Klar bekommen Sie davon einiges von Ihrem Chef oder Ihrer Chefin gestellt, wie dies z. B. bei den Schutzmasken im Rahmen der Coronainfektionsrisiken war.

Dabei ist es eigentlich egal, wer es bezahlt, denn diese Ausgaben sind ja mehr oder weniger eine zwingende Voraussetzung dafür, dass man der Arbeit überhaupt nachgehen und damit Geld verdienen kann.

Sind dies nicht Kosten, die man eigentlich wiederbekommen oder zumindest vom Bruttolohn abziehen müsste, bevor dieser versteuert wird? Genau das ist der Sinn und Zweck von Freibeträgen und einer Einkommensteuererklärung, die man am Jahresende anfertigt und beim Finanzamt einreicht.

Was ist eine Einkommensteuererklärung und was kann man hierin an Ausgaben steuermindernd geltend machen?

14.1 Grundzüge und Sinn der Einkommensteuererklärung

Im Rahmen der Arbeit sind oft Aufwendungen oder Ausgaben nötig, ohne die es gar nicht möglich wäre, das Einkommen zu erzielen. Dies beginnt schon mit dem Weg zur Arbeit. Die Mitarbeiterin, die direkt neben der Praxis wohnt, „kommt günstiger weg" als die Arbeitskollegin, die jedem Tag erst einmal einen längere Strecke zurücklegen muss, um überhaupt zum Arbeitsplatz zu kommen. Manchmal ist auch an

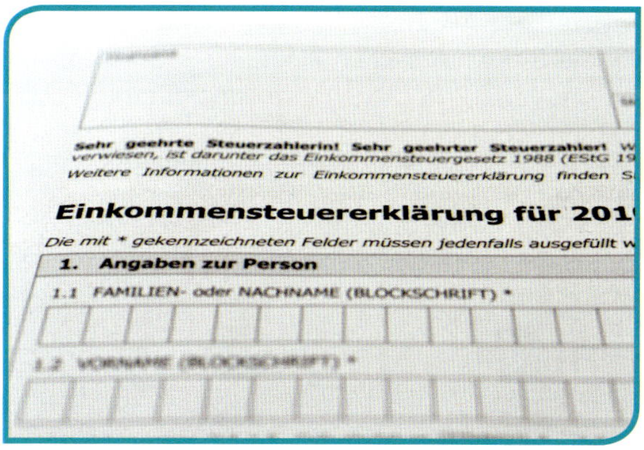

dem einen Arbeitsplatz eine bestimmte Schutzkleidung zu tragen, die ein anderer nicht benötigt bzw. nicht kaufen muss. Daneben gibt es auch eine Reihe von anderen Gründen, die dazu führen, dass man „im Nachhinein" Kosten geltend machen kann, die zu einer Rückerstattung der schon gezahlten Lohn- oder Einkommensteuer führen. Der Antrag auf Einkommensteuerveranlagung wird durch Abgabe einer Einkommensteuererklärung gestellt. Aufgrund dieser Erklärung setzt das Finanzamt endgültig die Steuern nach Ablauf eines Kalenderjahres fest. Sie dient dazu, überzahlte Lohn- und Kirchensteuer zurückzuerhalten. Eine Einkommensteuererklärung muss bei nichtselbstständiger Arbeit nicht abgegeben werden, sie ist eine freiwillige Angelegenheit. Anders sieht es aus, wenn ein Arbeitnehmer zusätzliche Einkünfte bezieht, z. B. in Form von Mieteinnahmen oder von Zinsen, die eine bestimmte Höhe überschreiten. In diesem Fall muss er unaufgefordert eine Einkommensteuererklärung abgeben (Pflichtveranlagung).

Was kann abgesetzt werden?
Die sich steuermindernd wirksamen Aufwendungen lassen sich in drei Kategorien einordnen: Werbungskosten, Sonderausgaben und außergewöhnliche Belastungen.

14.2 Steuermindernde Abzüge

14.2.1 Werbungskosten

Zu den Werbungskosten gehört alles, was Sie ausgeben, um überhaupt Geld zu verdienen. Der Gesetzgeber hat in die Steuertabellen schon einen für alle geltenden Pauschalbetrag von 1.000,00 € eingearbeitet. „Lohnen" tut es sich also nur, wenn man Ausgaben hat, die darüber hinausgehen. Wenn die Kosten vom Finanzamt anerkannt werden, bekommt man sie aber keinesfalls voll zurück, sondern nur den individuellen Prozentsatz der Einkommensteuer, die man gezahlt hat.

Arbeitsmittel
Grundsätzlich gilt alles, was für die berufliche Tätigkeit eingesetzt wird, als Arbeitsmittel. Dabei ist die Abgrenzung zu dem, was auch privat genutzt wird, nicht ganz einfach. Der PC ist dafür ein Beispiel. Dennoch gilt, dass im Prinzip jeder Gegenstand als Arbeitsmittel steuerlich geltend gemacht werden kann, wenn er überwiegend für berufliche Zwecke genutzt wird.

Berufsausbildung
Mit Ihrer Berufsausbildung sind auch Kosten verbunden. Diese können als „Sonderausgaben" geltend gemacht werden. Als „Werbungskosten" ansetzbar sind aber z. B. Aufwendungen für eine weitere Berufsausbildung.

Berufskleidung
Alle Ausgaben für typische Berufskleidung oder aus Hygienegründen erforderliche Gegenstände (z. B. Mundschutz) fallen unter die Werbungskosten, sofern sie nicht vom Arbeitgeber gestellt werden. Alle Kleidungsstücke, die auch als herkömmliche „bürgerliche" Kleidung im privaten Bereich genutzt werden, sind hingegen keine steuerlich absetzbare Berufskleidung.

Bewerbungen
Wenn z. B. nach Beendigung der Ausbildung eine Arbeitsstelle gesucht wird, können die Ausgaben für Inserate, Telefonkosten, Porto, Kosten für Fotokopien von Zeugnissen und nicht erstattete Reisekosten für Vorstellungsgespräche abgesetzt werden.

Fahrten zur Arbeit
Für die Fahrten zwischen Wohnung und Arbeitsstätte gibt es eine sogenannten Entfernungspauschale in Höhe von 0,30 € pro jeden vollen Entfernungskilometer. Dies gilt unabhängig davon, wie man den Arbeitsplatz erreicht und danach wieder nach Hause gelangt, also auch dann, wenn man mit dem Fahrrad fährt oder zu Fuß geht. Aber Achtung: Parkgebühren o. Ä. können nicht abgesetzt werden.

Fort- und Weiterbildung
Berufliche Fort- oder Weiterbildungskosten können in voller Höhe als Werbungskosten steuerlich geltend machen.

Reisekosten
Wer aus beruflichen Gründen unterwegs ist, kann die Kosten, die dadurch entstanden sind, als Reisekosten von der Steuer absetzen, soweit sie nicht anderweitig erstattet werden. Hierzu zählen Fahrtkosten, Übernachtungskosten, Verpflegungsmehraufwendungen und Reisenebenkosten.

Unfall
Wenn auf einer beruflich veranlassten Fahrt beziehungsweise auf der Fahrt zwischen Wohnung und Arbeitsstätte ein Unfall passiert, können die damit verbundenen Kosten der Beseitigung des Schadens steuerlich abgesetzt werden. Sie gelten als außergewöhnliche Aufwendungen im Rahmen der allgemeinen Werbungskosten.

14.2.2 Sonderausgaben

Die Sonderausgaben unterteilen sich in zwei Bereiche:

1. **Vorsorgeaufwendungen.**
   Dazu gehören in erster Linie alle **Abgaben für die gesetzliche Sozialversicherung**. Darüber hinaus geht es auch um Ausgaben, die ggf. auch im weitesten Sinne der sozialen Vorsorge dienen:
   - Arbeitnehmeranteile der gesetzlichen Sozialversicherung,
   - private Haftpflichtversicherungen,
   - Kirchensteuer,
   - Spenden.
2. **Die übrigen Sonderausgaben.**
   Bei denen handelt es sich um weitere Aufwendungen der privaten Lebensführung, die Sie kraft ausdrücklicher gesetzlicher Regelung aus sozialen und steuerpolitischen Gründen in Ihrer Einkommensteuererklärung steuermindernd ansetzen dürfen. Zu den übrigen Sonderausgaben gehören abschließend gemäß § 10 EStG:
   - gezahlte Kirchensteuer,
   - Ausbildungskosten,
   - Spenden und Mitgliedsbeiträge,
   - Unterhaltsleistungen an den getrennt lebenden oder geschiedenen Ehegatten bzw. eingetragenen Lebenspartner,
   - Schulgeld an Privatschulen,
   - Kinderbetreuungskosten.

Für Sonderausgaben gibt es einen **allgemein gültigen Pauschbetrag**. Dieser beträgt für Singles derzeit **36,00 €** und für **Ehepaare 72,00 € pro Kalenderjahr**. Diese Pauschale wird den Steuerzahlenden automatisch gewährt und berücksichtigt. Das bedeutet, dass kein Antrag gesondert eingereicht werden muss, wenn dieser (geringe) Betrag nicht überschritten wird.

14.2.3 Außergewöhnliche Belastungen

Dies sind Aufwendungen, die zwangsläufig bei Vorliegen bestimmter Situationen entstehen und die für den Großteil der anderen vergleichbaren Steuerpflichtigen nicht vorhanden sind. Hierzu zählen z. B. Aufwendungen für

- Ehescheidungen,
- Krankheiten oder den Tod eines Familienangehörigen,
- körperliche oder sonstige Beeinträchtigungen,
- die Unterstützung bedürftiger Angehöriger,
- Unwetterschäden.

14.3 Einkommensteuererklärung – „Lohnsteuerjahresausgleich" abgeben oder nicht?

Es gibt Freibeträge die schon in allgemeingültiger Form in die Steuertabellen eingearbeitet sind. Dazu gehören z. B. folgende Punkte:
- dass die Besteuerung nicht schon beim ersten verdienten Euro beginnt, sondern erst später einsetzt,
- ein Arbeitnehmerfreibetrag für jede beschäftigte Arbeitskraft,
- der Kinderfreibetrag.

Andere darüber hinausgehende Aufwendungen kann man zu Beginn des Folgejahres in einer Einkommensteuererklärung aufführen. Eine Einkommensteuererklärung ist in jedem Falle dann erforderlich, wenn außer Einkünften aus nichtselbstständiger Tätigkeit noch andere zu versteuernde Einkünfte aus anderen Quellen erzielt wurden, so z. B. aus Zinsen, Vermietungen, Beteiligungen usw. Eine Einkommensteuererklärung ist darüber hinaus immer dann empfehlenswert, wenn berufsbedingte Ausgaben entstanden sind und die Aussicht besteht, gezahlte Steuern zurückzubekommen. Die Einkommensteuererklärung sollte nach Möglichkeit online mit ELSTER (Elektronische Steuererklärung) an das Finanzamt übermittelt werden. Noch kann dies aber auch auf amtlichen Vordrucken geschehen, die man im Finanzamt abholen und ausfüllen kann. Als Frist für die Abgabe der Einkommensteuererklärung gilt der 31. Mai des Folgejahres.

Arbeitsaufträge

1. Erläutern Sie, was man unter den folgenden Begriffen versteht:
   - Werbungskosten
   - Sonderausgaben
   - außergewöhnliche Belastungen

2. Was steckt hinter dem Begriff „Werbungskostenpauschale" und wie wirkt sich diese auf die Steuerbelastung einer Arbeitnehmerin/eines Arbeitnehmers aus?

3. Am Jahresende kann man eine Einkommensteuererklärung abgeben und so versuchen, Geld vom Finanzamt zurückzubekommen. Dabei kann man Sonderausgaben und Werbungskosten geltend machen. Ordnen Sie zu, was von den folgenden Aufwendungen zu dem Begriff „Werbungskosten" passt und was nicht.
   - Kilometerpauschale für die Fahrt zur Arbeit
   - Beiträge zur Unfallversicherung
   - Privatliquidation für eine IGeL-Leistung
   - Typische Berufskleidung
   - Kosten für eine Bewerbung nach der Ausbildung
   - Anschaffungskosten (500,00 €) für ein Fitnessgerät
   - Kauf von Fachbüchern für die Prüfungsvorbereitung
   - Anschaffung eines Smartphones
   - Beiträge zur Altersversorgung

4. Die Mitarbeiterin Edith Blum fährt täglich von ihrer Wohnung zu ihrem Arbeitsplatz hin und zurück Insgesamt 50 km. Sie arbeitet an 220 Tagen pro Jahr und will diesen Aufwand als Werbungskosten geltend machen.

a) Wie viel Euro sind das pro Jahr?

b) Wie hoch wäre der Betrag, den Frau Blum im Rahmen der Einkommensteuererklärung („Lohnsteuerjahresausgleich“) vom Finanzamt zurückbekäme, wenn sie über die Werbungskostenpauschale hinaus noch weitere 4 500,00 € an Werbungskosten und Sonderausgaben geltend machen würde und ihr Steuersatz bei ca.15 % läge?

15. Sicherheit tut gut
Private Absicherung

Ort: Zahnarztpraxis Dr. Heilmann

Gespräch zwischen Saskia Schultz, Lucia Fernandez und Corinna Maybaum

Saskia: Stellt euch vor, meine Freundin Katharina hat vor einem Jahr als Zahnmedizinische Fachangestellte ausgelernt und jetzt muss sie sich einen ganz anderen Job suchen.

Corinna: Wo gibts denn so was?

Saskia: Tja, schwerer Trümmerbruch am linken Bein durch einen Sturz beim Skifahren. Sie kann ihr Bein nicht mehr voll belasten. Von ihrem Beruf kann sie sich verabschieden.

Lucia: Verdammt harter Schicksalsschlag. Wie sieht es denn jetzt mit ihrem Einkommen aus? Sie hat doch auch 'ne Menge Ausgaben.

Saskia: Ganz mau! Sie hat sich erkundigt, weil sie gehört hatte, Rente würde es in ihrem Fall erst nach fünf Jahren Wartezeit geben. Und die Berufsgenossenschaft rückt auch kein Geld heraus, denn es war ja kein Arbeitsunfall.

Corinna: Ich habe das Gefühl, wenn so etwas passiert, sitzt man auf einem Pulverfass. Vielleicht gibt es eine private Versicherung, die man für solche Fälle abschließen kann?

Welche Versicherung deckt diese Art von Risiken ab, wie sie im Gespräch der Arbeitskolleginnen beschrieben wurden?
Welche anderen wichtigen Privatversicherungen gibt es?
Wo liegt der Unterschied zwischen Sozial- und Privatversicherung?

15.1 Individualversicherung: Pro und Kontra

Als Arbeitnehmerinnen werden Lucia und Corinna monatliche Beiträge zur Sozialversicherung vom Lohn abgezogen. Die Sozialversicherung ist für sie eine Pflichtversicherung. Die Beitragszahlungen richten sich nach der Höhe des Einkommens oder bei der Unfallversicherung nach dem Risiko der jeweiligen Branche.

Anders als die Sozialversicherung bieten private Zusatzversicherungen (Individualversicherungen) die Möglichkeit zur persönlichen Gestaltung des Versicherungsschutzes. Vieles spricht für, manches aber auch gegen Individualversicherungen.

Pro	Kontra
• Es kann immer etwas Unvorhersehbares passieren, wogegen man sich absichern muss. • Die finanziellen Risiken sind zu groß, als dass man sie allein tragen kann. • Gute Versicherungen beraten vor einem Abschluss und weisen auf Vor- und Nachteile hin. • Der Kunde kann allein entscheiden, welches Risiko er versichern und welches er selbst tragen will. • Versicherungen schützen sich vor Missbrauch ihrer Leistungen durch die Kunden. Würden sie das nicht tun, müsste die Versichertengemeinschaft letztlich höhere Beiträge zahlen.	• Das Risiko, dass bestimmte Ereignisse eintreten, ist kalkulierbar. Man kann sich nicht gegen alles versichern. • Versicherungsprämien sind häufig viel zu teuer. • Versicherungsagenturen leben von der Provision, deshalb wollen sie nur verkaufen. • Im „Versicherungsdschungel" kennt sich keiner aus. Viele Doppelversicherungen auf der einen und Versicherungslücken auf der anderen Seite sind die Folgen. • Im Kleingedruckten werden viel zu viele Risiken ausgeschlossen, worüber die Versicherten nicht genügend aufgeklärt sind.

15.2 Individualversicherungen im Überblick

Individualversicherungen lassen sich einteilen in Personen-, Vermögens- und Sachversicherungen. Abgeschlossen werden sie zwischen dem Versicherer (Versicherungsgesellschaft) und dem Versicherungsnehmer. Ihnen liegt das Versicherungsprinzip zugrunde, dass nur der Leistungen erhalten kann, der auch Beitragszahler ist.

...versichert gegen Hundebisse jeder Art; ausgenommen sind lediglich

a) Bisse von männlichen Hunden,

b) Bisse von weiblichen Hunden.

Kastrierte Hunde fallen nicht unter den Begriff Hund...

Das System der Individualversicherungen

Personenversicherungen	Vermögensversicherungen	Sachversicherungen
Beispiele: • private Krankenversicherung • private Unfallversicherung • Lebensversicherung • Berufsunfähigkeitsversicherung • Insassenunfallversicherung • private Pflegeversicherung	Beispiele: • private Haftpflichtversicherung • Rechtsschutzversicherung • Reiserücktrittsversicherung • Reisegepäckversicherung • Kfz-Haftpflichtversicherung	Beispiele: • Hausratversicherung • Wohngebäudeversicherung • Einbruchdiebstahlversicherung • Kaskoversicherung

15.2.1 Personenversicherungen

INFO 1 Private Krankenversicherung

Mehr als 10 % der Einwohner in Deutschland sind privat krankenversichert. Für die Zahnarztpraxis hat diese Patientengruppe daher eine nicht unerhebliche wirtschaftliche Bedeutung.

Die private Krankenversicherung steht jedem offen. Als **Vollversicherung** und Alternative zur gesetzlichen Krankenversicherung kann sie aber nicht von allen genutzt werden. Angestellte und Arbeiter können nur Mitglied werden ab einem bestimmten Monatseinkommen. Freiberufler, Selbstständige, Beamte und Studenten sind häufig bei privaten Krankenkassen versichert.

Die **Beiträge** der privaten Krankenversicherung richten sich nach dem Alter, dem Geschlecht und dem gewählten Tarif. Vom Einkommen sind die Beiträge unabhängig. Hohe Beiträge im Alter sind ein Nachteil der privaten Krankenversicherung. Durch die Bildung von Altersrückstellungen versuchen die privaten Krankenversicherungen der stärkeren Kostenbelastung durch ältere Patienten entgegenzuwirken. Die Gesundheitsreform hat auch für die private Krankenversicherung wichtige Neuerungen gebracht:
- Privat Versicherte können in den kostengünstigen Basistarif einer privaten Krankenversicherung wechseln. Die Leistungen in diesem Tarif entsprechen in etwa dem der gesetzlichen Krankenversicherung.
- Nur Neukunden können die bei ihrer privaten Versicherung angesparte Altersrückstellung beim Wechsel in eine andere Privatversicherung mitnehmen. Angerechnet werden dabei nur solche Rückstellungen, die im Umfang des Basistarifes gebildet worden sind.

Im Wesentlichen setzt sich der Privatschutz aus folgenden **Bausteinen** zusammen: Tarife für ambulante ärztliche Behandlungen, Arzneimittel, Zahnbehandlung, Zahnersatz sowie Tarife für das Krankenhaus. Die meisten Versicherungsunternehmen bieten auch Tarife für Kuren an.

Wie Kassenpatienten können auch Privatpatienten ihren Arzt bzw. Zahnarzt frei wählen. Bei einem Krankenhausaufenthalt können sie außerdem zwischen einem Einbett- oder Mehrbettzimmer wählen.

Für Einzelpersonen und für berufstätige Ehepaare kann die private Krankenversicherung kostengünstiger sein als der gesetzliche Versicherungsschutz. Bedingung für die Wahlfreiheit ist allerdings, dass der versicherte Arbeitnehmer mit seinem Gehalt über der Beitragsbemessungsgrenze liegt, die jedes Jahr verändert wird. Ist nur ein Verdiener in der Familie, ist die gesetzliche Krankenversicherung in der Regel preiswerter, da alle Familienmitglieder beitragsfrei mitversichert sind.

Ist jemand selten krank und hat ein Jahr lang keine Versicherungsleistungen in Anspruch genommen, so kann er eine **Beitragsrückerstattung** erhalten. Die gesetzliche Krankenversicherung kennt diese Einrichtung nur in wenigen Fällen.

Auch Mitglieder der gesetzlichen Krankenversicherung können Leistungen der privaten Krankenversicherung in Anspruch nehmen. Diese Zusatzversicherungen werden in verschiedenen Formen angeboten:

- **Krankenhaustagegeldversicherung:** Je Krankenhaustag wird ein tariflich vereinbarter Betrag an den Versicherungsnehmer ausbezahlt, um etwaige Mehrkosten auszugleichen. Krankenhaustagegeldversicherungen haben häufig nicht nur gesetzlich, sondern auch privat versicherte Mitglieder.

- **Krankentagegeldversicherung:** Sie dient dazu, den krankheitsbedingten Verdienstausfall auszugleichen. Die ausgezahlten Beiträge richten sich nach der Anzahl der Arbeitsunfähigkeitstage. Die private Versicherung bietet so die Möglichkeit an, die Differenz zwischen dem gezahlten Krankengeld der gesetzlichen Versicherung und dem sonst erzielten Einkommen auszugleichen.

- **Krankenhauskosten-Zusatzversicherung:** Sie wird von gesetzlich Versicherten abgeschlossen, um bei einem Krankenhausaufenthalt die Vorteile von Privatpatienten zu haben, so z. B. freie Klinik- und Arztwahl sowie den Komfort eines Zwei- oder sogar Einbettzimmers. Wer sich dabei grundsätzlich mit einem Zweibettzimmer zufrieden gibt, bezahlt eine niedrigere Prämie. Die Tarifangebote der Versicherungen unterscheiden sich erheblich und sollten daher sorgfältig verglichen werden.

- **Private Pflegeversicherung:** Tatsache ist, dass die Anzahl der pflegebedürftigen Menschen zukünftig weiter ansteigen wird. Die finanziellen Mittel aus der gesetzlichen Pflegeversicherung reichen hierfür häufig nicht aus. Eine private Pflegeversicherung abzuschließen, kann daher sinnvoll sein. Was sie kostet, hängt vom Alter und Geschlecht ab. Der Staat belohnt den Abschluss einer privaten Pflegeversicherung durch einen jährlichen Zuschuss von 60,00 €. Versicherungen dürfen keine Bewerber ablehnen. Eine Altersbeschränkung ist nicht vorgesehen.
- **Auslands-Reisekrankenversicherung:** Sie ist für Kassenpatienten, die ins außereuropäische Ausland reisen, unverzichtbar. Wer z. B. als gesetzlich Versicherter in die USA reist und dort in ein Krankenhaus eingeliefert werden muss, kann im finanziellen Ruin enden.

INFO 2 Private Unfallversicherung

Sie hat die Aufgabe, die wirtschaftlichen Folgen von privaten und beruflichen Unfällen tragen zu helfen. Die private Unfallversicherung gibt es als Einzel- und Gruppenversicherung. So kann z. B. eine Unternehmung für ihre Außendienstmitarbeiter zusätzlich eine private Unfallversicherung für Verkehrsunfälle abschließen.

Bei der **gesetzlichen** Unfallversicherung beschränken sich die Leistungen auf Unfälle am Arbeitsplatz sowie auf dem direkten Hin- und Rückweg. Die meisten Unfälle passieren aber im Haushalt und in der Freizeit. Den umfassenderen Versicherungsschutz für all diese Fälle bietet die private Unfallversicherung.

Anders als bei der gesetzlichen Unfallversicherung bestimmt der Versicherungsnehmer über seine Beitragszahlungen die Art und Höhe der Versicherungsleistung selbst. Neben einer Invaliditätssumme sind folgende Leistungen möglich: Todesfallsumme, Tagegeld, Krankenhaustagegeld mit Genesungsgeld und Übergangsentschädigung.

INFO 3 Lebensversicherung

Im Gegensatz zu den meisten Versicherungsarten wird bei der Lebensversicherung kein Schadensersatz geleistet, sondern eine bestimmte Summe ausbezahlt (Summenversicherung). Die Zahlung kann auf einmal **(Kapitalversicherung)** oder in Teilbeträgen **(Rentenversicherung)** erfolgen. Lebensversicherungen sind für viele Versicherte uninteressant geworden, da die gesetzlich garantierte Mindestversicherung magere 1,25 % beträgt. Folgende **Formen** der Lebensversicherung werden unterschieden:
- Bei der **Todesfallversicherung** wird die Versicherungssumme erst beim Tod des Versicherten fällig.
- Bei der **Erlebensfallversicherung** wird die Leis-tung fällig, wenn der Versicherungsnehmer einen bestimmten Zeitpunkt erlebt (z. B. 60 Jahre alt wird).
- Die **gemischte Lebensversicherung** ist eine Versicherung auf den Erlebens- oder Todesfall. Die Versicherungssumme wird ausbezahlt, wenn ein bestimmtes Lebensalter erreicht wird. Stirbt der Versicherungsnehmer schon früher, wird der gesamte Betrag bereits zu diesem Zeitpunkt fällig.

INFO 4 Berufsunfähigkeitsversicherung

Laut Statistik muss jeder vierte Beschäftigte wegen Krankheit aus seinem Beruf aussteigen. In diesen Fällen schützt die gesetzliche Rentenversicherung nur eingeschränkt. Tritt der Schaden in den ersten fünf Versicherungsjahren ein, zahlt sie keinen Cent. Auch gibt es eine volle Erwerbsminderungsrente nur dann, wenn der Versicherte weniger als drei Stunden täglich irgendeiner Erwerbstätigkeit nachgehen kann. Eine private Berufsunfähigkeitsrente bietet hier Abhilfe.

PRAXIS-TIPP

- ***Eine private Absicherung ist in jungen Jahren besonders preiswert.***
- ***Wer eine Berufsunfähigkeitsversicherung abschließt, sollte sich nicht gleich auf die billigste Police stürzen. In manchen Policen ist nämlich eine „Verweisungsklausel" enthalten. Sie besagt, dass der Versicherer den Kunden im Ernstfall auf einen anderen Beruf verweisen kann, anstatt ihm die Rente auszuzahlen.***
- ***Wichtig ist, eine ausreichend hohe Rente abzusichern. Sparen wäre an dieser Stelle verfehlt, denn es ist ja möglich, dass man später von dem Geld leben muss.***
- ***Schummeln bei den Gesundheitsfragen im Antrag ist gefährlich. Wenn man dem Versicherten auf die Schliche kommt, verliert er seinen Schutz.***
- ***Eine ungünstige Berufsunfähigkeitsversicherung sollte nie vorschnell gekündigt werden. Hat sich nämlich der Gesundheitszustand des Versicherten verschlechtert, bekommt er eventuell keinen neuen Vertrag mehr oder er muss einen satten Prämienzuschlag akzeptieren.***

INFO 5 Insassenunfallversicherung

Durch sie haben Kraftfahrer die Möglichkeit, Bei- und Mitfahrer gegen Unfälle zu versichern. Die Versicherung zahlt bei Tod und Invalidität, und zwar unabhängig von der Schuldfrage. Übrigens: Im Beitragssatz ist ein zusätzliches Krankenhaustagegeld für alle Insassen enthalten. Bedingung ist allerdings, dass sie angeschnallt waren.

15.2.2 Vermögensversicherungen

INFO 1 Haftpflichtversicherung

Sie schützt den Versicherungsnehmer vor der Leistung von Schadensersatz gegenüber Dritten. Die Verpflichtung, Schadensersatz zu zahlen (Haftpflicht), ist im § 823,1 BGB geregelt.

Die Haftpflichtversicherung bezahlt den Schaden in Höhe der vereinbarten Deckungssumme und übernimmt den Rechtsschutz, um ungerechtfertigte Ansprüche abzuwehren. Eine Zahlung erfolgt nicht, wenn ein Schaden vorsätzlich herbeigeführt wird (z. B. ein Versicherungsnehmer wirft einen Stein mit voller Absicht in ein Schaufenster).

Gegen Schadensersatzansprüche, die bei der Ausübung einer beruflichen Tätigkeit entstehen, schützen spezielle Berufshaftpflichtversicherungen. So hat z. B. auch Dr. Heilmann für sich und ihre Mitarbeiterinnen eine entsprechende Versicherung abgeschlossen.

INFO 2 Rechtsschutzversicherung

Wer in einem Rechtsstreit unterliegt, hat die entstandenen Kosten zu tragen. Das Kostenrisiko kann für den Einzelnen ganz beträchtlich sein. Es zu übernehmen, ist Aufgabe der Versicherung. Sie ersetzt die Aufwendungen für den Rechtsanwalt, die Gerichtskosten, die Auslagen für Zeugen und Sachverständige. Voraussetzung ist allerdings, dass der Rechtsstreit nicht von Anfang an aussichtslos ist.

INFO 3 Reiserücktrittsversicherung

Versichert sind die geschuldeten Rücktrittskosten. Das sind die Stornogebühren, die anfallen, wenn man eine Reise nicht antreten oder eine Ferienwohnung nicht nutzen kann. Muss man vorzeitig abreisen, ersetzt die Versicherung im Allgemeinen die zusätzlichen Rückreisekosten. Möglich ist auch, per Zusatzklausel die bereits bezahlten, aber noch nicht in Anspruch genommenen Reiseleistungen mitzuversichern.

INFO 4 Reisegepäckversicherung

Sie schützt den Versicherten vor dem finanziellen Schaden, der durch Verlust oder Beschädigung des Reisegepäcks entstehen kann. Versichert sind sämtliche Sachen des persönlichen Reisebedarfs. Dazu gehören Kleidung und das aufgegebene Gepäck und Handgepäck. Auch nahezu alle Sportgeräte einschließlich Zubehör sind während des Transports und der Lagerung mitversichert.

INFO 5 Kfz-Haftpflichtversicherung

Sie ist gesetzlich vorgeschrieben. Bezahlt werden begründete Schadensersatzansprüche gegen Fahrzeughalter und -fahrer.

15.2.3 Sachversicherungen

INFO 1 Hausratversicherung

Sie ersetzt Schäden am Hausrat (z. B. Bekleidung, Elektrogeräte, Möbel), die durch Feuer, Sturm, Hagel, Raub, Leitungswasser und Einbruchdiebstahl verursacht worden sind. Der Normaltarif der Hausratversicherung kann erweitert werden, sodass auch Schadensersatz bei Fahrraddiebstahl und Glasbruch geleistet wird.

INFO 2 (Wohn-) Gebäudeversicherung

Sie ersetzt Schäden, die durch Brand, Blitzschlag, Explosion oder Flugzeugabsturz entstanden sind. Der Versicherungsschutz wird nur für Sachen gewährt, die dem Versicherungsnehmer gehören. Bricht ein Feuer aus, muss er unverzüglich Maßnahmen ergreifen, die den zu erwartenden Schaden mindern können.

INFO 3 Einbruchdiebstahlversicherung

Der Versicherer leistet Ersatz für Gegenstände, die durch Einbruchdiebstahl aus einem Gebäude entfernt oder dabei beschädigt oder zerstört werden. Entsprechend dem Namen dieser Versicherung müssen zwei Tatbestände zusammentreffen:

- der Einbruch und
- der Diebstahl.

Fremdes Eigentum wird in der Regel ohne Prämienerhöhung mitversichert, wenn dies ausdrücklich vereinbart wurde.

INFO 4 Kaskoversicherung

Sie beinhaltet einen Versicherungsschutz gegen Schäden am eigenen Fahrzeug. Als **Teilkaskoversicherung** tritt sie z. B. ein bei Schäden durch Brand, Explosion, Entwendung, Sturm und Hagel. Die **Vollkaskoversicherung** deckt darüber hinaus Schäden, die der Besitzer durch einen selbst verschuldeten Unfall am eigenen Fahrzeug verursacht hat. Auch Schäden, die durch mut- oder böswillige Handlungen Unbekannter am eigenen Fahrzeug entstehen, werden beglichen.

15.2.4 Exkurs: Berufshaftpflicht für Ärzte und Zahnärzte

Das, was für eine Privatperson gilt lässt sich zum Teil auch auf die selbstständige Berufsausübung übertragen. Nach Paragraf 4 der Musterberufsordnung für Zahnärzte müssen diese für ihre Praxis eine Berufshaftpflichtversicherung abschließen.

§ 4 Haftpflicht Musterberufsordnung Bundeszahnärztekammer -Stand: 16. November 2019

Der Zahnarzt muss gegen Haftpflichtansprüche aus seiner beruflichen Tätigkeit versichert sein. Mit der Meldung bei der Kammer und auf Verlangen der Kammer hat der Zahnarzt seine Berufshaftpflichtversicherung nachzuweisen

Hintergrund ist, dass auch bei zahnmedizinischen Eingriffen und Behandlungen trotz größter Sorgfalt nie ganz ausgeschlossen werden kann, dass dem Behandelnden Arzt Fehler unterlaufen, die mit gesundheitlichen Folgen für den Patienten verbunden sind. Das kann dazu führen, dass der Arzt den eingetretenem bzw. den verursachten Schaden zu ersetzen hat.

Um das Risiko auszuschalten, dass der Arzt oder Zahnarzt ggf. selbst nicht in der Lage ist, diesen Schaden finanziell auszugleichen, ist er durch die Musterberufsordnung verpflichtet, sich hinreichend gegen Haftpflichtansprüche aus der beruflichen Tätigkeit zu versichern.

Arbeitsaufträge

1. Welche Versicherung ist für folgende Schadensfälle zuständig?
   - Dr. Heilmann verschmutzt bei der Arbeit mit Abdruckmaterial die neue Seidenbluse einer Patientin. Diese fordert, dass ihr die Reinigungskosten erstattet werden.
   - Frau Bachmann verursachte schuldhaft einen Unfall, bei dem ihre Mitfahrerin erheblich verletzt wurde. Diese fordert Schmerzensgeld in Höhe von 16 000,00 €
   - Im Sommerurlaub zerkratzt Frau Dr. Heilmann mit ihrem Surfbrett die Autotür eines Bekannten. Der Lackschaden ist beträchtlich
   - Für die in einer gesetzlichen Krankenversicherung versicherte Carmen Kistner entstanden bei einem Krankenhausaufenthalt 1 200,00 € zusätzliche Kosten, weil sie auf eigenen Wunsch in einem Einbett-Zimmer untergebracht war.
   - Um ein nicht begründetes Bußgeldverfahren abwehren zu können, entstanden Lucia Fernandez Anwaltskosten von 1 800,00 €.
   - Durch einen geplatzten Schlauch an der Waschmaschine kam es in der Wohnung von Corinna Maybaum zu einem Wasserschaden von über 3 000,00 €.
   - Einer Patientin wird ein Zahn extrahiert, ohne dass vorher eine angemessene Röntgendiagnostik durchgeführt wurde. Es kommt zu einer Nervschädigung mit einem dauerhaften Taubheitsgefühl. Die Patientin fordert ein Schmerzensgeld in Höhe von 10.000 €.

2. Unterscheiden Sie zwischen den Zuständigkeitsbereichen der privaten und der gesetzlichen Unfallversicherung.

3. Erklären Sie beispielhaft, welche Versicherungen bei der Zulassung und Nutzung eines KfZ abgeschlossen werden müssen und darüber hinaus abgeschlossen werden können.

   Machen Sie daran den Unterschied zwischen Pflichtversicherungen und freiwilligen Versicherungsabschlüssen deutlich und erkundigen Sie sich z. B. bei Ihrer Ausbilderin / Ihrem Ausbilder auch einmal, wie dies im Rahmen des Praxisbetriebs aussieht.

4. Der amerikanische Schriftsteller Mark Twain misstraute Versicherungen: „Das sind Gesellschaften, die bei Sonnenschein Regenschirme ausleihen und sie wieder einsammeln, sobald die ersten Tropfen fallen."

   Diskutieren Sie diese These.

5. Frank S. kann sich nun endlich einen Traum erfüllen: Ein Strandurlaub in der Dominikanischen Republik. Das Angebot des Reisebüros hört sich nicht schlecht an. „Vierzehn Tage all inclusive für 985,00 € sind ein richtiges Schnäppchen", meint auch die Frau vom Reisebüro. Auf die angeblich so wichtigen Versicherungen angesprochen wird Frank unsicher. „Reiseausfall-, Gepäck- und Auslandskrankenversicherung soll ich auch noch abschließen. Ist das wirklich notwendig und was kostet das zusätzlich?"

   a) Erkundigen Sie sich bei einem Reisebüro, wie hoch die Prämien für die einzelnen Versicherungen sind und was sie beinhalten. (Annahme: Zeitwert für das Gepäck 450,00 €)

   b) Diskutieren Sie in der Klasse die Frage, ob es wirklich sinnvoll ist, jede dieser einzelnen Versicherungen abzuschließen. Berücksichtigen Sie dabei auch die Kosten für die Versicherung.

Lernfeld 2

Patienten empfangen und begleiten

Sie tragen durch Ihr Auftreten dazu bei, ein positives Erscheinungsbild der Praxis zu entwickeln mit dem Ziel, ein langfristiges Vertrauensverhältnis zwischen Praxis und Patient aufzubauen. Sie beobachten Ihr eigenes Verhalten, unterscheiden und bewerten verschiedene Umgangsformen und setzen diese bewusst zur Gestaltung der Patienten-Praxis-Beziehung und der Atmosphäre in der Praxis ein. Unter Berücksichtigung von Patientenverhalten, Patienteninteressen und Patientenalter planen und führen Sie das Gespräch mit dem Patienten. Auf der Basis der Rechtsbeziehungen zwischen Patient und Zahnarzt erfassen Sie Patientendaten mit aktuellen Medien und prüfen sie auf Vollständigkeit. Sie planen die Vorbereitung der Untersuchung und dokumentieren Befunde und die zahnärztliche Aufklärung. Die aufgenommenen Daten und Datenträger ordnen Sie unter abrechnungs-und verwaltungstechnischen Gesichtspunkten. Dazu beschreiben Sie die Abrechnungswege, unterscheiden verschiedene Ordnungssysteme und prüfen deren Anwendbarkeit für die Zahnarztpraxis. Sie treffen Vorkehrungen zur Datensicherung und beachten die Schweigepflicht und die rechtlichen Bestimmungen des Datenschutzes. Sie bedienen eine Datenverarbeitungsanlage, nutzen Branchen- und Standardsoftware zur Datenerfassung und -aufbereitung und wenden Möglichkeiten aktueller Telekommunikation an.

1. Praxisaufbau und -einrichtung – die Arbeitsbereiche einer Praxis

Auf einer Teambesprechung bekommt jede Mitarbeiterin von Frau Dr. Heilmann ein Blatt in die Hand gedrückt, auf dem von jedem drei Dinge aufgeschrieben werden sollen, was ihnen zum Thema „Wohlfühlatmosphäre in der Praxis“ einfällt. Im Kern geht es darum, sich Zeit zu nehmen, um herauszufinden, was eine „ganz normale“ Zahnarztpraxis von einer „guten“ Zahnarztpraxis unterscheidet und was den „Ruf“ einer Praxis ausmacht. Einig ist man sich schnell, dass an erster Stelle die fachlichen zahnmedizinischen Leistungen stehen. Doch Frau Dr. Heilmann ist davon überzeugt, dass es um mehr geht und sagt dazu: „Auch wenn die meisten Patienten nicht wirklich gerne bei uns sind und wenn man es ganz realistisch sieht, auch nicht ganz freiwillig zu uns kommen, sollen sie sich bei uns wohlfühlen. Deshalb müssen wir ihnen den Aufenthalt in der Praxis auch so angenehm wie möglich gestalten. Auch eine Zahnarztpraxis lebt von der Weiterempfehlung und dies geht oft weit über den eigentlichen medizinischen Kernbereich hinaus.“

Genauso wenig, wie man alle Menschen „über einen Kamm scheren kann“, wissen Sie auch aus eigener Erfahrung, dass es nicht den Patienten, die Zahnarztpraxis, die Zahnärztin oder den Zahnarzt und auch nicht die oder den ZFA gibt. Trotzdem sollten gewisse Grundvoraussetzungen das Praxisbetriebs generell vorhanden sein. Dies betrifft für die Praxis selbst an allererster Stelle die räumliche Konzeption und für die Erbringung der zahntechnischen Leistungen sowie der damit verbundenen organisatorischen Tätigkeiten das Fachwissen von Zahnarzt/Zahnärztin und deren Mitarbeiter/-innen.

Darüber hinaus sind die menschlichen Verhaltensweisen im Umgang miteinander, insbesondere aber auch mit den Patienten und ihren oft sehr unterschiedlichen persönlichen Eigenschaften und ihren Erwartungshaltungen ebenso wichtig wie die Zuverlässigkeit und Flexibilität der Arbeit einer oder eines jeden Einzelnen im Praxisteam.

Durch welche Merkmale zeichnet sich eine „gute Zahnarztpraxis“ aus und welche Faktoren sind dabei für die Meinungsbildung bei den Patienten mitbestimmend?

1.1 Grundsätzliche Rahmenbedingungen des Praxisbetriebs

Die Kernfragen oder die Grundbedingungen der Praxisgestaltung lassen sich in einem Zieldreieck darstellen:

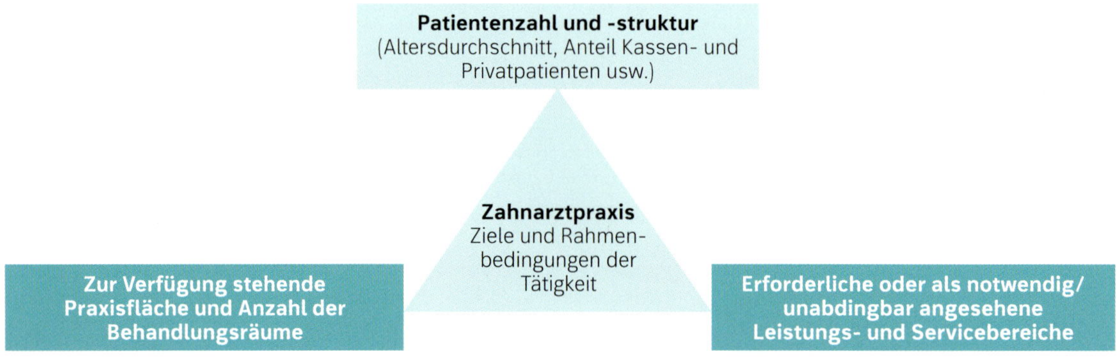

Wenn es um die Einrichtung einer Praxis geht, lassen sich aus den genannten Zielen und Vorgaben im Prinzip zwei Bestimmungsgrößen ableiten:

- Man geht von den gegebenen Voraussetzungen, die man als unveränderlich betrachtet, aus und versucht das Beste daraus zu machen oder
- man hat klare Zielvorstellungen vom Erscheinungsbild und den Funktionsräumen der Praxis und richtet alle anderen Maßnahmen an dieser Vision aus.

Beiden Vorgehensweisen sind Grenzen gesetzt. In dem einen Fall kann eine Praxis in ihrer langfristigen Existenz gefährdet sein, wenn sie sich nicht anpassungsfähig zeigt. Im anderen Fall grenzen ggf. die vorhandenen bzw. notwendigen finanziellen Mittel ausufernde Vorstellungen ein.

1.2 Gestaltung und Verknüpfung der Funktionsbereiche

Das, was eine Praxis sichtbar ausstrahlt, ersetzt keine medizinische Leistung. Die Patienten kommen nicht wegen der angenehmen Atmosphäre, sondern sie erwarten Hilfe bei ihren gesundheitlichen Problemen. Das heißt, dass eine Praxis auch funktionell auf einem Stand sein muss, der die Patienten überzeugt.

Auch wenn in der Realität allein aus architektonischen und räumlichen Gründen keine Praxis der anderen gleicht, ist der grundsätzliche Aufbau doch weitgehend ähnlich, weil ja prinzipiell auch die gleichen oder zumindest ähnliche Aufgaben zu erledigen und umzusetzen sind.

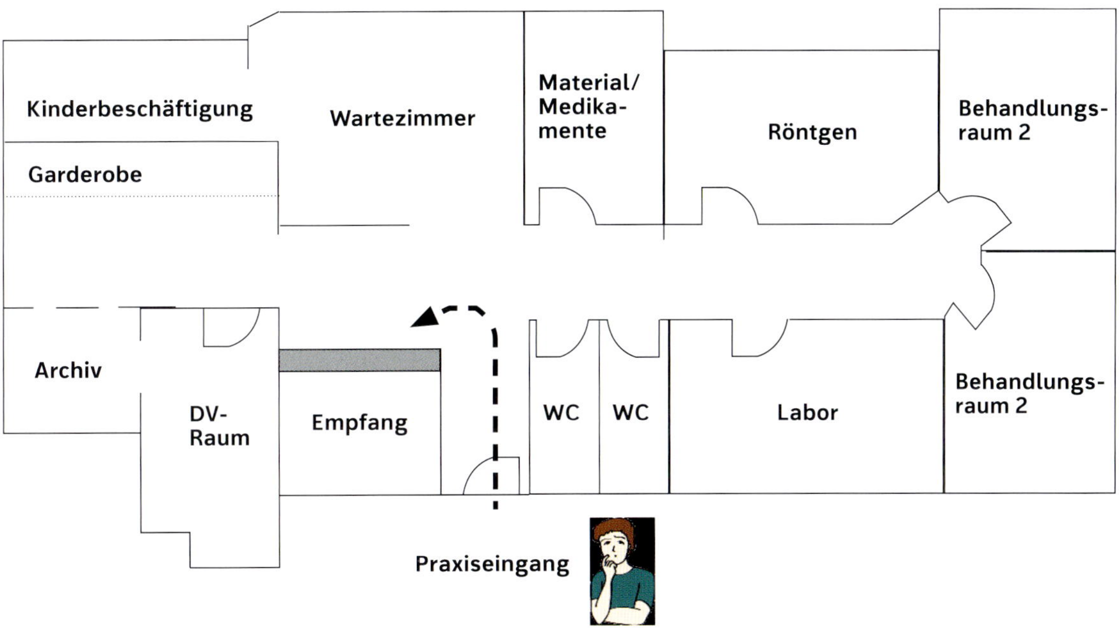

Jede Arztpraxis hat ihre Besonderheiten, weil allein die räumlichen Voraussetzungen verschieden sind. Gerade dann, wenn mehrere Praxen zusammengefasst sind oder zusammenarbeiten, setzt dies besondere Maßstäbe an die Praxisorganisation und den Praxisablauf.

Je besser der Überblick ist, den ein Patient hat, und je leichter er sich orientieren kann, desto besser ist es für alle Seiten. Der Patient hat das Gefühl, dass alles klar geregelt und geordnet ist, und dem Team bleibt manche Frage und Erklärung erspart.

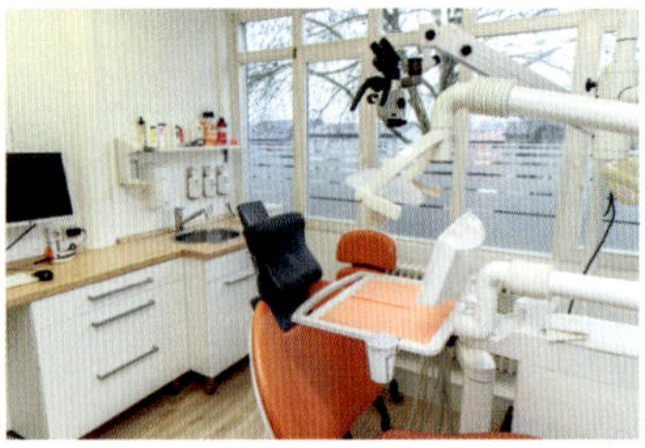

Allgemeinbereich

- Eingangszone
- Empfangstresen
- Wartezimmer
- Toiletten

Behandlung

- Beratungs- und Behandlungsräume
- Untersuchungsräume (Röntgen usw.)

Verwaltung

- Bürobereich
- Sozialräume
- Personaltoiletten

Die einzelnen Funktionsbereiche sind miteinander verbunden. Im Idealfall spricht man von einer internen Verkettung. Jede Praxis hat eigene Voraussetzungen für die Gestaltung der Arbeits- und Funktionsbereiche. Trotzdem sollte versucht werden, folgende Empfehlungen zu berücksichtigen:

- optimale Anordnung der Räume,
- bestmögliche Raumaufteilung,
- Optimierung der vorhandenen Nutzfläche,
- klare Trennung nach Funktionsbereichen,
- günstige Anordnung technischer Anlagen,
- angenehmes Praxisklima
- gute Farbauswahl und -abstimmung,
- natürliche Raumluftzufuhr,
- optimale Sanitär- und Sozialbereiche,
- kurze interne „Verkehrswege“,
- günstige Arbeitspositionen,
- ausgefeiltes Kommunikationssystem.

Es gibt keine allgemeingültigen Regeln, wie eine Praxis auszusehen hat. Jede Praxis hat ihren eigenen Stil und ihre eigenen „Gesetzmäßigkeiten“, die nicht unbedingt übertragbar sind.

Aber es gibt auch hier Entwicklungen und Erkenntnisse, die berücksichtigt werden sollten. Eine Wohlfühlatmosphäre entsteht nicht von allein und sie soll auch nicht dazu führen, dass der Patient am liebsten gar nicht mehr weggehen möchte. Es hängt ganz wesentlich davon ab, ob es gelingt, der Praxis einen bestimmten Stil zu geben und ob der Stil auch zu dem Verhalten der Mitarbeiter/-innen und der Ärztinnen/Ärzte passt.

1.3 Patientenempfang – wichtig ist der erste Eindruck

Trotz aller Verschiedenheiten gibt es eine Gemeinsamkeit: Am Anfang jeder Praxis steht der Empfang. „Empfangsbereich“ statt „Anmeldung“ ist mehr als nur eine veränderte Bezeichnung für ein und dieselbe Sache. Der Empfang ist die Visitenkarte der Praxis. Am Empfangsbereich entscheidet sich, ob sich ein Patient neben der medizinischen Betreuung auch sonst wohlfühlt.

Die Empfangstheke soll keine Barriere sein. Dies ist der Bereich, in dem viele Dinge mit den Patienten geklärt werden. Dort legen sie ihre Sachen ab und füllen den Anamnesebogen aus. Hier finden sie die Informationen, die wichtig für sie sind. Im Empfangsbereich laufen die „Nerven“ der Praxis zusammen. Der Empfangsbereich ist die

Schaltzentrale. Hier werden die Patienten aufgenommen, es werden Termine vereinbart, Rezepte ausgehändigt, die Post wird entgegengenommen – kurzum: Es wird der gesamte Praxisablauf organisiert.

Von daher empfiehlt es sich, dass der Empfang so platziert ist, dass von den Mitarbeiter/-innen ohne Schwierigkeiten möglichst viele Praxisbereiche eingesehen werden können. Durch den zum Wartebereich offenen Empfang soll die Kommunikation zwischen dem Praxisteam und den Patienten erleichtert werden. Aber Achtung: Trotz aller Offenheit ist der Schutz der persönlichen Daten oberstes Gebot.

„Der erste Eindruck ist der beste und den letzten nimmt man mit." Auf diesen einfachen Satz lässt sich das bringen, was abläuft, wenn ein Patient zur Behandlung kommt. Es kann hundertmal positiv gewesen sein, dass die Ärztin/der Arzt dem Patienten freundlich lächelnd die Hand entgegengestreckt hat, und trotzdem ist dies nicht der erste Eindruck.

- Vorher hat der Patient mit der Praxis telefoniert und sich ein Urteil über die Stimme, aber auch die mögliche Laune gebildet, in der sich die Mitarbeiterin oder der Mitarbeiter befindet. Es ist der erste Eindruck, der oft mehr entscheidet, als man denkt.
- Danach kommt der Patient in die Praxis. Bevor er die eigentlichen Räume betritt, wird er eventuell auf der Suche nach einem Parkplatz auf die Probe gestellt. Das Praxisschild ist die erste Botschaft, dass er da ist, wo er nicht unbedingt hin will, aber hin muss. Die Art und Weise, wie er bei der Anmeldung angesprochen wird, entscheidet über Vertrauen und Sympathie oder Skepsis und Ablehnung.
- Kaum hat er im Wartezimmer Platz genommen, spürt er, ob er sich hier wohlfühlt und sich durch Lektüren ablenken oder unterhalten kann oder ob er sich am liebsten gar nicht auf die alten und sichtbar unbequemen Stühle setzen und in den uralten zerfledderten Zeitschriften lesen will.
- Dann kommt es darauf an, wie lange er warten muss. Zeit wollte er ja durchaus mitbringen, aber das bezieht sich nicht auf den ganzen Vormittag. Und dann muss er auch noch feststellen, dass offensichtlich dauernd andere Patienten vorgelassen werden.
- Wenn der Patient zur Behandlung kommt, ist sein Bild von der Praxis schon weitgehend abgeschlossen und er ist möglicherweise von der musikalischen Unterhaltung oder von quengelndem Kindergeschrei genervt.
- Oft ist die Behandlungsdauer wesentlich kürzer als die Zeit, in der ein Patient sonstige Eindrücke sammeln kann. Aus der Sicht des medizinischen Laien (und das sind die meisten Patienten) beginnt die Beurteilung der Leistungen einer Arztpraxis bereits mit dem ersten Blick in die Praxisräume und endet mit der Verabschiedung.

Zusammenfassung

Die beste Ärztin bzw. der beste Arzt wird Schwierigkeiten haben, wenn sie oder er Angst vor dem Kontakt mit dem Personal hat. Dies wirkt oft unfreundlich und unhöflich. Das bedeutet nicht, dass ungenügende medizinische Leistungen nur mit Freundlichkeit und Höflichkeit ausgeglichen werden könnten, aber die Patienten sind Menschen mit ganz persönlichen Empfindungen und Stimmungen, auf die man sich einstellen muss. Patienten sind nichts anderes als Kunden. Genauso wie jedes andere Unternehmen muss auch eine Arztpraxis bestrebt sein, möglichst zufriedene Kunden zu haben.

PRAXIS-TIPP

Stellen Sie sicher, dass ...

- ***neugierige Ohren nicht mithören können, wenn am Empfangstresen die Patienten ihr Anliegen schildern oder Daten für die Neuaufnahme mitteilen,***
- ***Telefongespräche nicht von Wartenden und anderen Patienten mitgehört werden können,***
- ***Bildschirme und Drucker so aufgestellt sind, dass kein unberechtigter Einblick möglich ist,***
- ***der Rechnerzugang durch Passworte geschützt ist und dass die Rechner, auf denen Patientendaten verarbeitet werden, nicht mit dem Internet verbunden sind.***

1.4 Geräteausstattung im „Kommunikationszentrum der Praxis"

Im Empfangsbereich, der auch als „Kommunikationszentrum" der Praxis dient, werden verschiedene technische Hilfsmittel eingesetzt. Dabei haben moderne Anlagen nicht in allen Fällen die althergebrachten Organisationsmittel ersetzt. Auch im Zeitalter des Computers und des Internets wird noch mit Karteikarten sowie mit Zettel und Bleistift gearbeitet. Allerdings haben sich die Schwerpunkte doch deutlich verschoben.

Zu einer modernen „Rezeption" gehören heute unter anderem folgende Kommunikationsmittel:

- Telefonanlage mit verschiedenen Sprechstellen in den Behandlungs-, Technik- und Warteräumen,
- Anrufbeantworter, der außerhalb der Praxiszeiten eingeschaltet ist,
- Praxiscomputer mit Internetanschluss,
- Telefaxgerät oder Modem im PC,
- Karteisysteme.

Schon bei der Einrichtung muss darauf geachtet werden, dass z. B. arbeitsergonomische Gesichtspunkte genauso beachtet werden wie die Vorschriften des Datenschutzes. Ein Patient, der direkt auf den PC-Monitor schauen kann, wenn er am Empfangstresen steht, könnte Informationen über andere Patienten erhalten. Der Datenschutz wäre in einer unzulässigen Weise gefährdet.

1.5 Einrichtung und Funktion der Aufenthaltsräume

Auch bei der besten Praxisorganisation lassen sich Wartezeiten nie ganz vermeiden. Abgesehen von wenigen Personen, die ein Wartezimmer auch einmal als eine willkommene Abwechslung vom häuslichen Alleinsein betrachten und die Zeit für ein Schwätzchen nutzen, warten die meisten Patienten nicht gerne. Daher muss die Wartezeit sinnvoll überbrückt werden können. Der Gestaltungsspielraum des Wartebereichs ist zwar durch die baulichen Gegebenheiten begrenzt, aber dennoch kann man oft mehr tun, als man denkt. Es gibt viele Möglichkeiten, die weit über das einfache Auslegen von Zeitschriften hinausgehen.

- **Vorwartezone**
  Hier warten Patientinnen und Patienten, die gar nicht in die eigentliche Behandlung wollen. Dies können z. B. Privatpatienten sein, die lediglich kurz mit der Ärztin/dem Arzt zwischen zwei Behandlungen sprechen wollen. Es können aber auch andere Besucher sein, die rein privat vorsprechen (z. B. Verwandte, Freunde, Bekannte), oder auch angemeldete oder unangemeldete Pharmareferenten. In diesen Fällen müssen Sie als Mitarbeiter/-in mit dem nötigen Fingerspitzengefühl entscheiden, wie Sie sich verhalten.

- **Aufenthaltsraum**
  Dies ist der eigentliche Wartebereich bzw. das Wartezimmer. Hier gibt es die längsten Wartezeiten. Daher ist diesem Raum auch eine ganz besondere Aufmerksamkeit zu widmen. Schöner als „Wartezimmer" klingt die Bezeichnung „Aufenthaltsraum". Moderne Arztpraxen sollten im Wartebereich mehr als nur bequeme Sitzplätze bieten. Jede Arztpraxis muss kundengerecht eingerichtet sein. Je

mehr man sich auf die Ansprüche der Patienten einstellt, desto zufriedener werden sie nicht nur sein, sondern desto ruhiger ist auch die Praxisatmosphäre und desto geduldiger werden auch eventuelle Wartezeiten hingenommen. Wenn man sich sinnvoll beschäftigen kann, vergeht die Zeit unter Umständen wie im Flug. Das können für Kinder Spielecken, für Jugendliche und Erwachsene Internetzugang (WLAN) und für die älteren Patienten Zeitschriften sein.

- **Sanitäre Anlagen**
  Es ist selbstverständlich, dass gerade in Arztpraxen die Toiletten besonders hygienisch und sauber sind. Selbstreinigende Toilettenbrillen, saubere Handwaschbecken mit Seifenspender und Einmalhandtüchern, Ziehgeräten bzw. elektrischen Handtrocknern und Treteimern für Hygieneartikel sollten zum Standard gehören. Ebenso wichtig sind auch Möglichkeiten zur Desinfektion der Hände.

  Eine Kindertoilette kann eine sinnvolle Ergänzung darstellen. Es reicht auch nicht aus, die Toilette einmal am Tag zu kontrollieren. Dies muss zwar nicht unbedingt jede halbe Stunde geschehen, aber eine mehrmalige Reinigung und Desinfektion im Laufe eines Behandlungstags ist nicht nur sinnvoll, sondern nötig.

1.6 Allgemeines zur Praxisgestaltung – Raumklima, Licht und Lärm

Auch oder gerade weil der Besuch in einer Zahnarztpraxis in der Regel nicht zu dem gehört, was man als angenehm empfindet, kommt nicht nur dem Praxispersonal, sondern auch der Ausstattung und Ausstrahlung der Räumlichkeiten eine besondere Bedeutung zu. Mit den Worten „eine gute Ausstrahlung ist „Gold wert", könnte man die Sache auf den Punkt bringen. Wie eine Praxis in diesem Punkt wirkt, hängt von mehreren Faktoren ab:

- **Farbe und Licht**
  Für das Wohlbefinden spielen Farbe und Licht eine große Rolle. Neben allgemeinen Wohlfühleffekten ist die DIN 67505 zu beachten. Sie präzisiert die Anforderungen an die Beleuchtung ärztlicher Behandlungsräume. Von Farben gehen auch psychologische Wirkungen aus, die beachtet werden müssen. So wird man sich eine Praxis eher in pastellfarbenen, ruhigen Tönen als in einem knalligen, aggressiven Rot vorstellen können. Natürlich müssen Praxisräume, vor allem aber Labor- und Behandlungsräume, sauber und steril sein. Das bedeutet aber nicht, dass der Raum auch steril wirken muss. Ein „Arztweiß" strahlt unweigerlich nicht nur Sauberkeit, sondern vor allem Kälte aus. Abwechslung bringen warme Farben an den Wänden ebenso wie Auflockerungen durch Bilder.

  Verschiedene Lichteffekte (indirekte Deckenbeleuchtung, Strahler usw.) können eine Praxis merklich aufwerten. Dabei hat man im Wartebereich viel größere Möglichkeiten als im Kernbereich der Praxisräume. Hier spielen weniger die gestalterischen Elemente eine Rolle als die Arbeitsergonomie. Und trotzdem gilt, dass z. B. Lichtquelle nicht gleich Lichtquelle ist. Die Optik einer Leuchte und die Art, wie sie angebracht ist, spielen eine nicht zu unterschätzende Rolle für das Wohlfühlen am Arbeitsplatz.

- **Lärm**
  Lärm schädigt den Gehörsinn und beeinflusst das zentrale Nervensystem. Lärm macht krank, aber trotzdem lässt sich in einer Arztpraxis ebenso wenig wie an den meisten anderen Arbeitslätzen die Lärmentstehung ganz vermeiden. Bei offenen Empfangsstationen ist deshalb darauf zu achten, dass Hektik und mögliche Störungen durch Patientengespräche, Türgeräusche, Telefonate usw. nicht einen Geräuschpegel ergeben, der sehr störend auf die Patienten wirkt und ein konzentriertes Arbeiten erschwert.

  Schallschluckende Ausführungen von Decken, Fußböden und Wänden, insbesondere aber schalldichte straßenseitige Fenster können hier ebenso abhelfen wie Stellwände und Raumteiler. Auch größere Pflanzen brechen den Schall und tragen zu einer Lärmverminderung bei.

- **Raumklima**

  Wer kennt es nicht? Dem einen ist es zu kalt, dem anderen zu warm, der eine möchte lüften, dem anderen zieht es. Das Raumklima wird bestimmt durch:
  - Temperatur,
  - Luftfeuchtigkeit,
  - Luftbewegung,
  - Sauerstoffgehalt.

  In den Praxisräumen sollte die Temperatur zwischen 21 und 22 Grad Celsius betragen. Dies sind nur Richtwerte. Entscheidend ist das Wohlbefinden der Patienten und hier gilt, dass man in der Praxis leichter friert als wirklich schwitzt. Achten Sie darauf, dass nach Möglichkeit die Räume im Sommer nicht durch intensive Sonneneinstrahlung zu sehr aufgeheizt werden. Die optimale Luftfeuchtigkeit liegt bei 50 % bis 60 %. Sie lässt sich durch ein Hygrometer ablesen. Pflanzen sind für Praxisräume besonders zu empfehlen. Ausgenommen hiervon sind die Behandlungsräume, weil hier ggf. hygienische Vorschriften entgegenstehen. Pflanzen wirken nicht nur sehr positiv auf den Menschen, sondern sie können auch einen echten Beitrag zur Klimaverbesserung leisten. Sie erhöhen nämlich nicht nur die relative Luftfeuchtigkeit, sondern filtern auch Schadstoffe aus der Luft.

Arbeitsaufträge

1. In welche klassischen Funktionsbereiche lässt sich eine Praxis einteilen?
2. Warum ist der Empfangsbereich gerade unter dem Gesichtspunkt des Datenschutzes eine sehr sensible Zone?
3. Was kann getan werden, um den Aufenthalt in einer Praxis so angenehm wie möglich zu gestalten und wo liegen die Grenzen einer auf die Patientenwünsche ausgerichteten Praxisgestaltung?
4. Wodurch wird Ihrer Meinung nach die Behandlungsatmosphäre maßgeblich bestimmt?
5. Farbe und Licht sollen sich angeblich nicht nur auf die Gesundheit, sondern auch und insbesondere auf die Psyche auswirken. Wie erklären Sie sich dies?
6. Wie kommt man zu der Aussage, dass Lärm krank macht, und was können Sie gegen Lärm in der Praxis tun?
7. Dem einen Patienten ist es im Wartezimmer zu kalt, dem anderen zu warm, sodass er immer wieder das Fenster öffnet. Es entwickelt sich ein Streitgespräch, in das Sie hineingezogen werden, als Sie den nächsten Patienten in das Behandlungszimmer bitten wollen. Wie reagieren Sie (richtig)?
8. Was halten Sie von der Idee, im Wartezimmer Spielfilme auf einer Großbildleinwand zu zeigen und den Ton – ähnlich wie in Flugzeugen – mithilfe von Kopfhörern übertragen zu lassen?
9. Nach welchen Merkmalen kann Ihrer Meinung nach die Qualität einer Praxiseinrichtung im „öffentlichen Funktionsbereich“ festgestellt werden? Greifen Sie bei der Beantwortung dieser Frage auch auf die nachfolgend abgebildete Checkliste zurück und versuchen Sie, zu den einzelnen Merkmalen bezogen auf Ihre Ausbildungspraxis eine Bewertung oder Einstufung vorzunehmen.

	sinnvoll?		vorhanden?	
	Ja	Nein	Ja	Nein
• Aufenthaltsraum soll groß genug sein.				
• Beleuchtung muss ausreichend sein, möglichst durch Tageslicht.				
• Wände sind in frischen Farben tapeziert oder farblich gut abgestimmt gestrichen.				
• Bilder lockern die Wände auf.				
• Möbel sind optisch ansprechend und passen zum Stil der Praxis.				
• Sitzmöbel stehen in Gruppen und haben genügend Abstand.				
• Stühle und Sessel sind bequem und trotzdem rückenfreundlich.				
• Bei den Sitzmöbeln wurde auch an ältere Patienten gedacht, sie müssen sich ohne große Anstrengungen aus den Stühlen erheben können.				
• Der Wartebereich ist durch Stellwände in einzelne Bereiche abtrennbar (z. B. Videoecke).				
• Im Empfangs- und Wartebereich sind ansprechende Pflanzen- und Blumenarrangements vorhanden.				
• Für Kinder ist eine ausreichende Spielecke vorhanden.				
• Die Spielsachen sind immer hygienisch sauber und ungefährlich.				
• Ausliegende Zeitschriften sind in gutem Zustand und seriös.				
• Die Lichtquellen reichen aus, um genügend Licht zum Lesen abzugeben.				
• Es ist eine ausreichend große Garderobe vorhanden.				
• Die Räume sind gut temperiert und belüftet.				
• Dekoration ist auf die Jahreszeit abgestimmt (z. B. Weihnachts-, Ostergestecke).				
• An der Wand befinden sich Patientenwegweiser				
• Möglichkeit, zu telefonieren				
• Kaffee-, Tee-, Saft- und Getränkebar				
• Ständer mit Merkblättern über Krankheiten, Vorsorge usw. zum Mitnehmen				
• Patientenbibliothek mit Büchern aus dem Gesundheitswesen, die auch an die Patienten ausgeliehen werden				
• Kopiermöglichkeit von interessanten Zeitschriftenberichten				
• Infomappe über Wirkung und Gesundheitswert verschiedener Tees				
• Kreuzworträtsel oder Rätselzeitschriften				
• Schreibpult				

2 Einer für alle – alle für einen
Die Arbeit im Praxisteam

Eigentlich läuft es in der Praxis von Frau Dr. Heilmann ganz gut. Aus einer vor Kurzem durchgeführten Umfrage geht hervor, dass sich die Patienten gut versorgt und aufgehoben fühlen. Eigentlich sind alle zufrieden, das Team funktioniert und im Empfang der Praxis läuft auch alles glatt. Aber „hinter den Kulissen" knistert es hin und wieder doch. Es ist nicht zu übersehen, dass es Situationen gibt, in denen es einfach „nicht richtig läuft". Die Gründe können vielfältig sein und müssen mit der Arbeit in der Praxis auch nicht unbedingt in einem Zusammenhang stehen. Ärger zu Hause oder mit dem Lebenspartner oder ganz einfach nur Missverständnisse , wenn etwas gesagt wurde oder wenn man etwas herauszuhören geglaubt hat, was so vielleicht gar nicht gemeint war.

Wodurch wird die Arbeit im Praxisteam bestimmt und welche Regeln sollten dabei beachtet werden, damit die Zusammenarbeit im Team und mit den Patienten reibungslos funktioniert?

2.1 Was kennzeichnet ein gutes Team?

Reicht es schon, wenn ein paar Menschen zusammenarbeiten, um von einem Team zu sprechen? Handelt es sich schon (oder auch) um ein Team, wenn gemeinsame Herausforderungen oder Probleme irgendwie gelöst werden? Oder kann man von einem Team erst dann sprechen, wenn Menschen mit unterschiedlichen Erfahrungen, unterschiedlichen Erwartungen und vielleicht sogar unterschiedlichen Motiven und Zielen zusammenarbeiten?

Ein gut funktionierendes Team ist mehr ...

- Gute Teams brauchen eine gute Führung.

Eine gute Chefin oder ein guter Chef sorgt vor allem durch das eigene Verhalten und die Übernahme der eigenen Verantwortung für eine angenehme Arbeitsatmosphäre, sodass sich ein Teamgedanke entwickeln kann. Dazu gehört, dass sie/er das Team kompetent führt und die persönlichen Werte der einzelnen Teammitglieder respektiert und in die Arbeit einbezieht. Die Meinungen der Teammitglieder werden akzeptiert. Ob sie umgesetzt werden können oder nicht, spielt erst an zweiter Stelle eine Rolle. Kreativität in einem Team kann nur entstehen, wenn neue Ideen zugelassen werden.

Aber Achtung: *Sobald eine neue Idee eingebracht ist, ist sie für den weiteren Prozess nicht mehr die Idee eines Einzelnen. Egal, von wem sie kam – es ist ab sofort Teamsache!*

- Gute Teams brauchen „gute Werkzeuge".

Werkzeuge sind nicht nur auf die technische Ausstattung der Arztpraxis begrenzt. Neben dieser ohne Zweifel für eine gute Arbeit wichtigen „Hardware" geht es auch um die „Software". Ein gutes Team arbeitet gut zusammen und hat in den unterschiedlichsten Situationen das nötige Gespür für das richtige Verhalten. In einem guten Team denkt jeder für den anderen mit. Das setzt voraus, dass es gemeinsame Standards gibt, nach denen man sich richtet und die für die gesamte Praxis gelten.

- Gute Teams brauchen eine gute Praxiskultur.

Jedes Teammitglied muss wissen, wo die gemeinsame Zielsetzung der Praxisarbeit liegt. Eine Praxisphilosophie ist mehr als eine vorübergehende Modeerscheinung. Im Mittelpunkt der Praxisarbeit stehen die Patienten und deren Versorgung. Daran darf es im Team keinen Zweifel geben. Ein Team zeichnet sich auch durch eine intensive Loyalität und gegenseitige Unterstützung aus. Niemand muss alles können. Je vielfältiger und unterschiedlicher die Talente sind, die zusammenwirken, desto mehr profitieren alle davon. Auch das gehört dazu: *Konflikte werden gelöst und nicht ausgesessen. Eine offene und partnerschaftliche Zusammenarbeit fördert den konstruktiven Umgang mit Kritik.*

- Ein gutes Team ist nie am Ziel.

Trägheit kann ansteckend wirken und den Praxisprozess lähmen. Ein geeignetes Gegenmittel ist, dass die Leistungsbereitschaft sichtbar gefördert wird. Ein gutes Team bringt seine Arbeit zu Ende. Motto: „Das Glas ist immer halb voll."
Zielorientiert arbeiten:

- *Ziele werden nicht nur mündlich, sondern auch schriftlich formuliert. Nur das, was schwarz auf weiß geschrieben steht, ist letztlich bindend. Niemand ist Hellseher, deshalb muss man über Dinge, die man ändern möchte, auch reden.*
- *Zielabweichungen werfen nicht zurück, sie bringen das Team voran. Je früher erkannt wird, dass ein Weg eine Sackgasse ist, desto besser ist es. Dies erfordert eine hohe Aufmerksamkeit, aber auch das Gespür dafür, dass eine regelmäßige Kontrolle ein positives Zeichen für eine funktionierende Teamarbeit ist und keine persönliche Überwachung darstellt.*

(Vgl. Rinke, Katrin: Einer für alle und alle für einen: Die Arbeit im patientenorientierten Praxisteam, in: Quintessenz – Teamjournal 35, Berlin, QUINTESSENZ VERLAGS-GMBH, 03/2005, S. 155–159)

2.2 Stolpersteine entdecken – Teamcheck

Fast immer sind es Kommunikationsprobleme, die in einem Team Schwierigkeiten verursachen und Konflikte auslösen. Oft ist man sich der Situation gar nicht bewusst. Um die Stolpersteine zu entdecken, die der Teamarbeit im Wege liegen, kann eine Analyse der „Ist-Situation" hilfreich sein:

Nr.	Das beschreibt die Situation in unserer Praxis	stimme ich nicht zu	stimme ich eher nicht zu	stimme ich eher zu	stimme ich zu
1	Der Chef ist in der Lage, auf die Fähigkeiten und das Engagement der einzelnen Teammitglieder einzugehen.				
2	Wird ein Konflikt gelöst, dann ist das Thema auch vom Tisch.				
3	Unsere Teambesprechungen sind sorgfältig vorbereitet und effektiv.				
4	Aus abweichenden Meinungen erwächst kein Nachteil.				
5	Jeder im Team ist engagiert.				
6	Alle tragen die gemeinsamen Ziele.				
7	Das Team ist in Entscheidungen eingebunden.				
8	Konflikte werden schnell und konstruktiv gelöst.				
9	Anerkennung und Kritik stehen in einem angemessenen Verhältnis.				
10	Einige im Team haben Nachholbedarf bei Weiterbildungen.				
11	Wir pflegen unser Team.				

Nr.	Das beschreibt die Situation in unserer Praxis	stimme ich nicht zu	stimme ich eher nicht zu	stimme ich eher zu	stimme ich zu
12	Die Arbeit im Team hat auch persönlich einen hohen Wert.				
13	Wir haben gemeinsame Ziele, die uns motivieren.				
14	Das Eingestehen von Fehlern ist keine Schwäche, sondern eine positive Eigenschaft.				
15	Wir führen offene und ehrliche Gespräche.				
16	Jeder weiß, welchen Beitrag er zum Erfolg der Praxis leistet.				
17	Persönliche Entwicklung wird gefördert und gefordert.				
18	Die inhaltliche Auseinandersetzung steht im Vordergrund, nicht Macht oder Recht zu behalten.				
19	Ich arbeite gerne in meinem Team.				

(Rinke, Katrin Einer für alle und alle für einen: Die Arbeit im patientenorientierten Praxisteam, in: Quintessenz – Teamjournal 35, Berlin, QUINTESSENZ VERLAGS-GMBH, 03/2005, S. 155–159.)

Arbeitsaufträge

1. Versuchen Sie in kurzer Form „auf den Punkt zu bringen", was der Begriff „Teamarbeit" bedeutet und warum die Zusammenarbeit für ein Praxisteam unerlässlich ist.
2. Was sind aus Ihrer Sicht und aus Ihrer eigenen Erfahrung wesentlich Voraussetzungen für eine gute Teamarbeit in einer Praxis?

3 Alle sind anders – keiner ist gleich ...

Grundregeln für den richtigen Umgang miteinander und den Patienten

Es ist ein Arbeitstag wie jeder andere bis zu dem Moment, als eine Patientin vor Ihrer Kollegin steht, die diese als einen „Typ" einordnet, der sehr selbstbewusst und bestimmt auftritt, so als gäbe es außer ihr keine weiteren Patienten in der Praxis. Und jetzt hat sie schon wieder „starkes Zahnbluten". Und dann stürmt mit den Worten „Ich habe eine abgebrochene Zahnkrone verschluckt" schon der nächste „Notfall" herein. Als „guter Freund von Frau Doktor" verlangt er eine sofortige Behandlung und will nicht ins Wartezimmer gehen.

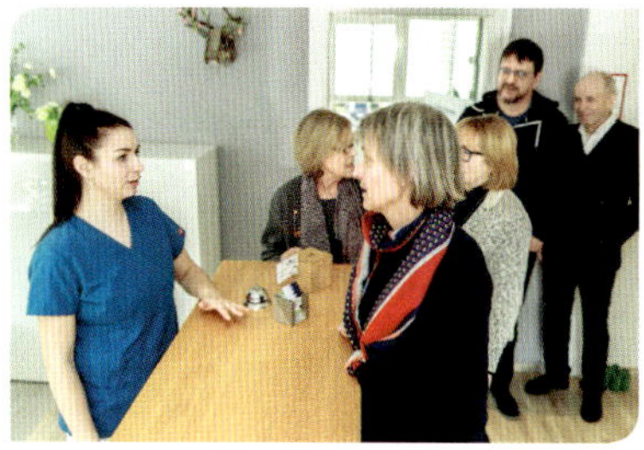

Dass eine Mutter mit ihrem Kind, das gestürzt ist und sich dabei eine Zahnverletzung zugezogen hat, ebenfalls auf eine Behandlung wartet, scheint die beiden nicht zu interessieren. Drei Patienten auf einmal und alle mit unterschiedlichen Erwartungen – wie kann man damit umgehen?

- ***Alle Patienten sind letztlich individuelle Persönlichkeiten, auf die Sie sich jeden Tag aufs Neue einstellen müssen.***
- ***Warum fällt es schwer, das Geschehen und den Tagesablauf in einer Praxis in ein einfaches Schema zu pressen, und nach welchen Kriterien kann man die verschiedenen Patiententypen einzuordnen versuchen?***

3.1 Der Empfangsbereich als „psychologisch-medizinische Drehscheibe"

Auch wenn es kein einheitliches Schema dafür gibt, wie der Erstkontakt mit einem Patienten abläuft, kann man doch einige grundsätzliche Dinge feststellen, die nicht nur Ihre Rolle, sondern auch die Auffassung Ihres Gegenübers bestimmen. Sie als am Empfang sitzende ZFA stellen sich blitzschnell eine Reihe von Fragen:

- Welche Beschwerden hat der Patient – ist es ein Schmerzpatient?
- Kann oder muss er evtl. sofort drangenommen und „dazwischengeschoben" werden oder kann er warten bzw. mit einem neuen Termin nach Hause geschickt und damit wie jeder andere Patient „behandelt" werden?
- Muss ich ihn „einschleusen", weil er vielleicht ein guter Bekannter der Chefin/des Chefs oder eine einflussreiche Persönlichkeit der Stadt ist?
- Wie mache ich ihm klar, dass er etwas länger warten muss, weil er nicht angemeldet war?

Fakt ist, dass Sie mit Ihrem ganz persönlichen Verhalten in einem nicht unerheblichen Maß darüber mitentscheiden, wie gut oder wie schlecht sich ein Patient verstanden oder aufgehoben fühlt. Ob ein Schmerzpatient tatsächlich Mitleid erwartet, sei dahingestellt. In jedem Fall ist aber davon auszugehen, dass seine Situation wie bei Notfällen in „normalen" Arztpraxen eine besondere ist. Der Patient wird erwarten, dass die Fachangestellte alles unternimmt, damit er schnell drankommt. Wenn das nicht sofort erfolgen kann, dann helfen vielleicht ein paar aufmunternde Worte, auch wenn der Arbeitsstress noch so groß ist. Doch nicht nur auf die Worte kommt es an. Ein freundliches Lächeln oder das einfühlsame Streicheln der Hand bei von Zahnschmerzen geplagten Kindern oder auch nur die Tatsache, dass man einen gehbehinderten Patienten ins Wartezimmer begleitet, können Wunder bewirken.

Der Patient, der die Praxis zum ersten Mal betritt, sammelt zumindest dann, wenn die Zahnschmerzen nicht alles überlagern, seinerseits auch schnell Eindrücke vom allgemeinen Erscheinungsbild des Personals und der Räumlichkeiten:

- Welchen Eindruck vermittelt der Empfangsbereich und kann man das Gefühl haben, „willkommen" zu sein?
- Macht die Praxis insgesamt auf den ersten Blick eher einen zeitgemäßen, modernen, offenen oder eher einen alten, renovierungsbedürftigen Eindruck?

3.2 SMILE-Maßstäbe für das eigene Auftreten – die ZFA als Psychologin

Tatsache ist, dass es *den* Patienten oder *die* Patientin genauso wenig gibt wie es *die* Zahnärztin/*den* Zahnarzt oder *die/den* ZFA gibt. Aber gerade weil dies so ist, spielt das eigene Auftreten insbesondere beim Empfang der Patienten eine nicht zu unterschätzende Rolle. Natürlich ist man nicht immer in der gleichen Verfassung und es gibt Situationen, in denen man sich nicht wohlfühlt. Ohne dass man das näher begründen kann, spielt da der erste Eindruck, den man von einem Patienten hat, eine nicht zu unterschätzende Rolle. Umgekehrt ist es aber ebenso. Die ZFA hat nicht nur eine Aufgabe als medizinische Assistenzkraft, sondern sie ist ebenso wie die Chefin oder der Chef auch mit psychologischen Herausforderungen konfrontiert.

Angst vor dem Zahnarztbesuch scheint unabhängig von Geschlecht und Alter der Patienten zu sein. Selbst wenn die erste Frage „gestandener" Männer ist, „Geht es auch mit einer Spritze?", werden sie nicht zugeben, dass sie Angst vor dem Zahnbohrer haben. Es ist also aussichtslos, sich hier auf eine Diskussion einzulassen. Ein Patient, der mit einem „flauen Gefühl" zur Behandlung geht, wird es sich mit guten Worten allein nicht ausreden lassen.

Die ZFA sollte den Faktor Angst also ernst nehmen, ganz gleich, ob es kleine Kinder oder „große" Erwachsene sind. In jedem Falle müssen Sie versuchen, beruhigend zu wirken und die Ängste nicht noch zu verstärken. Es bringt aber auch nichts, etwas schönreden zu wollen. Ebenso wenig ist es sinnvoll, offen zum Ausdruck zu bringen, dass es sich um einen sehr schwierigen Eingriff handelt, bei dem sich der Patient „auf die Zähne beißen müsse", um es auszuhalten. Versuchen Sie, sich möglichst neutral auszudrücken. Bei Kindern kann es ein bisschen helfen, wenn man sie abzulenken versucht und ihnen den Kopf streichelt. Bei Erwachsenen kann ein aufmunternder, ermutigender Blick „Wunder bewirken".

Ganz gleich, ob es sich um Schmerzpatienten oder um Patienten handelt, die nur zur Vorsorgeuntersuchung da sind, ist es schwer die Patienten nach bestimmten Merkmalsgruppen einzuordnen. Die folgende Einteilung in die einzelnen Gruppen soll nur bewusst machen, welche besonderen Gegebenheiten jeweils vorliegen oder mit welchen besonderen Verhaltensweisen man ggf. rechnen muss. Die individuelle Einschätzung, die damit verbunden ist, und die Schlussfolgerungen für den jeweils angemessenen Umgang mit den Patienten kann sie natürlich nicht ersetzen.

Im Zweifelsfall muss man, wie es so schön heißt, „über seinen eigenen Schatten springen". Hier spielt die SMILE-Regel eine ganz besondere Rolle. Sie fasst auf eine einfache Weise zusammen, worauf es bei Ihrem Umgang mit den Patienten ankommt, ganz unabhängig davon, wer vor Ihnen steht, wie Ihr Gegenüber auftritt oder welchen Eindruck Sie von ihm haben.

Sicherheit im Auftreten, d. h., dass der Patient das Gefühl haben muss, dass Sie ihn, aber auch Ihre Aufgabe verstehen. Freundlichkeit bedeutet, dass man in der Lage ist, einen Patienten als Kunden zu sehen, wie er ist und nicht, wie man ihn gerne hätte.

Mienenspiel, d. h., vergessen Sie nicht, dass der Patient Ihnen nicht nur zuhört, sondern Sie auch beobachtet. Eine gespielte Freundlichkeit sieht man Ihnen an.

Innerlich überzeugend wirken, d. h., dass Sie sich darüber im Klaren sein sollten, dass Freundlichkeit die angenehme Eigenschaft hat, zu dem zurückzukehren, der sie aussendet.

Lächeln kostet nichts, d. h., dass Sie auch Stress oder Hektik am einfachsten mit einer positiven Ausstrahlung verringern können.

Einsichtigkeit, d. h., dass es wenig Zweck hat, einem Patienten nicht recht geben zu wollen, wenn er recht hat.

Abgerundet wird das Bild von der Praxis aber auch durch das Auftreten, nicht zuletzt aber auch durch das äußere Erscheinungsbild der Mitarbeiter/-innen. Klar ist, dass unabhängig davon, ob in der Praxis eine Berufskleidung getragen wird oder nicht, jede Mitarbeiterin/jeder Mitarbeiter einen eigenen Stil hat und diesen auch nicht unnötig verbergen muss. Und dennoch könnte einem Patienten ins Auge fallen, ob die Mitarbeiter/-innen unabhängig von allen anderen Eindrücken

- sauber, ordentlich und geschmackvoll gekleidet sind,
- nicht zu auffällig geschminkt und „geschmückt“ sind,
- eine Frisur tragen, die der Tätigkeit angemessen ist,
- keinen Schmuck tragen, der sie bei der Arbeit einschränken könnte,
- keine allzu intensiv riechenden Kosmetika verwenden.

Arbeitsaufträge

1. Ein neuer Patient, den Sie bisher noch nie gesehen haben, kommt in Ihre Praxis. Ob Sie wollen oder nicht, werden Sie ihn blitzschnell einstufen. Schildern Sie, was dabei in Ihnen abläuft.
2. Die SMILE-Regel versucht insbesondere, die Wichtigkeit des Verhaltens, also das, was nicht unbedingt im gesprochenen Wort zum Ausdruck kommt, „auf den Punkt zu bringen“. Wie stehen Sie zu diesen Ratschlägen und wie stellt sich die damit verbundene Herausforderung im Arbeitsalltag dar? Lässt es sich problemlos umsetzen oder haben Sie ggf. gewisse Vorbehalte oder sogar andere Ideen?
3. Welche Auffassung vertreten Sie in der Frage des Auftretens einschließlich von Kleidung und Körperschmuck der Mitarbeiter/-innen einer Zahnarztpraxis? Welche Vorgaben gibt es ggf. dabei bei Ihnen am Arbeitsplatz und wie lassen sich diese begründen?

3.3 Persönliche Eigenschaften und Erwartungshaltungen/ „Patiententypen“

Wenn Sie in Ihrer Patientendatei 500 Personen haben, dann können Sie davon ausgehen, dass es sich um Menschen handelt, die sich sehr voneinander unterscheiden. So selten es vorkommt, dass zwei Menschen völlig gleich aussehen, so wenig werden sich zwei oder mehr Patienten in allen persönlichen Eigenschaften gleichen. Oft ist das Einzige, was die Zahnarztbesucher/-innen wirklich vereint, die Tatsache, dass sie den Zahnarzt aufsuchen müssen. In den meisten Fällen passiert das noch nicht einmal freiwillig. Zweifellos ist es wichtig, sich möglichst gut auf jeden einzelnen Patienten einzustellen. Auch wenn Sie den Patienten die Schmerzen oder andere Probleme nicht nehmen können, haben Sie doch einen großen Einfluss darauf, wie gut oder wie schlecht sich ein Patient aufgehoben fühlt. Hilfreich kann sein, sich einmal mit der Frage zu beschäftigen, welche Eigenschaften die Patienten haben bzw. welche Merkmale maßgebend sind oder für den Umgang mit ihnen wichtig sein könnten.

INFO 1 Patientenmerkmale/Patientengruppen

Der Versuch, die Patienten nach bestimmten Merkmalen einzuteilen, ist schwierig. Trotz aller Verschiedenheit lassen sich aber doch Merkmalsgruppen bilden:

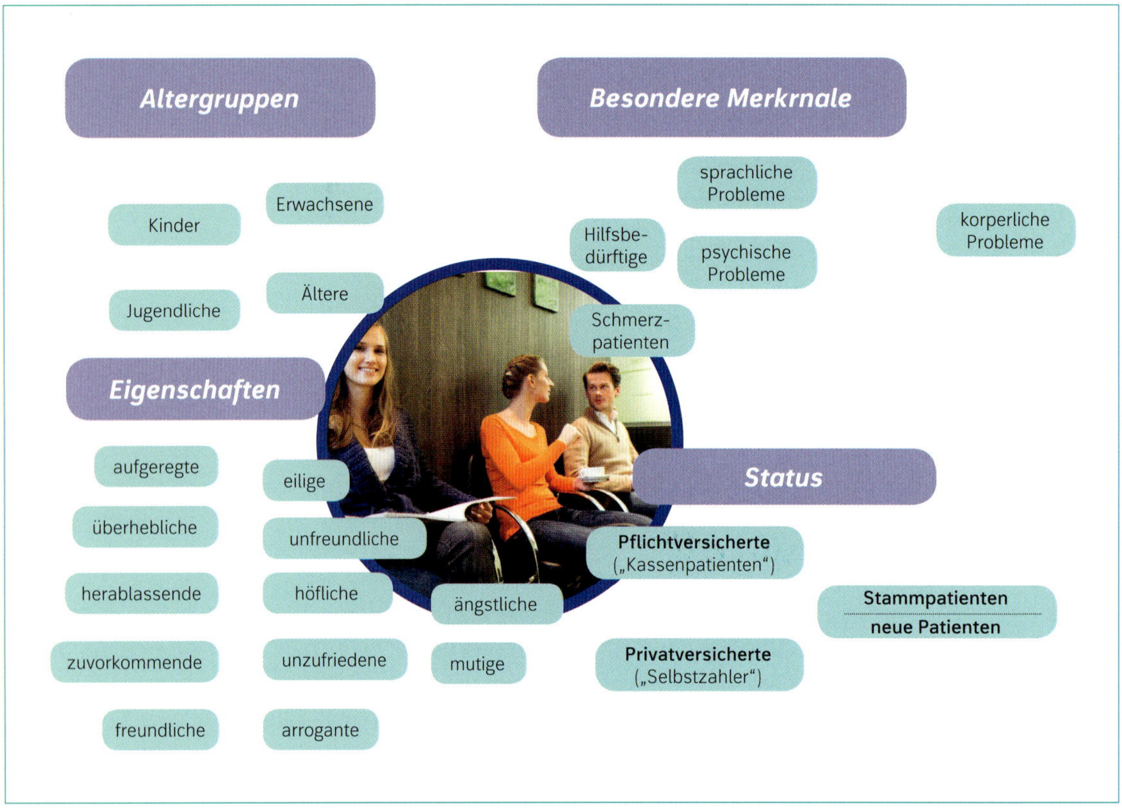

Diese Darstellung kann nicht vollständig sein, zumal es auch noch andere Merkmale gibt, die mit der eigentlichen Konsultation oder Behandlung nichts zu tun haben. So spielen z. B. Sympathie oder Abneigung eine große Rolle dafür, ob das Vertrauensverhältnis zwischen Patient und Arzt oder Patient und Praxismitarbeiter/-in stimmt oder nicht. Die Verhaltensweisen der Patienten lassen sich nicht immer vorhersehen. Dies gilt zumindest dann, wenn es sich um neue Patienten handelt. Daher ist es wichtig, einiges über die am häufigsten auftretenden Patiententypen zu wissen.

3.3.1 Schmerzpatienten

Schmerzpatienten kennen nur ein Ziel: Sie wollen sofort behandelt werden, um von dem Zahnschmerz befreit zu sein. Ihre Reaktion kann aber ganz verschieden sein.

Sobald der Patient die Praxis betritt oder bei Ihnen anruft, sind Sie gefordert, sehr schnell einzuschätzen, wie stark die Schmerzen wirklich sind.

PRAXIS-TIPP

1. ***Nehmen Sie den Patienten und seine Schilderungen ernst – Sie haben keine andere Wahl.***
2. ***Versuchen Sie einen „echten" Schmerzpatienten nicht damit zu trösten, dass Sie ihm sagen: „Na, so schlimm ist es doch gar nicht!" Das wird er Ihnen in seiner Situation übel nehmen.***
3. ***Vermitteln Sie den Eindruck, dass dem Patienten so schnell wie möglich geholfen wird. Schicken Sie ihn nicht ins Wartezimmer: Das würde Sie vor das zusätzliche Problem stellen, ihn dort zum Frust der anderen Patienten als Ersten herausrufen zu müssen. Muss sich der Schmerzpatient aber andererseits in die normale Reihenfolge fügen, wird er sich zurückgesetzt fühlen.***

3.3.2 Kinder – erste Erfahrungen mit dem Zahnarzt

Vielen Kindern geht es genauso wie Erwachsenen: Sie haben vor dem Besuch beim Zahnarzt einfach Angst. Das liegt daran, dass es sich um eine ungewohnte Situation in einer ungewohnten Umgebung handelt, die nicht selten etwas Stummes und Bedrückendes mit sich bringt. Allein die Atmosphäre, die ein Wartezimmer ausstrahlen kann, trägt dazu bei. Oft herrscht hier große Ruhe, weil sich die Patienten in der Regel gegenseitig nicht kennen und sich nicht unterhalten. Viele lesen Zeitung oder ausliegende Zeitschriften. Die leise Hintergrundmusik ist in der Regel auch nicht gerade das, was Kinder anspricht. Dem vorhandenen Spielzeug oder Malecken sieht man an, dass für sie eben eine Ecke gesucht wurde, in der noch etwas Platz ist bzw. wo sowieso nichts anderes hingepasst hätte.

Und dann hört man auch noch aus dem gegenüberliegenden Behandlungszimmer das drohende Surren des Bohrers. Wichtig ist natürlich die Stimmung der Kinder selbst, aber auch die der begleitenden Personen. Meist ist die Mutter dabei. Ihr Verhalten kann die Zahnmedizinische Angestellte kaum direkt beeinflussen, es überträgt sich aber auf die Kinder. Hat die Mutter Angst vor dem Eingriff bei ihrem Kind, wird das Kind selbst kaum mutig sein. Sind die Begleitpersonen nervös, weil sie unter Zeitdruck stehen, wird auch dem Kind die Ruhe entzogen und es fängt an zu zappeln und will am liebsten nach Hause.

PRAXIS-TIPP

Was ist zu tun?

- ***Das Kind sollte die Zahnarztpraxis als eine möglichst normale Umgebung wahrnehmen können. Interessantes Spielzeug im Wartezimmer, vielleicht sogar ein Fernseher, auf dem Zeichentrickfilme laufen, ohne dass diese die anderen Patienten stören, können die Wartezeit verkürzen***
- ***Kinder sollte man immer möglichst mit ihrem Namen ansprechen. Das schafft Vertrauen. Fragen Sie das Kind etwas, was aus seiner gewohnten Umgebung kommt. Das kann z. B. die Frage nach dem Lieblings(haus)tier oder dem besten Freund oder einer schönen Kindersendung im Fernsehen sein.***
- ***Versuchen Sie nicht, dem Kind etwas über die anstehende Behandlung zu sagen, was nicht stimmt. Wenn Sie wissen, dass es bei der Behandlung nicht ohne den „Piks“ oder das Bohren abgeht, dann sagen Sie nicht „Es tut gar nicht weh“. Sonst wird Ihnen das Kind so schnell nichts mehr glauben, wenn es dann doch wehgetan hat.***

3.3.3 Ältere, Menschen mit Behinderung und Hilfsbedürftige

Viele ältere Patienten sind gerade dann, wenn sie ohne Begleitung in die Praxis kommen, sehr unsicher. Dazu kommen oft noch Behinderungen wie schlechtes Sehen, Hören und eine schlechte Merkfähigkeit. Sie benötigen Ihre besondere Fürsorge und Aufmerksamkeit. Es ist ganz wichtig, dem Patienten das Gefühl zu geben, dass man ihn ernst nimmt. Nichts ist schlimmer für einen Patienten, als das Gefühl zu haben, dass man ihn und seine Beschwerden nicht für voll nimmt. Gerade bei einem jungen Praxisteam kann sich der Generationenkonflikt von beiden Seiten bemerkbar machen, ohne dass dies eigentlich jemand will. Ältere Patienten können mitunter besserwisserisch sein, weil sie mit Arztbesuchen und Krankenhausaufenthalten schon viele Erfahrungen haben. Junge Mitarbeiter/-innen müssen gerade im Empfangsbereich damit rechnen, dass diese Patienten Probleme haben, ihnen überhaupt zuzugestehen, dass sie etwas von ihrem Fach verstehen.

Die Hilfsbedürftigkeit von Patienten ist sehr unterschiedlich. Bedenken Sie, dass viele Menschen wegen ihrer Behinderungen unsicher und ausgesprochen sensibel sein können. Menschen mit Behinderungen wollen aber häufig nicht, dass sie eine Sonderrolle einnehmen. Sie wollen unabhängig und selbstständig sein. Deshalb ist jede unnötige oder übertriebene Hilfe fehl am Platz und kann manchmal auch das Gegenteil erreichen.

PRAXIS-TIPP

Vermerken Sie in den Karteikarten, ob ein Patient z. B. geh- oder sehbehindert ist. Vermerken Sie aber auch Dinge aus der psychosozialen Situation, die für einen angemessenen Umgang mit dem Patienten wichtig sind.

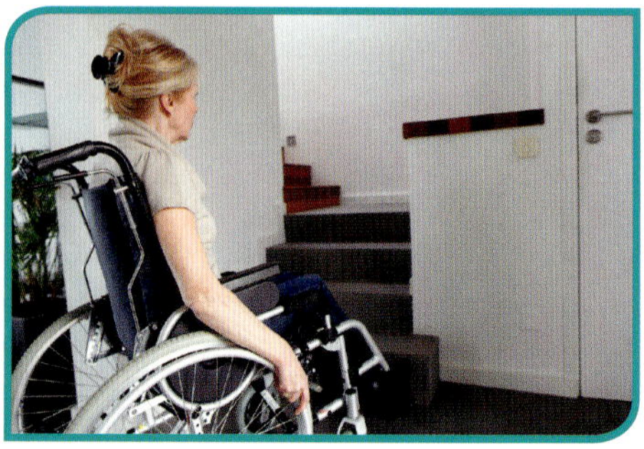

Während man körperliche Behinderungen recht gut erkennen kann, ist dies bei geistigen Behinderungen oft anders. Daher muss ein Patient, bei dem eine solche Einschränkung vorliegt, besonders gut, aber auch diskret beobachtet werden, damit im Zweifelsfall schnell eingegriffen werden kann. Bei Patienten mit sprachlichen Problemen bleibt oftmals nur die Möglichkeit, sich in einem sehr eingeschränkten Rahmen zu unterhalten und/oder sich auch der Zeichensprache unter Einsatz von Mimik und Gestik zu bedienen. Kopfnicken, Kopfschütteln und andere Zeichen sind gerade bei Patienten mit Migrationshintergrund oft die einzige Möglichkeit der Verständigung. Bei der Gruppe ausländischer Mitbürger/-innen, die die deutsche Sprache nicht oder nur unzureichend beherrschen, tut sich ein doppeltes Problem auf. Sie müssen diesen Patienten klare Anweisungen geben, aber Sie müssen auch sicherstellen, dass dies verstanden wurde. Besonders wichtig ist das, wenn es beispielsweise darum geht, dass Einnahmevorschriften für Medikamente erklärt werden.

3.3.4 „Besondere Patienten" – Verwandte, Freunde, Bekannte, Privatzahler

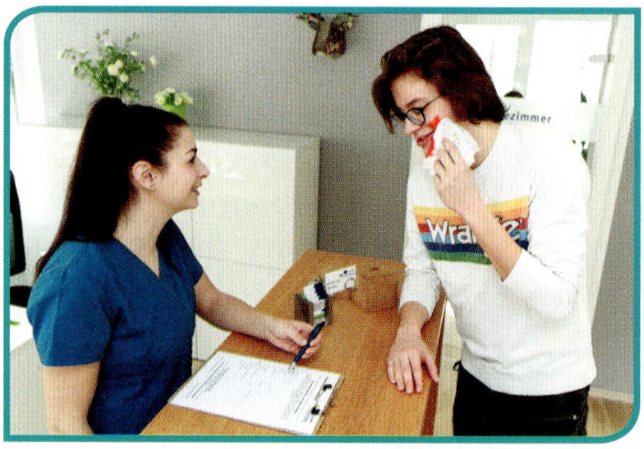

Unabhängig von allen anderen Kriterien werden Sie eines feststellen: Der Versichertenstatus bei Privatpatienten oder die Tatsache, dass Patienten Ihren Chef/ Ihre Chefin persönlich kennen, beeinflusst häufig auch deren Erwartungshaltung.

Hier müssen Sie einerseits abwägen, ob und inwieweit Sie dem nachkommen können. Andererseits sollte es in der Praxis dafür möglichst klare Anweisungen und Regelungen geben. Es ist zwar nicht zu bestreiten, dass alle Patienten das Recht auf gleiche Behandlung haben, es gibt aber durchaus auch wirtschaftliche Unterschiede, die sich zwangsläufig bei der Abrechnung von Pflichtversicherten auf der einen und Privatliquidationen auf der anderen Seite niederschlagen.

Diese Patientengruppe stellt daher eine besondere Herausforderung dar. Nicht selten erwarten Privatpatienten auch, dass sie einen Sonderstatus haben. Hier müssen Sie ggf. auch „aus dem Bauch heraus" entscheiden. Klären Sie am besten immer vorher mit Ihrem Chef oder Ihrer Chefin, wie Sie sich verhalten sollen, wenn jemand, den Sie nicht kennen, sich auf eine Freundschaft beruft und deshalb offensichtlich Sonderrechte haben möchte. Fragen Sie aber auch, was Sie tun sollen, wenn z. B. ein Verwandter der Ärztin/des Arztes im Wartezimmer sitzt und sich – ohne auf Vorrechten zu bestehen – in die Reihe der Wartenden eingereiht hat.

Arbeitsaufträge

1. Erläutern Sie – ggf. unter Zuhilfenahme eigener Erfahrungen – welche Herausforderungen die Arbeit im Empfangsbereich der Praxis mit sich bringt, inwieweit die Bezeichnung dieses Bereichs als „medizinischpsychologische Drehscheibe" gerechtfertigt ist oder wie man diese Sicht ggf. ändern müsste bzw. ändern könnte.

2. Die voranstehende Darstellung der Patientengruppen ist nur beispielhaft. Welche Anregungen oder praktische Erfahrungen haben Sie in diesem Zusammenhang?

3. Nennen Sie Gründe, die dafür sprechen, dass man Patienten in dieser Form zu typisieren versucht, und nennen Sie Argumente, die dagegen sprechen, Menschen schematisch in „Schubladen" einzuordnen.

4. Ein Privatpatient, der obendrein auch noch mit Ihrem Chef befreundet ist und den Sie auch kennen, betritt die Praxis und möchte – wie sollte es anders sein – möglichst gleich „drankommen". Er habe in einer Stunde auch noch einen weiteren Termin. Im Wartezimmer sitzen noch fünf andere Patienten. Was tun Sie? Bitten Sie den Patienten ins Wartezimmer, um ihn dann evtl. vor allen anderen aufzurufen? Oder gehen Sie in den Behandlungsraum, wo Ihr Chef gerade eine Zahnextraktion durchführt? Oder fragen Sie Ihre Kollegin, was zu tun sei? Oder ...? Begründen Sie Ihre Antwort.

3.4 Den richtigen Ton erwischen – verbale und nonverbale Kommunikation

Jedes Gespräch ist eine zweiseitige Kommunikation. Das gilt sowohl für den privaten als auch den beruflichen Bereich. Am besten ist es, wenn man sich bewusst ist, dass die Rollen der Gesprächspartner zwar verschieden sind, aber daraus nicht unbedingt eine Rangordnung abgeleitet werden darf. Wenn man mit jemandem spricht – ganz gleich ob es Familienangehörige, Freunde, Kollegen, Patienten oder andere Personen sind –, dann zählt nicht nur das gesprochene Wort, sondern auch, wie dieses „rüberkommt".

Aus der Körperhaltung, den Bewegungen und dem Ausdrucksverhalten spricht oft viel mehr als das gesagte Wort. Dies gilt auch für Ihre tägliche Arbeit. Während eines Gespräches sollten Sie deshalb vermeiden,

- mit einem Ohr zuzuhören und gleichzeitig ihre Aufmerksamkeit etwas anderem zu schenken und z. B. am PC zu arbeiten,
- eingehende Telefongespräche anzunehmen, ohne dem aktuellen Gesprächspartner oder dem wartenden Patienten z. B. durch die Worte „Einen Moment bitte" das sichere Gefühl zu geben, dass es sich nur um eine kurze, aber für Ihre Tätigkeit wichtige Unterbrechung handelt (die es dann aber auch sein muss),
- die Augen zu verdrehen und damit auch ohne Worte eine Ablehnung oder ein Desinteresse an dem, was Ihr Gegenüber gerade sagt, zu signalisieren,
- nervös mit den Fingern auf der Tastatur oder dem Schreibtisch zu spielen und damit zu zeigen, dass Ihnen der Patient mit seinem Anliegen „lästig" ist,
- den Patienten ständig mit einer versteinerten Miene anzuschauen, ihn aber auch nicht nur anlächeln oder von unten nach oben „zu mustern", weil auch dies ihn verunsichern könnte.

PRAXIS-TIPP

Hören Sie dem Patienten zu und unterbrechen Sie ihn nicht. Wenn er abschweift, bringen Sie das Gespräch höflich auf den Punkt. Konzentrieren Sie sich auf ihn und beschäftigen Sie sich nicht gleichzeitig mit anderen Dingen. Bleiben Sie stets sachlich und freundlich. Lassen Sie sich nicht auf Streitgespräche ein.

3.4.1 Allgemeine Grundlagen der Gesprächsführung

Die Kunst besteht darin, zu erkennen, was der Patient will. Welchen Patiententyp man vor sich oder am Telefon hat und in welchem Zustand er sich befindet. Dabei geht es nicht nur um körperliche (physische) Gegebenheiten, sondern sehr oft auch um die davon unabhängige oder auch damit einhergehende psychische Situation.

Mit der **Beachtung einiger kleiner Spielregeln** kommen Sie dabei oft weiter, als Sie denken:

1. Zeigen Sie im Gespräch den Patienten, dass Sie ihr Anliegen wichtig und ernst nehmen. Zeigen Sie ihnen, dass Sie ihnen helfen wollen, dazu aber auch ihr Vertrauen benötigen.
2. Sprechen Sie die Patienten mit ihrem Namen an. Dann hat der Patient das Gefühl, dass er nicht „irgendjemand“ ist und fühlt sich wertgeschätzt. Wenn Sie dann ggf. aus dem letzten Besuch oder einem Telefonat noch etwas Persönliches beifügen können, ist dies noch besser.
3. Hören Sie dem Patienten aktiv zu. Je besser Sie sich auf die Situation des Patienten einstellen können, desto schneller „schmilzt das Eis“ und desto schneller kommt eine vertrauensvolle Atmosphäre zustande.
4. Bewahren Sie auch in kritischen Situationen die Ruhe und treten Sie den Patienten nicht mit aggressiven Worten entgegen, denn irgendwann müssen Sie doch nachgeben.
5. Nehmen Sie kleine Aufmerksamkeiten als „Dankeschön“ von den Patienten ruhig an. Es ist keine Bestechung, aber der Patient würde es nicht verstehen, wenn er seine Schachtel Pralinen oder den Kaffee, den er Ihnen und Ihrem Team geben wollte, wieder mit nach Hause nehmen müsste.

3.4.2 Mit welchen Sinnen wird kommuniziert?

Von Kommunikation spricht man, wenn von einer Person etwas in mündlicher Form an eine andere Person „übermittelt“ wird. In diesem Sinne können auch die Begriffe „Sender“ und „Empfänger“ der Nachricht verwendet werden.

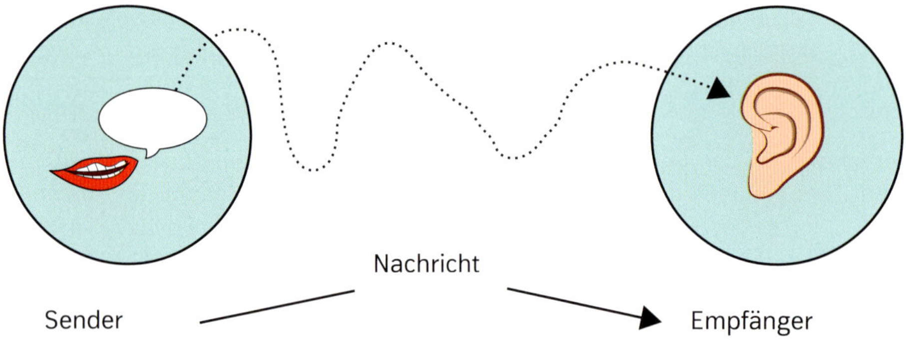

Neben gesprochenen Worten sind für das Verständnis zwischen den beiden Kommunikationspartnern aber auch andere Faktoren von Bedeutung. Dabei geht es darum, wie eine Nachricht übermittelt wird und wie sie beim Empfänger „ankommt“. Vieles kann dabei von demjenigen, der eine Botschaft „aussendet“, beeinflusst werden. Dabei spielt z. B. der Gesichtsausdruck eine nicht unwesentliche Rolle. Miteinander lachen, sich gegenseitig freundlich „in die Augen und nicht aneinander vorbei an die Seite schauen oder auch bestimmte Bewegungen sind auch eine besondere Form des Informationsaustausches. Man bezeichnet dies auch als nonverbale Kommunikation. Selbst Schweigen kann eine besondere Form der kommunikativen Mitteilung sein. Dabei kann dieses „Nichts-Sagen“ von dem Empfänger der Botschaft ganz unterschiedlich ausgelegt und verstanden werden.

Wichtig für die Beziehung zwischen dem Patienten auf der einen und Ihnen bzw. der Zahnärztin/dem Zahnarzt auf der anderen Seite sind aber auch Dinge, die rein gefühlsmäßig bestimmt sind und objektiv nur begrenzt zu beeinflussen sind. So tastet man sich oft in Sekundenschnelle gegeneinander ab. Das Ergebnis kann darin bestehen, dass man eine gegenseitige Sympathie mit dem entsprechenden Vertrauen in die ablaufenden Behandlungsprozesse hat oder dass – im negativen Fall – die Ablehnung und die Skepsis überwiegen.

3.4.3 Das Vier-Ohren-Modell

Wichtig ist, dass sich hinter allem, was gesagt wird, in Wirklichkeit mehr als das steckt, das man direkt hören kann und das als Information weitergegeben wird.

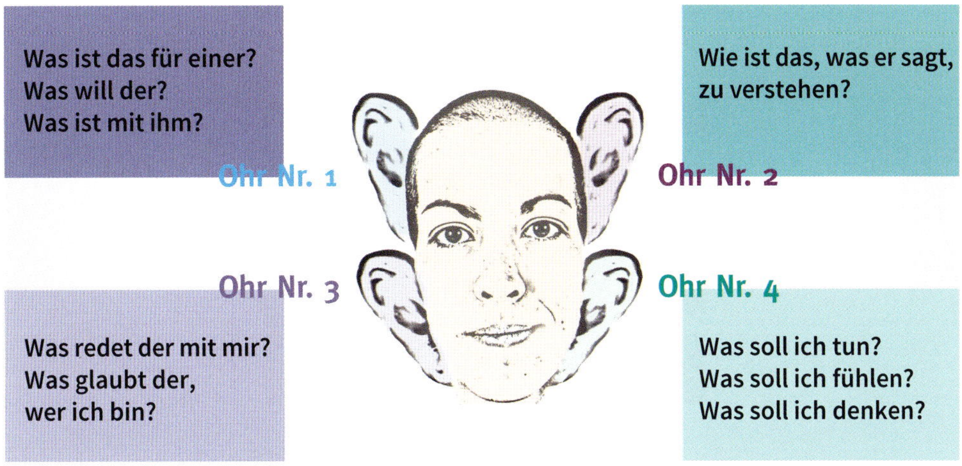

Das Kommunikationsquadrat ist das bekannteste Modell von Friedemann Schulz von Thun. Es wird auch „Vier-Ohren-Modell“ oder „Nachrichtenquadrat“ genannt. Es sagt aus, dass dann, wenn jemand als Mensch etwas von sich gibt, diese Äußerung – ob gewollt oder nicht – vier Botschaften gleichzeitig enthält:

- eine **Sachinformation (Sachinhalt)** – worum geht es?
- eine **Selbstoffenbarung (Selbstkundgabe)** – warum sage ich es ?
- einen **Beziehungshinweis** – was ist sonst noch wichtig?
- einen **Appell** – was soll mit der Information erreicht werden?

Beispiel

Nehmen wir an, dass Sie mit Ihrem Freund im Auto unterwegs sind. Sie nähern sich einer Kreuzung. Ihr Freund sagt: „Du, da vorne ist rot“.

Sachinhalt
Ihr Freund sagt Ihnen nur, dass dort vorne eine Ampel auf Rot steht.

Selbstkundgabe
Gleichzeitig zeigt Ihr Freund damit, dass er nicht nur neben Ihnen sitzt, sondern dass er hellwach ist und das Verkehrsgeschehen auch als Beifahrer wahrnimmt.

Beziehungshinweis
Hierbei geht es darum, ob er Ihnen und Ihrer Verkehrssicherheit bzw. Ihrer Aufmerksamkeit vertraut oder ob er meint, dass Sie ohne seinen Rat einen Fahrfehler begehen würden. Wenn die Botschaft so ankommt, kann die Antwort ganz unterschiedlich ausfallen. Sie können z. B. Folgendes entgegnen:

- Schön, dass du mich darauf hinweist“ ODER
- „Fährst du oder fahre ich?“ ODER
- „Bis wir dort sind, ist es bestimmt grün.“ ODER
- Was hätten Sie gesagt?

Appell
Ihr Freund hat den Hinweis ja sicher nicht „nur so“ gesagt, sondern er hat damit ja eine Botschaft „rüberbringen“ wollen. Vielleicht hat er gemeint, dass Sie mehr Gas geben sollen, weil es gleich grün wird, oder er hat das Gegenteil sagen wollen, nämlich dass Sie langsam an die Ampel heranrollen sollen, um auch noch etwas Sprit zu sparen.

OHR Nr. 1
Sachinformation
Ampel steht auf „Rot“.

OHR Nr. 2
Selbstoffenbarung
Ich bin zwar Beifahrer, passe aber auch auf.

OHR Nr. 3
Beziehungshinweis
Ich tue es nur für dich, damit du keinen Fehler machst.

OHR Nr. 4
Appell
Nimm das Gas weg und brems ab.

Arbeitsaufträge

1. Eine neue Patientin betritt den Empfangsbereich und grüßt Sie mit den Worten: „Guten Tag, mein Name ist Neumann, ich bin eine Tennisfreundin von Frau Dr. Heilmann und habe Zahnschmerzen.“ Versuchen Sie aus dieser knappen Aussage ein Modell mit den Elementen einer Nachricht aufzubauen. Übernehmen Sie dazu die folgende Darstellung in Ihr Heft und füllen Sie die freien Kästchen aus. Arbeiten Sie allein und vergleichen Sie dann die Ergebnisse.

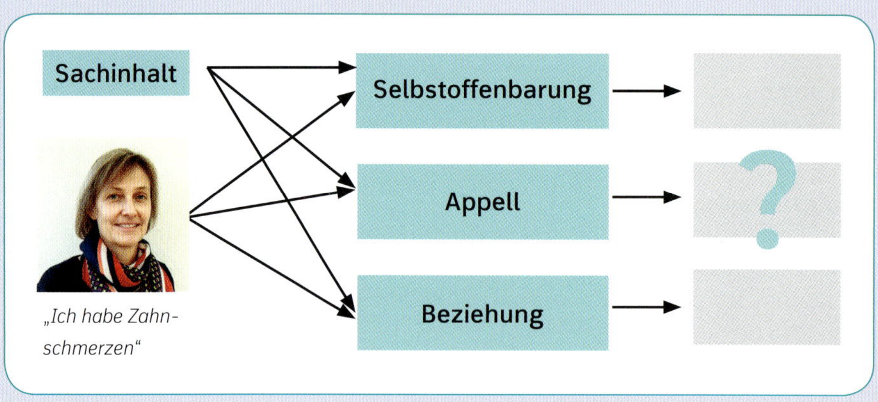

2. Erläutern Sie, was die verbale von der nonverbalen Kommunikation unterscheidet und welche Schnittstellen es zwischen den beiden Formen der Informationsweitergabe bzw. der Unterhaltung gibt.

3. Nonverbale Verhaltensweisen sind mit dem, was gesagt wird, oft eng verbunden. Sie können das Verbale ersetzen, unterstreichen, betonen oder es auch abschwächen. Was bedeutet das für den Praxisalltag und die Kommunikation mit den Patienten?

4. Erläutern Sie, was das „Sender-Empfänger-Modell“ der Kommunikation aussagt und wie sich dies in dem sog. Vier-Ohren-Modell niederschlägt.

5. Machen Sie dies an einem weiteren Beispiel aus dem Praxisalltag deutlich, indem Sie die Sätze so vervollständigen, wie es aus Ihrer Sicht sinnvoll oder logisch sein könnte. Vergleichen Sie Ihre Ergebnisse untereinander und ziehen Sie entsprechende Schlussfolgerungen.

Situation:
Eine ZFA bereitet eine Spritze vor. Als sie die Schutzfolie abzieht und mit den Fingern die Kanüle berührt, ruft der Zahnarzt aus dem Behandlungszimmer „Vorsicht – nicht anfassen“!
- Diese „Botschaft“ könnte die ZFA als •••••• auffassen.
- Sie könnte aber auch den „Appell“ heraushören, doch ••••••.
- Ebenso könnte sie mitfühlend heraushören, dass sich der Zahnarzt ••••••, dass sie sich an der Spritze verletzt.
- Sie könnte jedoch auch nachdenklich werden, weil sie glaubt, dass Ihr Chef glaubt, sie immer ••••••.

6. Verdeutlichen Sie an dem Hinweis auf die rote Ampel wie unterschiedlich eine von einem „Sender“ abgegebene Information bei dem Empfänger ankommen kann. Welche Schlussfolgerungen lassen sich daraus für die Kommunikation mit Patienten sowohl im verbalen als auch im nonverbalen allgemeinen Verhaltensbereich ableiten?

7. Ein Patient kommt in das Behandlungszimmer und sagt „ Frau Doktor, ich war gestern bei Ihnen und habe trotz der Spritze, die Sie mir gegeben haben, immer noch starke Schmerzen. Eigentlich ist diese Aussage ja klar ..., aber wie kann man sie nach den Kriterien „Sachinhalt“, „Selbstoffenbarung“, „Beziehung“ und Appell“ auch interpretieren?

4 Die Privatsphäre der Patienten beginnt schon am Empfangstresen

Herausforderungen des Datenschutzes im Praxisalltag

Moment mal ...

Es gibt Dinge, die nehmen wir als gegeben hin. Wenn wir morgens die Brötchen beim Bäcker unseres Vertrauens kaufen, begrüßen wir uns mit Namen. Auch der Betreiber des Fitnessstudios um die Ecke kennt unseren Namen und selbstverständlich begrüßen wir die uns bekannten Patienten beim Betreten der Praxis mit ihrem Namen und rufen Sie vor Behandlungsbeginn auch im Wartezimmer mit dem Namen auf.

Was hat das alles aber mit dem Datenschutz zu tun? Nun ja, im Wartezimmer sitzt ja nicht nur der Patient, den wir gerade aufrufen, sondern es haben dort auch andere Platz genommen. Mit dem Aufruf „Frau Schulze bitte in Behandlungszimmer zwei" erfahren nun auch alle anderen wartenden Patienten deren Namen, obwohl diese evtl. gar nicht damit einverstanden ist. Aber unterhalten sich nicht viele Patienten, die im Wartezimmer sitzen, ohnehin auch über den Grund, warum sie zur Behandlung gekommen sind und über andere persönliche Dinge, die andere eigentlich gar nichts angehen? Das mag zunächst nur wie eine Unannehmlichkeit erscheinen, aber in Wirklichkeit kann es auch als ein Bruch des Sozialgeheimnisses i. S. von § 35 Sozialgesetzbuch ausgelegt werden.

Und dann stehen diejenigen, die „noch nicht dran sind", am Empfangstresen und warten, bis Sie ein gerade geführtes Telefongespräch mit einem Patienten, der „einen schnellen Termin" haben möchte. Natürlich nennen Sie ihn dabei beim Namen und sprechen auch über die Dringlichkeit seines Behandlungsanliegens. Es kommt auch vor, dass ein gelangweilter Patient einen Blick auf Ihren Monitor zu werfen versucht. Dann liegt unter Umständen noch die Karteikarte eines Patienten, der gerade aus dem Behandlungsraum gekommen ist, auf dem Tresen. Klar steht in der Praxis auch ein Schild mit dem Hinweis „Diskretion – bitte Abstand halten" ... aber wer liest das schon?

Was muss in Bezug auf den Schutz der persönlichen Patientendaten beachtet werden, wie lässt sich das in der Praxis umsetzen und welche weiteren Bestimmungen zur Wahrung des Patientengeheimnisses sind im Praxisbetrieb zu beachten?

4.1 Datenschutz im Wartebereich und in der Anmeldung

Der in den meisten (Zahn-)Arztpraxen gängige namentliche Aufruf der Patienten ist zwar die am häufigsten praktizierte Form, stellt aber nach einschlägiger Auffassung von Rechtsexperten schon eine Verletzung des individuellen Datenschutzes dar, weil allein durch die Nennung des Namens „Dritte", also außen stehende Personen ohne Einverständnis der betroffenen Person Kenntnisse von deren personenbezogenen Daten bekommen. Grundsätzlich bedarf die Übermittlung von personenbezogenen Daten an Dritte laut Datenschutz-Grundverordnung (DSGVO) einer Rechtsgrundlage oder einer Einwilligungserklärung. Der Praxisalltag muss also insgesamt so gestaltet werden, dass andere Patienten keine Informationen über Mitpatienten erlangen können.

Darüber hinaus ist gerade bei Anfragen per Telefon oder E-Mail besondere Vorsicht geboten. Kann die oder der Anfragende nicht als Patient verifiziert werden, sollte auf ein persönliches Erscheinen verwiesen werden, insbesondere dann, wenn es um Auskünfte zu Diagnosen und Medikationen geht.

4.2 Allgemeine Schutzvorschriften für Patientendaten

Wesentlich wichtiger als der namentliche Aufruf von Patienten ist aber die Frage, wie mit den weiteren aus der Behandlung hervorgehenden Daten umgegangen bzw. wie diese vor unberechtigtem Zugriff oder einer Einsichtnahme geschützt werden. Auch wenn dies in allgemeinen Arztpraxen bedeutender sein wird als im zahnärztlichen Bereich, gelten die Vorgaben auch hier. Die EU-Datenschutz-Grundverordnung (EU-DSGVO) steht über dem nationalen Recht und macht keine konkreten Vorgaben, welche Maßnahmen im Einzelnen dokumentiert werden soll. Doch letztlich geht es darum, zu erfassen, welche Vorkehrungen die Praxis getroffen hat, um einen Missbrauch von personenbezogenen Daten zu verhindern.

Auf diese Punkte kommt es insbesondere an:

- **Patientendaten** werden **niemals unverschlüsselt über das Internet versendet**, beispielsweise per E-Mail.
- **Zugriffsberechtigungen sind vergeben**; somit ist klar geregelt, wer in der Praxis auf Dateien und Ordner zugreifen kann.
- In den Praxisräumlichkeiten wird auf Diskretion geachtet: Die **Anmeldung** sollte **getrennt zum Wartebereich angeordnet** sein. Möglich ist auch, Patienten beispielsweise mit einem Schild darauf hinzuweisen, dass sie **am Tresen Abstand halten** sollen, wenn mehrere Personen dort warten.

- **Keine Namensnennung bei Telefongesprächen**, wenn diese von anderen Patienten mitgehört werden können. Mitteilungen von **Befunden an Patienten** per Telefon nur aus geschlossenen Räumen. Bei telefonischen Anfragen ist die Identität des Anrufers durch gezielte Zusatzfragen oder durch einen Rückruf zu sichern.
- **Patientenakten werden sicher verwahrt**: Die **Computer** sind **passwortgeschützt**, die automatische Bildschirmsperre ist aktiviert. **Patientenunterlagen werden stets so positioniert, dass andere Patienten diese nicht einsehen können**. Wenn weder der Arzt noch seine Mitarbeiter/-innen im Raum sind, werden Patientenakten generell unter Verschluss gehalten und sollten keinesfalls auch nur vorübergehend im Behandlungsraum zurückgelassen werden.
- Vertrauliche **Arzt-Patienten-Gespräche finden stets in geschlossenen Räumen statt**. Dies gilt auch für **Weiterbehandlungsdaten**, die einem Patienten nicht „im Vorbeigehen" zugerufen, sondern in diskreter Form besprochen werden sollten.
- **Das Aufräumen der Schreibtische („clear desk") nach Dienstschluss** und eine ordnungsgemäße Ablage (Verschluss) aller Patientenakten sind wichtig, um den Reinigungskräften, dem Haumeister, Handwerkern oder ähnlichen Personen keinen Einblick zu gewähren.
- Es muss festgelegt werden, wann und durch wen **personenbezogene Daten gelöscht** bzw. vernichtet werden, sobald beispielsweise die **Aufbewahrungsfrist** abläuft. Die Vernichtung der Akten erfolgt **mit hoher Sicherheitsstufe**, d. h., sie werden keinesfalls nur mit der Hand zerrissen, sondern vorher geschreddert.

(In Anlehnung an eine Information zum Thema „Datensicherheit in der Praxis" der „Kassenärztlichen Bundesvereinigung Berlin.)

Praxen müssen Patienten darüber informieren, was mit ihren Daten passiert. Dies muss in der Regel zum Zeitpunkt der Datenerhebung erfolgen. Die Information muss in erster Linie Angaben zum Zweck sowie zur Rechtsgrundlage der Datenverarbeitung enthalten. Auch die Kontaktdaten der Praxis und ggf. die des Datenschutzbeauftragten sind aufzuführen.

4.3 Räumliche Bedingungen zur Gewährleistung des Individualschutzes

Hinzu kommt, dass auch durch die räumlichen Gegebenheiten sichergestellt werden muss, dass keine Informationen über Patienten „in fremde Hände" oder „zu fremden Ohren" gelangen.

Deshalb ist es wichtig, dass ...
- die **Diskretionszonen im Empfangsbereich** deutlich gekennzeichnet sind und Patienten, die diese übersehen oder nicht darauf geachtet haben, höflich darauf hingewiesen werden, die Zonen bitte einzuhalten,
- der Empfangstresen und die Arbeitsplätze der Mitarbeiter/-innen so gestaltet sind, dass **keine unberechtigten Einblicke von Patienten auf die Monitore der PCs** möglich sind,
- evtl. vorhandene **Faxgeräte** an einem Platz aufgestellt werden, der von den Patienten nicht einsehbar oder zugänglich ist,
- der **Wartebereich** optisch und akustisch von den Behandlungsräumen abgeschirmt ist.

4.4 Gesamtverantwortung der Zahnärztin/der Zahnarztes

Die Ärzte sind verpflichtet, über das, was ihnen ihre Patienten anvertraut haben, Stillschweigen zu bewahren. Die schon als „heilige Pflicht" von Hippokrates bezeichnete ärztliche Verschwiegenheit findet sich in § 203 Strafgesetzbuch (StGB) wieder. Danach kann derjenige, der unbefugt ein fremdes Geheimnis, namentlich ein zum persönlichen Lebensbereich gehörendes Geheimnis oder ein Betriebs- oder Geschäftsgeheimnis offenbart, das ihm als Arzt anvertraut worden oder sonst bekannt geworden ist, mit Freiheitsstrafe bis zu einem Jahr oder mit Geldstrafe bestraft werden.

Der Kerninhalt dieser Vorschrift besteht darin, dass Dritte von den persönlichen Angaben des Patienten, die dieser gegenüber seinem Arzt macht, sowie der Tatsache der Behandlung an sich nichts erfahren sollen. Nicht nur der gesundheitliche Zustand, sondern auch der Name und das Geburtsdatum des Patienten sowie alle anderen personenbezogenen Daten gehören zu den „Geheimnissen" des § 203 StGB.

§ **§ 203 Strafgesetzbuch (StGB) Verletzung von Privatgeheimnissen (Auszug)**

(1) Wer unbefugt ein fremdes Geheimnis, namentlich ein zum persönlichen Lebensbereich gehörendes Geheimnis oder ein Betriebs- oder Geschäftsgeheimnis, offenbart, das ihm als Arzt, Zahnarzt, Tierarzt, Apotheker oder Angehörigen eines anderen Heilberufs, der für die Berufsausübung oder die Führung der Berufsbezeichnung eine staatlich geregelte Ausbildung erfordert [...] anvertraut worden oder sonst bekannt geworden ist, wird mit Freiheitsstrafe bis zu einem Jahr oder mit Geldstrafe bestraft.

(2) Kein Offenbaren im Sinne dieser Vorschrift liegt vor, wenn die [...] genannten Personen Geheimnisse den bei ihnen berufsmäßig tätigen Gehilfen oder den bei ihnen zur Vorbereitung auf den Beruf tätigen Personen zugänglich machen. Die [...] genannten Personen dürfen fremde Geheimnisse gegenüber sonstigen Personen offenbaren, die an ihrer beruflichen oder dienstlichen Tätigkeit mitwirken, soweit dies für die Inanspruchnahme der Tätigkeit der sonstigen mitwirkenden Personen erforderlich ist; das Gleiche gilt für sonstige mitwirkende Personen, wenn diese sich weiterer Personen bedienen, die an der beruflichen oder dienstlichen Tätigkeit [...] mitwirken.

4.5 Dokumentation der Verpflichtung und Verschwiegenheitserklärung der/des ZFA

Die Mitarbeiter/-innen in der Praxis sind über die Einhaltung von Schweigepflicht und Datenschutz zu informieren. Da der Datenschutz und die Wahrung der Persönlichkeitsrechte der Patienten in einer Zahnarztpraxis keine „Nullachtfünfzehn-Nebensache" ist, hat die Verpflichtung der Mitarbeiter/-innen in ausführlicher Form zu erfolgen und wird schriftlich dokumentiert:

Schweigepflichterklärung

Ich bin heute vom Praxisinhaber umfassend darüber belehrt worden, dass ich nach § 203 Strafgesetzbuch (StGB) der Schweigepflicht unterliege. Der Gesetzestext ist mir bekannt gegeben und erklärt worden.

Ich bin zur Verschwiegenheit verpflichtet über alle Vorgänge in der Praxis. Diese Verpflichtung gilt gegenüber allen Personen, die nicht in der Praxis beschäftigt sind, auch gegenüber den Angehörigen von Patienten und meinen Familienangehörigen.

Es ist mir bekannt, dass die Schweigepflicht auch nach Beendigung des Beschäftigungsverhältnisses uneingeschränkt und zeitlich unbefristet fortbesteht. Ich bin darüber belehrt worden, dass ein Bruch der Schweigepflicht ein Grund zur fristlosen Kündigung und Anlass für ein Strafverfahren sein kann.

Ich verpflichte mich, mich entsprechend der Belehrung zu verhalten. Ausdrücklich erkläre ich, dass ich die Belehrung verstanden und keine weiteren Fragen habe.

Ort, Datum

------------------------------------ --

Ausbildende / Ausbildender Auszubildende / Auszubildender

4.6 Allgemeine Richtlinien zum Datenschutz in der (Zahn-)Arztpraxis

Dass es sich bei allen Patientendaten gerade auch im Gesundheitswesen um sehr persönliche Dinge handelt, auf die unberechtigte Personen oder Institutionen keinen Zugriff haben dürfen, ist nichts Neues und war schon immer eine Leitlinie des Praxishandelns. Seit dem Jahr 2018 wurden die Vorgaben durch die EU-Datenschutz-Grundverordnung (EU-DSGVO) noch verschärft. Diese Verordnung gilt gegenüber dem nationalen Recht als vorrangiges Datenschutzrecht und erfordert auch in Arzt- und Zahnarztpraxen ein erhöhtes Bewusstsein für den Datenschutz. Im Kern geht es dabei um folgende Bereiche:

1. **Sicherheit der Datenverarbeitung**
   Durch geeignete technisch-organisatorische Maßnahmen (z. B. beschränkte Zugriffsrechte der Mitarbeiter/-innen oder Verschlüsselungsmaßnahmen) ist die Sicherheit der Datenverarbeitung in der Arztpraxis, insbesondere vor Angreifern von außen, zu gewährleisten.
2. **Informationspflichten**
   Die Patienten haben das Recht, in präziser, transparenter, verständlicher und leicht zugänglicher Form sowie in klarer und einfacher Sprache informiert zu werden. Dazu können mit Blick auf die ausgeweiteten Informationspflichten entsprechende Vordrucke genutzt werden.
3. **Auskunftsrecht des Patienten**
   Ein wesentliches Element der Datenschutz-Grundverordnung ist, dass Patienten das Recht haben, vom Arzt Auskunft über die zu ihrer Person ggf. gespeicherten Daten zu bekommen.
4. **Einholung von Einwilligungserklärungen für besondere Datenverarbeitungsvorgänge**
   Im Rahmen der routinemäßigen Behandlung von Patienten beruht die Datenverarbeitung meist auf einer gesetzlichen Grundlage, sodass eine Einwilligung zur Datenverarbeitung in der Regel nicht einzuholen ist. Soweit ausnahmsweise Einwilligungserklärungen für bestimmte Datenverarbeitungsvorgänge (z. B. Einbeziehung einer privaten Verrechnungsstelle) erforderlich sind muss die Praxisinhaberin/der Praxisinhaber eine entsprechende Einwilligungserklärung des Patienten nachweisen können. Dies kann z. B. in bestimmten Fällen der Fall sein, wenn private Verrechnungsstellen oder auch „nur" Angehörige als „dritte" Personen über bestimmte Maßnahmen oder Diagnosen informiert werden sollen.
5. **Erarbeitung einer internen Datenschutzrichtlinie**
   Um ein Bewusstsein für den Datenschutz und Datenschutzrisiken zu schaffen, kann die Erstellung einer internen Datenschutzrichtlinie sinnvoll sein. Darin können z. B. Verhaltensweisen und Vorschriften bei Erfassung von Patientendaten ebenso enthalten sein, wie klare Verantwortlichkeiten oder Zugriffsbeschränkungen für die einzelnen Mitarbeiter/-innen. Bestimmt werden kann darin auch, wie

und wo der Nachweis über die einschlägige Rechtsgrundlage der Verarbeitung (z. B. eine gesetzliche Bestimmung oder eine Einwilligung) dokumentiert werden kann.

6. **Einweisung, Schulung, Verantwortlichkeit**
Nach den Grundsätzen der DSGVO muss in bestimmten Fällen auch in einer Zahnarztpraxis ein/e Datenschutzbeauftragte/r benannt werden. Dies kann entweder ein/e in der Praxis beschäftigte/r Mitarbeiter/in oder ein externer Dienstleister sein. Auf keinen Fall dürfen diese Aufgaben von der Praxisinhaberin oder dem Praxisinhaber selbst erledigt werden. Eine wesentliche Voraussetzung ist auch, dass die/der beauftragte Mitarbeiter/in für diese Aufgabe fachlich qualifiziert sein muss.

7. **Meldepflicht bei Datenschutzproblemen**
Bei Datenpannen (z. B. Hackerangriffe) und Datenschutzverstößen (z. B. durch Mitarbeiter/-innen) sind der zuständigen Aufsichtsbehörde in der Regel innerhalb von 72 Stunden zu melden. Dafür sollte in einer internen Datenschutzrichtlinie festgelegt werden, wer für die Meldung zuständig ist.

8. **Mitarbeiterverpflichtung**
Unabhängig von den Ausführungen der DS-GVO, die hier nur in den Kerninhalten dargestellt werden kann, ist die Zahnärztin/der Zahnarzt verpflichtet, alle in der Praxis tätigen Personen über die gesetzliche Pflicht zur Verschwiegenheit zu belehren und dies schriftlich festzuhalten. Zusätzlich sind die Mitarbeiter/-innen, die im Rahmen ihrer Tätigkeit auch (persönliche) Patientendaten verarbeiten, schon vor der Aufnahme ihrer Arbeit auf das Datengeheimnis zu verpflichten [...]. Die Verschwiegenheitspflicht und das Datengeheimnis bestehen für die Verpflichteten auch nach der Beendigung ihrer Tätigkeit weiter.

(Vgl. „Datenschutz-Check 2018: Was müssen Arztpraxen angesichts der neuen Vorschriften zum Datenschutz tun?", in: Deutsches Ärzteblatt, Jg. 115, Heft 10, 9. März 2018. S. 453–455.)

Unterweisung über die Verpflichtung auf die Wahrung des Datengeheimnisses

Frau ____________________, wohnhaft in ______________________________, wurde heute von mir, ______________________________ (Zahnärztin/Zahnarzt), eingehend mündlich darüber unterwiesen, dass sie zur absoluten Verschwiegenheit bezüglich der Wahrung des Datengeheimnisses nach dem Bundesdatenschutzgesetz verpflichtet ist. Die Mitarbeiterin wurde darauf hingewiesen, dass sich die Verpflichtung auf alle Einzelangaben über persönliche oder sachliche Verhältnisse einer natürlichen Person sowie auf alle Schutzmaßnahmen, die gegen Missbrauch dieser Daten erforderlich sind, beziehen.

Im Einzelnen wurde die Mitarbeiterin über folgende Regelungen in Kenntnis gesetzt:

1. Es ist untersagt, personenbezogene Daten unbefugt zu verarbeiten oder zu nutzen.
   Dieses Verbot gilt auch nach Beendigung des bestehenden Beschäftigungsverhältnisses weiter.
2. Einzuhalten sind:
   - bestehende rechtliche Vorschriften und Praxisregeln
   - Anweisungen der Arbeitgeberin bzw. des Arbeitgebers

   über den Umgang mit personenbezogenen Daten sowie Maßnahmen zur Sicherung der Daten vor Verlust oder Missbrauch.
3. Zum Schutz personenbezogener Daten ist im Rahmen der zugewiesenen Aufgaben immer die notwendige Sorgfalt anzuwenden. Festgestellte Mängel oder Unzulänglichkeiten sind unverzüglich der Arbeitgeberin/dem Arbeitgeber anzuzeigen.
4. Die Verwendung privater Software neben der betrieblichen Software ist auf betrieblichen EDV-Einrichtungen nicht gestattet.

Der Mitarbeiterin wurde eine Kopie der Unterweisung ausgehändigt.

____________________, den ______________________________ 20___

____

(Unterschrift der Mitarbeiterin)

Arbeitsaufträge

1. Sie haben zu Beginn der Ausbildung auch eine „Schweigepflichterklärung" unterschrieben. Fassen Sie in einem Satz zusammen, worum es dabei geht.
2. Erläutern Sie, was der Datenschutz für Sie in der täglichen Arbeit in der Praxis bedeutet und welche Bereiche er umfasst.
3. Daten- und Persönlichkeitsschutz beginnt schon bei der Aufnahme der Patienten und der Einrichtung von Empfangs-, Warte- und Behandlungsbereich. Zeigen Sie an Beispielen oder an eigenen Erfahrungen auf, was dabei zu beachten ist.
4. Neuerdings wird diskutiert, ob man im Wartezimmer sitzende Patienten mit dem Namen zur Behandlung aufrufen darf, weil dies gegen das Persönlichkeitsrecht des Datenschutzes verstoßen könnte. Wie stehen Sie zu dieser Auffassung und was könnten Sie sich ggf. als (praxistaugliche) Alternative zum Namensaufruf vorstellen?

5 Alles geregelt ...
Grundlagen der Rechtsordnung – was steht wo?

5.1 Gewohnheits-, Zivil-, Straf- und Verwaltungsrecht

Manuela Harris hat verschlafen. Es ist schon 07:30 Uhr und eigentlich muss sie spätestens um 07:45 Uhr in der Praxis sein. Also: Das Frühstück fällt aus. Schnell eine Tasse Kaffee, dann ins Auto und los geht's. Doch etwas ist anders als sonst. Der Nachbar hat die Ausfahrt, die teilweise über sein Grundstück führt, mit einem weiß-roten Signalband versperrt. Manuela weiß, dass er wegen des Durchfahrtsrechtes im Streit mit ihrem Vermieter ist.

Aber was kann sie dafür? Sie muss zur Arbeit und kann das Problem nicht anders lösen, als kurzerhand das Trassierband zu entfernen, ohne den Nachbarn oder ihren Vermieter zu fragen. Dieser hätte ihr das ja auch am Vorabend sagen können.

Weil sie in Eile ist, hofft sie, dass in der 30-km-Zone um diese Zeit keine Kontrolle stattfindet. Pech gehabt – das „Passfoto" war zwar nicht gewollt, aber es wurde gemacht. Und als sie dann noch durch eine Wasserpfütze fuhr und einen Fußgänger von oben bis unten bespritzte, war der Tag eigentlich gelaufen, bevor er richtig angefangen hatte.

Welche Folgen können die in der Situationsbeschreibung enthaltenen Vorgänge nach sich ziehen?

5.1.1 Rechtsquellen und Rechtsgebiete

Die wichtigsten Rechtsquellen sind **Gesetze**. An ihnen und an den Vorschriften, die daraus abgeleitet werden, haben sich alle zu orientieren. In der Bundesrepublik steht das Grundgesetz an oberster Stelle in der rechtlichen Hierarchie. Hier wiederum nehmen die Grundrechte den obersten Rang ein. An deren Spitze steht in Artikel 1 des Grundgesetzes die Menschenwürde.

Die Gesamtheit aller rechtlichen Regelungen, die vom Staat und von den gesetzgebenden Organen erlassen werden, bezeichnet man als **objektives Recht**. Es beinhaltet konkrete und für alle gleichermaßen geltende Rechte und Pflichten.

So ist z. B. das immer wieder zitierte Sozialgesetzbuch V ein Teil des objektiven Rechts.
Das, was ein Einzelner daraus für sich als Rechtsanspruch ableitet, bezeichnet man als **subjektives Recht**. Wenn also eine Krankenkasse die in einem ordnungsgemäß aufgestellten Heil- und Kostenplan dargestellten notwendigen Zahnersatzmaßnahmen und Kosten nicht akzeptiert, dann haben Zahnarzt und Patient im Rahmen des subjektiven Rechts die Möglichkeit des Einspruchs.

Darüber hinaus unterscheidet man zwischen dem öffentlichen Recht und dem privaten Recht. Im Falle des **öffentlichen Rechts** geht es nicht um individuelle Angelegenheiten, sondern um die Rechtsbeziehungen, in denen sich die Träger staatlicher Gewalt und die einzelne Bürgerin/der einzelne Bürger befinden. Hier herrscht ein klares Über- und Unterordnungsverhältnis vor. Zum öffentlichen Recht gehört z. B. auch die Krankenversicherungspflicht.

Dagegen ist das **Privatrecht** von einem gleichrangigen Verhältnis der jeweiligen Parteien gekennzeichnet. Sie verhandeln „auf gleicher Augenhöhe“. Das Privatrecht ist in erster Linie im Bürgerlichen Gesetzbuch geregelt. Zum Privatrecht gehört z. B. eine Rechtsstreitigkeit über eine angebliche fehlerhafte Behandlung.

Neben den Gesetzen gibt es die **Verordnungen**. Es sind **Rechtsnormen**, die nicht auf dem normalen gesetzgeberischen Weg entstehen, sondern auf der Grundlage der gesetzgeberischen Vorgaben in der Regel durch Regierungen oder Verwaltungsstellen erlassen werden.

Eine besondere Form von Verordnungen sind diejenigen, die von der EU kommen. Hierbei handelt es sich um Rechtsakte, die unmittelbar, d. h. ohne eine weitere Veränderung für oder gegen alle EU-Staaten gleichermaßen gelten.

Neben all diesen festgeschriebenen Vorgaben gibt es aber auch das sogenannte **Gewohnheitsrecht**. Es entsteht dadurch, dass bestimmte Verhaltensweisen über einen langen Zeitraum geduldet wurden, ohne dass dabei die juristische Haltbarkeit überprüft wurde. Dies kann man mit dem Begriff des **Günstigkeitsprinzips** vergleichen. Es sagt aus, dass in untergeordneten Vereinbarungen zwar nicht gegen höheres Recht verstoßen werden darf, dass aber bessere Regelungen festgelegt werden dürfen. So dürfen in einer Zahnarztpraxis zwar höhere als die tarifvertraglich vereinbarten Ausbildungsvergütungen ausgehandelt werden, aber für gleiche Arbeit muss auch gleiches Entgelt gezahlt werden.

5.1.2 Straf- und Zivilrecht

Das Strafrecht ist Teil des öffentlichen Rechts, während das Zivilrecht zum Privatrecht gehört. Das bedeutet, dass bei strafrechtlichen Tatbeständen der Staat (über den Staatsanwalt) Anklage erhebt.

Dies ist dann der Fall, wenn ein Gewaltverbrechen begangen wurde oder wenn es um Steuerhinterziehungen oder eklatante Datenschutzverletzungen, Geldunterschlagungen, Abrechnungsbetrügereien oder Ähnliches geht. Anklage durch den Staatsanwalt wird z. B. auch bei schweren Vergehen im Straßenverkehr erhoben. Das kann z. B. beim Fahren unter erheblichem Alkoholeinfluss der Fall sein, wenn in diesem Zusammenhang ein Unfall mit Todesfolge passiert.

Strafrecht	Zivilrecht
Das Strafrecht umfasst alle Maßnahmen, die der Staat gegen Straftäter, d. h. gegen die Zuwiderhandlungen von Gesetzen, ergreift. Straftaten werden vom Staat verfolgt. Die Bürger/-innen haben nur bei bestimmten Fällen mit Privat- oder Nebenklagen Einfluss auf die Strafverfolgung. Strafbare Handlungen werden unterschieden in **Übertretungen** und **Vergehen oder Verbrechen.** Die Folgen sind Freiheits- oder Vermögensstrafen und evtl. Nebenstrafen (wie z. B. Aberkennung der bürgerlichen Ehrenrechte).	**Privatrecht ist sogenanntes nachgiebiges Recht, d. h., die Verhandlungspartner können Vereinbarungen selbst festlegen.** Im Streitfall werden Gerichte nur dann aktiv, wenn sie angerufen werden, d. h., eine der Parteien muss Klage gegen die andere erheben. Wenn kein öffentliches Interesse oder keine Straftat vorhanden ist, wird der Staatsanwalt von sich aus nicht tätig. Nach dem Motto „Wo kein Kläger ist, ist kein Richter“ werden viele Streitigkeiten auf privater Ebene auch außergerichtlich erledigt.

Im Zivilprozess geht es darum, dass eine Privatperson einen Anspruch gegen eine andere Privatperson oder auch gegen öffentliche Verwaltungsorgane erhebt. Dazu gehört z. B. die Klage eines Patienten wegen einer aus seiner Sicht fehlerhaften Zahnbehandlung oder die Klage eines Zahnarztes gegen einen Privatpatienten wegen einer nicht beglichenen Privatliquidation.

Es ist auch möglich, dass straf- und zivilrechtliche Ansprüche parallel verlaufen. Wegen eines aufgrund von grober Fahrlässigkeit verursachten schweren Behandlungsfehlers kann z. B. der Staatsanwalt Anklage erheben und gleichzeitig der betroffene Patient als Nebenkläger auftreten und z. B. Schadensersatz verlangen.

In diesen Fällen schaltet sich die Staatsanwaltschaft in der Regel aber nur dann ein, wenn von einem vorliegenden Straftatbestand ausgegangen werden kann. Dies wäre z. B. dann der Fall, wenn aufgedeckt würde, dass mit den Krankenkassen nicht erbrachte Leistungen abgerechnet wurden oder wenn Patienten durch die Verabreichung einer Überdosis an Schmerzmitteln bleibende gesundheitliche Schäden davontragen würden.

Unabhängig davon, dass in einem Staat die Rechtssicherheit und die Rechtsgleichheit wichtige Säulen der Rechtsordnung sind, können alle Gesetze und Verordnungen nur Vorgaben sein, die allgemeine Verhaltensregeln darstellen. Das Urteil, wie ein Fall konkret auszulegen ist, fällen in letzter Instanz oft Richter im Rahmen ihrer Ermessensspielräume.

Arbeitsaufträge

1. Welche Rechtsquellen unterscheidet man?

2. Worin liegt der Unterschied zwischen öffentlichem und privatem Recht?

3. Was versteht man unter Zivil- und was unter Strafrecht?

4. Ordnen Sie die folgenden Sachverhalte richtig zu:

Sachverhalt	Rechtsquelle
a) Strafmandat wegen Überschreitung der Höchstgeschwindigkeit	**1.** Zivilrecht
b) Ärger mit dem Nachbarn wegen „Obstdiebstahls"	**2.** Strafrecht
c) Ein Arbeitnehmer will eine Änderung in seinem Arbeitszeugnis durchsetzen	**3.** öffentliches Recht
d) Widerspruch gegen Steuerbescheid	**4.** Privatrecht
e) Ärger mit dem Verkäufer wegen eines mangelhaften Gerätes	**5.** Gewohnheitsrecht

5. In welchem der folgenden Fälle geht es um privatrechtliche Dinge?
a) Auftragsvergabe der Gemeinde an eine Straßenbaufirma;
b) Kauf eines Lkw durch einen Fuhrunternehmer;
c) Kauf eines gepanzerten Pkw im Auftrag der Bundesregierung;
d) Ausfertigung und Zustellung eines Steuerbescheides.

6. Ein Patient glaubt, dass ihm der Zahnarzt bei einem Eingriff „zu sehr wehgetan habe". An wen muss er sich wenden, wenn er gegen diese „Körperverletzung" vorgehen will?

7. Ein Privatpatient ist mit einer Liquidation nicht einverstanden, Leistungen seien fehlerhaft abgerechnet worden. Erörtern Sie, ob es sich um einen Tatbestand des Zivil- oder Strafrechts handelt.

8. Beschreiben Sie, was die Begriffe „Rechtssicherheit" und „Rechtsgleichheit" bedeuten und worin die Problematik dieser beiden Rechtsansprüche bei der Umsetzung in die Wirklichkeit besteht.

5.2 Willenserklärungen und Geschäftsfähigkeit als Voraussetzung für den Abschluss rechtswirksamer Geschäfte

Die 17-jährige Selma Kasta befindet sich im ersten Ausbildungsjahr bei Frau Dr. Heilmann. Von der tariflich festgelegten Ausbildungsvergütung in Höhe von 800,00 € bleiben ihr nach Abzug der Lohnsteuer und der Sozialbeiträge bei einem Zuschlag Ihrer Krankenkasse in Höhe von 1,0 % monatlich ca. 643,00 € übrig. Obwohl sie noch zu Hause wohnt, muss sie ihren Eltern kein Geld abgeben.

Selma glaubt, dass sie mit ihrem „selbst verdienten Geld" machen kann, was sie will. Ihre Eltern kontrollieren dies im Normalfall auch nicht. Das Einzige, was sie ihr zu Beginn der Ausbildung gesagt haben, war, dass sie „sparsam" sein solle.

Als Selma eines Tages nach Hause kommt und erzählt, dass sie „von ihrem selbst verdienten Geld" zusammen mit ihrer Freundin einen Urlaub in der Dominikanischen Republik für 1.395,00 € gebucht habe, glauben ihre Eltern es zunächst nicht. Als Selma dann noch hinzufügt, dass sie ihrer Freundin 200,00 € „Kredit" gegeben habe, damit diese mitfliegen könne, ist das gute Verhältnis zu ihren Eltern plötzlich gestört.

„Die sind förmlich ausgerastet!", erzählt Selma. „Dabei können sie mir doch gar nichts verbieten, denn es ist mein Geld, das ich ganz allein verdient habe – damit bin ich geschäftsfähig!"

Wie stellt sich die Situation aus Ihrer Sicht rechtlich und „menschlich" dar? Versuchen Sie ggf. in Gruppen, die unterschiedlichen Rollen einzunehmen und die jeweiligen Positionen zu verdeutlichen. Welchen „Kompromiss" könnten Sie sich vorstellen?

5.2.1 Rechtsfähigkeit

Unter Rechtsfähigkeit versteht das Gesetz die Fähigkeit einer Person, Träger von Rechten und Pflichten zu sein. Die Rechtsfähigkeit ist eine Voraussetzung, um überhaupt Geschäfte abschließen zu können.

Während die Rechtsfähigkeit von natürlichen Personen (Menschen) mit der Geburt beginnt und mit dem Tod endet, wird sie für juristische Personen erst durch einen besonderen Rechtsakt geschaffen (Eintragung in das jeweilige Register = konstitutive Wirkung).

Während die Rechtsfähigkeit von natürlichen Personen (Menschen) mit der Geburt beginnt und mit dem Tod endet, wird sie für juristische Personen erst durch einen besonderen Rechtsakt geschaffen (Eintragung in das jeweilige Register = konstitutive Wirkung).

5.2.2 Geschäftsfähigkeit

Juristische Personen sind immer geschäftsfähig. Bei natürlichen Personen hängen Art und Umfang der Geschäftsfähigkeit von verschiedenen Faktoren, insbesondere aber vom Alter und vom Geisteszustand ab. Zum Schutz vor unüberlegten Handlungen und vor Übervorteilung dürfen nur solche Personen

Rechtsgeschäfte selbstständig abschließen, die das entsprechende Maß an Geschäftsfähigkeit besitzen:

- **Unbeschränkte Geschäftsfähigkeit**
  Personen, die das 18. Lebensjahr vollendet haben und bei denen keine sonstigen Gründe für eine Geschäftsunfähigkeit vorliegen.
- **Beschränkte Geschäftsfähigkeit**
  Personen ab dem 7. Lebensjahr bis vor Vollendung des 18. Lebensjahres, sofern keine anderen Gründe für eine Geschäftsunfähigkeit vorliegen.
  „Leistung mit eigenen Mitteln" (früher: „Taschengeldparagraf"): Eigenständige Anschaffungen sind nur mit dem Geld möglich, das von den Erziehungsberechtigten zur freien Verfügung überlassen wurde und die damit bar bezahlt werden.
- **Geschäftsunfähigkeit**
  - Kinder unter 7 Jahren
  - Personen, bei denen die freie Willensbildung durch dauernde Geistesstörung unterbunden ist: Auch von dem eigenen Taschengeld sind keine eigenständigen Anschaffungen möglich.

Mit den Stufen der Geschäftsfähigkeit sollen die minderjährigen Verbraucher (aber auch deren Eltern oder Erziehungsberechtigte) vor Übervorteilungen und unüberlegten Handlungen geschützt werden, deren Tragweite sie noch nicht absehen können.

Auch wenn in der Praxis zum Teil sehr unterschiedlich vorgegangen wird, gilt, dass jedes mit einem Geschäftsunfähigen abgeschlossene Geschäft nichtig und jedes mit einem beschränkt Geschäftsfähigen abgeschlossene Geschäft schwebend unwirksam ist. Sind die Erziehungsberechtigten gegen den Vertrag, so wird dieser nichtig.

Im Zweifelsfall trägt der Verkäufer die Verantwortung und eventuelle Kosten für Geschäfte, die aus diesen Gründen nicht ordnungsgemäß zustande gekommen sind.

In den folgenden Fällen darf aber eine beschränkt geschäftsfähige Person Rechtsgeschäfte auch ohne Zustimmung abschließen:
- Verträge, die ausschließlich einen rechtlichen Vorteil bringen. Beispiel: Annahme eines Geschenks ohne Gegenleistung (Geldverwendung ist damit nicht erfasst).
- Verträge, die nur mit dem Taschengeld erfüllt werden. Die Höhe spielt dabei keine Rolle, das Geld muss aber der/dem beschränkt Geschäftsfähigen zur freien Verfügung stehen.
- Verträge, die im Zuge eines Arbeits- oder Ausbildungsverhältnisses (das mit Zustimmung der Erziehungsberechtigten eingegangen wurde) abgeschlossen werden. So darf eine minderjährige Auszubildende kündigen, ohne die Erziehungsberechtigten um Erlaubnis zu bitten.

PRAXIS-TIPP

(Un-)Wirksamkeit von Willenserklärungen
Geschäftsunfähige:

Willenserklärungen sind ungültig (nichtig).
Beschränkt Geschäftsfähige:
Willenserklärungen sind schwebend unwirksam. Sie können von den Erziehungsberechtigten widerrufen werden.

Geschäftsfähige:
Willenserklärungen sind wirksam, sofern keine anderen Gründe entgegenstehen.

Arbeitsaufträge

1. Was unterscheidet natürliche von juristischen Personen?
2. Wann erlangen natürliche und juristische Personen ihre Rechtsfähigkeit?
3. Worin unterscheidet sich die Geschäftsfähigkeit von der Rechtsfähigkeit?
4. Welche Stufen der Geschäftsfähigkeit unterscheidet man?
5. Warum gibt es in der Geschäftsfähigkeit Beschränkungen?
6. Wie beurteilen Sie die Frage, wer in der Ausgangssituation im Recht ist?
7. Erörtern Sie, inwieweit Theorie und Praxis bezüglich der Anwendung und Überprüfung der Geschäftsfähigkeit vor dem Abschluss von Verträgen im täglichen Leben in Einklang zu bringen sind.
8. Versuchen Sie sich einmal in einem Rollenspiel:

   Ein 5-jähriges Mädchen kauft sich am Kiosk ein Eis für 1,50 €. Als es nach Hause kommt, schimpft die Mutter, weil das Mädchen wegen seiner Neurodermitis eigentlich kein Eis essen darf. Die Mutter geht entrüstet zum Kioskbesitzer und droht ihm an, dass er dafür haften müsse, wenn das Kind nun wieder einen Krankheitsschub bekäme. „Für Geld machen Sie alles und setzen sogar die Gesundheit meiner Tochter aufs Spiel“, ergänzt sie. Er wisse doch schließlich genau, dass er der geschäftsunfähigen Kleinen kein Eis verkaufen durfte. In jedem Falle wolle sie das Geld dafür zurückhaben. Der Kioskbesitzer entgegnet, dass solche Geschäfte doch heute völlig normal seien, und weist den Vorwurf der Bereicherung zurück.

   Versetzen Sie sich (in Gruppen) in die Rolle der Mutter und die des Kioskbesitzers. Überlegen Sie sich Argumente und eröffnen Sie nach ca. fünf Minuten die Diskussion. Hinweis: Sie benötigen sicherlich eine Diskussionsleitung. Wählen Sie jemanden aus Ihrer Mitte.

5.2.3 Formen der Willenserklärungen

Die Vertragsfreiheit lässt Raum für viele Arten, wie Willenserklärungen abgegeben werden. Am häufigsten dürften im privaten Bereich die Willenserklärungen vorkommen, die gar nicht ausdrücklich erfolgen, sondern durch „einfaches“ Handeln. Ganz gleich, ob beim Einkauf im Supermarkt, an der Zapfsäule der Tankstelle oder durch einen „Wink“ an der Theke – es handelt sich immer wieder um Willenserklärungen, bei denen oft nicht ein einziges Wort „verloren“ und schon gar nichts geschrieben wird und trotzdem sind sie gültig.

Schlüssiges (konkludentes) übereinstimmendes Handeln

Das Verhalten muss hierbei klar erkennbar geäußert werden.

Beispiele für ein solches Handeln:

- Kauf von Waren aus einem Automaten
- Entnahme einer am Empfangstresen der Zahnarztpraxis ausgestellten Zahnbürste und Bezahlung
- Befolgen der Aufforderung, zur Behandlung zu kommen
- Einschieben einer Geld- oder EC-Karte und Drücken der Bestätigungstaste

Schweigen

Verträge können auch dadurch zustande kommen, dass eine Seite ein Angebot unterbreitet und das Schweigen („Nichtreaktion“) der anderen Seite nicht als Ablehnung, sondern als Zustimmung betrachtet.

Solche Verträge gelten aber nur dann als zustande gekommen, wenn es sich um regelmäßige Geschäftsbeziehungen handelt. Dies ist z. B. der Fall, wenn eine Zahnarztpraxis regelmäßig montags von einem Dentallabor Chemikalien bezieht. Hier kann auch geliefert werden, ohne dass jedes Mal eine eigene Bestellung vorauszugehen hätte.

Ausdrückliche Äußerung

Mündlich
- Persönliches Gespräch
- Telefon

Schriftlich
- Brief
- Fax

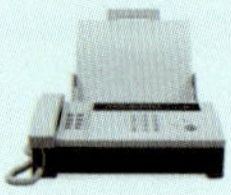

Elektronisch
- E-Mail
- Internet

5.2.4 Rechtswirksamkeit von Willenserklärungen

Generell gilt für die Abgabe von Willenserklärungen zwar das Prinzip der „Vertragsfreiheit“. Aber insbesondere der Schutz der Verbraucher hat doch eine Reihe von Einschränkungen zur Folge:

<table>
<tr><th>Freiheiten im Vertragsrecht</th><th>Einschränkungen der Gültigkeit von Willenserklärungen</th><th>Rolle des Vertragspartners</th></tr>
<tr><td rowspan="2">Abschlussfreiheit
Wenn nicht gegen geltendes Recht verstoßen wird, kann jede/jeder Geschäftsfähige Verträge schließen, mit wem er will.</td><td>Nichtig sind Verträge von und mit geschäftsunfähigen Vertragspartnern.</td><td>Geschäftsunfähig:
Jeder Mensch bis zur Vollendung des 7. Lebensjahres und Menschen, bei denen die freie Willensbildung durch eine dauernde Geistesstörung unterbunden ist.</td></tr>
<tr><td>Rechtsgeschäfte mit beschränkt Geschäftsfähigen bedürfen der Zustimmung des gesetzlichen Vertreters. Aber alle Rechtsgeschäfte sind gültig, die
• mit einer Vollmacht vorgenommen werden,
• mit eigenen Mitteln bezahlt werden (Achtung: Darunter fallen keine Ratenverträge o. Ä.),
• keine Verpflichtungen beinhalten,
• im Rahmen und/oder in der unmittelbaren Folge eines mit Zustimmung der Erziehungsberechtigten abgeschlossenen Arbeitsoder Ausbildungsverhältnisses getätigt werden.</td><td>Beschränkt geschäftsfähig:
Jeder Mensch vomvollendeten 7. bis vor Vollendung des 18.Lebensjahres und
Menschen, die wegen Trunk, Verschwendungssucht oder einer psychischen Erkrankung nur eingeschränkt handlungsfähig sind und
Personen, die unter vormundschaftlicher Fürsorge und Betreuung stehen.</td></tr>
</table>

	Nichtig sind Verträge, die nur aus Scherz, zum Schein, im Zustand der vorübergehenden Störung der Geistestätigkeit abgeschlossen wurden oder die gegen ein Gesetz bzw. die guten Sitten verstoßen und/oder die Notlage eines Vertragspartners in unzulässiger Weise ausnutzen.	• **Scherzgeschäfte**, bei denen für jeden klar sein müsste, dass eine Willenserklärung nicht ernst gemeint sein kann. • **Scheingeschäfte**, deren Inhalt der Erreichung eines ganz anderen Zweckes dient (z. B. der Geldwäsche).
Inhaltsfreiheit Wenn nicht gegen geltendes Recht verstoßen wird, können die Inhalte von Verträgen frei ausgehandelt werden.	**Anfechtbar** sind Verträge, die aufgrund eines offensichtlichen Irrtums, einer arglistigen Täuschung oder einer widerrechtlichen Drohung zustande gekommen sind.	• **Irrtum in der Erklärung** (z. B. Tippfehler, Versprecher beim Telefonieren) • **Irrtum im Inhalt** (z. B. Edelstahl statt Kunststoff) • **Irrtum in der Übermittlung** (z. B. wenn eine Sachbearbeiterin in der Telefonzentrale einen falschen Preis angibt) • **Arglistige Täuschung** (z. B. Verheimlichung eines Unfallschadens) • **Widerrechtliche Drohung** (z. B. Androhung von Gewalt)
	Formvorschriften	**Anwendungsbereiche**
	Schriftform Das heißt, eine nur mündlich abgegebene Willenserklärung ist nichtig.	• Kündigungen • Testamente • Mietverträge, die länger als ein Jahr laufen • Private Bürgschaftserklärungen
Formfreiheit Grundsätzlich können Verträge mündlich, schriftlich oder sogar nur durch übereinstimmendes Handeln zustande kommen. In Einzelfällen ist aber eine bestimmte Form vorgeschrieben.	**Öffentliche Beglaubigung** Das heißt, ohne die Bestätigung der Echtheit der Unterschrift des Vertragspartners ist eine Willenserklärung nicht gültig.	• Anmeldungen in das Handelsregister • Nichtannahme einer Erbschaft
	Öffentliche Beurkundung Das heißt, dass nicht nur die Unterschrift beglaubigt, sondern der Inhalt eines Schriftstückes bzw. Verhandlungsgegenstandes bestätigt wird. Erklärung, dass • die Beteiligten vor dem Notar erschienen sind, • die in der Urkunde gemachten Erklärungen von ihnen abgegeben wurden, • der Inhalt verlesen und • die Willenserklärungen durch ihre Unterschrift bestätigt wurden.	• Grundstückskaufverträge • Eintragung einer Hypothek • Erbschaftsvertrag

5.2.5 Gegenstände des Rechtsverkehrs

Rechtssubjekte → **Personen**

Natürliche Personen
Die „Personeneigenschaft“ liegt von Geburt an vor.

Juristische Personen
Eingetragene Vereine und Kapitalgesellschaften werden erst durch die Gründung und Registereintragung zu „Personen“.

Privatrecht	öffentliches Recht
• Rechtsfähige (eingetragene) Vereine – nichtwirtschaftliche oder ideelle Vereine, z. B. Sport-, Gesang-, Geselligkeitsvereine – wirtschaftliche Vereine in Form handelsrechtlicher Gesellschaften, z. B. AG, GmbH, Genossenschaft • Stiftungen von Einzelpersonen oder Vereinen, z. B. Stiftung Volkswagenwerk, Krupp-Stiftung	• Körperschaften des öffentlichen Rechts, z. B. Bund, Länder, Gemeinden, Ortskrankenkassen, Zahnärztekammer • Anstalten des öffentlichen Rechts, z. B. Universitäten, Hochschulen, Schulen, Bibliotheken, Rundfunk- und Fernsehanstalten, Strafanstalten, Kreissparkassen • Staatliche Stiftungen, z. B. Studienstiftung des Deutschen Volkes, Stiftung Preußischer Kulturbesitz

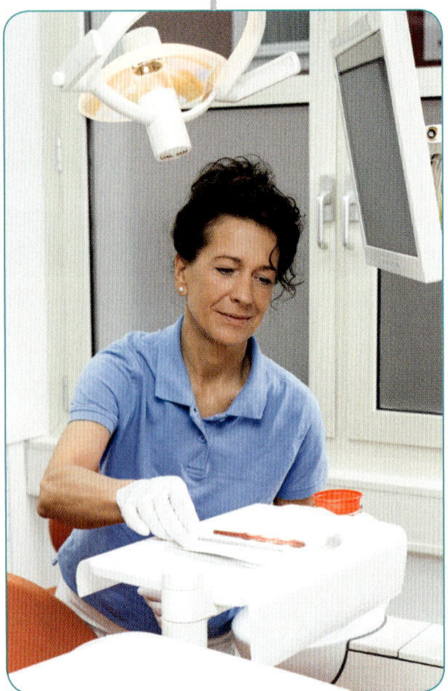

Rechtsobjekte

Sachen →
- Unbewegliche Güter (Immobilien)
- Bewegliche Güter
  - Vertretbare/fungible Gegenstände (Gattungswaren, bei denen ein Stück durch ein beliebiges anderes Stück ersetzt werden kann)
  - Nicht vertretbare Gegenstände bzw. Einzelstücke

Rechte →
- Alle „nicht dinglichen Gegenstände“ wie z. B. Patente, Lizenzen, Wegerechte, Nutzungsrechte, Eigentumsrechte

Arbeitsaufträge

1. Welche verschiedenen Arten der Abgabe von Willenserklärungen unterscheidet man?

2. Was besagen die Begriffe „Abschluss-, Inhalts- und Formfreiheit"?

3. Auf welche Art und Weise kommen Behandlungsverträge in der Regel zustande?

4. Wie verhalten Sie sich bei einem 15-jährigen Patienten, bei dem sich herausstellt, dass er eine Zahnregulierung benötigt?

5. Eine 17-jährige Schülerin will sich von ihrem Taschengeld die Zähne mit einem kleinen Stein verschönern lassen. Sie hat das Geld dabei. Was sagen Sie ihr?

6. Bei einer Parodontosebehandlung wird ein Patient auf den nicht sonderlich guten Allgemeinzustand seiner Zähne hingewiesen. Der Patient überlegt und bittet dann den Zahnarzt darum, dass er ihm die schlechten Zähne ziehen möge. Auf den Hinweis, dass er dann ein Vollgebiss tragen müsse, erklärt der Patient, dass er sich darüber im Klaren sei. Er wolle dies aber, weil er meine, dann hätte er die Sache hinter sich. Und nun ...?

7. Ein Patient behauptet, dass er sich „überrumpelt" gefühlt habe, als er auf dem Behandlungsstuhl seine Einwilligung zu einer kostenpflichtigen Zusatzbehandlung gegeben habe. Die Helferin habe seine „Notlage" ausgenutzt und ihn „gar nicht richtig" aufgeklärt.

   Sicher können Sie sich eine solche Situation vorstellen. Simulieren Sie in einem Rollenspiel mit ZFA, Zahnarzt und Patient, wie man sich „richtig" verhalten kann. Erörtern Sie in einer offenen Diskussionsrunde, wie man sich gegen solche Vorkommnisse überhaupt schützen kann.

8. Erläutern Sie den Unterschied zwischen einer öffentlichen „Beurkundung" und einer öffentlichen „Beglaubigung".

9. Was versteht man unter einem Scherzgeschäft und unter einem Scheingeschäft?

10. Ein Patient erzählt Ihnen, er habe sich an der Börse „verspekuliert". Er bekomme das Geld aber von der Bank zurück, weil er sich bei dem Kauf der Aktien ja offensichtlich geirrt habe. Er bittet daher um Aufschub der Fälligkeit der Privatliquidation. Wie beurteilen Sie diese Aussage?

11. Nennen Sie Beispiele für Fälle, in denen Verträge durch „schlüssiges Handeln" zustande kommen.

12. Ein Privatpatient fühlt sich arglistig getäuscht, weil er vor der Behandlung rund 45 Minuten warten musste. Unter dieser ihm vorher nicht bekannten Bedingung wäre er nicht in die Praxis gekommen, sondern er hätte einen anderen Zahnarzt aufgesucht. Mit den Worten: „Die Liquidation können Sie sich sparen, ich werde sie nicht bezahlen", verabschiedet er sich nach der Behandlung.
    - **a)** Was versteht man allgemein unter einer arglistigen Täuschung?
    - **b)** Wie sehen Sie in diesem speziellen Fall die Rechtslage?

PRAXIS-TIPP

Sie werden hin und wieder in Situationen kommen, in denen Sie über bestimmte Dinge, die Sie getan oder auch nicht getan haben, Rechenschaft ablegen müssen. Gerade im Umgang mit Patienten ist es daher auch in Ihrem eigenen Interesse wichtig, auf der Grundlage angefertigter Aufzeichnungen oder schriftlicher Notizen einen Nachweis über erteilte Informationen, Medikamentationen oder Verhaltensratschläge führen zu können. Im Zweifel ist es wichtig, ggf. auch zunächst als unwichtig erscheinende Dinge zumindest kurz und knapp in Stichworten zu dokumentieren.

6 Der Anfang ist nicht nur Routine

Zustandekommen und Umsetzung des Behandlungsvertrages als Grundlage der zahnärztlichen Leistung

6.1 Die rechtliche Grundlage – „Vertragspartner" der zahnärztlichen Versorgung

Ein neuer Patient kommt nach vorheriger Terminvereinbarung zu Ihnen in die Praxis. Er hat Ihnen am Telefon gesagt, dass er vor einigen Monaten hierher gezogen sei und seit einiger Zeit immer wieder auftretende Schmerzen im Zahnbereich habe. Er möchte gerne die Ursache dieser Schmerzen abklären und bitte daher um einen kurzfristigen Untersuchungs- bzw. Behandlungstermin. Aufgrund des Ausfalles eines anderen Patienten konnten Sie ihm den heutigen Termin anbieten.

Eigentlich ist das Ganze eine Routineangelegenheit, aber trotzdem stellt sich die Frage, wann ein Behandlungsvertrag zustande kommt und welche Folgen damit für die beiden „Vertragspartner", also den Zahnarzt und den Patienten, verbunden sind.

INFO 1 Zustandekommen des Behandlungsvertrages

Ein Behandlungsvertrag ist eine Sonderform des Dienstvertrages. Wie alle übrigen Verträge kommt auch ein Behandlungsvertrag dann zustande, wenn zwei übereinstimmende Willenserklärungen vorliegen. Dies muss nicht schriftlich erfolgen. Ein Behandlungsvertrag entsteht, wenn

- der Patient nach einem Termin fragt und ihm ein Behandlungstermin genannt wird;
- der Patient die Praxis betritt und die Sprechstunde aufsucht;
- eine Ärztin/ein Arzt einen Hausbesuch vornimmt.

Das Wesen eines Behandlungsvertrages lässt sich recht einfach darstellen. Im Prinzip gilt auch hier das allgemeine Vertragsrecht. Damit verbunden ist die Freiheit der Vertragsgestaltung, d. h., es gibt weder über die Form noch über den Inhalt eines Behandlungsvertrages besondere Vorschriften. Wichtig ist aber, wer mit wem den Vertrag abschließt und wer wem welche Leistung schuldet.

Hier muss unterschieden werden, ob es sich auf der einen Seite um einen Kassen- oder um einen Privatpatienten und auf der anderen Seite um einen einzelnen Zahnarzt, eine zahnärztliche Praxisgemeinschaft oder um eine Gemeinschaftspraxis handelt.

Im Normalfall setzt man auf beiden Seiten eine freie Willensbekundung und seitens der Patienten die Geschäftsfähigkeit voraus, damit ein rechtmäßiger Behandlungsvertrag zustande kommt.

INFO 2 Vertragspartner

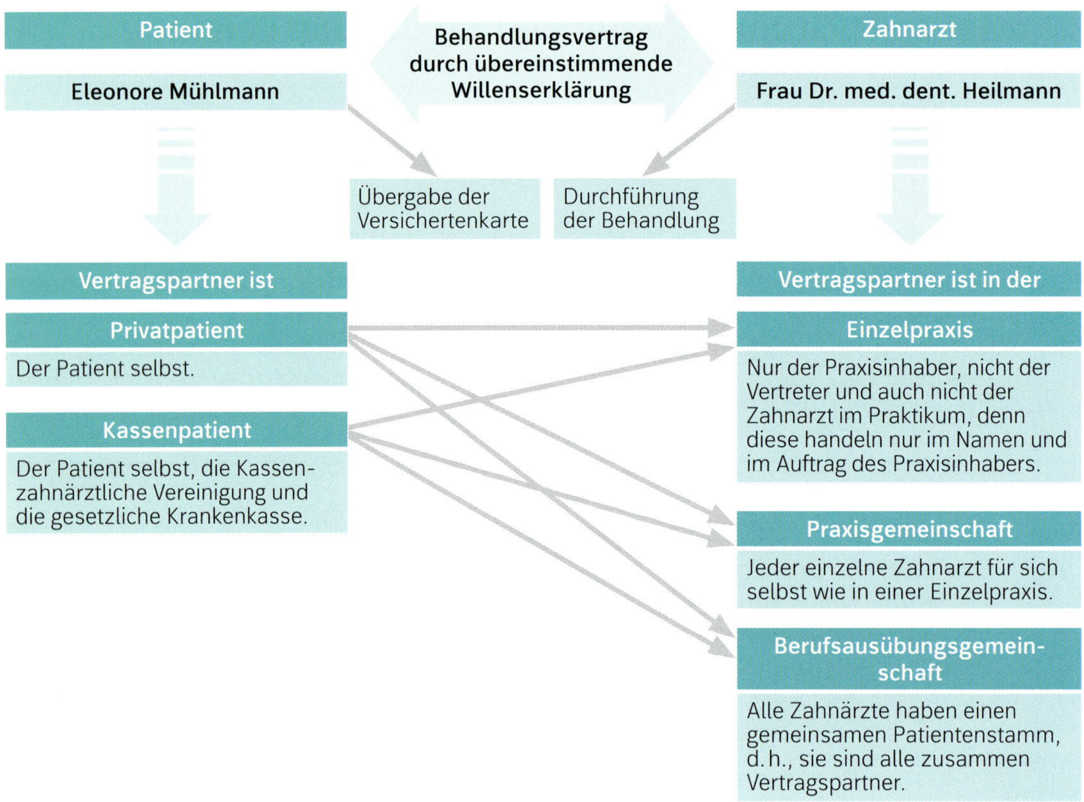

INFO 3 Sonderfälle

In bestimmten Situationen kommt ein Behandlungsvertrag auch im Rahmen der „Geschäftsführung ohne Auftrag" zustande. Dies ist z. B. dann der Fall, wenn ein Patient nicht in der Lage ist, sich zu äußern oder eine freie Arztwahl zu treffen (z .B. bei Behandlungen nach einem Verkehrsunfall, bei Bewusstlosigkeit, Volltrunkenheit usw.). Gleiches gilt, wenn es nicht möglich ist, die Einverständniserklärung der Erziehungsberechtigten vor der Behandlung minderjähriger Patienten einzuholen. Hier gilt die Regel, dass bei Minderjährigen unter 14 Jahren die Einwilligung der Erziehungsberechtigten im Normalfall vor Behandlungsbeginn unabdingbar ist. Bei Jugendlichen zwischen 14 und unter 18 Jahren kann auf die Einverständniserklärung der Erziehungsberechtigten unter Umständen verzichtet werden. Hier kommt es u. a. auch darauf an, wie dringend der Eingriff ist und wie der Zahnarzt die Persönlichkeit des zu behandelnden Jugendlichen einschätzt. Dies ist zwar bei Zahnärzten kaum oder viel seltener der Fall als bei Allgemeinmedizinern, aber dennoch gelten diese Regeln auch für den zahnärztlichen Bereich.

INFO 4 Rechtliche Grundlagen

Der Behandlungsvertrag ist eine Sonderform des in § 611 ff. BGB geregelten Dienstvertrages. Diese Einordnung ist daher von Bedeutung, weil bei einem Dienstvertrag im Gegensatz zu einem Werkvertrag kein Erfolg geschuldet wird.

INFO 5 Behandlungsleistung

Die zahnärztliche Behandlung umfasst nach § 28 Sozialgesetzbuch V die Tätigkeiten des Zahnarztes, die zur Verhütung, Früherkennung und Behandlung von Zahn-, Mund- und Kieferkrankheiten erforderlich sind.

Maßgebend für die Eingriffe und die damit verbundenen ärztlichen Handlungen ist, was nach den einschlägigen Regeln der „ärztlichen Kunst“ ausreichend und zweckmäßig ist. Die Entscheidung darüber trifft in erster Linie der behandelnde Zahnarzt.

Wenn Versicherte bei Zahnfüllungen oder bei einem Zahnersatz eine darüber hinausgehende Versorgung wählen, haben Sie die dafür entstehenden Mehrkosten selbst zu tragen. In diesen Fällen sollte vor Beginn der Behandlung eine schriftliche Vereinbarung zwischen dem Zahnarzt und dem Patienten getroffen werden.

Arbeitsaufträge

1. Auch bei einem Behandlungsvertrag ist die Grundlage eine zweiseitige übereinstimmende Willenserklärung. Stellen Sie dar, wie dies in der konkreten alltäglichen Praxissituation gehandhabt wird bzw. durch welche Handlungen ein „Behandlungsabkommen“ einschließlich der Ausnahmesituationen zustande kommt.
2. In Ihre Praxis kommt am Montagmorgen ein Patient, der offenbar nach einer Kirmesfeier gar nicht nach Hause gegangen sondern direkt aus dem Festzelt den Weg in die Praxis gefunden hat. Er wirkt müde und angetrunken, klagt aber über Zahnschmerzen. Natürlich hat er auch die Morgenhygiene ausfallen lassen. Ihr Chef ist noch nicht da, aber Sie wissen, dass er genauso wie Sie eine Abneigung gegenüber solchen Patienten hat. Was tun Sie?
3. Der Behandlungsvertrag ist ein Dienstvertrag, der in der Regel „formlos“ entsteht. Erklären Sie, was diese beiden Begriffe bedeuten.
4. Erläutern Sie, was man unter dem Begriff der „ärztlichen Kunst“ als Grundlage der Behandlungsleistungen versteht oder verstehen kann.

6.1.1 Beratung und Aufklärung des Patienten vor dem Eingriff

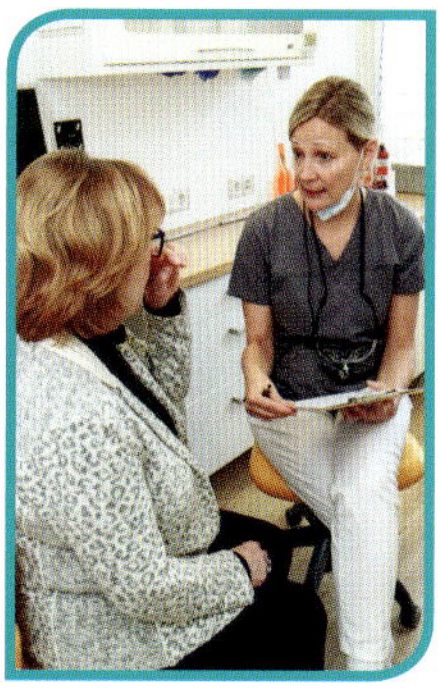

Auch wenn dies im allgemeinärztlichen Bereich mit Sicherheit häufiger vorkommt, gilt auch für zahnärztliche Eingriffe, dass der Patient das Recht auf eine Aufklärung über einen bevorstehenden Eingriff hat.

Vor Beginn der Behandlung erfolgt eine Aufklärung des Patienten über den Grund und die Notwendigkeit des geplanten Eingriffs sowie die damit einhergehende Beratung und die Beantwortung evtl. Fragen des Patienten. Damit soll sichergestellt werden, dass der Patient über Art und Umfang der Behandlung oder der ins Auge gefassten Maßnahmen informiert ist und entscheiden kann, ob er damit einverstanden ist oder nicht.

Die Intensität des Beratungsgesprächs hängt natürlich von der Art und der Schwere des geplanten Eingriffs ab. Bei „normalen“ Kontrolluntersuchungen, der Behandlung von Zahnschmerzen oder erforderlichen einfachen Zahnfüllungen wird man davon ausgehen können, dass dies auch ohne eine vorangehende große Aufklärung über die durchzuführenden Maßnahmen im Sinne des Patienten ist.

Handelt es sich aber um „größere“ Maßnahmen zur Zahnreinigung, der Zahnerhaltung oder des Zahnersatzes zu denen der Patient ggf. auch noch Zuzahlungen zu leisten hat, ist ein umfassend aufklärendes Vorgespräch einschließlich einer schriftlichen Dokumentation sinnvoll und erforderlich. Maßgebend kann auch das Ergebnis der vorliegenden allgemeinen Erstanamnese sein (siehe Kapitel 6.3).

Grundsätzlich geht es darum, dass Informationen über Folgendes gegeben werden:

- die vorliegenden gesundheitlichen Voraussetzungen,
- die Notwendigkeit des Eingriffs oder der Behandlung,
- die Risiken oder Konsequenzen, die ggf. mit dem Eingriff verbunden sind,
- die Vor- und Nachteile von alternativen zahnmedizinischen Maßnahmen wie z. B. Füllungsarten, Zahnspangen, Zahnersatz usw.

Aber es gilt auch Folgendes:

- Je dringender ein Eingriff vollzogen werden muss (z. B. bei Unfällen), desto geringer sind die an eine Beratung zu stellenden Ansprüche.
- Im Falle von Bewusstseinsstörungen oder einer Bewusstlosigkeit darf der Zahnarzt die mutmaßliche Einwilligung des Patienten voraussetzen.
- Der Patient kann selbst auf eine Beratung verzichten – dies sollte dann aber auch dokumentiert werden.
- Im Extremfall kann eine Beratung auch unterbleiben, wenn die negativen Folgen größer sein könnten als der positive Effekt der Beratung. Im zahnärztlichen Bereich ist dies eher sehr selten der Fall, aber im allgemeinmedizinischen kann dies z. B. dann zutreffen, wenn das Ergebnis der Beratung für den Patienten eine mehr oder weniger ausweglose Situation darstellen würde, die in ihm große psychische Schäden verursachen oder im Extremfall sogar Suizidversuche auslösen könnte.
- Die Entscheidung des Patienten muss im Vollbesitz seiner geistigen Kräfte erfolgen und nicht durch starke Schmerzen oder Medikamente so eingeschränkt sein, dass eine reale Wahrnehmung nicht mehr gewährleistet ist.

Arbeitsaufträge

1. Beschreiben Sie die Rolle und die Notwendigkeit eines Aufklärungsgespräches für beide Seiten, also sowohl für die Zahnarztseite als auch für die Patientenseite.

2. Wie wird in Ihrer Praxis mit der Frage der Aufklärung der Patienten über Zahnbehandlungen umgegangen? Läuft dies immer und bei allen Eingriffen in der gleichen Form ab oder ist u. a. auch die Art des Eingriffs mitentscheidend, wie und in welcher Form der Eingriff vorher mit dem Patienten besprochen und das Gespräch auch dokumentiert wird?

3. In welchen Fällen oder Situationen kann eine Aufklärung über einen bevorstehenden zahnmedizinischen Eingriff in stark verkürzter Form erfolgen oder sogar entfallen und wie lässt sich dies jeweils begründen?

6.1.2 Vor Behandlungsbeginn: Erstanamnese und Zahnbefund

Moment mal ...

Was macht man eigentlich vor allen anderen Schritten, wenn ein neuer Patient in der Praxis auftaucht und sich einer Zahnbehandlung unterziehen möchte? Reicht es, wenn Sie nur nachschauen, ob und wann ein Termin frei ist, oder ist es sinnvoll, auch andere Dinge zu erledigen?

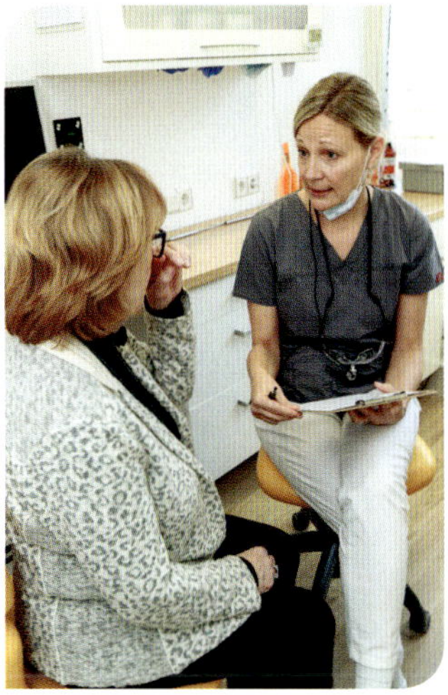

Genau – vor der eigentlichen Zahnbehandlung müssen Sie oder Ihre Chefin/Ihr Chef ja erst einmal nähere Informationen über den allgemeinen Gesundheitszustand und insbesondere über den Zustand der Zähne des Patienten haben.

Natürlich gibt es auch Ausnahmesituationen, in denen man schnell handeln muss und keinen langen „Formularkrieg" vorschalten kann. Aber im Normalfall steht ganz zu Beginn eine Befragung des Patienten. Gegebenenfalls vereinbaren Sie einen ersten Behandlungstermin und geben dem Patienten einen Fragebogen zu seiner allgemeinen persönlichen und gesundheitlichen Situation mit, den er dann wieder bitte mitzubringen hat.

Warum ist eine Anamnese vor Behandlungsbeginn ebenso wichtig wie ein Zahnbefund und welche Informationen lassen sich daraus ableiten?

INFO 4 Anamnese

Kommt der Patient zum ersten Mal zur Behandlung in die Praxis, muss eine Grunderhebung seiner persönlichen Daten durchgeführt werden (Erstanamnese). Dies geschieht in Papierform oder elektronisch durch Eingabe am Praxis-PC. Die Anamneseerhebung setzt sich zusammen aus einer gründlichen Befragung des Patienten durch den Arzt und sie wird ergänzt durch eine allgemeine oder aufgrund einer absehbaren oder vermuteten Diagnose zielgerichtete Untersuchung.

Viele Arztpraxen haben eine eigene Website. Hierauf befinden sich Angaben über das Leistungsspektrum. Das Internet wird nicht nur genutzt, um auf sich aufmerksam zu machen, sondern es geht auch darum, den Praxisbetrieb reibungsloser zu gestalten. Damit gewinnt man mehr Zeit für die eigentliche Behandlung.

So kann man z. B. den **Anamnesebogen** aus dem Internet herunterladen. Die Patienten können ihn dann in Ruhe zu Hause ausfüllen und zur Erstbehandlung mitbringen oder auch an die Praxis zurückmailen.

In besonderen Fällen (z. B. Notfallversorgung) wird die „allgemeine" Anamnese auf das Notwendigste beschränkt. Ist der Patient im Extremfall nicht ansprechbar (z. B. bei schweren Unfallverletzungen), muss ggf. in den persönlichen Unterlagen (Brieftasche, Portemonnaie usw.) nachgeschaut werden, ob sich hier irgendwelche Hinweise auf Sachverhalte befinden, die für eine Behandlung wichtig sind. Dies ist z. B. bei Medikamentenallergien, bei Patienten, die blutgerinnungsfördernde Medikamente (Marcumar o. Ä.) nehmen, usw. der Fall.

Man unterscheidet verschiedene **Formen der Anamnese:**

Allgemeine Anamnese

Aufnahme von
- früheren und/oder bestehenden Erkrankungen, die in einem unmittelbaren Zusammenhang mit den momentanen Beschwerden stehen (könnten)
  - Infektionskrankheiten wie z. B. Aids.
  - Herpesviren, Hepatitis, Stoffwechselerkrankungen, Fettstoffwechselstörungen u. Ä.
  - Herz-Kreislauf-Erkrankungen und Herzfehler wie z. B. Entzündungen der Herzklappen, Herzinfarkt, Herzschrittmacher, Löcher in der Herzscheidewand, Herzklappenschwäche, hoher oder niedriger Blutdruck
  - Allergien oder Unverträglichkeiten wie z. B. Medikamentenallergien, Allergien gegen Dentalmaterialien
  - innere Krankheiten wie z. B. Atemwegserkrankungen, Erkrankungen von Leber, Bauchspeicheldrüse, Schilddrüse, Nieren
- Schwangerschaft (wichtig, z.B. wegen Röntgenstrahlung)

Spezielle Anamnese

Patienten schildern ihre akuten Beschwerden und deren Verlauf.

Familienanamnese

Bestimmte Krankheitsbilder kommen familiär gehäuft vor, oder sie sind erblich bedingt. Die Kenntnis solcher Zusammenhänge kann die Behandlung wesentlich beeinflussen.

Medikamentenanamnese

Der Patient sollte über die Einnahme von Medikamenten befragt werden. Dazu gehören einmalig eingenommene Schmerzmittel ebenso wie z.B. die für eine Operation ganz wichtige Kenntnis, ob z.B. blutverdünnende Mittel genommen werden.

Beispiel

Beispiel aus der Praxis Dr. Heilmann

ANAMNESEBOGEN **Praxis Dr. Heilmann**

ZAHNÄRZTIN

Liebe Patientin, lieber Patient!

Bevor wir uns in Ruhe über Ihre zahnmedizinischen Wunsche unterhalten, benötigen wir neben den Angaben zu Ihrer person auch Auskünfte über Ihren allgemeinen Gesundheitszustand. Denn auch Allgemeinerkrankungen können Auswirkungen auf die zahnärztliche Behandlung haben. Deswegen bitten wir Sie, diesen Erhebungsbogen auszufüllen. Er wird Ihren persönlichen Unterlagen angefügt. Alle Angaben unterliegen selbstverständlich der ärztlichen Schweigepflicht.

Persönliches

Name / Vorname ______________________ Geburtsdatum ______________________

Straße/ Nr. ______________________ PLZ / Ort ______________________

Tel. privat ______________________ Tel.mobil ______________________

E-Mail ______________________ Beruf ______________________

Krankenkasse / private Krankenversicherung ______________________

gesetzlich versichert ❍ ja ❍ nein privat versichert ❍ ja ❍ nein Basistarif ❍ ja ❍ nein

zusatzversicherung ❍ ja ❍ nein beihilfeberechtigt ❍ ja ❍ nein

Wenn Sie nicht selbst Krankenversicherungsmitglied sind, wer ist Versicherter?

Name / Vorname ______________________ Geburtsdatum ______________________

Straße / Nr. ______________________ PLZ / Ort ______________________

Wer ist ihr Hausarzt?

Name ______________________ Ort ______________________

Tel. ______________________

Hinweise zur Organisation

Sie können einen Termin nicht einhalten? Bitte geben Sie uns mindestens 48 Stunden vorher Bescheid. Andernfalls müssen wir Ihnen eine Ausfallgebühr nach geltender Satzung berechnen.

Kostenhinweis

Wie allgemein üblich, berechnen wir Leistungen außerhalb der kassenärztlichen Vertragsrichtlinien nach Aufwand und gemäß der Steigerungssätze der GOZ.

Hinweise zur Verkehrstüchtigkeit nach zahnärztlichen Behandlungen

Bitte beachten Sie, dass Ihre Verkehrstüchtigkeit im Straßenverkehr nach einer zahnärztlichen Behandlung unter Umständen bis zu 24 Stunden beeinträchtigt sein kann. Dies kann sowohl durch die Behandlung selbst als auch durch den Einfluss von Injektionen oder anderen Medikamenten hervorgerufen werden. Auf Wunsch rufen wir Ihnen daher gern ein Taxi, das Sie sicher nach Hause bringt.

In eigener Sache

Wie sind Sie auf unsere Praxis aufmerksam geworden?

❍ von Bekannten empfohlen ❍ Telefon-/Branchenbuch ❍ Zeitungsanzeige

❍ Überweisung von ______________________

❍ Internet, über die Seite ______________________ ❍ Sonstiges ______________________

Falls wir empfohlen wurden, haben Sie sich im Vorfeld unseren Internetauftritt angeschaut? ❍ ja ❍ nein

Möchten Sie von uns per post, E-Mail oder telefonisch an Ihre Vorsorgeuntersuchung erinnert werden? ❍ ja ❍ nein

ANAMNESEBOGEN

Praxis Dr. Heilmann

ZAHNÄRZTIN

Warum suchen Sie uns auf? Wünschen Sie eine/n ...

- ❍ Routinekontrolle
- ❍ neuen Zahnersatz
- ❍ Beratung
- ❍ „zweite Meinung“
- ❍ Schmerzbehandlung
- ❍ andere Gründe:

____

Haben Sie akute Schmerzen? ❍ ja ❍ nein

Wenn ja, wie äußern sich diese?

- ❍ Dauerschmerz
- ❍ Zähne reagieren auf süß / sauer
- ❍ Manche Zähne sind temperaturempfindlich
- ❍ Zähne Schmerzen bei Belastung oder Kauen
- ❍ Zähne Schmerzen auch ohne Belastung
- ❍ Schmerzen oder Entzündungen am Zahnfleisch
- ❍ Kieferschmerzen / Kiefergelenkschmerzen

Leiden oder litten Sie an Erkrankungen der / des ...

Herzens oder Kreislaufs	❍ ja	❍ nein
Leber	❍ ja	❍ nein
Nieren	❍ ja	❍ nein
Schilddrüse	❍ ja	❍ nein
Magen-Darm-Traktes	❍ ja	❍ nein
Gelenke (Rheuma)	❍ ja	❍ nein
Wirbelsäule	❍ ja	❍ nein

Haben oder hatten Sie ...

hohen Blutdruck		❍ ja	❍ nein
niedrigen Blutdruck		❍ ja	❍ nein
Diabetes		❍ ja	❍ nein
Zahnfleischbluten		❍ ja	❍ nein
Ohrensausen / Tinnitus		❍ ja	❍ nein
Epilepsie		❍ ja	❍ nein
Grünen Star		❍ ja	❍ nein
Tuberkulose		❍ ja	❍ nein
Osteoporose		❍ ja	❍ nein
HIV (Aids)		❍ ja	❍ nein
Hepatitis		❍ ja	❍ nein
Wenn ja, welcher Typ?	❍ A	❍ B	❍ C
Allergien		❍ ja	❍ nein

Wenn ja, wogegen? ______________________________

Sonstige Infektionen / Erkrankungen:

____

____

Zu Ihrem Herzen: Haben oder hatten Sie ...

- ❍ eine Herzklappenentzündung
- ❍ Angina Pectoris
- ❍ einen Herzschrittmacher
- ❍ einen Herzinfarkt

Medikamente: Nehmen Sie ...

- ❍ Herzmedikamente
- ❍ Cortison (Kortikoide)
- ❍ Schmerzmittel
- ❍ Antidepressiva
- ❍ blutverdünnende Medikamente, z. B. Marcumar®, ASS?
- ❍ Bisphosphate
- ❍ andere Medikamente:

____

____

Sind bei Ihnen jemals Unverträglichkeiten gegen Medikamente oder Spritzen aufgetreten? ❍ ja ❍ nein

Wenn ja, gegen welche?

____

____

Für unsere Patientinnen

Sind Sie schwanger? ❍ ja ❍ nein

Wenn ja, in welcher Woche? ______________________________

Zum Schluss

Knirschen Sie mit den Zähnen?	❍ ja	❍ nein
Fühlen Sie sich psychisch stark belastet?	❍ ja	❍ nein
Rauchen Sie?	❍ ja	❍ nein

Wann war die letzte Röntgenuntersuchung ihrer Zähne?

____

Fragen / Anmerkungen:

____

____

____

____

Datum Unterschrift

INFO 3 Diagnostik und Zahnbefund

Nach der Anamnese folgt die genaue Untersuchung der Zähne, um aus medizinischer Sicht festzustellen, woher die Beschwerden oder die Schmerzen des Patienten kommen. Das Ergebnis wird in einem Zahnbefund festgehalten. Hierbei handelt es sich um Formular mit der Abbildung des Gebisses, in das zu jedem einzelnen betroffenen Zahn der jeweilige Zustand bzw. der Befund eingetragen wird.

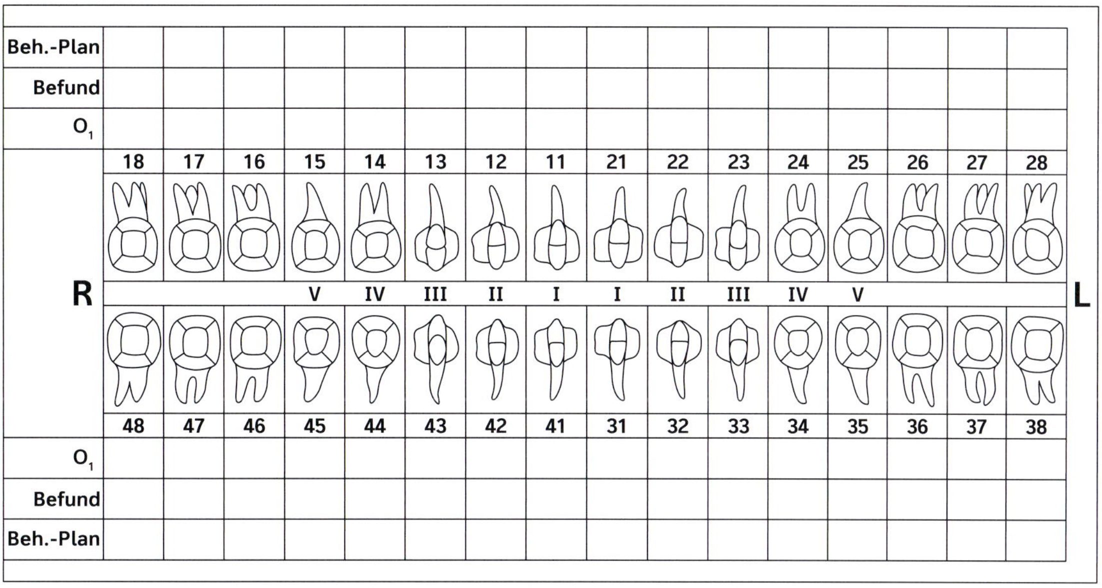

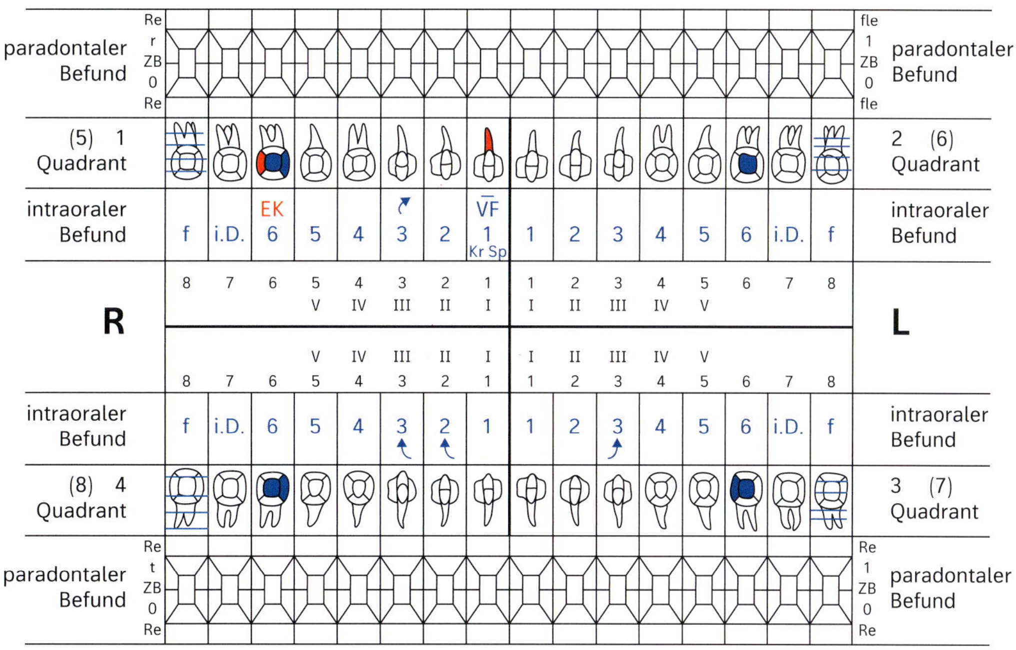

Arbeitsaufträge

1. Erläutern Sie knapp und präzise, was unter dem Begriff „Anamnese“ verstanden wird, und grenzen Sie die verschiedenen Anamneseformen und -inhalte voneinander ab.

2. Wie stufen Sie die Bedeutung der einzelnen Informationen ein, die aus der Anamnese hervorgehen? In welchen Teilen sehen Sie einen unmittelbaren, in welchen Teilen nur einen mittelbaren und wo gar keinen direkten Zusammenhang zur zahnärztliche Behandlung?

3. Welche Bedeutung hat der Zahnbefund für die anstehende zahnärztliche Behandlung und für die danach folgende Zeit?

6.1.3 Behandlungsleistung und ärztliche Sorgfaltspflicht

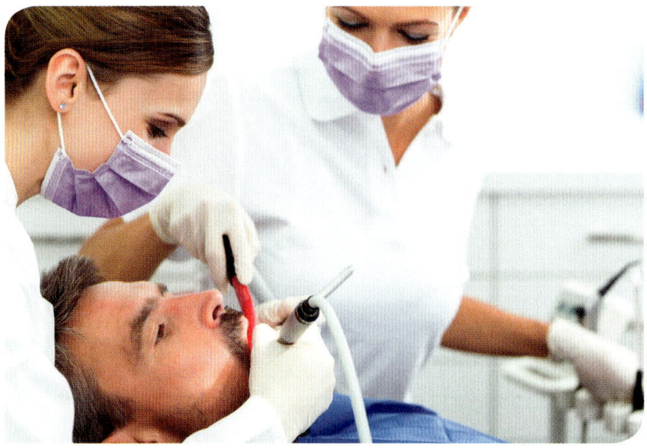

Ob es bei den zahnärztlichen Eingriffen eine „hundertprozentige Garantie“ gibt, dass alles „glatt läuft“ sei dahingestellt. Tatsache ist, dass sich Probleme trotz aller Fachkenntnisse und der nötigen Sorgfalt nicht ganz ausschließen lassen.

Dies gilt auch für „Ihre“ Praxis. Bei einem ihrer Patienten ist ein solcher Fall aufgetreten. Einen Tag nach einer Zahnextraktion kommt er und beklagt, dass die Wunde immer noch stark blute. Der Patient hatte bei der Befragung vor dem Eingriff in der Anamnese angegeben, dass er Marcumar nehme. Er habe dies aber seit drei Tagen abgesetzt und der INR läge bei 1,5.

Dies ist aus medizinischer Sicht und auch aus der Sicht des die Extraktion vornehmenden Arztes „voll in Ordnung“. Obendrein lief der Eingriff nach der Erinnerung des Zahnarztes und der assistierenden Helferin eigentlich ohne Probleme und Komplikationen ab.

Welche Grundsätze gelten für die zahnmedizinische Behandlung und kann die Behandlung oder die Aufnahme und Behandlung von Patienten ggf. auch abgelehnt oder unterbrochen werden?

INFO 1 Behandlungsleistung

Die Behandlung erfolgt aus juristischer Sicht auf der **Grundlage eines Dienstvertrages**. Das bedeutet, dass der Zahnarzt zwar aufgrund seiner fachlichen Kompetenz eine Leistung zu erbringen hat, er aber nicht dafür verantwortlich gemacht werden kann, wenn diese nicht zu dem beabsichtigten Erfolg führt.

Gleichwohl gelten für die Phase vor, während und nach der Behandlung klar festgelegte Regeln und damit verbundene Pflichten für den Zahnarzt und damit im erweiterten Sinne auch für die tätigen

Hilfskräfte. Dass dies eingehalten wurde, muss auch aus der Behandlungsdokumentation oder den Patientenunterlage klar hervorgehen, damit dies nicht zuletzt – wie der obige Fall zeigt – im Zweifelfall auch bewiesen werden kann.

Pflichten der (Zahn-)Ärztin/des (Zahn-)Arztes

Vor der Behandlung

- Angemessene Untersuchung, um zu einer fundierten Diagnose bzw. einem Zahnbefund zu kommen
- Anamnese bei einer bevorstehenden Erstbehandlung sowohl in Form einer Erfragung und Feststellung des allgemeinen Gesundheitszustandes, aber auch im Rahmen der Erstellung eines Zahnbefundes
- Aufgrund der Anamnese Erstellung einer Diagnose bezüglich der Zustandes der Zähne bzw. des Gebisses einschließlich der Nennung und Erläuterung der damit einhergehenden Störungen oder Beeinträchtigungen
- Aufklärung des Patienten über die Diagnose und die geplanten zahnmedizinischen Maßnahmen sowie die evtl. Folgen der Behandlung mit einer entsprechenden Beratung

Bei der Behandlung

- Zahnärztliche Behandlung aufgrund der vorher getroffenen Diagnose auf der Grundlage des ärztlichen Wissens und der nötigen Vorsorge
- Unter Beachtung des Standes der zahnmedizinischen Wissenschaft Einsatz der erforderlichen Hilfsmittel und zahnmedizinischen Geräte, die dem Stand der zahnmedizinischen Forschung und Technik entsprechen
- Behandlungsabbruch, wenn dies aus medizinischen Gründen erforderlich ist oder angebracht erscheint

Nach der Behandlung

- Verschreibung/Verordnung ggf. notwendiger oder sinnvoller Medikamente oder medizinischer Hilfsmittel
- Nachsorge und Kontrolle bei „größeren" Eingriffen
- Dokumentation des Behandlungsverlaufs
- Gewährung einer ggf. gewünschten Einsichtnahme des Patienten in die Krankenakte
- Schweigepflicht über die Untersuchungsergebnisse und die Indikationen

Ausschluss der Leistungspflicht

Für den Zahnarzt besteht grundsätzlich kein Behandlungszwang. Dies liegt lediglich in Fällen vor, in denen eine Hilfeleistung dringend erforderlich ist. Deren Unterlassung kann – wie bei allen Personen auch – einen Straftatbestand darstellen. Dies dürfte aber in der Zahnarztpraxis kaum vorkommen.

Ein Zahnarzt wird eine Behandlung nicht ablehnen, wenn es dafür keine „stichhaltigen" und nachvollziehbaren Gründe gibt. Dies kann aber der Fall sein, wenn

- die Praxis überlastet ist und die Neuaufnahme von Patienten nicht mehr möglich ist, ohne die Versorgung der anderen Patienten zu gefährden,
- eine Behandlung verlangt wird oder erforderlich ist, für die man nicht die nötige Sachkunde besitzt.

Außerdem kann ein Behandlungsvorgang abgebrochen werden, wenn

- der Patient nicht bereit ist, die Anweisungen des Zahnarztes zu befolgen,
- sich ein Patient gegenüber dem Zahnarzt oder dem Hilfspersonal in einer nicht hinnehmbaren Weise verhält (z. B. Beleidigungen oder Beschimpfungen ausspricht),
- das Vertrauensverhältnis nachhaltig gestört ist,
- von einem Privatpatienten offene Rechnungen nicht beglichen werden.

INFO 2 Abrechnung der Leistungen

Grundlage für die Abrechnung der Arbeiten ist die BEMA (Bewertungsmaßstab für zahnärztliche Leistungen). Sie enthält für alle Eingriffe und erforderlichen Maßnahmen jeweils zugeordnete Bewertungszahlen. Er weist für jeden Behandlungsschritt eine bestimmte Punktezahl aus. Der Wert eines Punktes wird jedes Jahr neu festgelegt. Multipliziert man nun Punktwert und Punktezahl, steht das Honorar des Zahnarztes bzw. der Preis der Behandlung fest.

Beispiel				Abrechungswert (in €)
BEMA-Nr. 13a	Füllung – einflächig	32 Punkte		36,55 €
BEMA-Nr. 45	Entfernung eines tieffrakturierten Zahnes	40 Punkte		45,69 €
BEMA-Nr. 107	Entfernen Zahnstein je Sitzung	16 Punkte	Punktwert z. B. 1.1424 €	18,28 €
BEMA-Nr. 5	Kieferorthopädische Behandlungsplanung	95 Punkte		186,53 €
BEMA-Nr. 91c	Metallische Teilkrone als Brückenanker	136 Punkte		155,37 €

Allerdings sind die Ausgaben der Krankenkassen begrenzt. Überschreiten die Kosten, die die Ärzte und Zahnärzte den Krankenkassen für ihre Behandlungen in Rechnung stellen, diese Budgetgrenzen, werden die Honorare entsprechend gekürzt.

Anders ist es bei Leistungen, die mit dem Patienten privat vereinbart werden. Hier gilt die Gebührenordnung für Zahnärzte (GOZ). Sie berücksichtigt den Einsatz und den Aufwand, der individuell auf die Behandlung des Patienten ausgerichtet ist. Die GOZ wird für den Fall herangezogen, dass gesetzlich Krankenversicherte Leistungen in Anspruch nehmen, die ihre Krankenkasse nicht übernimmt. Die Abrechnung erfolgt direkt zwischen Patient und Zahnarzt.

Arbeitsaufträge

1. Worin besteht der Kern der von Zahnarzt erbrachten oder zu erbringenden Leistung(en)?

2. Der Patient hat das Recht auf „freie Arztwahl". Wie sieht dies umgekehrt aus? Erläutern Sie, ob auch für den Zahnarzt gilt, dass er die Erbringung seiner Leistung in Form der Aufnahme oder Behandlung eines Patienten ablehnen oder abbrechen kann und welche Gründe dafür maßgebend sein können.

6.1.4 Pflichten des Patienten

Die Arbeit am Patienten ist der Mittelpunkt der zahnärztlichen Arbeit. Aber nicht nur die Ärztin oder der Arzt hat die Pflicht, die nötigen Maßnahmen sorgfältig und mit einem guten Behandlungsergebnis durchzuführen. Auch der Patient muss alles tun, um den Behandlungsprozess zu unterstützen. Dies beginnt damit, dass er die mit der Praxis vereinbarte Behandlungstermine einhält und setzt sich darin fort, dass er vor der Behandlung möglichst präzise seine Zahnprobleme schildert und auch darüber Auskunft gibt, was seinen allgemeinen Gesundheitszustand anbelangt. Schließlich muss er als Privatpatient auch die Liquidation bezahlen bzw. als „Kassenpatient" für die erbetenen individuellen Zusatzleistungen „geradestehen".

INFO 1 Mitwirkung bei der Behandlung

Natürlich hat der Patient nicht nur das Recht auf eine „gute" Zahnversorgung durch den Arzt, sondern er muss auch seinen Teil dazu beitragen durch die

- Darstellung von Sachverhalten, die für die Behandlung wichtig sein könnten (z. B. Einnahme von blutverdünnenden Medikamenten),
- Mitwirkung bei dem Behandlungsprozess und Duldung der erforderlichen und ggf. auch mit Schmerzen verbundenen Maßnahmen (z. B. bei einer Zahnextraktion),
- Befolgung der ärztlichen Anweisungen vor, während und nach dem Eingriff.

Hinzu kommt die Bezahlung der ärztlichen Leistung. Dies gilt nicht nur für Privatpatienten, deren Abrechnung nach der Gebührenordnung für Zahnärzte (GOZ) geregelt ist, sondern auch für Kassenpatienten, wenn sie auf Verlagen zahnärztliche Leistungen erhalten haben, die nicht von der gesetzlichen Krankenversicherung abgedeckt sind (Individuelle Zusatzleitungen –„IGeL").

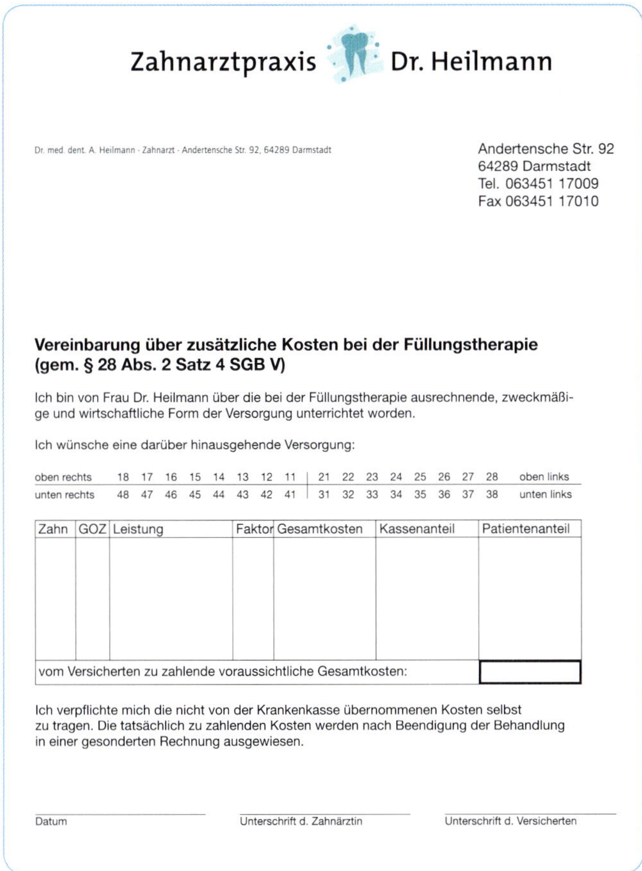

Zahnarztpraxis Dr. Heilmann

Dr. med. dent. A. Heilmann · Zahnarzt · Andertensche Str. 92, 64289 Darmstadt

Andertensche Str. 92
64289 Darmstadt
Tel. 063451 17009
Fax 063451 17010

Vereinbarung über zusätzliche Kosten bei der Füllungstherapie (gem. § 28 Abs. 2 Satz 4 SGB V)

Ich bin von Frau Dr. Heilmann über die bei der Füllungstherapie ausrechnende, zweckmäßige und wirtschaftliche Form der Versorgung unterrichtet worden.

Ich wünsche eine darüber hinausgehende Versorgung:

oben rechts	18	17	16	15	14	13	12	11	21	22	23	24	25	26	27	28	oben links
unten rechts	48	47	46	45	44	43	42	41	31	32	33	34	35	36	37	38	unten links

Zahn	GOZ	Leistung	Faktor	Gesamtkosten	Kassenanteil	Patientenanteil
vom Versicherten zu zahlende voraussichtliche Gesamtkosten:						

Ich verpflichte mich die nicht von der Krankenkasse übernommenen Kosten selbst zu tragen. Die tatsächlich zu zahlenden Kosten werden nach Beendigung der Behandlung in einer gesonderten Rechnung ausgewiesen.

Datum Unterschrift d. Zahnärztin Unterschrift d. Versicherten

Gleiches gilt, wenn die Versichertenkarte – aus welchen Gründen auch immer – nicht vorgelegt und auch nicht nachgereicht wurde, weil dann eine Abrechnung mit der Krankenkasse nicht möglich ist. An deren Stelle kann dann eine Privatliquidation treten. Dies setzt aber voraus, dass der Patient ausdrücklich darauf hingewiesen wurde, als er die Versichertenkarte nicht vorlegte, sich aber trotzdem behandeln ließ.

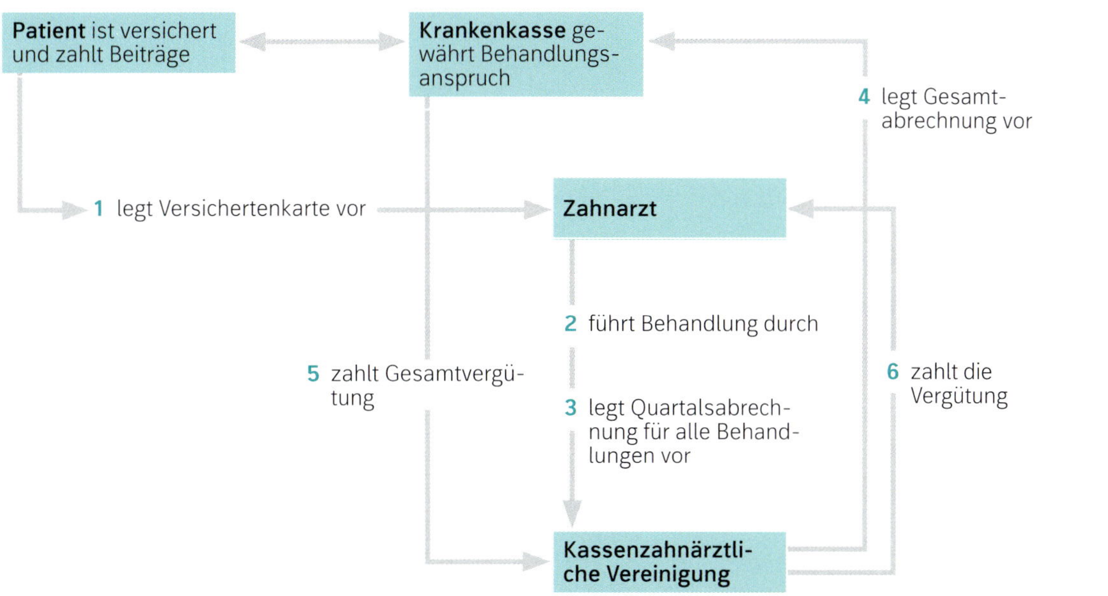

INFO 2 Abrechnung mit Kassenpatienten

Die **Abrechnung** der zahnärztlichen Leistungen erfolgt bei Privatpatienten direkt oder **bei Kassenpatienten** über die Kassenzahnärztliche Vereinigung und von dort über die Krankenkassen. Diese Abrechnung, von der ein Kassenpatient direkt überhaupt nicht berührt wird, erfolgt aber nicht nach jeder Behandlung, sondern **quartalsbezogen**.

Für die **Abrechnung** gibt es eine Vielzahl von Einzelregelungen, die im Sozialgesetzbuch V festgelegt sind. Die wichtigsten Bestimmungen sollten Sie kennen.

Die behandelten Patienten legen vor Behandlungsbeginn ihre Gesundheitskarte“ vor (siehe dazu Kapitel 7.1)

Handelt es sich um zwar aus Europa, aber nicht aus Deutschland stammende Patienten, sollten diese über die europäische Krankenversicherungskarte (EHIC) oder eine Provisorische Ersatzbescheinigung verfügen. In diesen Fällen erfolgt die Abrechnung unter Inanspruchnahme einer „aushelfenden deutsche Krankenkasse“.

Bei Asylbewerbern, die erst maximal 15 Monate in Deutschland sind und über keinerlei KV-Versicherungsunterlagen verfügen, erfolgt die Abrechnung der zahnmedizinischen Leistungen über einen vom Sozialamt ausgestellten und vorgelegten Abrechnungsschein. Das Sozialamt ist auch Kostenträger für die erfolgte Behandlung.

INFO 3 Privatleistungen

Ein **Privatpatient** erhält die Liquidation in der Regel einige Zeit nach der Behandlung zugeschickt und muss sie innerhalb einer bestimmten Frist begleichen. Ob und wie er dies mit seiner privaten Krankenversicherung abrechnet, betrifft den Zahnarzt nicht.

Rechnungen sind – sofern nichts anderes angegeben ist – spätestens 30 Tage nach Fälligkeit und Zugang der Rechnung zu leisten. Danach tritt automatisch der Verzug ein. Die Patienten müssen darauf aber in der Rechnung oder Zahlungsaufstellung besonders hingewiesen werden!

Im Falle nicht rechtzeitiger Zahlungen wird trotz der eindeutigen Rechtslage in der Regel zunächst mit einem höflichen Schreiben an die offene Rechnung erinnert. Der Zahnarzt kann aber wie jeder andere Gläubiger auch Schadensersatz in Form von Verzugszinsen verlangen. Dies sind ohne Nachweis tatsächlich gezahlter Zinsen wie bei einem einseitigen Handelskauf und bei einem bürgerlichen Kauf 5 % mehr als der Basiszinssatz der Europäischen Zentralbank.

Den Zahlungsverzug kann es natürlich auch bei nicht rechtzeitig beglichenen Eingangsrechnungen geben, z. B. für bestellte und gelieferte Waren. Bei einem solchen zweiseitigen Handelskauf liegen die Verzugszinsen 8 % über dem EZB-Zinssatz.

Arbeitsaufträge

1. Worin bestehen die Pflichten bei einer anstehenden oder durchgeführten Zahnbehandlung?

2. Sie haben in Ihrer Praxis sicher auch hin und wieder das Problem, dass Patienten ihren vereinbarten Behandlungstermin nicht wahrnehmen oder unpünktlich sind.

Beispiel:
Aus der Presse entnehmen Sie einen Fall, in dem einem Patienten von seinem Zahnarzt für eine mit ca. zwei Stunden kalkulierte Zahn-OP ein Betrag in Höhe von 600,00 € für die mit der ausgefallenen Behandlung verbundenen Umsatzeinbußen als „Schadenersatz" in Rechnung gestellt wurden. Der Patient hatte dagegen geklagt, weil er der Auffassung war, dass der Zahnarzt die ausgefallene Behandlung nicht in Rechnung stellen dürfe. Das zuständige Landgericht gab dem Kläger in diesem Punkt teilweise Recht. Es begründetet dies damit, dass während der Zeit der ausgefallenen Behandlung ja z. B. andere Verwaltungsarbeiten erledigt werden konnten. Das Gericht setzte die Zahlungsverpflichtung auf eine Höhe von 250,00 € als „Schadenersatz" fest.

Wie beurteilen Sie diesen Sachverhalt aus rechtlicher und praxisorganisatorischer Sicht? Wie gehen Sie in Ihrer Praxis mit der Situation um, wenn Patienten einen vereinbarten Behandlungstermin nicht wahrnehmen?

3. Auch die folgende Schilderung eines Falles aus einer Zahnarztpraxis in England gehört mit Sicherheit nicht zum Praxisalltag, regt aber zum Nachdenken an. Es besteht kein Zweifel, dass der Zahnarzt auf der Bezahlung seiner Leistung bestehen kann, aber wie beurteilen Sie dieses Vorgehen? Glauben Sie, dass dies unabhängig von allen anderen Gesichtspunkten angemessen war/ist? Wie gehen Sie mit säumigen Patienten in Ihrer Praxis um?

Patient zahlte nicht: Zahnersatz wieder entfernt

In London hat ein Zahnarzt einem 56-jährigen Patienten bei einer Kontrolluntersuchung die einige Wochen zuvor eingesetzte Zahnüberkronung kurzerhand wieder entfernt, weil er das Honorar von dem Privatpatienten trotz mehrfacher Aufforderung noch nicht erhalten hatte und der Patient die geforderten 110 brit. Pfund (= ca. 125,00 €) auch diesmal nicht dabei hatte. Bekannt wurde dieser Vorfall, nachdem ein Reporter des englischen Massenblattes „The Sun" auf die Missstände des englischen Sozialsystems hingewiesen hatte und in diesem Zusammenhang von einem weiteren Skandal berichtete, wonach einem anderen Patienten sogar die Wundnaht nach einer Zahnoperation wieder aufgetrennt worden war, als sich herausstellte, dass der Patient für den Eingriff nicht zahlen konnte. „Nobody can work without being payed." („Niemand kann arbeiten, ohne bezahlt zu werden."), war der einzige Kommentar des britischen Zahnarztes, der nun damit rechnen muss, dass gegen ihn Klage eingereicht wird.

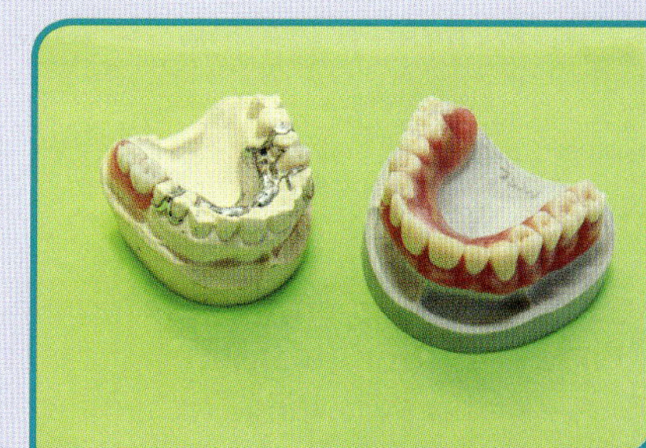

6.2 Dokumentation und Verwaltung von Patientendaten und zahnmedizinischen Behandlungen

6.2.1 „Klassische“ Karteiführung und Karteikarten

Natürlich „lebt“ die Praxis von Frau Dr. Heilmann nicht mehr im „Mittelalter“ und an jedem Arbeitsplatz und in jedem Behandlungsraum geht es nicht ohne die EDV. Trotzdem sind Kugelschreiber und Filzstift keinesfalls abgeschafft und auch die „alten“ Patientenkarteien gibt es auch heute noch. Wenn ein Patient in der Praxis erscheint, hat man mit einem Griff die persönlichen Behandlungsunterlagen welche für die Arbeit wichtig sind.

Auch wenn Sie sich an Ihrem Ausbildungsplatz ein Leben ohne PC und Internetzugriff wahrscheinlich nicht vorstellen können, hat die herkömmlichen Formen der Verarbeitung und -aufbewahrung von Patientendaten einschließlich der damit verbundenen Unterlagen und Bescheinigungen durchaus noch ihre Bedeutung.

Durch welche Formen der Be- und Verarbeitung der Patientendaten wird der medizinische Arbeitsalltag bestimmt ?

INFO 1 „Die gute alte Karteikarte“

Obwohl heute immer mehr Daten mit dem PC verwaltet werden, gibt es in der Praxis auch noch die gute alte Karteikarte. Eine Kartei ist ein Hilfsmittel, auf dem Sachverhalte in geschriebener Form festgehalten werden. Auch in der zahnärztlichen Praxis findet man verschiedene Systeme und Karteiarten. Es werden im Wesentlichen folgende Karteiarten unterschieden:

- **Sachkarteien** z.B. mit Informationen über Arzneimittel, medizinische Geräte, Verbandsstoffe u. Ä. einschließlich deren Bezugsquellen und Informationen über die Lieferer,
- **Terminkarteien**, in denen wichtige Fälligkeitsdaten (z.B. bei Privatliquidationen oder zu zahlende eigenen Rechnungen ebenso enthalten sind, wie mit den Patienten vereinbarte Behandlungszeiten und andere feststehende Termine,
- **Personenkarteien**, zu denen in erster Linie die Patientenkarteien gehören.

Wenngleich der Aufbau der Karteien grundsätzlich gleich bzw. vergleichbar ist, findet man doch eine Vielzahl unterschiedlicher Formen. Der **Aufbau einer Patientenkartei** folgt unabhängig von einzelnen Details einem bestimmten Schema:

Karteileiste

mit dem für die Kartei geltenden Ordnungssystem (i.d.R. alphabetische Ordnung)

Karteikopf

mit allen persönlichen und medizinischen Stammdaten des Patienten:

- Name, Adresse,
- Beruf,
- Kassenzugehörigkeit,
- evtl. Sorgeberechtigungen,
- Dauerdiagnosen, Allergien, Risikofaktoren usw.

Karteirumpf

mit allen „Bewegungsdaten" wie z.B.

- erfolgte Behandlungen,
- Diagnosen und Befunde,
- Medikationen, Hilfs- und Heilmittel usw.,
- Überweisungen,
- Anzeigepflichtige Erkrankungen,
- Unfallhergänge
- usw.

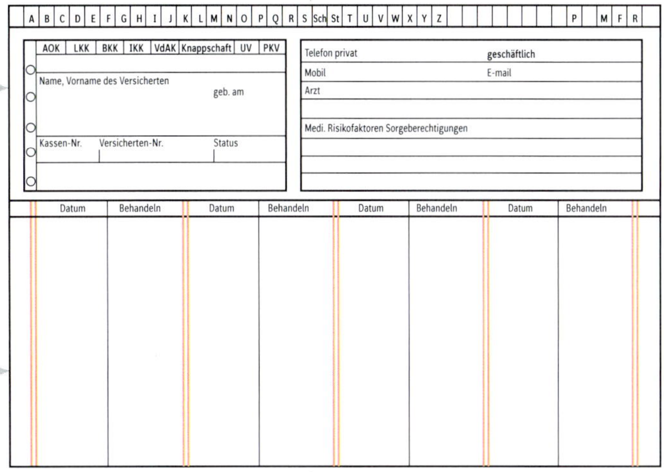

Karteifuß

mit „Nebenbestandteilen" wie z.B., die Bezugsquelle für die Karteikarte usw.

Ein entscheidendes Merkmal der Patientenkarteikarten ist, dass es trotz gleichem Aufbau inhaltlich insbesondere in Abhängigkeit vom Praxisschwerpunkt durchaus Unterschiede gibt.

So wird z.B., die Praxis eines „allgemeinen" Zahnarztes ggf. andere Inhalte aufweisen (müssen) als die Kartei eines Kieferorthopäden.

Vorteile der Karteikarte:

- Geringer Platzbedarf
- Keine besonderen technischen Voraussetzungen um auf die Unterlagen zuzugreifen
- Nutzung ohne DV- und Softwarekenntnisse möglich
- Leichte Archivierungsmöglichkeiten
- Schnelle Zugriffsmöglichkeit
- Dauerhafter Zugriff auf archivierte Akten ohne das Risiko der „Nichtverwendbarkeit" aufgrund neuer Softwareeigenschaften

Obwohl es weder formale noch inhaltliche Normungen gibt, wird eine Karteikarte bestimmte Merkmale aufweisen:

- meist DIN A 5, gefaltet und mit Einsteckmappen versehen
- Karteikopf mit Alphabet am Karteiartenrand
- **Stammdaten des Patienten**
  - Familienname, Vorname, Geburtsname, Geburtsdatum des Hauptversicherten und der mitversicherten Familienangehörigen
  - Name und Anschrift evtl. sorgeberechtigter Ansprechpartner bei Kindern oder bei anderen unter besonderem Schutz stehenden Personen
  - genaue Anschrift mit Straße, PLZ, Wohnort, Telefonnummer (Festnetz / Handy), Faxnummer, E-Mail

- Beruf des Versicherten
- Krankenkasse
- Besondere Vermerke (Diagnosen, Allergien, Unverträglichkeiten usw.)
- Angabe des Hausarztes

- **Behandlungsdaten / Bewegungsdaten**
  - Diagnosen
  - Befunde
  - Laborberichte
  - Verordnungen
  - erfolgte Meldungen an Ämter und Behörden
  - Zeitpunkt und Adresse von erfolgten Überweisungen
  - Anamneseunterlagen

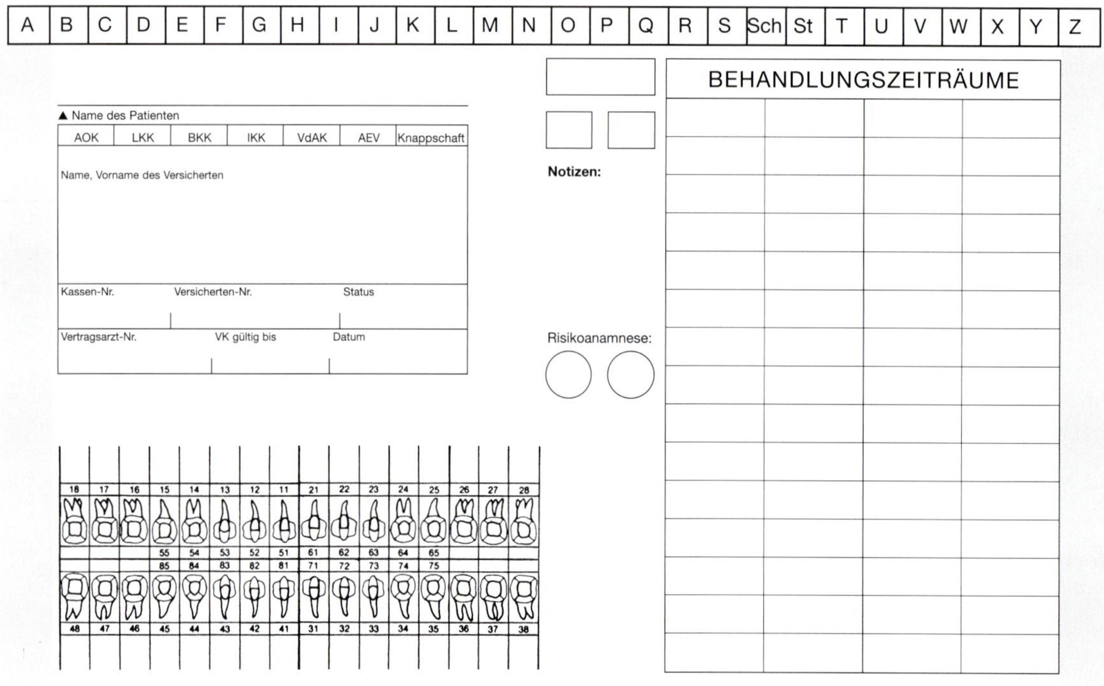

Datum	Zahn	Behandlung	Anzahl	BEMA / Bugo	Notizen
6.3.03		Untersuchung, Beratung			001, Ä1
	26	Sensibilitätstest positiv			007
		Infiltrationsanästhesie (2ml			009
		Ultracain DS forte)			1,50€
		cp mit Calcimol			233
		Füllung m-o-d-p aus Amalgam			211
8.3.03	26	Politur			212
	38	Röntgenbild in Rechtwinkeltechnik			5000
		Pat nicht schwanger, letzte Aufnahme			
		vor 3 Jahren, Rö-Pass ausgestellt			
		Heliodent 70kV 0,32 sec			
		Ind: zerstörte Krone und Beschwerden des Pat.			
		Befund: erweiterter Parodontalspalt			
		Leitungsanästhesie (2ml Ultracain			010
		DS forte)			1,50€
		Wurzeln geteilt, Hebelextraktion			302
		AUB für heute			Ä70
		Aufklärung über postoperatives Verhalten			
9.3.03	38	Schmerzen; Wundinspektion + Aufklärung			Ä1
		Rezept: Dolomo N1			
10.3.03	38	geringere Beschwerden; Dontisolon-Salbe in Wunde			330

Die **Aufbewahrungsdauer für Patientenkarteikarten** beträgt mindestens **zehn Jahre** und liegt damit genauso hoch wie die Frist bei allen sonstigen Patientenunterlagen. Die Karteikarten sind vor unberechtigter und unbefugter Einsichtnahme und Diebstahl sowie vor Vernichtung durch Feuereinwirkung in angemessener Form zu schützen.

6.2.2 Zeitgemäßer Einsatz von Dateien – Datenverarbeitung und Datenschutz

Das, was für den privaten Bereich gilt, bestimmt erst Recht den Arbeitsalltag in der Arztpraxis. Aus eigener Erfahrung können Sie am besten mit beurteilen, was es bedeutet, wenn die DV-Anlage auch nur einmal kurz ausfällt. Auf den Computer kann heute keine ärztliche Praxis mehr verzichten.

Eine wichtige Voraussetzung für den effektiven Einsatz der PCs ist, dass sie intern untereinander verbunden, also vernetzt sind. Darüber hinaus ist eine Anbindung an das Internet unabdingbar.

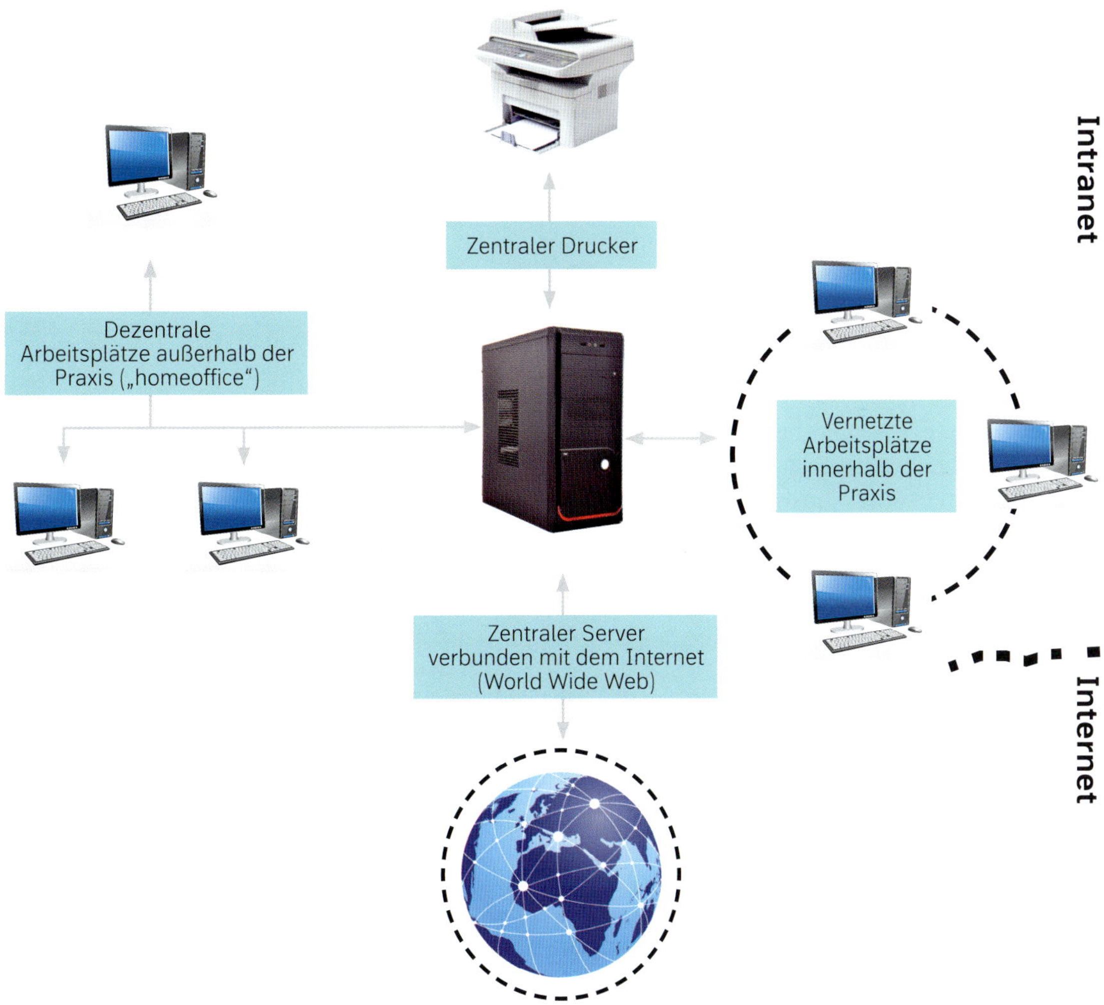

Die **Vernetzung der PCs untereinander** ist eine ebenso selbstverständliche Voraussetzung für einen effektiven Arbeitsablauf wie der Zugriff auf das Internet.

Damit kann aus den verschiedenen Behandlungsräumen immer auf den zentralen Praxisrechner zugegriffen werden. Ebenso ist eine praxisübergreifende Kommunikation mit anderen Praxen, Behörden oder Institutionen möglich. Dies kann auf direktem Wege, aber auch über die elektronische Gesundheitskarte (eGK) oder die elektronische Patienten-akte (ePA) 1 erfolgen. Genauso können auch medizinische Nachfragen oder Recherchen über das Internet erfolgen.

Die **Dokumentation von Daten** und Informationen auf Papier ist vielfach durch die digitalisierten Speichermöglichkeiten abgelöst und ersetzt worden. Damit einhergehend sind aber neue Herausforderungen zur Datensicherung entstanden. Dies betrifft nicht nur die Speicherung, sondern auch die Zugriffsrechte, weil die Unterlagen nicht mehr in der bisher gewohnten Form sichtbar sind und eine Ablage und ein späteres Auffinden auf herkömmliche Weise nicht mehr möglich sind.

Jeder Stromausfall, jedes unbeabsichtigte Ausschalten des Computers oder jede Störung bei der Verwendung des Datenträgers kann zum Verlust von Daten führen.

Daher sollten / müssen die Daten und Dateien in regelmäßigen Abständen gesichert werden:

- **Umfangreiche Dateien** sollten „zwischendurch" **immer wieder abgespeichert** werden, damit im Falle eines „Absturzes" des PCs kein allzu großes Rissiko eines Datenverlustes vorhanden ist.
- **Wichtige Datenbestände** sollten sinnvollerweise immer **doppelt gesichert** werden. Dazu sollte neben der eingebauten Festplatte des Computers auch ein externer Speicher (externe Festplatte, USB-Stick o.Ä.) genutzt werden
- **Größere Datenbestände** sollten ggf. spätestens am Ende eines Arbeitstages **im Rahmen eines Backups** als Sicherungskopie der kompletten Festplatte **dupliziert** werden

INFO 3 Beschränkung der Zugriffsrechte/Datenschutz

Der Datenaufbereitung und -verteilung sind (fast) keine technischen Grenzen gesetzt. Umso wichtiger ist der Schutz vor unberechtigten Zugriffen auf die Patientendaten. Dies gilt nicht nur für den Schutz vor von außen kommenden „Angriffen", sondern auch im internen Arbeitsprozess, weil nicht jeder Mitarbeiter Zugriff auf alle Daten haben muss und haben sollte.

Passwörter können vergeben werden, mit denen man sich beim Einloggen in den Computer bei Arbeitsbeginn als zugriffsberechtigt ausweist. Dies hindert unberechtigte Personen (z.B. Hausmeister, Reinigungskräfte, Einbrecher usw.) daran, auf die Datenbestände zuzugreifen.

Mit der Verbindung ins Internet haben sich darüber hinaus völlig neue Möglichkeiten des unerlaubten Eingriffs oder Zugriffs auf die Praxisdaten ergeben. Dies betrifft auch das Abgreifen von Informationen aus dem E-Mail-Verkehr durch so genannten Hacker oder kriminelle Organisationen.

Hinzu kommt der Schutz vor Computerviren, durch den ganze Datenbestände verseucht oder vernichtet werden können. Hier muss jede Arztpraxis ggf. unter Hinzuziehung entsprechender DV-Experten ihre jeweils eigene Lösung des Datenschutzes finden.

Datenschutzbeauftragte

Wenn in einer Arztpraxis oder einem Medizinischen Versorgungszentrum (MVZ) „in der Regel" mehr als neun Personen ständig mit der automatisierten Verarbeitung personenbezogener Daten beschäftigt sind, ist eine Person zum betrieblichen Datenschutzbeauftragten zu bestellen.

INFO 4 Weitergabe der Patientenunterlage bei Arztwechsel

Es besteht grundsätzlich die Möglichkeit, das Original einer Patientenakte an einen anderen Arzt zu übergeben. Einen rechtlichen Anspruch auf dieses Vorgehen hat der Patient aber nicht. Bei der Weitergabe des Originals einer Patientenakte an einen anderen (Zahn-)Arzt ist auch zu beachten, dass eine Kopie der Patientenakte bei dem bisherigen Arzt mindestens zehn Jahre aufzubewahren ist. Damit wird sichergestellt, dass der bisherige Arzt jederzeit die Möglichkeit hat, auch weiterhin auf seine Patientendokumentation zuzugreifen.

Die Weitergabe des Originals der Patientenakte an einen anderen Arzt bedarf auch grundsätzlich der Einwilligung des Patienten. Die Patientenakte darf aber nicht dem Patienten selbst, sondern nur an einen anderen Arzt übergeben werden

PRAXIS-TIPP

Elektronische Daten müssen gegen Verlust geschützt werden. Dazu gehört nicht nur die technische Sicherung, sondern auch die Wiederauffindbarkeit der Daten. Halten Sie sich also genau an das in der Praxis verwendete Sicherungs- und Archivierungssystem.

Bei einer Datenverarbeitung im Netz ist gerade dann, wenn mehrere Mitarbeiter/innen gemeinsam an Daten-beständen arbeiten, sicherzustellen, dass man immer auf den jeweils aktuellen Bearbeitungsstand zurückgreift.

Arbeitsaufträge

1. Welche Aufgaben hat eine Patientenkartei und was muss sie enthalten, damit diese Aufgaben erfüllt werden können ?
2. Beschreiben Sie, wie eine Patientenkartei aufgebaut ist bzw. welche Kernbestandteile sie enthält.
3. Wägen Sie die jeweiligen Vor- und Nachteile einer Patientenkartei und einer Patientendatei gegeneinander ab.
4. Wie stufen Sie den Beweischarakter einer Patientenkartei ein ? Sprechen Sie mit Ihrem Chef/Ihrer Chefin oder Ihrem Ausbilder/Ihrer Ausbilderin darüber und klären Sie, wer berechtigt ist, auf einer Patientenkartei oder in einer entsprechenden Datei welche Art von Eintragungen vorzunehmen.
5. Fragen Sie nach, was mit den Daten bzw. der Patientenkartei passiert, wenn ein Patient
   a) den Arzt wechselt oder in eine andere Stadt zieht,
   b) seit mehreren Jahre nicht mehr in die Praxis zur Behandlung gekommen ist,
6. Ein neuer Patient, der aus einer anderen Stadt hierher gezogen ist, kommt zu Ihnen in die Praxis. Sein bisheriger Arzt hat ihm keine Unterlagen mitgegeben. Welche Möglichkeiten bestehen, um an die bisherigen Behandlungsunterlagen „heranzukommen"? Sprechen Sie mit Ihrer Ausbilderin/Ihrem Ausbilder über die damit verbundenen rechtlichen Fragen und über die Möglichkeiten einer praktische Umsetzung des Vorhabens.

6.2.3 Dokumentationspflicht / Aufbewahrungsfristen für Patientenunterlagen

Gestern kam ein früherer Patient in die Praxis. Nachdem er als Rentner aus dem Erwerbsleben ausgeschieden War, hatte er sich auf eine Finca auf Mallorca zurückgezogen. Dort verbringt er insbesondere die Wintermonate, weil es ihm hier „einfach zu kalt" ist. Nun kam er erstmals nach ca. acht Jahren wieder in die Praxis und hatte nur eine Bitte: Er wollte seine Patientenunterlagen für seinen jetzigen Arzt auf Mallorca mitnehmen. Aber Sie wussten gar nicht, ob die noch da waren ... und schon gar nicht, ob Sie ihm diese Unterlagen aushändigen durften.

Welche Vorschriften sind bezüglich der Aufzeichnung von Behandlungsdaten und deren Dokumentation einzuhalten und wie sieht es mit der Herausgabe dieser Unterlagen aus?

INFO 1 Dokumentationspflicht

Ärzte sind verpflichtet, die Behandlung ihrer Patienten in angemessener Form so zu dokumentieren, dass daraus wichtige Einzelheiten der getroffenen Maßnahmen ersichtlich sind und nachverfolgt werden können.

Auch wenn das Spektrum der Behandlungsmaßnahmen immer auch von der Fachrichtung und dem Schwerpunkt der jeweiligen Praxis abhängt, gelten die nachfolgend in zusammengefasster Form dargestellten Dokumentationspflichten grundsätzlich für alle Ärzte und damit auch für „Ihre" Zahnarztpraxis.

Dabei ist das umzusetzen, was im Bürgerlichen Gesetzbuch (BGB) vorgegeben ist:

BGB 630f
Dokumentation der Behandlung

(1) Der Behandelnde ist verpflichtet, zum Zweck der Dokumentation in einem unmittelbaren zeitlichen Zusammenhang mit der Behandlung eine Patientenakte in Papierform oder elektronisch zu führen.

Berichtigungen und Änderungen von Eintragungen in der Patientenakte sind nur zulässig, wenn neben dem ursprünglichen Inhalt erkennbar bleibt, wann sie vorgenommen worden sind. Dies ist auch für elektronisch geführte Patientenakten sicherzustellen.

(2) Der Behandelnde ist ***verpflichtet, in der Patientenakte sämtliche aus fachlicher Sicht für die derzeitige und künftige Behandlung wesentlichen Maßnahmen und deren Ergebnisse aufzuzeichnen***, insbesondere die
- ***Anamnese***
- ***Diagnosen***
- ***Untersuchungen und Untersuchungsergebnisse***
- ***Befunde***

- ***Therapien und ihre Wirkungen***
- ***Eingriffe und ihre Wirkungen***
- ***Einwilligungen und Aufklärungen***
- ***Arztbriefe*** (eigene oder fremde) sind ebenfalls in die Patientenakte aufzunehmen.

(3) Der Behandelnde hat die Patientenakte für die Dauer von zehn Jahren nach Abschluss der Behandlung aufzubewahren, soweit nicht nach anderen Vorschriften andere Aufbewahrungsfristen gelten.

Wann ein Behandlungsinhalt als „wesentlich" einzuordnen und damit von der Dokumentationspflicht erfasst ist, lässt sich nur schwer allgemein sagen. Es hängt vom konkreten Einzelfall und den damit einhergehenden Umständen und von den jeweiligen (zahn)medizinischen Gesichtspunkten ab.

Die dokumentierten Inhalte müssen zwar nicht zwingend für den medizinischen Laien, in jedem Falle aber für andere (Zahn)ärztinnen und (Zahn)ärzte verständlich sein. Ggf. genügen auch stichwortartige Angaben.

INFO 2 Dokumentationsformen

Die Dokumentation kann sowohl in herkömmlicher Weise schriftlich und (in lesbarer Form) auch handschriftlich, aber auch in elektronische Form vorgenommen werden. In jedem Falle ist sicherzustellen, dass die Aufzeichnungen innerhalb der Aufbewahrungsfrist jederzeit wieder verfügbar gemacht werden können.

Darüber hinaus sind für alle Dokumentationsformen, insbesondere aber für die elektronische Speicherung besondere Sicherungs- und Datenschutzmaßnahmen vorzunehmen, damit einer Veränderung, unrechtmäßigen Verwendung oder im schlimmsten Fall einer Vernichtung entgegengewirkt wird.

Die in Papierform vorliegenden Behandlungsunterlagen können ebenso wie medizinische Patienteninformationen von Kolleginnen und Kollegen auch eingescannt und anstelle des Originals elektronisch aufbewahrt werden.

INFO 3 Aufbewahrungsfristen

Unterschiedliche Rechtsvorschriften regeln diesbezüglich, wie lange die einzelnen Patientendokumente aufgehoben werden müssen. An dieser Stelle ist nur eine Übersicht über die wichtigsten Aufbewahrungspflichten möglich. Die wesentlichen (patientenbezogenen) Unterlagen und deren Aufbewahrungsfristen sind in der nachfolgenden Tabelle wiedergegeben.

PRAXIS-TIPP

Wenn Sie genauere Einzelheiten über aktuelle Bestimmungen zur den Aufbewahrungsfristen in Einzelfällen wissen wollen, sollten Sie sich entweder bei der zuständigen Ärztekammer erkundigen oder auch zunächst einfach im Internet unter dem Stichwort „Aufbewahrungsfristen ärztliche Unterlagen" nachschauen.

Die **wichtigsten Aufbewahrungsfristen** alphabetisch geordnet

	Art der Unterlagen	Aufbewahrungsfrist in Jahren
A	Arbeitsunfähigkeitsbescheinigung	1
	Abrechnungsunterlagen (keine Regelungen nach Kassenarztrecht, sondern aus Steuergründen – z. B. von der KV übermittelte EDV-Abrechnung)	6
	Aufzeichnung über zahnärztliche Behandlungen (Befundaufnahme, Aufklärungsbögen, Einwilligungen, zahnärztliche Behandlungsdaten, diagnostische Unterlagen, Gutachten)	10
	Arztbriefe (eigene und fremde), ärztliche Akten	10
B	Betäubungsmittelabgabe (Rezeptdurchschrift)	3
	Betäubungsmittelverbleib und -bestand	3
	Belehrung von Mitarbeitern	10
	Buchungsunterlagen	10
D	Durchgangsarzt-Verfahren (Behandlungen und Röntgenunterklagen)	15
E	EEG-Streifen	10
	EKG-Streifen, auch Langzeit EKG	5
G	Gutachten nach der Gutachterordnung der jeweiligen Landeszahnärztekammer (hier z. B. Hessen)/sonstige allgemeine Regel	3 bis 10
K	Karteikarten und sonstige ärztliche Aufzeichnungen einschließlich Untersuchungsbefunden	10
	Krankenhausberichte	10
L	Laborbuch, Laborbefunde	30
M	Modelle (Situations- und Planungsmodelle) (Zahnersatz, Kieferorthopädie, Paradontologie, Kieferbruch usw.)	10
	Mitarbeiterbelehrungen zur Gefahrstoffverordnung/zur Röntgenverordnung	2/5
	Medizinproduktebuch	5
P	Patientenakte/Untersuchungsbefunde,	10
	Parodontalstatus	10
R	Röntgenbehandlung – Aufzeichnungen	10
	Röntgenuntersuchungen – Aufnahmen	10
S	Sonografische Untersuchungen	10
U	Überweisungsscheine	1

INFO 4 Sonderfälle

Es kann immer wieder besondere Situationen geben, von denen auch die Aufbewahrungsmodalitäten betroffen sind.

- **Aufbewahrung von Krankenunterlagen bei Praxisaufgabe**
  Der Arzt muss nach § 10 Abs. 4 der Berufsordnung ärztliche Aufzeichnungen über seine Patienten und Untersuchungsbefunde auch nach Praxisaufgabe aufbewahren oder dafür Sorge tragen, dass sie in gehörige Obhut gegeben werden.
  Werden bei einer Praxisaufgabe oder -übergabe ärztliche Aufzeichnungen über Patienten in Obhut gegeben, müssen diese Aufzeichnungen dort unter Verschluss gehalten werden. Zur Übergabe an einen Praxisnachfolger oder zur Einsicht durch Dritte muss der Arzt die Zustimmung der Patienten einholen. Die Zustimmung der Patienten bedarf dabei grundsätzlich der Schriftform, und zwar unabhängig davon, ob die Patientenakte manuell oder elektronisch geführt wird.
- **Aufbewahrung nach dem Tod des Arztes**
  Nach dem Tod des Arztes sind die Erben verpflichtet, Krankenunterlagen aufzubewahren. Die Erben sind an die Aufbewahrungspflichten und an die Schweigepflicht gebunden (§ 203 Abs. 3 StGB).
- **Erforderliche fristüberschreitende Aufbewahrung**
  Nach dem in der Datenschutzgrundverordnung verankerten Grundsatz der Datenminimierung sind personenbezogene Daten zu löschen, soweit ihre Aufbewahrung nicht mehr erforderlich ist.
  Dies dürfte regelhaft nach Ablauf der Aufbewahrungsfristen der Fall sein. Bei anhängigen Widerspruchs- und Klageverfahren sollten die Unterlagen dennoch unabhängig von den geltenden Aufbewahrungs-fristen bis zum Abschluss dieser aufbewahrt werden.
  Das Gleiche gilt bei der Durchsetzung von Schadensersatz-, Versicherungs- und Rentenansprüchen des Patienten, soweit der Arzt davon Kenntnis hat. Ebenso kann auch der gesundheitliche Zustand des Patienten eine über die Fristen hinausgehende Aufbewahrung erforderlich machen.
  Zivilrechtliche Schadensersatzansprüche des Patienten gegen seinen Arzt verjähren gemäß § 199 Abs. 2 BGB erst nach 30 Jahren. Daher kann es im Zweifelsfall sogar empfehlenswert sein, ärztliche Aufzeichnungen und Unterlagen für die Dauer von 30 Jahren aufzubewahren.
  Dies gilt umso mehr, als nach § 630h Abs. 3 BGB wird vermutet wird, dass der Arzt eine Maßnahme nicht getroffen hat, wenn diese in der Patientenakte nicht aufgezeichnet oder die Patientenakte nicht ordnungsgemäß aufbewahrt worden ist.

(Information in Anlehnung an: www.kvwl.de/arzt/recht/hinweise/aufbewahrungsfristen.pdf.)

INFO 5 Einsichtnahme und Aushändigung

Das Recht der Patienten auf Zugriff zu ihrer beim Arzt verwahrten Akte ist im BGB geregelt:

§ 630g Einsichtnahme in die Patientenakte

(1) Dem Patienten ist auf Verlangen unverzüglich Einsicht in die vollständige, ihn betreffende Patientenakte zu gewähren, soweit der Einsichtnahme nicht erhebliche therapeutische Gründe oder sonstige erhebliche Rechte Dritter entgegenstehen. Die Ablehnung der Einsichtnahme ist zu begründen. § 811 ist entsprechend anzuwenden.

(2) Der Patient kann auch elektronische Abschriften von der Patientenakte verlangen. Er hat dem Behandelnden die entstandenen Kosten zu erstatten.

(3) Im Fall des Todes des Patienten stehen die Rechte aus den Absätzen 1 und 2 zur Wahrnehmung der vermögensrechtlichen Interessen seinen Erben zu. Gleiches gilt für die nächsten Angehörigen des Patienten, soweit sie immaterielle Interessen geltend machen. Die Rechte sind ausgeschlossen, soweit der Einsichtnahme der ausdrückliche oder mutmaßliche Wille des Patienten entgegensteht.

Arbeitsaufträge

1. Erläutern Sie wie Sie in Ihrer Praxis der Dokumentations- und Aufbewahrungspflicht für Patientenunterlagen nachkommen und die Karteien oder Dateien vor unberechtigtem Zugriff schützen

2. Die Patientenakten haben nicht nur eine medizinische, sondern ggf. auch eine juristische Bedeutung. Versuchen Sie dies allgemein oder ggf. auch an einem konkreten Beispiel zu erklären.

3. Wie würden Sie bzw. Ihr/e Chef/in in dem vorliegenden Fall entscheiden ? Würden Sie dem früheren Patienten die Unterlagen mitgeben oder was spräche evtl. dagegen ?

7 Einheitliche Versorgung in Europa?
Elektronische Gesundheits-, europäische Krankenversicherungskarte und elektronische Patientenakte

Der 65-jährige Karsten Wolf aus Hamburg leidet seit mehreren Jahren an einer Kreislauferkrankung und Herzschwäche. Da er medikamentös gut eingestellt ist, macht ihm das in der Regel keine besonderen Schwierigkeiten. Außerdem hat er vor einigen Jahren zwei Zahnimplantate bekommen.

Bei einer Hochgebirgswanderung anlässlich eines Urlaubs mit seiner Frau im bayrischen Traunstein stützt er und schlägt mit dem Gesicht auf einen Stein. Dadurch bekommt er nicht nur einen plötzlichen Kreislaufkollaps, sondern er schlägt sich auch einen Schneidezahn aus. Nach einer notärztlichen Versorgung kommt er ins nächstgelegene Krankenhaus. Natürlich hatte er seine Krankenversicherungs- bzw. seine Gesundheitskarte dabei.

Das war für die behandelnden Ärzte „Gold wert“, denn sie brauchten keine aufwendigen Befragungen und Recherchen zu betreiben, sondern wussten sofort, was zu tun war. Und was wäre gewesen, wenn der Unfall nicht in Deutschland, sondern auf der Wanderung ein paar Kilometer weiter in Österreich passiert wäre? Auch kein Problem, denn auf der Rückseite der Karte befindet sich die Europäische Krankenversicherungskarte. Damit können die Versicherten und damit auch Karsten Wolf sich in ganz Europa bei einem Notfall medizinisch behandeln lassen.

Welche Funktionen haben die elektronische Gesundheitskarte und die europäische Krankenversicherungskarte?

7.1 Die elektronische Gesundheitskarte (eGK)

Seit dem Jahr 2015 weisen sich die gesetzlich Krankenversicherten mit der elektronischen Gesundheitskarte (eGK) aus. Sie ist mit einem Lichtbild der/des Versicherten versehen und enthält einen verpflichtenden administrativen sowie einen freiwilligen medizinischen Teil. Das Lichtbild entfällt lediglich bei Jugendlichen bis zum 15. Lebensjahr sowie bei Personen, die bei dessen Erstellung nicht mitwirken können. Dies ist z. B. bei immobilen pflegebedürftigen Menschen der Fall.

Der so genannte „**administative**“ Teil ist für die Versicherten **verpflichtend**, Er befindet sich mit den „Stammdaten“ des Karteninhabers auf der Vorderseite und enthält folgende Angaben:

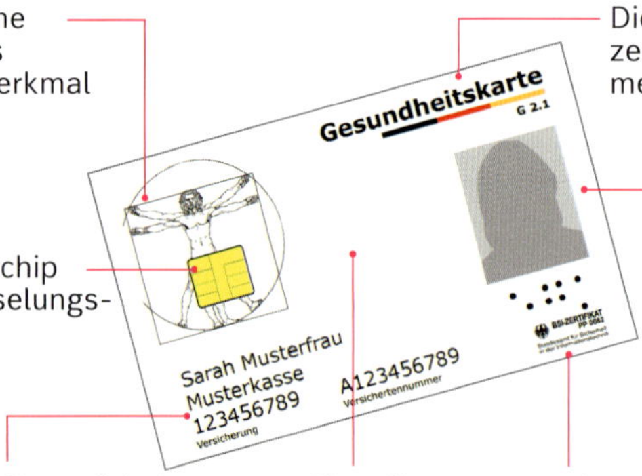

Bei den zusätzlich möglichen digitalen Speicheroptionen von medizinischen Gesundheitsdaten und Anwendungen handelt es sich um **freiwillige Zusatzfunktionen**.

Dazu gehören z. B.
- Notfalldaten (z. B. Blutgruppe, Allergien, Dialyse, Atembeschwerden usw.)
- Zusätzliche Gesundheitsinformationen (z. B. aktuelle Diagnosen, Operationen, Impfungen, Röntgenuntersuchungen usw.)
- Medikationspläne einschließlich bisher eingenommener Arzneimittel
- Arztbriefe in elektronischer Form
- Informationen über persönliche Patientenverfügungen oder Vorsorgevollmachten

Hinzu kommen können auch Aufzeichnungen von eigenen Anwendungen (Blutzuckermessungen) und ein Abruf eigener Daten außerhalb der Arztpraxis.

Auf der Rückseite ist die Europäische Krankenversichertenkarte aufgedruckt. Diese gilt bei Krankheit in allen 28 EU-Staaten sowie Island, Liechtenstein, Norwegen und der Schweiz und darüber hinaus auch in Mazedonien, Montenegro, Serbien und Kroatien (nähere Einzelheiten dazu siehe Kapitel 7.2.).

Der Versicherte bzw. der Patient entscheidet, ob und welche Daten aus dem medizinischen Bereich in die Gesundheitskarte aufgenommen werden und wer auf die Daten zugreifen darf. Dabei werden die Zugriffe protokolliert und sie sind nur denen möglich, die einen „elektronischen Heilberufsausweis“ und damit zusammenhängend eine elektronische Signatur haben.

INFO 1 Vorteile der Gesundheitskarte

Mit der Nutzung der Gesundheitskarte verbinden sich Möglichkeiten, die es in der Vergangenheit in dieser Form nicht gab:
- Durch die Dokumentation der verordneten **Arzneimittel** wird verhindert, dass bei einem evtl. **Arztwechsel** (z. B. Sonntagsdienst) oder in einer **Notfallbehandlung** neue Medikamente verordnet werden, durch die es zu möglicherweise gefährlichen Wechselwirkungen mit bereits erhaltenen Präparaten kommt.
- Bei **zahnoperativen Eingriffen** kann z. B. aus der Karte entnommen werden, ob ein Patient evtl. blutgerinnungshemmende Mittel einnimmt.
- **Doppeluntersuchungen** können weitgehend vermieden werden, wenn die Ärztin/der Arzt die bereits von einer Kollegin oder einem Kollegen gesammelten Gesundheitsinformationen einsehen und darauf aufbauen kann.
- Der **Gesundheitscheck** wird erleichtert, weil alle relevanten Daten auf dem Chip gespeichert sind und bei einem Arztgespräch zur Verfügung stehen. Dabei ist es völlig gleich, wo, wann und mit wem das Gespräch stattfindet.

- **Patientenorientierte Dienstleistungen** (z. B. Überweisungen) werden erleichtert und sicherer.
- Die **medizinische Kommunikation** unter den Ärzten, Zahnärzten, Krankenhäusern oder Zahnkliniken wird verbessert. Dadurch wird die zielgerichtete Behandlung optimiert.

INFO 2 Datenschutzgesichtspunkte

Alles, was auf dem Chip der Gesundheitskarte steht, kann nur von Angehörigen der Heilberufe und Apothekern ausgelesen werden. Diese müssen über einen entsprechenden Schlüssel, den sogenannten Heilberufeausweis, verfügen. Zusätzlich wird der Zugang zu den Daten nur über eine PIN-Nummer ermöglicht.

Schließlich werden die letzten 50 Zugriffe auf die Karte dokumentiert. Missbrauch in der Nutzung der Karten und der darauf enthaltenen Daten wird strafrechtlich verfolgt. Wichtig ist auch zu wissen, dass z. B. Betriebsärzte nur dann die Daten einsehen und auf sie zurückgreifen dürfen, wenn sie am allgemeinen ärztlichen Notfalldienst teilnehmen und über einen Heilberufeausweis verfügen. Die dann genutzten Daten dürfen aber keinesfalls in die Hände des Arbeitgebers gelangen oder eine Grundlage für arbeitsplatzbezogene Maßnahmen bilden.

INFO 3 Kostengesichtspunkte

Neben dem Wohl des Patienten hatte der Gesetzgeber bei der Einführung der elektronischen Gesundheitskarte auch die langfristige Einsparung der zum Teil erheblichen Verwaltungskosten im Auge.

Zum Beispiel muss jedes der in Deutschland pro Jahr rund 800 Millionen Rezepte bis zu fünfmal bearbeitet und die darauf enthaltenen Daten müssen erfasst werden. Die damit verbundenen Kosten, wie auch die Kosten beim Datenaustausch der Mediziner und Therapeuten untereinander, sollen durch die Chipspeicherung erheblich reduziert werden.

7.2 Die europäische Krankenversicherungskarte (EHIC)

Mit der Europäischen Krankenversicherungskarte (European Health Insurance Card – EHIC) können gesetzlich Krankenversicherte europaweit medizinische Leistungen erhalten. Die Karte gilt in allen Ländern der EU sowie einigen weiteren europäischen Staaten wie Norwegen, Lichtenstein, der Schweiz und Island.

Wer in Deutschland gesetzlich versichert ist, muss die **Europäische Krankenversicherungskarte** nicht beantragen. Sie **ist automatisch auf der Rückseite der Versichertenkarte aufgedruckt**.

INFO 1 Vorteile der EHIC

Alles, was für die Gewährung von medizinischen Leistungen und für die Erstattung der Kosten im europäischen Ausland gemäß dem europäischen Gemeinschaftsrecht notwendig ist, wird als Daten auf der Karte erfasst.

Folgende Daten werden auf der EHIC gespeichert:
- der Familienname und die Vornamen der Karteninhaberin/des Karteninhabers,
- das Geburtsdatum,
- als persönliche Kennnummer die ersten zehn Stellen der Krankenversichertennummer,
- eine Kennnummer der Krankenkasse,
- eine Kennnummer der Karte.

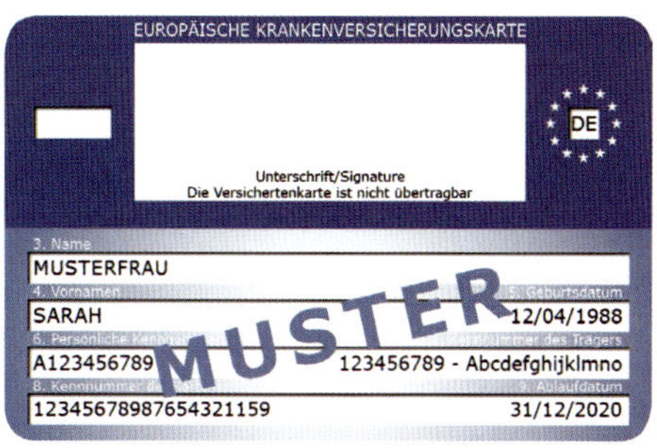

INFO 2 Behandlung im Ausland

Die Karte genügt, um sich im europäischen Ausland bei einem Unfall oder bei einer akuten Erkrankung medizinisch behandeln zu lassen, wie dies z. B. bei einem Beinbruch, einem kranken Zahn, einer Virusinfektion und ähnlichen Notfällen einschließlich der notwendigen Anschlussversorgung der Fall ist.

Wenn es sich aber nicht um eine „Notfallsituation" oder um eine damit zusammenhängende fortlaufende Versorgung handelt, sondern sich Versicherte aus bestimmten Gründen für eine Behandlung im Ausland entscheiden, müssen sie dies bezüglich der Kostenübernahme vorher mit ihrer Krankenkasse abklären.

Die Behandlung im Ausland erfolgt dann genauso, als wenn der Patient ein Versicherter im eigenen Mitgliedsstaat wäre. Es müssen also alle Leistungen und Behandlungen in der Form erbracht werden, wie es der Gesundheitszustand der Patienten erfordert. Die anfallenden Kosten werden von der gesetzlichen Krankenkasse des Patienten erstattet. Wenn Versicherte sich aus bestimmten Gründen bewusst für eine Behandlung im Ausland entscheiden, müssen sie zuvor klären, ob die Kosten hierfür übernommen werden.

Dies gilt auch für chronisch Kranke, wenn die Krankheit eine besondere medizinische Überwachung notwendig macht und den Einsatz besonderer Techniken oder Geräte erfordert (z. B. bei Dialysebehandlungen). Der durch die Europäische Krankenversichertenkarte abgedeckte Bereich gilt nur für die unmittelbar erforderliche medizinische Versorgung (z. B. Beinbruch, kranker Zahn, Virusinfektion) oder für die fortlaufende Versorgung bei chronischen Erkrankungen wie Diabetes.

Hingegen bezieht sich die Leistungspflicht nicht auf Behandlungen, die nicht dringend erforderlich sind, sondern verschoben werden können, bis die versicherte Person ins Heimatland zurückgekehrt ist. Die EHIC deckt auch keine Behandlungskosten im Ausland ab, wenn z. B. eine Reise durchgeführt wurde, um sich dabei auch wegen einer Krankheit oder Verletzung, die bereits vor der Abreise vorlag, behandeln zu lassen.

Wichtig zu wissen: Die Europäische Krankenversichertenkarte gilt nicht für Gesundheitsdienstleister aus dem privaten Sektor.

7.3 Die elektronische Patientenakte (ePA)

Ab 2021 sind die Krankenkassen verpflichtet, ihren Versicherten eine elektronische Patientenakte (ePA) anzubieten. Die elektronische Patientenakte erfasst die individuellen Behandlungsdaten der Patienten. Die Nutzung der ePA ist freiwillig.

Zunächst können Daten der Patienten aus bereits vorhandenen Anwendungen und Dokumentationen, wie z. B. Notfalldaten oder Medikationspläne, in einer solchen elektronischen Patientenakte für den Patienten bereitgestellt werden. Patienten können die sie behandelnde Kraft damit über diese wichtigen Gesundheitsdaten informieren.

In der elektronischen Patientenakte können auch eigene Daten, wie z. B. ein Tagebuch über Blutzuckermessungen, abgelegt werden. Patienten können ihre Daten künftig auch außerhalb der Arztpraxis eigenständig einsehen. Damit sind sie über Diagnose und Therapie genauer und umfassender informiert und können besser als bisher über ihre Gesundheit mitentscheiden.

INFO 1 Inhalte der ePA

- Neben Befunden, Arztberichten und Röntgenbildern können ab dem Jahr 2022 auch der Impfausweis, der Mutterpass, das gelbe U-Heft für Kinder und das Zahn-Bonusheft in der elektronischen Patientenakte gespeichert werden.

- Versicherte haben ab 2022 auch die Möglichkeit, mit ihrem Tablet oder Smartphone für jedes auf der ePA gespeicherte Dokument einzeln zu bestimmen, wer darauf zugreifen kann. Damit kann z. B. festgelegt werden, dass eine Ärztin oder ein Arzt zwar auf die ePA, aber ggf. nicht auf einzelne Befunde zugreifen kann.
- Es besteht die Möglichkeit, dass ausgestellte Rezepte direkt auf das Smartphone des Patienten geladen werden und dieser es dann in einer Apotheke seiner Wahl einlösen kann.
- Überweisungen zu Fachärzten können auf diesem elektronischen Weg über die ePA übermittelt werden.

Die vernetzte elektronische Patientenakte

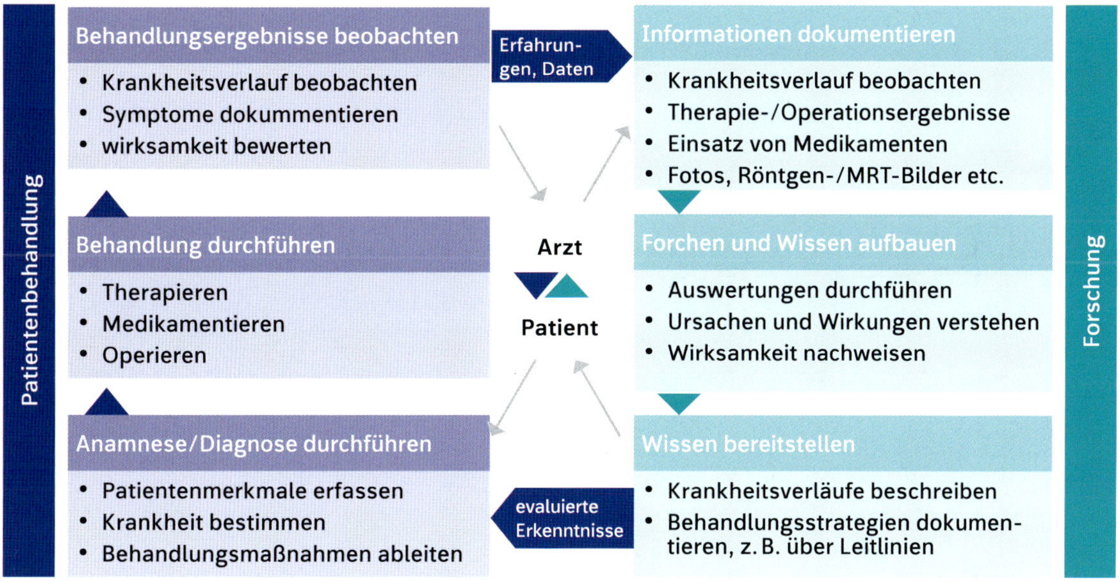

Jede versicherte Person kann selbst entscheiden, ob und in welchem Umfang sie von den neuen Möglichkeiten der elektronischen Gesundheitskarte zur Speicherung von medizinischen Daten Gebrauch machen möchte.

Dabei kann die versicherte Person auch selbst bestimmen, ob und in welchem Umfang sie eine Anwendung wie die Notfalldaten nutzt, ob sie die Karte zur Dokumentation seiner Organspendebereitschaft einsetzt oder ob sie später einen elektronischen Medikationsplan oder die elektronische Patientenakte nutzt.

Darüber hinaus können Patienten ihre Daten einsehen bzw. sich ausdrucken, Daten für bestimmte Ärztinnen oder Ärzte ein- oder ausblenden. Zudem können Versicherte bzw. ein berechtigter Vertreter Dokumente im Aktenkonto löschen. Nur die Verwaltungsdaten der Versicherten werden – wie bei der Krankenversichertenkarte – verpflichtend auf der Gesundheitskarte gespeichert.

INFO 2 Datenschutzgesichtspunkte

Für den sicheren und praktikablen Austausch medizinischer Daten wird eine Datenautobahn für das Gesundheitswesen aufgebaut (Telematikinfrastruktur). Die Telematikinfrastruktur ermöglicht den sicheren Zugriff auf medizinische und persönliche Daten von Versicherten.

Solche Daten sind hochgradig sensibel und müssen besonders zuverlässig geschützt werden. Ausschließlich berechtigte und zugelassene Nutzer/-innen im Gesundheitswesen können die enthaltenen Daten verwenden.

Für die Einführung und den Betrieb der Telematikinfrastruktur ist die Gesellschaft für Telematikanwendungen der Gesundheitskarte mbH (gematik) zuständig.

Arbeitsaufträge

1. Welche Aufgaben erfüllt die elektronische Gesundheitskarte und wie sind Ihre persönlichen Erfahrungen damit im Praxisalltag?
2. Für welche Situationen wird die europäische Krankenversicherungskarte benötigt?
3. Gehen Sie einmal davon aus, dass eine aus einem europäischen Nachbarland stammende Person eine ärztliche Praxis aufsucht und darum bittet, dass sie aufgrund einer aktuellen grippalen Infektion untersucht werde. Sie hat allerdings keine Versichertenkarte dabei. Was nun?
4. Die elektronische Patientenakte stelle eine Neuerung im Gesundheitswesen dar. Was sind die wesentlichen Bestandteile dieser ePA und wo sehen Sie aus Ihrem konkreten Praxisalltag hier die besonderen Vorteile für Ihre Praxis und die jeweiligen Patienten und Behandlungsvorgänge?

Lernfeld 3

Praxishygiene organisieren

In diesem Lernfeld informieren Sie sich über Infektionsgefahren in der Zahnarztpraxis. Sie beschreiben Infektionswege und planen fachgerecht Desinfektions- und Sterilisationsmaßnahmen zur Minimierung des Infektionsrisikos. Zur Vermeidung der Weiterverbreitung von Krankheitserregern planen Sie Schutzmaßnahmen und treffen fallbezogen eine begründete Auswahl auch unter Berücksichtigung wirtschaftlicher und umweltgerechter Aspekte. Sie organisieren, dokumentieren und überprüfen die Durchführung von Hygienemaßnahmen im Team unter Beachtung der Unfallverhütungsvorschriften. Vor dem ökonomischen und ökologischen Hintergrund planen Sie die Pflege und Wartung von Instrumenten und Geräten und zeigen Wege für die umweltgerechte Entsorgung von Praxismaterialien auf.

1. Vorbildlich in jeder Hinsicht
Das Hygienekonzept in der Arztpraxis

Moment mal ...

Den Spruch „Vor dem Essen – Händewaschen nicht vergessen“ kennen wahrscheinlich viele von Ihnen noch aus der eigenen Kindheit, genauso wie den Ratschlag, dass man sich nach dem Gang zu Toilette die Hände nicht nur abspülen, sondern richtig waschen soll.

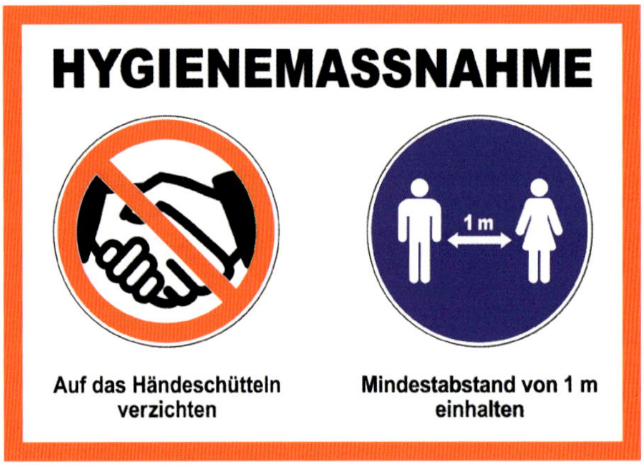

Im medizinischen Bereich bedurfte es nicht erst der Corona-Pandemie des Jahres 2020, um zu erkennen, wie wichtig es ist, bestimmte Hygieneregeln einzuhalten.

Dabei geht es aber nicht nur um das individuelle Verhalten der Patienten und der Praxismitarbeiterinnen und -mitarbeiter. Letztlich entscheidend für die Sicherheit der Patienten und nicht zuletzt auch die des Praxis- oder Klinikpersonals ist die Gesamtheit aller hygienischen Bedingungen und die Wartung aller eingesetzten medizintechnischen Geräte.

Welche allgemeinen Vorschriften über die Einhaltung der hygienischen Maßnahmen gibt es und wie sieht deren Umsetzung bei Ihnen in der Praxis aus?

1.1 Grundzüge eines Hygieneplanes[1]

Jede Praxis hat einen Hygieneplan zu erstellen und die darin enthaltenen Vorgaben strikt einzuhalten. Dabei ist das oberste Ziel die Verhütung und Bekämpfung übertragbarer Krankheiten. Die Patienten sollen vor Infektionen geschützt und die Weiterverbreitung von Krankheitserregern, insbesondere derer mit Resistenzen, soll vermieden werden.

Durch die konsequente Einhaltung der Vorgaben kann den Patienten und den in den Praxen, Krankenhäusern oder sonstigen Einrichtungen beschäftigten Mitarbeiterinnen und Mitarbeitern zwar ein Schutz vor Infektionen und anderen Gesundheitsgefahren nicht garantiert werden, das damit verbundene Ansteckungsrisiko wird aber minimiert.

Der Hygieneplan enthält alle von der Praxisleitung für die Erfüllung dieses Ziels festgelegten innerbetrieblichen Verfahrensweisen und ist für alle in der Praxis Beschäftigten verbindlich.

1.2 Bauliche Voraussetzungen und Maßnahmen

Die bauliche und funktionelle Gestaltung in der Praxis muss den hygienischen Anforderungen entsprechen und wird auch dahingehend überprüft. Dies sollte regelmäßig geschehen, spätestens aber dann,

1 Vgl.: Hygieneplan für die Arztpraxis, Mustervorlage der Kassenärztlichen Vereinigung Bayerns, unter: https://www.kvb.de/.../KVBMustervorlage- Hygieneplan-Arztpraxis

wenn Änderungen an den Arbeitsabläufen erforderlich sind oder andere Arbeitsmaterialien eingesetzt werden. Gegebenenfalls muss eine Anpassung an die neuen Bedingungen erfolgen.

In der Praxis geht es dabei um folgende Räume/Flächen:
- Anmeldebereich
- Untersuchungs-/Behandlungsräume
- Laborraum
- Aufbereitungsorte für Medizinprodukte
- Warteraum für Patienten
- Toiletten für Patienten und Personal
- Raum/Räume für Reinigungsutensilien und Entsorgung
- Personalumkleideraum
- Personalaufenthaltsraum
- Bereich für administrative Tätigkeiten

Untersuchungs- und Behandlungsräume sind so zu bemessen, dass die vorgesehenen Tätigkeiten sachgerecht erfolgen können. Operative oder andere invasive Eingriffe werden in diesen Räumen nicht durchgeführt. Die Räume sind mit einer Vorrichtung zur Durchführung der Händedesinfektion ausgestattet.

Die Ausstattung (Fußböden, Wände, Mobiliar, Gerätschaften und Flächen) aller vorhandenen Räume sollte leicht zu reinigen und zu desinfizieren sein.

An den relevanten Stellen sind hygienische Handwaschplätze vorhanden. Weitere allgemein gültige Anforderungen an den Personal- und Patientenschutz sind bei der Gestaltung der Räumlichkeiten und den geplanten Arbeitsabläufen berücksichtigt (z. B. Belüftung, Vorhalten von Schutzausrüstung).

Handwaschplätze und Sanitäreinrichtungen
Für Patienten und Personal werden getrennte Toiletten vorgehalten. Die Ausstattung der Handwaschplätze umfasst je einen Spender für Handwaschpräparat, Einmalhandtuchspender zum Trocknen der Hände sowie einen Abfallbehälter.

Handwaschplätze, welche während der Versorgung und Behandlung von Patienten genutzt werden, verfügen darüber hinaus über je einen Spender mit Händedesinfektionsmittel und Hautpflege- bzw. Hautschutzmittel.

1.3 Persönliche Schutzmaßnahmen

Für alle in der Praxis Beschäftigten werden auf Basis der geltenden Rechtsgrundlagen regelmäßig hygienische und fachspezifische Unterweisungen durchgeführt, bei denen die Inhalte des vorliegenden Hygieneplans vermittelt werden.

In der Praxis wird die Bekleidung so gewählt, dass sie den Risiken und Hygieneanforderungen der jeweiligen spezifischen Arbeitssituation angepasst ist.

- **Arbeitskleidung und -schuhe**
  Bei Dienstantritt wird die Privatkleidung ab- und die Arbeitskleidung angelegt. Die Privatkleidung wird getrennt von der Arbeitskleidung aufbewahrt.
  Zum Schutz vor Keimverschleppung werden im OP-Bereich und im Eingriffsraum Bereichskleidung und -schuhe getragen. Die Bereichskleidung ist farblich gekennzeichnet und unterscheidet sich von der Arbeitskleidung. Beim Verlassen des entsprechenden Bereiches wird die Bereichskleidung abgelegt.

- **Persönliche Schutzausrüstung**
  Durch Verwendung von persönlicher Schutzausrüstung als mechanische Barriere werden Bekleidung, Haut oder Schleimhaut vor direktem Kontakt mit Chemikalien oder Körperflüssigkeiten geschützt. Je nach durchzuführender Tätigkeit werden folgende Schutzausrüstungen getragen: Schutzkittel, Handschuhe, Augen-/Gesichtsschutz, Mund-Nasen-Schutz oder Atemschutzmaske.
- **Mund-Nasen-Schutz**
  Das Tragen eines Mund-Nasen-Schutzes dient einerseits dem Kontaminationsschutz für die Nasen- und Mundschleimhaut, andererseits minimiert dieser die Abgabe von Erregern aus dem Nasen-Rachen-Raum des Trägers. Zur Vermeidung einer versehentlichen Abgabe von Tröpfchen aus dem Nasen-Rachen-Raum ist bei erhöhter Infektionsgefährdung durch den Behandelnden ein Mund-Nasen-Schutz anzulegen.
- **Atemschutzmasken (FFP 2 und FFP 3)**
  Das Tragen einer Atemschutzmaske hat im Vergleich zum Mund-Nasen-Schutz eine erhöhte Schutzwirkung durch spezielle Filterung und eine bessere Passform.
- **Kopfhaube**
  Durch das Tragen einer Haube bei Tätigkeiten mit erhöhter Infektionsgefahr wird verhindert, dass einzelne Haare in Wunden gelangen. Bei Bedarf ist eine Haube zu verwenden, die neben dem Haupthaar auch das Barthaar umschließt.
- **Schutzkittel**
  Das Tragen eines keimarmen Schutzkittels kann als wirkungsvolle Barriere gegenüber anhaftenden – auch „harmlosen" – Erregern auf der Bekleidung der Beschäftigten dienen.
  Zur Wahrung eines sterilen Arbeitsumfeldes sowie während größerer Eingriffe mit erhöhter Infektionsgefahr für den Patienten ist ggf. ein steriler Schutzkittel anzulegen.
- **Medizinische Einmalhandschuhe**
  Ist in bestimmten Situationen eine hygienische Händedesinfektion zur Verhinderung eines Eintrags von Mikroorganismen nicht ausreichend, sind sterile Handschuhe zu tragen. Vor entsprechenden Eingriffen wird eine chirurgische Händedesinfektion durchgeführt und sterile Handschuhe werden angelegt
- **Bekleidungswechsel**
  Ein Wechsel der Bekleidung erfolgt täglich sowie nach Bedarf. Die persönliche Schutzausrüstung wird patienten- bzw. tätigkeitsbezogen eingesetzt.
  Das Ablegen von Bekleidung und Schutzausrüstung erfolgt unter Vermeidung einer Kontamination der Umgebung. Einmalmaterialien werden in Abfallbehältnisse abgeworfen, Materialien wie Wäsche und Mehrwegschutzausrüstung werden der Aufbereitung zugeführt. Anschließend wird eine hygienische Händedesinfektion durchgeführt.

1.4 Hygienemaßnahmen – Umsetzung im Praxisalltag

Behandlung von Patienten

Zur sicheren Versorgung und Behandlung von Patienten erfolgen diese durch qualifiziertes (ärztliches und medizinisch ausgebildetes) Personal unter Berücksichtigung vorliegender Untersuchungs- und Behandlungsstandards. Die grundlegenden hygienerelevanten Maßnahmen sind in diesen Standards detailliert abgebildet.

Händehygiene

Die Händehygiene ist eine der wichtigsten Maßnahmen zur Verhütung von Infektionen. Zu den Maßnahmen der Händehygiene gehören Händewaschen, hygienische und chirurgische Händedesinfektion, Pflege und Schutz der Hände sowie das Tragen von Handschuhen.

Die Praxis verfügt über leicht erreichbare Handwaschplätze, die wie folgt ausgestattet sind:

- verlängerte Hebelarmatur zur handkontaktfreien Bedienung für warmes und kaltes Wasser
- handbedienungsfreie Spender mit Handwaschpräparat
- handbedienungsfreie Spender für Händedesinfektionsmittel
- Spender für Einmalhandtücher
- Hautpflegemittel/Hautschutzmittel

Um eine umfassende Händehygiene gewährleisten zu können, sind entsprechende Spender in unmittelbarer Nähe verfügbar und werden regelmäßig aufbereitet. Flaschen von Händedesinfektionsmittel werden ausschließlich als Einmalprodukte verwendet und mit dem Anbruchdatum versehen.

Bei Tätigkeiten, die eine Händedesinfektion erfordern, werden an Händen und Unterarmen keine Schmuckstücke, (Ehe-)Ringe, Armbänder, Uhren oder Piercings getragen.

Fingernägel des medizinischen Personals sind kurz und rund geschnitten und überragen die Fingerkuppe nicht. Das Tragen von künstlichen Fingernägeln, Nagellack oder Gelnägeln ist nicht zulässig.

Flächenreinigung und Flächendesinfektion

Die **Reinigung** ist ein Prozess zur Entfernung von Verschmutzungen (z. B. Staub, chemische oder organische Substanzen), ohne dass bestimmungsgemäß eine Abtötung oder Inaktivierung von Mikroorganismen stattfindet.

Desinfektion ist ein Prozess, durch den die Anzahl vermehrungsfähiger Mikroorganismen infolge Abtötung/Inaktivierung unter Angabe eines standardisierten, quantifizierbaren Wirkungsnachweises reduziert wird. Ziel der Desinfektion ist, einen Gegenstand, eine Fläche oder einen Bereich in einen Zustand zu versetzen, dass von ihm keine Infektionsgefährdung mehr ausgeht.

Die Reinigung erfolgt unter Verwendung von Wasser mit reinigungsverstärkenden Zusätzen. Für eine Desinfektion wird ein Desinfektionsmittel (fertiges Präparat oder angesetzte Lösung) verwendet.

Je nach Verschmutzung, Situation und zu desinfizierender Fläche wird ein kombiniertes Präparat eingesetzt, mit dem die Flächenreinigung und -desinfektion in einem Schritt durchgeführt werden kann.

Die eingesetzten Flächendesinfektionsmittel sind entsprechend der zu desinfizierenden Oberflächen und des erforderlichen Erreger-Wirkspektrums sorgsam ausgewählt. Zur sicheren und wirkungsvollen Anwendung werden die Angaben des Herstellers bezüglich Herstellung, Konzentration, Einwirkzeit und Schutzmaßnahmen eingehalten.

Reinigung und Desinfektion von medizinischen Geräten und Materialien

Medizinische Geräte und Materialien, die direkten oder indirekten Kontakt zum Patienten oder dem Patientenumfeld haben bzw. in dessen Versorgung oder Behandlung eingeschlossen sind, werden einer regelmäßigen Desinfektion unterzogen.

Reinigung und Desinfektion von Sanitäreinrichtungen

Sanitäreinrichtungen einschließlich Toiletten werden täglich sowie bei Bedarf gereinigt. Eine Desinfektion der Toiletten erfolgt dann, wenn eine Übertragungsgefahr (z. B. mit Durchfallerregern) gegeben ist.

Stoßlüften

Spätestens seit der Corona-Pandemie im Jahr 2020 wurde klar, dass man neben allen anderen Maßnahmen auch mit der einfachen Methode einer regelmäßigen Raumbelüftung etwas tun kann. Durch das kurzzeitige Öffnen von Fenstern im Abstand von ca. 20 bis 30 Minuten kann bei geöffneten Türen ein ausreichender Luftaustausch in geschlossenen Räumen erreicht werden.

Damit kann man vor allem der Verbreitung von Aerosolen (Gemische aus Gasen sowie festen oder flüssigen Partikeln) entgegenwirken. Aerosole bergen beim Atmen, Sprechen, Husten oder Niesen die Gefahr, dass Viren entstehen, die in die Atemwege anderer Personen gelangen oder über den Kontakt mit Oberflächen übertragen werden.

Bei Patienten, die sich länger in einem schlecht oder nicht belüfteten Wartezimmer aufhalten, verteilen sich die Aerosole im gesamten Raum und die Wahrscheinlichkeit einer Übertragung erhöht sich.

Arbeitsaufträge

1. Stellen Sie die allgemeine Bedeutung des Hygienekonzepts für den Praxisbetrieb bzw. für die Sicherheit der Patienten und der Beschäftigten – also auch für Sie selbst – bei der Ausübung Ihrer Tätigkeit dar.

2. Welches sind die wichtigen Bereiche für die Umsetzung der Hygienemaßnahmen im Praxisalltag?

3. Selbstverständlich ist die Frage der persönlichen „Schutzausrüstung" von Praxis zu Praxis verschieden und in Kliniken ggf. noch umfassender als in einer normalen" Arztpraxis. Beschreiben Sie dennoch in möglichst allgemeiner Form die Herausforderungen, die Ihre Arbeit auch an Sie selbst stellt in Bezug auf Arbeitskleidung und persönliche Merkmale (z. B. Fingernägel).

4. Wie werden die beschriebenen Hygienemaßnahmen in Ihrer Praxis umgesetzt bzw. wer ist dafür verantwortlich?

2. Was ist zu tun, wenn ...? Infektions- und Betäubungsmittelgesetz – Meldepflichten – die Rolle der Ärztin/des Arztes und der Ämter

Als sich im Jahr 2020 das Coronavirus weltweit ausbreitete und zu einer Pandemie ausartete, ging das natürlich auch an der Praxis von Frau Dr. Heilmann nicht spurlos vorüber. Mit dem Ausbruch der Coronakrise veränderte sich auch das „Leben" in dieser Praxis ganz erheblich. Die Hygienevorschriften wurden noch einmal extrem verschärft und man versuchte, streng darauf zu achten, dass das Risiko der gegenseitigen Ansteckung auf ein Minimum reduziert, am besten aber ganz ausgeschlossen wurde.

Selbst Manuela Harris, die ja schon sehr lange als ZFA in der Praxis tätig war, konnte sich nicht daran erinnern, wann sie schon irgendwann einmal nur den ganzen Tag einen Mundschutz zu tragen hatte.

Neben den medizinischen Tätigkeiten nahm aber auch die organisatorische Arbeit und in Ausnahmefällen auch die vorgeschriebene Berichterstattung an das Gesundheitsamt einen immer größeren Raum ein.

Was ist des Besondere an der Situation, wenn es um die Behandlung infektiöser Erkrankungen geht und inwieweit sind hier andere Behörden wie das Gesundheitsamt oder das Robert Koch-Institut eingebunden?

2.1 Meldepflichtige Angaben bei Infektionskrankheiten

Zu den besonderen Berufspflichten der Ärzte und der Zahnärzte gehört die Förderung der Gesundheitserziehung und der Gesundheitspflege sowie die Mitwirkung an der Verhütung und der Bekämpfung von Volkskrankheiten.

Nicht nur die Ärzte, sondern auch die Zahnärzte haben der Meldepflicht nach den Vorschriften des Heilberufsgesetzes (§ 2 Abs. 2) nachzukommen. Während es bei den Ärzten um Sachverhalte aus den Bereichen

- Bundesseuchengesetz,
- Geschlechtskrankheiten,
- Meldung von Behinderungen,
- Schwangerschaftsabbrüche,
- Geburts- oder
- Todesfälle,
- HIV-Fallberichte und
- Berufskrankheiten

geht, sind Zahnärzte in der Regel davon nur eingeschränkt bzw. gar nicht betroffen. Für sie geht es bei der Meldepflicht in erster Linie nur um die nachfolgenden Gebiete.

Infektionsschutzgesetz
Nach dem **Infektionsschutzgesetz** gilt die Meldepflicht für **alle ansteckenden Krankheiten**. Diese Meldepflicht entbindet in bestimmten Fällen den Arzt von der Schweigepflicht. Neben die **namentliche Meldung von Erkrankungen** durch den behandelnden Arzt tritt nun mehr auch die Meldung von Krankheitserregern durch ein Labor. Eine solche Meldung muss neben den persönlichen Angaben des

Patienten (Name, Vorname, Geburtsdatum, Geschlecht, Adresse) eine ganze Reihe weiterer Informationen enthalten.

Mit einem bundeseinheitlichen Meldebogen wird sichergestellt, dass die Meldung dem zuständigen Gesundheitsamt spätestens nach 24 Stunden vorliegt. Wenn die Meldepflicht nicht beachtet wird, können Bußgelder bis zu 25 000,00 € verhängt werden. Wenn eine unterlassene Meldung zur Verbreitung einer Krankheit führt, kann es sich um eine Straftat handeln, die mit bis zu fünf Jahren Freiheitsstrafe geahndet wird.

2.2 Meldepflichtige Betäubungsmittel

Betäubungsmittelgesetz

Nach dem Betäubungsmittelgesetz darf ein Arzt oder Zahnarzt Betäubungsmittel verordnen, wenn ihre Anwendung begründet ist. Dies gilt z. B. bei Patienten mit schweren Schmerzen, die auf übliche Schmerzmittel nicht mehr ansprechen, oder bei Patienten, die von anderen Drogen abhängig sind und deren Wartezeit bis zur Langzeittherapie nur durch Betäubungsmittel als Ersatzdroge überbrückt werden kann.

Betäubungsmittel dürfen auch verabreicht werden, wenn Notfälle es erfordern (z. B. bei einem Herzinfarkt).

Für die Verschreibung der Betäubungsmittel sind in jedem Falle die vom **Bundesinstitut für Arzneimittel und Medizinprodukte**, Bonn, ausgegebenen dreiteiligen amtlichen Formblätter vorgeschrieben.

Betäubungsmittelrezept-Formblätter werden auf schriftliche Anforderung unter Nachweis der Berufsberechtigung an den Arzt geschickt. Die Teile I und II sind zur Vorlage in der Apotheke bestimmt, während der Teil III beim Arzt verbleibt und drei Jahre aufzubewahren ist. Füllt ein Arzt ein **Betäubungsmittelrezept** fehlerhaft aus, muss er die Teile I bis III zusammen aufbewahren.

§ 13 Betäubungsmittelgesetz – Verschreibung und Abgabe auf Verschreibung

Die in Anlage III bezeichneten Betäubungsmittel dürfen nur von Ärzten, Zahnärzten und Tierärzten und nur dann verschrieben oder im Rahmen einer ärztlichen, zahnärztlichen oder tierärztlichen Behandlung einschließlich der ärztlichen Behandlung einer Betäubungsmittelabhängigkeit verabreicht oder einem anderen zum unmittelbaren Verbrauch überlassen werden, wenn ihre Anwendung am oder im menschlichen oder tierischen Körper begründet ist. Die Anwendung ist insbesondere dann nicht begründet, wenn der beabsichtigte Zweck auf andere Weise erreicht werden kann.

Betäubungsmittelrezepte sind gegen Diebstahl zu sichern, ein Verlust muss unverzüglich der Bundesopiumstelle (BOPST) unter Angabe der Rezeptnummer angezeigt werden. Für die Verschreibung der gängigen Betäubungsmittel durch den Arzt ist eine Höchstmenge festgesetzt, die im Normalfall bei durchschnittlicher Dosierung einen Bedarf von 30 Tagen gewährleisten soll (z. B. Morphin 20 000 mg). In begründeten Einzelfällen darf die Höchstmenge überschritten werden. Für Zahnärzte sind geringere Höchstmengen festgelegt.

Im Infektionsschutzgesetz wird ausführlich festgeschrieben, wie sich die ärztliche Praxis zu verhalten hat und wie sie ihrer Pflicht zur Meldung einer diagnostizierten infektionösen Krankheit nachzukommen hat.

Als Beispiel folgen hier die Empfehlungen des Robert Koch-Instituts zur Meldung von Verdachtsfällen von Covid-19 (Stand: 29. Mai 2020).

Meldeinhalte

Folgende Angaben müssen bei der Meldung gemacht werden, wenn Ihnen die Informationen vorliegen:

Angaben zur betroffenen Person

- Name, Vorname, Geschlecht, Geburtsdatum
- Adresse und weitere Kontaktdaten (z. B. Telefonnummer, E-Mail)
- Tätigkeit, Betreuung oder Unterbringung in einer Einrichtung, z. B. Krankenhaus, Gemeinschaftseinrichtungen (z. B. Kita, Schule), Einrichtungen zur Betreuung und Unterbringung älterer, behinderter oder pflegebedürftiger Menschen, Obdachlosenunterkünfte, Gemeinschaftsunterkünfte für Asylsuchende, Justizvollzugsanstalten
- Diagnose oder Verdachtsdiagnose
- Tag der Erkrankung, Tag der Diagnose, gegebenenfalls Tag des Todes und wahrscheinlicher Zeitpunkt oder Zeitraum der Infektion
- wahrscheinlicher Infektionsweg, einschließlich Umfeld, in dem die Übertragung wahrscheinlich stattgefunden hat, mit Name, Anschrift und weiteren Kontaktdaten der Infektionsquelle und wahrscheinliches Infektionsrisiko
- Behandlungsergebnis und zum Serostatus in Bezug auf diese Krankheit
- Ort, an dem die Infektion wahrscheinlich erworben worden ist
- Überweisung, Aufnahme und Entlassung z.B. aus einem Krankenhaus, ggf. intensivmedizinische Behandlung und deren Dauer
- Zugehörigkeit zur Bundeswehr

Labor

- Name, Anschrift und weitere Kontaktdaten (z.B. Telefonnummer, E-Mail-Adresse) der Untersuchungsstelle, die mit der Erregerdiagnostik beauftragt ist

Melder

- Name, Anschrift und weitere Kontaktdaten (z.B. Telefonnummer, E-Mail-Adresse) des Meldenden

(Empfehlungen des Robert Koch-Instituts zur Meldung von Verdachtsfällen von COVID-19, https://www.rki.de/DE/Content/InfAZ/N/Neuartiges_Coronavirus/Empfehlung_Meldung.html [06.11.2020].)

2.3 Die Rolle der Gesundheitsämter

Die öffentlichen Gesundheitsämter fördern und schützen die Gesundheit der Bevölkerung und beobachten und bewerten die gesundheitlichen Verhältnisse der Bevölkerung einschließlich der Auswirkung von Umwelteinflüssen auf die Gesundheit.

Zur Erfüllung dieser Aufgaben gehen die Gesundheitsämter den Ursachen von Gesundheitsgefährdungen und Gesundheitsschäden nach und wirken auf deren Beseitigung ein. Sie stellen sicher, dass die Anforderungen der Hygiene eingehalten und übertragbare Krankheiten bei Menschen verhütet und bekämpft werden. Dabei initiieren und koordinieren sie Maßnahmen der Gesundheitsförderung und Gesundheitserziehung. Als Grundlage der Gesundheitsberichte und für ggf. erforderliche politische Entscheidungen werden Krankheiten durch die Gesundheitsämter epidemiologisch erfasst und bewertet.

Das Infektionsschutzgesetz definiert Aufgaben der Gesundheitsämter bundeseinheitlich insbesondere in den Bereichen:

- Koordinierung von Infektionsschutzmaßnahmen und Früherkennung,
- Meldewesen und Infektionsstatistik,
- Verhütung übertragbarer Krankheiten, z. B. durch Schutzimpfungen und Hygienemaßnahmen in Krankenhäusern und Arztpraxen,
- Bekämpfung übertragbarer Krankheiten, z. B. durch gezielte Behandlung und Quarantänemaßnahmen,
- Vorschriften zum Infektionsschutz für Schulen und sonstige Gemeinschaftseinrichtungen,
- gesundheitliche Anforderungen an das Personal beim Umgang mit Lebensmitteln,
- Sicherheitsbestimmungen bei Tätigkeiten mit Krankheitserregern,
- Umgang mit biologischen Risikostoffen.

Darüber hinaus haben Gesundheitsämter folgende Aufgaben:
- Gesundheitsschutz mit den Teilbereichen Infektionsschutz und umweltbezogener Gesundheitsschutz,
- Gesundheitsförderung und Prävention,
- Gesundheitsberichterstattung und Epidemiologie,
- Kinder- und Jugendgesundheitsdienst,
- sozialmedizinischer und sozialpsychiatrische Beratung, Betreuung und Vermittlung von Hilfen für besondere Zielgruppen,
- amtsärztlicher Dienst und gutachterliche Tätigkeiten.

Gesundheitsämter
- informieren und beraten die Bevölkerung, Verwaltung und Politik,
- nehmen ihre Aufgaben auch in Kooperation mit Institutionen, Verbänden und Personen wahr und
- arbeiten interdisziplinär.

Arbeitsaufträge

1. Erläutern Sie, was unter einer „ansteckenden Krankheit" verstanden wird.
2. Stellen Sie dar, welche Bedeutung der Infektionsschutz im täglichen Arbeitsablauf in Ihrer Ausbildungspraxis hat und auf welche Weise Sie den Herausforderungen gerecht werden, aber auch, wo die Grenzen liegen.
3. Welches sind aus Ihrer Sicht die wichtigsten Daten des Meldeformulars des Robert Koch-Instituts für Infektionskrankheiten?
4. Welches Spannungsverhältnis von ärztlicher Schweigepflicht auf der einen und der Meldepflicht auf der anderen Seite sehen Sie und wie lässt sich begründen, dass in entsprechenden Fällen der Persönlichkeitsschutz hinter der Meldepflicht zurückstehen muss?

3. Für eine Praxis unverzichtbar
Der Wartungsvertrag

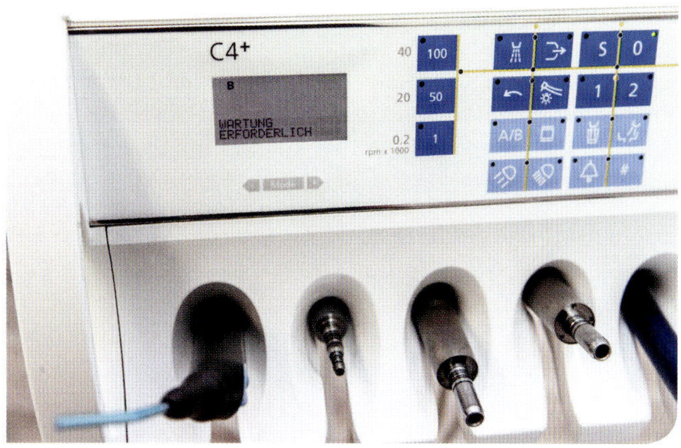

Es ist Montagvormittag und das Wartezimmer von Frau Dr. Heilmann ist voller ungeduldiger Patienten, die alle zügig behandelt werden wollen. Als Frau Windisch auf dem Stuhl im Behandlungszimmer 2 sitzt, leuchtet plötzlich am Bedienungspaneel das Blinksignal „Amalgam" auf und ein Hupsignal ertönt. Frau Dr. Heilmann ist sofort klar, dass der Amalgamabscheider einen Defekt hat, was wahrscheinlich auf einen Ausfall des Antriebsmotors hinweist. Die Trennung von Amalgam und Schmutzwasser ist also nicht mehr gewährleistet. Die Wasserzufuhr für die Rundspülung in der Speischale wurde durch das Gerät sofort gesperrt. Konsequenz: Der Behandlungsplatz kann nicht mehr genutzt werden und die geplante Behandlungsabfolge muss neu organisiert werden. „Der Techniker der Wartungsfirma muss sofort herkommen", ist die klare Anweisung von Frau Dr. Heilmann an die Mitarbeiterin Corinna Maybaum. Als nach vier Tagen trotz mehrerer Telefonanrufe immer noch niemand von der Wartungsfirma Dental-GmbH erschien, ist Frau Dr. Heilmann mit ihrer Geduld am Ende. „Wir kündigen den Wartungsvertrag und suchen uns eine Firma, die auch zu ihren vertraglichen Pflichten steht", sagt sie verärgert, als sie Corinna Maybaum mit dieser Aufgabe betraut.

Was ist ein Wartungsvertrag?
Welche Besonderheiten weist er auf?

3.1 Ein Wartungsvertrag kommt zustande

Zahnarztpraxen zählen zu der Gruppe der wartungsintensiven Betriebe. Sehr viel Zeit wird darauf verwendet, die Instrumente, Geräte und Vorrichtungen zu pflegen, intakt zu halten und, falls notwendig, auch instand zu setzen. Im Vordergrund stehen dabei die Sicherheit und Gesundheit der Patienten. Werden notwendige Wartungsarbeiten schlecht oder gar nicht ausgeführt, ist auch ein reibungsloser Behandlungsablauf gefährdet. Zeitliche Verzögerungen, unzufriedene Patienten und zusätzliche Kosten sind die Folge.

Für Wartungsarbeiten ist vor allem das Praxisteam zuständig. Gegenstände, die einer besonderen Pflege bedürfen, sind z. B. chirurgische Instrumente, Handstücke und das Mundspülbecken. Desinfektion und Reinigung gehören hier vor allem zu den Wartungstätigkeiten.

Der Gesetzgeber stellt in der Medizinprodukte-Betreiberverordnung (MPBetreibV) besondere Anforderungen an medizinische Geräte. Unfallverhütungsvorschriften ergänzen diese Bestimmungen. So darf der Zahnarzt bestimmte Geräte am Behandlungsplatz nur betreiben, wenn der Hersteller oder eine von ihm beauftragte fachkundige Person das Gerät vor Inbetriebnahme einer Funktionsprüfung unterzogen hat. Außerdem sieht der Gesetzgeber regelmäßige sicherheitstechnische Kontrollen bei Geräten mit eingebauten Hochfrequenzmodulen vor.

Das Praxispersonal wäre mit dieser Aufgabe überfordert. Es besitzt weder die notwendigen Fachkenntnisse noch verfügt es über die erforderlichen Messinstrumente und Werkzeuge, um Wartungsaufgaben dieser Art vorzunehmen. Der Zahnarzt schließt daher mit einem auf diesen Aufgabenbereich spezialisierten Betrieb einen Wartungsvertrag ab. Durch geeignete notwendige Maßnahmen wird so den gesetzlichen Vorgaben entsprochen, die Betriebsbereitschaft wird aufrechterhalten und eventuell auftretende Störungen werden schnell und fachmännisch beseitigt.

Wartungsverträge gehören zu der Gruppe der **Werkverträge.** Wie jeder andere Vertrag kommt auch der Wartungsvertrag durch Antrag und Annahme zustande. Der Antrag kann dabei von der Wartungsfirma oder dem Zahnarzt ausgehen. Häufig ist es so, dass der Zahnarzt eine unverbindliche Anfrage an eine Wartungsfirma richtet und um ein Angebot bittet (= Antrag). Ist er mit dem Inhalt des Angebots einverstanden, erteilt er der Wartungsfirma den Auftrag (= Annahme), die vereinbarten Arbeiten auszuführen. Eventuell erhält er von der Wartungsfirma noch eine ausdrückliche Auftragsbestätigung.

→ *LF2, Kap. 5*

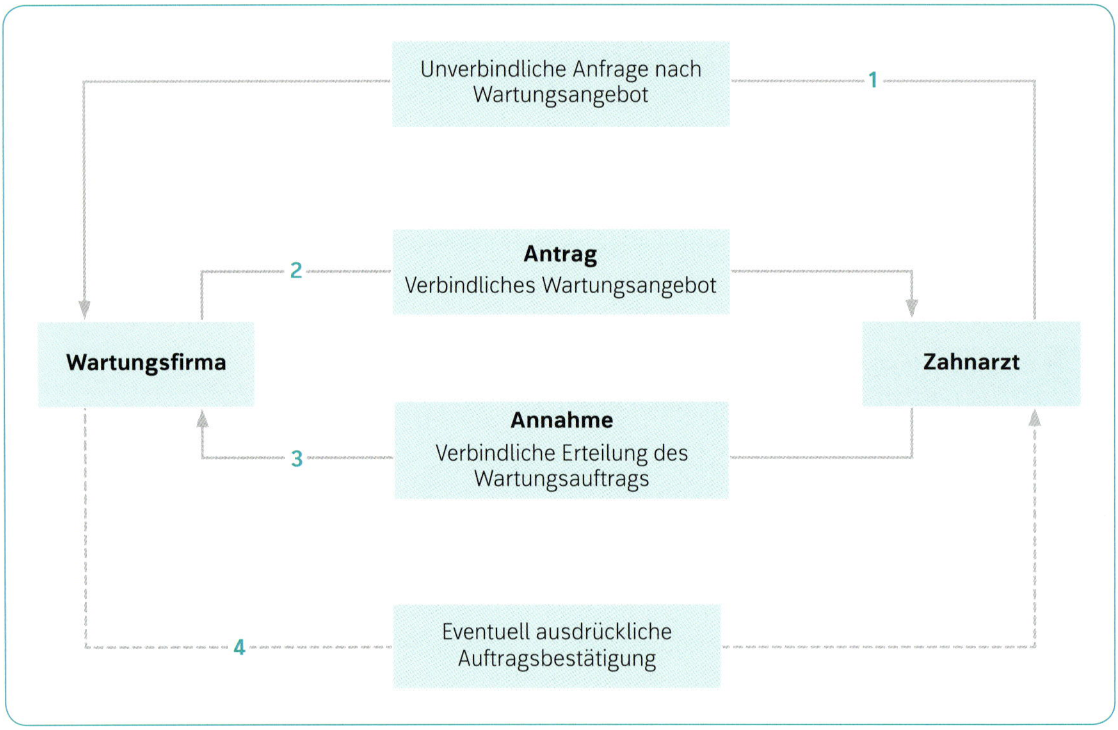

3.2 Inhalt eines Wartungsvertrages

Wartungsfirmen können die rechtliche Bindung ihrer Angebote durch Verwendung von sogenannten Freizeichnungsklauseln einschränken. Dies geschieht z. B. durch Formulierungen wie „unsere Angebote sind freibleibend und unverbindlich". Denkbar ist auch, dass die rechtliche Bindung sich nur auf einzelne Inhalte des Angebots beschränkt. Beispiel aus dem Angebot einer Wartungsfirma: „Die vereinbarten Reparaturfristen sind unverbindlich."

WARTUNGSANGEBOT
– für dental-med. Geräte –

Allgemeine Bedingungen zum Wartungsangebot
Leistungen des Auftragnehmers

Die Wartung umfasst nach gerätespezifischen Arbeits- und Messvorschriften:

a) **Betriebswartung**
- Überprüfung der elektrischen und mechanischen Sicherheit
- Funktionsprüfung gemäß Wartungsliste
- Reinigen und Fetten der mechanischen Geräteteile
- Kontrollieren der Betriebsbereitschaft der Geräte

b) **Instandhaltung und Instandsetzung**
- Durchführung der von dem Auftragnehmer für notwendig erachteten vorbeugenden Maßnahmen, insbesondere der Austausch von durch natürliche Abnutzung nicht mehr voll nutzbaren Teilen
- Durchführung der von dem Auftragnehmer zur Verbesserung der Betriebsbereitschaft als notwendig erachteten technischen Änderungen einschließlich des dazu benötigten Materials für Geräte (Modifizierungen)
- Bei Störungen oder Schäden infolge natürlicher Abnutzung: Fehlerdiagnose sowie das Beseitigen von Störungen oder Schäden mit Austausch unbrauchbar gewordener Teile
- Kosten: für die in der Anlage aufgeführten Geräte gemäß festgelegter Pauschale für 1 kompletten Arbeitsplatz eines Herstellers, zzgl. Ersatzteilen gemäß zz. gültiger Preisliste + MwSt.

c) **Sonstige Leistungen**
- Vorhaltung von technischem Fachpersonal in dem Dental-Depot
- Vorhaltung der zur Wartung benötigten Spezialwerkzeuge, Mess- und Prüfmittel
- Dokumentation durchgeführter Kontrollen, Überprüfungen, Instandhaltungs- und Instandsetzungsmaßnahmen
- Garantie auf eingebaute Ersatzteile gemäß Herstellerangaben 3 bzw. 6 Monate, ausgenommen Verschleißteile wie: Ersatzlampen, Sicherungen, Dichtungen, O-Ringe sowie Arbeitszeit und Anfahrt

Sollten Sie einen kombinierten Arbeitsplatz haben, erstellen wir Ihnen gern ein individuelles Kostenbild.
Die Wartung erfolgt während der üblichen Geschäftszeit, soweit nachstehend nichts anderes bestimmt ist.
Für die Durchführung der Wartung erstellt der Auftragnehmer in Abstimmung mit dem Kunden einen Terminplan.

Auftraggeber:	**Auftragnehmer:**
Praxisstempel:	Deuker + Neubauer Dental
Unterschrift:	Technischer Kundendienst
Datum:	

(Vgl. Deuker + Neubauer Dental, Zweigniederlassung Pluradent)

Auszug aus einer Wartungsliste, die dem Angebot zugrunde liegt:

Behandlungsstuhl		Bemerkungen
Hand- und Fußschalter	☐	Anschlüsse und Schalter auf festen Sitz prüfen
Sicherheitsabschaltung	☐	Sicherheitsschalter auf sicheres Abschalten kontrollieren
Leitungen	☐	Unterbrechungen und Befestigungen prüfen
Lager und Umlenkungen	☐	Gängigkeit und Geräusche überprüfen, ggf. reinigen und fetten
Hydraulik (wenn vorhanden)	☐	Dichtigkeit prüfen, ggf. Öl nachfüllen
Spindelmotor (wenn vorhanden)	☐	Spindel fetten, Bremse prüfen
Stuhlbefestigung	☐	Stuhlbefestigung am Boden prüfen
Polster	☐	Visuelle Kontrolle, Befestigung OK

(Vgl. Deuker + Neubauer Dental, Zweigniederlassung der Pluradent)

Rechtliche Grundlage für den Abschluss eines Wartungsvertrages ist vor allem das Bürgerliche Gesetzbuch (BGB). Ergänzt werden diese Bestimmungen durch die allgemeinen Geschäftsbedingungen der Wartungsfirma, die der Zahnarzt mit dem Abschluss des Wartungsvertrages akzeptiert. Spezialgesetze wie z. B. Medizinprodukte-Betriebsverordnung ergänzen die Vorschriften.

3.3 Pflichten der Vertragspartner

Über die einzelnen Pflichten der Vertragspartner bei einem Wartungsvertrag informiert die folgende Übersicht:

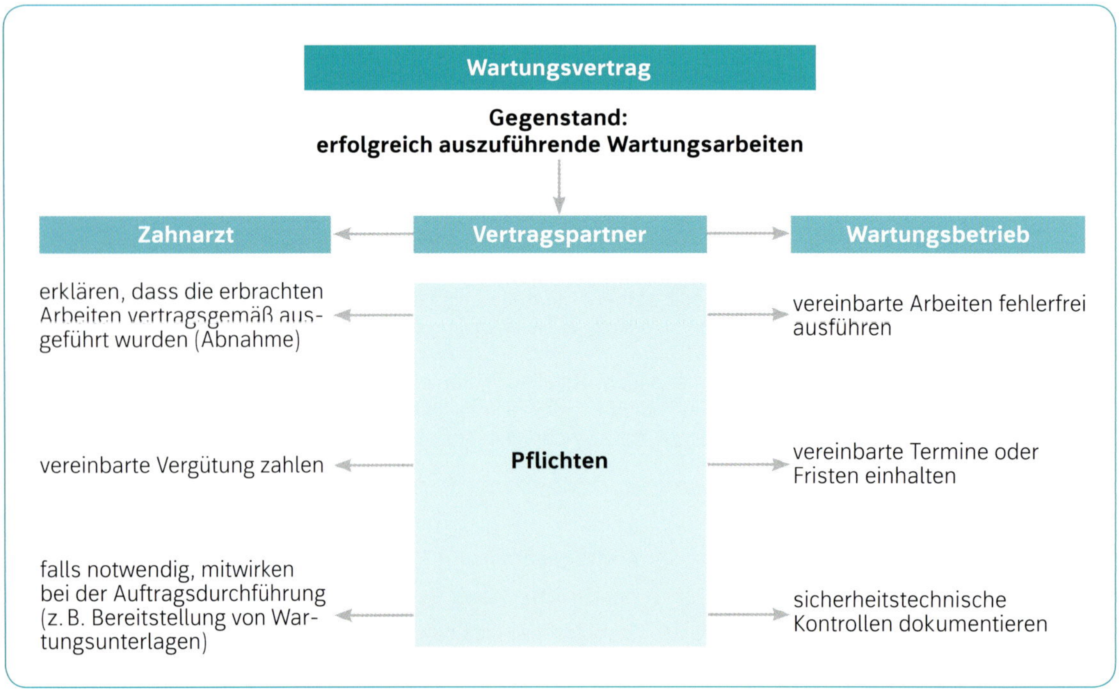

Verletzen die Vertragspartner ihre vertraglichen Pflichten, so sieht das Gesetz ein Kündigungsrecht vor. Werden z. B. die Wartungsarbeiten von einem Techniker unvollständig oder fehlerhaft ausgeführt, so kann der Vertrag gekündigt werden. Dies geht aber nur dann, wenn eine gesetzte Frist zur Nachbesserung abgelaufen ist.

Werden Arbeiten von Wartungsfirmen nur mangelhaft ausgeführt, so stehen dem Zahnarzt folgende Rechte zu: Er kann

- darauf bestehen, dass die Mängel behoben werden,
- nach Ablauf einer von ihm gesetzten angemessenen Nachfrist den Mangel selbst beseitigen oder beseitigen lassen und Ersatz seiner Aufwendungen verlangen,
- nach Ablauf einer angemessenen Nachfrist vom Wartungsvertrag zurücktreten,
- nach Ablauf einer angemessenen Nachfrist Schadensersatz verlangen (z. B. wegen Umsatzverlust aufgrund eines ausgefallenen Behandlungsplatzes).

Arbeitsaufträge

1. Beurteilen Sie, ob Frau Dr. Heilmann den Vertrag mit der Wartungsfirma Dental-GmbH in der beschriebenen Situation wirklich kündigen darf.
2. Frau Dr. Heilmann erhält ein Wartungsangebot von der Firma ProDent OHG, in dem die Formulierung steht: „Vereinbarte Reparaturfristen sind unverbindlich." Welche rechtliche Bedeutung hat diese Freizeichnungsklausel?
3. Beschreiben Sie, wie ein Wartungsvertrag zustande kommt.
4. Welche Pflichten haben Zahnarzt und Wartungsbetrieb mit dem Abschluss eines Wartungsvertrages übernommen?
5. In ein Röntgengerät wurde von einem Techniker der Firma, die einen Wartungsauftrag für die medizinischen Geräte der Praxis hat, vor wenigen Tagen ein offenbar fehlerhaftes Ersatzteil eingebaut. Das Röntgengerät kann daher nicht benutzt werden. Mehrere Mahnungen zur Beseitigung des Mangels waren bisher erfolglos. Diskutieren Sie rechtliche Möglichkeiten gegenüber der Wartungsfirma.
6. Zu welcher Art von Verträgen gehören Wartungsverträge?
7. Nennen Sie Wartungsarbeiten, die in Ihrer Ausbildungspraxis vom Praxisteam auszuführen sind.
8. Vergleichen Sie das vorstehende Wartungsangebot mit Angeboten aus Ihrer Ausbildungspraxis. Stellen Sie Unterschiede und Gemeinsamkeiten fest.

4. Nur nicht von ihnen auffressen lassen
Die Kosten einer Zahnarztpraxis

Bei den Treffen des Praxisteams tauchte in den letzten Wochen ein Wort immer häufiger auf: das Wort „Kosten". Es war die Rede von „Kosten fressen uns noch auf", „Kosten laufen uns davon" und „Kostenbewusstes Verhalten ist angesagt". Frau Dr. Heilmann betonte immer öfter, dass sie ja nicht nur Zahnärztin sei, die an das Wohl ihrer Patienten zu denken habe, sondern als Unternehmerin auch auf die Kosten achten müsse. „Ich sehe da eine Schere", so ihre Worte, „die sich zwischen zurückgehenden Erlösen aufgrund der Sparmaßnahmen im Gesundheitswesen und ständig steigenden Kosten immer weiter öffnet." Die Zahnärztin ergänzte: „Sollte es nicht gelingen, unsere Kosten zu senken, müsste ich auch unseren Personalbestand zur Disposition stellen." Als Frau Dr. Heilmann in die betroffenen Gesichter ihrer Mitarbeiterinnen schaute, fuhr sie fort: „Meine Damen, so weit ist es ja noch nicht, aber jede von Ihnen sollte sich einmal Gedanken darüber machen, wo es Möglichkeiten zur Kosteneinsparung gibt. Wir packen das schon gemeinsam."

Was sind Kosten?
Wie kann man Kosten beeinflussen?

4.1 Was sind Kosten?

Welches sind die einzelnen **Merkmale des Kostenbegriffs**? Auszug aus einer Rechnung an Frau Dr. Heilmann:

Merkmal 1
Mengenmäßiger Verbrauch von Gütern und Dienstleistungen

Merkmal 2
Verbrauch dient der Erstellung der zahnärztlichen Leistung

Wir berechnen für die durchgeführten Wartungsarbeiten:

Lohnanteil	2 Techniker à 6 Std. zu je	60,00 €	720,00 €
Material	1 Versorgungsschlauch	95,00 €	95,00 €
Nettobetrag			815,00 €
+ 19 % MwSt.			154,85 €
Endbetrag			969,85 €

Merkmal 3
Mengenmäßiger Verbrauch wird mit Euro bewertet

PRAXIS-TIPP

Kosten sind der bewertete Verbrauch von Gütern oder Dienstleistungen, der notwendig ist, um die zahnärztlichen Leistungen zu erbringen.

In Zahnarztpraxen gibt es **verschiedene Arten von Kosten.** Beispiele sind:
- Personalkosten für zahnärztliche Mitarbeiter/-innen;
- Kosten für Verbrauchsmaterial, wie z. B. Watterollen, Abdruckmaterial, Röntgenfilme;
- Raumkosten, wie z. B. Praxismiete, Strom, Wasser;
- Kosten für fremde Dienstleistungen, wie z. B. Wartungsfirmen, Sicherheitsfachkräfte;
- Zinsen für Praxisdarlehen;
- Abschreibungen auf medizinische Geräte.

4.2 Ausgaben und Kosten

Kosten dürfen nicht verwechselt werden mit Ausgaben. Beispiel: Frau Dr. Heilmann benötigt einen neuen Amalgamabscheider. Einen Vergleich von Ausgaben und Kosten zeigt folgende Übersicht.

Ergebnis: Die 1.200,00 €, die Frau Dr. Heilmann für den Kauf des Amalgamabscheiders gezahlt hat, sind Ausgaben und zunächst keine Kosten. Nur ein Teil der 1.200,00 €, nämlich 240,00 €, stellt neben den Wartungs- und Entsorgungskosten die jährlichen Kosten dar. Die 240,00 €, die als Abschreibung bezeichnet werden, sind quasi die Verschleiß- und Abnutzungskosten. Alle Kostenarten haben eine Gemeinsamkeit: Sie sind entstanden beim Verbrauch von Gütern (hier in Form von Abnutzung und Verschleiß) und Dienstleistungen (hier in Form von Arbeitszeit für Wartung und Entsorgung), die notwendig wurden, um die zahnärztliche Leistungen zu erbringen.

„Die Kosten des Gesundheitswesens laufen uns davon." Beklagt wird dieser Zustand schon seit vielen Jahren. Ein Ende der Entwicklung ist nicht abzusehen. Steigende Krankenkassenbeiträge und eine Kürzung der bezahlten Leistungen haben nicht ausgereicht, um das Gesundheitswesen finanzieren

Ausgaben →	**Kauf eines Amalgamabscheiders zu 1.200,00 €**				→		Für den Kauf des Gerätes sind **Ausgaben** von 1.200,00 € im Anschaffungsjahr angefallen
Kosten →	jährliche Wertminderung durch Verschleiß und Abnutzung 240,00 €	+	anteilmäßiger Betrag, den die Wartungsfirma erhält 30,00 €	+	anteilmäßiger Betrag, den der Fachbetrieb für Entsorgung von Amalgamresten erhält 15,00 €	=	jährliche Kosten für Amalgamabscheider 285,00 €
	↓ **Abschreibung**	+	↓ **Wartungskosten**	+	↓ **Entsorgungskosten**	=	↓ **Summe der Kosten**

zu können. Auch der Zahnarzt und seine Mitarbeiter/-innen müssen sich heute stärker als früher um Einnahmen bemühen. Sie müssen aber auch lernen „in Kosten zu denken“, denn eine wirtschaftlich gut gehende Praxis ist nicht mehr selbstverständlich. Was früher undenkbar war, ist heute alltäglich: Ärzte geben aus wirtschaftlichen Gründen ihre Praxis auf und müssen ihre Mitarbeiter/-innen entlassen.

Kostenbewusstes Verhalten ist also mehr denn je das Gebot der Stunde. Dabei sind sowohl Praxisinhaber/-in als auch seine Mitarbeiter/-innen gefordert. Sie alle können einen Beitrag zur Einsparung von Kosten leisten.

4.3 Einige Vorschläge für das Praxisteam zur Kostensenkung

- Abrechnung der Privatpatienten nicht mehr wie bisher einer ärztlichen Verrechnungsstelle übertragen, sondern selbst erledigen.
- Eventuell Wartungsverträge kündigen und einer kostengünstigeren Firma übertragen.
- Die Anschaffungskosten der Verbrauchsmaterialien (Watterollen, Röntgenfilme, Einmalhandschuhe usw.) durch den Einkauf größerer Mengen und die Gewährung von Mengenrabatt senken.
- Jetzigen Lieferanten von Verbrauchsmaterial austauschen gegen preislich günstigeren.
- Anästhetika in Zukunft auf Abruf kaufen und nur kleinere Mengen bevorraten. Die Gefahr, dass das Verfallsdatum überschritten und die unverbrauchten Mittel entsorgt werden müssen, wird so gemindert.
- Sauganlage künftig sorgfältiger reinigen, um so der Gefahr der Verkalkung vorzubeugen.
- Statt Einwegverpackungen künftig Mehrwegverpackungen verwenden und dadurch die Entsorgungskosten reduzieren.
- Prüfen, ob eine Abgabe von Überschussamalgam an die Scheideanstalt nicht kostengünstiger ist als an Entsorgungsbetrieb.

- Verstärkt Zeit und Kosten sparende Formen der zahnärztlichen Software verwenden.
- Nur in den Behandlungsräumen eine Fußbodendesinfektion vornehmen. In den anderen Räumen reicht eine normale Feuchtreinigung.
- Den Bestand an Röntgenmaterialien sorgfältiger überwachen, um nicht, wie schon einige Male passiert, einen zeitaufwändigen und kostenintensiven Stillstand bei der Behandlung zu haben.
- Mit Füll- und Abdruckmaterial sparsamer umgehen.

PRAXIS-TIPP

Wenn man über den Praxisablauf einmal gründlich nachdenkt, ist es nicht so schwer, Verbesserungsvorschläge zu machen, die sich Kosten mindernd auswirken.

Werden die Kosten einer Zahnarztpraxis unter die Lupe genommen, gilt es, Kosten und Nutzen abzuwägen. Beispiel: Hepatitis-Prophylaxe für die Mitarbeiter/-innen. Hier überwiegt eindeutig der Nutzen. Er kommt nicht nur den Patienten zugute, sondern die Hepatitis-Prophylaxe garantiert auch mehr Sicherheit im Betriebsablauf, da keine Mitarbeiterin/kein Mitarbeiter wegen dieser Infektionskrankheit längere Zeit ausfällt.

4.4 Fixe und variable Kosten

Kosten lassen sich danach einteilen, ob sie abhängig oder unabhängig von der Menge der durchgeführten Zahnbehandlung sind.

Fixe (feste) Kosten: Sie sind über längere Zeit gleich hoch, unabhängig davon, wie viele Zahnbehandlungen in einer Praxis durchgeführt werden. Dies ist z. B. der Fall bei Praxismiete, Versicherungen, Gehältern.

Beispiel

Steigt die Anzahl der Zahnbehandlungen von monatlich 600 auf 900, so bleibt die Fixkostenbelastung durch die gemieteten Praxisräume von 2.200,00 € unverändert.

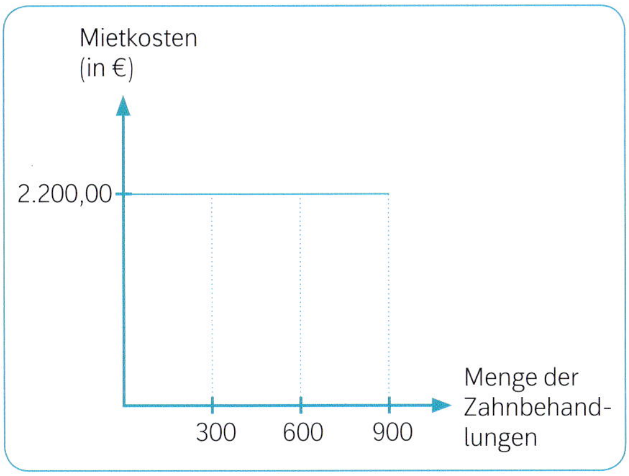

Viele fixe Kosten lassen sich mittel- oder langfristig auch abbauen. Die Kosten können damit einer veränderten Erlössituation der Praxis angepasst werden. Möglich wird dies z. B. durch die Kündigung von Versicherungs- oder Arbeitsverträgen.

Variable (veränderliche) Kosten: Sie verändern sich dann, wenn die Anzahl der durchgeführten Zahnbehandlungen zu- oder abnimmt. Beispiel hierfür sind die verschiedenen Arten von Verbrauchsmaterialien (Watterollen, Abdruckmaterial, Mundschutz usw.).

Beispiel

Erhöht sich die monatliche Anzahl der Zahnbehandlungen von 600 auf 900, so steigen auch die Kosten für das Verbrauchsmaterial von 800,00 € auf 1.200,00 €.

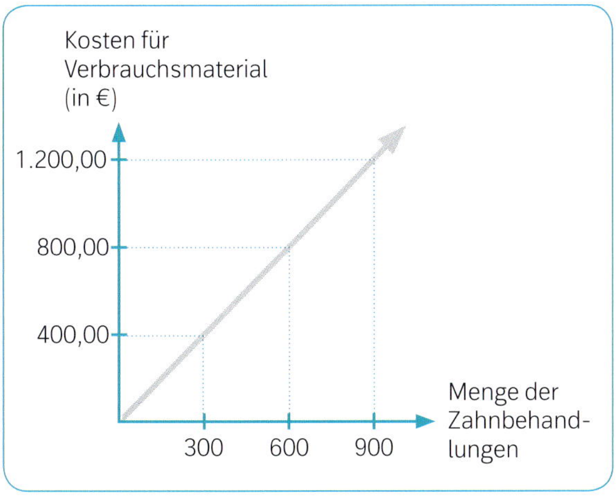

(Hinweis: Wie Sie sicherlich gemerkt haben, „hinkt" dieses Beispiel ein wenig, da je nach Art der Zahnbehandlung auch unterschiedliche Kosten für Verbrauchsmaterial anfallen. Aber trotzdem: Die grundsätzliche Aussage des Beispiels ist richtig.)

Arbeitsaufträge

1. Diskutieren Sie in der Klasse einmal über das Thema: „Wie lassen sich in einer Zahnarztpraxis Kosten senken?" Sammeln Sie die Vorschläge und legen Sie gemeinsam eine Rangfolge fest. Der Rang soll dabei ausdrücken, wie wichtig Sie diesen Vorschlag einstufen (Beispiel: 1. Rang = besonders wichtig).

2. Nehmen Sie die Vorschläge für das Praxisteam unter die Lupe. Welche finden Sie sinnvoll und welche bringen Ihrer Meinung nach nichts oder wenig, um Kosten zu sparen?

3. Durch welche einzelnen Merkmale lässt sich der Kostenbegriff beschreiben?

4. „Ausgaben sind immer auch gleich Kosten!" Nehmen Sie Stellung zu dieser Behauptung.

5. Erklären Sie am Beispiel der beiden Kostenarten „Zinsen für Praxisdarlehen" und „Befestigungs-zement" das Wesen von fixen und variablen Kosten.

6. Die Abschreibung für ein Ultraschall-Zahnsteinentfernungsgerät beträgt 620,00 € pro Jahr. Erklären Sie die Bedeutung dieser Aussage.

7. Frau Dr. Heilmann hat vergessen, Bargeld einzustecken, und entnimmt deshalb 80,00 € aus der Geschäftskasse. Eine Arbeitskollegin ist der Meinung, dass dieser Betrag als Kosten verbucht werden müsse. Bewerten Sie diese Meinung.

8. In Ihrer Klasse wird die Meinung vertreten, dass fixe Kosten ja feste Kosten seien und sich deshalb auch nicht abbauen ließen. Stellen Sie diese Meinung richtig und liefern Sie auch die entsprechende Begründung.

9. In einem Gespräch zwischen zwei Mitgliedern des Praxisteams fällt die Aussage: „Für die neue Sitzgruppe im Wartezimmer werden Kosten in Höhe von 3.650,00 € anfallen." Beurteilen Sie diese Formulierung.

10. Zeichnen Sie den typischen Kostenverlauf von variablen und von fixen Kosten in ein Koordinatenkreuz.

11. Fixe und variable Kosten addieren sich zu Gesamtkosten. In einem Koordinatensystem lässt sich dieser Zusammenhang gut darstellen und veranschaulichen. Die Kostensituation eines Betriebes zeigt folgende Werte (Menge in Stück/Kosten in Tausend €):

Menge	Fixe Kosten	Variable Kosten
10	50	40
20	?	?
30	?	?
40	?	?
50	?	?

a) Ermitteln Sie die fehlenden Tabellenwerte.
b) Ermitteln Sie die Gesamtkosten.
c) Zeichnen Sie in einem Koordinatensystem die fixen Kosten ein.
d) Tragen Sie auf die fixen Kosten die variablen Kosten ab, um die Gesamtkostenkurve zu erhalten.

5. Einfach wegwerfen geht nicht!
Sammlung, Trennung und Entsorgung von Abfällen

Das Mitarbeiterteam der Zahnarztpraxis Dr. Heilmann kommt am Freitagnachmittag zu einer Besprechung zusammen. Wichtigster Tagesordnungspunkt: Mängel beim Abfallmanagement.

Frau Dr. Heilmann und Manuela Harris führen aus, dass die Abfallsammlung und Abfalltrennung nicht richtig funktioniert. „Wir haben hier ein Problem, das wir nicht auf die leichte Schulter nehmen sollten", so die Zahnärztin zu ihren Mitarbeiterinnen. Missstände, die in den letzten Wochen auftraten, waren vor allem:

- Medikamente mit abgelaufenem Verfalldatum fanden sich wiederholt im Hausmüll wieder.
- Altröntgenfilme wurden unmittelbar neben den neueren Filmen gestapelt und nicht ordnungsgemäß beseitigt.
- Mehrwegverpackungen wurden immer häufiger von Einwegverpackungen verdrängt, was der Hauptgrund für eine ständig wachsende Menge von Verpackungsmaterial war.
- Ausgediente Wurzelheber und Sonden wurden einfach in den Instrumentenkasten zurückgelegt und nicht in den dafür vorgesehenen Abfallbehälter.

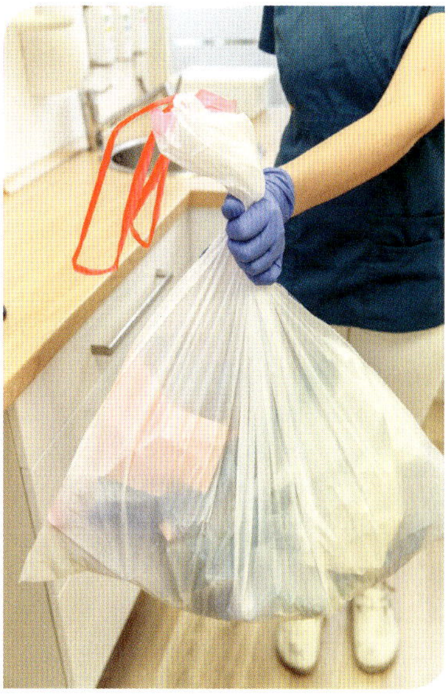

Wie sollte ein funktionierendes System des Abfallmanagements in einer Zahnarztpraxis organisiert sein?

Die Grundregel eines aktiven Abfallmanagements verlangt auch von Zahnarztpraxen folgende Verhaltensweisen zu beachten: Vermeiden; wenn das nicht geht: Verringern; was Vorrang hat vor der Entsorgung.

Gelingt es, Abfall zu vermeiden, ist die Menge des zu entsorgenden Abfalls natürlich geringer. Die Abfallvermeidung steht daher an erster Stelle eines umweltorientierten Abfallmanagements. Die Vermeidung oder Verringerung der Abfallmenge beginnt bereits beim Einkauf. Werden langlebige Produkte verwendet, nachfüllbare Materialien gekauft oder wird auch auf Mehrweg- statt Einwegverpackungen geachtet, lässt sich die Abfallmenge deutlich reduzieren.

Nicht alle Abfallarten lassen sich vermeiden und manche nur schwer verringern. Ist dies der Fall, hat der Praxisinhaber Maßnahmen zur Abfallentsorgung zu organisieren. Nach dem Abfallgesetz haftet er dafür, dass die Entsorgung in der richtigen Art und Weise erfolgt. Ein Teil der zu entsorgenden Abfälle ist relativ einfach zu behandeln. Dies gilt z. B. für anfallende Verpackungsmaterialien, die Bestandteile des normalen Papier-, Plastik- oder Hausmülls sind. Schwieriger und aufwendiger ist die Entsorgung solcher Abfälle, von denen aufgrund ihrer chemischen Zusammensetzung Gefahren für Mensch und Umwelt ausgehen können. Sie dürfen deshalb keinesfalls zusammen mit dem Hausmüll entsorgt werden.

5.1 Entsorgungsunternehmen

Der Gesetzgeber listet in der Verordnung zur Bestimmung von Reststoffen überwachungsbedürftige Stoffe auf, die einer **besonderen Entsorgung** bedürfen (z. B. amalgamhaltige Rückstände).

Zahnärztinnen und Zahnärzte bedienen sich bei dieser Aufgabe im Allgemeinen spezieller Entsorgungsfachbetriebe. Diese bedürfen für ihre Tätigkeit einer besonderen Zulassung. Zwischen ihnen und der jeweiligen Zahnarztpraxis wird ein Entsorgungsvertrag geschlossen. Hier wird festgelegt, welche umwelt- und gesundheitsschädigenden Stoffe abgeholt werden, um sie dann einer von den zuständigen Behörden zugelassenen Verwertungs- und Beseitigungsanlage zuzuführen. Bei der Übernahme der Abfälle durch das Entsorgungsunternehmen erhält die Praxis einen **Übernahmeschein.** Er ist der Nachweis für eine ordnungsgemäße Entsorgung und muss unbedingt aufbewahrt werden. Zur sorgfältigen Sammlung und Trennung der unterschiedlichen Abfälle gehört es zum kostenpflichtigen Service der Entsorgungsbetriebe, spezielle Behälter zur Verfügung zu stellen, die entsprechend des vereinbarten Entsorgungszyklus (z. B. viertel- oder halbjährlich) abgeholt und gegen leere ausgetauscht werden. Maßnahmen zur Abfallentsorgung sind in der Praxis im Hygieneplan festzulegen. Besondere Beachtung sollte auch der Plastikmüll erhalten.

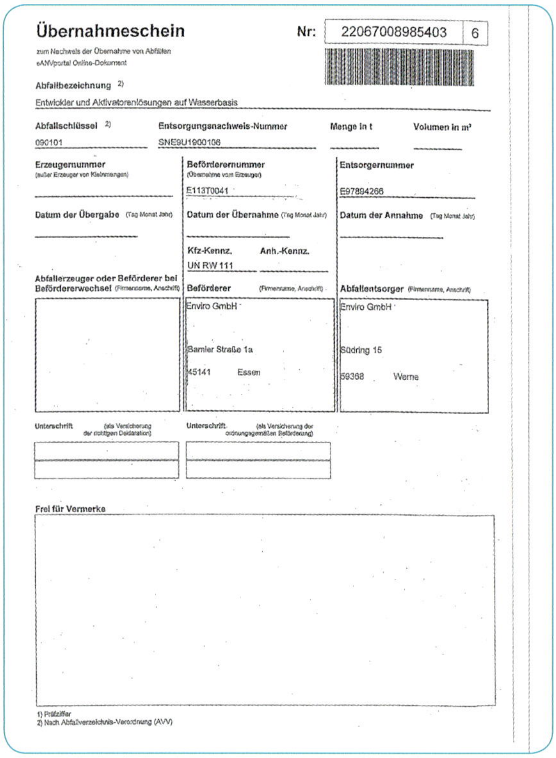

Übernahmeschein Nr: 22067008985403 | 6

zum Nachweis der Übernahme von Abfällen
eANVportal Online-Dokument

Abfallbezeichnung 2)
Entwickler und Aktivatorenlösungen auf Wasserbasis

Abfallschlüssel 2)	Entsorgungsnachweis-Nummer	Menge in t	Volumen in m³
090101	SNE9U1900106		

Erzeugernummer (außer Erzeuger von Kleinmengen)	Beförderernummer (Übernahme vom Erzeuger)	Entsorgernummer
	E113T0041	E97894266
Datum der Übergabe (Tag Monat Jahr)	Datum der Übernahme (Tag Monat Jahr)	Datum der Annahme (Tag Monat Jahr)
	Kfz-Kennz. UN RW 111 / Anh.-Kennz.	
Abfallerzeuger oder Beförderer bei Beförderwechsel (Firmenname, Anschrift)	Beförderer (Firmenname, Anschrift)	Abfallentsorger (Firmenname, Anschrift)
	Enviro GmbH, Bamler Straße 1a, 45141 Essen	Enviro GmbH, Südring 15, 59368 Werne

Unterschrift (als Versicherung der richtigen Deklaration) | Unterschrift (als Versicherung der ordnungsgemäßen Beförderung)

Frei für Vermerke

1) Prüfziffer
2) Nach Abfallverzeichnis-Verordnung (AVV)

(Enviro GmbH)

Beispiel

Aus dem Angebot eines Entsorgungsunternehmens:
Zur Sammlung unterschiedlicher Abfälle stellen wir einen Standardbehältersatz zur Verfügung. Er besteht aus:

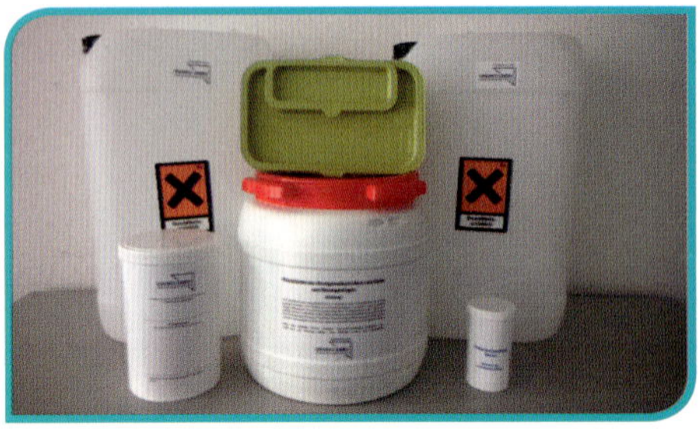

Standardbehältersatz für die Abfallentsorgung
(Enviro GmbH)

- 1 Behälter für Fixierbad (Füllmenge ca. 30 kg)
- 1 Behälter für Entwickler-Flüssigkeit (Füllmenge ca. 30 kg)
- 1 Dose für Siebe und Amalgamschlamm
- 1 Dose für extrahierte Zähne mit Amalgamfüllung
- 1 Behälter für Kanülen und Skalpelle

5.2 Abfallarten

Abfallarten in einer Zahnarztpraxis

	Abfallarten	Aufbewahrung	Entsorgung
Gruppe A	• hausmüllähnliche Praxisabfälle • Verpackungen • desinfizierte Abfälle	• Abfallsäcke • Papiertonne • Abfallbehälter, geschlossene Abfallsäcke	• Hausmüllverbrennung, -deponie • Verwertung duales System • Hausmüllverbrennung, -deponie
Gruppe B	• Spritzen, Skalpelle, Kanülen u. a. • mit Blut und Sekreten kontaminierte Abfälle wie z. B. Watterollen, Tupfer	• durchstichfeste Sammelbehälter • sicher umschlossen durch spezielle Behälter in Abfallsäcke. Aufnehmende Behälter müssen durchdringfest und abschließbar sein.	• Entsorgungsbetrieb • Hausmüllverbrennung, -deponie
Gruppe C	• mit Erregern meldepflichtiger Erkrankungen behaftete Abfälle	• sicher umschlossene Abfallsäcke, vorher aber Sterilisation bzw. Desinfektion	• Hausmüllverbrennung, -deponie
Gruppe D	• Bleifolien, Altfilme • Fixierbäder, Entwicklerbäder • Überschussamalgam • Abscheidegut aus Amalgamabscheider • extrahierte Zähne mit Amalgamfüllung, Amalgamschlamm, leere Amalgamkapseln • Altmedikamente • Batterien	• Behälter, Tüten • Kanister • dicht verschließbare Behälter • fest verschließbare Behälter mit Desinfektionsmittelzusatz • dicht verschließbare Behälter • gekennzeichnete Behälter • gekennzeichnete Behälter	• Entsorgungsbetrieb • Entsorgungsbetrieb • Abgabe zur Verwertung an Scheideanstalt oder Entsorgungsbetrieb • Abgabe an Hersteller des Amalgamabscheiders, Entsorgungsbetrieb • Entsorgungsbetrieb • Rückgabe an Apotheke, Entsorgungsbetrieb • Rückgabe an Fachhandel, Entsorgungsbetrieb

Arbeitsaufträge

1. Zeigen Sie beispielhaft einige Möglichkeiten auf, wie sich die Abfallmengen in einer zahnärztlichen Praxis verringern lassen.
2. Nennen Sie Abfallarten, die einer besonders sorgfältigen Behandlung bedürfen.
3. Informieren Sie sich in Ihrer Praxis, durch wen und wie häufig die Entsorgung von Abfällen erfolgt, die aus umwelthygienischer Sicht besondere Anforderungen stellen.
4. Eine Ihrer Arbeitskolleginnen findet die strengen Bestimmungen über die Abfallentsorgung in Zahnarztpraxen sehr übertrieben. „Das kostet nur viel und bringt wenig“, so ihre Meinung. Versuchen Sie, diese Meinung zu entkräften.

Lernfeld 6

Praxisabläufe organisieren

Sie analysieren die im Zusammenhang mit der Verfolgung von Praxiszielen auftretenden zeitlichen Abläufe in der Praxisorganisation und -verwaltung. Sie verschaffen sich einen Überblick über Möglichkeiten der Terminplanung und nutzen Ihre Kenntnisse über Bestellsysteme bei der Terminvereinbarung unter Berücksichtigung von Patienten- und Praxisinteressen. Auf die im Zusammenhang mit der zahnärztlichen Behandlung relevanten Regelungen der Sozialgesetzgebung weisen Sie den Patienten hin. Darüber hinaus informieren Sie ihn über den auf den Behandlungsfall bezogenen Praxisablauf, nehmen Fragen und Beschwerden entgegen und entwickeln fallbezogene Lösungsmöglichkeiten. Sie erkennen und schätzen Konfliktpotenzial ein, vermeiden durch vorbeugendes Verhalten dessen Entfaltung und tragen durch situationsgerechtes Verhalten zur Konfliktlösung bei. Sie reflektieren Verwaltungsabläufe unter den Gesichtspunkten Zeitmanagement und Qualitätssicherung, entwickeln und erstellen für standardisierte Arbeitsabläufe Formulare und Pläne. Sie organisieren die Archivierung von Behandlungsunterlagen und Dokumentationen zu Rechtsverordnungen unter Beachtung der Aufbewahrungsfristen und des Datenschutzes und beurteilen Ablagesysteme unter Kosten-Nutzen-Aspekten. Sie überwachen den Posteingang, bewerten ihn im Hinblick auf die weitere Bearbeitung und bereiten unter begründeter Auswahl der Versendungsform den Postausgang vor. Auf der Grundlage der gesetzlichen und vertraglichen Bestimmungen stellen Sie die Abrechnungsunterlagen für die Leistungsabrechnung mit den Kostenträgern zusammen und erledigen den damit im Zusammenhang stehenden Schriftverkehr. Sie nutzen aktuelle Medien der Informationserfassung, -bearbeitung und -übertragung.

1. Organisation ist nicht alles – aber ohne sie ist alles nichts
Aufbau- und Ablauforganisation

Selma Kasta war „mitten in der Arbeit“, als die Chefin sie zum wiederholten Male in das Behandlungszimmer rief. „Frau Kasta, ich brauche Sie ...“, waren ihre beliebtesten Worte. Selma war gerade dabei, den Eingang der Privatliquidationen zu prüfen. Weil niemand am Empfang war, musste sie hier auch „alle Nase lang“ ans Telefon. Und Corinna Maybaum hatte ihr gesagt, dass ein Brief unbedingt bis 16:00 Uhr zur Post gebracht werden müsse – jetzt war es schon 15:45 Uhr. Und nun sollte sie zu Frau Dr. Heilmann zur Assistenz in den Behandlungsraum 1. „Eigentlich ist es ja ein gutes Gefühl, wenn man überall gebraucht wird“, dachte sie sich, aber so hatte es nun auch keinen Zweck.

„Es muss doch klar geregelt sein, wer für was zuständig ist und wer wem was zu sagen hat! Jeder verlangt, dass ich meine Arbeit ordentlich verrichte, aber bei diesem Chaos ist das nicht zu schaffen. Und wenn ein Fehler passiert, dann schiebt man mir vielleicht noch die Schuld zu.“ Selma versuchte mit ihrer Ausbilderin zu reden. Aber auch die hatte kaum Zeit.

Welche Anforderungen sind an eine funktionierende Organisation zu stellen?

1.1 Aufbauorganisation

Unter Aufbauorganisation versteht man die strukturierte Zuordnung von Aufgabenbereichen. Damit sind eine Aufgabenteilung und eine Spezialisierung verbunden. Die Zuständigkeit der Mitarbeiter/-innen ist u. a. in der Stellen- oder Arbeitsplatzbeschreibung enthalten oder lässt sich zumindest daraus ableiten.

Aus der Vielzahl der internen Beziehungen muss ein eindeutiges Bild der Zuständigkeiten abgeleitet werden, damit klar ist, wer für welche Aufgaben zuständig und wer wem gegenüber weisungsbefugt und/oder weisungsgebunden ist.

Dabei wird in folgenden Schritten vorgegangen:

1. Schritt: **Aufgabenanalyse**
   Alle überhaupt in einer Zahnarztpraxis anfallenden Einzeltätigkeiten werden aufgelistet. Ziel: Feststellung, was geleistet werden muss, um den Aufgaben gerecht zu werden.

Verwaltungsaufgaben	Behandlungsaufgaben	Abrechnungsaufgaben
Anmeldung	Assistenz am Stuhl	Monatsabrechnungen
Telefon	Labor	Quartalsabrechnungen
Empfangsbereich	Röntgen	Privatliquidationen
Schriftverkehr	Beratung (z. B. Prophylaxe)	
Postverkehr		
Bestellwesen		

2. **Schritt: Aufgabensynthese**
   Sogenannte zuordnungsreife Teilaufgaben werden nunmehr zusammengeführt. Der Tätigkeitsbereich wird dann von einzelnen Personen wahrgenommen. Wichtig ist, dass die Aufgabenbündelung sinnvoll ist, aber auch im Einklang mit der zur Verfügung stehenden Arbeitskapazität steht.

3. **Schritt: Stellenbeschreibung**
   Am Ende der Aufgabensynthese steht die Stellenbeschreibung. In ihr wird konkret festgelegt, welche Aufgaben von einer Stelleninhaberin wahrgenommen werden müssen. Die Stellenbeschreibung bildet die Grundlage für den Tätigkeitsumfang und die Entlohnung.

In einer **Stellenbeschreibung** wird zusammengefasst, welche Aufgaben eine Mitarbeiterin/ein Mitarbeiter hat. Dabei werden die Zuständigkeiten und Handlungsspielräume klar definiert. Aus einer Stellenbeschreibung lässt sich ableiten, welche Tätigkeiten von einer Mitarbeiterin/einem Mitarbeiter erwartet werden und welche sie oder er zu erfüllen hat. Im Umkehrschluss lässt sich aber auch feststellen, für welche Arbeiten eine Mitarbeiterin/ein Mitarbeiter normalerweise nicht herangezogen werden kann. Je größer eine Praxis, desto wichtiger ist es, dass die einzelnen Mitarbeiter/-innen klare Zuständigkeitsbereiche haben. Dies gilt ganz besonders für Praxisgemeinschaften, Gemeinschaftspraxen oder Zahnkliniken, weil hier zusätzlich auch die Frage zu klären ist, welche Zahnärzte den einzelnen Mitarbeiter/-innen Anweisungen erteilen können.

Stellenbeschreibung
Zahnmedizinische Fachangestellte Zahnarztpraxis Dr. Heilmann

Name	Corinna Maybaum
Einsatzbereich	Verwaltung/Abrechnung Vollzeitstelle
Besondere Aufgaben	Ausbilderin
Weisungsbefugnis	gegenüber Auszubildenden
Ausbildung	Zahnmedizinische Fachangestellte Ausbildereignungsprüfung
Allgemeine Tätigkeitsmerkmale	• Kenntnisse in medizinischer Dokumentation • Selbstständige Korrespondenz mit Kostenerstattern • Erstellung von Heil- und Kostenplänen • Management der Rezeption • Selbstständige Erstellung von Monats- und Quartalsabrechnungen • Führung des Kassenbuches • Erstellung von Privatliquidationen • Überwachung der Zahlungseingänge • Führung der Geräte- und Röntgenkontrollbücher
Anforderungen an die Persönlichkeit und Arbeitsausführung	Arbeit im Team, Offenheit, konsequente Einhaltung der datenschutzrechtlichen und sonstigen standesorganisatorischen Vorschriften, insbesondere im Hygienebereich
Besonderer Aufgabenbereich	• Mitglied im Prüfungsausschuss Zahnmedizinische Fachangestellte • Beauftragte für die Einführung und Umsetzung des Qualitätsmanagements nach Z-PMS (Zahnärztliches Praxis-Management-System)

Datum, Unterschrift	Datum, Unterschrift
________________	________________
Dr. Heilmann	C. Maybaum

1.2 Grundsätze der Organisation

Organisationsgrundsätze sind immer mit einem Ziel verbunden. Eine Überorganisation, d. h. der Versuch, alles in allen Einzelheiten regeln zu wollen, kann einen sinnvollen Ablauf in einer Zahnarztpraxis ersticken. Wird hingegen zu wenig organisiert, kann die Aufgabenverteilung in ein Chaos führen, weil niemand weiß, wofür er zuständig ist. Das organisatorische Gleichgewicht ist erreicht, wenn man das richtige Verhältnis zwischen folgenden Begriffen findet:

- Klarheit
- Stabilität
- Flexibilität
- Zweckmäßigkeit
- Wirtschaftlichkeit

Alles, was den organisatorischen Rahmen überschreitet, fällt in den Bereich der **Improvisation** und der **Disposition**.

Hier sind die Qualifikationen der Mitarbeiter/-innen in einem ganz besonderen Maße gefragt, denn es reicht nicht aus, „nur" Fachwissen anwenden zu wollen.

Einliniensystem

Jede Mitarbeiterin/jeder Mitarbeiter hat Vorgesetzte, die allein berechtigt sind, Anweisungen zu erteilen, z. B.:

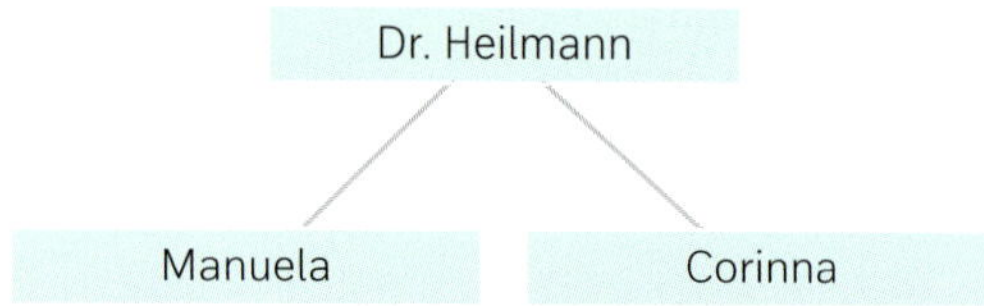

Mehrliniensystem

Anweisungen an nachgeordnete Stellen (Mitarbeiter/-innen) können von mehreren Vorgesetzten ausgehen, z. B.

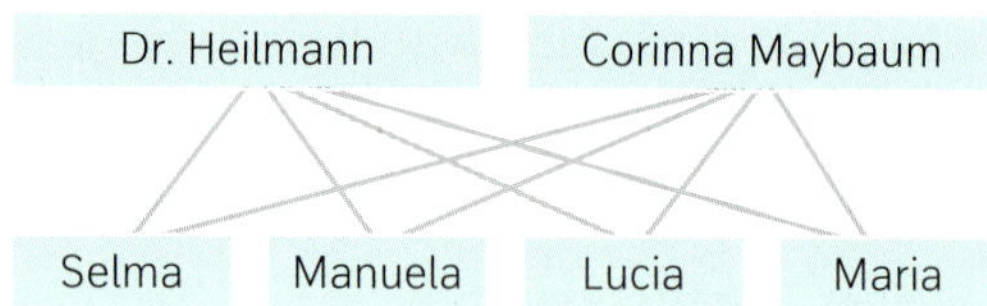

Für Vorgänge, die sich häufig wiederholen und an der Tagesordnung sind, sollten ebenso klare und einheitliche Regelungen vorhanden sein wie für Ereignisse, die zwar zeitlich nicht exakt vorhersehbar sind, mit denen man aber rechnen muss (z. B. Personalausfälle durch Krankheit). Alles andere unterliegt der **situativen Flexibilität des Handelns.**

Arbeitsaufträge

1. Was kennzeichnet die Aufbauorganisation?
2. Wie kommt man von der Aufgabenanalyse zur Stellenbeschreibung?
3. Wovon hängt die Anzahl der Stellen in einer Praxis ab?
4. Erläutern Sie die einzelnen Begriffe zu den Grundsätzen der Organisation.
5. Aus der Eingangssituation ist abzuleiten, dass die Praxis Dr. Heilmann kaum arbeitsfähig ist. Führen Sie ein Rollenspiel mit folgender Verteilung durch
   - Zahnarzt, der sich verpflichtet sieht, zu behandeln, weil er die Patienten nicht abbestellen möchte und auch an die Kosten denkt, die ja ohnehin vorhanden sind. Er ist der Meinung, er schafft das schon ...;
   - Mitarbeiter/-innen, die darüber diskutieren, wie sie das überhaupt schaffen sollen;
   - Schmerzpatienten, die anrufen und einzig und allein wollen, dass ihnen geholfen wird. Alles andere ist ihnen egal.

2. Gemeinsam sind wir stark
Teamgeist steht über allem und hilft Konflikte zu lösen

Die heutige Arbeitswelt wird in immer stärkerem Maße von der Zusammenarbeit der Mitarbeiter/-innen geprägt. Hintergrund ist, dass die Aufgabenbereiche so vielfältig sind, dass sie von einem/r Mitarbeiter/-in nicht allein bewältigt werden können.

Teamarbeit ist daher das Schlüsselwort, das auch für Ihre Arbeit in der Zahnarztpraxis gilt.

Der Erfolg bei der Behandlung der Patienten steht dabei ohne Zweifel im Vordergrund. Dieser medizinische Erfolg hat aber „Väter“ und „Mütter“. Die Wurzeln dafür liegen nicht nur unmittelbar am Behandlungsstuhl, wenn der Zahnarzt und seine ZFAs zusammenarbeiten. Es geht auch um den Umgang mit den Patienten sowie die Zusammenarbeit im „Back-Office“.

Ganz gleich, ob die Behandlungstermine für die Patienten zu planen und zu koordinieren sind oder der Praxisbedarf zu erfassen ist, es muss immer wieder miteinander gesprochen werden. Absprachen sind notwendig, um die verschiedenen Pläne miteinander zu koordinieren und so bestmögliche Lösungen zu finden.

Unabhängig davon hat auch in einer Zahnarztpraxis jeder seine eigene Rolle. Aber trotz seiner viel höheren medizinischen Qualifikation wäre der Zahnarzt ohne die Mitwirkung seiner ZFAs auf sich allein gestellt und in vielen Fällen hilflos und überfordert. Umgekehrt verhält es sich bei den ZFAs, die trotz ihrer wertvollen Arbeit ohne den „Chef“ oder die „Chefin“ allein auch keine Beschäftigung hätten.

Gerade weil die Rollen und die Aufgaben im Praxisteam so unterschiedlich sind, spielt die interne Kommunikation – die Verständigung der einzelnen Gruppenmitglieder untereinander – eine nicht zu unterschätzende Rolle für den Erfolg bzw. Misserfolg des Gesamtteams.

Ein Praxisteam ist jedoch kein Team, keine für immer bestehende unveränderliche Einheit. Aufgrund personeller Veränderungen und immer wieder neuer Herausforderungen können Teams entsprechend den jeweiligen Belangen neu gebildet werden. Ein noch so ausgeprägtes „Wir“-Gefühl darf nicht verhindern, dass Neue eine Chance haben, sich in das Team zu integrieren und von den bisherigen Mitarbeiter/-innen akzeptiert werden.

Der Erfolg der Arbeit im Praxisteam wird von folgenden Regeln bestimmt:

- Klare Zielsetzung
- Gemeinsame Werte und Kultur
- Loyale Zusammenarbeit
- Offene Kommunikation
- Wertschätzender Umgang mit Konflikten

Welche Anforderungen haben zeitgemäße Arbeitsplätze in einer Zahnarztpraxis zu erfüllen?
Welche besondere Bedeutung hat die Teamarbeit und an welche Bedingungen ist sie geknüpft?
Wie erleben Sie die Teamarbeit in Ihrer Praxis?

2.1 Ein „WIR-Gefühl“ für Vertrauen und Motivation

Das traditionelle System einer klaren Rollenverteilung, die eher von einem Übereinander als von einem gleichberechtigten Nebeneinander geprägt ist, gerät mehr und mehr ins Abseits. In einer Zahnarztpraxis ist jeder auf jeden angewiesen. Daher sollte an oberster Stelle auch das **„WIR-Gefühl“** stehen.

Dieses Gefühl muss nicht von vornherein da sein. Es kann sich entwickeln und wird von Stufe zu Stufe, vor allem aber mit jedem Erfolgserlebnis stärker, weil sich das Team insgesamt stark fühlt, um die Aufgabe zu meistern. Häufig reicht es nicht, nur von dem Teamgedanken zu reden, sondern man fasst die Leitidee der Teamarbeit oft in einem Leitmotiv zusammen.

Die folgenden Sätze sind nur Beispiele, die zeigen, dass ein Leitmotiv kurz und knapp formuliert werden kann. Es bindet und verbindet, lässt aber auch genügend Luft zur persönlichen Entfaltung.

Wir sind ein Team.
Wir haben ein Ziel.
Wir bewegen etwas.
Wir schaffen es.
Wir wissen, wie es geht.

Je stärker der Zusammenhalt im Team ist und je geschlossener das Team gegenüber den Patienten auftritt, desto überzeugender wird die Qualität der Arbeit sein.

Ein Team lässt sich durch folgende Grafik umschreiben:

Toleranz
bezüglich der Meinungen anderer Gruppenmitglieder

Ein Team
ist eine aus mehreren Personen bestehende Gruppe, die ein gemeinsames Ziel verfolgt.

Akzeptanz
Gegenseitige Achtung von Wortbeiträgen oder Anmerkungen der anderen Gruppenmitglieder.

Überzeugungskraft
eigener sachbezogener Argumente

2.2 Erfolgsfaktoren der Teamarbeit

Die Säulen des Erfolges der Teamarbeit liegen in drei Bereichen[1]:

Leistungsorientierung	Regelkommunikation	Verbindlichkeit
Wenn gemeinsame, vor allem aber eindeutige Ziele vorliegen, dann unterstützen und motivieren sich die Teammitglieder.	Regelmäßige Teambesprechungen sind wichtig, damit die Ziele auch nachhaltig von allen anerkannt werden.	Vereinbarte Ziele und Vorgehensweisen müssen selbstverständlich sein und dürfen nach außen nicht infrage gestellt werden.

1 Vgl. www.4managers.de.

Teamarbeit bedeutet, dass die einzelnen Mitarbeiter/-innen gemeinsame Ziele verfolgen. Die Ziele eines Teams müssen verschiedenen Anforderungen genügen:

- eindeutige Formulierung
- schriftliche Festlegung
- messbares Ergebnis
- vorhandene Akzeptanz
- Verbindlichkeit für alle Mitglieder des Praxisteams

2.3 Teambesprechungen

Teamarbeit ist nicht nur ein Schlagwort. Gemeinsamkeit, wie sie vorangehend beschrieben wurde, muss man täglich leben und mit Inhalten füllen. Damit Teamarbeit zum Erfolg führt, sind regelmäßige **Teambesprechungen** unerlässlich. Hier können Dinge erörtert werden, die im Laufe eines Tages oder im Laufe einer Woche angefallen sind. Solche Besprechungen bieten eine Menge Vorteile:

- Man lernt die persönlichen Probleme, aber auch die charakterlichen Eigenschaften der Kolleginnen und Kollegen, aber auch die der Zahnärztin/des Zahnarztes besser kennen.
- Im kleinen und abgeschlossenen Kreis lassen sich Probleme offen ansprechen. Dies ist im Praxisalltag nicht immer möglich.
- Teambesprechungen können wie ein Ventil wirken und verhindern, dass sich Frust und Verdruss aufbauen.
- Neue Ideen werden in Teambesprechungen „geboren", erörtert und gefördert.
- Gedanken und Anregungen führen zu konkret umsetzbaren Verbesserungsvorschlägen.

Teambesprechungen ...

- müssen regelmäßig stattfinden;
- sollten von vornherein zeitlich begrenzt sein;
- haben den größten Erfolg, wenn sie in einer angenehmen Atmosphäre stattfinden;
- benötigen eine ausgeglichene Gesprächsführung;
- haben keinen Platz für individuelle Probleme, die nur in einem 4-Augen-Gespräch zu klären sind;
- sollten ergebnisorientiert ablaufen, d. h., man muss mit einem konkreten Ziel beginnen.

2.4 Umgang mit Konfliktsituationen

Konfliktsituationen lassen sich nie ganz ausschließen. Zu häufig wird dabei die Frage nach der vermeintlichen Schuld gestellt. Sie ist oft aber überflüssig, denn viel wichtiger ist die Konfliktbereinigung. Aber Sie können als Zahnmedizinische Fachangestellte weder Ihren Chef umerziehen noch Ihre Patienten nachhaltig ändern. Das heißt, dass Sie sich in einem hohen Maße anpassen müssen. Auf keinen Fall ist dies damit gleichzusetzen, dass Sie sich selbst und Ihre Rechte aufzugeben haben.

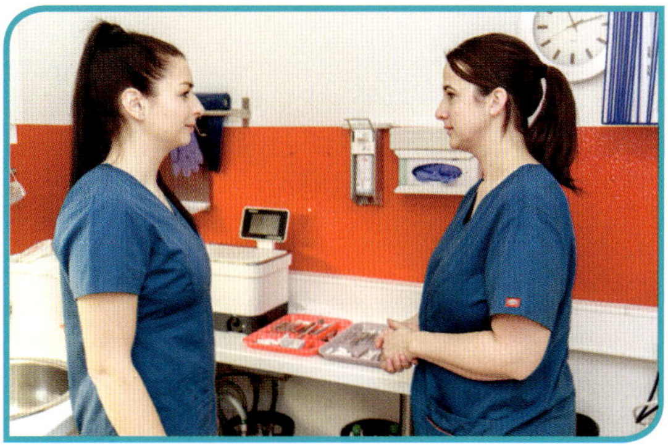

Aber es gibt **Verhaltensweisen,** die – wenn Sie von Ihnen angewandt werden – dazu führen können, dass der „Funke überspringt" und sich das Klima verbessert.

Im Konfliktfall sind immer mindestens zwei Personen betroffen. Es geht aber in erster Linie darum, was **Sie** tun können, um Konflikte zu bereinigen. Dazu einige Tipps:

- Im Team ist man nie allein. Aber recht haben und Recht bekommen ist nicht nur vor Gericht zweierlei. Es gibt einen alten Spruch: „Die Klügere gibt nach." Man sollte sich überlegen, was man selbst tun kann, um aus einem Konflikt herauszukommen, und dem anderen eine „Brücke" bauen.
- Lassen Sie den anderen ausreden. Zuhören ist oft besser als Mitreden.
- Einigkeit macht stark. Lassen Sie sich nicht auseinanderdividieren. Sie haben die gleichen Ziele.

→ *LF 1, Kap. 10*

Arbeitsaufträge

1. Die Teamfähigkeit wird oft als Schlüsselqualifikation bezeichnet. Warum?
2. Wodurch zeichnet sich ein erfolgreiches Team aus?
3. „Wer den Hafen nicht kennt, für den steht kein Wind günstig." Was kann mit diesem Spruch in Bezug auf die Teamarbeit gemeint sein?
4. Wo sehen Sie bei den Diskussionen zum Thema Teamarbeit die besondere Rolle der Chefin/des Chefs im Umgang mit ihrem Praxispersonal und welche persönlichen Erfahrungen haben Sie damit evtl. schon gemacht?
5. Unterschiedliche Meinungen zu bestimmten Dingen wird es immer geben. Wann wird Ihrer Auffassung nach aus einer Meinungsverschiedenheit ein Konflikt?
6. Teamsitzungen sind kein Allheilmittel zur Sicherstellung eines reibungslosen Praxisablaufes. Wovon hängt es ab, ob eine Teamsitzung erfolgreich verläuft oder nicht?
7. Martina Buse wird als Zahnmedizinische Fachangestellte ausgebildet. Sie schildert der Klasse folgendes Problem:

   „In unserer Praxis wird seit zwei Monaten ein Assistenzarzt beschäftigt. Anfangs fand ich ihn ja unheimlich nett. Er nimmt sich wirklich viel Zeit für mich und erklärt mir alles, was ich wissen will. Langsam wird mir die Sache aber aus einer anderen Sicht unheimlich. Ich werde das Gefühl nicht los, dass er oft nur einen Vorwand sucht, um mich von den anderen abzukoppeln. Mal bestellt er mich früher, mal soll ich länger bleiben. Er sagt, dass viele Dinge einfach nicht während des normalen Praxisablaufes erklärt und besprochen werden könnten, z. B. Röntgenaufnahmen oder Laborberichte. Seine Augen kleben dann förmlich an mir", schildert Martina ihre Eindrücke. Meistens müsse nur etwas aufgeräumt werden, aber das könnte man problemlos auch zu anderen Zeiten erledigen. „Ich habe schon mehrfach darum gebeten, pünktlich nach Hause gehen zu können, weil ich auch eine Fahrgemeinschaft habe." Und das Ergebnis: „Er lädt mich nach der Arbeit zum Essen ein und will mich dann nach Hause fahren. – Er macht mir auch ständig offene und versteckte Komplimente wegen meines Aussehens. Ich will das alles nicht und fühle mich belästigt. Was soll ich tun? Ich traue mich nicht, ihn direkt anzusprechen. Soll ich zum Chef gehen? Soll ich erst einmal mit meinen Kolleginnen sprechen. Oder soll ich mich an die Ausbildungsbeauftragte der Zahnärztekammer wenden? Ich weiß es nicht ..."

a) Fassen Sie zusammen, worin Martinas Problem besteht, und erörtern Sie mögliche Gründe, warum sie nicht den direkten Weg eines Gesprächs mit dem Assistenzarzt geht, sondern das Problem mit sich herumträgt.

b) Simulieren Sie ein Gespräch, in dem eine Person die Rolle von Martina und eine andere die Rolle des Assistenzarztes einnimmt, der davon überzeugt ist, dass er nichts Falsches getan hat. Die anderen Schüler/-innen beobachten das Gespräch und machen sich Notizen über die Stärken und Schwächen der Kontrahenten.

3. Damit es läuft ...
Terminplanungen im Praxisteam

Eigentlich funktionierte das Patientenbestellsystem in der Praxis Dr. Heilmann ganz gut. Den Mitarbeiterinnen gelang es, bei den Terminen, die vergeben wurden, die Behandlungsdauer recht genau vorauszusehen. Wenn dann auch die Patienten pünktlich kamen, war alles okay. In der Regel braucht niemand länger als 20 Minuten zu warten. Aber es gab auch Tage, an denen „hinten und vorne" nichts klappte.

Corinna Maybaum: „Wenn plötzlich Schmerzpatienten auftauchen oder wenn Privatpatienten unbedingt sofort behandelt werden wollen, dann wirft das unsere ganze Planung über den Haufen. Aber was sollen wir tun? Mit einer offenen Sprechstunde geht es gar nicht, denn dafür ist unsere Praxis zu gut besucht. Und abweisen können und wollen wir auch keinen Patienten – auch wenn nicht jeder Schmerzpatient auch wirklich Schmerzen hat."

Welche Aufgaben hat die Terminplanung in einer Zahnarztpraxis zu erfüllen und wie setzt man das am besten um?

3.1 Grundsätze der Zeitplanung

Zeitplanung bedeutet, dass man den täglichen Praxisablauf möglichst optimal vorstrukturiert. Jede Planung benötigt zwar eine gewisse Flexibilität, um auf unvorhersehbare Ereignisse (z. B. Notfälle) reagieren zu können, aber eine Planung, die nur auf Improvisation aufgebaut ist, verdient den Namen nicht. Der Umgang mit Zeit und Terminen will gelernt sein. Dazu gehört auch eine möglichst große Disziplin, um nicht durch das eigene Verhalten die Grundlagen des Timemanagements zu zerstören.

Regel Nr. 1: Zeitvorgaben
Viele zahnärztliche Behandlungen wiederholen sich oft und sind daher zeitlich relativ leicht kalkulierbar. Dies gilt sowohl für Routineuntersuchungen und Befundbesprechungen als auch für eine ganze Reihe von Standardeingriffen wie Füllungen, Extraktionen, Untersuchungen usw.

Hierfür sollten vom Zahnarzt zusammen mit seinen Fachangestellten feste Durchschnittszeiten eingeplant werden, die sich aus Erfahrungswerten plus einem angemessenen Zeitpuffer zusammensetzen. Hinzu kommen abrechnungstechnische Vorgaben, die zwar nicht immer im Einklang mit der tatsächlich benötigten Zeit stehen, die aber trotzdem zu beachten sind.

Regel Nr. 2: Es geht nicht ohne Pufferzeiten
Weder Zahnarzt noch Patienten sind Maschinen. Man wird es kaum erreichen, dass auch bei einer noch so ausgeklügelten Planung nicht doch Reservezeiten benötigt werden. Daher sollte der Terminplan Luft

lassen für unvorhersehbare Ereignisse (Schmerzpatienten, Notfälle, längere Behandlungszeiten usw.). Wo die Pufferzeiten liegen, ist nicht egal. Sinnvoll ist es, sie am Ende eines Behandlungszeitraums einzuplanen (z. B. durch Freihalten der letzten 30, 45 oder 60 Minuten vormittags und nachmittags).

Man wird feststellen, dass diese Zeiten nie oder nur ganz selten frei bleiben. Plant man die Pufferzeiten nicht ein, gibt es nur drei Möglichkeiten:

- Behandlungszeiten der Patienten versuchen zu verkürzen (scheitert in der Regel aus medizinischen, aber auch aus grundsätzlichen Erwägungen).
- Einige der wartenden Patienten nach Hause schicken, wenn die Konsultation nicht dringend erscheint (dürfte auch nur eine theoretische, aber praktisch kaum umsetzbare Möglichkeit sein).
- Schmerzpatienten müssen in der eigentlich vorgesehenen Pause, d. h. nach regulärem Praxisschluss, behandelt werden. Dadurch erhöhen sich die Arbeitsbelastung und der Stress.

Regel Nr. 3: Disziplin bei der Terminplanung

Es spricht nichts dagegen, dass der Zahnarzt keine Behandlungsmaschine ist, sondern auch einmal ein persönliches Wort für die Patienten übrig hat. Gerade in schwierigen Situationen, aber auch ganz allgemein bei der Behandlung von Kleinkindern oder auch sehr alten Patienten ist ein besonderes Einfühlungsvermögen des Zahnarztes nötig.

Eine gute Mitarbeiterin berücksichtigt dies bereits in der Zeitplanung. Trotzdem ist auch der Arzt gefordert, sich dem Diktat der Uhr zu beugen. Wer von den Patienten Pünktlichkeit und Zuverlässigkeit erwartet, muss auch selbst Zeitdisziplin anlegen. Wenn der Zahnarzt überzieht, wird es kritisch, weil dann die ganze Zeitplanung zu scheitern droht.

Folge: Die Wartezeiten verlängern sich, es gibt keine Möglichkeit mehr, eine kurze Pause einzulegen, in der nicht nur eine Tasse Kaffee getrunken werden kann, sondern in der der Zahnarzt und die Mitarbeiter/-innen auch wichtige Informationen austauschen oder wichtige Rückrufe tätigen können. Die Patienten werden ungeduldig, die Fachangestellten werden hektisch. Kommt dann noch ein Notfall hinzu, ist am Terminplan nichts mehr zu retten.

Also: Es müssen zwischen Zahnarzt und Mitarbeiterinnen/Mitarbeitern Absprachen über das Informationssystem bei Zeitüberschreitungen getroffen werden. Dafür reicht es beispielsweise, einmal kurz durchzuklingeln oder unter einem Vorwand in das Behandlungszimmer zu gehen und dem Zahnarzt möglichst unauffällig ein Kärtchen mit einer Zahl, die die Zeitüberschreitung oder die Anzahl der wartenden Patienten enthält, zu geben.

Regel Nr. 4: Zusammenarbeit ist alles

Immer wieder kommt es vor, dass die Terminvergabe unkontrolliert erfolgt und unterschiedliche Handhabungen des Terminbuches zu Terminüberschneidungen führen. Dies gilt besonders dann, wenn mehrere Fachangestellten im Empfang einer Praxis tätig sind, wenn sie die Termine nicht sofort eintragen, sondern vielleicht sogar versuchen, sie sich zu merken, bis ein anderer Arbeitsgang beendet ist.

Das Chaos kann komplett werden, wenn vom Zahnarzt, von einzelnen Behandlungsräumen aus oder aufgrund von Privatanrufen ohne vorherige Rücksprache Zeiten für (Folge-) Besuche festgelegt werden, die nicht mit dem Terminplan abgestimmt sind. Dann werden Patienten zur Sprechstunde eingetragen, die in der angegebenen Zeit gar nicht mehr versorgt werden können. Ergebnis: Es entsteht eine Zeitnot, die eine teilweise mangelhafte oder stark verkürzte Zuwendung für den einzelnen Patienten und zum Teil unzumutbare Wartezeiten zur Folge hat.

Regel Nr. 5: Pünktlichkeit
Wenn der erste Patient für 08:00 Uhr bestellt ist, muss auch die Behandlung sichergestellt sein. Jede Zeitverzögerung, die zu Beginn entsteht, ist nur dann aufzuholen, wenn entsprechende Pufferzeiten vorhanden sind oder wenn erwartete Patienten nicht erscheinen.

Regel Nr. 6: Kampf den „Terminkillern" – klarer Arbeitsablauf
Während der Arzt behandelt, fallen im Vorzimmer oder im Empfang die unterschiedlichsten Tätigkeiten an. Das Telefon klingelt und Patienten wollen eine mündliche Beratung, Pharmareferenten möchten gern mit dem Zahnarzt sprechen und nicht zuletzt wollen vielleicht sogar seine Kinder oder andere Familienangehörige und Freunde mal kurz zu ihm.

Es gibt in solchen Situationen keine allgemein gültigen und immer richtigen Ratschläge für Verhaltensweisen. In jedem Falle sollte man über generelle Regeln, wie in solchen Fällen vorzugehen ist, sprechen. Dies ersetzt zwar nicht die Einzelfallentscheidungen, die immer zu treffen sein werden, aber sie geben der ZFA die Sicherheit der richtigen Reaktion und des nötigen Rückhaltes.
Helfen können dabei

- klare Regelungen über telefonische Rückrufe,
- Einführung und Bekanntgabe von Telefonsprechstunden,
- Besuchstermine für Pharmareferenten,
- der Hinweis auf die Möglichkeit schriftlicher Anfragen (Behörden, Krankenkassen),
- Unterschriftsvollmachten für die Fachangestellte (z. B. Atteste, Besuchs- oder AU-Bescheinigungen).

Regel Nr. 7: Kein Bestellsystem ohne Warteliste
Es ist nicht auszuschließen, dass Patienten ganz kurzfristig einen vereinbarten Termin nicht wahrnehmen können oder eine geplante Behandlung nicht durchgeführt werden kann, weil z. B. gesundheitliche Gründe entgegenstehen (vereiterter Zahn bei einer geplanten Wurzelbehandlung, Fieber bei einem operativen Eingriff, Einnahme eines unverträglichen Medikamentes usw.).

Nunmehr entsteht folgende Situation: **Sie**

- haben den Zeitplan ohnehin schon überschritten, sodass Ihnen der Ausfall gerade recht kommt.
- nutzen den entstehenden Zeitpuffer, um Arbeiten zu erledigen, die Sie bisher nicht einplanen konnten (aber was macht Ihre Chefin/Ihr Chef dieser Zeit?).
- besprechen mit Ihrem Chef/Ihrer Chefin wichtige Dinge, die für später eingeplant waren.
- haben eine Warteliste geführt und rufen einen Patienten an, der kurzfristig erreichbar ist, in der Nähe wohnt und sofort zur Behandlung kommen kann. Angenehmer Nebeneffekt: Sie können wirklich einmal pünktlich oder vielleicht sogar ein paar Minuten früher in die Pause oder nach Hause gehen.

PRAXIS-TIPP

Häufig sind viele Gründe dafür verantwortlich, dass in der Zeitplanung etwas schiefläuft, aber bei genauer Betrachtung liegt der wahre Grund nur bei einigen wenigen Hauptursachen. Erwiesen ist, dass nur 20 % der Fehlerarten für etwa 80 % aller Fehler verantwortlich sind (80-20-Regel). Das gilt auch für die Zahnarztpraxis.

Also: Notieren Sie innerhalb eines Zeitraumes von drei bis vier Wochen, weshalb es jeweils zu Verzögerungen im Praxisablauf kam (zu wenig Zeit für Patienten reserviert, Computer abgestürzt, Patienten kamen zu spät usw.), und stellen Sie die fünf Hauptgründe fest. Hier sollten Sie anfangen zu handeln.

3.2 Praxisinterne Zeitplanung

Eine der Hauptklagen von Patientinnen und Patienten sind zu lange Wartezeiten vor der Behandlung. Mit einer durchdachten Terminplanung sind zwar nicht alle, aber immerhin einige Probleme zu lösen. Dabei sollten die täglichen Erfahrungen vonseiten der Zahnärztin/des Zahnarztes und der Mitarbeiter/-innen eingebracht werden, um gemeinsam zu einer Optimierung der Behandlungszeiten und zu einer Minimierung der Wartezeiten zu kommen.

PRAXIS-TIPP

Die Patienten wissen zwar selbst, dass sich die Behandlungszeiten nie hundertprozentig genau vorhersagen lassen, aber dennoch kann es von Vorteil sein, wenn Sie die Patienten bei der Nennung des nächsten Behandlungstermins auf diese Situation mit möglichen Wartezeiten unabhängig von der Terminvereinbarung hinweisen.

3.3 Patientenbestellsystem

Das mit der Terminabsprache verbundene Patientenbestellsystem hat sich immer mehr durchgesetzt. Das Ziel der Terminsprechstunde besteht darin, dass bestellte Patienten im Normalfall höchstens fünf bis zehn Minuten zu warten haben, bevor sie zur Behandlung gerufen werden. Die Termine werden je nach Dringlichkeit oder medizinischer Notwendigkeit vergeben. Dabei ist eine exakte Angabe der Uhrzeit nötig. Von den Patienten muss vor der Terminvergabe erfragt werden, warum die Konsultation des Zahnarztes erfolgt, weil hiervon die Zeitdauer der Behandlung abgeleitet wird.

Für den **Patienten**

- entstehen keine langen Wartezeiten;
- ist es von Vorteil, dass er sich voll auf seine Behandlung einstellen kann und diese unbeeinflusst von einer evtl. mit der Wartezeit zusammenhängenden großen Nervosität und ihren negativen Auswirkungen (Blutdruck usw.) erfolgen kann.

- bedeutet dies aber auch, dass er auf den Ersttermin evtl. länger warten muss;
- heißt dies, dass er weder gleich noch unbedingt zu dem Termin kommen kann, der ihm passt, sondern er muss sich in das Bestellsystem einreihen;
- ist damit unabdingbar verbunden, dass er sich den Termin merkt.

Bestellsysteme

offene Sprechstunde	halboffene Sprechstunde	Terminsprechstunde
Jeder Patient kann nach eigenem Ermessen in die Sprechstunde kommen.	Die Patienten können entweder zu den offenen Sprechstunden kommen oder sie vereinbaren einen Termin während oder außerhalb dieser Zeiten.	Die zahnärztliche Konsultation ist nur nach vorheriger Terminabsprache möglich.
• jederzeitiges Aufsuchen der Zahnarztpraxis möglich • weitgehend entfallende Terminplanung • eventuell längere Wartezeiten wegen der nicht planbaren „Patientendichte“	• Kompromiss zwischen offener und termingebundener Praxis • Vorteil für berufstätige Patienten • Probleme können entstehen, wenn Patienten mit vereinbarten Terminen während der offenen Sprechstundenzeiten behandelt werden.	• Je nach medizinischem Grund oder medizinischer Dringlichkeit werden sofortige, kurzfristige oder langfristige Termine vergeben. • Zeit, die ein Patient benötigt, muss ungefähr abgeschätzt werden können. • Pufferzeiten für Notfallpatienten sind einzuplanen.

Für die **Mitarbeiter/-innen und den Zahnarzt**

- ist der Praxisablauf überschaubarer zu planen und nicht von Zufälligkeiten abhängig;
- gibt es weniger Belastungsspitzen;
- verbessert sich die Möglichkeit, sich auf die einzelnen Behandlungen vorzubereiten;
- führt ein Bestellsystem zu geregelteren Arbeitszeiten;

- sind Störfälle in der Planung nicht auszuschließen, weil z. B. Schmerzpatienten, Notfälle, aber auch eigene Krankheiten die Grenzen des Systems markieren;
- ist es unumgänglich, ein Patientenbestellbuch zu führen, in dem alle Termine vermerkt sind;
- kann die Planung durcheinandergeraten, wenn Behandlungen länger als geplant dauern und sich dann bestellte Patienten beschweren, weil sie trotz Termin nicht rechtzeitig behandelt werden.

Da nicht auszuschließen ist, dass einerseits Patienten dazwischengeschoben werden müssen, weil die Behandlung dringend ist, andererseits aber auch Patienten ausfallen können (Krankheit, schlechtes Wetter, Vergessen des Termins usw.), sollte den Patienten ggf. empfohlen werden, etwa eine Stunde vor dem vereinbarten Behandlungsbeginn in der Praxis anzurufen, um sich nach dem aktuellen Stand zu erkundigen.

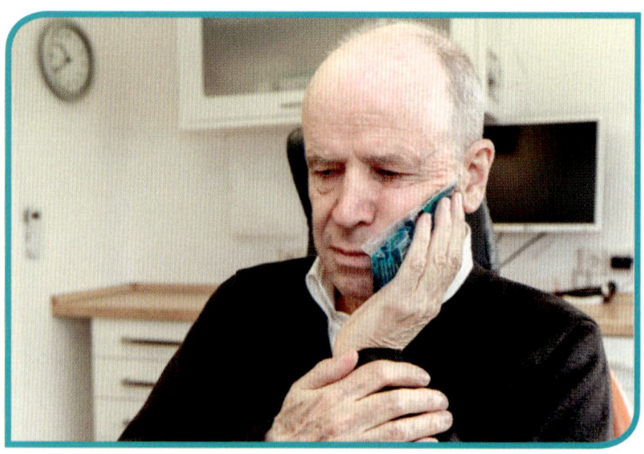

3.4 Nummernsystem für große Gemeinschaftspraxen

In großen Gemeinschaftspraxen, in denen mehrere oder viele Zahnärzte einen gemeinsamen Patientenstamm haben, kann ebenso wie in Zahnkliniken das Nummernsystem sinnvoll sein. Es ist eine besondere Form des Bestellsystems in Verbindung mit der offenen Sprechstunde. Hier müssen sich die

Patienten zu Beginn oder während der Sprechstunden persönlich oder telefonisch eine fortlaufende Nummer geben lassen, um sich dann in die Reihe der schon angemeldeten Patienten einfügen zu lassen und zu der entsprechenden Zeit wieder in der Praxis zu erscheinen. Auf einer Anzeigetafel kann abgelesen werden, welche Nummer gerade an der Reihe ist.

Probleme bestehen darin, dass die

- Sprechstunde nicht beliebig ausgedehnt werden kann, sodass es bei großem Patientenandrang zu Schwierigkeiten kommen kann;
- Patienten nicht genau wissen, wann ihr Behandlungstermin ist;
- Patienten mehrmals in die Sprechstunde kommen müssen, wenn sie die Nummer nur nach persönlicher Vorsprache erhalten;
- Bestellung nach dem Nummernsystem den Patienten u. U. das Gefühl verleiht, tatsächlich nur eine Nummer zu sein und damit die psychisch wichtige Einschätzung, individuell behandelt zu werden, verloren geht.

3.5 Patientenbestellbuch

Nicht nur für die Patienten ist es wichtig, dass Termine gemerkt und eingehalten werden. Auch die Mitarbeiter/-innen werden gar keine andere Wahl haben, als die Termine der Patienten entweder manuell in Terminplanern oder EDV-gestützt festzuhalten.

Beide Systeme haben ihre Vor- und Nachteile, die es abzuwägen gilt. Dabei ist nicht unbedingt ausgeschlossen, dass auch die herkömmliche Methode der Führung eines Terminplans in Verbindung mit der Planung per Computer praktiziert wird. Entscheidend sind die Bedürfnisse und die in der Praxis vorliegenden Bedingungen. Dazu gehören z. B. nicht nur räumliche und sachliche Voraussetzungen, sondern auch die Erfahrungen der Fachangestellten im Umgang mit dem PC oder die Bereitschaft, sich mit Unterstützung der Zahnärztin/des Zahnarztes hier einzuarbeiten.

Es geht darum, welche Aufgaben mit dem PC erledigt werden können und erledigt werden sollen. Angefangen von der **automatischen Terminplanung** über die Verwaltung einer Patientendatei und die Ausstellung von Liquidationen bis hin zur Informationsbeschaffung durch das Internet sind hier keine Grenzen gesetzt. Wenn der einzige Praxiscomputer dem Internet geöffnet wird, sollten allerdings die Sicherung der Patientendaten vor unbefugtem Zugriff und der Schutz vor Computerviren beachtet werden.

Das **Patientenbestellbuch** liegt an einer festen Stelle im Empfang. Hier werden sowohl nach persönlicher als auch nach telefonischer Anfrage Termine vergeben. Patienten, die aus der Behandlung kommen, können vor Verlassen der Praxis Folgetermine eintragen lassen.

Ein Patientenbestellbuch sollte

- groß und übersichtlich, aber auch transportabel sein, damit es ggf. auch zum Zahnarzt in ein Behandlungszimmer gebracht werden kann;
- mehrere Monate umfassen;
- eine geeignete zeitliche Gliederung haben (z. B. 10-Minuten-Raster);
- Platz genug bieten, damit Korrekturen oder notwendige Doppelbelegungen eingetragen werden können (z. B. Anmeldung/Dazwischenschieben von Schmerzpatienten);
- so viele Spalten haben, wie Behandlungszimmer vorhanden sind;
- Blätter haben, die sich herausnehmen lassen, wenn der jeweilige Zeitraum vorüber ist;
- zu Beginn der Sprechstunde genügend Zeit für Routinearbeiten lassen, denn auch das Einschalten von Geräten, das Durchlüften der Räume, die Kontrolle des Faxgerätes, das Abhören des Anrufbeantworters, die Kontrolle des Briefkastens usw. kosten Zeit;
- berücksichtigen, dass am Ende der Sprechstunde noch Zeit benötigt wird, um Räume, Geräte, Instrumente usw. zu reinigen, sodass der letzte Termin nicht an das Ende der Arbeitszeit, sondern früher gelegt wird;
- immer Reservezeiten haben, weil nie ausgeschlossen werden kann, dass sich Komplikationen ergeben oder Nachbehandlungen nötig sind.

PRAXIS-TIPP

Man kann davon ausgehen, dass die Schmerzpatienten nicht gleichmäßig über den Tag verteilt kommen. Möglicherweise gibt es sogar Unterschiede an den einzelnen Wochentagen. Finden Sie heraus, wann die meisten Schmerzpatienten kommen. In vielen Zahnarztpraxen ist das freitags oder montags der Fall. Setzen Sie zu den Zeiten, an denen Sie in Ihrer Praxis erfahrungsgemäß mit Schmerzpatienten rechnen müssen, einen „Behandlungsblock" ein.

Die Eintragungen sollten

- immer sofort vorgenommen werden, damit man sie nicht vergisst;
- mit Bleistift erfolgen, weil sie dann korrigiert werden können;
- eine farbliche Trennung der einzelnen Sprechstundenspalten enthalten, wenn in der Praxis mehrere Zahnärztinnen/Zahnärzte parallel behandeln, damit man auf einen Blick sieht, wer bei wem behandelt wird;
- den Vor- und Zunamen der Patienten beinhalten, damit man immer genau weiß, wer von der Familie bestellt ist. Die Telefonnummer ist hilfreich, weil man dann nicht zusätzlich in der Patientenkartei nachlesen muss, falls sich Rückfragen ergeben;
- die Art der Behandlung beinhalten, wenn es sich um besondere Eingriffe oder Untersuchungen handelt, die zeitaufwendig sind oder einer besonderen Vorbereitung bedürfen;
- durch eine geeignete Farbkennzeichnung die Behandlungsart schnell erkennen lassen;
- Pufferzonen deutlich markieren;
- wichtige Ereignisse berücksichtigen, wenn sie nicht vergessen werden dürfen oder für die Terminvergabe wichtig sind. Dazu gehören Urlaubszeiten, besondere Geburtstage, Fortbildungsveranstaltungen, Privattermine der Chefin/des Chefs usw.;
- auch die Besuche von Pharmareferenten oder sonstigen Besuchern erfassen;
- besondere Zeiten auch besonders einstufen. Dazu gehört z. B., dass die Abrechnungstage (Quartalsende) oder die Tage vor und nach dem Urlaub Beachtung finden, weil hier in der Regel der Praxisbetrieb außergewöhnlichen Einschränkungen unterliegt.

3.6 Interner Informationsaustausch

Problematisch für die Terminplanung ist, dass bei einer Aufnahme von Patienten nie genau feststeht, wie viele Anschlussbehandlungen evtl. nötig sind. Vor allem könnte Ihre Planung dadurch durcheinandergeraten, dass der Zahnarzt ohne Berücksichtigung oder ohne Kenntnis Ihres Bestellbuches Behandlungszusagen macht.

PRAXIS-TIPP

Geben Sie Ihren Patienten einen Laufzettel mit in die Sprechstunde. Diese Laufzettel werden vom Zahnarzt oder der Mitarbeiterin im Behandlungsraum ausgefüllt und dem Patienten am Schluss der Behandlung für den Empfang mitgegeben. Natürlich kann die Assistentin den Patienten auch begleiten und den Laufzettel selbst abgeben mit der Bitte, dass ein weiterer Termin vergeben wird.

Ein anderes Problem ist, dass auch die beste Termin- und Zeitplanung durch ungeplante Telefongespräche durcheinandergeraten kann.

Reden Sie mit Ihrem Chef darüber, wie Sie sich verhalten sollen, wenn ihn während der Sprechstunde jemand telefonisch sprechen möchte. Am besten ist, sie vereinbaren, dass alle Gespräche, die eingehen, auf einer Telefonliste festgehalten werden. Wenn Ihr Chef Luft hat, kann er sich die Liste ansehen und entscheiden, wie er sich verhält.

Außerdem hat eine solche Liste auch den Vorteil, dass Ihr Chef sieht, wie oft Sie angerufen (und bei Ihrer Arbeit unterbrochen) wurden ...

Anrufliste

Montag, 15. August

Zeit	Wer	Für wen	Grund	Rückruf erbeten	Ruft wieder an
07:45	Dr. Manns	Dr.	privat	X	-
08:20	Frau Müller	Frau Dr. Heilmann	????	-	X
08:45	Rhön-Pharma	Dr.	Besuch	-	X
10:00	Zahnklinik	Dr.	Diagnose	X	-

3.7 EDV-gestützte Zeitmanagement-Systeme

Es gibt kaum eine Praxis, in die die Datenverarbeitung noch keinen Einzug gehalten hat. Wie in Untersuchungen festgestellt wurde, nutzen aber noch nicht alle die Möglichkeit, die moderne Computerprogramme auch bei der Terminvergabe bieten. Mit ihnen lässt sich eine „Überbuchung" der Arbeitskraft und der Arbeitszeit des Arztes weitgehend vermeiden.

Die Vorteile dieses Systems liegen u. a. darin, dass

- mit ihm ein Zugriff auf den elektronischen Terminplaner von allen Arbeitsplätzen und Behandlungszimmern aus möglich ist;
- es problemlos möglich ist, durch die einfache Eingabe des Namens der Patienten vergessene Behandlungstermine aufzufinden;
- man bei Bedarf Erinnerungshilfen für Termine ausdrucken lassen kann;
- feste Pausenzeiten in das Programm eingegeben werden können;
- verschiedene Zeiträume für Behandlungsarten einzuprogrammieren sind;
- Auslastungsanzeigen für die Praxisfrequentierung grafisch angezeigt und statistisch ausgewertet werden können;
- es ohne Weiteres möglich ist, alle freien Termine auflisten zu lassen, um z. B. Patienten verschiedene Angebote machen zu können;
- Tages-, Wochen-, Monats- und Jahresübersichten erstellt werden können;
- nach der Terminvergabe der Terminzettel ausgedruckt werden kann.

Arbeitsaufträge

1. Wodurch unterscheiden sich die „offene", die „halboffene" und die „Terminsprechstunde"?
2. Wie gehen Sie in Ihrer Praxis vor und welche Erfahrungen haben Sie mit der Terminplanung gemacht?
3. Welche Anforderungen sind an ein Patientenbestellbuch zu stellen?
4. Was halten Sie von den beiden Vorschlägen zur Verwendung eines Laufzettels und einer Telefonanrufliste?

5. Während der Sprechstunde ruft jemand an, der sagt, er habe ein besonders wichtiges Anliegen mit Ihrem Chef zu besprechen. Um was es sich handelt, will er Ihnen nicht sagen, weil es privat sei. Der Anrufer macht die Sache sehr dringend und bringt Sie in Bedrängnis, weil Sie wissen, dass Ihr Chef eigentlich keine Störungen während der Behandlung von Patienten wünscht. Zurzeit hat er gerade einen Privatpatienten auf dem Stuhl, der sich einer nicht ganz einfachen Wurzelbehandlung zu unterziehen hat.

Stellen Sie, in einem Rollenspiel diese Szene nach. Dabei nimmt eine Person die Rolle des Anrufers und eine andere Person die Rolle der Mitarbeiterin am Empfang ein. Jede hat ihre Rolle mit Überzeugung zu spielen, d. h., der Anrufer lässt sich nicht einfach abwimmeln und die Mitarbeiterin in der Praxis versucht überzeugend darzustellen, dass der Chef jetzt nicht gestört werden kann.

3.8 Praxis-Check statt Praxisschock

Oft werden die Stärken und Schwächen des Praxisablaufes gar nicht erkannt, weil man davon ausgeht, dass sich doch nichts ändern lässt. Dies mag zwar oft so sein, aber trotzdem sollte man die Chance aufgreifen, das Praxisgeschehen einmal kritisch unter die Lupe zu nehmen. An erster Stelle steht dabei eine **Untersuchung des gesamten Betriebsklimas und des Arbeitsablaufes:**

INFO 1 Möglichkeit 1

Befragen Sie Ihre Patienten: **Wie bewerten Sie unsere Praxis?**	Bewertung						
	3	2	1	0	-1	-2	-3
Fragenkatalog (ist praxisspezifisch zu ergänzen oder abzuändern)	stimmt genau		…		stimmt gar nicht		
Die Wartezeiten sind angemessen.							
Der Zahnarzt hat zu wenig Zeit für die Behandlung.							
Es wäre schön, wenn der Zahnarzt mehr Zeit für ein persönliches Gespräch hätte.							
Der Praxisablauf ist sehr hektisch.							
Ich ärgere mich oft über zu lange Wartezeiten.							
Die Reihenfolge der Patienten wird nicht immer eingehalten.							
Das Wartezimmer ist langweilig eingerichtet.							
Ein anderes System der Terminvergabe wäre mir angenehmer.							
Ich habe das Gefühl, dass der Zahnarzt unter großem Zeitdruck steht. …							

Bitte keine Eintragung in das Buch

INFO 2 Möglichkeit 2

Statistik über Wartezeiten

Oft ist es nur die Unkenntnis über eine bestimmte Situation, die daran hindert, dass man bestehende Probleme beseitigt. Dies gilt auch für die Terminplanung. Viele Patienten stöhnen zwar über vermeintlich lange Wartezeiten, aber nur selten wird festgestellt, wie lang diese Zeiten wirklich sind. Dabei kann eine einfache Tabelle sehr hilfreich sein:

1. Fertigen Sie ein Kärtchen nach folgendem Muster an und legen es zu der Patientenkartei:

Uhrzeit (Std.)	Minuten												Wartezeit
	00	05	10	15	20	25	30	35	40	45	50	55	
07													
08													
09				*									
10													
11							*						09:15–11:30
12													

Patient betritt die Praxis — Wartezeit — Beginn der Behandlung

2. Kreuzen Sie an, wann der Patient in die Praxis kommt.
3. Machen Sie erneut ein Kreuzchen, wenn der Patient zur Behandlung aufgerufen wird.
4. Tragen Sie die Wartezeit in eine eigene Tabelle ein.
5. Ermitteln Sie am Ende eines Tages die durchschnittliche Wartezeit aller Patienten.

INFO 3 Möglichkeit 3

Praxis-Check Terminplanung
Die Ursachen für Terminverschiebungen oder eine ständig hektische Arbeitsatmosphäre lassen sich evtl. auch herausfinden, wenn man sich systematisch mit einigen damit verbundenen Sachverhalten beschäftigt:

Praxis-Check: Terminplanung	**Ja**	**Nein**
1 Wird ein Terminplaner geführt?		
2 Erfolgen die Eintragungen mit Bleistift, sodass sie ggf. geändert werden können?		
3 Werden nur Patienten zum Arzt gelassen, die einen Termin haben, sofern es sich nicht um Notfälle handelt?		
4 Werden Termine ausschließlich von den Mitarbeiter/-innen vergeben?		
5 Beginnt die Sprechstunde immer pünktlich?		
6 Erscheinen die Patienten in der Regel pünktlich zu den vereinbarten Terminen?		
7 Haben Patienten mit Termin Vorteile gegenüber Patienten ohne Termin?		
8 Reicht das Personal aus, um eine reibungslose Behandlung der Patienten sicherzustellen?		
9 Sind die Öffnungszeiten der Praxis dem Patientenstamm angemessen?		
10 Gibt es „Sondersprechstunden“ (z. B. für Berufstätige)?		
11 Hält der Zahnarzt die Zeitvorgaben für die Behandlungen im Großen und Ganzen ein?		
12 Werden den Patienten die weiteren Behandlungstermine schriftlich mitgeteilt?		

Bitte keine Eintragung in das Buch

Wenn nicht immer mit „Ja“ geantwortet wurde, besteht Handlungsbedarf.

Arbeitsaufträge

1. Natürlich kann man Patientenbefragungen durchführen, aber nur wenige Zahnarztpraxen machen dies tatsächlich. Worauf führen Sie das zurück? Liegt es daran, dass die Zahnärztin/der Zahnarzt kein Interesse daran hat? Liegt es daran, dass die Praxis auch ohne eine solche Befragung bestens läuft? Liegt es daran, dass weder für eine Befragung noch für deren Auswertung überhaupt Zeit vorhanden ist? Oder liegt es an ganz anderen Dingen?
2. Wie gestaltet sich in Ihrer Praxis die Termin- und Zeitplanung? Welche Erfahrungen machen Sie? Was ist aus Ihrer Sicht verbesserungsbedürftig und was hat sich bewährt?
3. In den Ausführungen wird der Eindruck erweckt, als könne man die Terminplanung punktgenau steuern. Deckt sich das mit Ihren Erfahrungen oder glauben Sie, dass das eher nicht möglich ist? Wo liegen die Schwierigkeiten und was können Sie als versierte Fachangestellte tun, um diese Probleme zu lösen bzw. zu umgehen?
4. Welche Rolle spielt die Zahnärztin/der Zahnarzt bei der Frage, ob die Terminplanung auch tatsächlich eingehalten wird?
5. Gerade Terminplanung hat viel mit Teamarbeit zu tun. Schildern Sie, wie ein Team diesbezüglich funktionieren muss, damit keine unnötigen Konflikte auftreten.
6. In einer Zahnarztpraxis wird nach dem Terminsystem gearbeitet. Das heißt, dass außer Schmerzpatienten nur diejenigen behandelt werden, die vorher einen Termin vereinbart haben. Auszug aus dem Behandlungsplan eines Vormittags:

Uhrzeit	Patient	Behandlung	Zeit ca. Min.	Sonstiges	Unvorhergesehene Ereignisse
08:00	Zeppelin	Kontrolle	8	Privat	
08:15	Assauer	Füllung	10		
08:30	Blume	Abschleifen/Krone	30		Schmerzpatient Mauser 15 Min.
08:45	–				
09:00	Manner	Backenzahn	10	Kind	
09:15	Slunki	Brücke	15		Fahrt zum Labor
09:30	Hollberg	Füllung	10		
09:45	Hossbach	Anpassung Krone	15		Schmerzpatient König 20 Min.
10:00	Mehlbach	Vereiterung	20		
10:15	Moshorn	3 Füllungen	15		Besuch Pharmareferent Kunz 30 Min.
10:30	–				
10:45	Schwarz	Zahnstein, Kontrolle	12		
11:00	Seemann	Gebiss	25	85 Jahre	Anruf Schmerzpatient Meinig
11:15	Hoffmann	Klammer	20	Kind	
11:30	Meiers	Füllung	10		
11:45	Deiters	Überkronung	25		
12:00	Heldmann	Vitaltest	15		

Wie beurteilen Sie die Umsetzbarkeit dieses Behandlungsplans?

4. Was man schwarz auf weiß (oder als E-Mail) besitzt ... Möglichkeiten und Formen der schriftlichen Kommunikation

Die beiden Auszubildenden Lucia Fernandez und Selma Kasta hatten den Auftrag, allen Patienten mitzuteilen, dass ab 1. Juli des Jahres mit Herrn Dr. Missler ein weiterer Zahnarzt das Team der Praxis Heilmann verstärken wird. Und nun standen die beiden vor einem Problem. Wie formuliert man einen solchen Brief, wer soll ihn erhalten, welche Formvorschriften sind bei der Anfertigung zu beachten, wie wird er versandt und, und, und. Sie schlugen Frau Dr. Heilmann vor, statt des Briefes doch eine andere Form der Mitteilung zu wählen oder die Nachricht „ganz einfach" auf die Homepage zu stellen. Frau Dr. Heilmann sah das anders und versuchte ihre beiden Auszubildenden darüber aufzuklären, dass „eben nicht alles per Telefon, Mail oder SMS gehe." Ein persönlicher Brief, so Dr. Heilmann, zeuge auch von einem gewissen Stil der Praxis und einer Wertschätzung gegenüber ihren Patienten. Sie habe nichts gegen moderne Formen der Kommunikation, aber es gäbe auch Dinge, die sich damit nicht machen ließen. Lucia Fernandez und Selma Kasta wüssten schließlich auch, dass z. B. zahnärztliche Gutachten oder sonstige wichtige Mitteilungen nach wie vor in schriftlicher Form verfasst würden.

Mit welchen schriftlichen Kommunikationsformen haben Sie es in „Ihrer" Praxis hauptsächlich zu tun?
Wo sehen Sie die Herausforderungen, die mit dem Abfassen von Briefen und den unterschiedlichen Formen der Versendung sowie der Behandlung der Eingangspost verbunden sind?

- Ausgehende Praxispost sollte immer dahingehend überprüft werden, ob die Anschrift des Empfängers stimmt und ob alle erwähnten Anlagen wie Untersuchungsbefunde oder Facharztberichte beiliegen. Des Weiteren ist darauf zu achten, ob bei Anfragen von Krankenkassen, Behörden und medizinischen Diensten die entsprechenden Abrechnungsziffern für Kopien und Porto vermerkt wurden. Bei medizinischen Gutachten sind Rechnungen beizufügen.
- Nach der Kontrolle sind die Schriftstücke zu falzen. Anschließend werden die Schriftstücke kuvertiert, d. h., sie werden in die Briefhülle eingelegt. Durch Kuvertiermaschinen lässt sich dieser Vorgang automatisch ausführen.
- Getrennt nach Versendungsformen (z. B. Einschreiben) und Sendungsart (z. B. Brief) ist die Post zu sortieren. Das Gewicht wird mit einer Briefwaage ermittelt.
- Das Schließen der Briefhüllen kann manuell oder auch mit einer Briefschließmaschine erfolgen.
- Versendungsform, Sendungsart und die Gewichtsklasse sind maßgebend für die Höhe der Postgebühr. Das Frankieren der Postsendung kann durch Postwertzeichen (Briefmarken) oder in Zahnarztpraxen mit regem Postverkehr auch durch eine Frankiermaschine erfolgen.

4.1 Ab geht die Post

Postalische Versendungsformen von Nachrichten und Informationen

Im Arbeitsalltag der ärztlichen Praxis steht die mündliche Kommunikation ganz klar im Vordergrund. Man empfängt die Patienten mit freundlichen Worten, man fragt sie nach dem Grund ihres Praxisbesuches, es wird ständig telefoniert und viele Dinge werden im Team oder mit der Chefin/dem Chef besprochen. Aber es gibt auch andere Situationen, in denen etwas schriftlich festgehalten, empfangen oder verschickt wird. Dabei kann es sich um „Kleinigkeiten" wie Terminvereinbarungen, Bestellungen für den Praxisbedarf, Mitteilungen an Pharmareferenten, „Arzneimittelvertreter", aber auch um andere wichtige Dinge wie z. B. medizinische Gutachten, Patientenüberweisungen o. Ä. handeln.

Gab es dafür vor längerer Zeit nur die Möglichkeit der Kommunikation per Postkarte oder per Brief, so hat sich das Spektrum im DV-Zeitalter zum Teil radikal verändert und erweitert. Sie wissen selbst am besten, wie das in „Ihrer" Praxis aussieht. Die Frage, wie man schriftlich kommuniziert und welche Möglichkeiten man nutzt, hängt sehr davon ab, um was es in der Mitteilung geht. Daher gelten beim rein privaten Briefverkehr ganz andere Anforderungen als bei der Abfassung von Geschäftsbriefen oder ärztlichen Mitteilungen und der Abfassung der dazu gehörigen Schriftstücke. Die Möglichkeiten der Übermittlung von schriftlichen Nachrichten im Rahmen des Postverkehrs sind vielfältig und gehen weit über das Versenden von Standardbriefen oder Postkarten hinaus.

Ein Überblick:

- **Briefe**
  Briefe enthalten verschlossen Informationen, die von der Post oder anderen Kurierdiensten von einem Absender an einen genau adressierten Empfänger gebracht werden.
  Die Deutsche Post bietet für den „regulären" Briefverkehr unterschiedliche Versandmöglichkeiten. Sie hängen in erster Linie von den Maßen und dem Gewicht eines Briefes ab:

Versandart	Maße	Gewicht	Porto (2020)
Standardbrief	min. 14 × 9 cm max. 23,5 × 12,5 × 0,5 cm	max. 20 g	0,80 €
Kompaktbrief	min. 10 × 7 cm max. 23,5 × 12,5 × 1 cm	max. 50 g	0,95 €
Großbrief	min. 10 × 7 cm max. 35,3 × 25 × 2 cm	max. 500 g	1,55 €
Maxibrief	min. 10 × 7 cm max. 35,3 × 25 × 5 cm	max. 1.000 g	2,70 €

- **Postaktuell**
  Hierbei handelt es sich um Sendungen, die ohne Anschrift mit der Tagespost an alle Haushalte verteilt werden.
- **Bücher- und Warensendungen**
  Offene Briefsendungen, die keine persönlichen Mitteillungen, sondern nur die eingetüteten Waren (z. B. Bücher) enthalten. Oberhalb der Anschrift erfolgt der Vermerk „BüWa". Das Gewicht darf maximal 1 kg betragen.
- **Päckchen**
  Sendungen, die für Briefe zu schwer oder zu groß sind, aber (unabhängig von möglichen Sonderformen) ein Gesamtgewicht von 2 kg nicht überschreiten.
- **Pakete**
  Versand von Gegenständen, die schwerer als 2 kg sind, aber nicht mehr als 31,5 kg wiegen. Die Portogebühren sind nach dem Gewicht gestaffelt

- **Einschreiben**
  Der Absender erhält bei Einlieferung der Post eine Bescheinigung, mit der er beweisen kann, wann die Sendung abgegeben wurde.

Folgende Zusatzleistungen sind u. a. möglich:
- **Einwurf:**
  Die Sendung wird nicht persönlich abgegeben. Die Post bescheinigt nur den Einwurf in den Briefkasten des Empfängers.
- **Eigenhändig:**
  Die Sendung wird nur dem Empfänger oder einem besonders Bevollmächtigten ausgehändigt. Die Bemerkung „eigenhändig" ist nur bei Einschreiben und bei Nachnahme möglich.
- **Rückschein:**
  Der Absender erhält einen Rückschein mit der Unterschrift desjenigen, der die Sendung entgegengenommen hat.

- **DHL Express**
  Dies ist eine neue Eilzustellung der Deutschen Post DHL, die für Briefe und Pakete vereinbart werden kann. Die Post garantiert eine Zustellung am Tag nach der Einlieferung. Als Zusatzleistung kann vereinbart werden: Frühzustellung (z. B. vor 09:00 Uhr morgens), Sonn- und Feiertagszustellung, Transportversicherung, Auslieferung eigenhändig oder gegen Rückschein.

- **Werbeantwort**
  Hierbei handelt es sich um eine vorbereitete Antwortkarte oder einen Briefumschlag, die vorwiegend Werbesendungen beigefügt werden. Beispiel: Um den Praxen das Bestellen von Waren zu erleichtern, legt das Versandhaus Medfix seinem Katalog eine vorgedruckte Postkarte bei. Der bestellende Arzt trägt seine Adresse und die Bestellnummer ein. Das Porto zahlt bei dieser Werbeantwort der Empfänger. Neben der Adresse des Empfängers muss die Bemerkung „Porto zahlt der Empfänger" oder „Bitte frankieren, falls Briefmarke zur Hand" und der Vermerk „Antwort" oder „Werbeantwort" aufgedruckt sein.

- **Nachnahme**
  Von der Post werden hierbei Geldbeträge für einen bestimmten Absender vom Empfänger eingezogen. Der gezahlte Betrag, abzüglich einer Gebühr, wird mit einem beigefügten Zahlschein auf das Postbankkonto des Empfängers überwiesen. Der Wert von Postnachnahmen ist auf 1.600,00 EUR begrenzt.

PRAXIS-TIPP

Nähere Details, Bestimmungen für die Versendung ins Ausland und aktuelle Portokosten entnehmen Sie bitte ebenso wie die Gebühren für Päckchen, Pakete und Sondersendungen dem Internet oder aktuellen Infos des Deutschen Post.

4.1.1 DIN 5008 – Grundlage für Geschäfts- und Praxisbriefe

Briefe zu erstellen, zählt zu den aufwändigsten Arbeiten, die im Rahmen der Begleitung des Kerngeschäftes der medizinischen Versorgung der Patienten „nebenbei" anfallen. Dies gilt zwar für die allgemeinen Arztpraxen in einem noch stärkeren Maße, weil die Anzahl der zu erstellenden Gutachten und Befundberichte hier größer ist als bei Zahnärzten, aber das Problem der möglichst effektiven Bewältigung der Arbeit bleibt dasselbe.

Es ist von Praxis zu Praxis unterschiedlich, welche Kompetenzen die Mitarbeiter/-innen dabei jeweils haben. Manche Chefs legen Wert darauf, jedes Wort und jeden Satz selbst zu formulieren, zu diktieren oder gar zu schreiben, während in anderen Praxen die versierten Mitarbeiter/-innen weitgehend freie Hand haben. Gegebenenfalls können sie dann entsprechende Entwürfe für die Mitteilungen an Patienten, Arztkolleginnen und -kollegen, die Lieferer von Praxisbedarfsgegenständen oder den Pharmagroßhandel eigenständig formulieren und zur Unterschrift vorlegen oder sogar selbst „im Auftrag" unterzeichnen.

Umso wichtiger ist es, dass man sich bei der Verfassung von „formellen“ brieflichen Mitteilungen an die allgemeinen **Briefregeln der DIN 5008** hält. Diese legt die Schreib- und Gestaltungsregeln für die **Textverarbeitung** fest. Sie gehört zu den grundlegenden Normen für Arbeiten im Büro- und Verwaltungsbereich und ist daher auch für die schriftliche Kommunikation in Zahnarztpraxen gültig.

In jedem Falle sollte es selbstverständlich sein, dass schriftliche Mitteilungen per Brief, E-Mail oder Postkarte von folgenden Grundätzen geprägt sind:
- norm- und formgerechter Aufbau,
- inhaltliche Sachlichkeit,
- klarer Betreff und Bezug,
- zielgerichtete Sprache, damit man weiß, worum es geht,
- höfliche Ansprache,
- verständliche und nachvollziehbare Ausdrucksweise.

Sinnvoll ist es darüber hinaus, wenn bei der Abfassung von „Standardbriefen“ mit Textbausteinen gearbeitet wird. Auch Zahnarztbriefe lassen sich durch standardisierte Textpassagen rationell erstellen. Über ein Textverarbeitungsprogramm werden **Textbausteine** mit individuellen patientenbezogenen Sachverhalten zusammengefügt

4.1.2 Aufbau eines Geschäftsbriefes

Für den Aufbau eines Geschäftsbriefes gibt es klare Regelungen. Vereinfacht lassen sie sich wie folgt darstellen:

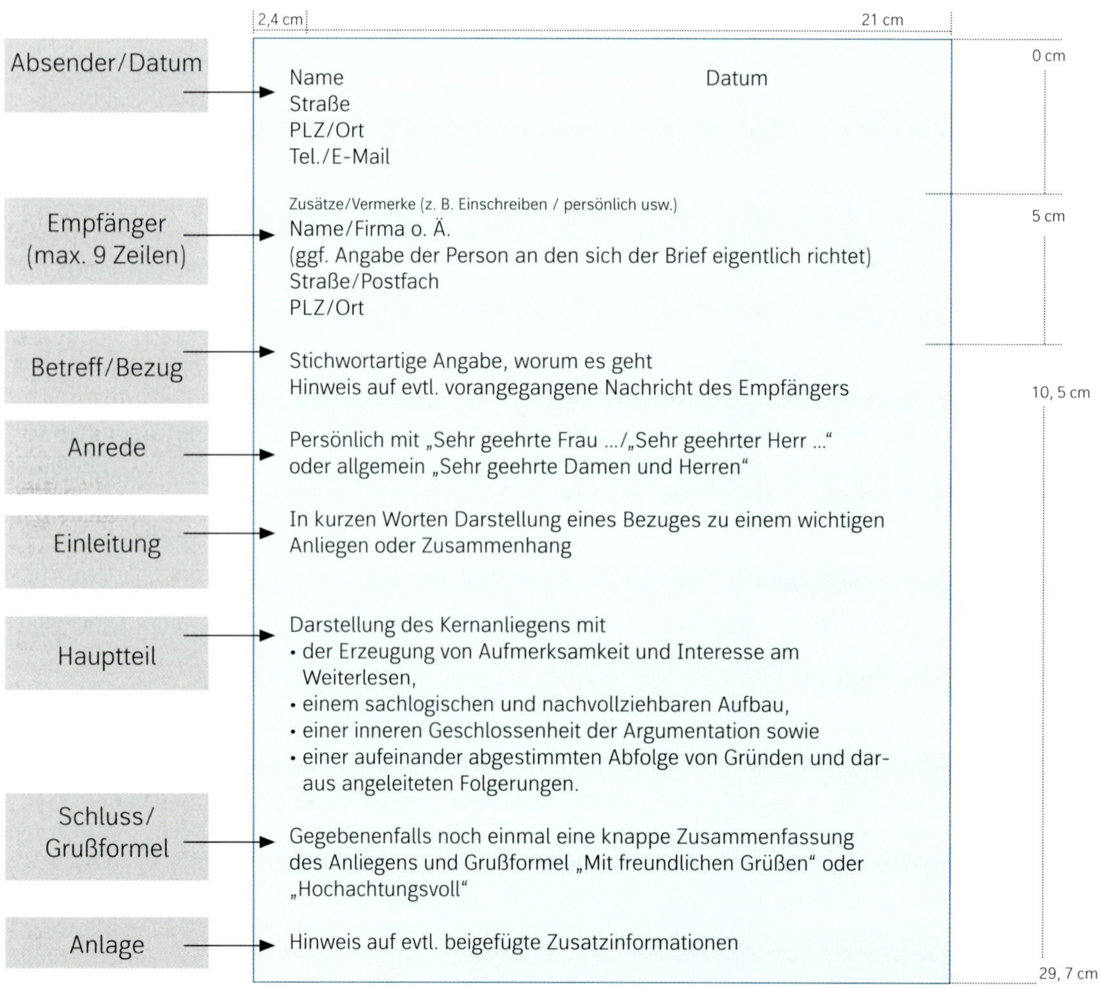

Wenn Sie sichergehen wollen, dass der Brief nur von einer bestimmten Person geöffnet wird, dann sollten Sie deren Namen ganz zu Beginn des Adressfeldes schreiben und/oder ihn auch mit dem **Hinweis „persönlich“** versehen.

INFO 1 Bezugszeichenzeile

Die Bezugszeichenzeile hat verschiedene Funktionen. Zum einen enthält sie die Angabe, um welchen Sachverhalt es in dem Brief geht. Zum anderen stehen hier wichtige Informationen über diejenigen, die mit diesem Brief zu tun haben. Dazu gehört die Abkürzung des Namens sowie die Telefonnummer einschließlich der Durchwahlmöglichkeit.

Beispiel 1

Die Praxis Dr. Heilmann versendet ein Schreiben. Diktiert hat es Frau Dr. Heilmann, geschrieben wurde es von Frau Harris.

Ihr Zeichen/ Ihre Nachricht vom	Unser Zeichen/ Unsere Nachricht vom	Telefon/Name 063451 17009	Datum
	heil – har	12 – Frau Harris	31.03.20..

Hier handelt es sich um ein Erstschreiben dem noch kein Brief vorausging, daher erfolgt keine Angabe unter „Ihr Zeichen“.

verantwortlich für den Inhalt: Dr. Heilmann

geschrieben: Frau Harris

Beispiel 2

Die Praxis erhält eine Antwort auf den vorausgegangenen Brief.

Ihr Zeichen/ Ihre Nachricht vom	Unser Zeichen/ Unsere Nachricht vom	Telefon/Name 063451 17009	Datum
heil – har / 31.03...	ka – se	22 – Frau Seeger	12.04.20..

Bezugszeichen des von uns versandten Schreibens

Beispiel 3

Unser Antwortbrief auf das eingegangene Schreiben.

Ihr Zeichen/ Ihre Nachricht vom	Unser Zeichen/ Unsere Nachricht vom	Telefon/Name 063451 17009	Datum
ka – se / 12.04...	heil – har	12 – Frau Harris	19.04.20..

Bezugszeichen des an uns gerichteten Schreibens

4.1.3 Die „Briefregeln“ im Einzelnen

INFO 2 DIN 5008

Grundsätzlich werden Geschäftsbriefe (und dazu gehören auch entsprechende ärztliche Mitteilungen) im DIN-A-4-Format verfasst. Bezüglich der mitzuteilenden Inhalte ist die Verfasserin/der Verfasser des Briefes weitestgehend völlig frei. Gleichwohl erweist es sich als sinnvoll, hier folgende Grundsätze eines norm- und formgerechten Aufbaus zu beachten:

- Absenderangabe mit Adresse und Telefonnummer/E-Mail-Adresse,
- Datum der Brieferstellung,
- klare Nennung des Betreffs und ggf. des Bezugs zu vorausgegangenen Mitteilungen,
- höfliche Ansprache des Empfängers,

- klare Ausdrucksweise,
- Sachlichkeit in der Darstellung des Kerninhaltes,
- zielgerichtete Sprache (man muss wissen, worum es geht).

INFO 3 Anschriftenfeld

Das Anschriftenfeld hat eine festgelegte Struktur. Dies ist nicht nur wichtig für die Postzustellung, sondern auch für die Frage, von wem die Post bzw. der Brief nach der Entgegennahme geöffnet werden darf.

Folgende Regeln gelten:
- Die **Empfängerangabe** beginnt grundsätzlich in der 4. Zeile des Briefes (wichtig z. B. für Briefe mit einem Adressfenster).
- Steht zu **Beginn des Adressfeldes** die Angabe der Firma (oder der Klinik bzw. Praxis), dann muss damit gerechnet werden, dass die Post auch von anderen Mitarbeitern/Mitarbeiterinnen, die mit dem Posteingang beschäftigt sind, geöffnet und danach weitergegeben wird.
- Ist der Brief **an eine bestimmte Person gerichtet** und soll sichergestellt sein, dass der Brief nur von diesem Empfänger geöffnet wird, so muss dessen Name ganz oben und allen weiteren Adressangaben vorangestellt sein.
- **Berufs- oder Amtsbezeichnungen** sollten ebenso wie **akademische Titel** des Postempfängers, sofern es geht, in eine Zeile mit den Namen geschrieben werden.
- Bei allgemeinen Adressangaben erleichtert die **Nennung der zuständigen Abteilung** die gezielte interne Postverteilung in größeren Betrieben, Behörden oder auch in medizinischen Zentren wie z. B. Kliniken.
- Bei **Auslandspost** ist die Angabe des Empfängerlandes unter dem Ort der Empfängeranschrift wichtig. Dabei können ggf. auch Abkürzungen benutzt werden, wie z. B. „I“ für Italien oder „GB“ für Großbritannien.

INFO 4 Briefaufbau und -inhalt

Im Prinzip gelten für einen Brief im übertragenen Sinne die gleichen Regeln wie für mündliche Gespräche:
- knappe Darstellung von Betreff und Bezug, damit der Empfänger sofort weiß, worum es geht,
- höfliche Ansprache,
- klare Ausdruckweise und Sachlichkeit bei der Darstellung des Anliegens.

Im Mittelpunkt von Geschäftsbriefen steht ohne Zweifel der Inhalt. Dieser sollte möglichst kurz und präzise dargestellt werden, denn niemand liest gerne etwas, was er nicht braucht, um einen Sachverhalt zu verstehen und beurteilen zu können.

Beispiel

Ein Beispiel aus der Praxis

Brief an einen Fachhandel für Labor-/Praxisbedarf

Absender/Datum	Zahnarztpraxis Dr. Andrea Heilmann Andertensche Straße 92 64299 Darmstadt Tel.: 06151-170-09/Fax: 06151-170-10 E-Mail zaheil@t-online.de	Datum: 30. Juli 20...
Empfänger	Laborfachhandel Kunzmann & Co - Herrn Carsten Gesang- Postfach 1789 37292 Erksweiler	
Betreff/ Bezug	Reklamation Einmalspritzen Ihre Lieferung vom 25. Juli 20../Nr. 102030/Ihr Zeichen CGe1	
Anrede	Sehr geehrter Herr Gesang,	
Sachdarstellung	die Lieferung der Einmalspritzen Omniflix PP/X mit Kanüle habe ich erhalten. Leider muss ich Ihnen aber mitteilen, dass die Bestellung offenbar fehlerhaft ausgeführt wurde, denn der Inhalt der Spritzen beträgt 20 ml statt der bestellten Größe von 2 ml. Sie werden Verständnis dafür haben, dass wir für diese Größe in unserer Praxis keine Verwendung haben. Bitte veranlassen Sie umgehend die Zusendung der richtigen Spritzen. Im Gegenzug werde ich die noch originalverpackte Falschlieferung an Sie zurückschicken.	
Grußformel	Mit freundlichen Grüßen (Dr. Heilmann)	
Anlage	Anlage: Kopie des Lieferscheins	

4.1.4 Besonderheiten beim Anschriftenfeld

Nicht umsonst ist auf einem Geschäftsbrief das Anschriftenfeld für einen bestimmten Bereich vorgesehen. Aber die Vorschriften gehen über das hinaus. Auch der Inhalt des Anschriftenfeldes ist standardisiert:

1		Leerzeile
2		Leerzeile
3	Warensendung	Sendungsart, Versendungsform, Vorausverfügung
4	Zahntechniklabor	Branche
5	MedLab Hornickel & Partner	Firma
6	Südgasse 80 – 85	Straße
7	87600 Suhlheim	PLZ/Ort
8		
9		

Im konkreten Einzelfall richtet sich die Gestaltung der neun Zeilen das Anschriftenfeldes natürlich nach den jeweiligen erforderlichen Angaben. Wichtig ist nur, dass die Zeilenanzahl nicht überschritten wird.

Beispiel 1

Schreiben an Privatperson ohne besondere Angabe

1	
2	
3	
1	Herrn Medizinalrat
2	Dr. med. dent. Klaus Ahrens
3	Bahnhofstraße 100
4	38658 Neustein
5	
6	

Beispiel 2

Schreiben an Privatperson mit Unteradresse

1	
2	
3	
1	Herrn Medizinalrat
2	Dr. med. dent. Klaus Ahrens
3	c/o Dr. Müller Schulz
4	Bahnhofstraße 100
5	38658 Neustein
6	

Beispiel 3

Schreiben an Privatperson mit besonderer Verfügung

1	
2	
3	Einschreiben
1	Herrn Medizinalrat
2	Dr. med. dent. Klaus Ahrens
3	Bahnhofstraße 100
4	38658 Neustein
5	
6	

- Die Anschriften werden grundsätzlich ohne Hervorhebung geschrieben.
- Berufs- oder Amtsbezeichnungen werden in einer Zeile angegeben (hier: „Medizinalrat").
- Akademische Titel werden direkt vor den Namen (hier: Dr. med. dent") gesetzt.
- Der Begriff „Firma" sollte nur dann verwendet werden, wenn man keinen Firmennamen hat und klarstellen will, dass es sich nicht um einen Privatbrief handelt, sondern dass er an den Inhaber der Firma gerichtet ist.

Beispiel 4

Schreiben an Unternehmen

1	
2	
3	
1	Winklers Verlag
2	im Bildungshaus Schulbuchverlage
3	Postfach 33 20
4	38023 Braunschweig
5	
6	

Beispiel 5

Verwendung des Wortes „Firma"

1	
2	
3	
1	Firma
2	Hermann Sontheimer
3	Lohgerberweg 30
4	01230 Wolfsbrücke
5	
6	

Beispiel 6

Schreiben an Mitarbeiter/-innen in Unternehmen ohne besondere Angabe

1	
2	
3	
1	Dentallabor Gehrmann
2	Frau Ute Masloff
3	Postfach 5 32 90
4	64286 Ramstadt
5	
6	

Beispiel 7

Schreiben an Mitarbeiter/-innen in Unternehmen mit Angabe der Versendungsart

1	
2	
3	Warensendung
1	Dentallabor Gehrmann
2	Frau Ute Masloff
3	Postfach 5 32 90
4	64286 Ramstadt
5	
6	

Beispiel 8

Persönliches Schreiben an Mitarbeiter/-innen in Unternehmen ohne besondere Angabe

1	
2	
3	
1	Frau Ute Masloff
2	Dentallabor Gehrmann
3	Postfach 5 32 90
4	64286 Ramstadt
5	
6	

Beispiel 9

Persönliches Schreiben an Mitarbeiter/-innen in Unternehmen mit Angabe der Versendungsart

1	
2	
3	Einschreiben mit Rückschein
1	Frau Ute Masloff
2	Dentallabor Gehrmann
3	Postfach 5 32 90
4	64286 Ramstadt
5	
6	

- Die Angabe des Empfängers wird unter die Firmenbezeichnung geschrieben. So kann der Brief auch von anderen Mitarbeitern/Mitarbeiterinnen geöffnet werden, denn im Vordergrund steht das Unternehmen (siehe Beispiel 6 und 7).
- Soll sichergestellt sein, dass der Brief nur von der angegebenen Person geöffnet wird, muss die Namensangabe vorangestellt sein (siehe Beispiel 8 und 9).

Beispiel 10

Schreiben an Behörden mit Angabe der zuständigen Stelle

1	
2	
3	
1	Gesundheitsamt
2	Abteilung GA-IX/3.2
3	Postfach 56 55 01
4	37654 Neustadt
5	
6	

Beispiel 11

Auslandsbriefe

1	
2	
3	Luftpost
1	Mr. Colin Staff
2	Brooklands College
3	Caenshill Road
4	WEYBRIDGE
5	GROSSBRITANNIEN
6	

- Die Angabe des Dezernats und/oder der zuständigen Abteilung erleichtert die gezielte Zustellung in großen Behörden und/oder Firmen (siehe Beispiel 10).
- Bei Auslandspost wird das Land extra in eine Zeile geschrieben (siehe Beispiel 11).
- Man richtet sich im Anschriftenfeld grundsätzlich nach den länderspezifischen Besonderheiten, denn maßgebend ist die Zustellung im Zielland und nicht die Bearbeitung im Inland (siehe Beispiel 11).

4.2 Postversand

Richtig gemacht

- Ausgehende Praxispost sollte immer dahingehend überprüft werden, ob die Anschrift des Empfängers stimmt und ob alle erwähnten Anlagen wie Untersuchungsbefunde oder Facharztberichte beiliegen. Des Weiteren ist darauf zu achten, ob bei Anfragen von Krankenkassen, Behörden und medizinischen Diensten die entsprechenden Abrechnungsziffern für Kopien und Porto vermerkt wurden. Bei medizinischen Gutachten sind Rechnungen beizufügen.
- Nach der Kontrolle sind die Schriftstücke zu falzen.
- Anschließend werden die Schriftstücke kuvertiert, d. h., sie werden in die Briefhülle eingelegt. Durch Kuvertiermaschinen lässt sich dieser Vorgang automatisch ausführen.
- Getrennt nach Versendungsformen (z. B. Einschreiben) und Sendungsart (z. B. Brief) ist die Post zu sortieren. Das Gewicht wird mit einer Briefwaage ermittelt.
- Das Schließen der Briefhüllen kann manuell oder auch mit einer Briefschließmaschine erfolgen.
- Versendungsform, Sendungsart und die Gewichtsklasse sind maßgebend für die Höhe der Postgebühr. Das Frankieren der Postsendung kann durch Postwertzeichen (Briefmarken) oder in Zahnarztpraxen mit regem Postverkehr auch durch eine Frankiermaschine erfolgen.

INFO 1 Verwendung normgerechter Briefformate

Man kann sich zwar theoretisch sein eigenes Briefformat basteln und man könnte theoretisch auch eine achteckige Postkarte versenden, wenn man glaubt, dass das dem Empfänger gefällt. Allerdings muss man dann auch damit rechnen, dass sich die Zustellung verzögert, wenn eine Sendung „aus der Norm fällt".

Gängig sind nach der DIN 476 folgende „A-Formate":

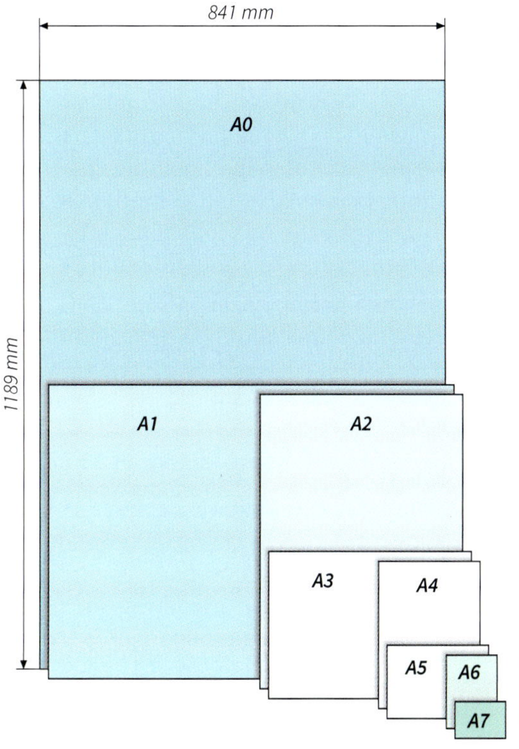

Neben den „A-Formaten" gibt es die „B"- und „C"-Reihen für Briefhüllen.

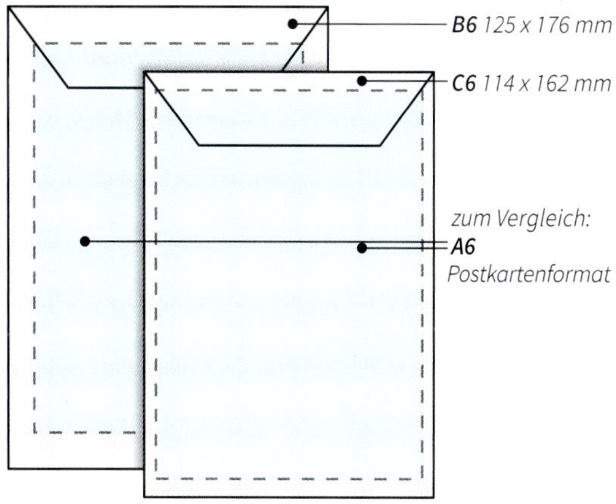

INFO 2 Briefe richtig falten

Briefformate und Umschläge sind so aufeinander abgestimmt, dass es immer passt, wenn die Briefe richtig beschrieben und vor allem auch korrekt gefaltet werden. Nichts ist für viele Empfänger unschöner als ein mehrfach geknickter Brief, weil man daraus ggf. auch eine gewisse Oberflächlichkeit des Absenders ableitet. Daher sind auf den gedruckten Briefbögen auch Faltmarken angebracht.

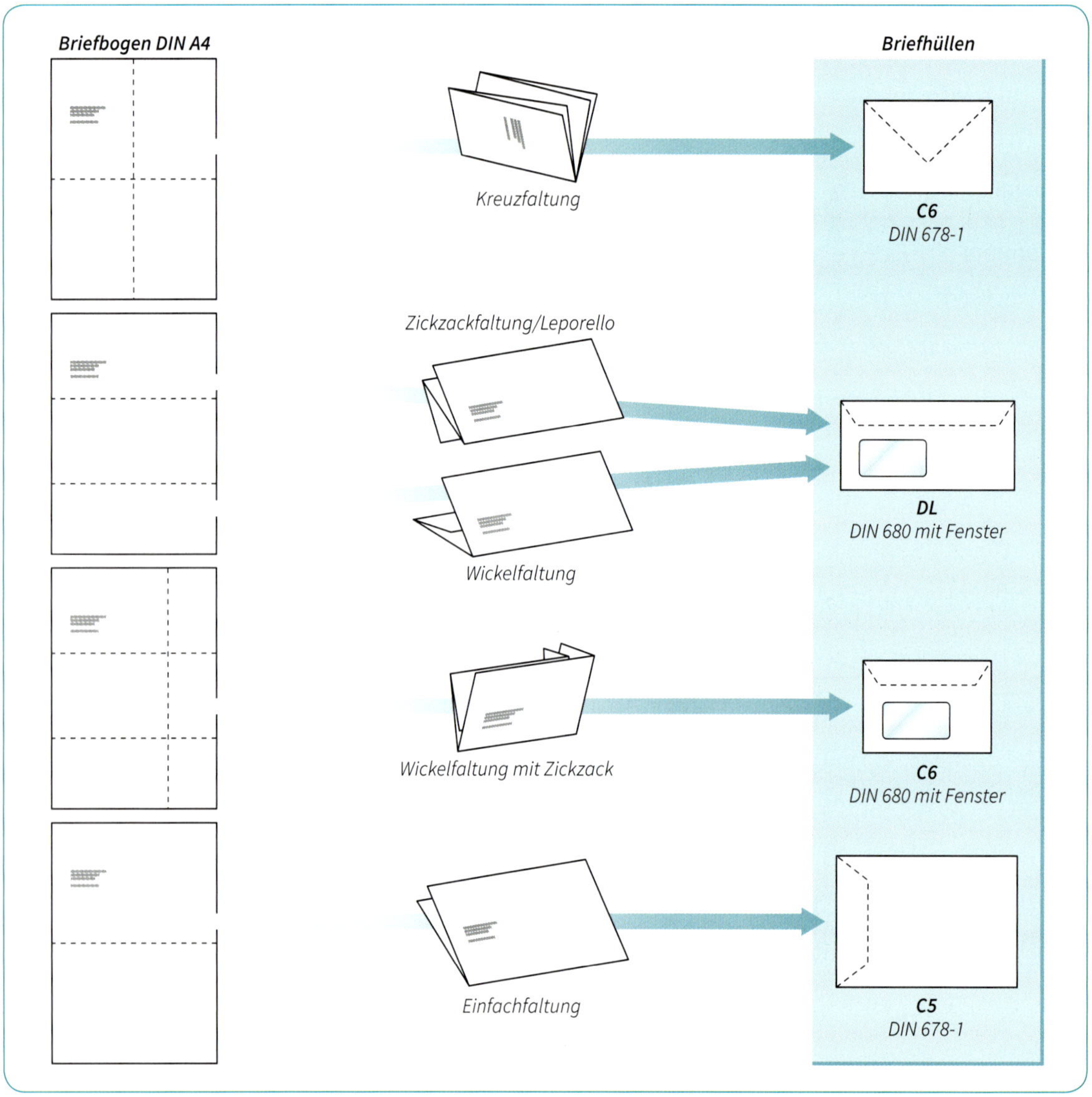

INFO 3 Medizinisches Material verschicken

Sendungen mit medizinischem Material bedürfen einer besonderen Vorsorge. Dafür gibt es eine eigene Europäische Norm: EN 829. Sie schreibt vor, welche Versandverpackungen in bestimmten Fällen zugelassen sind.

Wichtig ist generell, dass

- von einem Versand medizinischer und chemischer Güter keine Gefahren ausgehen. Das heißt, dass die Versandverpackung den eventuellen mechanischen Belastungen durch Werfen, Stoßen, Fallen usw. standhalten muss;
- flüssige Stoffe auslaufsicher verpackt sind;
- in der Verpackung zur Erhöhung der Sicherheit bei flüssigen Gütern aufsaugendes Material als Füllstoff enthalten sein muss, dessen Saugfähigkeit für die gesamte transportierte Flüssigkeit ausreicht;
- flüssige Stoffe in einem strapazierfähigen, wasserdichten und tropfsicheren Schutzgefäß, welches keinesfalls aus zerbrechlichem Glas bestehen darf, verpackt sind;
- nichtflüssiges Untersuchungsgut so sicher verpackt ist, dass es vor Beschädigungen durch Druck oder Stoß geschützt ist;

- die Warensendung mit der Aufschrift „Medizinisches Untersuchungsgut" gekennzeichnet ist;
- gefährliche Stoffe (z. B. infektiöse Materialien) nur in bauartgeprüften Versandverpackungen der Risikogruppe I und II verschickt werden dürfen. Sie müssen die deutliche Kennzeichnung „Vorsicht infektiös" tragen.

Für Sendungen dieser Art bietet sich oft die Nutzung von Kurierdiensten an. Dies kann „DHL Express" als Tochtergesellschaft der Deutschen Post AG sein, es gibt aber auch zahlreiche andere Privatanbieter von Expressdiensten. Ein Vergleich der Anbieter sollte nicht nur die Kosten, sondern auch die Zuverlässigkeit und die Schnelligkeit sowie die Frage berücksichtigen, ob die Post auch zu Hause oder in der Praxis abgeholt wird oder zu einer Annahmestelle gebracht werden muss.

Arbeitsaufträge

1. In welchen der folgenden Fälle würden Sie der mündlichen Kommunikation den Vorzug vor der schriftlichen Form geben?

a) Ein Privatpatient hat dreimal hintereinander einen Termin platzen lassen.
b) Sie erhalten eine Mahnung für eine nachweislich schon beglichene Rechnung.
c) Eine Mitarbeiterin kommt trotz eines schon erfolgten Gespräches nach wie vor verspätet in die Praxis.
d) Das Abonnement für eine Loseblatt-Sammlung zum zahnmedizinischen Recht soll gekündigt werden.
e) Sie wollen den Arbeitsplatz wechseln und fristgerecht kündigen.
f) Den Patienten soll eine neue Praxisadresse mitgeteilt werden.

2. Nach welchen Merkmalen kann man die verschiedenen Möglichkeiten des Postversands unterscheiden?

3. Wie muss das Anschriftenfeld aussehen, wenn Sie sichergehen wollen, dass der Brief nur vom Empfänger geöffnet wird?

4. Ein eingehender Brief ist wie folgt adressiert: Zahnarztpraxis Dr. Heilmann, Andertensche Straße 92, 64299 Darmstadt. Wie gehen Sie damit um? Dürfen Sie ihn öffnen oder müssen Sie ihn ungeöffnet weiterleiten, wenn es diesbezüglich keine besonderen Anweisungen gibt?

5. Erläutern Sie die Grundstruktur für den Aufbau eines Geschäftsbriefes.

6. Welche Aufgabe haben Betreff- und Bezugszeichenzeile?

7. Nennen Sie die aus Ihrer Sicht drei wichtigsten Qualitätsregeln für den Postversand.

8. Wer ist zur Unterzeichnung von Briefen berechtigt?

9. Was unterscheidet einen Brief von einem Päckchen und ein Päckchen von einem Paket?

10. Was tun Sie, wenn Sie sicher sein wollen, dass ein Brief auch wirklich beim Empfänger angekommen ist?

11. Was müssen Sie beim Versand von medizinischem Material beachten?

12. Lucia Fernandez hatte den Auftrag, etwas Kreatives für den Schriftverkehr mit den Patienten zu entwerfen. Ihr Freund, der gut zeichnen kann, fertigt einen Entwurf für eine Karte an, zu der Lucia einen Text formuliert:

Zahnarztpraxis Dr. Heilmann

Sehr geehrte/-r ...

Einige Monate sind seit der letzten zahnärztlichen Behandlung vergangen.

Sie waren bereit, sich vorsorglich über unsere Wiederbestellungskartei an eine neue Untersuchung erinnern zu lassen.

Als Untersuchungstermin haben wir für Sie den .... vorgemerkt.

Passt Ihnen dieser Termin? Sollten Sie zu diesem Zeitpunkt verhindert sein, so bitten wir Sie, sich mit uns telefonisch in Verbindung zu setzen und einen anderen Termin zu vereinbaren.

Mit freundlichen Grüßen
Ihr Praxisteam

13. Sie sollten diesen Entwurf in einer Teambesprechung vorstellen und dabei möglichst überzeugend erklären, worin Sie die Vorteile einer solchen Art der Mitteilung sehen. Dabei sollten Sie auch versuchen, sich auf eventuelle Gegenargumente einzustellen und schon von vornherein passende Antworten darauf zu finden.

4.3 Elektronisch geht vieles auch ...
Schnelle Info per E-Mail oder WhatsApp

Die „klassische" Form des Briefes ist nach wie vor die beste Möglichkeit, umfangreichere Mitteilungen zu verfassen, an Empfänger zu schicken und als Kopie in den eigenen Unterlagen zu archivieren. Auch wenn man manchmal das Gefühl hat, diese Form der Kommunikation sei überholt, lassen sich Briefe nicht generell durch die „modernen" elektronischen Kommunikationsformen ersetzen. Unabhängig davon gibt es aber nicht nur im privaten Bereich, sondern auch in der Zahnarztpraxis viele Situationen, in denen Mitteilungen in kurzer und prägnanter Form als E-Mail oder WhatsApp empfangen oder verschickt werden. Aber auch für das Verfassen solcher Nachrichten gibt es bestimmte Regeln, die eingehalten werden sollten.

INFO 1 8 Tipps für elektronische Mitteilungen in Form von E-Mails

Diese ...

- ... bieten die Möglichkeit, sehr schnell Ergebnisse aus Telefongesprächen oder Zusammenkünften zu protokollieren. Auf diese Weise wird gewissermaßen ein **Kurzprotokoll für alle Beteiligten** erstellt.
- **... eignen sich nur für die Darstellung einfacher Sachverhalte**. Bei umfangreicheren Ausführungen sind zusätzliche telefonische Erklärungen unabdingbar oder für Erläuterungen wird anstelle der E-Mail ein „klassischer Brief" genutzt.
- ... sollten durch eine **aussagekräftige und themenbezogene Betreffzeile** gekennzeichnet sein.
- ... sind immer **kurz und bündig abzufassen**. Dabei ist zu erläutern, worum es geht, was man vom Empfänger erwartet und bis wann diese Erwartungen erfüllt sein sollen.
- ... sollten sich **immer nur auf einen Sachverhalt beziehen**. Bei verschiedenen Anliegen sollten auch verschiedene bzw. mehrere einzelne E-Mails geschrieben werden.
- ... **erfordern wie Briefe auch einen seriösen Schreibstil**, damit sie ernst genommen werden. Ausnahmen gelten nur bei sehr persönlichen Mitteilungen.

- ... sind in der Regel immer an einen bestimmten Empfänger gerichtet und **sollten daher keine allzu langen „CC-Listen" enthalten**.
- ... können **nach dem „AHA-Prinzip"** (**A**bfall, **H**andeln, **A**blage) **eingestuft** werden. Die E-Mails, die zum Handeln auffordern, sollten dann auch i. d. R. möglichst innerhalb eines Arbeitstages (24 Std.) beantwortet werden.

E-Mails ersetzen bei wichtigen oder dringenden Informationen (wie z. B. bei Infektionsgefahren) aber **nicht die telefonische Vorabinformation**. Der Grund liegt darin, dass eine Nachricht auch übersehen werden kann oder die Information vielleicht im Spam-Ordner gelandet ist. Darüber hinaus sind neben der Kurzinformation im Rahmen von E-Mails bei komplexeren Sachverhalten nach wie vor auch aussagefähige Protokolle sinnvoll.

Das **Versenden von WhatsApp-Nachrichten** ist hingegen bei allen Formen der Praxiskommunikation ein besonders sensibler Bereich. Zwar werden mittlerweile auch solche Nachrichten in verschlüsselter Form übertragen, aber dennoch ist WhatsApp mit seinem Firmensitz in den USA nicht unbedingt für einen sicheren Umgang mit den Daten bekannt. Allein aufgrund der Regelungen der Datenschutz-Grundverordnung (DSGVO) **muss die Nutzung von WhatsApp** bei der Versendung von Mitteilungen **im ärztlichen Bereich** und im Kontakt mit den Patienten **unterbleiben**.

Arbeitsaufträge

1. Suchen Sie Kriterien, nach denen entschieden wird, ob etwas per Post oder auf elektronischem Wege übermittelt wird. Beziehen Sie dabei auch Erfahrungen oder Vorgaben aus Ihrer praktischen Arbeit ein.

4.4 Posteingang

Im Normalfall erfolgt eine direkte Zustellung der Post in die Praxisräume. Für größere Praxen kann es sinnvoll sein, ein Postfach anzumieten und die Post selbst abzuholen. Die Post kann so früher abgeholt werden, als sie zugestellt würde.

- In der Praxis erfolgt zuerst das **Aussortieren** von Privatpost und von Irrläufern.
- Als Nächstes wird die **Öffnung** der Praxispost vorgenommen. Ein Hilfsmittel für die Briefpost sind Brieföffner. Bei Verwendung spezieller Brieföffnermaschinen werden nur schmale Streifen an der Briefhülle abgeschnitten. Das Schriftstück wird so nicht beschädigt.
- Bei der **Kontrolle** der Eingangspost wird festgestellt, ob alle Anlagen (z. B. Untersuchungsbefunde, Röntgenbilder) gemäß den Angaben auch wirklich mitgeschickt wurden. Es sollte außerdem auch immer eine Leerkontrolle (Restinhaltskontrolle) der Briefhülle durchgeführt werden. Spezielle Durchleuchtungsmaschinen erleichtern diesen Vorgang, rentieren sich aber nur für Praxen mit hohem Postaufkommen.
- Beim **Sortieren** geht es u. a. darum, wichtige von unwichtigen Schriftstücken zu trennen. Der Umgang mit Werbebroschüren wird dabei in den Praxen unterschiedlich gehandhabt. Häufig gibt es Absprachen, die nicht medizinischen Werbebroschüren gleich in den Papierkorb zu werfen. Anders wird mit medizinischer Werbung umgegangen. Liegt z. B. der Werbebroschüre eine Anforderungskarte für Medikamentenmuster bei, sollte diese evtl. ausgefüllt und nur noch dem Zahnarzt zur Unterschrift vorgelegt werden. Zu sortieren sind die Schriftstücke aber auch nach ihrer sachlichen Zusammengehörigkeit. So sind z. B. alle eingehenden Befunde oder Rechnungen zusammenzuhalten, um die Postverteilung zu erleichtern.
  - Gehören zu der eingehenden Post auch Zeitschriften, ist der Sortiervorgang ein anderer. In manchen Praxen wird dabei so verfahren, dass eine spezialisierte Mitarbeiterin im Inhaltsverzeichnis die wichtigen Themen für ihren Chef markiert und ihm dann vorlegt.
  - Hilfsmittel für die Sortierung sind spezielle Mappen, Körbe und in größeren Arztpraxen auch spezielle Registraturregale.

- Wichtiges Schriftgut wird mit einem **Eingangsstempel** versehen (Ausnahmen: Urkunden, Schecks usw.). Dieser Vorgang ist immer dann besonders wichtig, wenn es um die Einhaltung von Fristen geht. So sollte z. B. bei einer Rechnung der exakte Eingangstermin für den Abzug von Skonto innerhalb des vorgegebenen Zahlungszeitraumes festgehalten werden.
- Die **Verteilung** der Post auf die einzelnen Mitglieder der Praxisteams ist der abschließende Vorgang bei der Bearbeitung des Posteingangs. In manchen Fällen ist es sinnvoll, die eingegangenen Schriftstücke (z. B. Laborbefunde, Untersuchungsbefunde, Facharztberichte) um weitere Unterlagen zu ergänzen (z. B. ein bereits vorliegendes Röntgenbild), die für eine abschließende Diagnose wichtig sind.

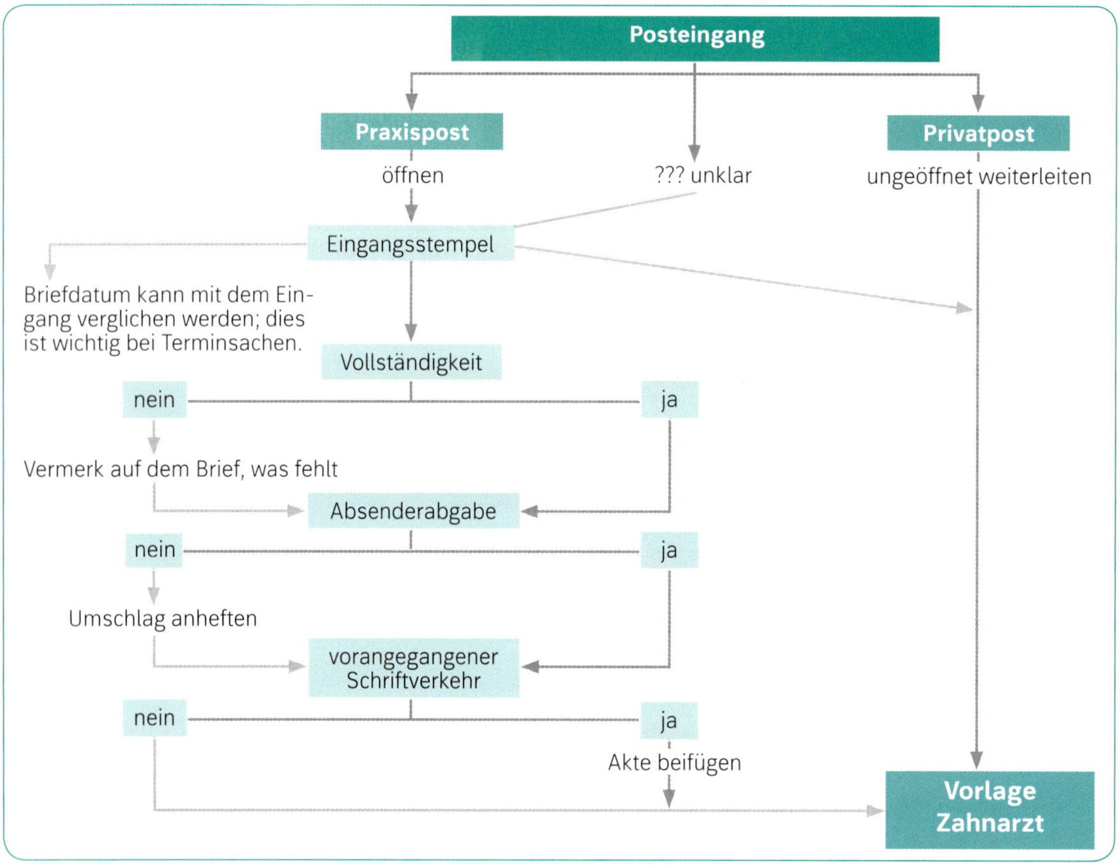

Durch die Postvollmacht kann die Zahnärztin/der Zahnarzt eine oder mehrere der Mitarbeiter/-innen zur Annahme von Postsendungen ermächtigen.

Arten der Postvollmacht

Allgemeine Postvollmacht	Besondere Postvollmacht
berechtigt zur Annahme aller gewöhnlichen Postsendungen	ist notwendig, um Postsendungen, die dem Zahnarzt eigenhändig zuzustellen sind oder die postlagernd an den Empfänger gesandt werden, anzunehmen

werden beantragt mit einem speziellen bei der Post erhältlichen Formular „Postvollmacht“

Arbeitsaufträge

1. Schildern Sie, wie die Bearbeitung der Eingangspost in Ihrer Ausbildungspraxis erfolgt.
2. Was sollten Sie nach Öffnung der Briefe kontrollieren?
3. Welche Bedeutung hat der Eingangsstempel auf der Eingangspost?
4. Welche Arten der Postvollmacht unterscheidet man?
5. Nach welchen Regeln wird die Eingangspost im Normalfall sortiert?
6. Ihre Chefin hat einmal gesagt, dass sie mit der ganzen Werbung in der Eingangspost nichts anfangen könne. Was lässt sich daraus für die Bearbeitung und Verteilung der eingehenden Postsendungen ableiten?
7. IUn der heutigen Eingangspost haben Sie
   a) ein auf dem Anschreiben vermerktes Röntgenbild, das aber nicht im Umschlag beiliegt;
   b) die monatliche Abonnementlieferung einer zahnärztlichen Fachzeitschrift;
   c) den handschriftlichen Brief einer Patientin ohne Absenderangabe im Briefkopf.

   Wie verfahren Sie in den drei Fällen?

4.5 Schriftgutablage/Registratursysteme

Die Schriftgutablage (Registratur) hat die Aufgabe, das Schriftgut geordnet aufzubewahren und zu verwalten. Da Mitarbeiter/-innen in einer Zahnarztpraxis durchschnittlich 20 % ihrer Arbeitszeit für Schriftgutverwaltung benötigen, wird eins deutlich:

Schriftgut schlecht zu managen, ist ein Luxus, den sich viele Praxen in der heutigen Zeit einfach nicht mehr erlauben können.

Im Einzelnen sollte eine effektive Schriftgutverwaltung in einer Zahnarztpraxis folgende Anforderungen erfüllen:
- Die benötigten Informationen sollten schnell verfügbar sein (z. B. kurze Zugriffszeit auf Patientenkartei).
- Die Aufbewahrung des Schriftguts sollte sicher erfolgen (z. B. Zugriffssicherung auf Patientendatei durch abschließbare Schränke).
- Die Schriftverwaltung sollte wirtschaftlich (kostengünstig) sein (z. B. preiswertes Registratursystem, gute Ausnutzung der Praxisräume durch die jeweiligen Registraturmöbel, geringe Personalkosten für Schriftgutverwaltung).

Hängeregistratur

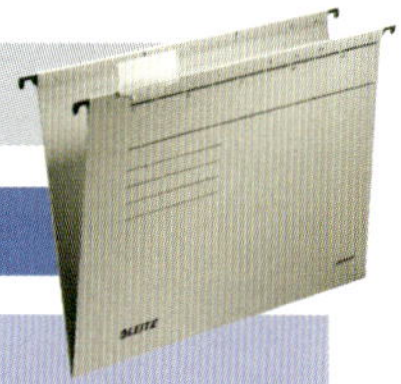

Beschreibung

- Bei der vertikalen Hängeregistratur hängen die Behälter für Schriftgut (z. B. Hängemappen, Hängebehälter) hintereinander z. B. in speziellen Schränken oder auch in Schreibtischauszügen.

Bewertung

Vorteile:
- sehr übersichtlich
- schneller Zugriff auf das Schreibgut
- schnelle Loseblattablage
- besonders geeignet als Arbeitsplatzablage

Nachteile:
- hoher Raumbedarf für Auszüge
- Ausnutzung der Raumhöhe begrenzt
- hohe Einrichtungskosten (Möbel mit Schriftgutbehälter)

Pendelregistratur

Beschreibung

- Für Hefter oder auch für ungelochtes Schriftgut. Die Mappen werden an Schienen nebeneinander aufgehängt (lateral hängende Aufbewahrung).

Bewertung

Vorteile:
- geringe Einrichtungskosten
- sehr flexibel, da Mappen und Hefter an Pendelschienen verschoben werden können
- gute Raumausnutzung

Nachteile:
- Zugriffszeit höher als bei der vertikalen Hängeregistratur
- Markierungsmöglichkeiten der Einzelakten sind begrenzt.

Kassettenregistratur

Beschreibung

- In Kassetten (Stehsammlern) werden Einstellmappen bzw. Einstellbehälter aufbewahrt. Aber auch z. B. Kataloge und Prospekte können in Kassetten eingestellt werden.

Bewertung

Vorteile:
- niedrige Einrichtungskosten
- bei Farbcodierung sehr übersichtlich
- gute Raumausnutzung

Nachteile:
- Markierungsmöglichkeiten der Einzelakten sind begrenzt.
- durch starre Kassetten unflexibel

Ordnerregistratur

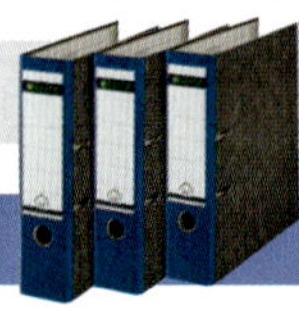

Beschreibung

- Schriftgut in Ordnern aufzubewahren, ist die bekannteste Art der Registratur. Ordner gibt es in verschiedenen Rückenbreiten und für unterschiedliche DIN-Formate der abzuheftenden Seiten. Register und Trennblätter ermöglichen, die Inhalte zu gliedern.

Bewertung

Vorteile:
- leichte Handhabung
- gute Beschriftungsmöglichkeit der breiten Rücken
- gute Übersicht
- geringe Investitionskosten

Nachteile:
- höherer Zeitaufwand für das Ablegen als bei anderen zu heftenden Ablageformen
- durch starre Rückenbreite gute Raumausnutzung nur bei voll gefüllten Ordnern

4.6 Schriftgutarten/Aktenführung

Vor der Frage, wie man etwas sinnvoll so ablegt, dass man es später auch problemlos wiederfindet, ist zu klären, ob man das jeweilige Schriftgut überhaupt aufbewahren muss. Es gibt zwar schon Zahnarztpraxen, die auf eine weitgehend papierlose Aufbewahrung von Unterlagen umgestellt haben, doch auch wenn diese Form der Aufbewahrung z. B. durch die elektronische Gesundheitskarte sicher zunehmen wird, ist sie derzeit eher die Ausnahme. In der Regel wird auf herkömmliche Weise aufbewahrt und archiviert.

Um die Informationsflut, die täglich in einer Praxis auftritt, zu bewältigen, wird differenziert:

Um was handelt es sich?	Wie wird es behandelt?
Unverlangte Zusendungen Allgemeine Werbeblätter, Einladungen zu Fachtagungen, Spendenaufrufe usw.	Eigenständige Beurteilungen durch die Mitarbeiterin, evtl. Vorlage bzw. Weitergabe an Praxisinhaber/-in oder sofortige Vernichtung (Papierkorb)
Spezielle Zusendungen Bewerbungsschreiben, Angebote von Laboren und Lieferern, Informationen der Kammern, fehlerhaft zugestellte Liquidationen usw.	Prüfung und Auswertung, danach fallbezogene Entscheidung, wie damit weiter zu verfahren ist
Aufbewahrungspflichtige Unterlagen Abrechnungen, Mahnungen, Anamnesebogen, Krankenberichte, Gutachten, aber auch Praxisübernahmeverträge, Krankenkassenzulassungen	Gesetzliche Aufbewahrungspflichten sind zu beachten. Bestimmte praxisbezogene Unterlagen sind unabhängig davon auch dauerhaft aufzubewahren.

Auch bezüglich der Aktenführung lässt sich eine Unterscheidung treffen:

Hauptakten	Nebenakten	Einzelakten
Schriftgut von allgemeiner oder grundsätzlicher, genereller Bedeutung (Gesetze, Verordnungen, Satzungen, Bekanntmachungen, Erlasse und Verfügungen allgemeinen Charakters, Krankenzulassungen, Approbation, Entscheidungen von grundsätzlicher Bedeutung)	Schriftgut von begrenzter, spezieller Bedeutung, das einzelne Personen, Sachen, Ereignisse oder Rechtsverhältnisse betrifft, das voraussichtlich nach Abschluss der Bearbeitung nicht wieder benötigt und in einer Akte zusammengefasst wird (z. B. Genehmigungen, Erlaubnisse)	Schriftgut von begrenzter, spezieller Bedeutung, das einzelne Personen, Sachen oder Rechtsverhältnisse betrifft, für das wegen der Notwendigkeit seines wiederholten späteren Gebrauchs zweckmäßigerweise anstelle oder neben einer Nebenakte eine Reihe einzelner Akten gebildet wird (z. B. Personal-, Bau-, Liegenschafts- und Darlehensakten)

Beiakten
Akten, die zusätzlich zu Haupt-, Neben- oder Einzelakten gebildet werden, wenn in größerem Umfang Schriftgut von geringerer oder vorübergehender Bedeutung anfällt, das die Übersichtlichkeit dieser Akten beeinträchtigt (z. B. Antworten auf Rundfragen, umfangreiche Berechnungen, Aufstellungen).

Sonstiges Schriftgut
das wegen seiner äußeren Beschaffenheit zur Aufnahme in die Akten, zu denen es gehört, nicht geeignet ist. Hierzu zählen z. B. Bücher, Druckschriften, Karten, Pläne, Zeichnungen, Bildmaterial, Filme, DVDs.

4.7 Ordnungssysteme bei der Schriftgutablage und -verwaltung

Es gibt verschiedene Arten von Ordnungssystemen:

4.7.1 Alphabetische Ordnung

Ordnungsmittel ist die Reihenfolge der Anfangs- und Folgebuchstaben der jeweiligen Ordnungswörter. Die alphabetische Ordnung ist nach DIN 5007 geregelt.

- Die Umlaute ä, ö, ü werden wie ae, oe und ue und ß wird wie ss behandelt.
- Der Familienname ist das erste, der Vorname das zweite Ordnungswort. Ist das nicht ausreichend, sind weitere Merkmale, wie z. B. Straße, Wohnort, beim Ordnen zu beachten.
  Beispiel: Mueller, Sascha, Bahnhofstr. 17
  Mueller, Sascha, Burggraben 8
- Akademische Grade (z. B. Dr., Dipl.-Kfm.) werden nicht berücksichtigt und stehen nach dem Vornamen.

In der Zahnarztpraxis findet die alphabetische Ordnung vor allem in der Patientenkartei Anwendung.

4.7.2 Numerische Ordnung

Ordnungsmerkmal sind Zahlenwerte. Die einfachste Art und Weise der numerischen Ordnung ist die fortlaufende Nummerierung. Komplizierter ist das System einer „sprechenden" Nummerierung. Jede Ziffer innerhalb einer Zahlenfolge hat hierbei eine spezielle Bedeutung.

Beispiele: Chronologisch können z. B. Bankauszüge, Eingangsrechnungen, Durchschriften von Arbeitsunfähigkeitsbescheinigungen geordnet werden. Die Reihenfolge der Heftung kann unterschiedlich sein. Bei der kaufmännischen Heftung werden die neuen Schriftstücke auf die alten geheftet. Bei der Behördenheftung ist dies umgekehrt.

4.7.3 Mnemotechnische Ordnung

Bei diesem System wird mit Erinnerungshilfen gearbeitet, die man herkömmlich auch als eine Art Eselsbrücke oder Gedächtnisstütze bezeichnen könnte. (Das Wort „Mnemotechnik" ist griechisch und bezeichnet die Kunst des Erinnerns.) Gewählt werden Abkürzungen, die sich leicht in einen Zusammenhang mit dem zu merkenden Begriff bringen lassen.

Beispiel:
- ER = Eingangsrechnung
- PA = Postausgang
- AB = Arztbefund
- BS = Berufsschule

4.7.4 Sachlogische Ordnung

Die Ablage erfolgt nach Oberbegriffen bzw. nach bestimmten Stichwörtern. Die Stichwörter werden dabei individuell dem Sachverhalt des Vorgangs entnommen.

Beispiel: So kann das Wort „Ärztekammer" als Stichwort für die Ablage von Schriftverkehr mit dieser Institution dienen.

4.7.5 Farbliche Ordnung

Farben sind häufig zusätzliche Ordnungsmittel für Zahlen und Buchstaben. Bei dieser Art der Farbcodierung wird einem bestimmten Zahlenwert oder eine Buchstabenfolge eine eindeutige Farbe zugeordnet. Farbverwendung hat den Vorteil, dass sie direkt die Sinne anspricht, das Auge leitet (Signalwirkung der Farbe) und so die Zugriffszeit auf die Akten verkürzt.

Beispiel: Ordner, auf denen nicht nur der jeweilige Sachbegriff steht (wie z. B. Mahnungen, Befunde oder Gutachten), sondern deren Aktenrücken außerdem unterschiedlich eingefärbt sind.

5. Nie ohne das Gesetz

Beratung und Aufklärung der Patienten über die Behandlungsleistungen nach dem Sozialgesetzbuch V

Viele Patienten wissen es, aber sie tun trotzdem nicht das, womit sie bares Geld sparen könnten. Immer wieder muss Manuela Harris die Patienten darüber aufklären, dass die Krankenversicherung nicht alles bezahlt, wenn es der Patient an der eigenen Vorsorge mangeln lässt. Und dann muss sie sich auch noch böse Worte anhören. Vor allem, wenn abends in einer Fernsehsendung Informationen über ganz neue Behandlungsmethoden gezeigt werden, klingelt das Telefon heiß. So verlangte kürzlich ein Patient, der mit seinem Zahnersatz nicht zurechtkam, dass ihm insgesamt acht fehlende Zähne nach einer neuen Methode implantiert werden sollten.

Auf den Hinweis, dass die Krankenkasse dies erst im Rahmen eines Heil- und Kostenplanes genehmigen müsse, reagierte er äußerst ungehalten. Er habe sein Leben lang Beiträge bezahlt und habe jetzt ein Recht auf eine solche Behandlung. Wenn sich die Zahnärztin weigere, verdiene sie anscheinend nicht genug Geld daran oder sie könne es nicht. Dann ginge er eben woanders hin ...

... und nun?

5.1 Aufbau des Sozialgesetzbuches V

Das Sozialgesetzbuch V gliedert sich in insgesamt 13 Kapitel. Nicht alle sind für den Bereich der Zahnärzte gleichermaßen von Bedeutung. Da das Sozialgesetzbuch auch in Zukunft hin und wieder geändert wird, empfiehlt sich im Zweifelsfall immer ein Blick in das umfangreiche Gesetzespaket.

PRAXIS-TIPP

Im Internet finden Sie die jeweils aktuelle Fassung des Sozialgesetzbuches V, sobald das Bundesministerium für Gesundheit es veröffentlicht hat.
(www.gesetze-im-internet.de/sgb)

1. Kapitel

Allgemeine Vorschriften

- Solidarität und Eigenverantwortung
- Leistungen
- Leistungen an behinderte und chronisch kranke Menschen
- Solidarische Finanzierung
- Krankenkassen
- Sonderregelungen zum Verwaltungsverfahren

2. Kapitel

Versicherter Personenkreis

- Versicherungspflicht
- Versicherungsfreiheit
- Versicherungsfreiheit bei geringfügiger Beschäftigung
- Befreiung von der Versicherungspflicht
- Freiwillige Versicherung
- Familienversicherung

3. Kapitel

Leistungen der Krankenversicherung

- Leistungsarten
- Wirtschaftlichkeitsgebot
- Leistungen zur Verhütung von Krankheiten
- Leistungen zur Früherkennung
- Leistungen bei Krankheit
- Krankenbehandlung
- Krankengeld
- Leistungsbeschränkungen
- Selbstbehalt, Beitragsrückzahlung
- Zahnersatz
- Zuzahlungen, Belastungsgrenze

4. Kapitel

Beziehungen der Krankenkassen zu den Leistungserbringern

5. Kapitel

Sachverständigenrat zur Begutachtung der Entwicklung im Gesundheitswesen

6. Kapitel

Organisation der Krankenkassen

7. Kapitel

Verbände der Krankenkassen

8. Kapitel

Finanzierung

9. Kapitel

Medizinischer Dienst

10. Kapitel

Versicherungs- und Leistungsdaten, Datenschutz, Datentransparenz

11. Kapitel

Straf- und Bußgeldvorschriften

12. Kapitel

Überleitungsregelungen Deutsche Einheit

13. Kapitel

Weitere Übergangsvorschriften

5.2 Zahnärztliche Pflichten nach dem Sozialgesetzbuch V

Für die Durchführung und Abrechnung von zahnärztlichen Leistungen gibt es eine Vielzahl von Einzelregelungen, die im **Sozialgesetzbuch V** festgelegt sind. Die wichtigsten Bestimmungen sollten Sie kennen:

§ 12 Wirtschaftlichkeitsgebot

(1) Die Leistungen müssen ausreichend, zweckmäßig und wirtschaftlich sein; sie dürfen das Maß des Notwendigen nicht überschreiten. Leistungen, die nicht notwendig oder unwirtschaftlich sind, können Versicherte nicht beanspruchen, dürfen die Leistungserbringer nicht bewirken und die Krankenkassen nicht bewilligen.

(2) Ist für eine Leistung ein Festbetrag festgesetzt, erfüllt die Krankenkasse ihre Leistungspflicht mit dem Festbetrag.

(3) Hat die Krankenkasse Leistungen ohne Rechtsgrundlage oder entgegen geltendem Recht erbracht und hat ein Vorstandsmitglied hiervon gewusst oder hätte es hiervon wissen müssen, hat die zuständige Aufsichtsbehörde nach Anhörung des Vorstandsmitglieds den Verwaltungsrat zu veranlassen, das Vorstandsmitglied auf Ersatz des aus der Pflichtverletzung entstandenen Schadens in Anspruch zu nehmen, falls der Verwaltungsrat das Regressverfahren nicht bereits von sich aus eingeleitet hat.

§ 15 Ärztliche Behandlung, elektronische Gesundheitskarte

(1) Ärztliche oder zahnärztliche Behandlung wird von Ärzten oder Zahnärzten erbracht, soweit nicht in Modellvorhaben nach § 63 Abs. 3c etwas anderes bestimmt ist. Sind Hilfeleistungen anderer Personen erforderlich, dürfen sie nur erbracht werden, wenn sie vom Arzt (Zahnarzt) angeordnet und von ihm verantwortet werden.

(2) Versicherte, die ärztliche, zahnärztliche oder psychotherapeutische Behandlung in Anspruch nehmen, haben dem Arzt, Zahnarzt oder Psychotherapeuten vor Beginn der Behandlung ihre elektronische Gesundheitskarte zum Nachweis der Berechtigung zur Inanspruchnahme von Leistungen auszuhändigen.

(3) Für die Inanspruchnahme anderer Leistungen stellt die Krankenkasse den Versicherten Berechtigungsscheine aus, soweit es zweckmäßig ist. Der Berechtigungsschein ist vor der Inanspruchnahme der Leistung dem Leistungserbringer auszuhändigen.

(4) In dringenden Fällen kann die elektronische Gesundheitskarte oder der Berechtigungsschein nachgereicht werden.

(5) Jeder Versicherte erhält die elektronische Gesundheitskarte bei der erstmaligen Ausgabe und bei Beginn der Versicherung bei einer Krankenkasse sowie bei jeder weiteren, nicht vom Versicherten verschuldeten erneuten Ausgabe gebührenfrei. Die Krankenkassen haben einem Missbrauch der Karten durch geeignete Maßnahmen entgegenzuwirken.

5.3 Was gehört zu den Kernleistungen der zahnärztlichen Behandlung? oder: Worauf hat der Kassenpatient Anspruch?

Nicht alles, was Kassenpa tienten verlangen, gehört automatisch zu dem, was durch die gesetzlichen Krankenkassen abgedeckt ist und bezahlt wird. Dies gilt insbesondere für chirurgische Leistungen im Zusammenhang mit Zahnersatz, aber auch für Zahnfüllungen.

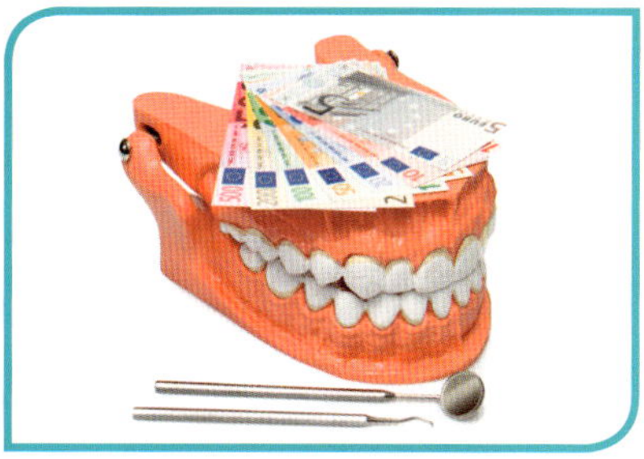

§ 28 Ärztliche und zahnärztliche Behandlung

(1) Die ärztliche Behandlung umfaßt die Tätigkeit des Arztes, die zur Verhütung, Früherkennung und Behandlung von Krankheiten nach den Regeln der ärztlichen Kunst ausreichend und zweckmäßig ist. Zur ärztlichen Behandlung gehört auch die Hilfeleistung anderer Personen, die von dem Arzt angeordnet und von ihm zu verantworten ist. [...]

(2) Die zahnärztliche Behandlung umfasst die Tätigkeit des Zahnarztes, die zur Verhütung, Früherkennung und Behandlung von Zahn-, Mund- und Kieferkrankheiten nach den Regeln der zahnärztlichen Kunst ausreichend und zweckmäßig ist; sie umfasst auch konservierend-chirurgische Leistungen und Röntgenleistungen, die im Zusammenhang mit Zahnersatz einschließlich Zahnkronen und Suprakonstruktionen erbracht werden.

Wählen Versicherte bei Zahnfüllungen eine darüber hinausgehende Versorgung, haben sie die Mehrkosten selbst zu tragen [...].

Nicht zur zahnärztlichen Behandlung gehört die kieferorthopädische Behandlung von Versicherten, die zu Beginn der Behandlung das 18. Lebensjahr vollendet haben. Dies gilt nicht für Versicherte mit schweren Kieferanomalien, die ein Ausmaß haben, das kombinierte kieferchirurgische und kieferorthopädische Behandlungsmaßnahmen erfordert. Ebenso gehören funktionsanalytische und funktionstherapeutische Maßnahmen nicht zur zahnärztlichen Behandlung; sie dürfen von den Krankenkassen auch nicht bezuschusst werden. Das Gleiche gilt für implantologische Leistungen, es sei denn, es liegen seltene vom Gemeinsamen Bundesausschuss [...] festzulegende Ausnahmeindikationen für besonders schwere Fälle vor.

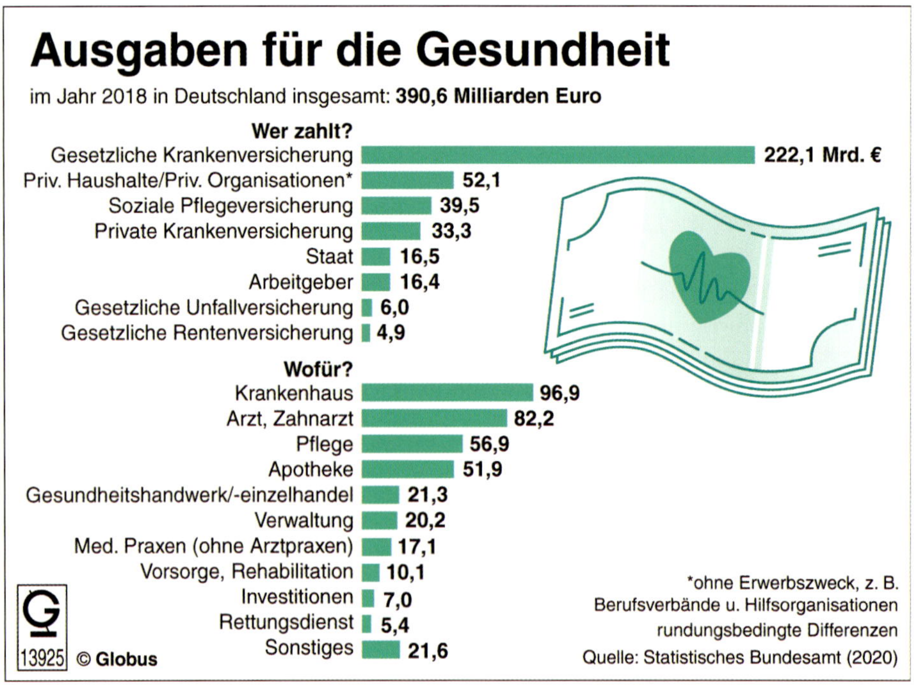

§ 29 Kieferorthopädische Behandlung

(1) Versicherte haben Anspruch auf kieferorthopädische Versorgung in medizinisch begründeten Indikationsgruppen, bei denen eine Kiefer- oder Zahnfehlstellung vorliegt, die das Kauen, Beißen, Sprechen oder Atmen erheblich beeinträchtigt oder zu beeinträchtigen droht.

(2) Versicherte leisten zu der kieferorthopädischen Behandlung nach Absatz 1 einen Anteil in Höhe von 20 vom Hundert der Kosten an den Vertragszahnarzt. Satz 1 gilt nicht für im Zusammenhang mit kieferorthopädischer Behandlung erbrachte konservierend-chirurgische und Röntgenleistungen. Befinden sich mindestens zwei versicherte Kinder, die bei Beginn der Behandlung das 18. Lebensjahr noch nicht vollendet haben und mit ihren Erziehungsberechtigten in einem gemeinsamen Haushalt leben, in kieferorthopädischer Behandlung, beträgt der Anteil nach Satz 1 für das zweite und jedes weitere Kind 10 vom Hundert.

(3) Der Vertragszahnarzt rechnet die kieferorthopädische Behandlung abzüglich des Versichertenanteils [...] mit der Kassenzahnärztlichen Vereinigung ab. Wenn die Behandlung in dem durch den Behandlungsplan bestimmten medizinisch erforderlichen Umfang abgeschlossen worden ist, zahlt die Kasse den von den Versicherten geleisteten Anteil [...] an die Versicherten zurück.

(4) Werden im Rahmen einer kieferorthopädischen Behandlung neben kieferorthopädischen Leistungen, die im einheitlichen Bewertungsmaßstab für zahnärztliche Leistungen abgebildet sind, Mehrleistungen oder Zusatzleistungen erbracht, ist der Versicherte vor Beginn der Behandlung vom behandelnden Zahnarzt über die in Betracht kommenden Behandlungsalternativen mündlich aufzuklären und ist eine schriftliche oder elektronische Vereinbarung zwischen dem Zahnarzt und dem Versicherten zu treffen, in der die von der Krankenkasse zu tragenden Kostenanteile und die vom Versicherten zu tragenden Kostenanteile aufgeschlüsselt nach Leistungen gegenübergestellt werden [...].

§ 55 Leistungsanspruch

(1) Versicherte haben nach den Vorgaben in den Sätzen 2 bis 7 Anspruch auf befundbezogene Festzuschüsse bei einer medizinisch notwendigen Versorgung mit Zahnersatz einschließlich Zahnkronen und Suprakonstruktionen (zahnärztliche und zahntechnische Leistungen) in den Fällen, in denen eine zahnprothetische Versorgung notwendig ist [...].

Die Festzuschüsse umfassen 60 Prozent der [...] festgesetzten Beträge für die jeweilige Regelversorgung. Für eigene Bemühungen zur Gesunderhaltung der Zähne erhöhen sich die Festzuschüsse nach Satz 2 auf 70 Prozent. Die Erhöhung entfällt, wenn der Gebisszustand des Versicherten regelmäßige Zahnpflege nicht erkennen lässt und der Versicherte während der letzten fünf Jahre vor Beginn der Behandlung die Untersuchungen nach § 22 Abs. 1 nicht in jedem Kalenderhalbjahr in Anspruch genommen hat und nach Vollendung des 18. Lebensjahres nicht wenigstens einmal in jedem Kalenderjahr hat zahnärztlich untersuchen lassen.

Die Festzuschüsse nach Satz 2 erhöhen sich auf 75 Prozent, wenn der Versicherte seine Zähne regelmäßig gepflegt und in den letzten zehn Kalenderjahren vor Beginn der Behandlung die Untersuchungen [...] ohne Unterbrechung in Anspruch genommen hat.

§ 56 Festsetzung der Regelversorgungen

(1) Der Gemeinsame Bundesausschuss bestimmt in Richtlinien [...] die Befunde, für die Festzuschüsse nach § 55 gewährt werden und ordnet diesen prothetische Regelversorgungen zu.

(2) Die Bestimmung der Befunde erfolgt auf der Grundlage einer international anerkannten Klassifikation des Lückengebisses. Dem jeweiligen Befund wird eine zahnprothetische Regelversorgung zugeordnet. Diese hat sich an zahnmedizinisch notwendigen zahnärztlichen und zahntechnischen Leistungen zu orientieren, die zu einer ausreichenden, zweckmäßigen und wirtschaftlichen Versorgung mit Zahnersatz einschließlich Zahnkronen und Suprakonstruktionen [...] nach dem allgemein anerkannten Stand der zahnmedizinischen Erkenntnisse gehören.

Bei der Zuordnung der Regelversorgung zum Befund sind insbesondere die Funktionsdauer, die Stabilität und die Gegenbezahnung zu berücksichtigen. Zumindest bei kleinen Lücken ist festsitzender Zahnersatz zu Grunde zu legen. Bei großen Brücken ist die Regelversorgung auf den Ersatz von bis zu vier fehlenden Zähnen je Kiefer und bis zu drei fehlenden Zähnen je Seitenzahngebiet begrenzt. Bei Kombinationsversorgungen ist die Regelversorgung auf zwei Verbindungselemente je Kiefer, bei Versicherten mit einem Restzahnbestand von höchstens drei Zähnen je Kiefer auf drei Verbindungselemente je Kiefer begrenzt.

Regelversorgungen umfassen im Oberkiefer Verblendungen bis einschließlich Zahn fünf, im Unterkiefer bis einschließlich Zahn vier. In die Festlegung der Regelversorgung einzubeziehen sind die Befunderhebung, die Planung, die Vorbereitung des Restgebisses, die Beseitigung von groben Okklusionshindernissen und alle Maßnahmen zur Herstellung und Eingliederung des Zahnersatzes einschließlich der Nachbehandlung sowie die Unterweisung im Gebrauch des Zahnersatzes.

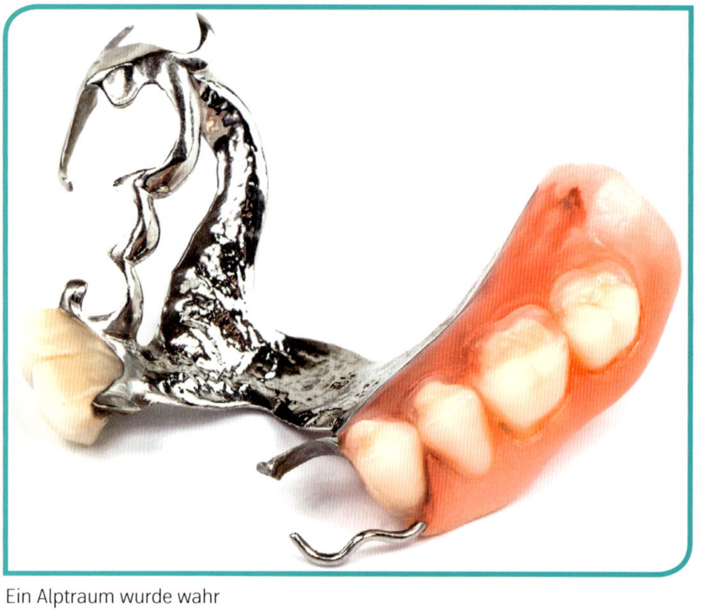

Ein Alptraum wurde wahr

5.4 Wer kann auf meine vertraulichen Daten zugreifen? Bin ich ein „gläserner" Patient?

Die Kommunikation über Gesundheitsdaten wird zunehmend elektronisch, d. h. über den PC erfolgen. In einer persönlichen Gesundheitsakte können die Krankenkassen Patientendaten in einer ganz neuen Form verwalten. Der Datenabgleich ist damit wesentlich einfacher als früher.

§ 67 Elektronische Kommunikation

(1) Zur Verbesserung der Qualität und Wirtschaftlichkeit der Versorgung soll die Kommunikation sowie der Daten- und Informationsfluss unter den Leistungserbringern, zwischen den Krankenkassen und Leistungserbringern sowie im Verhältnis von Krankenkassen und Leistungserbringern zu den Versicherten durch vernetzte digitale Anwendungen und Dienste ausgebaut werden, insbesondere zur

- elektronischen und maschinell verwertbaren Übermittlung von Befunden, Diagnosen, Therapieempfehlungen, Behandlungsberichten und Unterlagen in Genehmigungsverfahren,
- Förderung der aktiven und informierten Mitwirkung der Versicherten am Behandlungs- und Rehabilitationsprozess sowie
- Unterstützung der Versicherten bei einer gesundheitsbewussten Lebensführung.

(2) Die Krankenkassen und Leistungserbringer sowie ihre Verbände sollen den Übergang zur elektronischen Kommunikation finanziell unterstützen.

§ 68 Finanzierung einer persönlichen elektronischen Gesundheitsakte

Zur Verbesserung der Qualität und der Wirtschaftlichkeit der Versorgung können die Krankenkassen ihren Versicherten zu von Dritten angebotenen Dienstleistungen der elektronischen Speicherung und Übermittlung patientenbezogener Gesundheitsdaten finanzielle Unterstützung gewähren. Das Nähere ist durch die Satzung zu regeln.

§ 295 Abrechnung ärztlicher Leistungen

(1) Die an der vertragsärztlichen Versorgung teilnehmenden Ärzte und Einrichtungen sind verpflichtet,

- in dem Abschnitt der Arbeitsunfähigkeitsbescheinigung, den die Krankenkasse erhält, die Diagnosen,
- in den Abrechnungsunterlagen für die vertragsärztlichen Leistungen die von ihnen erbrachten Leistungen einschließlich des Tages und, soweit für die Überprüfung der Zulässigkeit und Richtigkeit der Abrechnung erforderlich, der Uhrzeit der Behandlung, bei ärztlicher Behandlung mit Diagnosen, bei zahnärztlicher Behandlung mit Zahnbezug und Befunden,
- in den Abrechnungsunterlagen sowie auf den Vordrucken für die vertragsärztliche Versorgung ihre Arztnummer [...] aufzuzeichnen und zu übermitteln.

(2) Für die Abrechnung der Vergütung übermitteln die Kassenärztlichen Vereinigungen im Wege elektronischer Datenübertragung oder maschinell verwertbar auf Datenträgern den Krankenkassen für jedes Quartal für jeden Behandlungsfall folgende Daten:
- Arzt- oder Zahnarztnummer, in Überweisungsfällen die Arzt- oder Zahnarztnummer des überweisenden Arztes [...],
- Art der Inanspruchnahme,
- Art der Behandlung,
- Tag und, soweit für die Überprüfung der Zulässigkeit und Richtigkeit der Abrechnung erforderlich, die Uhrzeit der Behandlung,
- abgerechnete Gebührenpositionen [...] bei zahnärztlicher Behandlung mit Zahnbezug und Befunden,
- Kosten der Behandlung,
- den Nachweis über die Erfüllung der Meldepflicht nach § 36 des Implantateregistergesetzes.

§ 305 Auskünfte an Versicherte

(1) Die Krankenkassen unterrichten die Versicherten auf deren Antrag über die in Anspruch genommenen Leistungen und deren Kosten. Auf Verlangen der Versicherten und mit deren ausdrücklicher Einwilligung sollen die Krankenkassen an Dritte, die die Versicherten benannt haben, Daten nach Satz 1 auch elektronisch übermitteln. Bei der Übermittlung an Anbieter elektronischer Patientenakten oder anderer persönlicher elektronischer Gesundheitsakten muss sichergestellt werden, dass die Daten nach Satz 1 nicht ohne ausdrückliche Einwilligung der Versicherten von Dritten eingesehen werden können. Zum Schutz vor unbefugter Kenntnisnahme der Daten der Versicherten, insbesondere zur sicheren Identifizierung des Versicherten und des Dritten nach Satz 2 sowie zur sicheren Datenübertragung, ist die Richtlinie nach § 217f Absatz 4b entsprechend anzuwenden. Die für die Unterrichtung nach Satz 1 und für die Übermittlung nach Satz 2 erforderlichen Daten dürfen ausschließlich für diese Zwecke verarbeitet werden. Eine Mitteilung an die Leistungserbringer über die Unterrichtung des Versicherten und die Übermittlung der Daten ist nicht zulässig [...].

(2) Die an der vertragsärztlichen Versorgung teilnehmenden Ärzte, Einrichtungen und medizinischen Versorgungszentren haben die Versicherten auf Verlangen in verständlicher Form entweder schriftlich oder elektronisch, direkt im Anschluss an die Behandlung oder mindestens quartalsweise spätestens vier Wochen nach Ablauf des Quartals, in dem die Leistungen in Anspruch genommen worden sind, über die zu Lasten der Krankenkassen erbrachten Leistungen und deren vorläufige Kosten (Patientenquittung) zu unterrichten.

Satz 1 gilt auch für die vertragszahnärztliche Versorgung. Der Versicherte erstattet für eine quartalsweise schriftliche Unterrichtung nach Satz 1 eine Aufwandspauschale in Höhe von 1 Euro zuzüglich Versandkosten.

Arbeitsaufträge

1. Was versteht man unter dem Wirtschaftlichkeitsgebot für ärztliche Leistungen?

2. Inwieweit haben Versicherte einen Anspruch auf eine zahnärztliche Versorgung ihrer Wahl?

3. Erläutern Sie den Inhalt von § 28 des Sozialgesetzbuches V.

4. Welche Vorschriften enthält das Sozialgesetzbuch V über den Zahnersatz?

5. Was ist ein Heil- und Kostenplan?

6. Sie haben die Aufgabe, dem in der Eingangssituation geschilderten Patienten klarzumachen, dass es so nicht geht. Bilden Sie zwei Gruppen:
   a) Patient, der auf seinem Recht bestehen möchte;
   b) Mitarbeiterin, die ihn über die rechtliche Situation aufzuklären hat.
   Simulieren Sie ein Telefongespräch über dieses Problem.

7. Ein neuer (Schmerz-)Patient kommt in Ihre Praxis und muss aus zahnmedizinischer Sicht sofort behandelt werden. Er hat aber die Krankenversichertenkarte nicht dabei. Was tun Sie jetzt?

8. Welche Unterlagen müssen der Krankenkasse bei der Abrechnung der erbrachten Leistungen übermittelt werden?

9. Ein Versicherter möchte von Ihnen eine Auskunft darüber haben, welche Leistungen Sie nach der letzten Behandlung eingetragen und abgerechnet haben. Er fordert Einsicht in seine Kranken- und Behandlungsblätter. Wie gehen Sie mit dieser Anfrage um?

10. Mit welchen Merkmalen lässt sich die Tätigkeit eines Zahnarztes beschreiben?

11. Welche Altersbegrenzung gibt es für die Abrechnung kieferorthopädischer Behandlungen?

12. Schildern Sie, welche konkreten Vorteile die regelmäßige Untersuchung im Rahmen der Gesunderhaltung der Zähne für den Versicherten hat.

13. Wie oft müssen zahnärztliche Untersuchungen mindestens erfolgen, um von dem Bonussystem bei Zahnersatz zu profitieren?

14. Was verbirgt sich hinter der Abkürzung „BEMA"?

15. Ein Patient soll einen Zahnersatz erhalten. Laut Heil- und Kostenplan entstehen Kosten in Höhe von 2500,00 €. Der Patient hat nachweislich in den letzten zehn Jahren ohne Unterbrechung an zahnmedizinischen Vorsorgemaßnahmen teilgenommen. Mir welchem Eigenanteil muss der Patient nach den Regelungen von § 55 Sozialgesetzbuch rechnen?

16. So könnte eine Prüfungsaufgabe aussehen:

„Eine neue Patientin kommt das erste Mal in die Praxis. Am vitalen Zahn 11 ist ein großer Eckenaufbau locker und die Patientin ist unzufrieden mit dem Aussehen des Zahnes. Nach einer Beratung durch die Zahnärztin entscheidet sie sich für die Versorgung des Zahnes mit einer voll verblendeten Metallkeramikkrone.
Die Zahnmedizinische Fachangestellte erstellt die nötigen Unterlagen für die Krankenkasse und erklärt den Verwaltungsweg. Anschließend erhält die Patientin die Termine für die einzelnen Sitzungen.
Erläutern und demonstrieren Sie für diesen Behandlungsfall Ihre Aufgaben vom Empfang bis zur Verabschiedung der Patientin. Setzen Sie Ihren Schwerpunkt dabei auf das situationsgerechte Informationsgespräch. Vereinbaren Sie die nötigen Termine und geben Sie der Patientin alle nötigen Unterlagen für die Krankenkasse mit."

Spielen Sie anhand dieser Aufgabe im Klassenverband eine Prüfung durch.

a) Erstellen Sie in Stichworten einen Ablaufplan für Ihren Prüfungsvortrag.

b) Stellen Sie die Unterlagen zusammen, die Sie für den ordnungsgemäßen Ablauf dieses Vorgangs in der Praxis benötigen.

c) Bereiten Sie zu Hause einen 10-minütigen freien Vortrag so vor, wie Sie ihn in der Prüfung zu diesem Fall halten würden.

d) Spielen Sie im Klassenverband mehrere Vorträge und anschließende Feedbacks durch. TIPP: Auch das Feedback zu den Vorträgen Ihrer Mitschüler/-innen kann Ihnen wertvolle Hinweise zu Ihrem eigenen Vortrag geben!

Lernfeld 9

Waren beschaffen und verwalten

Sie planen die bedarfs- und umweltgerechte Versorgung der Praxis mit Waren und Materialien. Sie erkunden Beschaffungsmöglichkeiten, holen Informationen ein und bereiten die gewonnenen Daten zur Vorbereitung von Kaufentscheidungen auf. Dazu nutzen Sie die Formen mündlicher und schriftlicher Kommunikation mit aktuellen Medien. Angebote analysieren und vergleichen Sie unter qualitativen, quantitativen und wirtschaftlichen Aspekten und treffen eine ökonomisch und ökologisch begründete Auswahlentscheidung. Sie überwachen und erfassen den Wareneingang. Auftretende Erfüllungsstörungen und damit verbundene Konflikte werden identifiziert, Praxisinteressen verdeutlicht und unter Berücksichtigung rechtlicher und wirtschaftlicher Gesichtspunkte gegenüber dem Kaufvertragspartner vertreten. Dazu kommunizieren Sie sowohl mündlich als auch schriftlich unter Verwendung moderner Informationstechnik. Unter Nutzung Ihrer Fachkenntnisse über Zahlungsbedingungen und aktuelle Zahlungsformen bereiten Sie Zahlungsvorgänge vor, erfassen und überwachen diese. Beim Umgang mit Belegen wenden Sie relevante Rechtsvorschriften an. Sie verschaffen sich einen Überblick über die zu lagernden Materialien und Werkstoffe und berücksichtigen die mit der Lagerung verbundenen Besonderheiten. Sie nutzen Möglichkeiten der Energieeinsparung und planen die umweltgerechte Wiederverwertung und Entsorgung von Materialien und Geräten entsprechend den rechtlichen Vorschriften.

1. Zeitverschwendung oder lohnende Arbeit? Die Bezugsquellenermittlung

In einer Teambesprechung erzählt Frau Dr. Heilmann von einem Vortrag, in dem über Kostensenkung in Zahnarztpraxen referiert wurde.

„Auch wir müssen Kosten sparen", sagt die Zahnärztin. „Unsere Praxis ist ein Dienstleistungsbetrieb, bei dem das Wohl unserer Patienten zwar an oberster Stelle steht, sie ist aber auch ein Wirtschaftsunternehmen. Und Letzteres bedeutet, dass wir versuchen müssen, Kosten zu sparen, ohne unsere Leistungen zu mindern."

„Bedeutet das, dass Sie eine Fachangestellte entlassen wollen?", fragt Carmen. „Nein, keine Angst", beruhigt Frau Dr. Heilmann, „ein erster Schritt wäre, bei unseren Einkäufen betriebswirtschaftlicher vorzugehen, so wie es die meisten Betriebe auch machen. Bisher war auch ich der Meinung: Materialbeschaffung und -verwaltung sei eine lästige Nebenaufgabe, die uns von der anderen Arbeit abhält. Sie kostet Geld, sie verursacht einen Zeitaufwand und eigentlich rentiert es sich nicht einmal, darüber länger nachzudenken, weil man ohnedies nichts einsparen kann. Doch das ist nicht richtig. Neulich bei einem Vortrag legte der Referent eine Untersuchung der ‚I+G Gesundheitsforschung' vor. Danach liegt der Durchschnittsverbrauch pro Behandler zwischen 12.000,00 und 15.000,00 €. Dies allerdings ohne Kosten für Legierungen, KFO, Implantologie und Praxislabor. Es könnten 5 bis 10 % Einsparungen erzielt werden. Auch wir wollen in Zukunft versuchen, mehr als 5 % einzusparen. Sollte uns das in diesem Jahr gelingen, lade ich Sie alle zum Essen ein."

Was wird benötigt?
Wann müssen wir bestellen?
Wo müssen wir bestellen?

1.1 Welche Produkte werden in Praxen benötigt?

1.1.1 Praxisinventar

Wenn Praxen neu eingerichtet oder umgestaltet werden, müssen Möbel gekauft werden. Daneben werden auch immer mal wieder neue Geräte angeschafft. Die Kaufentscheidungen für diese teuren Produkte treffen natürlich die Zahnärzte. Die Zahnmedizinische Fachangestellte ermittelt hierfür die Bezugsquellen, schreibt Anfragen, bearbeitet Angebote, trägt die Geräte in das Medizinproduktebuch und das Bestandsverzeichnis ein, wickelt evtl. den Zahlungsverkehr ab und bearbeitet die Belege.

1.1.2 Sprechstundenbedarf

Sprechstundenbedarf sind Waren, die speziell am Patienten angewendet werden und die bei mehreren Versicherten Verwendung finden. Es sind aber auch Produkte für Notfälle sowie alle Mittel, die im Zusammenhang mit einem zahnärztlichen Eingriff für mehr als einen Patienten zur Verfügung stehen müssen. Dazu gehören z. B. Verbands- und Nahtmaterial, Mittel zur Narkose und örtlichen Betäubung, Desinfektionsmittel nur zur Anwendung am Körper des Patienten, Reagenzien und Schnelltests, diagnostische und therapeutische Hilfsmittel, Röntgenmittel sowie bestimmte Arzneimittel.

Die Mittel des Sprechstundenbedarfs dürfen nur für Kassenpatienten und nicht für Versicherte privater Kranken- oder Unfallversicherungen eingesetzt werden. Sprechstundenbedarf wird über Rezepte abgerechnet, die sich der Arzt verordnet hat.

Mittel, die nur für einen Patienten gebraucht werden, sind kein Sprechstundenbedarf, sondern müssen auf den Namen des Patienten verordnet und mit der zuständigen Krankenkasse abgerechnet werden. Folgende Mittel dürfen ebenfalls **nicht** als Sprechstundenbedarf verordnet werden: allgemeine Praxiskosten, Desinfektionsmittel für zahnärztliche Instrumente, Einmalprodukte (Spritzen, Kanülen usw.) und Röntgenfilmmaterial.

1.1.3 Praxisbedarf

Praxisbedarf sind alle die Mittel, die in der Praxis benötigt werden und nicht als Sprechstundenbedarf verordnet werden dürfen. Es sind Verbrauchsmittel für jeweils einen Patienten wie Einmalspritzen, Kanülen, Handschuhe, Händedesinfektionsmittel, Teststreifen usw. Der Praxisbedarf muss vom Zahnarzt selbst bezahlt werden. Er ist in seine erbrachten Leistungen eingerechnet. Zum Praxisbedarf zählt aber auch der gesamte Bürobedarf, Reinigungsmittel, Artikel für die Toiletten sowie die Warte- und Sprechzimmer, Laborbedarf sowie Hygiene- und Reinigungsartikel.

Sonstiges: Auch Zeitschriften, Fachzeitschriften, Fachbücher, Blumen, Bilder, Briefmarken usw. müssen in einer Praxis eingekauft werden.

1.2 Wie wird der Bedarf festgestellt und wann wird bestellt?

Oberstes Ziel ist es, alle notwendigen Produkte zur Verfügung zu haben, wenn sie benötigt werden, um die medizinische Leistung der Praxis sicherzustellen.

Die wirtschaftliche Beschaffungsplanung unterliegt einem Zielkonflikt:

Bestellung größerer Mengen	kontra ↔	Bestellung kleinerer Mengen
Weniger Bestellaktivitäten, dadurch geringerer Personalaufwand		Mehr Bestellaktivitäten, dadurch größerer Personalaufwand
Mengenrabatte möglich		Einzelne Produkte teurer
Mehr Geld pro Bestellung benötigt		Zinsersparnis durch kleinere Rechnungsbeträge
Immer ein genügender Vorrat da		Kann zu Engpässen bei der Behandlung führen
Höhere Kosten durch Lagerhaltung		Geringere Lagerhaltungskosten
Eventuell Platzproblem, da größeres Lager benötigt wird		Kleinere Lagerfläche – aber häufigere Kontrolle, ob noch genügend Materialien vorhanden sind
Eventuell Verluste durch Ablauf des Verfalldatums		

Kaufmännisch einkaufen bedeutet, die richtige Menge zur richtigen Zeit beim günstigsten Lieferanten zu bestellen. Dabei ergibt sich der Zeitpunkt der Bestellung oftmals durch folgende Situationen:

- Aktueller Bedarf: Hier kommt es auf eine möglichst schnelle Lieferung an. Diese garantieren die Apotheke oder der Stammlieferant (Großhändler, Medizindepot), die oftmals noch am gleichen Tag liefern. Es wird also sofort bestellt.
- Angebote: Sie werden sofort bestellt (z. B. Sonderangebote für Praxisbedarf, der länger haltbar ist, wie z. B. Reinigungsmittel).
- Sprechstundenbedarf: Er muss quartalsmäßig bestellt werden (→ Kap. 1.3).
- Bei Erreichen des Meldebestandes von lagerfähigen Produkten: Es sollte ein bestimmter Mindestbestand für verspätete Lieferungen oder unerwartet starke Nachfrage vorhanden sein.
  Dazu addiert man die Zahl von Produkten, die für den Zeitraum von der Bestellung bis zur Lieferung benötigt wird. Ist diese Menge erreicht, dann muss umgehend neu bestellt werden.
  Formel für den Meldebestand: (Tage der Lieferung · täglicher Verbrauch) + Mindestbestand.

1.3 Besonderheiten bei der Bestellung von Sprechstundenbedarf

Den Sprechstundenbedarf verordnet der Zahnarzt seiner eigenen Praxis. Es dürfen höchstens drei Positionen auf einem Verordnungsblatt aufgeführt werden. Das Rezept wird dem Lieferanten wie z. B. der Apotheke, dem Groß- oder Versandhandel zugestellt. Da Sprechstundenbedarf nur für die Kassenpatienten verwendet werden darf, rechnet der Lieferant mit einer gesetzlichen Krankenkasse des jeweiligen Bundeslandes (in den meisten Bundesländern der AOK) ab. Diese verteilt den Betrag dann auf die anderen gesetzlichen Krankenkassen.

Sprechstundenbedarf soll möglichst nur einmal pro Vierteljahr verordnet werden. Daher muss der Verbrauch für die nächsten drei Monate vorausgerechnet und auch gelagert werden.

In allen Vereinbarungen über Sprechstundenbedarf der jeweiligen Bundesländer wird gefordert, dass bei der Verordnung und Verwendung stets der Grundsatz der Wirtschaftlichkeit zu beachten ist. Das bedeutet: Werden größere Mengen von einem Mittel benötigt, dann sollen preisgünstigere Großpackungen bestellt werden.

Für nichtapothekenpflichtige Mittel (z. B. Verbands- und Nahtmaterial) sollen möglichst wirtschaftliche Bezugsformen gewählt und ggf. direkt beim Hersteller oder Großhandel bestellt werden. Die AOK überprüft die Einhaltung der Wirtschaftlichkeit und die richtige Verordnung. Werden Mittel nicht als Sprechstundenbedarf genehmigt, müssen die Rechnungsbeträge ersetzt werden.

PRAXIS-TIPP

Mittel, die auf den Namen eines Patienten verordnet wurden und nicht mehr benötigt werden, dürfen nicht dem Lieferanten zurückgegeben, sondern müssen dem Sprechstundenbedarf zugerechnet werden.

1.4 Welche Informationsquellen gibt es?

Sicherheit und Qualität stehen bei der Behandlung Ihrer Patienten im Vordergrund. Wenn Sie bei den Lieferanten Praxismaterial auswählen, ist neben der Qualität sicherlich auch noch der Preis entscheidend. Manchmal ist auch eine möglichst kurze Lieferzeit wichtiger als der Preis. Häufig ist es jedoch nicht einfach, Lieferanten mit einem guten Preis-Leistungs-Verhältnis zu ermitteln. Viele haben sogenannte Mischkalkulationen. Das bedeutet, dass einige Produkte knapp kalkuliert, also recht preisgünstig angeboten werden. Andere Artikel werden dagegen mit hohen Spannen kalkuliert und sind daher verhältnismäßig teuer. Bei Bestellungen ohne Vergleich werden diese hohen Preise übersehen. Hier kann Ihre Praxis Einsparungen erzielen.

Um vergleichen zu können, müssen Hinweise auf neue Produkte gesammelt und mögliche Lieferanten ermittelt werden. Welche Möglichkeiten gibt es?

1.4.1 Apotheken

Meist arbeiten Praxen nur mit einer Apotheke zusammen. Kurze Bestell- und Lieferwege sind von Vorteil. Daneben kennt der Apotheker die Wünsche und den Bedarf seiner Praxen, er ist auf mögliche Bestellungen vorbereitet. Wenn es besonders schnell gehen soll oder wenn z. B. Impfstoffe in einer lückenlosen Kühlkette geliefert werden müssen, hat die nahe Apotheke besondere Vorteile.

Im Internet gibt es inzwischen verschiedene Versandapotheken, die evtl. bei verschiedenen Produkten preiswerter sind. Allerdings fehlt die persönliche Beziehung und meist dauert die Lieferung länger. Bei Qualitätsmängeln unterliegt eine ausländische Versandapotheke nicht dem deutschen Recht.

1.4.2 Bekannte Lieferanten

Von den Händlern und Herstellern, mit denen eine Praxis bisher in Geschäftsbeziehung stand, erhalten die Zahnarztpraxen Kataloge und Werbebriefe. Daneben werden die Praxen auch von den Außendienstmitarbeitern der Unternehmen besucht. Es werden Seminare und andere Informationsveranstaltungen angeboten.

1.4.3 Neue Lieferanten

Zum Vergleich sollten auch Angebote von neuen Lieferanten hinzugezogen werden. Deren Adressen erhält man

- **aus Fachzeitschriften:** Dort inserieren Händler und Hersteller von Geräten, Möbeln, IT-Lösungen und Organisationsmitteln. Deren Adressen sollten gesammelt werden.
- **aus Branchenbüchern:** Im Branchenbuch findet man die jeweiligen regionalen Anbieter.
- **unter www.wlw.de:** „Wer liefert was?“ Eine spezielle Suchmaschine im Internet. Nahezu alle Lieferanten aus Deutschland und auch anderen Ländern sind bei ihr gespeichert. Man kann die Produkte eingeben und erhält die wichtigsten Lieferanten.
- **im Internet:** Gibt man bei den verschiedenen Suchmaschinen das Stichwort „Dental-Depot“ ein, wird man eine große Anzahl von Adressen finden, so z. B. bei www.fireball.de und www.google.de. Man kann die jeweiligen Adressen speichern. Auf der Homepage des Bundesverbandes Dentalhandel (BVD) sind die Mitglieder nach Postleitzahlen geordnet. Hier erhält man Links zu den jeweiligen Homepages und E-Mail-Adressen der Dental-Depots.

Arbeitsaufträge

1. Erklären Sie den Unterschied zwischen Praxisbedarf und Sprechstundenbedarf ausgehend von Beispielen aus Ihrer Praxis.
2. Ihre Praxis möchte ein neues Kombigerät Pulverstrahl mit Ultraschall zum Airpolishing beschaffen. Sie sollen Prospekte einholen. Welche Wege können Sie gehen?
3. Wie werden in Ihrer Praxis mögliche Lieferanten ermittelt?
4. Erklären Sie Ihrer Chefin/Ihrem Chef warum sie/er nicht immer bei seinen alten Lieferanten bleiben soll, sondern deren Leistungen immer einmal wieder mit den Angeboten neuer Lieferanten vergleichen soll.
5. Sie sollen mögliche neue Lieferanten für Ihren Praxisbedarf im Internet suchen. Es gibt hier verschiedene Möglichkeiten. Unterbreiten Sie einen Vorschlag, wie Sie vorgehen.

2. Wir benötigen Informationen
Die Anfrage

Heute erklärt Frau Dr. Heilmann ihrem Team: „Im Wartebereich muss sich eine Praxis von ihrer besten Seite zeigen, denn hier kommt es mitunter zu längerer Verweildauer während des gesamten Zahnarzttermins. Auch im Warteraum muss das Konzept der Praxis erkennbar sein. Natürlich sind vor allem Unterhaltung und Beruhigung der Zweck einer Wartebereichseinrichtung. Eine unverzichtbare Voraussetzung dafür ist die entsprechende Raumatmosphäre.

Vorschlag aus einem Katalog zum „offenen Wartebereich“

Daher habe ich mich entschlossen, unseren Wartebereich neu zu gestalten. In einem Katalog habe ich diesen Vorschlag einer Warteraumgestaltung gesehen, die mir gut gefällt. Wir bekämen in unseren Raum zwölf Stühle und fünf Tische hinein.

Frau Kasta, bitte fragen Sie doch einmal nach dem Preis und sonstigen Lieferungs- und Zahlungsbedingungen. Erkundigen Sie sich auch gleich nach Rabatt und Skonto. Ermitteln Sie zum Vergleich bitte auch noch andere Lieferanten und fordern Sie dort Prospekte und weitere Informationen an.“

Welche Ziele werden mit Anfragen verfolgt?
Welche rechtliche Wirkung haben Anfragen?

2.1 Warum Anfragen?

In zahlreichen Zahnarztpraxen ist es üblich, dass bei der Beschaffung von Verbrauchsgütern eine enge Beziehung zu einem oder wenigen Dental-Depots besteht. Die Praxis erhält in regelmäßigen Abständen neue Kataloge oder auch Sonderprospekte mit Angeboten. Außerdem werden die Praxen von Außendienstmitarbeitern besucht.

Eine Möglichkeit, sich über Preise, Lieferungs- und Zahlungsbedingungen usw. auch von möglichen neuen Lieferanten zu informieren, sind die jeweiligen Homepages der Dentallabors.

Der „AERA-Bestellkompass“ z. B. ist ein PC-Programm, das den jeweils günstigsten aus einer großen Anzahl von Lieferern aussucht. Man kann mit diesem Programm dann auch gleich online bestellen.

www.aera-gmbh.de

Bei der geplanten Anschaffung von Kleingeräten oder größeren Investitionen können höhere Ersparnisse oder Beschaffungsvorteile den Aufwand von Anfragen und Angebotsvergleichen rechtfertigen.

Mit Anfragen können
- neue Geschäftsbeziehungen zu einem Lieferanten angebahnt werden und
- bekannte Lieferanten zur Abgabe eines Angebotes aufgefordert werden.

2.2 Arten von Anfragen

Anfrage

Allgemeine Anfrage

Man hat sich noch auf kein bestimmtes Produkt festgelegt, sondern fordert ein Komplettangebot des Lieferanten an. Mit der Anfrage bittet man um die Zusendung von Katalogen, Prospekten, Preislisten oder um Vertreterbesuche.

Spezielle Anfrage

Hier werden Informationen über bestimmte Produkte, wie deren Qualität und Beschaffenheit, Preise sowie über Lieferungs- und Zahlungsbedingungen, Lieferzeit, Mindestabnahmemengen oder einen Mindestbestellwert usw. angefordert.

Anfragen unterliegen keiner Formvorschrift, d. h., sie können persönlich, telefonisch, per E-Mail, Fax oder mit Brief erfolgen.

Beispiel (E-Mail) allgemein

Sehr geehrte Damen und Herren,

da ich beabsichtige, meinen Wartebereich neu einzurichten, bitte ich um Zusendung eines Kataloges bzw. anderer Sachinformationen.

Mit freundlichen Grüßen
Dr. Andrea Heilmann
Andertensche Str. 92
64289 Darmstadt
Tel.: 063451 17009
Fax: 063451 17010

Beispiel (Brief) speziell

Zahnarztpraxis Dr. Heilmann

Dr. med. dent. A. Heilmann – Zahnarzt – Andertensche Str. 92, 64289 Darmstadt

Andertensche Str. 92
64289 Darmstadt
Tel. 063451 17009
Fax 063451 17010

Praxiseinrichtungs GmbH
...
...
...

Datum: 17. Mai 20..

Anfrage nach Programm „Futura“

Sehr geehrte Damen und Herren,
Ihr Wartebereich-Programm „Futura“ hat mir gefallen. Bitte senden Sie mir ein Angebot über:

12 Sitzelemente, Best.-Nr. 3456
5 Zwischentische, Best.-Nr. 3457

Ich bitte um Angaben über Rabatt, Zahlungs- und Lieferungsbedingungen und Lieferzeit sowie um eine Farbskala.

Mit freundlichen Grüßen

Bankverbindungen
...
...
...

Anfragen sind rechtlich immer unverbindlich, d. h., man ist mit einer Anfrage an keine Leistung gebunden und hat auch keine Verpflichtungen.

Arbeitsaufträge

1. Welchem Zweck dient eine Anfrage und welche rechtliche Wirkung hat sie?
2. Wann werden Sie welche Form der Anfrage einsetzen? Geben Sie Beispiele.
3. Formulieren Sie eine schriftliche Anfrage für Frau Dr. Heilmann (siehe Einstiegssituation, S. 304). Überlegen Sie vorher, welche Daten Sie interessieren (siehe hierzu eventuell auch „Angebote einholen und vergleichen“, Kap. 3).

3. Vergleichen lohnt sich
Angebote einholen und vergleichen

Frau Dr. Heilmann möchte ein neues kabelloses Endodontie-Gerät kaufen, bei dem das Handstück mit Motor, das der Zahnarzt in der Hand hält, akkubetrieben ist. Es sei leichter zu handhaben, da die Aufbereitung der Wurzelkanäle ohne störende Kabel einfacher erfolgen könne. Nach intensiver Information hat sie sich für einen kabellosen TriAuto Mini von Morita entscheiden.

Drei Angebote von verschiedenen Dental-Depots über das gleiche Gerät wurden angefordert und liegen nun vor. Selma und Carmen berechnen und vergleichen diese und legen der Zahnärztin die Ergebnisse vor.

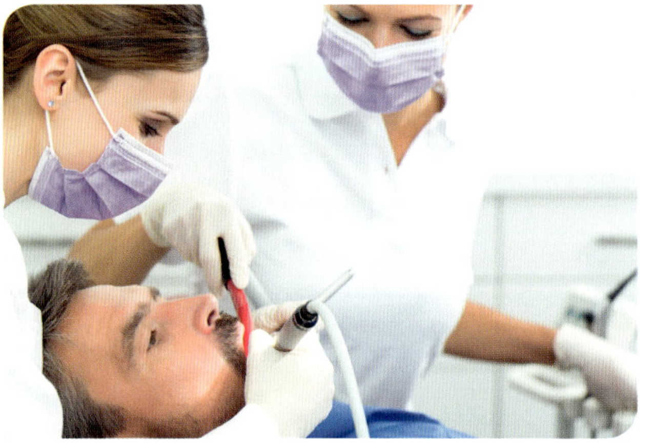

Bisheriges Endodontie-Gerät ohne Akku

Welche Arten von Angeboten gibt es?
Welche Fakten sollten Angebote beinhalten?
Warum müssen Angebote verglichen werden?
Wie geht man vor?

3.1 Angebotsarten

3.1.1 Angebot an die Allgemeinheit

Ein Angebot ist nur dann rechtsverbindlich, wenn es an eine bestimmte Person gerichtet ist. Angebote in Katalogen, Homepages, Anzeigen, Prospekten, Massendrucksachen, Plakaten, Werbespots und Schaufensterauslagen richten sich an die Allgemeinheit und sind nicht verbindlich. Es handelt sich dabei um eine Anpreisung mit der Aufforderung an die Allgemeinheit, selbst einen Antrag zum Kauf an den Verkäufer zu richten.

3.1.2 Persönliche Angebote

Mit einer solchen Willenserklärung verpflichtet sich der Anbieter zum Verkauf. Man unterscheidet hier nochmals zwischen folgenden Angebotsarten:

1. **Unverbindliches Angebot:** Mit sogenannten Freizeichnungsklauseln kann ein Anbieter die Bindung an das Angebot ganz oder teilweise ausschließen.

Beispiele	Bedeutung
„Solange der Vorrat reicht“	Die Menge ist unverbindlich, wenn z. B. der Preis für einen Joghurt herabgesetzt wurde, kann ein Käufer nicht auf einem Kauf bestehen, falls die Ware ausverkauft ist.
„Preise freibleibend“	Die angegebenen Preise können sich ändern.
„Angebot unverbindlich“ oder „freibleibend“	Das Angebot ist völlig unverbindlich, d. h., es kann geändert oder zurückgenommen werden.

2. **Verbindliches Angebot:** Hier unterscheidet man zwischen dem befristeten und dem unbefristeten Angebot.

Befristetes Angebot	Steht z. B. im Angebot an Herrn Dr. Lange „gültig bis Ende dieses Jahres“, dann ist der Anbieter auch nur bis zum 31.12. des Jahres an sein Angebot gebunden.
Unbefristetes Angebot	Das heißt, es wird keine Frist gesetzt. Auch dieses Angebot ist nicht, wie man annehmen könnte, zeitlich unbefristet gültig. Man muss es auf dem gleichen Weg annehmen, wie es versendet wurde. Ein telefonisches Angebot muss sofort, eines per Fax am gleichen Tag und ein Angebot per Brief innerhalb höchstens einer Woche angenommen werden, sonst ist es erloschen.

Angebote sind ungültig, wenn
- eine Freizeichnungsklausel zutrifft,
- eine genannte Frist überschritten wurde,
- die Antwort auf ein unbefristetes Angebot auf einem zeitlich längeren Weg als die Abgabe erfolgte,
- der Empfänger sie ablehnt oder abändert oder
- der Absender sofort widerruft, sodass der Widerruf spätestens mit dem Angebot eingeht.

PRAXIS-TIPP

Unverlangt ins Haus geschickte Ware darf nicht benutzt werden, wenn sie zurückgeschickt oder zur Abholung bereitgestellt werden soll. Sie braucht auch nicht bezahlt zu werden.

3.2 Angebotsinhalte

Was beinhalten Angebote? Obwohl es keine generellen Vorschriften gibt, sollten Angebote über folgende Fakten informieren:

Ein Angebot kann enthalten

- Beschreibung der Ware nach Art, Güte und Beschaffenheit
- Preis der Ware
- Lieferungsbedingungen, Liefertermin
- Zahlungsbedingungen
- Erfüllungsort und Gerichtsstand

3.2.1 Art und Beschaffenheit der Ware

Eine genaue Warenbeschreibung ist Grundlage eines Angebotes. Dabei helfen Markenzeichen (Produktname – im medizinischen Bereich meist Fachbezeichnungen) und Gütezeichen, die eine bestimmte Qualität garantieren.

Sterillium®

Markenzeichen

Die Produkte können auch zusätzlich durch Abbildungen und Muster (z. B. für Verbandsmaterial) oder Proben (z. B. für Desinfektionsmittel oder Medikamente) beschrieben werden.

€/100 Stück
14,20

Die **Mengenbezeichnung** ist dann wichtig, wenn in einer Sammelpackung mehrere Waren verpackt sind. Die **Preisangaben** sind überwiegend Einzelpreise.

3.2.2 Lieferungsbedingungen

Wenn keine besonderen Lieferungsbedingungen im Angebot oder in den allgemeinen Geschäftsbedingungen stehen, dann gilt die gesetzliche Regelung. Danach sind Warenschulden Holschulden, d. h., der Käufer müsste die Ware eigentlich beim Verkäufer abholen.

Lässt er sich die Ware aber durch Bahn, Post, private Paketdienste, Speditionen usw. zuschicken, muss der Käufer alle anfallenden Versand-, Verpackungskosten sowie eine evtl. Transportversicherung bezahlen.

Es ist auch möglich, spezielle Versandkosten zu vereinbaren. Oftmals sind Lieferungen ab einem bestimmten Bestellwert portofrei, darunter trägt der Käufer die Kosten. Individuelle Regelungen erfolgen oft mit festen Klauseln, z. B. „ab Werk“, „frei Praxis“.

Der Begriff **„Frachtbasis“** gibt an, von welchem Ort aus die Fracht berechnet wird. Gibt z. B. ein Lieferant „Frachtbasis Hannover“ an, so wird die Fracht ab Hannover berechnet, egal, ob er die Ware aus der Filiale in Augsburg oder aus der Filiale in Schwerin verschickt.

3.2.3 Zahlungsbedingungen

Wenn kein Zahlungstermin genannt ist, schreibt das Gesetz eine sofortige Zahlung bei der Warenübergabe vor („Zug-um-Zug-Geschäft“).

In der kaufmännischen Praxis wird oftmals im Angebot eine Zahlungsbedingung genannt. Es gibt generell drei Möglichkeiten:

Möglichkeit der Zahlung	Begriff	Klauseln im Angebot (Beispiele)
Zahlung vor Lieferung	Anzahlung, Vorauskasse	„$^{1}/_{3}$ Anzahlung und der Rest bei Lieferung." Dies gilt häufig für Spezialanfertigungen oder bei Neukunden.
Zahlung bei Lieferung	Barkauf	„Zahlung innerhalb von 14 Tagen, abzüglich 2 % Skonto." Hier gilt die kurze Frist ebenfalls noch als Barzahlung. Der Skonto ist ein Anreiz zur baldigen Bezahlung. „Lieferung per Nachnahme" gehört ebenfalls zur Barzahlung, da der Käufer den gesamten Kaufpreis bei Übergabe der Ware an den Zusteller bar bezahlen muss. Der Frachtführer überweist dann den Betrag an den Lieferer.
Zahlung nach Lieferung	Ziel- oder Kreditkauf	„Zahlung innerhalb 30 Tagen netto Kasse" bedeutet z. B. ein Zahlungsziel von 30 Tagen ohne Zinsberechnung. Es können auch längere Zahlungsziele eingeräumt werden. Zielkauf ist auch ein Kauf auf Kredit, z. B. „Zahlung in mehreren Raten".

3.2.4 Preisnachlässe

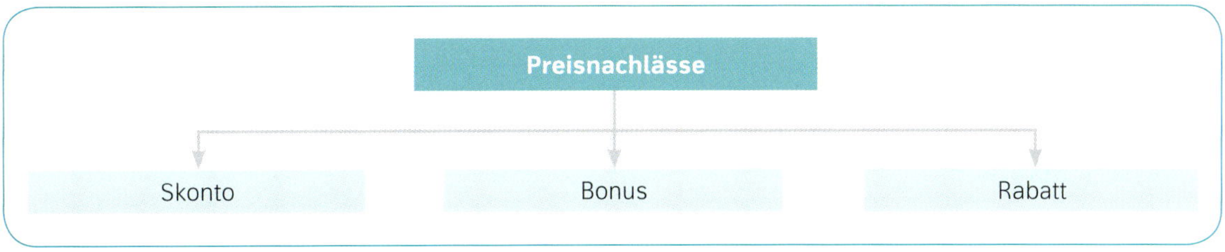

- **Skonto** ist der Nachlass für vorzeitige Zahlung, d. h., ein eingeräumtes Zahlungsziel wird nicht voll in Anspruch genommen (siehe „Zahlung bei Lieferung").
- **Bonus:** nachträglich gewährter Rabatt –meist am Jahresende – für das Erreichen bestimmter Umsätze.

Daneben können noch weitere Rabatte gewährt werden, z. B.

Rabattart	Rabattgrund
• **Mengenrabatt**	Beim Kauf größerer Mengen zu einem Zeitpunkt
• **Treuerabatt**	Für Stammkunden, die laufend von demselben Lieferer beziehen
• **Sonderrabatt**	Bei Firmenjubiläum, Räumungsverkauf, anderen Anlässen
• **Saisonrabatt**	Zum Ausgleich saisonaler Schwankungen, z. B. Sommerpreis für Wintersportartikel
• **Einführungsrabatt**	Bei neuen Produkten, Geschäftseröffnung oder zur Gewinnung neuer Kunden
• **Personalrabatt**	Rabatte an Mitarbeiter/-innen

3.2.5 Erfüllungsort

Erfüllungsort

- Gesetzlicher Erfüllungsort
- Natürlicher Erfüllungsort
- Vertraglicher Erfüllungsort

Erfüllungsort ist der Ort, an dem Käufer und Verkäufer ihre Pflichten aus dem Abschluss eines Kaufvertrages erfüllen müssen.

- **Gesetzlicher Erfüllungsort:** Nach dem Gesetz gibt es zwei Erfüllungsorte. Der Verkäufer muss die Ware rechtzeitig und mängelfrei am Sitz des Verkäufers dem Käufer übergeben, da Warenschulden Holschulden sind. Für die Bezahlung liegt der gesetzliche Erfüllungsort beim Käufer. Es genügt also, spätestens am Fälligkeitstag der Rechnung den Betrag am Wohnsitz des Käufers (Erfüllungsort) zu überweisen. Da aber gleichzeitig Geldschulden „Bringschulden" sind, trägt der Käufer die Überweisungskosten und das Risiko. Er muss also evtl. mit einem Nachforschungsantrag seiner Bank beweisen, dass der Betrag beim Verkäufer eingegangen ist.
- **Vertraglicher Erfüllungsort:** Oftmals wird der Erfüllungsort für beide Vertragspartner am Geschäftssitz des Verkäufers festgelegt, was in der Vertragsfreiheit möglich ist.
- **Natürlicher Erfüllungsort:** Wenn eine Leistung nur an einem bestimmten Ort erbracht werden kann, so ist dieser auch der Erfüllungsort, z. B. ein Elektroinstallateur verlegt in einer Praxis neue Stromkabel. (Erfüllungsort kann hier nur die Praxis sein.)

Neben diesen Barrabatten (Abzug vom Preis) gibt es auch den Naturalrabatt. Bei der Draufgabe werden mehr Produkte geliefert als bestellt und berechnet (z. B. 50 bestellt und berechnet, 55 geliefert) und bei der Dreingabe wird die bestellte Menge geliefert, aber weniger berechnet.

3.2.6 Gerichtsstand

Wenn einer der beiden Kaufvertragspartner seine Leistung nicht erbringt, wird der Schuldner an dem für seinen Wohnort zuständigen Gericht verklagt. Bei Verträgen unter zwei Kaufleuten kann vertraglich der Gerichtsstand geändert werden. Er ist dann „für beide Teile am Sitz des Verkäufers". Dies ist für Verkäufe an Privatpersonen und auch für den Kauf von Gütern durch einen Zahnarzt nicht möglich, denn der Zahnarzt ist rechtlich gesehen kein Kaufmann. Will der Verkäufer den Käufer auf Abnahme oder Bezahlung der Ware verklagen, muss er dies bei dem zuständigen Gericht des Käufers tun.

3.2.7 Lieferzeit

Wenn **keine Lieferzeit** genannt wird, muss der Verkäufer sofort liefern (= gesetzliche Regelung).

Ein **Fixkauf** liegt vor, wenn ein genauer Liefertermin genannt wird (z. B. „Lieferung am 15.06..."). Bei einem **Terminkauf** wird eine bestimmte Lieferfrist angegeben („innerhalb von 14 Tagen").

3.3 Angebote vergleichen

3.3.1 Angebotsübersicht erstellen

Nachdem Selma die Firmen angeschrieben und alle Informationen eingeholt hat, stellt sie fest, dass die Angebote an ganz unterschiedlichen Punkten Vor- und Nachteile aufweisen. Gemeinsam mit Carmen Kirsten, die schon viele Angebotsvergleiche erstellt hat, erarbeitet sie darum folgende Übersicht:

Angebote für das Endodontie-Gerät „TRI-Auto-Akku-Plus"

Lieferer	ADI Dental-Depot	Dental-Plus	Aktivdent
Listenpreis (zuzüglich 19 % MwSt.)	1.850,24 €	1.999,00 €	2.290,00 €
Lieferzeit	10 Tage	sofort	14 Tage
Liefer-bedingungen	Fracht: 20,00 €, Verpackung: 10,00 €, Transportversicherung: 10,00 €	Transportkostenanteil: 25,00 €	frei Haus
Zahlungs-bedingungen	Bei Zahlung innerhalb 10 Tagen abzügl. 2 % Skonto, Zahlung innerhalb 30 Tage netto Kasse	Zahlung innerhalb 30 Tagen netto Kasse	Bei Zahlung innerhalb 10 Tagen abzügl. 3 % Skonto, Zahlung innerhalb 30 Tage netto Kasse
Rabatt	ab 500,00 € = 2 % ab 750,00 € = 2,5 % ab 1.000,00 € = 3 % ab 1.500,00 € = 3,5 %		10 % Rabatt auf alle Geräte, auf Verbrauchsmaterial 3 % Rabatt

„Das Angebot der Firma ADI Dental-Depot scheint das günstigste zu sein", schätzt Frau Dr. Heilmann. „Dennoch sollten wir einmal die Rechnungspreise vergleichen."

3.3.2 Der Rechnungspreis

Wenn die Angebote bezüglich der Eigenschaften der zu beschaffenden Produkte, der Gewährleistung, der Lieferzeit und des Services vergleichbar sind, dann entscheidet der Rechnungspreis über den günstigsten Anbieter.

PRAXIS-TIPP

Der Rechnungspreis ist der Preis abzüglich aller möglichen Abzüge und zuzüglich aller eventuellen Nebenkosten (z. B. Fracht). Er errechnet sich nach folgendem Schema:

- *Listeneinkaufspreis (Katalogpreis)*
  - *Rabatt*
- = *Zieleinkaufspreis*
- – *Skonto*
- = *Bareinkaufspreis*
- \+ *Bezugskosten (Fracht, Porto, Verpackung, Transportversicherung)*
- = *Bezugspreis*
- \+ *MwSt.*
- = *Rechnungspreis*

Der Rechnungspreis ist aber nicht das alleinige Kriterium zur Auswahl eines Lieferanten. So ist z. B. bei dringend benötigten Materialien die Schnelligkeit der Lieferung das wichtigste Kriterium. Auch die Zuverlässigkeit, bestehende Geschäftsbeziehungen oder der Kundendienst bzw. die Beziehungen zum Außendienstmitarbeiter können ausschlaggebend sein. Dazu der Vorschlag für eine Checkliste:

3.3.3 Checkliste: Angebotsvergleich

Produkt:	

Lieferant:	Anschrift	Tel.:	E-Mail:	Homepage

Im Angebot enthalten	Bedingungen	Angebot (eintragen)
	Produkt	
	Bezeichnung	
	Qualität	
	Mengeneinheit	
	Lieferzeit	
	Zuverlässigkeit des Lieferanten	
	Preis	
	Preis je Mengeneinheit	
	Verpackungskosten	
	Lieferungsbedingungen	
	ab Lieferer	
	frei Empfangsstation	
	frei Haus	
	andere Regelung	
	Beförderungskosten	
	Fracht	
	Rollgeld	
	Transportversicherung	
	Zahlungsbedingungen	
	Vorauszahlung	
	Anzahlung	
	% Skonto bei Zahlung	
	innerhalb xx Tagen	
	Zahlungsziel netto	
	(xx Tage)	
	Installation u. Einweisung	
	Gewährleistung	
	Rückgaberecht	
	Weitere Regelungen	

Arbeitsaufträge

1. Beurteilen Sie, ob folgende Angebote verbindlich sind, und begründen Sie Ihre Antwort:
   a) Ein fehlerhaftes Angebot wird per Brief verschickt, am Absendetag abends aber per E-Mail widerrufen.
   b) Angebote in einem Katalog
   c) Ein Angebot an Ihre Ausbildungspraxis hat folgenden Zusatz: „Gültigkeitsdauer 4 Wochen ab Absendetag".
   d) Sonderangebot per Brief an Ihre Praxis geschickt mit dem Zusatz: „Solange Vorrat reicht".
2. In welcher Zeit müssen Sie ein unbefristetes Angebot annehmen, das per Brief geschickt wurde?
3. Berechnen Sie die drei Angebote über das Endodontie-Gerät mit Akku (siehe Kapitel 3.3.1, Seite 311).
4. Wie viel Prozent ist da günstigste Angebot preiswerter als die jeweiligen anderen?

5. Ermitteln Sie die jeweiligen Bruttopreise einer Bestellung von jeweils fünf Stück der folgenden Instrumente (unter Ausnutzung des höchstmöglichen Skontos):

Angebot A:

Produkt – Best.-Nr.	Preis pro Stück/netto	Angebot
Scaler H6/7 – 96156	17,65 €	ab 5 Stück: 15,65 €/Stück
Sichelscaler S204/Sd – 86304	17,65 €	ab 5 Stück: 15,65 €/Stück
Kürette L3/4 – 86754	17,65 €	ab 5 Stück: 15,65 €/Stück
Zementspatel 2201 schmal – 65743	5,78 €	ab 12 Stück: 4,90 €/Stück
Zementstopfer 2360 Birne, 12345	8,70 €	ab 12 Stück: 7,90 €/Stück
Zahnzange UK-Molaren, 45675	28,90 €	ab 5 Stück: 26,90 €/Stück
Zahnfleischschere gebogen, 56781	7,60 €	ab 3 Stück: 7,00 €/Stück

Alle Preise zzgl. 19 % MwSt.
Lieferungs- und Zahlungsbedingungen: Lieferung bis 590,00 €: 10,00 € Porto- und Verpackungsanteil;
ab einem Netto-Bestellwert von 591,00 €: frei Haus
Rabatt: bei Bestellwert über 200,00 € = 2 %; über 500,00 € = 3 %; über 1.000,00 € = 5 %; bei Zahlung innerhalb
von 10 Tagen abzügl. 2 % Skonto, innerhalb 30 Tagen netto Kasse

Angebot B:

Produkt – Best.-Nr.	Preis pro Stück/netto	Angebot
Scaler H6/7 – 96156	16,95 €	ab 10 Stück: 15,20 €/Stück
Sichelscaler S204/Sd – 86304	16,95 €	ab 10 Stück: 15,20 €/Stück
Kürette L3/4 – 86754	16,95 €	ab 10 Stück: 15,20 €/Stück
Zementspatel 2201 schmal – 65743	5,15 €	ab 10 Stück: 4,80 €/Stück
Zementstopfer 2360 Birne, 12345	8,70 €	ab 10 Stück: 7,00 €/Stück
Zahnzange UK-Molaren, 45675	29,90 €	ab 5 Stück: 27,90 €/Stück
Zahnfleischschere gebogen, 56781	6,90 €	ab 5 Stück: 6,25 €/Stück

Alle Preise zzgl. 19 % MwSt.
Lieferungs- und Zahlungsbedingungen: Lieferung frei Haus ab einem Netto-Bestellwert von 200,00 €;
bis 200,00 €: 12,00 € Porto- u. Verpackungsanteil
Rabatt: bei Bestellwert über 200,00 € = 2,5 %; über 500,00 € = 4 %; über 1.000,00 € 5 %
Bei Zahlung innerhalb von 10 Tagen abzügl. 2 % Skonto, innerhalb 30 Tagen netto Kasse, bei Bankeinzugsermächtigung 3 % Skonto

6. Diskutieren Sie die Behauptung: „Nicht immer wird bei dem Anbieter mit dem niedrigsten Preis auch bestellt."

4. Ein „alter Hut" – in der Praxis angewandt
Lernfeldbezogene Prozent- und Zinsrechnung

Im Durchschnitt benötigt die Praxis von Frau Dr. Heilmann Verbrauchsmaterialien in Höhe von ca. 18.000,00 € im Jahr. Die Zahnärztin stellt folgende Überlegungen an: „Wenn wir die Rechnungen immer innerhalb von zehn Tagen bezahlen würden, könnten wir 3 % Skonto abziehen. Wenn wir aber jeweils nach 20 Tagen bezahlen, dann hätten wir zwar keinen Skontoabzug, aber ich könnte dann das Geld auf der Bank mit 1 % verzinsen. Wenn wir für die Rechnungsbegleichung sogar das laufende Konto überziehen müssten, dann müsste ich 8 % Zinsen bezahlen. Lohnt sich dann ein Skontoabzug überhaupt?"

„Ist doch klar, Sie machen bei sofortiger Zahlung einen Verlust", sagt Lucia Fernandez.

„Rechnen Sie mir die verschiedenen Möglichkeiten bitte einmal aus", erwidert Frau Dr. Heilmann.

„Hätte ich doch besser nichts gesagt", denkt Lucia.

Wie wird der Prozentwert ermittelt?
Wie errechnet man die Zinsen?

In diesem Kapitel werden lediglich die Bereiche der Prozent- und Zinsrechnung behandelt, die für die Überlegungen der Beschaffung in diesem Lernfeld notwendig sind.

4.1 Berechnung des Prozentwertes

Wie viel Euro spart man mit 3 % Skonto bei einem durchschnittlichen Beschaffungsbetrag von 18.000,00 €?

$$\text{Prozentwert} = \frac{\text{Grundwert} \cdot \text{Prozentsatz}}{100} = \frac{18.000{,}00\ € \cdot 3}{100} = 540{,}00\ €$$

Die Praxis Dr. Heilmann würde also 540,00 € sparen, wenn von jedem Rechnungsbetrag 3 % Skonto abgezogen würden.

4.2 Berechnung des Prozentsatzes

Bei einer Lieferung waren von 500 Stück 14 Stück beschädigt. In den allgemeinen Geschäftsbedingungen der Lieferfirma steht, dass ab einer Beschädigung von 2,5 % der Gesamtmenge die komplette Lieferung umgetauscht wird. Prüfen Sie, ob dies erfüllt ist.

$$\text{Prozentsatz} = \frac{\text{Prozentwert} \cdot 100}{500} = \frac{14 \cdot 100}{500} = 2{,}8\,\%$$

4.3 Berechnung des Grundwertes

Am Jahresende erhält die Praxis Dr. Heilmann eine Gutschrift ihres Dental-Depots für Treuerabatt in Höhe von 4 % der gesamten Umsatzsumme für Verbrauchsmaterial. Die Gutschrift betrug 313,87 €. Wie hoch war der Gesamtumsatz?

$$\text{Grundwert} = \frac{\text{Prozentwert} \cdot 100}{\text{Prozentsatz}} = \frac{313{,}87 \cdot 100}{4} = 7.846{,}75\ €$$

4.4 Berechnung der Zinsen

Ein Kapital in Höhe von 12.000,00 € wird zu 3,5 % Zinsen vom 15.02. bis zum 17.09. angelegt. Wie viel Zinsen bringt es in dieser Zeit?

Die Tage werden in der Zinsrechnung je nach dem Gebiet der Berechnung unterschiedlich ermittelt. Für Sparkonten, Kontokorrentkonten, Ratenkredite und Darlehen gilt die „Deutsche kaufmännische Methode“. Danach wird ein Jahr grundsätzlich mit 360 Tagen und jeder Monat mit 30 Tagen berechnet. Dies gilt auch, wenn der Verfalltag z. B. auf den 31. eines Monats fällt. Ausnahme: Wenn der Verfalltag auf den 28. oder 29. Februar fällt, wird der Kalendertag exakt angesetzt. Liegt er aber z. B. im März, dann wird der Monat Februar auch mit 30 Tagen berechnet.

Für die Aufgabe bedeutet das: Vom 15.02. bis zum 17.09. sind es 272 Tage.

$$\text{Zinsen} = \frac{\text{Kapital} \cdot \text{Zinssatz} \cdot \text{Tage}}{100 \cdot 360} = \frac{12.000{,}00 \cdot 3{,}5 \cdot 272}{100 \cdot 360} = 317{,}33\ €$$

Ist die dritte Stelle hinter dem Komma 4 oder kleiner, dann bleibt die 2. Stelle (es wird abgerundet), ist die 3. Stelle 5 bis 9, dann wird die 2. Stelle um eins aufgerundet.

Arbeitsaufträge

1. Einer Ihrer Patienten ist Bundesbeamter. Er erhält von seiner Beihilfe 80 % aller Heilkosten erstattet. Ein Medikament kostet 124,80 €. Wie viel Euro muss er selbst tragen?

2. Sie entdecken kurz nach der Lieferung an einem neuen Verbandsmittelspender einen Kratzer. Der Lieferant macht Ihnen auf Ihre Reklamation hin ein Angebot von 14 % Preisnachlass. Wie hoch ist dieser Betrag bei einem Listeneinkaufspreis von 250,00 €?

3. Ein Medikament wird in einer Internetapotheke zum Preis von 17,85 € angeboten. Der normale Apothekenpreis ist 18,65 €. Wie viel Prozent preiswerter ist das Produkt in der Versandapotheke?

4. Ein Medikament kostet in der 20-Stück-Packung 28,60 €, in der 50-Stück-Packung 66,40 € und in der 100-Stück-Packung 108,80 €. Wie viel Prozent sind die 50er- und die 100er-Packung pro Tablette preiswerter als die 20er-Packung?

5. Eine Zahnmedizinische Fachangestellte erhält eine 2,3-prozentige Gehaltserhöhung. Das sind 27,26 € brutto mehr. Wie hoch war ihr früheres Gehalt?

6. Die Angestellten einer Praxis erhalten eine Gewinnbeteiligung für IGeL-Verkäufe in Höhe von 6,6 %. In diesem Jahr erhielt Frau Schmidt 854,60 €. Wie hoch war der Gesamtwert der Produkte oder Leistungen, die sie den Patienten verkauft hat?

7. Überprüfen Sie folgende Rechnung des Elektroinstallateurs Meier:

Summe Installationsmaterial	1.435,60 €
+ 7 % Kleinmaterial	104,92 €
Summe Material	1.540,52 €
+ Arbeitslohn (5,5 Std. à 42,00 €)	231,00 €
Summe (netto)	1.771,52 €
+ 19 % USt	336,59 €
Rechnungsbetrag	2.108,11 €

8. Da Frau Dr. Heilmann mit dem Installateur Meier einen Wartungsvertrag abgeschlossen hat, muss er von jeder Rechnung 2,5 % Rabatt abziehen.
Sie sollen die Rechnungssumme überweisen. Wie hoch ist der Überweisungsbetrag?

9. Frau Dr. Heilmann erhält eine Nachricht ihrer Wartungsfirma. In dieser wird mitgeteilt, dass die Wartungsgebühren ab nächsten Monat um 5,5 % angehoben werden. „Das sind bei Ihnen lediglich 9,90 €“, heißt es in dem Schreiben. Wie hoch war die Wartungsgebühr bisher?

10. Selma Kasta verdient im ersten Ausbildungsjahr 805,00 € pro Monat. Im zweiten Jahr steigt die Ausbildungsvergütung auf 850,00 €. Wie viel Prozent verdient sie dann mehr?

11. **a)** Berechnen Sie die Zinsersparnis in der Einstiegssituation, S. 314, die Frau Dr. Heilmann für den Durchschnittsumsatz von 18.000,00 € hätte, wenn sie die Beträge jeweils 20 Tage vor Ablauf der Zahlungsfrist bezahlt und dafür 3 % Skonto abzieht.
b) Berechnen Sie die Sollzinsen, wenn die Zahnärztin jeweils das Konto für 20 Tage überziehen müsste, um statt am 30. jeweils am 10. Tag mit Skontoabzug zu bezahlen.
c) Vergleichen Sie diese beiden Ergebnisse mit dem Skontoabzug und geben Sie Dr. Heilmann einen Rat.

5. Wenn zwei zueinander finden
Der Kaufvertrag

5.1 Arten, Abschluss, Inhalte und Pflichten von Kaufverträgen

Verschiedene Kaufverträge in der Zahnarztpraxis von Dr. Heilmann

Montag: Frau Dr. Heilmann bestellt eine neue Bestuhlung für das Wartezimmer aufgrund des Angebotes der Fa. Karl Baisch GmbH schriftlich. Lieferzeit 4 Wochen, Zahlungsziel 30 Tage ab Lieferung.

Dienstag: Lucia bestellt aus dem Katalog des Dental-Depots Dentis verschiedene Verbrauchsmaterialien mit beiliegendem Bestellschein per Fax.

Mittwoch: Ein Außendienstmitarbeiter stellt ein Endodontie-Gerät mit Akku vor und demonstriert die Vorteile des schnurlosen Arbeitens. Er lässt das Gerät zum Probieren da. Wenn es Frau Dr. Heilmann nicht gefallen sollte, kann sie es innerhalb von zwei Wochen zurückschicken.

Donnerstag: Selma kauft im Supermarkt ein Pfund Kaffee und Plätzchen für das Praxisteam, denn heute Abend ist Teambesprechung.

Mit Schrecken stellt Carmen fest, dass nur noch wenige Filme da sind. Sie bestellt sofort telefonisch im Dental-Depot zwei Packungen Röntgenfilme. Abends bestellt sie per E-Mail noch zwei Flaschen Entwicklungsflüssigkeit nach, da diese alle vier Wochen gewechselt werden muss.

Freitagnachmittag nach Ende der Sprechstunde probiert Frau Dr. Heilmann das neu installierte Bestellprogramm „AERApress", das die jeweils günstigsten Anbieter heraussucht und mit einem Shopsystem auch gleich bestellt. Sie legt bei ihrer Probebestellung zehn Packungen Untersuchungshandschuhe, einen Karton Soft-Handtücher und eine Demonstrationspackung Zahnschmuck in den virtuellen Warenkorb.

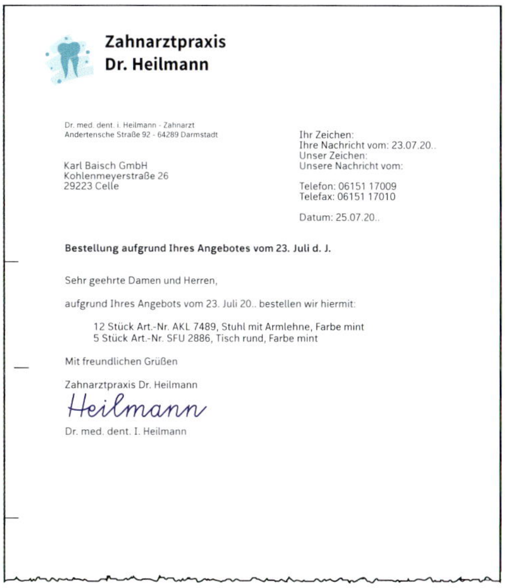

Zahnarztpraxis Dr. Heilmann

Dr. med. dent. i. Heilmann - Zahnarzt
Andertensche Straße 92 - 64289 Darmstadt

Karl Baisch GmbH
Kohlenmeyerstraße 26
29223 Celle

Ihr Zeichen:
Ihre Nachricht vom: 23.07.20..
Unser Zeichen:
Unsere Nachricht vom:

Telefon: 06151 17009
Telefax: 06151 17010

Datum: 25.07.20..

Bestellung aufgrund Ihres Angebotes vom 23. Juli d. J.

Sehr geehrte Damen und Herren,

aufgrund Ihres Angebots vom 23. Juli 20.. bestellen wir hiermit:

12 Stück Art.-Nr. AKL 7489, Stuhl mit Armlehne, Farbe mint
5 Stück Art.-Nr. SFU 2886, Tisch rund, Farbe mint

Mit freundlichen Grüßen

Zahnarztpraxis Dr. Heilmann

Heilmann

Dr. med. dent. I. Heilmann

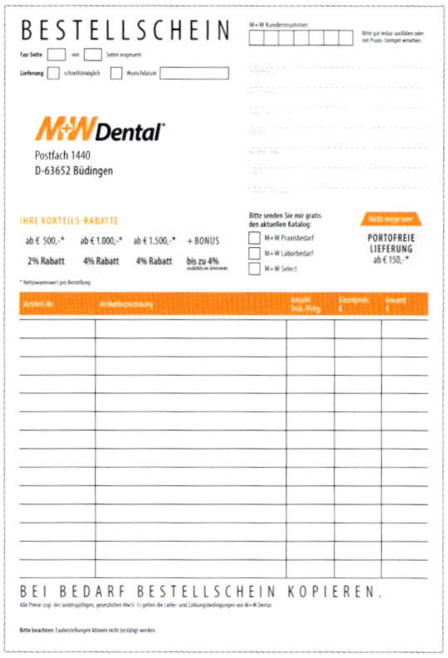

Wie kommen Kaufverträge zustande?
Welche verschiedene Arten gibt es?
Welche rechtlichen Wirkungen haben Kaufverträge?

5.1.1 Zustandekommen eines Kaufvertrages

Ein Kaufvertrag kommt durch zwei übereinstimmende Willenserklärungen zustande. Derjenige, der einen Vertrag schließen möchte, wendet sich mit einem Antrag an den Vertragspartner. Je nachdem, welche der beiden Parteien zuerst aktiv wird, kann es sich bei dem Antrag um ein Angebot des Verkäufers oder um eine Bestellung des Käufers handeln. Ist der Vertragspartner damit einverstanden, nimmt er den Antrag an und der Vertrag ist perfekt.

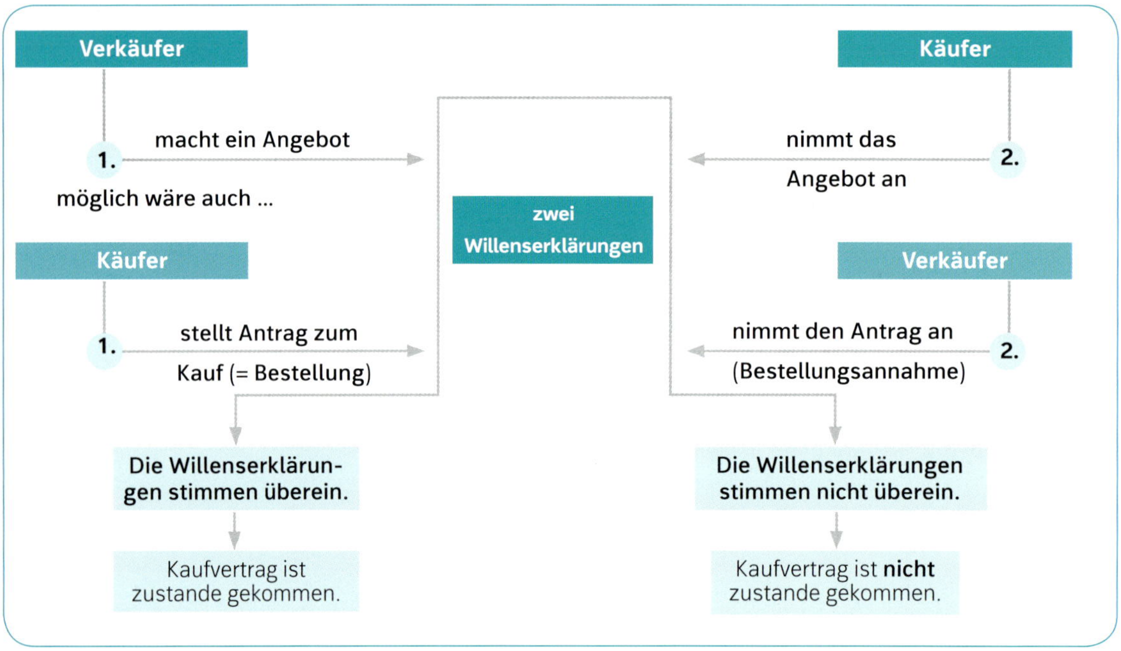

5.1.2 Formfreiheiten und Formvorschriften

In Deutschland herrscht Vertragsfreiheit. Das bedeutet, dass man grundsätzlich bei seinen Vertragsabschlüssen frei entscheiden kann. Dies gilt für die Wahl des Vertragspartners, den Inhalt und die Form, vorausgesetzt, es wird nicht gegen Gesetze verstoßen. Unter dem Aspekt des schwächeren Vertragspartners kann diese Vertragsfreiheit aber gesetzlich eingeschränkt werden. Bei größeren Beträgen empfiehlt sich in jedem Fall ein schriftlicher Kaufvertrag, da hier die Beweislage einfacher ist als z. B. bei einem mündlich geschlossenen Vertrag.

Detaillierte Informationen über Abschluss-, Inhalts- und Formfreiheit → LF 2, 5.2.4, S. 188/189.

Weitere Einschränkungen der Vertragsfreiheit → LF 9, Kap. 5.3 „Schuldverhältnisse aus Kaufverträgen“.

5.1.3 Die Bestellung

Mit einer Bestellung erklärt der Käufer seinen Willen zum Kauf unter den im Angebot erklärten Bedingungen oder unter Anerkennung der allgemeinen Geschäftsbedingungen des Verkäufers. Fehlen diese, so gelten die gesetzlichen Regelungen.

Bestellungen sind grundsätzlich formfrei, d. h., sie können mündlich, schriftlich, telefonisch, per Fax oder E-Mail oder auch durch Schweigen und bloßes Handeln (z. B. Entnahme von Ware aus einem Regal) erfolgen.

Bei Bestellungen von höherem Wert empfiehlt sich aber die Schriftform per Brief, Fax oder E-Mail. Hierfür ist es sinnvoll, die wesentlichen Angebotsdaten in der Bestellung zur Sicherheit zu wiederholen, z. B. Art, Preis und Menge der Ware, Liefertermin, Lieferungs- und Zahlungsbedingungen.

Wann muss die Bestellung aufgrund eines Angebots erfolgen?
Eine Bestellung muss in der Zeit erfolgen, in der ein Lieferant eine Antwort erwarten darf. Sonst kommt kein Kaufvertrag zustande. Die Bestellung muss dabei mindestens auf gleichem Weg wie das Angebot versendet werden.

Antrag (Angebot)	Annahme (Bestellung) muss mindestens erfolgen ...
mündlich	sofort; Schweigen gilt als Ablehnung
telefonisch	sofort; Schweigen gilt als Ablehnung
per Fax	am gleichen Tag mit Fax, E-Mail oder telefonisch
per E-Mail	am gleichen Tag mit Fax, E-Mail oder telefonisch
per Brief	bei neuen Produkten, Geschäftseröffnung oder zur Gewinnung neuer Kunden
Personalrabatt	spätestens innerhalb einer Woche

5.1.4 Auftragsbestätigung

Eine Bestellung nach Katalog oder einem anderen Angebot an die Allgemeinheit ist ein Antrag zum Kauf. Der Kaufvertrag kommt dann durch sofortige Lieferung oder eine Auftragsbestätigung zustande (Annahme).

Eine Auftragsbestätigung ist auch notwendig
- bei Bestellung ohne vorhergegangenes Angebot,
- bei unverbindlichen Angeboten,
- bei verspäteter Annahme oder zu spät eingegangener Bestellung,
- bei Änderung der Angebotsbedingungen durch den Käufer,
- bei E-Commerce (Käufen im Internet).

Im täglichen Geschäftsverkehr ist eine Auftragsbestätigung aber auch bei jeder anderen Angebotsannahme üblich.

5.2 Wichtige Kaufvertragsarten

Es gibt verschiedene Kaufvertragsarten, die auch im Rahmen der Vertragsfreiheit gewählt werden können. Die wichtigsten werden nachfolgend erklärt.

5.2.1 Nach der rechtlichen Stellung der Vertragspartner

Danach wird generell unterschieden in:

Art	Vertragspartner	Beispiel
Bürgerlicher Kauf	Beide sind Privatpersonen	Eine Zahnmedizinische Fachangestellte kauft einen gebrauchten Pkw von einer Privatperson.
Einseitiger Handelskauf	Ein Betrieb und eine Privatperson	Eine ZFA kauft ein Kleid in einer Boutique.
Zweiseitiger Handelskauf	Zwei Betriebe	Ein Handelsbetrieb kauft Waren von einem Industriebetrieb.

PRAXIS-TIPP

Ein Zahnarzt zählt auch als Praxisinhaber zu der Gruppe der Privatpersonen.

5.2.2 Nach der Güte und Beschaffenheit der Produkte

Danach unterscheidet man:

Art	Erklärung
Stückkauf	Der Käufer ist nur an einem besonderen Stück interessiert, da jedes individuell verschieden ist. Ein Reitpferd z. B. kann nicht einfach durch ein anderes derselben Rasse ersetzt werden. Bei mangelhafter Lieferung ist es dem Verkäufer unmöglich, einen Ersatz zu liefern.
Gattungskauf	Ein Produkt aus der Massenfertigung kann durch ein anderes ersetzt werden. Wenn z. B. ein neuer Pkw beschädigt ist, kann ein baugleicher anderer geliefert werden.
Kauf nach Probe	Ein Produkt wird nach einer Beschreibung im Katalog, nach einem Muster, nach Vorstellung durch einen Vertreter usw. bestellt. Die gelieferte Ware muss dem Muster oder der Beschreibung entsprechen.
Kauf zur Probe	Sie bestellen eine kleine Menge eines neuen Füllmaterials, um es auszuprobieren. Sollte das Produkt Ihre Erwartungen erfüllen, wird eine größere Menge nachbestellt.
Kauf auf Probe	Ein Gerät wird gekauft. Es kann nach einer Probezeit bei Nichtgefallen zurückgegeben werden. Der Kaufvertrag wird dann rückgängig gemacht.
Spezifikationskauf	Ein Kaufvertrag wird über eine bestimmte Abnahmemenge geschlossen. Nach einer bestimmten Frist hat der Käufer dann die Möglichkeit, Farbe, Form, Größe usw. der zu liefernden Produkte noch näher zu bestimmen.

5.2.3 Nach der Lieferzeit der Ware

Es wird unterschieden:

Sofortkauf	Wurde im Kaufvertrag keine Aussage über den Liefertermin getroffen, muss der Verkäufer sofort liefern.
Terminkauf	Hier wird im Vertrag eine bestimmte Lieferfrist genannt (z. B. „Lieferung innerhalb vier Wochen“ oder „[...] innerhalb der 40. Woche“). Der Käufer kann dann die Lieferung nicht vorher verlangen, der Verkäufer kann aber vorher liefern.
Fixkauf	Ein genauer Liefertermin wurde genannt (z. B. Lieferung am 12.03.). Ist der Termin verstrichen, dann ist der Lieferer sofort in Verzug.
Kauf auf Abruf	Eine größere Menge (z. B. der Jahresbedarf an Briefpapier) wurde vereinbart, um Mengenrabatt zu erhalten. Bei Bedarf werden dann jeweilige Teilmengen abgerufen.
Teillieferungskauf	Ein Gesamtpaket wird geordert, im Kaufvertrag sind aber die Lieferungen in einzelnen Teilmengen festgelegt (z. B. Bestellung eines Sammelordners und Ergänzungslieferungen monatlich).

5.2.4 Nach dem Zahlungszeitpunkt

Hier wird unterschieden:

Art	Erklärung
Barkauf 	Dieses „Zug-um-Zug-Geschäft“ gilt immer dann, wenn keine anderen Vereinbarungen getroffen wurden. Lieferung und Zahlung erfolgen sofort (Beispiel: Einkauf im Supermarkt und Zahlung an der Kasse). Die Nachnahmesendung, bei der man die Ware erst nach Bezahlung ausgehändigt bekommt, ist eine besondere Form des Barkaufs.
Zielkauf	Der Verkäufer räumt dem Käufer eine bestimmte Zahlungsfrist ein (z. B. „Zahlung innerhalb 30 Tagen netto Kasse“).
Ratenkauf	Auch „Abzahlungs- oder Teilzahlungskauf“; der Kunde zahlt in vorher festgelegten Raten.
Vorauszahlungskauf	Der gesamte Kaufpreis muss im Voraus (vor der Lieferung) bezahlt werden.
Anzahlungskauf	Ein Teil des Kaufpreises wird bei Vertragsabschluss bezahlt, der Rest bei Lieferung oder in Raten (z. B. Bestellung von Möbeln).

5.3 Schuldverhältnisse aus Kaufverträgen

Durch den Abschluss von Kaufverträgen entstehen Schuldverhältnisse, denn beide Vertragsparteien verpflichten sich, bestimmte Leistungen zu erfüllen. Der jeweilige Schuldner ist dabei verpflichtet, seine Leistungen nach Treu und Glauben (übliche Verkaufssitte, § 242 BGB) zu erbringen.

Die Pflichten des einen sind dabei jeweils die Rechte des anderen Vertragspartners. Dem Verpflichtungsgeschäft muss dann die Erfüllung (Erfüllungsgeschäft) folgen.

5.3.1 Erfüllungsgeschäft

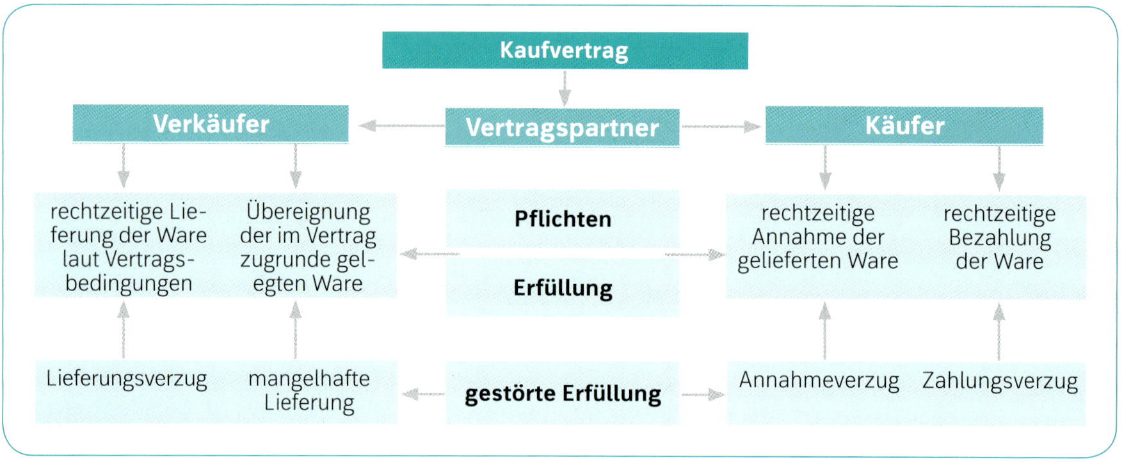

5.3.2 Leistungsort

Als „Leistungsort“ wird der Ort bezeichnet, an dem der jeweilige Schuldner seine Leistungen zu erbringen hat. Dies ist für die Warenlieferung der Ort des Lieferers, für die Zahlung der Ort des Käufers.

Warenlieferung: Ort des Lieferers	Zahlung: Ort des Käufers
Der Lieferer muss die Ware zum vereinbarten Zeitpunkt an seinem Wohn- oder Geschäftssitz zur Abholung bereitstellen. „Warenschulden sind Holschulden.“ Die Kosten und das Risiko der Versendung trägt der Käufer. (§ 448 BGB)	Eine Zahlungsschuld gilt dann als rechtzeitig erfüllt, wenn die vereinbarte Zahlung zum vereinbarten Zeitpunkt am Wohn- oder Geschäftssitz des Geldschuldners angewiesen wurde. Da aber „Geldschulden gleichzeitig Bringschulden“ sind, trägt der Schuldner die Kosten und das Risiko der Geldübermittlung. (§ 270 BGB)

Im Rahmen der Vertragsfreiheit können aber auch hier von den Vertragspartnern abweichende Bedingungen vereinbart werden.

„Angebotsinhalte“, LF 9., Kap. 3.2 und „Allgemeine Geschäftsbedingungen“, LF 9., Kap. 5.3.6

5.3.3 Leistungszeit

Ist die Zeit für die Erbringung der Leistungen weder festgelegt noch aus den Umständen zu entnehmen, kann der jeweilige Gläubiger die Leistung sofort verlangen. Ist aber eine konkrete Zeit vereinbart, dann hat der Gläubiger keinen Anspruch auf eine frühere Erfüllung. Der Schuldner kann dagegen früher leisten (§ 271 BGB).

5.3.4 Ausschluss der Leistungspflicht

Es besteht kein Anspruch auf eine Leistung, wenn diese objektiv oder für den Schuldner subjektiv bzw. faktisch unmöglich ist.

Beispiel

Objektiv unmöglich: Ein Kaufvertrag über ein bestimmtes Reitpferd wurde geschlossen. Wenn das Pferd danach stirbt, kann es nicht durch ein genau Gleiches ersetzt werden. Der Lieferer kann nicht liefern.
Subjektiv/Faktisch unmöglich: Beim Aufbau eines Behandlungsstuhls fehlt eine kleine Bodenabdeckklappe. Die Nachlieferung mit einer Bestellung aus Japan dauert ca. 14 Tage. Eine Lieferung per 24-Stunden-Eil-Luftfracht würde ein Vielfaches des gesamtes Warenwertes kosten. Dem Verkäufer ist dieser erhöhte Aufwand nicht zuzumuten.

→ *LF 9, Kapitel 6 „Mangelhafte Lieferung“ und 7 „Lieferungsverzug“*

5.3.5 Annahmeverzug

Der Käufer gerät in Annahmeverzug, wenn er die ordnungsgemäß gelieferte Ware nicht annimmt (§ 293 BGB). Dabei ist es egal, aus welchen Gründen er die Annahme verweigert. Das heißt, der Käufer kommt auch in Verzug, wenn ihn keine Schuld trifft und er z. B. wegen Krankheit die Ware nicht annehmen kann.

In Annahmeverzug gerät der Käufer auch, wenn die Warenlieferung angekündigt wurde und z. B. an diesem Termin die Praxis geschlossen ist.

Wurde vereinbart, dass der Kunde die Ware beim Verkäufer abholen muss, dann gerät der Käufer in Annahmeverzug, wenn die Ware bereitgestellt wurde und er diese nicht abholt.

Voraussetzungen des Annahmeverzugs

Die Leistung muss fällig sein

Wenn ein fester Liefertermin (Fixkauf) vereinbart wurde, gerät der Käufer dann in Annahmeverzug, wenn er die Ware zu diesem Zeitpunkt nicht annimmt.

Der Lieferer liefert ordnungsgemäß

Der Lieferer liefert ordnungsgemäß.
Ordnungsgemäß bedeutet:
Der Lieferer liefert
- die richtige Ware ohne Mängel,
- zum richtigen Zeitpunkt,
- an den richtigen Ort.

Der Käufer verweigert die Annahme dieser Leistung.
- Ist ein Zug-um-Zug-Geschäft vereinbart, kommt der Käufer auch dann in Annahmeverzug, wenn er zwar die Ware annehmen, diese aber nicht sofort bezahlen will (z. B. bei einer Nachnahmesendung).
- Wurde nicht vereinbart, dass der Verkäufer die Ware zusendet, dann kommt der Käufer in Annahmeverzug, wenn er die rechtzeitig bereitgestellte Ware nicht beim Verkäufer abholt.

Rechtsfolgen des Annahmeverzugs
- Haftung des Lieferers: Wenn die nicht angenommene Ware beschädigt wird oder abhanden kommt, haftet der Lieferer nur bei grober Fahrlässigkeit und Vorsatz (§ 300 [1] BGB).
- Die Gefahr geht auf den Käufer über, der auch die anfallenden Kosten übernehmen muss.
- Der Käufer schuldet dem Verkäufer Ersatz für alle Mehraufwendungen, die durch die Nichtannahme entstehen.

Rechte des Verkäufers bei Annahmeverzug

Rücktritt vom Vertrag und anderweitiger Verkauf der Ware bei ...

- **guter Absatzlage** (Er kann die Ware problemlos anderweitig oder sogar teurer verkaufen.)
- **langjährigen Kunden oder aus Kulanz** (Bestehen gute Geschäftsbeziehungen mit einer Zahnarztpraxis, dann kann aus Kulanzgründen auf rechtliche Maßnahmen verzichtet werden.)
- **geringen Rechnungsbeträgen** (Hier lohnen sich weitere Bemühungen oftmals nicht.)

Lagerung der Ware im eigenen Lager oder im **öffentlichen Lagerhaus** (Kosten gehen zulasten des Käufers.) und **Klage vor Gericht auf Abnahme**

Selbsthilfeverkauf

Die Ware wird öffentlich versteigert. Oftmals wird dieser Weg einer Klage vorgezogen. Erstens erhält der Verkäufer schneller und sicherer das Geld und zweitens werden dem Käufer Gerichts- und Anwaltskosten erspart.
Zur Durchführung eines Selbsthilfeverkaufs muss der Verkäufer aber bestimmte Pflichten zum Schutze des Käufers erfüllen.

- Er muss dem Käufer die Hinterlegung der Ware mitteilen, eine Frist zur Abnahme setzen und den Selbsthilfeverkauf androhen.
- Nimmt der Käufer die Ware dennoch nicht ab, wird die Versteigerung angesetzt. Dem Käufer müssen rechtzeitig Ort und Zeitpunkt des Selbsthilfeverkaufs angekündigt werden. Damit kann der Käufer selbst an der Versteigerung teilnehmen und die Ware bei zu niedrigem Preis selbst ersteigern. Dies entfällt bei Notverkauf (bei verderblichen Waren).
- Der Verkäufer muss dem Käufer das Ergebnis der Versteigerung mitteilen und einen evtl. Mehrerlös an den Käufer abführen.

Der Käufer muss die Kosten des Selbsthilfeverkaufes übernehmen und einen evtl. verbleibenden Restbetrag zwischen vereinbartem Kaufpreis und Versteigerungserlös übernehmen.

5.3.6 Allgemeine Geschäftsbedingungen (AGB)

Unternehmen schließen täglich viele Kaufverträge. Vor allem bei solchen mit kleineren oder mittleren Auftragssummen wäre es nur mit großem Aufwand möglich, jeden Vertrag individuell auszuhandeln und zu formulieren. Daher sind die Bedingungen für Angebote und Kaufverträge einheitlich ausgestaltet, d. h. standardisiert.

Da oftmals der Verkäufer versuchte, mit seinen AGB die Rechte des Käufers einzuschränken, schützt der Gesetzgeber im § 305 BGB diese besonders.

PRAXIS-TIPP

Persönliche Absprachen haben Vorrang. Haben Sie Zeugen dafür? Besser ist, Sie lassen sich alle Absprachen schriftlich geben.

AGB werden also dann Vertragsbestandteil, wenn		
ausdrücklich auf sie hingewiesen wurde	**und**	die Möglichkeit geschaffen wird, (auch bei erkennbaren körperlichen Behinderungen) von ihrem Inhalt Kenntnis zu nehmen
oder		**und**
wenn dies wegen der Art des Vertragsschlusses nur unter unverhältnismäßig großen Umständen möglich ist, durch einen deutlich sichtbaren Aushang auf sie hingewiesen wird		wenn die andere Vertragspartei damit einverstanden ist.

PRAXIS-TIPP

Für Verträge im Telekommunikationsbereich, für Beförderungsverträge durch den Einwurf von Postsendungen in Briefkästen, für die Beförderung in öffentlichen Verkehrsmitteln usw. gelten die AGB auch ohne Einhaltung der o. g. Erfordernisse.

5.3.7 Verbraucherschutz und allgemeine Geschäftsbedingungen

Nicht alles, was in allgemeinen Geschäftsbedingungen festzulegen versucht wird, ist auch rechtlich in Ordnung. Der Gesetzgeber hat eine ganze Reihe von Vorgaben erlassen, die insbesondere dem Verbraucherschutz dienen.

Allgemeine Geschäftsbedingungen sind im Geschäftsleben unabdingbar. Sie müssen in Geschäften auch an deutlich sichtbarer Stelle aushängen oder ausliegen. Allgemeine Geschäftsbedingungen enthalten aber oft so viele Regelungen, dass man sie auf engstem Raum sehr klein gedruckt den Verträgen beifügt. Der normale Verbraucher kann sie kaum lesen und verstehen, bevor es zum Vertragsabschluss kommt. Ihn deshalb vor einer Übervorteilung zu schützen und cleveren Geschäftemachern das Handwerk zu legen, ist der eigentliche Sinn der folgenden Regelungen:

Verrückt: Die AGB alle durchzulesen, die wir im Laufe eines Jahres nur bei Online-käufen ungelesen abnicken, dauert nach einer US-Studie aus dem Jahr 2012 genau 76 Arbeitstage – Tendenz steigernd.

Grundsatz (§ 307 BGB, Inhaltskontrolle)
Bestimmungen in AGB sind unwirksam, wenn sie den Vertragspartner entgegen den Geboten von Treu und Glauben unangemessen benachteiligen:

- Die Bestimmungen sind nicht klar und verständlich formuliert.
- Wesentliche Grundgedanken der gesetzlichen Regelung, von der abgewichen wird, werden verletzt.
- Wesentliche Rechte oder Pflichten, die sich aus der Natur des Vertrages ergeben, werden so eingeschränkt, dass das Erreichen des Vertragszweckes gefährdet ist.

Bei der Frage der unangemessenen Benachteiligung sind auch die den Vertragsabschluss begleitenden Umstände zu berücksichtigen (§ 310 Abs. 10 [3/3] BGB).

Folge: Es muss im Einzelnen beurteilt werden, ob Klauseln der AGB in Ordnung sind oder nicht.

PRAXIS-TIPP

Individuelle Abreden haben Vorrang vor den AGB. Bestimmungen in den AGB, die so ungewöhnlich sind, dass der Vertragspartner damit nicht zu rechnen brauchte, werden nicht Vertragsbestandteil. Zweifel bei der Auslegung der AGB gehen zulasten des Verwenders der AGB.

Was passiert, wenn ...
AGB ganz oder teilweise **nicht** Bestandteil des Vertrages geworden sind (§ 306 BGB)?

- Der Vertrag bleibt wirksam.
- Der Vertrag richtet sich nach den gesetzlichen Vorschriften. Dies gilt auch für die Teile des Vertrages, die allgemeine Geschäftsbedingungen enthalten, die unwirksam sind.
- **Aber:** Der Vertrag ist unwirksam, wenn die nötigen Änderungen der unwirksamen Bestandteile für eine Vertragspartei eine unzumutbare Härte darstellen würden.

Vertragsklauseln

mit Wertungsmöglichkeit

Das bedeutet, hier sind juristische Abwägungen möglich (was heißt z. B. „unangemessen lange" usw.).

Folgende Bestimmungen sind in AGB insbesondere deshalb **unwirksam, weil sie gesetzlichen Vorschriften widersprechen:**

- **unangemessen lange oder nicht hinreichend bestimmte Fristen** für die Annahme oder Ablehnung eines Angebotes oder die Erbringung einer Leistung.

Beispiel: Bestellung einer Wohnzimmergarnitur. Bestimmung in den AGB: „Der Lieferzeitpunkt liegt allein im Ermessen des Verkäufers."

- **Rücktrittsvorbehalt**, d. h., dass der Verwender der AGB das Recht in Anspruch zu nehmen versucht, sich ohne sachlich gerechtfertigten Grund von seiner Leistungspflicht zu lösen.

Beispiel: „Der Lieferer hat das Recht, ohne Begründung innerhalb von vier Wochen nach Vertragsabschluss vom Vertrag zurückzutreten."

Dies gilt nicht, wenn die Leistung tatsächlich unmöglich wird (Beispiel: Zerstörung der Produktionsanlagen oder Verkaufsräume).

- **Änderungsvorbehalt**, d. h. Vereinbarungen, nach denen der Verwender der AGB von der vereinbarten Leistung in einer für den Vertragspartner unzumutbaren Weise abweichen kann.

Beispiel: Ein in der Farbe Rot bestellter Pkw wird nach vier Wochen in der Farbe Schwarz geliefert. Der Pkw-Händler besteht auf Abnahme, der Käufer weigert sich.

- Abwicklung von Verträgen im Falle von Vertragsrücktritten **mit unangemessen hohen Forderungen für den Ersatz von Aufwendungen.**

Beispiel: Aufgrund eines Todesfalles wollen die Hinterbliebenen eines Familienvaters den Kauf einer neuen Küche stornieren. Die Küche ist noch nicht angefertigt. Trotzdem will der Verkäufer eine Stornogebühr von 50 %, weil dies in seinen AGB so enthalten ist.

ohne Wertungsmöglichkeit

Das bedeutet, hier sind keine juristischen Abwägungen möglich, da klare Aussagen getroffen werden.

Auch **wenn eine Abweichung von gesetzlichen Vorschriften möglich** ist, sind folgende Bestimmungen in AGB **trotzdem unwirksam:**

kurzfristige Preiserhöhungen für Waren oder Leistungen, die innerhalb von vier Monaten nach Vertragsabschluss geliefert oder erbracht werden.

Das **Leistungsverweigerungsrecht,** das nach § 320 BGB vorsieht, dass eine vertragsmäßige Leistung bis zur Erbringung der Gegenleistung verweigert werden kann, darf nicht eingeschränkt werden.

- **Aufrechnungsverbot,** d. h., dass eine Minderleistung des Verwenders der AGB in einem Fall mit der unbestrittenen Forderung in einem anderen Fall verrechnet wird.

Beispiel: Gegenüber einem Lieferer besteht eine Verbindlichkeit in Höhe von 500,00 €. Der Käufer braucht aber nur 350,00 € zu zahlen, wenn er aus einem anderen Vertrag eine Forderung von 150,00 € gegenüber dem Lieferer hat.

- **Mahnungen und Fristsetzungen dürfen von dem Verwender der AGB nicht ausgeschlossen werden,** d. h., dass z. B. bei einem Zahlungsverzug nicht sofort ohne Mahnung eine Zwangsvollstreckung betrieben werden kann.

- **Pauschale Schadensersatzansprüche** dürfen den „nach gewöhnlichem Lauf der Dinge" eintretenden Schaden oder die „gewöhnlich" eintretende Wertminderung nicht (wesentlich) übersteigen.

Beispiel: Ein bestellter, aber aus persönlichen, nachvollziehbaren Gründen nicht angenommener Neuwagen soll mit einem Wertverlust von 40 % angesetzt werden.

Beispiel 2: Während die Stornogebühr für eine Urlaubsreise zwei Tage vor Reiseantritt 100 % betragen kann, wäre eine Regelung, dass z. B. auch sechs Monate vorher 100 % Ausfallgebühr zu zahlen sind, nichtig.

- **Vertragsrücktritt,** wenn der Verwender der AGB seine Leistung nicht oder nicht in der vereinbarten Form erbringen kann.

- **Ausschluss der Rechte, die aus mangelhaften Lieferungen** geltend gemacht werden können.

Arbeitsaufträge

1. Prüfen Sie, ob es sich nachfolgend um einen bürgerlichen Kauf, einen ein- oder einen zweiseitigen Handelskauf handelt. Begründen Sie Ihre Antwort.

a) Frau Dr. Heilmann kauft bei einem Dental-Depot.
b) Mareike kauft Lebensmittel im SB-Markt.
c) Ein Dental-Depot bezieht Waren von einem pharmazeutischen Hersteller.
d) Sie bestellen Kleidungsstücke bei einem Versandhaus.

2. Welche Formen des Kaufvertrages liegen in nachfolgenden Beispielen vor? Ordnen Sie jedem Beispiel jeweils eine Form nach den Vertragspartnern und eine weitere Form nach Kap. 5.2.2 bis 5.2.4 zu.

a) Ein Zahnarzt bestellt den Jahresbedarf Heizöl für seine Praxis. Bei Bedarf ruft er Teilmengen ab.
b) Conny kauft einen gebrauchten Pkw von einem Werksangehörigen.
c) Dr. Schnell kauft ein Kapselmischgerät. Bei Nichtgefallen kann er es innerhalb eines Monats zurückgeben.
d) Ein Veranstalter bestellt für ein Fest am 14.03.20.., 08:00 Uhr, 300 Bratwürstchen.
e) Bei Buchung einer Reise zahlen Sie 250,00 €, den Rest in zwei Teilen, jeweils nach Erhalt der Unterlagen und 14 Tage vor Reiseantritt.
f) „Bestellen Sie spätestens am 23.12., unser Weihnachtsservice liefert noch am 24.12. bis spätestens 16:00 Uhr aus. Bezahlen Sie erst am 16.01."

3. Prüfen Sie, ob der Käufer in folgenden Fällen in Annahmeverzug geraten ist:

a) Eine abzuholende Ware liegt zum vereinbarten Zeitpunkt bereit, wird aber nicht abgeholt.
b) Auf die Ankündigung, dass die bestellten Sitzmöbel für das Wartezimmer zwei Wochen vor der vereinbarten Zeit geliefert werden sollen, erklärt der Zahnarzt, die Renovierungsarbeiten seien noch nicht begonnen und er könne die Möbel jetzt noch nicht annehmen.
c) Frau Dr. Heilmann verweigert die Annahme einer bestellten Lieferung von Füllmaterial im Dezember, da sie wegen der Auswirkungen des Kostendämpfungsgesetzes in diesem Monat weniger Füllungen ausgeführt habe.
d) Eine kurzfristig gelieferte Ware wird nicht angenommen, weil das Praxisteam eine Betriebsfahrt macht.

4. Nicht abgenommene Waren werden vom Verkäufer öffentlich versteigert. Dabei wird ein Mehrerlös erzielt. Der Käufer verlangt diesen Betrag sofort. Der Verkäufer verrechnet mit dem Mehrerlös die Kosten für Lagerhaltung, Transport und Versteigerung. Nach dieser Rechnung muss der in Annahmeverzug geratene Käufer selbst noch einen geringen Betrag zahlen. Was ist rechtens?

5. Erklären Sie die Vertragsfreiheit und deren Einschränkungen an Beispielen.

5.4 Widerrufsrecht bei Haustür- und ähnlichen Geschäften sowie bei Fernabsatzverträgen

Der Ehemann von Carmen Kirsten ist 2. Vorsitzender des Sportvereins „TuS 1911 Neustadt". Dieser hatte für den 25. Juli zu einer Verkaufsveranstaltung eingeladen. Es gab eine bayrische Brotzeit und zwei Bier je Teilnehmer kostenlos. Außerdem erhielt der Verein vom Veranstalter auch noch 10,00 € pro teilnehmendem Ehepaar. Wegen der erhofften Einnahme für den Verein warb Carmen Kirsten auch im Praxisteam für diese Veranstaltung. Auch Saskia Schultz mit Ehemann und Corinna Maybaum folgten dieser Einladung.

Auf eindrucksvolle Weise wurde ihnen dargestellt, wie der „magnetische Nordpol" mit dem „magnetischen Südpol" die Kraftlinien verbindet und dass die „Magnetfeld-Matratze" einen viel gesünderen Schlaf garantiere. Hinzu kam der einmalige Sonderpreis von 399,00 €, sonst müsse man über 500,00 € bezahlen. Und ein Topfset gab es noch gratis dazu. Als das Ehepaar Kirsten die Matratze kaufte, wollte sich auch das Ehepaar Schultz dieses Schnäppchen nicht entgehen lassen – auch sie unterschrieben einen Kaufvertrag.

Herr Schultz hatte noch gefragt, warum der Kaufvertrag auf den 25. Juni und nicht auf das heutige Datum ausgestellt wurde. „Reines Versehen", war die Antwort des Verkäufers. Aber eigentlich wäre die Sonderaktion des Herstellers auch Ende Juni ausgelaufen. Alle Verträge, die vorher ausgestellt worden seien, würden aber noch von den Sonderkonditionen profitieren.

Wenn er aber wolle, fülle er auch einen neuen Vertrag aus. „Sie können den Vertrag aber auch widerrufen", erklärte der Verkäufer zur Beruhigung von Familie Schultz weiter und zeigte zum Beweis die ebenfalls auf den 25. Juni datierte und von Carmen Kirsten unterschriebene Widerrufserklärung.

Als Carmen am nächsten Tag in der Praxis von ihren Käufen erzählte, erklärte ihr Selma, dass sie ein Angebot einer solchen Matratze im Teleshopping für 100,00 € gesehen habe. Lucia meinte: „Und bei ebay im Internet bekommt man so was bestimmt noch viel billiger."

Was ist das Besondere und das Typische an Vertragsabschlüssen auf Kaffeefahrten, an Haustüren oder beim Teleshopping?

5.4.1 Haustürgeschäfte

Unter Haustürgeschäften versteht man im Sinne der Rechtsvorschriften des BGB Verträge zwischen einem Unternehmer und einem Verbraucher, die eine entgeltliche Leistung zum Gegenstand haben (d. h. Kauf von Gegenständen, Abonnementverpflichtungen usw.) und zu dessen Abschluss der Verbraucher

- durch mündliche Gespräche (Verhandlungen) an seinem Arbeitsplatz oder
- im Bereich seiner Privatwohnung oder

- anlässlich einer von einem Unternehmer oder dessen Beauftragten durchgeführten Freizeitveranstaltung (Stichwort: Kaffeefahrt) oder
- im Anschluss an ein überraschendes Ansprechen in Verkehrsmitteln oder im Bereich öffentlicher Plätze gekommen ist (§ 312 BGB).

5.4.2 E-Commerce

E-Commerce-Geschäfte gehören mehr und mehr zum Alltag der Geschäftsverbindungen. Zahlreiche Dental-Depots bieten ihre Produkte inzwischen auch im E-Commerce an. Da der Handel im Internet grenzüberschreitend funktioniert, wurden einheitliche Regelungen für die EU geschaffen (§ 321b BGB).

5.4.3 Fernabsatzvertrag

Unter einem Fernabsatzvertrag versteht man die Übereinkunft zwischen einem Unternehmer und einem Verbraucher über die Lieferung von Waren oder eine Erbringung von Dienstleistungen, die ausschließlich über Fernkommunikationsmittel zustande kommt. Dazu gehören insbesondere Briefe, Kataloge, Telefonanrufe, Telekopien, E-Mails, Rundfunk-, Tele- und Mediendienste.

Die Vorschriften über Fernabsatzverträge gelten nicht für den Fernunterricht, Finanz- und Wertpapierdienstleistungen, Bankgeschäfte, die Lieferung von Lebensmitteln, Getränken oder sonstigen Haushaltsgegenständen des täglichen Bedarfs, sofern diese häufiger und regelmäßig erfolgen (§ 312b Absatz 3 BGB).

Da es sich bei Angeboten im Internet in der Regel um solche handelt, die sich an die Allgemeinheit richten, kommt ein Vertrag nach folgendem Ablauf zustande:

1. Schritt	**Verkäufer** richtet ein Angebot an die Allgemeinheit und nutzt dazu das Internet.
2. Schritt	**Käufer** geht auf das Angebot ein, stellt z. B. einen Warenkorb zusammen. Die Bestellung per E-Mail stellt den Antrag auf einen Kauf dar.
3. Schritt	**Verkäufer** entscheidet, ob er den Antrag annimmt oder nicht. Nimmt er ihn an (Bestätigung per E-Mail oder Lieferung), so ist der Kaufvertrag zustande gekommen.

PRAXIS-TIPP

Da hierbei keine Unterschrift geleistet wird, gilt der „Klick" auf „Bestellen" als abgegebene Willenserklärung.

Vor dem Vertragsschluss muss der Käufer über folgende Sachverhalte informiert werden:
- komplette Anschrift des Unternehmens;
- geschäftlicher Zweck des Angebotes (z. B. Versandhandel, Versteigerung usw.);
- Angaben über wesentliche Eigenschaften der Produkte;
- Preis inkl. aller Nebenkosten und Steuern (wichtig bei verschiedenen Umsatzsteuersätzen);
- Zahlungs- und Lieferbedingungen;
- Gültigkeitsdauer des Angebotes;
- Widerrufsrecht.

Den Nachweis über diese Informationen muss der Verkäufer führen. Er muss beweisen, dass die Informationen beim Kunden eingegangen sind.

Der Gerichtsstand ist im jeweiligen Land des Verbrauchers. Dieses Gericht muss aber nach dem Herkunftslandprinzip bei einem ausländischen Lieferanten das Recht dessen Herkunftslandes anwenden.

5.4.4 Rechte des Verbrauchers

Sowohl bei Haustürgeschäften als auch bei Fernabsatzverträgen wird dem Verbraucher ein

- **Widerrufsrecht** und/oder ein
- **Rückgaberecht**

eingeräumt (§§ 312, 355 BGB).

Rückgabe

Das Rückgaberecht innerhalb von 14 Tagen greift, wenn die Waren vor dem Widerruf schon geliefert oder die Leistungen schon erbracht wurden. Voraussetzung für ein Rückgaberecht ist aber, dass der Verbraucher die Ware noch nicht genutzt bzw. die Leistung noch nicht in Anspruch genommen hat. Es müssen keine Gründe genannt werden.

Beispiel

Bei einer Teleshopping-Sendung bestellte eine Hausfrau ein Beauty-Set für 89,50 €. Nachdem sie die Schlankheitspillen und die Anti-Stress-Creme zwei Tage genutzt hatte, erinnerte sie sich an das Widerrufs- und Rückgaberecht. Der Lieferer lehnte aber eine Rücknahme der Ware wegen Öffnung und Anbruch ab.

Widerruf

Beim Abschluss von Fernabsatzverträgen mit einem Unternehmen steht Verbrauchern ein Widerrufsrecht zu. Ausnahmen bestehen nur bei Waren, die aus Gesundheits- oder Hygienegründen versiegelt sind. Ist das Widerrufsrecht nicht ausgeschlossen, kann der Kunde innerhalb der Widerrufsfrist von 14 Tagen entscheiden, ob er seinen Vertrag widerrufen möchte. Dieser Zeitraum beginnt ab Erhalt der Ware.

Wer seine Ware z. B. aufgrund der falschen Größe zurückgeben möchte, muss dies dem Verkäufer mitteilen. Der Käufer muss den Widerruf gegenüber dem Verkäufer erklären und zwar am besten schriftlich. Der Widerruf kann formlos erfolgen, in einem Satz. Angegeben werden sollte auf jeden Fall die Kundennummer, Bestellnummer und das Datum. Aus der Erklärung muss der Entschluss zum Widerruf eindeutig hervorgehen. Der Verkäufer muss der gelieferten Ware auch ein Widerrufsformular beilegen.

PRAXIS-TIPP

Bei einem einfachen Brief hat man keinerlei Beweis dafür in der Hand, dass man einen Widerruf rechtzeitig (oder überhaupt) abgesandt hat. Darum: Widerrufsschreiben als entsprechendes Einschreiben (mit Übergabeerklärung oder mit Rückschein) absenden. Dies ist zwar teurer, aber sicherer!

Achten Sie darauf, dass Verträge nicht so weit rückdatiert werden, dass die Widerspruchsfrist schon bei Vertragsabschluss abgelaufen ist oder erheblich verkürzt ist! Unseriöse Verkäufer schreiben ein früheres Datum (z. B. 15.07. statt 15.08. oder 08.08. statt 18.08.) in den Kaufvertrag. Wenn Sie dies bei Ihrer Unterschrift merken, entschuldigen sich die Verkäufer und behaupten, es wäre aus Versehen passiert. Bemerken Sie diese Rückdatierung nicht, ist die Frist abgelaufen.

Bestellen Sie bei seriösen Onlinehändlern, vergleichen sie vor dem Kauf die verschiedenen Portale im Internet mit den Erfahrungsberichten. Wählen sie wenn möglich den Kauf auf Rechnung.

Bei teuren Waren ist eine Rücksendung per Einschreiben überlegenswert.

Rechtsfolgen des Widerrufs
Auf das Widerrufs- und Rückgaberecht finden die Vorschriften über den gesetzlichen Rücktritt Anwendung (§ 357 BGB):
- Kosten und Gefahr der Rücksendung trägt bei Widerruf und Rückgabe der Unternehmer.
- Bei einer Bestellung von bis zu 40,00 € dürfen dem Verbraucher die Kosten der Rücksendung vertraglich auferlegt werden. Dies gilt nicht, wenn die gelieferte Ware nicht der bestellten entspricht.
- Der Widerruf für eine bestellte Ware oder Leistung schließt auch den Widerruf eines damit ggf. verbundenen Vertrages (z. B. Verbraucherdarlehen) ein (§ 358 BGB).

Ein Widerruf ist **nicht** möglich bei
- verderblicher Ware, deren Verfallsdatum überschritten ist;
- Produkten, die speziell auf Kundenwunsch angefertigt wurden;
- Zeitungen, Zeitschriften, Illustrierten;
- Software, Audio- und Videoaufzeichnungen, die vom Käufer entsiegelt wurden;
- Produkten, die angebrochen wurden;
- Produkten, die schon einmal getragen oder benutzt wurden.

Arbeitsaufträge

1. Was ist die „typische“ Situation bei Haustür- und Kaffeefahrtgeschäften und welche Konsequenzen hat der Gesetzgeber daraus gezogen?
2. Was versteht man unter einem Fernabsatzvertrag?
3. Prüfen Sie, ob die Familien Schultz und Kirsten von den Kaufverträgen zurücktreten können (siehe Einstiegssituation, S. 329). Begründen Sie Ihre Meinung.
4. Unter welchen Bedingungen und innerhalb welcher Frist können solche Geschäfte widerrufen werden?
5. Wer trägt die Kosten und das Risiko der Rücksendung der Waren bei einem Vertrag, der rechtskräftig widerrufen wurde?
6. Welche weiteren Geschäfte fallen unter die Bestimmungen der Haustürgeschäfte?
7. Wie kommt ein Kaufvertrag im Internet zustande und welche Besonderheiten gibt es dort?
8. Bei welchen Geschäften ist ein Widerruf nicht möglich?
9. Corinna Maybaum hat auf einer Verkaufsparty für Frischhaltedosen mehrere Salatschüsseln gekauft. Nach der ersten Nutzung stellt sie fest, dass die Schüsseln nicht (mehr) in den Geschirrschrank passen. Sie will von ihrem Widerrufsrecht Gebrauch machen und die Dosen innerhalb der 2-Wochen-Frist gegen Rückerstattung des Geldes zurückgeben. Diskutieren Sie über den möglichen Erfolg.
10. Machen Sie Vorschläge, wie Sie sich verhalten könnten, wenn ein Verkäufer an der Haustür das Datum zurückdatiert hat (statt 18.09. den 03.09.) und Sie von Ihrem Widerrufsrecht Gebrauch machen wollen.

6. Das kann schon mal passieren
Die mangelhafte Lieferung (Schlechtleistung)

Der Bote vom Paketdienst hatte drei große Pakete abgeliefert und forderte auf seinem Laptop die Empfangsbestätigung durch eine Unterschrift. „Moment, ich muss nur noch gerade sehen, ob die Lieferung auch keine Verpackungsschäden hat. Wegen der offenen Mängel“, sagte Lucia und begutachtete die drei Pakete. „Alles in Ordnung, wo soll ich unterschreiben?“ Als der Bote verschwand, begann Lucia sofort mit dem Auspacken. „Nach offenen Mängeln zu suchen haben wir in der Berufsschule gelernt“, murmelt sie vor sich hin. Mit der Bestellung vergleicht sie die angelieferte Ware. Selbstbewusst sagt sie dann aber lauter: „Wer suchet, der findet“, und erklärt ihrer Kollegin Selma: „Da haben die doch fünf Pakete Papierhandtücher hochweiß geliefert anstatt der bestellten grünen aus Recycling-Material, wo unsere Chefin doch so ein Ökofreak ist.“

„Und was willst du jetzt machen?“, fragt Selma.

„Ganz einfach, unsere Rechte wahrnehmen“, triumphiert Lucia.

Wann liegt eine mangelhafte Lieferung vor?
Welche Möglichkeiten hat der Kunde bei mangelhafter Lieferung?

6.1 Das Wesen der mangelhaften Lieferung

Der Verkäufer übernimmt mit dem Abschluss eines Kaufvertrages die Pflicht, eine Ware in der Beschaffenheit und Güte zu liefern, die vertraglich festgelegt wurde. Dies bedeutet:
- Der Verkäufer muss die richtige Menge und Größe der im Vertrag zugrunde liegenden Ware liefern.
- Die Ware darf keine Fehler haben.
- Eine vom Verkäufer ausdrücklich zugesicherte Eigenschaft darf der Ware nicht fehlen.

6.2 Mängelarten

6.2.1 Mängel nach deren Erkennbarkeit

Erkennbarkeit	Offene Mängel	Sind sofort erkennbar (z. B. defekter Verschluss einer Flasche Konzentrat für Instrumentendesinfektion)
	Versteckte Mängel	Sind erst bei Gebrauch erkennbar (z. B. defekter Druckverschluss einer Flasche mit Silikonschaum zur Gerätereinigung)
	Arglistig verschwiegene Mängel	Sind vom Verkäufer absichtlich verschwiegene Mängel (z. B. wenn ein Unfallwagen als „unfallfrei“ verkauft wird)

Falschlieferung	Mängel in der Art	Lieferung einwandfreier, aber falscher Ware (z. B. Heidemannspatel, breit statt schmal)
	Mängel in der Menge[1]	Mehr oder weniger Waren wurden geliefert (z. B. zwei Packungen Kugelstopfer statt drei bestellter Packungen)
Qualitätsmängel	Mängel in der Güte	Fehlen einer bestimmten Eigenschaft (z. B. nicht sterile statt sterile Mullkompressen)
	Mängel in der Beschaffenheit	Fehlerhafte, beschädigte oder verdorbene Ware (z. B. Kratzer im Lack eines Röntgenbildbetrachters)
	Ware ungleich Werbeaussage	Fehlende Eigenschaften, die in der Werbung, Katalogen, Prospekten usw. über das Produkt gemacht wurden (z. B. „garantiert steril")
Montagemängel	Fremdmontage	Fehler in der Montage, unsachgemäße oder andere als vereinbarte Montage (bei Montage durch den Verkäufer oder dessen Erfüllungsgehilfen)
	Mangelhafte Montageanleitung für Selbstmontage	Auch „IKEA-Klausel" genannt. Ein Fehler entstand an einer Ware durch eine falsche Montageanleitung (z. B. wenn deswegen ein Schrank nochmals ab- und aufgebaut werden musste und dadurch die Schrauben nicht mehr halten).

6.2.2 Rechtsmängel

Unerlaubter Verkauf	Eigentumsmangel	Der Verkäufer ist nicht Eigentümer und darf die Sache daher nicht verkaufen.
	Verpfändungsmangel	Die „verkaufte" Sache ist pfandrechtlich gesichert.

6.3 Pflichten des Käufers bei einer mangelhaften Lieferung

6.3.1 Prüfungspflicht

Jede Lieferung muss vom Käufer auf eventuelle Transportmängel geprüft werden. Diese müssen dem Transportunternehmen sofort angezeigt werden. Wird eine Lieferung nicht geprüft und werden dadurch offene Mängel nicht bemerkt, liegt grobe Fahrlässigkeit vor. Damit würden die längeren Verjährungsfristen entfallen.

6.3.2 Aufbewahrungspflicht

Wenn Mängel festgestellt wurden, muss bei einseitigem Handelskauf oder bürgerlichem Kauf die Ware zum Beweis, zur Prüfung, Mängelbeseitigung oder Abholung aufbewahrt werden. Beim zweiseitigen Handelskauf gilt: Bei einem **Platzkauf** (Käufer und Verkäufer sind am gleichen Ort) kann der Käufer die Annahme der Ware mit offenem Mangel verweigern. Bei einem **Distanzkauf** (Käufer und Verkäufer sind an verschiedenen Orten) muss die beanstandete Ware eingelagert werden, bis sie abgeholt wird.

1 Für zu wenig gelieferte Ware gelten die Regelungen des Lieferungsverzuges.

6.4 Verjährungsfristen für Ansprüche aus mangelhafter Lieferung

Der Käufer muss seine Rechte, die aus einer mangelhaften Lieferung bestehen, innerhalb folgender Fristen geltend machen, da sie sonst verjähren:

3 Jahre	**Regelverjährung:** Sie gilt für alle Fälle, in denen keine anderweitigen Regelungen vorliegen (also für den Normalfall). Beginn: am Schluss des Jahres, in dem • der Anspruch entstanden ist und • der Käufer von dem Mangel Kenntnis erlangt oder ohne grobe Fahrlässigkeit hätte erkennen müssen.

Andere Verjährungsfristen:
Dadurch, dass der Käufer die Mängel erst erkannt haben muss, könnte quasi eine endlose Verjährungsfrist erfolgen. Dies wird jedoch durch nachfolgende Höchstfristen verhindert:

1 Jahr	für Sachen, die gebraucht gekauft wurden. Beginn: mit Übergabe der Ware bzw. Abnahme der Leistung.
2 Jahre	regelmäßige Frist bei Kauf-, Werkverträgen. Beginn: mit Übergabe der Ware bzw. Abnahme der Leistung.
3 Jahre	bei arglistig verschwiegenen Mängeln aus Kauf-, Werkverträgen (Ausnahme: wenn der Mangel aus grober Fahrlässigkeit nicht erkannt wurde). Beginn: am Ende des Jahres, in dem der Mangel erkannt wurde.
5 Jahre	bei Mängeln an Bauwerken oder Sachen, die üblicherweise in Bauwerken verarbeitet werden. Beginn: mit dem Tag der Abnahme des Werkes durch den Käufer.
10 Jahre	bei Mängeln an verkauften Grundstücken. Beginn: mit Fälligkeit des Anspruchs.
30 Jahre	bei • Herausgabeansprüchen aus Eigentum, • familien- u. erbrechtlichen Ansprüchen, • Ansprüchen, die aus Insolvenzverfahren vollstreckbar wurden, und • anderen vollstreckbaren Titeln. Beginn: mit Fälligkeit des Anspruchs.

PRAXIS-TIPP

Eine Mängelrüge kann formlos erteilt werden. Obwohl sie mündlich, telegrafisch und telefonisch gegenüber einem Pharmareferenten oder Handelsvertreter abgegeben werden kann, wird im kaufmännischen Geschäftsgebrauch die schriftliche Form vorgezogen (Beweismittel).

6.5 Rechte bei mangelhafter Lieferung

Wenn eine mit Mängeln behaftete Sache geliefert wird, kann der Käufer mehrere Rechte geltend machen. Vorrangige Rechte müssen zuerst in Anspruch genommen werden.

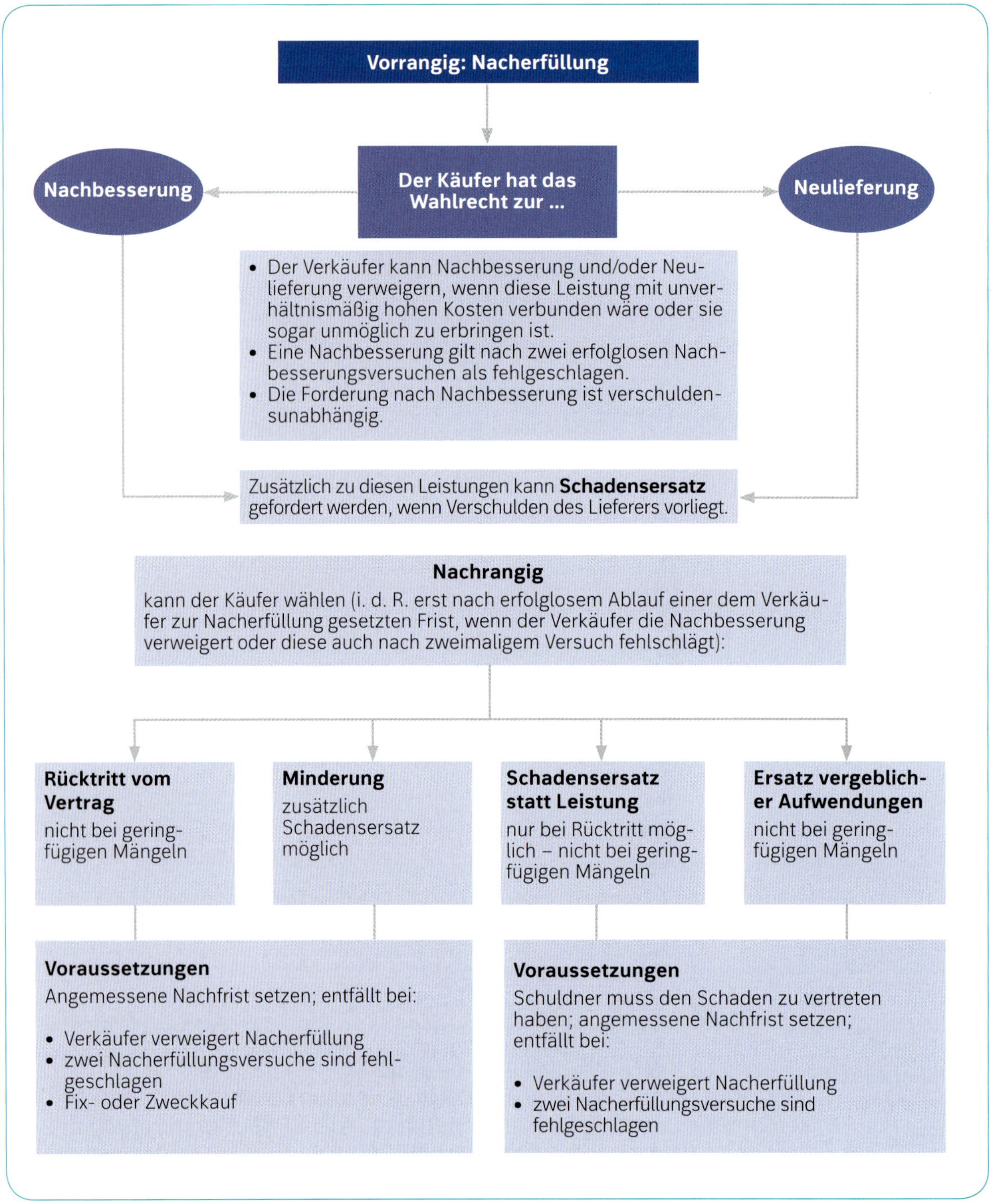

Es liegt bei dem Käufer, welches Recht er in Anspruch nehmen möchte. Dabei ist in einigen Fällen eine Einigung mit dem Verkäufer nicht nur sinnvoll, sondern zwingend erforderlich.

6.5.1 Nachbesserung

Der Verkäufer hat bei einer Nachbesserung alle dazu erforderlichen Aufwendungen einschließlich der Transport-, Wege-, Arbeits- und Materialkosten zu tragen. Dafür ist dem Verkäufer eine angemessene Frist zu setzen.

Der Verkäufer kann die vom Käufer gewählte Art der Nachbesserung verweigern, wenn diese nur mit unverhältnismäßig hohen Kosten verbunden ist. Dabei geht es insbesondere um den Wert der Ware in mangelfreiem Zustand, die Bedeutung des Mangels und die Frage, ob auf die andere Art der Nacherfüllung ohne erhebliche Nachteile für den Käufer zurückgegriffen werden kann.

Beispiel

In einem gekauften PC ist eine andere als die im Prospekt angegebene Grafikkarte installiert. Der Käufer verlangt ein völlig neues Gerät, der Verkäufer ist aber nur bereit, die Grafikkarte auszutauschen.

6.5.2 Preisnachlass (Minderung)

Anstelle einer Nachbesserung kann der Käufer auch einen Preisnachlass verlangen. Dabei kann der Verkaufspreis in dem Verhältnis herabgesetzt (gemindert) werden, in welchem der Wert der Sache in mangelfreiem Zustand zu dem tatsächlichen Wert steht. Gibt es hierüber keine Einigung zwischen den beiden Vertragspartnern, kann die Minderung durch eine Schätzung ermittelt werden.

6.5.3 Rücktritt vom Vertrag (Wandelung)

Wenn eine Nachbesserung wiederholt scheitert oder aus der Sicht des Käufers keine Verbesserung bringt, kann der Vertrag auch rückgängig gemacht werden.

Das Recht auf Minderung und Rücktritt ist an eine nicht erfolgreiche oder ausgebliebene Nacherfüllung gekoppelt. Dieses Recht verjährt daher, sobald der Nacherfüllungsanspruch verjährt ist.

6.5.4 Schadensersatz

Unabhängig von den vorausgehenden Rechten kann der Käufer zusätzlich auch einen Ersatz des ihm durch die mangelhafte Lieferung entstandenen Schadens verlangen.

Voraussetzung ist aber, dass ein Schaden entstanden ist, der auch durch die Nachbesserung, Minderung oder den Rücktritt nicht abgedeckt ist.
- Dabei kann es sich um einen **konkreten Schaden** handeln.
- Oder es liegt ein **abstrakter (immaterieller) Schaden** vor. Dies kann z. B. ein entgangener Gewinn sein, weil sie wegen des defekten Behandlungsstuhls zwei Tage keine Behandlungen durchführen konnte.

Beispiel

Ein Behandlungsstuhl ist beschädigt. Frau Dr. Heilmann bezieht den Stuhl von einem anderen Lieferer, weil der erste Lieferer nicht in der Lage ist, den Mangel nachzubessern. Der Mehrpreis und die sonstigen Beschaffungskosten für die Ersatzlieferung können als Schaden geltend gemacht werden.

Die Rechte des Käufers wegen eines Mangels sind ausgeschlossen, wenn er den Mangel bei Vertragsschluss kannte.

Sind sie ihm infolge eigener Fahrlässigkeit unbekannt geblieben, können Rechte nur geltend gemacht werden, wenn der Mangel arglistig verschwiegen wurde oder eine Garantie für die Beschaffenheit der Sache übernommen wurde. Eine Vereinbarung, die die Rechte des Käufers wegen eines Mangels ausschließt (z. B. „gekauft wie gesehen") ist ebenfalls nichtig, wenn ein Mangel arglistig verschwiegen wurde oder der Verkäufer eine Garantie für die Beschaffenheit der Sache übernommen hat.

Weist ein Käufer den Kaufgegenstand wegen eines Mangels zurück, sodass keine Übergabe bzw. keine Versendung stattfindet, kommen die Ergänzungen des Kaufrechtes (hier: Minderung des Kaufpreises) nicht zur Anwendung.

6.5.5 Beweislastumkehr

Grundsätzlich trägt der Käufer die Darlegungs- und Beweislast für den Mangel der Kaufsache. Er muss beweisen, dass der Mangel bereits beim Kauf bzw. zum Zeitpunkt des Gefahrenüberganges vorhanden war und nicht erst später entstanden ist. „Gefahrenübergang" bezeichnet hier den Übergang des Risikos der Verschlechterung oder des Verlusts der geschuldeten Ware vom Verkäufer auf den Käufer.

Beim Verbrauchsgüterkauf (einseitiger Handelskauf!) wird aber eine Beweislastumkehr angewandt. Hier wird vermutet, dass ein Sachmangel, der sich innerhalb von sechs Monaten seit Gefahrenübergang zeigt, bereits bei der Übergabe vorhanden war. Dies gilt aber nicht, wenn die Vermutung mit der Art der Sache oder des Mangels unvereinbar ist.

Arbeitsaufträge

1. Warum muss Lucia die Transportverpackung im Beisein des Boten prüfen?
2. Um welche Mängelart handelt es sich in der Einstiegssituation, S. 333?
3. Nennen Sie mögliche andere Mängelarten anhand von Beispielen aus Ihrem Praxisalltag.
4. Welche der beiden Vertragsparteien ist im Falle einer mangelhaften Lieferung im Rahmen der Gewährleistungsfrist beweispflichtig?
5. Welche Rechte hat ein Käufer bei mangelhafter Lieferung?
6. Verfassen Sie eine unterschriftsreife Mängelrüge für den Fall der Einstiegssituation, S. 333. Sie schicken anbei die mangelhafte Ware mit Postpaket unfrei zurück und verlangen sofortige Ersatzlieferung. Adresse: Kleinschmidt GmbH, Postfach 1122, 90443 Nürnberg.

7. Die bestellte Ware kommt nicht
Der Lieferungsverzug (Nicht-Rechtzeitig-Lieferung)

„Wir machen Urlaub vom 02.08. bis zum 23.08." Mit diesem Schild an der Praxistür macht Frau Dr. Heilmann ihre Patienten auf ihren Urlaub aufmerksam.

Doch es ist kein normaler Urlaub, denn in dieser Zeit sollte auch die Praxis renoviert werden. Am 24.08. sollte alles wieder fertig sein, um dann den Praxisbetrieb wieder aufnehmen zu können. Die Handwerker mussten Hand in Hand arbeiten, damit in dieser kurzen Zeit auch alles geschafft würde. Die Zahnärztin kümmerte sich selbst um den reibungslosen Ablauf.

Aber noch während die Maler arbeiteten, kam die erste Hiobsbotschaft: „Der Teppichboden ist in der bestellten Farbe momentan nicht lieferbar, da das Muster ausläuft." Dann kam es noch schlimmer: Die Lieferung der angefertigten Bestuhlung verschiebe sich um vier Wochen, da es Lieferengpässe beim ausländischen Holzlieferanten gebe.

Was soll Frau Dr. Heilmann unternehmen?

Wie gerät ein Lieferer in Verzug?
Welche Folgen können daraus entstehen?

7.1 Voraussetzungen des Lieferungsverzuges

Nach Abschluss eines Kaufvertrages hat der Verkäufer die Pflichten übernommen, die unbeschädigte und richtige Ware rechtzeitig (d. h. zum vereinbarten Liefertermin) und an den richtigen Ort zu liefern und das Eigentum an ihr auf den Käufer zu übertragen.

Wurde kein Termin vereinbart, muss er sofort liefern. Der Käufer hat also den Anspruch auf eine rechtzeitige Lieferung.

Dieser Anspruch entfällt, wenn es für den Verkäufer objektiv oder subjektiv unmöglich ist zu liefern. Eine objektive Unmöglichkeit kann infolge höherer Gewalt wie Naturkatastrophen, Streik, Brandschaden entstehen. Als subjektiv unmöglich wird z. B. eine sofortige Lieferung angesehen, wenn das Produkt dafür extra mit einer teuren Sonderlieferung besorgt werden müsste.

Grundvoraussetzung des Lieferungsverzuges ist also die **Fälligkeit der Leistung**.

7.1.1 Verschulden des Lieferers

Eine grundsätzliche Voraussetzung des Lieferungsverzuges ist, dass ihn der Verkäufer verschuldet hat. Dies ist der Fall bei:

Fahrlässigkeit	Vorsatz
Der Verkäufer handelt nicht mit der erwarteten Sorgfalt. Zum Beispiel wurden die Produktionstermine nicht überwacht. Der Lkw-Fahrer des Lieferers verursachte durch Trunkenheit einen Unfall.	Der Verkäufer kalkuliert bewusst ein, dass er den Liefertermin nicht einhalten kann. Zum Beispiel wird ein Großkunde bevorzugt beliefert.

7.1.2 Mahnung und Fristsetzung durch den Käufer

Erfolgt die Lieferung nicht, muss der Käufer den Verkäufer mahnen und ihm eine angemessene Frist setzen, in der er die Lieferung nachholen kann. Die Frist muss so lange sein, dass es möglich ist, die Ware zu liefern (z. B. 1 Tag Ware bereitstellen, 1 Tag Suche nach Frachtführer, 2 Tage Lieferung = 4 Tage). Im Inland geht man von höchstens 1 Woche aus, ins Ausland dauert es entsprechend länger. Erst nach Ablauf dieser Frist kommt der Lieferer in Lieferungsverzug.

Die Mahnung und Fristsetzung entfällt bei:

Fixkauf (oder Zweckkauf)	Selbstinverzugsetzung
Wenn ein kalendermäßig bestimmter Liefertermin überschritten oder der Kaufzweck nicht mehr gegeben ist (z. B. Feuerwerkskörper sind am 31. Dezember noch nicht geliefert).	Der Lieferer erklärt selbst, dass er die Ware nicht rechtzeitig liefern kann oder will.

7.2 Ausschluss der Leistungspflicht

Es besteht kein Anspruch auf eine Leistung, wenn diese objektiv oder für den Schuldner subjektiv bzw. faktisch unmöglich ist.

→ *LF 9, Kap. 5.3.4*

Ein Tier, das z. B. krank ist, kann man nicht liefern. Die sofortige Lieferung eines Ersatzteils aus China ist subjektiv unmöglich, da zu langfristig und zu teuer.

7.3 Rechte des Käufers bei Lieferungsverzug

Sind vorstehend genannte Voraussetzungen erfüllt, kann der Käufer zwischen folgenden Rechten wählen:

Rechte des Käufers

Er setzt dem Verkäufer **keine Nachfrist** und kann		Er setzt dem Verkäufer **eine Nachfrist** und kann, wenn auch diese verstrichen ist,	
Lieferung verlangen,	**Lieferung und Schadensersatz verlangen**	**Lieferung ablehnen**	**Lieferung ablehnen und Schadensersatz verlangen für**
wenn er die Ware nur von diesem Lieferer haben möchte oder dieser nur in der Art oder Qualität liefern kann.	für den entstandenen Schaden.	• bei Preissenkung • bei günstigerem Angebot eines anderen Lieferanten	Deckungskauf[1], Forderung des Unterschiedsbetrages zum eventuell höheren Preis und der Beschaffungskosten.

Anmerkung:
Bei einem Fix- oder Zweckkauf entfällt eine Nachfristsetzung. Da eine Lieferung nach dem angegebenen Termin in der Regel sinnlos ist (z. B. ein Partyservice liefert einen Tag nach dem Geburtstag), wird der Käufer auf die Lieferung verzichten, eventuell einen Deckungskauf tätigen und Schadensersatz verlangen.

1 Deckungskauf: Kauf bei einem anderen Verkäufer – auch zu einem eventuell höheren Preis.

Arbeitsaufträge

1. Wann gerät ein Lieferer in Lieferungsverzug?
2. In welchen Fällen ist eine Mahnung des säumigen Schuldners entbehrlich?
3. Der Raumausstatter hat Frau Dr. Heilmann im Eingangsfall die Nicht-Lieferfähigkeit angezeigt. Prüfen Sie, ob er noch gemahnt werden muss, und schlagen Sie vor, welches Recht die Zahnärztin in Anspruch nehmen sollte.
4. Wie beurteilen Sie die Lage bezüglich der Sitzmöbel von Frau Dr. Heilmann in der Einstiegssituation, S. 339?
5. Formulieren Sie den Text für eine E-Mail mit Ihren Forderungen an den Lieferanten der Bestuhlung.
6. Erklären Sie Ihrer Klasse in einem kleinen Fachvortrag die Voraussetzungen eines Lieferungsverzuges sowie die daraus entstehenden Rechte des Käufers.

8. Nicht vergessen – sonst droht Ärger
Ausgleich von Verbindlichkeiten/Zahlungsmöglichkeiten

Es geht allen wahrscheinlich ähnlich. Hatte man früher im Portemonnaie immer Bargeld zur Hand, weil die meisten Dinge auch mit Scheinen oder Münzen bezahlt wurden, so hat sich dies spätestens seit der Coronakrise im Jahr 2020 noch einmal entscheidend geändert.

Das „kontaktlose“ Bezahlen hat nicht nur im Einzelhandel und an den Tankstellen, sondern auch in Gaststätten, Freizeiteinrichtungen, Apotheken – einfach überall – gegenüber der „klassischen“ Bezahlung extrem zugenommen.

Welche Zahlungsarten gibt es und welche davon werden von den Patienten oder bei praxisbezogenen Vorgängen in der Arztpraxis umgesetzt?

8.1 Zahlungsarten im Überblick – bar, halbbar, bargeldlos

Es gibt verschiedene Möglichkeiten der Bezahlung. Die Form, in der der Ausgleich von Verbindlichkeiten geschieht, hängt sehr von der Art des getätigten Geschäfts ab. Große Unterschiede gibt es auch allein schon durch die strukturellen Gegebenheiten. So bedarf es keiner besonderen Erklärung, dass beim Kauf in einem Einzelhandelsgeschäft der Wert der gekauften Waren durch Zahlung an der Kasse in der Regel anders beglichen wird als bei einer Bestellung im Versandhandel. Im Bereich der ärztlichen Tätigkeit ist es wiederum ganz anders, weil hier mit den Patienten so gut wie nie direkt, sondern erst recht spät nach der Erbringung der Dienstleistung abgerechnet wird. Außerdem läuft die Abrechnung nur bei Privatpatienten direkt über sie, während Kassenpatienten im Zweifel nur mit evtl. Zuzahlungen direkt belastet werden.

Unabhängig davon sind Kenntnisse über die Zahlungsformen aber nicht nur beruflich wichtig, sondern haben auch im Privatbereich eine bestimmte Bedeutung.

Zahlungsarten

- **Barzahlung**
- **halbbare Zahlung**
- **bargeldlose Zahlung**

Käufer	← Warenlieferung	Verkäufer
Schuldner (Zahlender) benutzt ...	Zahlung →	Gläubiger (Zahlungsempfänger) benutzt ...
kein Konto	**Barzahlung** zahlt durch persönliche Übergabe, Boten →	kein Konto
kein Konto oder Konto	**halbbare (bargeldsparende) Zahlung** zahlt per Nachnahme → oder: mit Barscheck →	Konto bei Bank oder Postbank oder: kein Konto
Konto	**unbare (bargeldlose) Zahlung** zahlt mit Überweisung, Verrechnungsscheck, BankCard, Kreditkarte, POS, POZ, smartphone →	Konto

8.2 Herkömmliche Zahlungsarten

8.2.1 Barzahlung

Die Barzahlung ist nach wie vor eine weitverbreitete Zahlungsform. Im ärztlichen Bereich kommt dies eher selten und wenn, dann z.B. bei der Inanspruchnahme von IGeL-Leistungen vor. Diese können entweder auf Rechnung erfolgen und von den Patienten überwiesen werden, oftmals werden sie aber in der Praxis auch bar bezahlt. Als Beweis der Barzahlung erhält die oder der Zahlende eine Quittung.

8.2.2 Nachnahme

Mit Nachnahmesendungen können fällige Geldbeträge zusätzlich zur normalen Beförderung der Waren, Briefe oder Postkarten von der Post oder privaten Paketdiensten eingezogen werden. Diese überweisen dann die Nachnahmeforderung auf das Girokonto. Vor allem Versandhäuser bedienen sich bei neuen Kunden oder auch solchen, die schon mehrmals in Zahlungsverzug geraten sind, der Nachnahme.

Der Rechnungsbetrag (plus Porto, Nachnahme- und evtl. Paketzustell- und Zahlscheingebühr) wird im Zahlschein eingetragen. Der Zusteller händigt die Sendung nur gegen Barzahlung dieses Betrags aus. Der Rechnungsbetrag wird dann auf das Konto des Versenders eingezahlt. Wenn der Empfänger den Betrag nicht bezahlt, geht die Sendung an den Absender zurück.

8.2.3 Überweisung

Eine Überweisung gehört zu den am meisten verwendeten „herkömmlichen" bargeldlosen Zahlungsarten. Es ist die Anweisung des Schuldners an seine Bank, dem Konto des Gläubigers einen bestimmten Betrag zuzuweisen und ihm dort gutzuschreiben.

Papierform

Der Geldschuldner füllt ein offizielles Überweisungsformular seiner Bank aus. Dies könnte z. B. so aussehen:

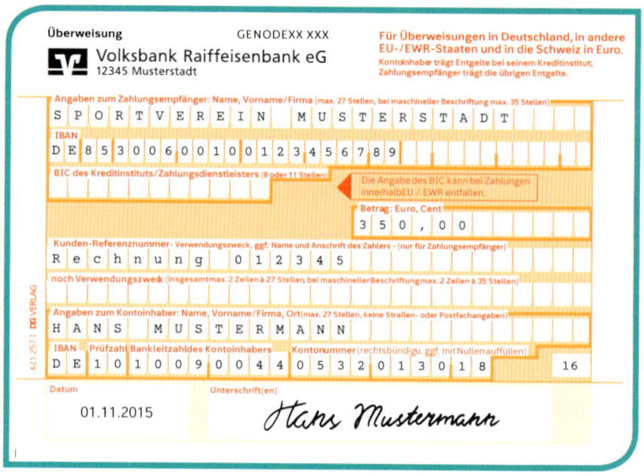
Überweisung
GENODEXX XXX
Volksbank Raiffeisenbank eG
12345 Musterstadt
Für Überweisungen in Deutschland, in andere EU-/EWR-Staaten und in die Schweiz in Euro.
Kontoinhaber trägt Entgelte bei seinem Kreditinstitut; Zahlungsempfänger trägt die übrigen Entgelte.
Angaben zum Zahlungsempfänger: Name, Vorname/Firma (max. 27 Stellen, bei maschineller Beschriftung max. 35 Stellen)
SPORTVEREIN MUSTERSTADT
IBAN
DE853006001000123456789
BIC des Kreditinstituts/Zahlungsdienstleisters (8 oder 11 Stellen)
Die Angabe des BIC kann bei Zahlungen innerhalb EU / EWR entfallen.
Betrag: Euro, Cent
350,00
Kunden-Referenznummer - Verwendungszweck, ggf. Name und Anschrift des Zahlers - (nur für Zahlungsempfänger)
Rechnung 012345
noch Verwendungszweck (insgesamt max. 2 Zeilen à 27 Stellen, bei maschineller Beschriftung max. 2 Zeilen à 35 Stellen)
Angaben zum Kontoinhaber: Name, Vorname/Firma, Ort (max. 27 Stellen, keine Straßen- oder Postfachangaben)
HANS MUSTERMANN
IBAN Prüfzahl Bankleitzahl des Kontoinhabers Kontonummer (rechtsbündig u. ggf. mit Nullen auffüllen)
DE10100900440532013018
16
Datum
01.11.2015
Unterschrift(en)
Hans Mustermann
421 257 I DG VERLAG

Eine solche Überweisung hat folgende Bestandteile:

- Name und IBAN des Geldempfängers,
- BIC des Geldinstitutes auf das Geld überwiesen werden soll,
- Überweisungsbetrag in Euro,
- Information zum Zweck der Überweisung (Rechnungsdatum und -nummer, Angaben zum Zahlungsgegenstand usw.),
- Name des überweisenden Kontoinhabers,
- IBAN des Kontoinhabers,
- Datum und Unterschrift des Überweisenden.

Eine andere Form ist die elektronische Eingabe der Überweisungsdaten an einem Bankterminal. Dies ist eine papierlose Form, bei der die gleichen Daten wie beim Ausfüllen des Überweisungsformulars an den Service-Terminals der Banken und Sparkassen eingegeben werden.

Service-Terminal der Bank

Neben der Nutzung der herkömmlichen Überweisung lässt sich dies auch papierlos an den Service-Terminals der Banken und Sparkassen erledigen. Hier werden die Daten eingegeben und direkt übermittelt. Die Dateneingabe ist hier die Gleiche, wie man sie beim Ausfüllen des Überweisungsformulars verwendet.

8.2.4 Zahlung per Scheck

Ein Scheck stellt nichts anderes dar als die Anweisung eines Schuldners an seine Bank, von seinem Konto(-Guthaben) bei Vorlage den eingetragenen Geldbetrag auszuzahlen oder ihn auf dem Konto des Gläubigers gutzuschreiben. Ein Scheck enthält zwar den Namen des Scheckempfängers, aber durch den Zusatz „der Überbringer“ kann er auch von jeder anderen Person eingelöst werden, ohne dass die Bank, bei der der Scheck vorgelegt wird, verpflichtet oder berechtigt wäre, die Identität des Überbringers oder die Rechtmäßigkeit der Scheckvorlage zu prüfen.

Schecks gehörten in der Vergangenheit zu den Standardmöglichkeiten zur Zahlung größerer Beträge, ohne dass dafür Bargeld zum Zuge kommen musste. Heute sind die Schecks weitgehend von modernen Zahlungsformen abgelöst worden. Dazu gehören neben den herkömmlichen Bank-, Giro- und Kreditkarten auch die Möglichkeiten des Onlinebankings.

Gleichwohl gibt es durchaus noch Situationen, in denen Schecks zum Einsatz kommen. Dies ist z. B. der Fall, wenn man keinen direkten Zugriff auf das Girokonto seiner Bank hat oder wenn es sich um Beträge handelt, die von der Größenordnung das übersteigen, was gerade als Guthaben auf dem Konto vorhanden ist, bzw. die Kontokorrentgrenze überschritten wird.

Bei einem **Barscheck**, bei dem eine direkte Geldauszahlung der Schecksumme erfolgt, kann dies zu Problemen führen, wenn sich herausstellen sollte, dass der Scheckeinreicher ein Betrüger ist, der den Barscheck gefunden oder gestohlen hat. Dagegen erfolgt bei einem Verrechnungsscheck keine Barauszahlung, sondern der Betrag wird nur einem Konto des Scheckeinreichers gutgeschrieben. Damit ist dessen Identität gespeichert und nachvollziehbar.

Während ein Barscheck demjenigen, der den Scheck vorlegt, bar ausbezahlt wird, wird ein **Verrechnungsscheck** nur auf dem Konto des Zahlungsempfängers gutgeschrieben. Er ist daher erheblich sicherer. Üblich ist es, dass der Vordruck schon den Aufdruck „Verrechnungsscheck“ trägt. Durch den Zusatz „Nur zur Verrechnung“ kann aus jedem Barscheck auch ein Verrechnungsscheck gemacht werden. Dies geht jedoch nicht umgekehrt, da eine Streichung dieses Zusatzes als nicht erfolgt gilt, d. h. ungültig ist. So kann ein Dieb oder unehrlicher Finder einen Verrechnungsscheck nicht in einen Barscheck umwandeln und sich den Betrag bar auszahlen lassen. Mit einem Verrechnungsscheck könnte daher auch eine Schuld beglichen werden, indem man den ausgefüllten Scheck per Brief versendet.

8.2.5 Dauerauftrag

Fallen immer wiederkehrende Zahlungen in gleicher Höhe zu gleichen Zeitpunkten an denselben Zahlungsempfänger an, ist es sinnvoll, seiner Bank oder Sparkasse einen Dauerauftrag zu erteilen. Bis auf Widerruf wird dann automatisch der jeweilige Betrag an einem bestimmten Empfänger überwiesen, ohne dass der Zahlungspflichtige sich selbst darum kümmern muss. Bedingungen für einen Dauerauftrag sind, dass
- der Zahlungsbetrag immer bleibt gleich (Miete, Beiträge usw.),
- es sich immer um denselben Empfänger handelt und
- sich der Zahlungstermin zu gleichen Zeitpunkten regelmäßig wiederholt.

8.2.6 Einzugsermächtigung

Hier erteilt der Kontoinhaber dem Zahlungsempfänger die Genehmigung, von seinem Konto die jeweils anstehenden Beträge einzuziehen. Dies ist besonders für solche Zahlungen geeignet, bei denen es sich stets um denselben Gläubiger handelt, die Zahlungsbeträge und/oder die Zeiten der Bezahlung aber unterschiedlich sind (z. B. Telefongebühren, Kosten für Gas, Wasser, Strom usw.).

8.2.7 Abbuchungsverfahren

Mit einem Abbuchungsauftrag ermächtigt der Kontoinhaber sein Kreditinstitut, Beträge von seinem Konto abzubuchen, ohne dass er vorher gefragt werden muss (z.B. Tilgung eines Kredits mit monatlichen Raten, Umbuchungen auf Sparverträge usw.).

8.3 Neuere Zahlungsmöglichkeiten Mit Karte, kontaktlos oder mobil

„Karten“ gehören heute zum Zahlungsalltag. Diese Zahlungsart hat zwar für den Zahlungsverkehr der Arztpraxis nur eine eingeschränkte Bedeutung, sie setzt sich aber vor allem für Verbraucher immer mehr durch. Sollten die Verkäufe in der Praxis und die Leistungen, die die Patienten selbst zahlen müssen, zunehmen, könnte auch hier die Möglichkeit des Electronic Cash die aufwendige Barzahlung ersetzen. Außerdem ist diese Möglichkeit ein weiterer Service für die Patienten.

Die Karte kann man natürlich nur von der Bank bekommen, bei der man auch sein Girokonto hat. Das bedeutet, dass es sinnvoll ist, hier immer wieder auch einen Blick die Kosten und den Service zu werfen, den die Banken bieten.

PRAXIS-TIPP

Vor der Beantragung einer Karte ist es sinnvoll, die Leistungen und Kosten der Anbieter zu vergleichen. Dabei sollte auch die Frage gestellt werden, welche Wichtigkeit für die individuellen Bedürfnisse die jeweiligen Leistungen haben und ob sie überhaupt von Bedeutung sind.

8.3.1 EC-/Debitkarte

Hierbei handelt es sich um eine Bank- oder Sparkassenkarte, die zur bargeldlosen Zahlung oder zur Barauszahlung an einem Geldausgabeautomaten eingesetzt wird. Die Girocard oder eine andere Bankkarte sind die bekanntesten Karten, die heute die meisten Girokontobesitzer benutzen. Mit ihnen bezahlt man bargeldlos. Die Zahlungsbeträge werden direkt dem Girokonto abgezogen oder per Lastschrift eingezogen. Auf dem Kontoauszug ist die Abbuchung sichtbar.

Der Begriff „debit" stammt aus dem Lateinischen (debere) und bedeutet so viel wie „Schulden" bzw. aus dem Englischen, wo der Begriff „debit" gleichzusetzen ist mit „Soll" oder „Kontobelastung".

Man kann mit der EC-Karte auch Kontoauszüge ausdrucken lassen, Bargeld über Geldautomaten von seinem Girokonto abheben, an Geldautomaten Überweisungen tätigen, sogar Daueraufträge erteilen, ändern oder stornieren.

Zur Zahlung mit der EC-Karte gibt es generell zwei Systeme:

- **POS (Zahlung am Point of Sale)**
  Die Karte wird eingelesen und der Zahlende muss seine PIN (persönliche Identifikationsnummer = Geheimnummer) eingeben. Dadurch erfolgt online ein direkter Zugriff auf das Girokonto. Jetzt muss er die Höhe des Betrages bestätigen und die Abbuchung ist erfolgt.

  Ist der Kreditrahmen des Kontos überzogen, wird die Zahlung verweigert und der Kunde muss bar bezahlen. Der Gläubiger (z.B. der Zahnarzt) erhält also eine Zahlungsgarantie. Allerdings ist der Onlinezugang für den Gläubiger etwas teurer.

- **Die ELV-Zahlung**
  Preiswerter als die POS-Zahlung ist für die Betriebe das elektronische Lastschriftverfahren (ELV). Die EC-Karte wird dabei durch ein Lesegerät gezogen oder eingeführt. Die Kassiererin gibt den Rechnungsbetrag in das Terminal ein und der Kunde bestätigt ihn.

  Der Kassenbeleg (mit Durchschrift) wird ausgegeben und vom Kunden unterschrieben. Das Original wird als Lastschriftbeleg an die Bank weitergegeben. Der Kunde erhält die Durchschrift. Bei der ELV-Zahlung trägt der Zahlungsempfänger das Risiko, denn wenn das Konto überzogen ist, gibt die Bank die Lastschrift zurück und bezahlt die Forderung nicht.

  In der Praxis versuchen einige Betriebe, dieses Risiko zu mindern, indem sie sich stichprobenartig die Ausweisdaten kopieren oder per Zufallsauswahl Kunden mit POS bezahlen lassen.

  Sollte der Zahnarztpraxis eine Zahlung ausfallen, besitzt die Praxis die Patientendaten. Der Patient wird dann gemahnt. Wenn er dann immer noch nicht bezahlt, kann er einen Mahnbescheid erhalten oder er kann auf Zahlung verklagt werden.

  Mit dem Smartphone hat man die Bank in der Tasche. Nach dem Downloaden einer BankApp kann man jederzeit und überall auf das eigene Konto zugreifen, Kontobewegungen einsehen und Geld überweisen.

8.3.2 Kreditkarten

Der Inhaber einer Kreditkarte erhält ein gesondertes Konto mit einem Kreditrahmen. Es erfolgt eine monatliche Abrechnung, wobei der Karteninhaber die Möglichkeit hat, in einer Summe oder in Raten zu zahlen. Es werden Gebühren und Sollzinsen berechnet.

- **Charge Cards**
  Kreditkarten in der Variante einer Charge Card sind in Deutschland sehr häufig vertreten. Bei dieser Kreditkartenart werden zunächst einmal alle Kartenzahlungen gesammelt und auf dem Kreditartenkonto verbucht. Einmal im Monat erfolgt dann die Abrechnung in der Form, dass der Gesamtbetrag vom Girokonto des Kreditkartenbesitzers per Lastschrift abgebucht wird. Das Kreditkartenkonto wird also Monat für Monat ausgeglichen.

  Jedem Kreditkartenbesitzer wird in Abhängigkeit seiner Bonität ein persönlicher Kreditrahmen eingeräumt, innerhalb dessen die Karte genutzt werden kann.

  Die bekanntesten dieser Charge Cards sind „Eurocard" und „Eurocard Gold" (mit zusätzlichen Leistungen wie Versicherungen) und Visa Card.

- **Co-Branding-Cards**
  „Co-Branding" bedeutet gemeinsame Marktplatzierung. Kommerzielle Unternehmen bieten gemeinsam mit einer Bank oder Kartenorganisation eine Karte an. Der Vorteil ist, dass man mit einer solchen Karte zusätzlich besondere Leistungen in Anspruch nehmen kann, wie z. B. bequem Eintrittskarten bestellen oder preiswerter einen Mietwagen buchen, mehr Gepäck auf Reisen mitnehmen, später einchecken und Plätze im Flugzeug reservieren.

8.3.3 Kontaktlos bezahlen

Einfach, bequem und sicher: Mit einer Bank-Debitkarte kann man sekundenschnell kontaktlos bezahlen, indem man die Karte ca. 1 cm neben das Lesegerät hält. Die Karte muss dann nicht mehr in das Lesegerät gesteckt, der Betrag nicht mehr bestätigt und die Geheimzahl nicht mehr eingegeben werden.

Die Vorteile von girocard kontaktlos:
- Das Bezahlen dauert weniger als eine Sekunde.
- Bei Summen bis 50,00 € ist in der Regel keine PIN-Eingabe nötig.
- Die Zahlungen werden direkt von Ihrem Girokonto abgebucht.
- Es gelten hohe Sicherheitsstandards und es werden keine persönlichen Daten übertragen.
- Unbemerktes Bezahlen „im Vorbeigehen" ist nicht möglich, da die Übertragung nur funktioniert, wenn man die Karte direkt vor das Lesegerät hält.

Die Debitkarte und auch das Lesegerät müssen das Wellensymbol tragen.

Das Kontaktlos-Logo findet man auch auf den Kartenterminals im Handel. Immer mehr Geschäfte, Supermärkte und Tankstellen akzeptieren kontaktlose Zahlungen.

8.3.4 Mobil bezahlen

Beim mobilen Bezahlen bezahlt man direkt mit einem Smartphone am Kassenterminal, indem man das Mobiltelefon einfach kurz mit dem Bildschirm nach oben an das Kassenterminal hält. Dann bestätigt man seine Zahlung – so wie man sein Smartphone entsperrt – mittels Fingerabdruck, Gesichtserkennung oder Gerätecode.

Damit ist der Bezahlvorgang in nur wenigen Sekunden ohne Eingabe einer PIN erledigt. Der Betrag wird dann vom Konto abgebucht.

Die Vorteile des mobilen Bezahlens:
- Bezahlen ist ganz einfach ohne Bargeld mit einem Android-Smartphone und der App „Mobiles Bezahlen“ möglich.
- Es ist ein schneller Bezahlvorgang, da eine PIN-Eingabe am Kassenterminal nicht nötig ist.
- Alle Abbuchungen sind auf dem Konto zu sehen.
- Hygienisch: Um zu bezahlen, muss das Smartphone nicht aus der Hand geben werden.

Sollte der Arztpraxis eine Zahlung ausfallen, besitzt die Praxis die Daten des säumigen Patienten. Somit kann die Zahlung angemahnt werden. Erfolgt sie dann trotzdem nicht, kann ein Mahnbescheid beantragt werden. Im Extremfall ist ggf. eine Klage auf Zahlung erforderlich.

8.3.5 Online-Banking

In immer stärkerem Masse werden heute Geldübertragungen mit dem Handy bzw. mit chipTAN oder pushTAN vorgenommen.

- **chipTAN**
  Dies eignet sich besonders für Onlinebanking von zu Hause mit dem Computer oder Laptop. Mithilfe eines TAN-Generators erstellt man sich in wenigen Sekunden für jede Überweisung eine individuelle TAN.
- **pushTAN**
  Dieses Verfahren läuft über ein Smartphone, ein Tablet oder einen Laptop und dabei entweder über einen Browser oder eine App. In der push-TAN-App wird für jeden Auftrag eine individuelle TAN erzeugt.

Arbeitsaufträge

1. Unterscheiden Sie die Begriffe „Barzahlung“, „halbbare Zahlung“ und „bargeldlose Zahlung“. Erörtern Sie, welcher Wandel sich diesbezüglich im letzten Jahrzehnt vollzogen hat und suchen Sie dafür Gründe.
2. Welche Möglichkeiten können Zahnarztpraxen anbieten, wenn Leistungen von den Patienten selbst bezahlt werden müssen? Prüfen Sie, ob sich bei einer Erweiterung des Angebots der Einsatz eines Kartenlesegeräts lohnt.
3. Beschreiben Sie die wesentlichen Merkmale der Bezahlung mit einer EC- oder einer Kreditkarte und nennen Sie Gründe, warum darüber hinaus kontaktlose Zahlungsvorgänge bis hin zum Bezahlen mit Handy oder Smartphone zunehmend an Bedeutung gewinnen.

9. Viele wissen nicht, wohin damit – Der Umgang mit Belegen aus dem Beschaffungsbereich

Rechnung

Nr.: 78543-1
Datum: 20..-09-02
Lieferschein-Nr.: 259 627

Pos.	Art.-Nr.	Bezeichnung	Menge	Preis in €	Gesamtwert €
1	17538-4	LED-Kamera mit 4-fach-Bildspeicher	1	9.840,00	9.840,00
		Fracht und Verpackung			35,00
					9.875,00
		19 % Umsatzsteuer			1.876,25
					11.751,25

Zahlungsbedingungen:
innerhalb 10 Tagen ab Rechnungsdatum 2 % Skonto oder nach 30 Tagen netto

Frau Dr. Heilmann hat ein Gespräch mit ihrem Steuerberater Herrn Dr. Kraft. Als sie von dem Besuch zurückkommt, bittet sie Corinna, zuständig für die kaufmännischen Arbeiten in der Praxis, zu einem Gespräch. „Herr Dr. Kraft war voll des Lobes über Sie, wie sorgfältig die Belege von Ihnen zusammengestellt und für die Buchung vorbereitet wurden", so die Zahnärztin. „Aber unserem Steuerberater ist aufgefallen, dass wir die letzte Rechnung über die LED-Kamera zu spät an den Lieferanten überwiesen haben. Wissen Sie eigentlich, welchen Betrag wir an entgangenem Skonto dadurch eingebüßt haben? Bitte denken Sie in Zukunft daran", so Dr. Heilmann weiter, „die Zahlungstermine sorgfältiger zu überwachen. Denn Geld zu verschenken haben auch wir nicht."

Welche Belegarten fallen bei der Beschaffung an?
Was ist bei dem Umgang mit Belegen zu beachten?

9.1 Sortieren der Ablage

Ein Problem vieler Zahnarztpraxen besteht darin, dass zu viel Papier aufbewahrt wird. Im Durchschnitt sind 50 % aller Informationsmaterialien überflüssig. Die Folge ist, dass es zu langen Such- und Ablegezeiten kommt, Mehrfacharbeiten erledigt werden müssen und der Überblick über die vorhandenen Informationen erschwert wird. Auch für das Schriftgut, das z. B. im Zusammenhang mit der Beschaffung von Geräten, Instrumenten und Verbrauchsmaterial anfällt, trifft dies zu. Anstatt die Belege in dafür vorgesehenen Ordnern abzuheften, wird häufig erst einmal der Ablagekorb gewählt. Das scheint im ersten Moment schneller zu gehen und bequemer zu sein. Gibt es mehrere Ablagekörbe, deren Inhalte nicht sauber abgegrenzt sind, ist die Unordnung vorprogrammiert. Ein Grundsatz sollte sein, die anfallenden Belege nur vorübergehend in Ablagekörbe zu legen, deren Inhalte auch eindeutig benannt sind (z. B. Ablagekorb „Rechnungen"). Ablagebehälter sollten in kürzeren Zeitabständen entleert

Beispiel:
Beschaffung einer LED-Kamera
Die Beschaffungsbelege im zeitlichen Ablauf:

↓

Anfrage von Praxis Dr. Heilmann bei Lieferfirma, z. B. Dental-Depot
(schriftlich oder telefonisch)

↓

Angebot der Lieferfirma

↓

Durchschrift der Bestellung
(Bestellung eventuell auch mündlich)

↓

eventuell Auftragsbestätigung

↓

Lieferschein über LED-Kamera

↓

Gebrauchsanweisung und Garantieschein der LED-Kamera

↓

Rechnung des Dental-Depots

↓

Überweisungsbeleg

werden (z. B. wöchentlich), um dann Schriftstücke in einer geeigneten Form der Schriftgutverwaltung abzulegen. Verschiedene Registraturarten stehen hier zur Auswahl.

→ *LF 6, Kap. 4.5*

Um die Belege ohne größeren Zeitaufwand wiederfinden zu können, ist auch hier eine übersichtliche Ordnung unverzichtbar. So ist z. B. denkbar, für jede Belegart einen speziellen Ordner anzulegen, der auch eindeutig gekennzeichnet sein sollte.

Beispiel

Jeweils ein Ordner für:
- Angebot, Bestellung und Auftragsbestätigung,
- Lieferscheine,
- Eingangsrechnungen,
- Gebrauchsanweisungen und Garantiescheine,
- Bankbelege,
- Quittungen.

9.2 Belegverwaltung

Bei der Belegverwaltung fallen eine Reihe von **Kontrollaufgaben** an, z. B.
- Stimmen Anfrage und Angebot überein?
- Stimmen Angebot und Auftragsbestätigung überein?
- Stimmt das gelieferte Gerät mit der Bestellung und dem Lieferschein überein?
- Stimmen relevante Daten auf Bestellung und Rechnung überein?
- Stimmen Rechnung und Bankbeleg überein?

Sind Vorgänge nicht abgeschlossen, kommen sie in die **Wiedervorlage**. Die Organisationsmittel, die sich hier anbieten, sind z. B. die Hängeregistratur, die Wiedervorlagemappe oder auch eine Wiedervorlage mithilfe des PC.

Ein klassischer Wiedervorlagebeleg bei der Warenbeschaffung ist die **Eingangsrechnung**. Wird die Barzahlungsfrist versäumt, kann die Praxis evtl. kein Skonto mehr vom Rechnungsbetrag abziehen. Wird der Zahlungstermin ganz versäumt und eine fällige Schuld nicht beglichen, gerät die Praxis in Zahlungsverzug. Der Lieferant hat dann das Recht, Verzugszinsen zu verlangen.

Belege sind immer nur eine gewisse Zeit aufzubewahren. Nach Ablauf der Zeit können sie vernichtet werden, das gilt z. B. für Garantiebelege, wenn die Garantiezeit abgelaufen ist, oder Lieferscheine, die mit der Bestellung und der Rechnung verglichen worden sind. Auch bei medizinischen Geräten, die „ausgemustert" wurden, kann natürlich die Betriebsanleitung in den Papiermüll wandern.

Regelmäßig sollten Ordner und Hängeregistraturen nach überflüssigen Belegen durchforstet werden. Überquellende Ordner verdienen dabei besondere Aufmerksamkeit.

PRAXIS-TIPP

- ***Legen Sie die Belege immer nur vorübergehend in die Ablagekörbe.***
- ***Werfen Sie alles weg, was nicht mehr gebraucht wird (z. B. Prospekte).***
- ***Trennen Sie zwischen Vorgängen, die abgeschlossen, und solchen, die schwebend sind.***
- ***Durchforsten Sie die Ordner in regelmäßigen Zeitabständen.***

9.3 Buchungsbelege

Eine besondere Bedeutung haben Belege für die Buchführung. Für den Zahnarzt erfüllt eine gewissenhafte **Buchführung** wichtige Aufgaben:
- Sie informiert ihn über den Stand des Vermögens und der Schulden;
- sie gibt Auskunft über den Erfolg (Gewinn oder Verlust);
- sie bildet eine wichtige Grundlage für die Berechnung der Steuern;
- sie ist ein wichtiges Beweismittel bei Rechtsstreitigkeiten z. B. mit Kunden, Banken, Finanzamt.

Buchungsbelege, die bei der Warenbeschaffung anfallen, sind z. B. Eingangsrechnungen, Quittungen (z. B. über den Barkauf von Druckerpatronen) und Bankbelege. Immer wenn sich ein Geschäftsvorfall ereignet (z. B. Kauf einer LED-Kamera), fällt ein Beleg an (Eingangsrechnung), der zu verbuchen ist. In der Buchführung besteht der Grundsatz: **„Keine Buchung ohne Beleg"**. Der Grund für diese Bestimmung: Ob die Buchführung korrekt ist, kann z. B. vom Finanzamt immer nur anhand der Belege überprüft werden. Wegen der Bedeutung dieser Belege hat der Gesetzgeber im Handelsgesetzbuch (HGB) eine sechsjährige Aufbewahrungsfrist vorgeschrieben. Diese Frist gilt ebenfalls für Handelsbelege, wie z. B. Bestellungen. Die Unterlagen müssen nicht als Originale aufbewahrt werden. Zulässig ist auch eine Aufbewahrung auf einem Bildträger (Mikrofilm) oder auf einem digitalen Datenträger.

Nach der Herkunft der Belege unterscheidet man zwischen externen und internen Belegen.

Belegarten

Externe Belege Sie fallen im Geschäftsverkehr mit Außenstehenden an.	**Interne Belege** Sie entstehen aus innerbetrieblichen Geschäftsfällen.
Beispiele:	**Beispiele:**
• Eingangsrechnung • Quittung • Kontoauszüge	• Lohn- und Gehaltslisten • Belege über Privatentnahmen von Geld aus der Geschäftskasse

In der Regel lassen Zahnärzte ihre Buchführung vom Steuerberater erstellen.

Häufig ist es aber so, dass von den zahnärztlichen Mitarbeiterinnen/Mitarbeitern gewisse Vorarbeiten zu erledigen sind.

Dazu gehören:
- ordnungsgemäße Ablage und Aufbewahrung der Belege;
- fortlaufende Nummerierung der Belege innerhalb der jeweiligen Belegart (z. B. Durchnummerierung der Eingangsrechnungen).

Arbeitsaufträge

1. Corinna Maybaum (siehe Einstiegssituation, S. 349) hat es versäumt, den Rechnungsbetrag für die LED-Kamera rechtzeitig zu überweisen.

   a) Ermitteln Sie den Betrag, den man bei einer rechtzeitigen Überweisung hätte einsparen können.
   b) Der Lieferant gewährt 2 % Skonto. Welchem Jahreszinssatz entspricht das?
   c) Was würden Sie Corinna raten, um verspätete Zahlungen künftig zu vermeiden?

2. Zur Aushärtung von lichthärtendem Füllungsmaterial soll ein Polymerisationsgerät gekauft werden. Der Preis beträgt 1.420,00 € zuzügl. Mehrwertsteuer. Die Versandkosten belaufen sich auf 25,00 €. Die Zahlungsbedingung lautet: zahlbar innerhalb von 15 Tagen 3 % Skonto oder 30 Tagen netto Kasse.
a) Welcher Betrag ist nach 30 Tagen zu zahlen?
b) Welcher Betrag wäre zu zahlen, wenn Skonto in Anspruch genommen wird?
c) Annahme: Es besteht ein Liquiditätsengpass. Lohnt es sich, bei der Bank ein Darlehen zu 5,5 % aufzunehmen, um Skonto auszunutzen?

3. Welche Bedeutung haben Belege für die betriebliche Buchführung?

4. Erfragen Sie in Ihrer Ausbildungspraxis weitere Belegarten und unterscheiden Sie diese nach internen und externen Belegen.

5. Eine Arbeitskollegin macht den Vorschlag, die Unordnung im Belegwesen durch die Verwendung weiterer Ablagekästen zu beseitigen. Diskutieren Sie in der Klasse über mögliche Vor- und Nachteile dieser Absicht.

6. Erkundigen Sie sich in Ihrer Ausbildungspraxis, wie dort das Belegwesen organisiert ist. Tauschen Sie in Ihrer Klasse diese Informationen aus und versuchen Sie einzelne Organisationsstile zu bewerten.

9.4 Alternative Verfahren der Beschaffungsorganisation

Nach Rücksprache mit einer Firma für Ärztebedarf erfährt Frau Dr. Heilmann, dass der Beschaffungsbereich rationeller organisiert werden kann. Sie will sich zwischen zwei Organisationsformen entscheiden. Im Einzelnen:

Shop-in-Shop-System:
Hierbei wird in einem räumlich abgegrenzten Bereich (z. B. ein spezieller Schrank) das gesamte Verbrauchsmaterial gelagert. In bestimmten Zeitintervallen (z. B. immer Anfang des Monats) wird der Bestand von einem externen Zulieferbetrieb kontrolliert und die verbrauchten Artikel wieder aufgefüllt. Rechnung und Lieferschein werden per Internet übermittelt.

Warenwirtschaftssystem:
Über eine spezielle Software kommt es zu einer intelligenten, papierlosen Materialwirtschaft. Ein elektronischer Bestell- und Lieferprozess spart Zeit und damit Kosten. Die Beschaffung von Verbrauchsmaterial kann so gesteuert werden, dass sie automatisch erfolgt. Ein vorgegebener Mindest- und Meldebestand fließen in die Bestelldaten ein. Elektronische Lieferscheine werden mit einem Klick ohne Scannen eingebucht. Zahlungstermine werden elektronisch überwacht. Darüber hinaus lassen sich u. a. auch die Medizinproduktebücher mit Wartungsintervallen im Rahmen der Software elektronisch führen.

10. Sicherheit geht vor
Medizinproduktebuch und Bestandsverzeichnis

Schon zu Beginn der Ausbildung wurde Lucia Fernandez darauf hingewiesen, wie wichtig es sei, mit den in der Praxis vorhandenen medizinischen Geräten sorgfältig umzugehen. Dazu gehöre auch, dass man die Funktionsfähigkeit ständig „im Auge" haben müsse. Schließlich gehe es um die Gesundheit und im Zweifel um das Leben der behandelten Patienten. Daher werden die Geräte auch regelmäßig geprüft. Ein solche Maßnahme fand auch vor ein paar Tagen in der Praxis von Frau Dr. Heilmann statt.

Unangekündigt standen plötzlich um 10:00 Uhr zwei Personen am Empfangstresen, die sich als Mitarbeiter der Aufsichtsbehörde auswiesen. Der Grund ihres Besuchs war offensichtlich die Beschwerde eines (nicht genannten) Patienten, der bemängelt hatte, dass die bei ihm in der Behandlung in der Praxis bei einer Blutentnahme zur Anwendung gekommenen Instrumente aus seiner Sicht vorher nicht gereinigt oder desinfiziert worden wären.

Welche Anforderungen sind an die in einer Praxis verwendeten medizinischen Geräte zu stellen und wie wird dafür gesorgt, dass diese Bestimmungen auch eingehalten werden?

10.1 Was ist ein „Medizinprodukt"?

Der Begriff „Medizinprodukt" ist ein weit gefasster Begriff. Neben den medizinisch-technischen Geräten gehören dazu auch Instrumente, Apparate, Vorrichtungen und sonstige Stoffe, die in einer Arztpraxis oder in einer Klinik zum Einsatz kommen. Zudem zählen dazu auch Ausrüstungsgegenstände, die dazu bestimmt ist, von aus dem menschlichen Körper stammenden Proben, Untersuchungen außerhalb des menschlichen Körpers durchzuführen. Dies ist z. B. der Fall bei Blutzuckermessgeräten oder auch bei Geräten, die bei Schwangerschaftstests zum Einsatz kommen.

10.2 Bestandsverzeichnis/Medizinproduktebuch/Einweisungsnachweis

INFO 1 Das Bestandsverzeichnis der Medizinprodukte

Grundsätzlich ist für jede ärztliche Betriebsstätte ein Bestandsverzeichnis aller vorhandenen und im Einsatz befindlichen Medizinprodukte zu führen. Für ein solches Bestandsverzeichnis sind alle Datenträger zugelassen.

Beispiel für den Aufbau eines Bestandsverzeichnisses:

Gerätestammdaten	
Geräteart	Blutdruckmessgerät
Standort des Gerätes	Behandlungsraum 10
Gerätetyp	Mobiles Messgeräte/batteriebetrieben
Gerätenummer	B 555.777
Inventarnummer	BMG 123456
Hersteller	Kastel AG, Mainz
CE-Kennzeichen	CE 9876
Lieferant	Medimops GmbH
Anschaffung	August 2020
Sicherheitstechnische Kontrollfrist (§ 11 MPBetreibV)	Juli 2022
Messtechnische Kontrollfrist (§ 14 MPBetreibV)	Juli 2022

10.3 Bestandteile des Medizinproduktebuchs

Nach § 12 der Medizinprodukte-Betreiberverordnung haben auch Arztpraxen für die vorhandenen Medizinprodukte ein Medizinproduktebuch zu führen. Dabei ist es freigestellt, in welcher Form dies geführt wird. In jedem Fall sind hierin sind folgende Angaben zu dem jeweiligen Medizinprodukt einzutragen:

- erforderliche Angaben zur eindeutigen Identifikation des Medizinprodukts,
- Beleg über die Funktionsprüfung und die Einweisung in die Handhabung des Produkts,
- Name der mit der Einweisung beauftragten Person sowie Zeitpunkt der Einweisung einschließlich der Namen der eingewiesenen Person/Personen,
- Fristen und Datum der Durchführung sowie das Ergebnis von vorgeschriebenen sicherheits- und messtechnischen Kontrollen und Datum von Instandhaltungen einschließlich des Namens der verantwortlichen Person oder der Firma, die diese Maßnahme durchgeführt hat,
- Datum, Art und Folgen von Funktionsstörungen und wiederholten gleichartigen Bedienungsfehlern sowie
- Angaben zu Vorkommnismeldungen an Behörden und Hersteller.

INFO 2 Inhalte des Medizinproduktebuches nach § 7 der MPBetreibV

Gerätestammdaten

Aufzuführen sind alle wichtigen Daten für Service und Kontrollbehörden. Daten wie z. B. Seriennummern dienen der Identifikation des Geräts.

Sicherheitstechnische Kontrollezeit

Nach der Montage des medizinischen Geräts und den erfolgten Instandsetzungsarbeiten müssen Funktionsprüfungen am Betriebsort durchgeführt werden. Dabei geht es vor allem darum, festzustellen, ob elektrisch betriebene und leitfähige Teile gegen durchfließenden Strom abgesichert sind und keine Gefahr für Patienten und Praxispersonal besteht.

Verzeichnis der eingewiesenen Personen

Medizinische Geräte, wie z. B. Dialysegeräte, dürfen nur von Personen bedient werden, die vom Hersteller oder Lieferanten eingewiesen wurden. Eingewiesene Personen dürfen auch weitere Personen einweisen. Namen mit Unterschriften der eingewiesenen Personen, Zeitpunkt der Einweisung und Namen mit Unterschrift der mit der Einweisung Betrauten sind in das Verzeichnis aufzunehmen.

Sicherheitstechnische Kontrolle (Wiederholungsmessung)

Spätestens alle zwei Jahre, hat der Arzt (Betreiber) eine sicherheitstechnische
Kontrolle zu veranlassen. In das Medizinproduktebuch sind einzutragen:

- Datum der Durchführung der Kontrolle bzw. der Instandhaltung,
- Ergebnis der sicherheits- und messtechnischen Kontrolle,
- Name der verantwortlichen Person oder der durchführenden Firma sowie deren Anschrift.

Sicherheitstechnische Kontrollen werden im Allgemeinen von Sachverständigen der technischen Überwachungsorganisationen durchgeführt.

Messtechnische Kontrollen

Zu den Medizinprodukten mit Messfunktion gehören z. B. Blutdruckmessgeräte und Tretkurbelergometer. Durch die messtechnische Kontrolle wird festgestellt, ob die Geräte die zulässige Fehlertoleranz einhalten. Die vorgeschriebene Nachprüfungsfrist beträgt zwei Jahre. Messtechnische Kontrollen dürfen auch von den Herstellern und privaten Wartungsfirmen durchgeführt werden.

Instandhaltungsmaßnahmen

Die Instandhaltung von Medizinprodukten umfasst insbesondere die Instandsetzung und Inspektionen und Wartungen, die erforderlich sind, um den sicheren und ordnungsgemäßen Betrieb der Medizinprodukte fortwährend zu gewährleisten.

Dokumentation von Funktionsstörungen

Sich wiederholende gleichartige Störungen, die die Sicherheit der Patienten oder des Praxispersonals gefährden können, müssen gesondert dokumentiert werden.

Meldung von Vorkommnissen

Vorfälle am medizinischen Gerät, durch die Personen geschädigt wurden oder hätten geschädigt werden können, müssen vermerkt werden. Anschließend hat eine Meldung an den Hersteller und an die zuständige Behörde zu erfolgen

Das Medizinproduktegesetz bestimmt, dass Medizinprodukte nicht betrieben oder angewandt werden dürfen, wenn sie Mängel aufweisen, durch die Patienten, Beschäftigte oder auch Dritte gefährdet werden könnten. Der Hersteller der Produkte muss die Unbedenklichkeit seiner Erzeugnisse nachweisen.

Wenn die grundsätzlichen Anforderungen erfüllt sind, darf das CE-Zeichen (Communauté Européene, französisch für „Europäische Gemeinschaft") angebracht werden. Damit wird auch bestätigt, dass die gerätebezogenen Arbeitsschutz- und Unfallverhütungsvorschriften eingehalten werden.

Nach der Medizinprodukte-Betreiberverordnung (MPBetreibV) dürfen Medizinprodukte erst nach einer Funktionsprüfung des Herstellers oder Lieferanten betrieben werden. Zusätzlich muss auch das Bedienungspersonal eingewiesen werden.

Das, was im Medizinproduktebuch festgehalten ist, muss dem medizinischen (Praxis-)Personal während der Arbeitszeit zugänglich sein. Nach der Außerbetriebnahme des Medizinprodukts ist das Medizinproduktebuch noch fünf Jahre aufzubewahren.

10.4 Einweisung in die Handhabung der Medizinprodukte

Es ist unabdingbar, dass vor jeder Benutzung solcher Produkte durch fachkundige Personen eine Einweisung in die Handhabung erfolgen muss. Dies können Mitarbeiter/-innen der jeweiligen Lieferer, die Praxisinhaberin/der Praxisinhaber selbst oder auch vorab eingewiesene Mitarbeiter/-innen sein, die ihr erworbenen Fachkenntnisse weitergeben. Wichtig ist, dass über diese Geräteeinweisung auch ein entsprechender Nachweis angelegt wird:

INFO 3 Geräteeinweisung der vom Betreiber beauftragten Person gemäß § 5, Abs. 1 Nr. 2 MPBetreibV

Blutdruckmessgerät EKG-Gerät BMG 123 456						
Datum	**Einweisung durch ...**			**Einweisung an ...**		
	Name	Vorname	Unterschrift	Name	Vorname	Unterschrift
02.07.2020	Schultz	Saskia	S. Schulz	Maybaum	Corinna	C. Maybaum
03.09.2020	Maybaum	Corinna	C. Maybaum	Kirsten	Carmen	C. Kirsten

10.5 Inspektionen von Medizinprodukten

Die vorhandenen Medizinprodukte bedürfen einer regelmäßigen Kontrolle hinsichtlich ihrer Funktionsfähigkeit. Doch damit allein ist es nicht getan. Auch im täglichen Einsatz ist sicherzustellen, dass neben der technischen Seite auch die hygienischen Bedingungen den Anforderungen entsprechen. An erster Stelle sind dafür die Praxisinhaber/-innen und die Mitarbeiter/-innen verantwortlich. Darüber hinaus finden aber auch externe Kontrollen der zuständigen Behörden statt. Dazu gehören die Gesundheitsämter ebenso wie die technischen Überwachungsdienste.

Die Überwachungsintervalle werden von den zuständigen obersten Landesbehörden generell festgelegt. Damit haben Praxen, in denen aufbereitet wird, insoweit Planungssicherheit. Zu beachten ist allerdings, dass anlassbezogen jederzeit Inspektionen durchgeführt werden können. Dafür reichen bereits

Beschwerden von Patienten aus. In den meisten Fällen werden diese zwar die Maßnahmen zur Gerätesicherheit und zum Gerätebetrieb in den ärztlichen Praxen nicht beurteilen können, dennoch steht ihnen aber das Recht zu, von ihnen wahrgenommene scheinbare Mängel zu melden.

Verschmutzte Medizinprodukte (z. B. Instrumente), die Patienten bemerken können, werden dabei eine extreme Ausnahme sein. Allerdings sollte nicht unterschätzt werden, dass Patienten aus Gesprächen des Praxispersonals untereinander entsprechende – richtige oder falsche – Schlüsse ziehen können. Gerade unzufriedene Patienten neigen dazu, sich auch an Behörden zu wenden.

In den meisten Fällen werden Inspektionen zuvor bekannt gegeben. Die Praxen haben also die Möglichkeit, sich darauf einzustellen. Allerdings sollte bedacht werden, dass nach der Medizinprodukte-Durchführungsvorschrift (MPGVwV) auch unangekündigte Inspektionen durchgeführt werden können.

Arbeitsaufträge

1. Erklären Sie in wenigen Worten, was man unter einem „Medizinproduktebuch“ und einem „Bestandsverzeichnis“ versteht.
2. Für welche medizinischen Ausstattungsgegenstände werden in Ihrer Ausbildungspraxis Medizinproduktebücher geführt?
3. Das Anlegen und Fortschreiben eines Medizinproduktebuchs ist nicht zuletzt auch mit einem nicht unerheblichen Arbeitsaufwand verbunden. Erklären Sie, warum ein solcher Nachweis über die Funktionsfähigkeit und die regelmäßige Wartung/Kontrolle trotzdem für alle Beteiligten, also für Sie als Mitarbeiterin oder Mitarbeiter, Ihre Chefin/Ihren Chef, aber nicht zuletzt auch für die Patienten wichtig ist oder wichtig sein kann.
4. Schildern Sie (ggfs. auch aus eigener Erfahrung) wie und durch wen die Kontrolle der Medizinproduktebücher erfolgt oder erfolgen kann.

11. Nicht verstecken, sondern übersichtlich lagern
Lagerhaltung des Grundbedarfs in der Zahnarztpraxis

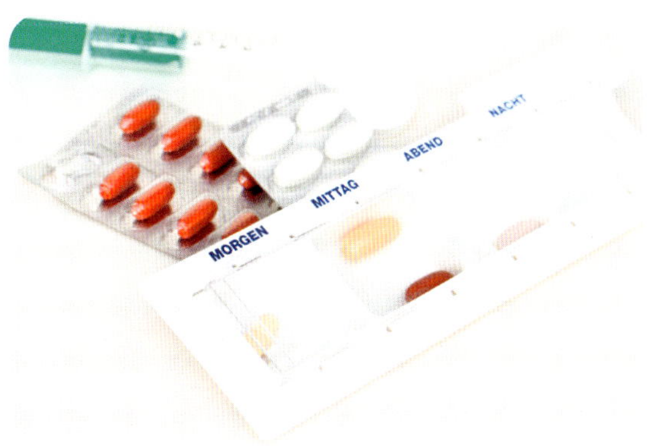

Für die nächste Patientin sucht Lucia verzweifelt eine Tube Panasil contact. „Hilf mir doch mal suchen", fordert sie Selma auf, „irgendwo da in den Schubladen müsste eine Packung mit mehreren Kartuschen liegen. Aber beeil dich, Frau Dr. Heilmann ist im Behandlungsraum 1 gleich fertig und die Patientin sitzt schon in Raum 2. Ich meine, wir hätten noch eine Packung mit 12 oder 16 Kartuschen liegen, aber wo?"

„Unsere Lagerhaltung müsste endlich einmal besser durchorganisiert werden", sagt Corinna Maybaum und sucht mit. Dabei fährt sie fort: „Erst gestern habe ich wieder einige Produkte, die das Verfallsdatum überschritten hatten, entsorgen müssen. Das sind Kosten, die wir sparen könnten."

Welche Ziele hat die Lagerhaltung?
Welche Arbeiten fallen an?
Was muss beachtet werden?

Um einen reibungslosen Ablauf der Behandlungen zu garantieren, benötigen die Zahnarztpraxen eine Grundausstattung mit Instrumenten und Verbrauchsmaterialien. Unter Berücksichtigung der räumlichen Gegebenheit (Lagerplatz, Kühlräume oder -geräte usw.) sind die Bestände in ihrer Höhe und Verfügbarkeit sowie nach Verfallsdaten zu planen und zu überwachen. Bei diesen Aufgaben sind die Fachangestellten besonders gefordert.

11.1 Vorteile einer umfangreicheren Lagerhaltung

INFO 1 Günstige Einstandspreise

Die Lagerhaltung ermöglicht es, größere Mengen der benötigten Materialien zu bestellen. Durch Mengenrabatte erzielt man günstigere Einkaufspreise. Viele Dental-Depots gewähren einen Mengenrabatt und zusätzlich noch einen Rabatt, der nach der Auftragssumme gestaffelt ist. Zusammen können diese Rabatte schon 20 % und mehr ausmachen.

INFO 2 Geringe Beschaffungsmühen und -kosten

Dadurch, dass größere Mengen bestellt werden können, haben die Zahnmedizinischen Fachangestellten weniger Zeitaufwand, als wenn häufiger kleinere Mengen bestellt werden müssten. So werden Zeit und dadurch Kosten gespart.

11.2 Nachteile einer umfangreicheren Lagerhaltung

INFO 3 Höhere Kapitalbindung (Lagerzinsen)

Wenn in größeren Mengen auf Lager bestellt wird, muss der Preis früher bezahlt werden, als wenn man jeweils kleinere Mengen verteilt über einen Zeitablauf kauft. Dieses Geld muss unter betriebswirtschaftlichen Gesichtspunkten verzinst werden. Denn entweder kann dieses Geld als Anlage bei Banken Guthabenzinsen bringen oder bei Kontoüberzug fallen Sollzinsen an.

INFO 4 Höhere sonstige Lagerkosten

Je größer ein Lagerbestand ist, desto höher sind auch die weiteren Lagerkosten wie

- Schwund durch unauffindbare Materialien (nach einer Untersuchung etwa 1–2 %), abgelaufenes Mindesthaltbarkeitsdatum (ca. 2–5 %).
- Lagereinrichtung: Hier sind die Kosten für Anschaffung der Kühlgeräte, Schränke, Regale usw. sowie Strom und Wartung, aber auch der Lohn für die Reinigungshilfe einzuberechnen.

11.3 Ziele der Lagerhaltung

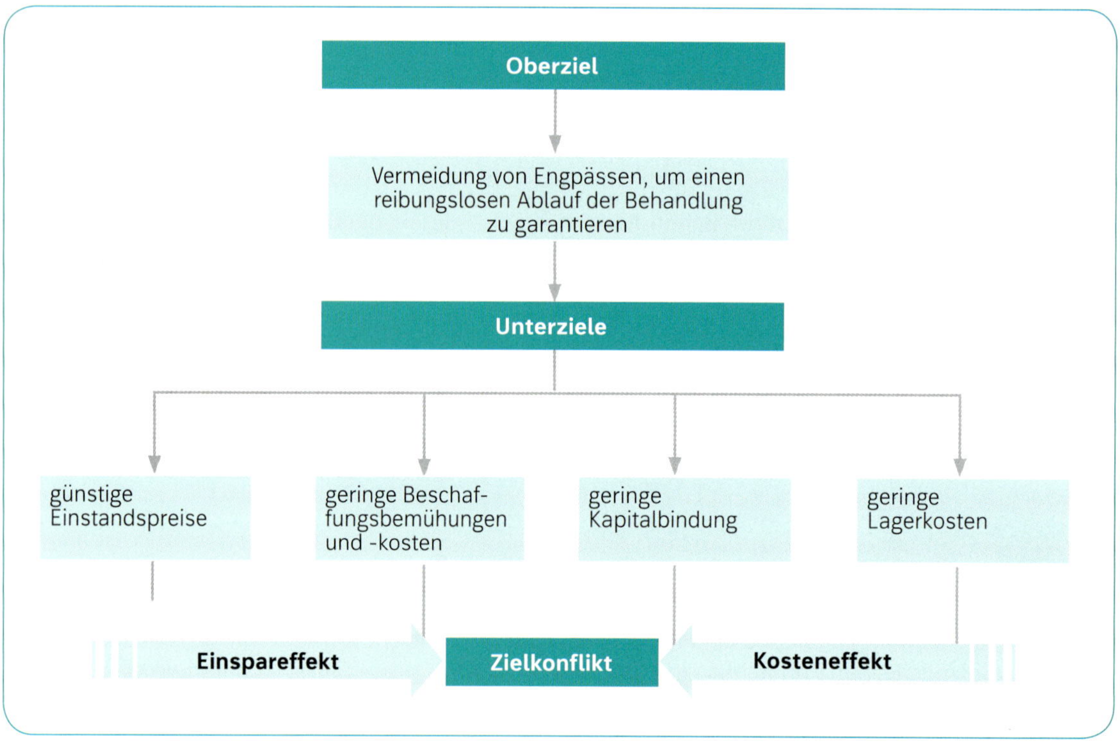

PRAXIS-TIPP

In der Lagerhaltung einer Praxis gilt es, diesen Zielkonflikt zwischen den Vor- und Nachteilen einer umfangreicheren Lagerhaltung laufend zu optimieren.

11.4 Tätigkeiten im Lager einer Zahnarztpraxis

Die Aufgaben im Lager werden üblicherweise von den Fachangestellten übernommen, denn diese Tätigkeiten hängen eng mit der Bestellabwicklung und -kontrolle zusammen.

Natürlich hängen Umfang und Art der Lagertätigkeiten von der jeweiligen Größe, Art und Konzeption des Lagers ab. Nachfolgend die wichtigsten Arbeiten:

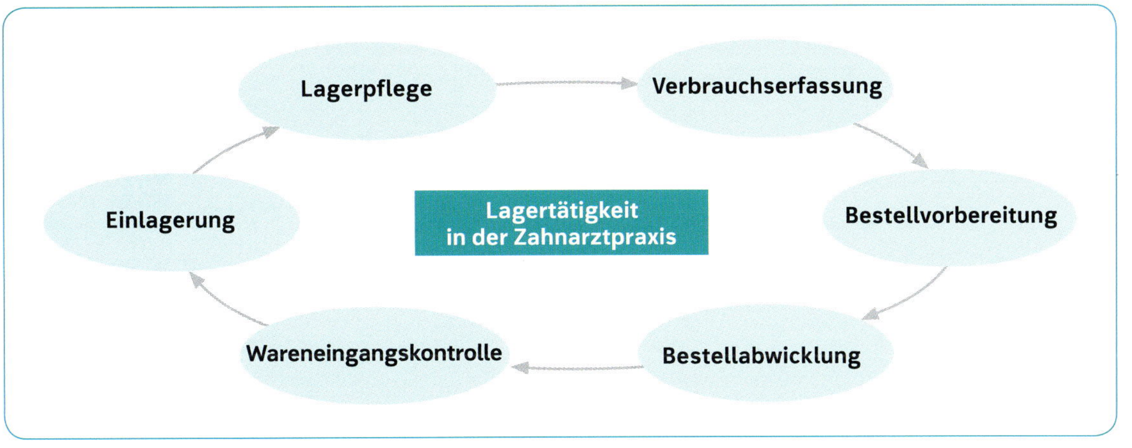

Aufgabengebiete	Tätigkeiten
Lagerpflege	• Bestandskontrolle • Inventur • Kontrolle des Verfallsdatums • Chargenkontrolle
Verbrauchserfassung	• Erfassen für Nachbestellungen • Lieferantenstatistik • Austragen verfallener Artikel • Anwenderzuordnung (bei mehreren Behandlern) • Patientenzuordnung (nur für bestimmte Artikel – nach Medizinproduktegesetz)
Bestellvorbereitung	• Fehlmengenerfassung • Bestellterminplanung • Artikelauswahl • Preisvergleiche • Lieferantenauswahl
Bestellabwicklung	• Bestelllisten erstellen • Gegebenenfalls Angebote einholen • Gegebenenfalls Preise aushandeln • Bestellfreigabe vom Zahnarzt einholen • Bestellung versenden

Aufgabengebiete	Tätigkeiten
Wareneingangskontrolle	• Lieferscheinkontrolle • Kontrolle auf Transportschäden • Fehlmengenerfassung • Auf offene Mängel prüfen • Gegebenenfalls Mängelrüge versenden • Chargenerfassung • Mindesthaltbarkeitskontrolle
Einlagerung	• Richtigen Lagerplatz suchen • ältere Artikel nach vorn oder oben legen, neue dahinter ordnen • Zahlungsanweisung vorbereiten

INFO 5 Weitere Besonderheiten

Von Einmalartikeln wie Handschuhen, Mundschutz, Handtüchern, Bechern, Desinfektions- und Pflegemitteln sollte immer ein gewisser Vorrat bestehen. Sie sind länger lagerfähig. Daher sollten beim Einkauf auch Mengenrabatte einkalkuliert werden.

Bei Artikeln mit Verfallsdatum (z. B. Röntgenprodukte, Anästhetika) muss die Planung abhängig von einem zu erwartenden durchschnittlichen Verbrauch und den Verfalls- oder Haltbarkeitsdaten der Produkte erfolgen.

Auch bei Abdruckmaterialien, Füllungsmaterialien, Pharmazeutika usw. sollte eine geringe Lagerhaltung erfolgen. Es muss dann aber unbedingt darauf geachtet werden, dass immer rechtzeitig nachbestellt wird, um Engpässe zu vermeiden.

Werkstoffe und Material müssen getrennt nach sterilen oder unsterilen Artikeln aufbewahrt werden. Sie sollten in Schubladen oder Ähnlichem staubgeschützt gelagert werden.

Die für invasive Eingriffe vorgesehenen Instrumente sind nach Desinfektion, Reinigung und Pflege entsprechend der DIN 58952/58953 zu verpacken. Die Verpackung soll das sterile Gut vor einer mikrobiellen Rekontamination schützen. Die Verpackungseinheiten sind daher möglichst klein zu halten, damit die nicht benötigten Instrumente nicht offen liegen. Sollte dies dennoch der Fall sein, müssen sie erneut desinfiziert und verpackt werden. Die Verpackungen sollten mit Kennzeichen versehen werden, aus denen Inhalt und Datum der Sterilisation bzw. das Verfallsdatum ersichtlich sind.

Die Dauer der Lagerfähigkeit ergibt sich aus der Verpackungs- und Lagerungsart. Einfach verpackte Materialien können bei geschützter Lagerung in Containerverpackungen bis sechs Wochen, in Klarsichtsterilisierverpackung bis zu sechs Monate und Materialien in Sterilgutlagerverpackungen bis zu maximal fünf Jahre aufbewahrt werden.

Arbeitsaufträge

1. Eine Statistik (Quelle: AERA GmbH) besagt, dass für einen Behandler im Jahr Materialien im Wert zwischen 12.000,00 € und 15.000,00 € anfallen. Berechnen Sie die Lagerzinsen für 12.000,00 € Bestellwert, wenn jeweils monatlich, vierteljährlich oder halbjährlich bestellt würde. Angenommen wird ein Guthaben-Zinssatz von 1,0 %.

2. Welche der in Kap. 11.4 genannten Aufgaben werden in Ihrer Ausbildungspraxis wahrgenommen?

3. Flipchart: Tragen Sie die von Ihnen gemachten Erfahrungen über Lagerhaltung in Ihrer Ausbildungspraxis mit denen Ihrer Klassenkameradinnen zusammen und machen Sie Verbesserungsvorschläge.

Lernfeld 12

Prothetische Behandlungen begleiten

Worum geht es?

Sie stimmen Termine vor dem Hintergrund zahntechnischer Arbeitsabläufe ab. Sie informieren und betreuen Patienten vor, während und nach der Behandlung, um den Zahnarzt bei der Beratung des Patienten zu unterstützen. Dabei berücksichtigen Sie medizinische, psychologische, rechtliche und finanzielle Aspekte. Sie planen die Vorbereitung des Behandlungsplatzes und die begleitenden Maßnahmen für Diagnostik und Therapie. Dafür ordnen Sie den prothetischen Behandlungen die jeweiligen Instrumente, Materialien, Werkstoffe, Arzneimittel und Hilfsmittel zu und machen sich mit den Arbeitsabläufen vertraut. Sie informieren nach Anweisung den Patienten unter Nutzung aktueller Medien über Arten von Zahnersatz und demonstrieren dessen Pflege. Auf der Grundlage zahnärztlicher Planung erstellen Sie Heil- und Kostenpläne. Sie überprüfen Material- und Laborkostenrechnungen anhand der Leistungen des Labors. Im Rahmen der Dokumentationspflicht zeichnen Sie die Leistungen bei prothetischen Behandlungen auf, wenden die Abrechnungsbestimmungen für verschiedene Versichertengruppen an und erstellen Privatrechnungen. Sie überwachen Zahlungstermine und kontrollieren Zahlungseingänge. Bei Zahlungsverzug leiten Sie unter Nutzung Ihrer Fachkenntnisse kaufmännische Mahnverfahren ein, führen den dazu notwendigen Schriftverkehr und zeigen Wege zur gerichtlichen Eintreibung von Forderungen auf. Sie nutzen aktuelle Medien der Informations- und Kommunikationstechnik.

1. „Voll- oder Teilkasko"? – Rundum versichert oder nur Mindestschutz?

Auch Kassenpatienten müssen zuzahlen

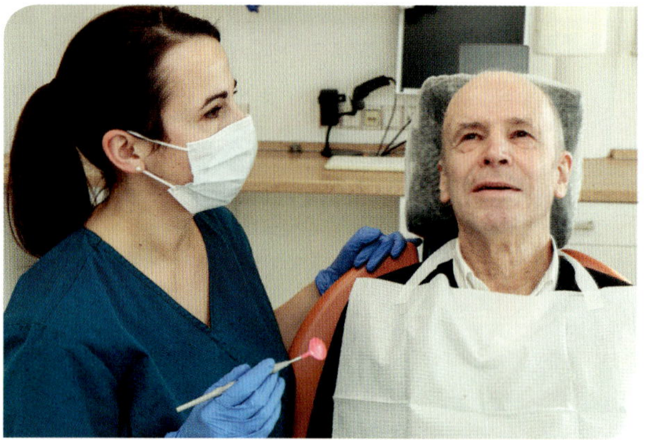

Der Patient war verstört: „Alle Welt spricht davon, dass Amalgam-Füllungen ersetzt werden sollen, und wenn ich etwas Vernünftiges will, dann soll ich zuzahlen! Wofür bin ich denn versichert? Wenn alles, was etwas wert ist, selbst bezahlt werden muss, dann kann ich ja gleich aus der Krankenkasse ausscheiden. Aber bei den Privatpatienten ist das ja wohl wieder mal anders, oder?"

Was wollte Corinna Maybaum da entgegensetzen? Etwa einen Hinweis auf das Sozialgesetzbuch V, in dem das ja geregelt ist? „Unsinn", dachte sie sich, „das will der Patient nicht hören. Es wird ihn nicht interessieren, weil es ihm um etwas anderes geht." Aber antworten musste sie ihm auch. Oder zur Chefin schicken? Die war aber gerade in einer Behandlung. Also dachte sie sich: „Corinna, jetzt bist du dran – es gilt ..."

Was hätten Sie anstelle von Corinna getan und was hätten Sie geantwortet?

1.1 Sozialgesetzbuch V, § 2

In der Tat werden nicht alle zahnmedizinischen Leistungen in vollem Umfang von den Krankenkassen bezahlt. Es gibt zahlreiche Einschränkungen, die im Wesentlichen auf die Grundsatzaussagen im Sozialgesetzbuch V und die darin enthaltene Leitschnur der „Wirtschaftlichkeit" zurückzuführen sind.

§ 2 Leistungen

(1) Die Krankenkassen stellen den Versicherten [...] Leistungen unter Beachtung des Wirtschaftlichkeitsgebots (§ 12) zur Verfügung, soweit diese Leistungen nicht der Eigenverantwortung der Versicherten zugerechnet werden [...]
Qualität und Wirksamkeit der Leistungen haben dem allgemein anerkannten Stand der medizinischen Erkenntnisse zu entsprechen und den medizinischen Fortschritt zu berücksichtigen. [...]

(2) Die Versicherten erhalten die Leistungen als Sach- und Dienstleistungen [...]. Über die Erbringung der Sach- und Dienstleistungen schließen die Krankenkassen [...] Verträge mit den Leistungserbringern.

(3) Bei der Auswahl der Leistungserbringer ist ihre Vielfalt zu beachten. Den religiösen Bedürfnissen der Versicherten ist Rechnung zu tragen.

(4) Krankenkassen, Leistungserbringer und Versicherte haben darauf zu achten, dass die Leistungen wirksam und wirtschaftlich erbracht und nur im notwendigen Umfang in Anspruch genommen werden.

1.2 Mehrkostenregelung bei zahnärztlichen Leistungen

Diese Regelung eröffnet den gesetzlich Versicherten die Wahl von Alternativen zu den Leistungen nach den Richtlinien über die vertragszahnärztliche Behandlung. Der Versicherte muss die anfallenden Mehrkosten selbst tragen, Voraussetzung ist eine schriftliche Vereinbarung mit dem Zahnarzt vor Beginn der Behandlung.

→ *Informationen über diese Möglichkeit des Behandlungsvertrags finden Sie in LF 2, Kap. 6*

Zahnarztpraxis Dr. Heilmann

Dr. med. dent. Heilmann- Zahnarzt - Andertensche Str. 92, 64289 Darmstadt

Andertensche Str. 92
64289 Darmstadt
Tel. 063451 17009
Fax 063451 17010

Sprechstunden:
Mo., Di., Do., Fr.
09:00 – 12:00 Uhr
14:00 – 17:00 Uhr
und nach Vereinbarung

Vereinbarung über die Kosten der professionellen Zahnreinigung (gem. § 1 Abs. 2 Satz 2; § 6 Abs. 2 GOZ)

Ich bin über die Wirkung des Air-Flow-Gerätes aufgeklärt worden.

Ich wünsche eine Reinigung folgender Zähne mittels Air-Flow:

oben rechts	18	17	16	15	14	13	12	11	21	22	23	24	25	26	27	28	oben links
unten rechts	48	47	46	45	44	43	42	41	31	32	33	34	35	36	37	38	unten links

Zahn	GOZ-Nr.	Faktor	Preis pro Zahn	Patientenanteil

Ich verpflichte mich die für mich anfallenden Kosten selbst zu tragen.

Datum ____________ Unterschrift d. Zahnärztin ____________ Unterschrift d. Versicherten ____________

Q

Aufklärung der Patienten

- Die Patientin/Der Patient muss schriftlich darüber aufgeklärt werden, dass als Mitglied einer gesetzlichen Krankenkasse die Möglichkeit zur zuzahlungsfreien Behandlung besteht.
- Einen Wunsch nach einer davon abweichenden Behandlung hat die Patientin/der Patient ebenfalls schriftlich zu bestätigen.
- Wird eine Behandlung verlangt, bei der die Grundlage einer wirtschaftlichen Versorgung nicht mehr gegeben ist oder die für den anzustrebenden Behandlungserfolg nicht günstig ist, ist dies ebenfalls schriftlich festzuhalten und von der Patientin/vom Patienten zu unterschreiben.

Was gehört nicht zu den vertragszahnärztlichen Leistungen?

Kategorie A:	Kategorie B:
Leistungen, die keine Vertragsleistungen sind, und daher privat erbracht werden müssen.	Leistungen, die als Alternativen zum „normalen" Leistungsumfang angesehen werden. Da vielfach die Gleichwertigkeit oder Überlegenheit nicht nachgewiesen ist, können sie nicht als vertragszahnärztliche Leistung erbracht werden. Zur Anwendung kommt die private Gebührenordnung (GOZ).

Insbesondere bei Zahnersatz oder auch bei Leistungen, die im engeren Sinne medizinisch nicht erforderlich sind (z. B. Bleaching, Zahnpiercing usw.) leisten die Krankenkassen nur eingeschränkt oder überhaupt nicht.

PRAXIS-TIPP

Welche Leistungen zu den Vertragsleistungen gehören und welche von Ihren Patienten privat bezahlt werden müssen, finden Sie in „Check 32 Abrechnungswesen für Zahnmedizinische Fachangestellte" bei den jeweiligen thematischen Lernfeldern detailliert beschrieben.

1.3 Heil- und Kostenplan bei Zahnersatz

Zahnersatzleistungen müssen vor Behandlungsbeginn bei der jeweiligen Krankenkasse beantragt werden. Der zu erstellende Heil- und Kostenplan enthält alle wichtigen Informationen über den Befund, den der Zahnarzt individuell für den Patienten diagnostiziert. Auch die Regelversorgung, von der die Höhe des Festzuschusses der Krankenkasse und die Höhe des Eigenanteils der Patienten abhängt, ist im Heil- und Kostenplan angegeben.

Ausgenommen hiervon sind in der Regel die Reparaturen von vorhandenen Zahnersatzversorgungen, sogenannte Wiederherstellungen. In diesen Fällen ist eine Genehmigung nicht erforderlich, der Zahnarzt kann seine Leistungen direkt mit der Krankenkasse abrechnen.

1.3.1 Informationspflicht

Ein guter Zahnarzt informiert seine Patienten nicht nur über die medizinischen Zusammenhänge, sondern auch über die möglichen Alternativen der Behandlungsform und die damit verbundenen Kosten. Nur so weiß jeder der Beteiligten, worauf er sich einzustellen hat. Der Versicherte hat mit seiner Unterschrift zu bestätigen, dass er über Art, Umfang und Kosten der Regelversorgung sowie der gleich- oder andersartigen Versorgung vom Zahnarzt aufgeklärt worden ist.

1.3.2 Inhalte des Heil- und Kostenplanes

Der Heil- und Kostenplan besteht im Kernbereich aus fünf Abschnitten, die nachfolgend kurz skizziert werden. Eine intensive und vertiefende Beschäftigung mit diesem Themenkomplex erfolgt zum einen im Abrechnungswesen, zum anderen aber sicher auch in der Praxis selbst, sodass hier nur auf die wesentlichen Teile eingegangen wird.

Befund des gesamten Gebisses/Behandlungsplan
In diesem Abschnitt gibt der Zahnarzt bei Neuanfertigungen neben dem individuellen Befund auch die Art der Versorgung an. Hierzu bedient er sich der ebenfalls auf dem Heil- und Kostenplan unter „Erläuterungen" aufgeführten Kürzel und trägt sie in das Zahnschema ein.

In der Zeile „B" wird der Befund aufgenommen, „k" steht hier für eine intakte vorhandene Krone, „b" für ein vorhandenes intaktes Brückenglied. Muss eine Krone erneuert werden, trägt er „kw" ein oder ist ein Zahn so zerstört, dass eine Füllung nicht mehr Erfolg versprechend gemacht werden kann und eine Krone die Möglichkeit bietet, den Zahn zu erhalten, wird „ww" eingetragen. Die kryptischen Abkürzungen für die jeweiligen Befunde sind detailliert auf dem Formular erläutert.

Zu diesen Befunden trägt der Zahnarzt dann in der Zeile „R" die Regelversorgung ein. Auf diese vom Befund abhängige Regelversorgung bezieht sich der Festzuschuss der Krankenkasse. Die Regelversorgung stellt dabei eine Versorgung dar, die in der Mehrzahl der Fälle bei der vorliegenden Befundsituation gemacht wird.

Hierzu sind vom dafür verantwortlichen Gemeinsamen Bundesausschuss, in dem Vertreter der Zahnärzte, der Krankenkassen und Verbraucherverbände sowie die Zahntechniker mitwirken, die Festzuschüsse, die die Krankenkasse zahlen darf, festgelegt worden.

→ *siehe SGB V § 56*

Entscheidet sich ein Patient für eine Regelversorgung, erhält er eine solide und erprobte Zahnersatzversorgung, zu der er eine adäquate Zuschussleistung der Krankenkasse bekommt. Wählt er aber eine darüber hinausgehende Versorgung, muss mit einer vergleichsweise höheren Eigenbeteiligung gerechnet werden.

Befunde für Festzuschüsse
In diesem Abschnitt werden die Befundnummern eingetragen, die sich aus der Zeile Regelversorgung ergeben. Diese Befundnummern stehen für die Befunde, für die Regelleistungen vom Gemeinsamen Bundesausschuss festgelegt wurden. Hierauf bezieht sich dann der Festzuschuss, den die Krankenkasse leistet. Neben der Nummer sind noch der Zahn oder das Gebiet der Versorgung anzugeben sowie die Anzahl.

Kostenplanung
Aufgrund der vorangehend gemachten Angaben errechnet der Zahnarzt die zahnärztlichen Gebühren und die zahntechnischen Preise für die vorgesehene Leistung. Dabei gilt, dass der Zahnarzt den Eigenanteil für die Regelleistungen nach dem mit der Krankenkasse vereinbarten Bewertungsmaßstab für zahnärztliche Leistungen (BEMA) abrechnet, während er über die Regelversorgung hinausgehende Leistungen der gleich- und andersartigen Versorgung nach der privaten Gebührenordnung (GOZ) liquidieren darf. Die Bandbreite bewegt sich vom Einfachsatz bis zum 3,5-fachen Gebührensatz, wobei ein über den 2,3-fachen Gebührensatz hinausgehender Betrag nur mit einer medizinischen Begründung zulässig ist.

Zuschussfestsetzung
In diese Felder werden die unter Berücksichtigung der Bonusleistungen des Versicherten jeweiligen Festzuschüsse in Euro eingetragen. Härtefälle, für die eine vollständige Befreiung von den Kosten gesetzlich vorgeschrieben ist, sind besonders zu beachten.

Rechnungsbeträge
Hier werden die Kosten für die erbrachten Leistungen (tatsächliches Honorar und die zahntechnische Vergütung) nach der Eingliederung des Zahnersatzes aufgeführt. Da es sich bei den Angaben für die Genehmigung lediglich um einen Kostenvoranschlag handelt, können hier höhere, aber auch geringere Beträge anfallen. Der Zahnarzt hat auf dem Heil- und Kostenplan ferner Angaben über den Herstellungsort des Zahnersatzes zu machen, bei Orten in Deutschland ist die Stadt, bei im Ausland gefertigtem Zahnersatz das Land anzugeben.

Name der Krankenkasse

Name, Vorname des Versicherten geb. am

Kassen-Nr. Versicherten-Nr. Status

Vertragszahnarzt-Nr. VK gültig bis Datum

Erklärung des Versicherten

Ich bin bei der genannten Krankenkasse versichert. Ich bin über Art, Umfang und Kosten der Regel-, der gleich- und andersartigen Versorgung aufgeklärt worden und wünsche die Behandlung entsprechend dieses Kostenplanes.

Datum/Unterschrift des **Versicherten**

Lfd.-Nr.

Stempel des **Zahnarztes**

Heil- und Kostenplan

Hinweis an den Versicherten:
Bonusheft bitte zur Zuschussfestsetzung beifügen.

I. Befund des gesamten Gebisses/Behandlungsplan TP = Therapieplanung R = Regelversorgung B = Befund

Art der Versorgung

TP			PKM	M							M					
R			PK	KV							KV					
B			pw	ww							ww					
	18	17	16	15	14	13	12	11	21	22	23	24	25	26	27	28
	48	47	46	45	44	43	42	41	31	32	33	34	35	36	37	38
B		pw	k													
R		PK														
TP		PKM														

Der Befund ist bei Wiederherstellungsmaßnahmen nicht auszufüllen!

Bemerkungen (bei Wiederherstellung Art der Leistung)

II. Befunde für Festzuschüsse Befund Nr. 1	Zahn/Gebiet 2	Anz. 3	**IV. Zuschussfestsetzung** **Betrag** Euro	Ct
1.1	15, 23	2	234,	62
1.2	16, 47	2	263,	28
1.3	15, 23	2	85,	20
vorläufige Summe			583,	10

(Spalten 1-3 vom Zahnarzt auszufüllen)

Nachträgliche Befunde:

Unfall oder Unfallfolgen/Berufskrankheit
Versorgungsleiden
Interimsversorgung
Immediatversorgung
Unbrauchbare Prothese/Brücke/Krone
Alter ca. Jahre NEM

Die Krankenkasse übernimmt folgende Festzuschüsse:
Festzuschuss
Bonus 00 % Härtefall

Voraussetzung ist, dass der Zahnersatz innerhalb von 6 Monaten in der vorgesehenen Weise eingegliedert wird.

Datum, Unterschrift und Stempel der **Krankenkasse**

Erläuterungen
Befund
a = Adhäsivbrücke (Anker, Spanne)
b = Brückenglied
e = ersetzter Zahn
ew = ersetzter, aber erneuerungsbedürftiger Zahn
f = fehlender Zahn
i = Implantat mit intakter Suprakonstruktion
ix = zu entfernendes Implantat
k = klinisch intakte Krone
kw = erneuerungsbedürftige Krone
pw = erhaltungswürdiger Zahn mit partiellen Substanzdefekten
r = Wurzelstiftkappe
rw = erneuerungsbedürftige Wurzelstiftkappe
sw = erneuerungsbedürftige Suprakonstruktion
t = Teleskop
tw = erneuerungsbedürftiges Teleskop
ur = unzureichende Retention
ww = erhaltungswürdiger Zahn mit weitgehender Zerstörung
x = nicht erhaltungswürdiger Zahn
)(= Lückenschluss

Behandlungsplanung:
A = Adhäsivbrücke (Anker, Spanne)
B = Brückenglied
E = zu ersetzender Zahn
H = gegossene Halte- und Stützvorrichtung
K = Krone
M = Vollkeramische oder keramisch voll verblendete Restauration
O = Geschiebe, Steg etc.
PK = Teilkrone
R = Wurzelstiftkappe
S = implantatgetragene Suprakonstruktion
T = Teleskopkrone
V = Vestibuläre Verblendung

III. Kostenplanung

1 BEMA-Nrn.	Anz.	1 Fortsetzung	Anz.	1 Fortsetzung	Anz.
19	4				

	Euro	Ct
2 Zahnärztliches Honorar BEMA:	55,	24
3 Zahnärztliches Honorar GOZ: (geschätzt)	737,	32
4 Material- und Laborkosten: (geschätzt)	1.098,	95
5 Behandlungskosten insgesamt: (geschätzt)	1.891,	51

Datum/Unterschrift des **Zahnarztes**

V. Rechnungsbeträge (siehe Anlage)		Euro	Ct
1	ZA-Honorar (BEMA siehe III)		
2	ZA-Honorar zusätzl. Leist. BEMA		
3	ZA-Honorar GOZ		
4	Mat.- und Lab.-Kosten Gewerbl.		
5	Mat.- und Lab.-Kosten Praxis		
6	Versandkosten Praxis		
7	Gesamtsumme		
8	Festzuschuss Kasse		
9	Versichertenanteil		

Gutachterlich befürwortet ☐ ja ☐ nein ☐ teilweise

Eingliederungsdatum:

Herstellungsort bzw. Herstellungsland des Zahnersatzes:

Der Zahnersatz wurde in der vorgesehenen Weise eingegliedert.

Datum/Unterschrift und Stempel des **Gutachters**

Datum/Unterschrift des **Zahnarztes**

Anschrift des **Versicherten**

Bei Handbeschriftung unbedingt in Blockschrift schreiben

(www.kzbv.de/heil-und-kostenplan.38.de.html [08.05.2019])

Dr. Heilmann
Zahnärztin

Anlage zum Heil- und Kostenplan 123

Für Ihre prothetische Behandlung werden entsprechend nachfolgender Aufstellung voraussichtlich folgende Kosten/Eigenanteile anfallen:

Zahn/Gebiet	GOZ	Leistungsbeschreibung	Anzahl	Betrag EUR
16	222	Keramikteilkrone/Keramikonlay	1	200,50
47	222	Keramikteilkrone/Keramikonlay	1	200,50
15,23	221	Zirkonkrone (Hohlkehl- oder Stufenpräparation)	2	336,32

Zahnärztliches Honorar GOZ (entsprechend Zeile III/3 HKP):	EUR	737,32
Zahnärztliches Honorar BEMA (entsprechend Zeile III/1 und 2 HKP):	EUR	55,24
Material und Laborkosten (entsprechend Zeile III/4 HKP):	EUR	1.098,95
Gesamtkosten (entsprechend Zeile III/5 HKP):	EUR	1.891,51
abzüglich Festzuschüsse:	EUR	583,10
Ihr voraussichtlicher Eigenanteil wird hiernach betragen	**EUR**	**1.308,41**

Kosten für allgemeine und konservierend-chirurgische Leistungen nach der GOZ sind in den Beträgen nicht enthalten. Unvorhersehbare Leistungen, die sich im Rahmen der Behandlung ergeben, werden gesondert berechnet. Unvorhersehbare Veränderungen der Schwierigkeit sowie des Zeitaufwandes der einzelnen Leistungen, der Umstände bei der Ausführung oder der Methode können zu Kostenveränderungen führen.

Ich wünsche eine Versorgung entsprechend des Heil- und Kostenplans nebst dieser Anlage

Unterschrift Zahnarzt

Datum/Unterschrift Versicherter

Informationen über die Kosten der Regelversorgung

Die Kosten für eine dem Befund entsprechende Regelversorgung liegen voraussichtlich in Höhe des doppelten Festzuschusses.

doppelter Festzuschuss	EUR	1.166,20
abzüglich von der Kasse festgesetzter Festzuschüsse	EUR	583,10

Ihr Eigenanteil würde im Falle der Regelversorgung daher voraussichtlich EUR 583,10 zzgl. der möglicherweise anfallenden Edelmetallkosten betragen.

Arbeitsaufträge

1. Was versteht man unter „nicht vertragszahnärztlichen Leistungen“?
2. Worin unterscheiden sich die Kategorien A und B der auszugrenzenden Leistungen?
3. Warum muss mit Kassenpatienten ein schriftlicher Vertrag geschlossen werden, wenn „nicht vertragszahnärztliche Leistungen“ erbracht werden?
4. Wie sieht die Situation bei Privatpatienten aus, deren Versicherung ggf. auch nicht alle Leistungen voll bezahlt?
5. Warum wurde bei folgender Behandlung einer Kassenpatientin auch zum Teil privat abgerechnet?

Zahnarztpraxis Dr. Heilmann

Dr. med. dent. Andrea Heilmann
Andertensche Straße 92 - 64289 Darmstadt

Frau
Martha Müller
Lindenstraße 2
64289 Darmstadt

Bei Zahlungen bitte immer angeben:

Patient-ID: 3558
Rechnungsnummer: 149672

Telefon: 06151 17009
Telefax: 06151 17010

Datum: 16.04.20..

Rechnung

Aufgrund der Vereinbarung vom 5. Januar 20.. erlaube ich mir für meine Bemühungen folgende Beträge gem. §§ 5, 9 GOZ in Verbindung mit § 28 Abs. 2 Satz 4 SGB V in Rechnung zu stellen:

Datum	Zahn	Geb.-Nr.	Anzahl	Bezeichnung	S-Satz	Begründung	Betrag
05.01.	15	207	1	Zweifl. Füllung Komposit/adhäsiv/ Schicht	3,6489	16	42,10 €
05.01.				Kassenzuschuss			23,56 €
Rechnungsbetrag							**18,54 €**

Erläuterung zu Begründungskürzel 16: zeitlicher Mehraufwand bei spez. Präperation

Der Zuschuss der Krankenkasse berechnet sich aus den Punktzahlen nach Nr. 13 a bis Nr. 13 d, multipliziert mit dem für die jeweilige Kassenart gültigen Punktwert am Sitz des Zahnarztes zuzüglich des Füllungszuschlags von 1,00 €.

6. Schildern Sie, wie in Ihrer Ausbildungspraxis bei der Vornahme „nicht vertragszahnärztlicher Leistungen“ bei Kassenpatienten vorgegangen wird. Wann wird beraten? Wie wird beraten? Lassen Sie die Patienten wirklich immer unterschreiben? Was tun Sie, wenn Patienten dies nicht einsehen wollen?
7. Versuchen Sie in einem Rollenspiel ein Gespräch mit einem Patienten zu führen, der zwar eine „nicht vertragszahnärztliche Leistung“ in Anspruch nehmen will, aber nicht einsieht, dass er dafür zahlen soll.

2. Niemand kann auf Geld verzichten
Mahnverfahren

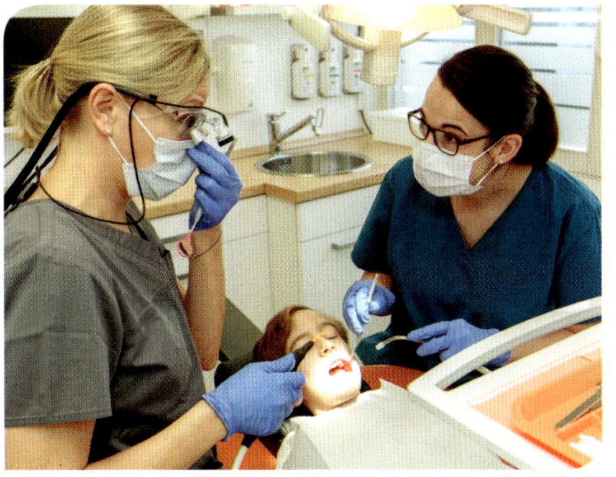

Gleich zweimal hatte Dr. Andrea Heilmann Grund, sich zu ärgern. Da hatte sie vor vier Monaten einer Patientin in einer sehr arbeitsaufwendigen Behandlung die oberen Schneidezähne so behandelt, dass sie danach wieder „perlweiß“ waren. Und die Patientin war auch eingehend darüber aufgeklärt worden, dass die Behandlung nicht von ihrer Krankenkasse bezahlt würde. Der Vorgang war aktenkundig gemacht worden, doch auch sechs Wochen nach einer ersten Erinnerung und einer darauf folgenden Mahnung hatte die Patientin die Liquidation immer noch nicht beglichen. Bei einem Telefonanruf sagte sie, dass sie mit der zahnmedizinischen Leistung nicht zufrieden sei, weil die Zähne „schon wieder leicht gelb“ aussähen. Daher würde sie auch nicht zahlen.

Und dann kam heute von dem Dentallabor ein gerichtlicher Mahnbescheid über eine Summe von mehr als 500,00 €. Hintergrund: Vor mehreren Monaten hatte das Labor einen Zahnersatz geliefert, der trotz mehrfacher Nachbesserung nicht passte. Frau Dr. Heilmann musste ihn schließlich bei einem anderen Labor neu in Auftrag geben. Aber der Techniker des ersten Labors vertrat die Meinung, dass der Abdruck fehlerhaft gewesen sei und ihn keine Schuld träfe. Also müsse die Zahnärztin zahlen.

Was war nun zu tun? Und sollte man gegen die säumige Patientin vielleicht mit einem Mahnbescheid vorgehen, um die Zahlung zu erzwingen und zu verhindern, dass die Forderung am Ende noch verjähren würde?

Welche Maßnahmen können im Falle des Zahlungsverzugs eingeleitet werden?

2.1 Abrechnungswesen und Privatliquidation

Nahezu alle Zahnarztpraxen verwalten ihre Patientendaten heute elektronisch und benutzen dazu unterschiedliche Praxisverwaltungsprogramme. Im Rahmen Ihrer Berufsausbildung werden Sie in das Programm eingewiesen, das Ihre Ausbildungspraxis benutzt, und werden auf dieser Grundlage kaum Schwierigkeiten haben, sich auch in andere Verwaltungsprogramme einzuarbeiten, wenn Sie nach der Ausbildung die Praxis wechseln.

Sehr komfortabel lassen sich mit diesen Praxisverwaltungsprogrammen (neben Terminplanung, Schriftverkehr und Praxisstatistik) die KV-Abrechnungen erledigen. Ein flexibler Aufbau der Privatliquidation ermöglicht meist die Anpassung an die individuellen Praxisgegebenheiten; so können den Rechnungen z. B. bereits ausgefüllte Überweisungsträger beigelegt werden.

Mit der Abrechnung erfolgt zugleich der Eintrag in die Offene-Posten-Liste der Patienten, das Mahnwesen ist einbezogen und es ist jederzeit ein Überblick über die gezahlten Leistungen zu erhalten.

PRAXIS-TIPP

- ***Beachten Sie beim Umgang auch mit elektronischen Patientendaten immer die Bestimmungen des Datenschutzgesetzes.***
- ***Achten Sie sorgfältig darauf, in regelmäßigen Abständen Datensicherungen durchzuführen – sonst kann ein kurzzeitiger Stromausfall Ihre Arbeit von Stunden in Sekunden verschwinden lassen.***

2.2 Rechnungsstellung/Zahlung

Maßgebend für die Zahlungsfrist ist das Datum der Rechnung. In der Regel wird auf der Rechnung eine Frist angegeben, innerhalb derer eine Zahlung zu erfolgen hat. Der Erfüllungsort für Geldschulden ist der Wohn- oder Geschäftssitz des Schuldners. Sofern nichts anderes vereinbart wurde, ist der Betrag am Fälligkeitstag vom Schuldner zu überbringen oder anzuweisen. Das heißt, dass noch keine Buchung auf dem Konto des Empfängers erfolgt sein muss. Hier können noch einige Tage vergehen, ohne dass ein Verzug eingetreten ist.

2.3 Zahlungsverzug (Nicht-Rechtzeitig-Zahlung)

Ein Geldschuldner kommt in Verzug, wenn die Schuld fällig ist:
- Ist ein konkreter Zahlungstermin festgesetzt, so gilt dieser Tag.
- Ist kein konkreter Tag festgesetzt, so kommt der Schuldner auch ohne Mahnung spätestens 30 Tage nach Eintritt der Fälligkeit und Zugang einer Rechnung oder einer gleichwertigen Zahlungsaufstellung in Verzug. Endverbraucher, d. h. auch Patienten einer Zahnarztpraxis, müssen darauf aber in der Rechnungs- oder Zahlungsaufstellung besonders hingewiesen werden.

Festgestellten Terminüberschreitungen von Forderungen sollte sofort nachgegangen werden. Die Gründe hierfür können Vergesslichkeit, Nachlässigkeit, absichtliche Verzögerungen (z. B. um Zinsen einzusparen), kurzfristige Zahlungsschwierigkeiten oder Zahlungsunfähigkeit der Schuldner sein.

Bei nicht fristgemäßer Zahlung eines Schuldners kann z. B. die Situation entstehen, dass der Gläubiger unter Umständen
- selbst **Bankkredite** aufnehmen muss, um eigene Verbindlichkeiten zu begleichen;
- seine Forderungen nicht mehr gerichtlich geltend machen kann, weil sie **verjährt** sind.

Bei einem Zahlungsverzug stehen dem Gläubiger folgende Rechte zu:

- **Bestehen auf verspäteter Erfüllung:** Der Gläubiger wird i. d. R. zuerst versuchen, dass der Schuldner seiner Zahlungsverpflichtung nachkommt.
- **Schadensersatz:** Dem Geldgläubiger steht ohne Rücksicht auf einen konkreten Schaden nach § 288 BDB ein Anspruch auf Verzugszinsen zu:
  - im unternehmerischen Geschäftsverkehr: 9 % über dem Basiszinssatz der Europäischen Zentralbank (EZB). Dieser Basiszinssatz betrug z. B. im Jahr 2020 minus (!) 0,88 %.
  - im Geschäftsverkehr mit und unter Verbrauchern 5 % über dem Basiszinssatz der EZB. Über die Zinsen hinaus können zusätzlich entstandene Kosten (Porto usw.) geltend gemacht werden.

2.4 Mahnverfahren

Wenn die Zahlung fällig war, aber die Schuld nicht beglichen wurde, hat der Gläubiger die freie Wahl, wie er weiter vorgeht. In der Regel wird zunächst in einem freundlichen Erinnerungsschreiben auf die noch offenstehende Rechnung hingewiesen. Wenn dies nichts bewirken sollte, wird in einem nächsten Schritt schriftlich gemahnt. Ob es sich um eine, zwei oder evtl. sogar drei Mahnungen handelt, bleibt dem Gläubiger überlassen. Diese Entscheidung wird in der Zahnarztpraxis sicherlich davon abhängen, ob es sich um Stammpatienten handelt, ob als Motiv eher Vergesslichkeit als böser Wille zu vermuten ist, ob man auf aktuelle finanzielle Engpässe des Patienten Rücksicht nehmen will u. Ä. Aus rechtlicher Sicht muss auch überhaupt keine Mahnung erfolgen, wenn einwandfrei feststeht, dass der Schuldner im Verzug ist.

Spätestens nach der dritten Mahnung wird der Gang zum Gericht erfolgen (müssen), um die Forderungen mit juristischer Hilfe einzutreiben.

Der Mahnbescheid wird beim zuständigen Amtsgericht beantragt und dem Schuldner zugestellt.

Dieser kann
- **zahlen,** dann ist das Verfahren abgeschlossen.
- begründeten **Widerspruch** erheben. In diesem Falle wird aus dem Mahnverfahren ein Streitverfahren, in dem der Kläger (Gläubiger) seinen Anspruch in einer Klageschrift begründen muss.
- **nichts unternehmen.** Nach Ablauf der Widerspruchsfrist kann der Gläubiger binnen sechs Monaten einen Antrag auf Erlass eines Vollstreckungsbescheides stellen.

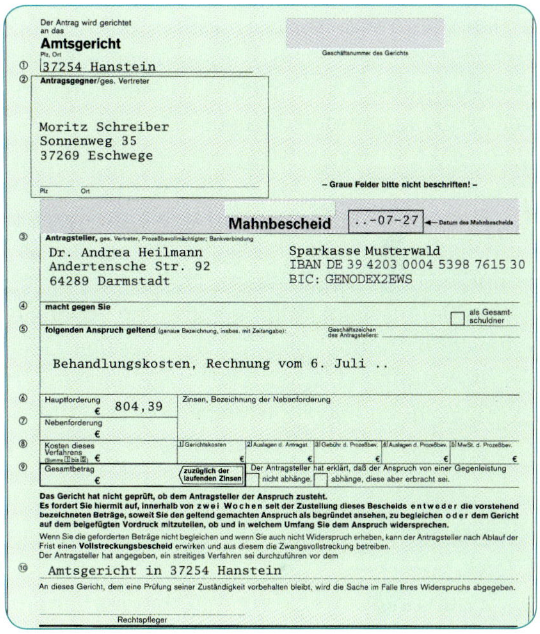
Der Antrag wird gerichtet an das
Amtsgericht
Plz, Ort
① 37254 Hanstein
Geschäftsnummer des Gerichts
② **Antragsgegner**/ges. Vertreter
Moritz Schreiber
Sonnenweg 35
37269 Eschwege
Plz Ort
– Graue Felder bitte nicht beschriften! –
Mahnbescheid ..-07-27 ← Datum des Mahnbescheids
③ **Antragsteller,** ges. Vertreter, Prozeßbevollmächtigter; Bankverbindung
Dr. Andrea Heilmann
Andertensche Str. 92
64289 Darmstadt
Sparkasse Musterwald
IBAN DE 39 4203 0004 5398 7615 30
BIC: GENODEX2EWS
④ **macht gegen Sie** ☐ als Gesamtschuldner
⑤ **folgenden Anspruch geltend** (genaue Bezeichnung, insbes. mit Zeitangabe): Geschäftszeichen des Antragstellers:
Behandlungskosten, Rechnung vom 6. Juli ..
⑥ Hauptforderung € 804,39 | Zinsen, Bezeichnung der Nebenforderung
⑦ Nebenforderung €
⑧ Kosten dieses Verfahrens (Summe 1 bis 5) € | 1 Gerichtskosten € | 2 Auslagen d. Antragst. € | 3 Gebühr d. Prozeßbev. € | 4 Auslagen d. Prozeßbev. € | 5 MwSt. d. Prozeßbev. €
⑨ Gesamtbetrag € | **zuzüglich der laufenden Zinsen** | Der Antragsteller hat erklärt, daß der Anspruch von einer Gegenleistung ☐ nicht abhänge. ☐ abhänge, diese aber erbracht sei.
Das Gericht hat nicht geprüft, ob dem Antragsteller der Anspruch zusteht.
Es fordert Sie hiermit auf, innerhalb von zwei Wochen seit der Zustellung dieses Bescheids entweder die vorstehend bezeichneten Beträge, soweit Sie den geltend gemachten Anspruch als begründet ansehen, zu begleichen oder dem Gericht auf dem beigefügten Vordruck mitzuteilen, ob und in welchem Umfang Sie dem Anspruch widersprechen.
Wenn Sie die geforderten Beträge nicht begleichen und wenn Sie auch nicht Widerspruch erheben, kann der Antragsteller nach Ablauf der Frist einen **Vollstreckungsbescheid** erwirken und aus diesem die Zwangsvollstreckung betreiben.
Der Antragsteller hat angegeben, ein streitiges Verfahren sei durchzuführen vor dem
⑩ Amtsgericht in 37254 Hanstein
An dieses Gericht, dem eine Prüfung seiner Zuständigkeit vorbehalten bleibt, wird die Sache im Falle Ihres Widerspruchs abgegeben.
Rechtspfleger

2.5 Klageverfahren (Zivilprozess)

Wenn der Schuldner seiner Zahlungspflicht trotz Mahnbescheid nicht nachkommt oder wenn ein Widerspruch zu erwarten ist, kann der Gläubiger versuchen, seinen Anspruch in einem Klageverfahren durchzusetzen. Zuständiges Gericht ist
- das dem Erfüllungsort zugeordnete Amtsgericht bei einem Klagewert bis zu 5.000,00 € (keine Anwaltspflicht) oder
- bei einem höheren Klagewert das dem Erfüllungsort zugeordnete Landgericht (Anwaltspflicht).

Die Klage wird durch eine Klageschrift oder mündlich – durch ein Protokoll bei Gericht – eingeleitet. Sie muss folgende Angaben enthalten:
- eine genaue Bezeichnung der Parteien (Kläger, Beklagter) und des Gerichts,
- den Klageantrag (z. B. Bezahlung des Rechnungsbetrags einschließlich Kosten und Zinsen),
- die eigenhändige Unterschrift des Klägers bzw. des zugelassenen Anwalts.

Das Gericht prüft den Antrag, verlangt vom Kläger einen Gerichtskostenvorschuss, stellt dem Beklagten die Klageschrift zu und legt einen Termin zur mündlichen Verhandlung fest, zu dem beide Parteien eingeladen werden. Der Zeitraum zwischen der Zustellung der Klage und mündlicher Verhandlung beträgt mindestens zwei Wochen. Während dieser sogenannten Einlassungsfrist kann der Beklagte Gegenbeweise sammeln und Stellung nehmen.

Die mündliche Verhandlung soll den Streit der beiden Parteien klären. Sie stellen ihre Anträge und versuchen mithilfe von Beweismitteln ihren Standpunkt darzulegen. Die Verhandlung endet mit einem Urteil, einem Vergleich oder der Zurücknahme der Klage.

Gegen das Urteil kann jede der beiden Parteien unter bestimmten Bedingungen Berufung bei dem übergeordneten Gericht einlegen.

2.6 Die Zwangsvollstreckung

Kommt ein Schuldner trotz Gerichtsurteils seiner Zahlungspflicht nicht nach, kann der Gläubiger eine Zwangsvollstreckung betreiben. Die Zwangsvollstreckung ist ein vom vorhergehenden Rechtsstreit unabhängiges Verfahren. Sie wird nur auf Antrag des Gläubigers eingeleitet. Da ein rascher Zugriff auf das Vermögen des Schuldners erfolgen soll, wird dieser vorher nicht angehört. Bevor eine Zwangsvollstreckung jedoch durchgeführt werden kann, muss dem Schuldner ein Vollstreckungstitel (Urteil oder Vollstreckungsbescheid) zugestellt werden.

Bezüglich der zu pfändenden Sachen unterscheidet man:

1. **Zwangsvollstreckung in beweglichen Sachen**
   Der Gerichtsvollzieher vollstreckt, indem er Gegenstände in Höhe der Schuld pfändet. Dabei nimmt er z. B. Bargeld, Wertpapiere oder Schmuck an sich. Auf größere Gegenstände klebt er ein Pfandsiegel. Danach darf der Gepfändete nicht mehr über diese Sachen verfügen. Bei Entfernung des Siegels macht er sich strafbar. Lebensnotwendige Sachen oder solche, die zur Berufsausübung des Gepfändeten notwendig sind, dürfen nicht gepfändet werden (z. B. Lebensmittel, Rundfunk-, Fernsehgerät, Tisch, Stühle, notwendige Kleidung). Über die Pfändung muss ein Protokoll geführt werden. Nach frühestens einer Woche, in der die Schuld noch beglichen werden kann, werden die gepfändeten Sachen öffentlich versteigert. Mit dem Erlös werden die Schuld und die Verfahrenskosten beglichen.

2. **Zwangsvollstreckung in unbeweglichen Sachen**
   Auch Grundstücke und Gebäude können zur Begleichung der Schuld herangezogen werden. Je nach Höhe der einzutreibenden Summe können sie zwangsversteigert oder zwangsverwaltet werden. Im letzten Fall übernimmt das Gericht die Verwaltung des Grundstückes oder Gebäudes und verwendet die Pacht oder Miete, um die Schuld zu begleichen. Grundstücke können auch mit einer Hypothek belastet werden.
3. **Zwangsvollstreckung in Forderungen und Rechten**
   Wenn dem Gläubiger bekannt ist, dass seinem Schuldner eine Forderung gegen einen Dritten zusteht, kann er auch diese pfänden lassen. Das Gericht erlässt auf Antrag des Gläubigers einen Pfändungs- und Überweisungsbeschluss gegen denjenigen, an den der Schuldner die Forderung hat. Dieser behält die gepfändete Forderung ein und überweist sie an den Gläubiger. Neben Forderungen können auch Bankguthaben, Löhne und Gehälter gepfändet werden. Bei Lohn- und Gehaltspfändung bekommt der Schuldner jedoch einen zum Leben notwendigen Betrag ausbezahlt. Der Rest wird gepfändet, bis die Schuld beglichen ist.

   Je ungenauer die Kenntnis des Gläubigers über die Vermögenslage des Schuldners ist, desto wahrscheinlicher ist es, dass die Zwangsvollstreckung ganz oder teilweise erfolglos bleibt. Es ist auch möglich, dass der Schuldner pfändbare Vermögensteile dem Zugriff der Pfändung entzieht. Daher kann der Gläubiger im Fall einer fruchtlosen Pfändung die Vorlage eines Verzeichnisses aller Vermögensteile des Schuldners beantragen. Für dessen Richtigkeit muss dieser eine eidesstattliche Versicherung abgeben, die in ein gerichtliches Verzeichnis eingetragen wird. Aus diesem Verzeichnis kann der Gläubiger ersehen, welche Gegenstände und Forderungen pfändbar sind.

Verweigert der Schuldner die Abgabe der eidesstattlichen Versicherung, kann der Gläubiger gegen ihn einen Haftbefehl beim zuständigen Amtsgericht beantragen. Diese Haft wird jedoch nur dann vollzogen, wenn der Gläubiger die dabei entstehenden Kosten monatlich im Voraus bezahlt. Der inhaftierte Schuldner kann die eidesstattliche Versicherung jederzeit abgeben und wird dann aus der Haft entlassen. Diese darf die Dauer von sechs Monaten nicht überschreiten.

2.7 Verjährungsfristen für Ansprüche

Als Verjährungsfrist bezeichnet man den Zeitraum, innerhalb dessen ein Anspruch geltend gemacht und im Zweifelsfall auch unter Zuhilfenahme juristischer Schritte durchzusetzen versucht werden kann. Verjährungen beziehen sich nicht nur auf direkte Geldforderungen, sondern auf alle Ansprüche gegenüber einem Schuldner, die mit Geldzahlungen in Verbindung stehen. So können z. B. finanzielle (Rück-) Forderungen aus Gewährleistungsansprüchen entstehen, die auch der Verjährungsfrist unterliegen.

2.8 Hemmung und Neubeginn einer drohenden Verjährung

Wenn die Verjährung eines Anspruches droht, kann der Gläubiger versuchen, dem entgegenzuwirken.

PRAXIS-TIPP

Von „einfachen" Mahnungen wird die Verjährungsfrist nicht beeinflusst. Sie läuft trotz solcher Maßnahmen „normal" weiter. Werden keine der folgenden Schritte eingeleitet, droht die Verjährung.

Neubeginn (§ 212 BGB)
bedeutet, dass die Verjährung erneut in voller Länge zu laufen beginnt. Das geschieht bei:
- Anerkennung des Anspruchs durch den Schuldner (Abschlagszahlung, Zinszahlung, Sicherheitsleistung o. Ä.) oder
- Beantragung oder Vornahme einer gerichtlichen oder behördlichen Vollstreckungshandlung.

Hemmung (§ 204 BGB)
bedeutet, dass die Verjährungsfrist nicht neu zu laufen beginnt, sondern nur um einen bestimmten Zeitraum verlängert wird. Das geschieht bei:
- Erhebung der Klage auf Leistung, Feststellung des Anspruches, Erteilung der Vollstreckungsklausel oder Erlass des Vollstreckungsurteils,
- Zustellung des gerichtlichen Mahnbescheides,
- Zustellung der Streitverkündung,
- Beginn eines schiedsrichterlichen Verfahrens,
- Anmeldung eines Anspruches im Insolvenzverfahren.

Die Hemmung endet in den vorgenannten Fällen sechs Monate nach der rechtskräftigen Entscheidung oder anderweitigen Beendigung des eingeleiteten Verfahrens.

Übersicht über die Verjährungsfristen:

3 Jahre	regelmäßige Verjährungsfrist aus allen „gewöhnlichen“ Ansprüchen, die nicht anderweitig extra geregelt sind. **Beginn am Schluss des Kalenderjahres,** • **in dem der Anspruch entstanden ist.** Dies trifft immer dann zu, wenn es sich um Ansprüche handelt, die ebenso wie die Person des Anspruchsgegners bekannt sind. • **in dem der Gläubiger** von den Umständen, die zur Begründung des Anspruches geführt haben, oder von der Person des Schuldners **Kenntnis erlangt hat.**
30 Jahre	Verjährungsfrist für Schadensersatzansprüche, die auf der Verletzung des Lebens, des Körpers, der Gesundheit oder der Freiheit beruhen. Die Verjährungsfrist beginnt mit dem Tag der Entstehung des Anspruches.
10 Jahre	Verjährungsfrist für alle anderen Schadensersatzansprüche und für alle anderen bisher nicht genannten Ansprüche außer den Schadensersatzansprüchen. Die Verjährungsfrist beginnt mit dem Tag der Entstehung des Anspruches.

Ausnahmen:
- Der Schuldner ist aufgrund einer Vereinbarung mit dem Gläubiger vorübergehend zur Verweigerung der Leistung berechtigt.
- Bei Ehegatten ist die Verjährung gehemmt, solange die Ehe besteht.
- Der Gläubiger war innerhalb der letzten sechs Monate der Verjährungsfrist durch höhere Gewalt an der Rechtsverfolgung gehindert.

Arbeitsaufträge

1. Wann kommt ein Schuldner in Zahlungsverzug?
2. Wie beurteilen Sie die rechtliche Situation bei der Patientin im Ausgangsfall, die nicht zahlt, weil sie angeblich mit der Behandlung nicht zufrieden war?
3. Wie stellt sich die rechtliche Situation aus Ihrer Sicht im Falle des Dentallabors dar, das gegenüber Ihrer Praxis einen gerichtlichen Mahnbescheid erwirkt hat? Wie sollte Frau Dr. Heilmann Ihrer Meinung nach reagieren?
4. Welche Folgen hat ein gerichtlicher Mahnbescheid?
5. Was ist der Unterschied zwischen Zwangsvollstreckung und Zwangsverwaltung?
6. Erläutern Sie den Unterschied zwischen einer Hemmung und einem Neubeginn der Verjährung.
7. Versuchen Sie in einem Rollenspiel der Patientin im Ausgangsfall klar zu machen, dass sie zahlen muss und keine Gegenforderungen stellen kann.

3. Drum prüfe, wer sich länger bindet
Vertragsbeziehungen zum Dentallabor

Aufregung in der Praxis von Frau Dr. Heilmann. Im Wartezimmer sitzt Frau Meier, die heute zur Anpassung ihres neuen Gebisses bestellt wurde. Doch das Dentallabor hat dieses nicht geliefert, obwohl die Zusage bestand, dass es am Vorabend mit Express geliefert werden sollte.

„Regeln Sie das bitte mit der Patientin, Frau Maybaum", sagt Frau Dr. Heilmann, „aber seien Sie besonders diplomatisch, denn Frau Meier ist eine sensible Patientin. – Und ich glaube, wir müssen uns um ein neues Labor kümmern, denn diese Unzuverlässigkeit habe ich endgültig satt."

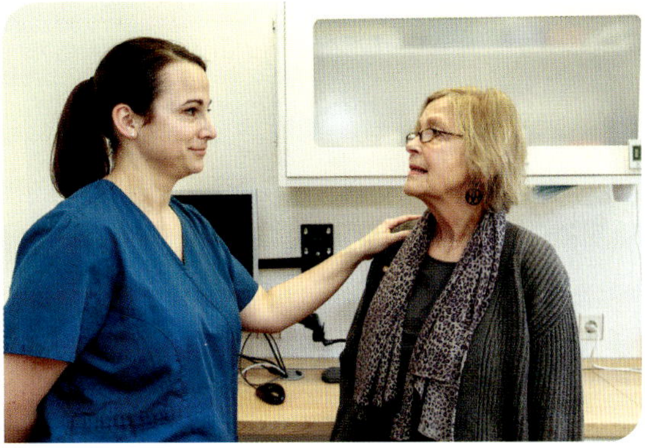

Welche Rechtsbeziehungen bestehen zwischen einer Zahnarztpraxis und dem Dentallabor?
Welche Auswahlkriterien gibt es?

Kleinere und mittlere Zahnarztpraxen haben i. d. R. kein eigenes Dentallabor und sind so auf die Zusammenarbeit mit einem oder mehreren eigenständigen Labors angewiesen. Aber auch größere Praxen und Gemeinschaftspraxen, die eigene Labors unterhalten, lassen bestimmte Arbeiten von Fremdlabors verrichten.

3.1 Vertragliche Beziehungen

Welche Rechtsbeziehung besteht zwischen einem Labor und der Zahnarztpraxis? Die Zahnarztpraxis schließt mit dem Dentallabor einen **Kaufvertrag,** auf den die allgemeinen gesetzlichen Bestimmungen des Kaufvertrages nach BGB zutreffen (→ LF 9, Kap. 5). Oder aufgrund eines Werkvertrages wird von dem Labor eine bestimmte Leistung erbracht, die die Zahnarztpraxis bei Erfolg bezahlt. Kennzeichnend für einen Werkvertrag ist, dass das Labor dafür keine Einsatzstoffe zur Verfügung stellt (z. B. Reparatur einer zerbrochenen Prothese). Mit dem Patienten, der z. B. einen Zahnersatz erhält, hat der Zahnarzt einen Dienstvertrag geschlossen, der aber zusätzlich einen Kaufvertrag über den Zahnersatz beinhaltet. Auch hier gelten daher die in Kapitel 3.2 aufgeführten Haftungsfristen.

3.2 Gewährleistungsfrist

In der Beziehung zwischen Zahnarzt und Zahntechniker gilt gemäß § 634a Abs. 1 Nr. 1 BGB eine Frist von **zwei Jahren.** Natürlich kann diese Garantie auch freiwillig verlängert werden. So gewähren zahlreiche Dentallabors freiwillig eine dreijährige Garantie. Bei arglistigem Verschweigen von Mängeln ist die Garantie gesetzlich immer auf mindestens drei Jahre festgelegt.

→ *LF 9, Kap. 6*

Beweislastumkehr: Innerhalb der ersten sechs Monate muss der Verkäufer beweisen, dass kein Mangel vorliegt. Erst danach ist es Pflicht des Käufers, das Vorliegen eines Mangels zu beweisen. Liegt ein solcher vor, darf der Verkäufer allerdings zweimal nachbessern. Dies gilt sowohl für die Vertragsbeziehung zwischen Zahnarzt und seinem Patienten als auch zwischen dem Zahntechniker und dem Zahnarzt.

Bei Ansprüchen des Patienten gegen den Zahnarzt aus der sogenannten unerlaubten Handlung (ein Haftpflichtfall) wird aktuell differenziert. Bei hochrangigen Rechtsgütern wie Leben und Gesundheit sieht das BGB durchweg eine **dreißigjährige Verjährung** im Gegensatz zur bisher dreijährigen ab Kenntniserlangung vor.

Bei **mangelhafter Lieferung** gelten die Rechte aus Kaufvertrag (→ LF 9, Kap. 6), ebenso bei Lieferungsverzug (→ LF 9, Kap. 7).

3.3 Auswahlkriterien für eine Vertragsbeziehung

Die Arbeit zwischen einem Labor und dem Zahnarzt geht Hand in Hand. Abdruck, Anfertigung, Nacharbeiten, Farbbestimmung usw. müssen individuell und in enger Zusammenarbeit vollzogen werden.

Welche Kriterien könnten für die Wahl eines Dentallabors entscheidend sein?

Vertrauensvolle Zusammenarbeit: Oftmals bestehen lange und relativ enge Beziehungen zwischen Zahnarztpraxen und Labors. Die Zufriedenheit mit den Leistungen und das Vertrauen in die Kompetenz des Labors ist sicherlich sehr wichtig. Denn zufriedene Patienten mit perfekt sitzendem und ästhetischem Zahnersatz sind das oberste Ziel.

Ausführung: Wird eine schnelle und unbürokratische Fertigung und Nachbesserung gewährleistet? (Längere Wartezeiten verärgern die Patienten.) Werden bei der Verarbeitung neueste Verfahren angewendet?

Werden nur hochwertige biokompatible Materialien und Legierungen nach den Vorschriften des Medizinproduktegesetzes verarbeitet?

Belieferung: Erfolgt eine schnelle, termingerechte und kostenlose Belieferung und Abholung durch Botenfahrzeuge oder bei weiteren Entfernungen Schnellversand durch Post-Express oder private Paketdienste?

Anschrift des Zahnarztes

Dental-Labor Amadeus Schraube (ZTM)
Zuckerfabriksweg 1
64289 Darmstadt
Telefon 06151 1343
Telefax 06151 1897

Schraube
Zahntechnik

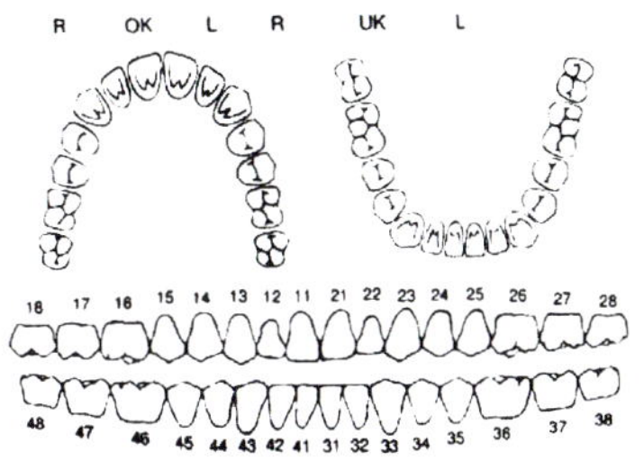

AUFTRAG Nr.

☐ GKV
☐ PKV

Datum

Zahnfarbe

		Termin Tag	Uhrzeit
Name, Patient			
Alter männl./weibl.	Fu/Indiv-Löffel		
	Bissschablone		
Angeliefertes Material			
Abformung	Artikulator		
Löffel	Zähne		
Modell	Legierung		
Biss	Edelmetall		
Sonstiges		Liefertermin	

Kommunikation: In der engen Beziehung zwischen Praxis und Labor muss die Kommunikation reibungslos und schnell möglich sein. Ist immer ein kompetenter Gesprächspartner – auch nach Geschäftsschluss – telefonisch zu erreichen?

Kostenvoranschläge: Sind diese kostenlos und werden sie umgehend sofort bei Anruf oder per Fax übermittelt?

Zu beachten ist dabei, dass nach § 57 SGB V die Höhe der Vergütungen für zahntechnische Leistungen nicht frei vereinbart werden kann, weil dies ggf. sehr zulasten des Patienten oder der Sozialversicherungsträger gehen könnte.

Die Vergütung wird begrenzt durch Höchstpreise, die jeweils zum 30. September eines Jahres durch die Landesverbände der Krankenkassen und der Ersatzkassen gemeinsam mit den Innungsverbänden der Zahntechniker für die zahntechnischen Regelversorgungen festgelegt werden. Maßgebend dafür sind die für das jeweilige Kalenderjahr ermittelten bundeseinheitlich durchschnittlichen Preise, die jedoch um bis zu 5 % über- oder unterschritten werden können.

Weiterbildung der Mitarbeiter: Werden die Mitarbeiter des Labors durch Schulungen laufend auf den neuesten technischen Entwicklungsstand gebracht?

Zusatzleistungen: Im härter werdenden Wettbewerb bieten Dentallabors immer häufiger Sonderleistungen an wie:

- Zahnfarbabnahme in Labor oder Praxis;
- individuelle Zahnaufstellung am Patienten;
- digitale Fotodokumentation;
- bei Problemen kommt ein Zahntechniker zur Beratung und Hilfe in die Praxis;
- kostenlose Service-Nummer 0800/...;
- Ausleihe des Kronenentfernungssystems „Coronaflex 2005";
- Bereitstellung von Schaumodellen.

3.4 Ausländische Dentallabors

Immer öfter werden aus dem Ausland preisgünsstigere Leistungen als in Deutschland angeboten. Da der Zahnarzt diese günstigeren Preise aber weitergeben muss, erzielt er dadurch keinen Einsparungseffekt. Er haftet jedoch gegenüber den Patienten für die Qualität. So kann es bei ausländischen Anbietern mitunter bei Mängeln zu erheblichen Schwierigkeiten kommen. Ein weiteres Problem sind die längeren Lieferungszeiten und die schlechteren Kommunikationsmöglichkeiten. Von daher sollte ein solcher Schritt wohl überlegt sein.

Arbeitsaufträge

1. Fertigen Sie eine Checkliste mit Kriterien für die Auswahl eines neuen Dentallabors an.
2. Wie ist das Haftungsverhältnis zwischen Patienten – Zahnarzt – Dentallabor geregelt?
3. Welche Rechte kann Frau Dr. Heilmann im Einstiegsfall von S. 379 in Anspruch nehmen (→ „Lieferungsverzug, LF 9, Kap. 7)?
4. Welche Rechte hat ein Zahnarzt bei mangelhafter Lieferung gegenüber einem Dentallabor (→ LF 9, Kap. 6)?
5. Welches sind nach Ihrer Meinung die wichtigsten Auswahlkriterien (oder auch Beurteilungskriterien) für Dentallabors?
6. Versuchen Sie in einem Rollenspiel, Frau Meier aus dem Einstiegsfall von S. 379 die Situation zu erklären.
7. Eine Patientin hat in einer Zeitschrift gelesen, dass die Anfertigung eines Gebisses in Ungarn erheblich preiswerter wäre. Sie müsste dann weniger oder gar nichts mehr zuzahlen. Erklären Sie der Patientin die Vor- und Nachteile.

Lernfeld 13

Praxisprozesse mitgestalten

Worum geht es?

Sie planen Maßnahmen zu Qualitätssicherung und Zeitmanagement im eigenen Verantwortungsbereich und präsentieren und begründen Verbesserungsvorschläge. Dazu untersuchen Sie die Arbeitsabläufe in Ihrem Verantwortungsbereich und identifizieren Schnittstellenprobleme und kritische Punkte. Aufgrund Ihrer während der Ausbildung gewonnenen Erfahrungen und Fachkenntnisse tragen Sie zu Problemlösungsansätzen bei der Optimierung von Praxisabläufen bei und wägen Kosten und Nutzen einzelner Maßnahmen gegeneinander ab. Sie organisieren im Team den Personaleinsatz unter Berücksichtigung vorhandener Kompetenzen und Qualifikationen sowie Ihrer Kenntnisse über Schutzbestimmungen für schwangere Mitarbeiterinnen und deren Einsatzmöglichkeiten, nutzen Planungsinstrumente und dokumentieren die Ergebnisse. Bei der Personaleinsatzplanung vertreten Sie Ihre Interessen. Sie informieren sich über Möglichkeiten der berufsbezogenen Fort- und Weiterbildung, begründen deren Bedeutung für die Praxis und die eigene Entwicklung und erfahren Lernen als lebensbegleitenden Prozess. Vor diesem Hintergrund stellen Sie Ihre Persönlichkeit in einer Bewerbung dar. Sie nutzen aktuelle Medien der Informations- und Kommunikationstechnik.

1. Gemeinsam geht es besser
Mitarbeiterführung und Ablaufplanung

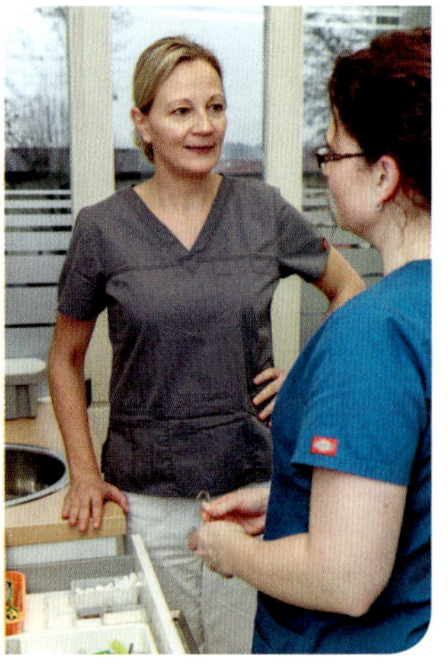

Frau Dr. Heilmann war in Fahrt. Das Wartezimmer war wie immer voll, sie selbst kam nicht einmal dazu, ihren „Zwischendurchmorgenkaffee" zu trinken. Und dann war das Röntgenbild eines Patienten weg. Außerdem war der Sterilisator am Vortag nicht gereinigt worden – und die Fische im Aquarium des Wartezimmers mussten auch noch gefüttert werden. Als die Zahnärztin diese Probleme ansprechen wollte, zeigte sich keine der Mitarbeiterinnen verantwortlich. Carmen dachte, dass Selma das Röntgenbild weggelegt habe, Selma glaubte aber, dass hierfür Lucia verantwortlich sei, während die sich darauf verlassen hatte, dass Carmen das Röntgenbild wieder zurücklegen würde, nachdem sie es aus dem Archiv herausgezogen hatte.

Als Corinna Maybaum während dieses Chefgespräches auch noch das Telefongespräch eines Patienten annahm, war das Maß voll. Frau Dr. Heilmann explodierte und warf ihren Mitarbeiterinnen vor, dass sie nicht einmal wüssten, „wer in der Praxis was zu tun hat und wofür verantwortlich ist". Dass sich diese lautstarke Auseinandersetzung ausgerechnet auch noch vor dem Wartezimmer abspielte, war ein besonders unglücklicher Zufall.

Welche Grundsätze der Mitarbeiterführung und der Organisation des Arbeitsablaufes sind in einer Zahnarztpraxis unabdingbar?

1.1 Mitarbeiterführung
Das Zusammenspiel zwischen Zahnarzt und Helferteam hängt ganz wesentlich davon ab, welcher Führungsstil vorherrscht. Dieser wiederum ist eng mit der Person der oder des Vorgesetzten verbunden. Er drückt die persönliche Art und Weise aus, mit der eine Weisungsbefugnis ausgeübt wird. Ein wichtiges Qualitätsmerkmal ist das **Führungsverhalten.**

INFO 1 Führungsstile

- **Laissez-faire-Stil,** d.h., der/die zu führende Mitarbeiter/-in entscheidet nach eigenem Gutdünken. Für den Praxisbereich hat der Laissez-faire-Stil, der durch weitgehende Planlosigkeit und wenig Kooperationsbereitschaft gekennzeichnet ist, keine Bedeutung. Eine straffe Führung fehlt, Mitarbeiter/-innen werden teilweise sich selbst überlassen und die Ausführung von Anordnungen wird nicht überwacht. Gleichgültigkeit führt zu unrationeller Arbeitsweise. Von daher ist dieser Stil wenig empfehlenswert.
- **Autoritärer Stil** mit alleiniger, starker, oft selbstherrlicher Lenkung der Mitarbeiter/-innen.
  Wer in diesem Stil führt, bevormundet die Mitarbeiter/-innen, lässt ihnen keine bzw. wenig Entscheidungsfreiheit. Die Kontrolle ist sehr stark und die Führung straff und hierarchisch organisiert, sodass

eine Eigeninitiative der Mitarbeiter/-innen kaum zum Tragen kommt. Auch dieser Führungsstil eignet sich wenig, um den betrieblichen Problemen gerecht zu werden.

- **Demokratischer oder kooperativer Stil** mit der Bereitschaft zur Anerkennung und Zusammenarbeit. Dieser Führungsstil orientiert sich an den Bedürfnissen der Mitarbeiter/-innen und den Kenntnissen über die soziale Struktur eines Betriebes. Er fördert die Zusammenarbeit, bezieht die Mitarbeiter/-innen in die Verantwortung mit ein, verlangt konstruktive Kritik und sieht Vertrauen als wichtige Grundlage an.
  Der kooperative Stil soll den sozialen Frieden und nicht zuletzt die Leistungsbereitschaft der Arbeitnehmer/-innen positiv beeinflussen.

Typische Verhaltensweisen für den kooperativen Führungsstil von Vorgesetzten sind:
- Ermunterung der Mitarbeiter/-innen zur Einbringung eigener Vorschläge
- Beteiligung der Mitarbeiter/-innen an Entscheidungen und Planungen
- Aussprache über Ziele und Vorstellungen des Unternehmens
- Gespräche über Verfahren und Methoden
- Entgegennahme von Vorschlägen und Anregungen der Mitarbeiter/-innen
- Anerkennung und Bestätigung sowie sachbezogene Kritik mit Nennung der Ursachen
- Offenheit und Gesprächsbereitschaft
- Suche nach Gründen und Ursachen für Fehlverhalten der Mitarbeiter/-innen
- Durchführung sachbezogener Kontrollen als Mittel zur Ergebnisverbesserung

Erwartete Auswirkungen auf die Mitarbeiter/-innen:
- sachliche Arbeitsatmosphäre, gegenseitige Unterstützung
- Gruppenbewusstsein
- selbstständige und verantwortungsbewusste Arbeit
- Offenheit und Vertrauen
- Ausprägung von Spontanität und Kreativität
- Informationsbereitschaft und Selbstkontrolle
- positive Verarbeitung von Kritik

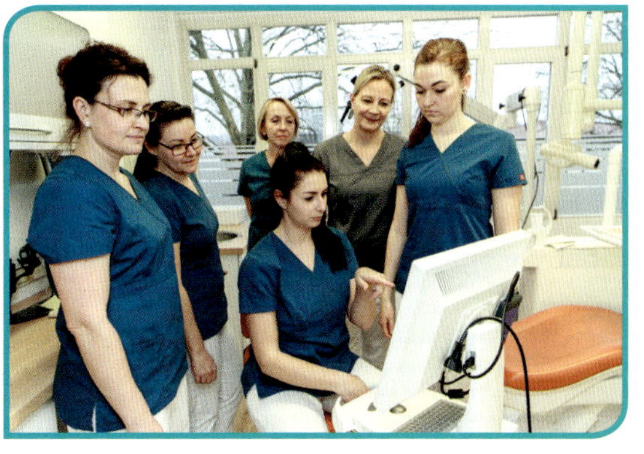

→ zum Thema Teamarbeit siehe auch LF 6

1.2 Arbeitsplatz- und Stellenbeschreibungen/Ablaufplanungen

Es gibt keine Vorschriften, wie die Arbeitsorganisation in einer Zahnarztpraxis zu erfolgen hat. Es ist aber dringend erforderlich, dass möglichst klar beschrieben wird, welche Aufgaben mit einem Arbeitsplatz verbunden sind und wer innerhalb eines Praxisteams an den einzelnen Arbeitstagen in den jeweiligen Bereichen zuständig und verantwortlich ist.

INFO 1 Arbeitsplatzbeschreibung

Neben dem quantitativen Personalbedarf ist festzulegen, welche konkreten Qualifikationen die Stelleninhaber/-innen haben müssen, um ihre Aufgabe erfüllen zu können. Damit sollen personelle Fehlbesetzungen vermieden werden, die den wirtschaftlichen Erfolg des Unternehmens gefährden könnten (Minderleistungen, Arbeitsfrust, geringe Motivation, hohe Fluktuation usw.). In einer Arbeitsplatz- oder Stellenbeschreibung werden die qualitativen Merkmale und die konkreten Anforderungen einer Stelle festgehalten.

Diese Arbeitsplatzbeschreibung enthält:
- detaillierte Darstellung der einzelnen Aufgabengebiete und Tätigkeiten,
- Auflistungen des zeitlichen Anteils der einzelnen Tätigkeiten,
- Angaben der erforderlichen Kenntnisse zur Aufgabenerfüllung,
- Angaben der erforderlichen Arbeitsmittel,
- Hinweise zur organisatorischen Eingliederung des Arbeitsplatzes,
- Angaben über die Weisungsverhältnisse.

INFO 2 Stellenbeschreibung

Die in den Arbeitsplatzbeschreibungen enthaltenen Informationen sind die Grundlage für die Ausarbeitung von sogenannten Stellenbeschreibungen, die in kurz gefasster Form folgende Angaben enthalten:
- organisatorische Stelleneingliederung,
- Stellenbezeichnung, Stellennummer, Abteilung,
- mit der Stelle verbundene Vollmachten,
- rangmäßige Einordnung,
- Vertretungsregelungen,
- tarifliche Einstufung,
- Anforderungen der Stelle,
- Aufgabenziel und Tätigkeiten,
- Kompetenzregelung (Abgrenzung der Entscheidungsgewalt in Breite und Tiefe),
- Verantwortungsübernahme für Menschen und Sachwerte,
- Anforderungen an den/die Stelleninhaber/-in,
- erforderliche Vorbildung und berufliche Qualifikationen,
- notwendige Fachkenntnisse und berufliche Erfahrungen,
- Persönlichkeitsstruktur (Führungsfähigkeit, Kooperationsbereitschaft, Entscheidungsfreudigkeit, Zielstrebigkeit, physische und psychische Belastbarkeit).

Arbeitsaufträge

1. Worin sehen Sie in der Ausgangssituation die eigentlichen Probleme?
2. Wie sieht die Aufgabenverteilung in Ihrer Praxis aus? Machen Sie ähnliche Erfahrungen wie eingangs geschildert oder läuft alles wie am Schnürchen?
3. Häufig hört man die Aussage: „Man muss so viel organisieren wie nötig, aber gleichzeitig auch so wenig wie möglich, um flexibel zu bleiben." Was soll damit zum Ausdruck gebracht werden?
4. Wodurch entsteht Ihrer Meinung nach der Praxisstress und wie lässt er sich vermeiden?
5. Welche Anforderungen werden an Zahnmedizinische Fachangestellte im Praxisalltag gestellt? Versuchen Sie dabei auch abzuwägen, welche Bedeutung die fachlichen und die allgemeinen menschlichen Qualifikationen haben.
6. Warum ist in der Regel in größeren Praxen eine klare Aufgabenteilung eher möglich als in kleineren Praxen?
7. Wie unterscheiden sich die einzelnen Formen der Mitarbeiterführung?
8. Stellen Sie für Ihre Praxis fest, welcher Führungsstil hier praktiziert wird.

9. Häufig wird der kooperative Führungsstil damit gleichgesetzt, dass man über alles und jedes diskutieren kann. Ist dies Ihrer Meinung nach eine richtige Interpretation?

10. Welche Aufgaben haben Stellenbeschreibungen?

11. Gruppenarbeit: Fertigen Sie für Ihren Ausbildungs- bzw. Arbeitsplatz eine Stellenbeschreibung an.

12. Nehmen Sie an, Ihre Praxis sucht eine neue Auszubildende/einen neuen Auszubildenden und Sie sollen dafür die Stellenanzeige für eine Zeitung entwerfen. Was müssen Sie beachten und wie wird die Anzeige aussehen?

2. Keine unnötigen Verrenkungen
Ergonomische Arbeitsplatzgestaltung

Corinna Maybaum wagte es kaum zu sagen. Sie hatte beim Durchblättern von einem der vielen Prospekte und Kataloge, die der Praxis immer wieder unaufgefordert zugesandt wurden, einen wunderschönen und bequem aussehenden Bürostuhl entdeckt. Verstellbare Sitzhöhe, eine eingebaute und ebenfalls individuell einstellbare Stütze für die Wirbelsäule, die Rückenlehne verstellbar – kurzum: der perfekte Stuhl, auf dem „man auch wirklich im Gegensatz zu unseren unbequemen Billigstühlen den ganzen Tag sitzen kann."

Für die beiden Behandlungsräume wäre es nach Corinnas Meinung unbedingt nötig, endlich einmal neue Sitzstühle anzuschaffen, damit man nicht am Ende eines Arbeitstages immer wieder Rückenschmerzen hat.

Und weil sie glaubte, dass Frau Dr. Heilmann sicher gutgelaunt aus dem Urlaub zurückkommen würde, hatte sie gleich noch zwei andere Vorschläge. Um die dauernden Spiegelungen auf dem Monitor bei Sonneneinstrahlung zu unterbinden, müssten neue Vertikaljalousien für das Südfenster des Empfangsbereiches angebracht werden. Am allerbesten wäre es, wenn man außerdem noch eine Klimaanlage installieren würde, denn bei 28 Grad Raumtemperatur kann man nicht mehr arbeiten. Außerdem seien die 17-Zoll-Monitore sowieso auch nicht mehr zeitgemäß.

Um welche Fragen geht es bei der Gestaltung des Arbeitsplatzes?

Jede Zahnarztpraxis hat ihre Besonderheiten, weil allein die räumlichen Voraussetzungen verschieden sind. Wohlfühlen bedeutet nicht nur, dass alles getan werden muss, damit die Patienten einen guten Eindruck von der Praxis bekommen und ihn auch behalten und weitergeben. Man darf nicht verkennen, dass die Arbeitsbedingungen in einer Praxis auch über das Leistungsvermögen der Mitarbeiter/-innen entscheiden.

Daher sind an die Büroeinrichtung gerade im Empfangsbereich und am Behandlungsstuhl auch besondere Anforderungen zu stellen. Zum Teil geht es dabei nur darum, dass arbeitsmedizinische Vorgaben erfüllt werden, zum Teil geht es aber auch um die Frage, was darüber hinaus getan werden kann, damit sich die Mitarbeiter/-innen wie zu Hause fühlen und auf keinen Fall gesundheitliche Schäden erleiden.

2.1 Gesundheitsvorsorge bei Schreibtisch- und Bildschirmarbeitsplätzen

Zahnmedizinische Fachangestellte sind in unterschiedlichen Praxisbereichen tätig. Viel Arbeit wird am PC im Empfangs- oder bei großen Praxen auch im Bürobereich geleistet.

Hier ist es wichtig, dass Bildschirmarbeitsplätze den ergonomischen Anforderungen entsprechen, um gesundheitlichen Schäden vorzubeugen. Für Computerarbeitsplätze gibt es hierfür ein paar allgemeine Regeln:

- Der Monitor sollte so platziert werden, dass die Blickrichtung auf den Monitor parallel zur Fensterfront verläuft. Der Monitor sollte in keinem Fall vor einem Fenster (identische Blickrichtung auf den Monitor und aus dem Fenster) positioniert werden, da Blendungen auftreten können und zu hohe Anforderungen an die Hell-Dunkel-Adaptation des Auges gestellt werden. Ebenso ist die Aufstellung gegenüber einem Fenster zu vermeiden, da Reflexionen und Spiegelungen auf dem Monitor nur durch eine (unerwünschte) Verdunklung des Fensters zu reduzieren wären.
- Kunstlicht darf nicht zu Blendungen, Spiegelungen oder Reflexionen auf dem Monitor führen. Die Deckenbeleuchtung sollte daher parallel zur Blickrichtung auf den Monitor verlaufen und Rasterabdeckungen aufweisen.
- Die Höhe des Monitors sollte so eingestellt werden, dass die oberste Bildschirmzeile leicht unterhalb der horizontalen Blickrichtung liegt (bis zu 35 Grad), sodass die Tätigkeit am Monitor mit entspannter Schulter- und Nackenmuskulatur ausgeübt werden kann.
- Der Arbeitsstuhl sollte so eingestellt werden, dass Ober- und Unterschenkel der oder des Sitzenden einen rechten oder leicht stumpfen Winkel (etwas größer als 90 Grad) bilden.

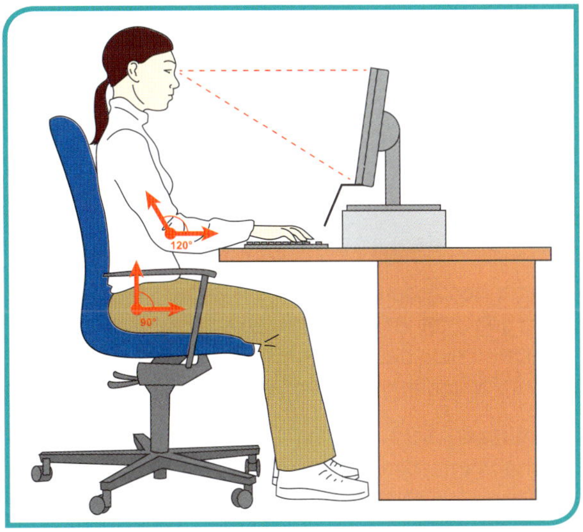

Vor der Tastatur sollten mindestens 10 cm Auflagefläche für die Hände bleiben, zwischen Tastatur und Bildschirm sollte Platz für Belege und Vorlagen sein und der Bildschirm sollte hinten auf keinen Fall über die Tischfläche hinausragen. Schon aus diesen Forderungen ergibt sich in vielen Fällen, dass ein Bildschirmarbeitstisch tiefer als 80 cm sein muss.

Darüber hinaus sind die weiteren Anforderungen auch zum Teil sehr detailliert festgelegt:

INFO 1 Empfohlene Anforderungen für Bildschirmarbeitsplätze

- Der Bildschirm sollte ausreichend groß sein, empfohlen werden mindestens 17 Zoll. Die Zeichen müssen scharf und deutlich sein, es darf nichts spiegeln oder blenden.
- Die Zeichen sollen positiv sein, d. h. schwarze Zeichen auf hellem Untergrund.
- Die Schrifthöhe soll mindestens 3 mm betragen.
- Monitore sollten flimmerfrei sein.
- Der Bildschirm muss entspiegelt und die Blickrichtung auf den Bildschirm sollte parallel zu Fenstern sein. Er muss leicht drehbar und neigbar sein.
- Die Tastatur sollte frei aufstellbar und rutschfest sein.
- Das Tastaturgehäuse sollte ebenso wie das Bildschirmgehäuse halbmatt bis seidenmatt sein. Die Tastenoberfläche sollte ebenfalls matt und als Mulde ausgebildet sein.
- Voraussetzung zur Vergabe des Ergonomie-Zeichens ist ist die Einhaltung der Kriterien des GS-Zeichens (Sicherheit).
- Ein TÜV-Ergonomie-Siegel dokumentiert die Übereinstimmung des Gerätes mit den Anforderungen bez. Elektromagnetischer Strahlung und der Norm ISO 9241-307 (optische Aspekte wie Flimmerfreiheit, Kontrastverhältnisse, Farben, Reflexionen, ...).

TÜVRheinland® ZERTIFIZIERT
Ergonomie
Regelmäßige Produktions-überwachung
www.tuv.com
ID 7000000000

PRAXIS-TIPP

Um zu prüfen, ob der PC-Arbeitsplatz einer/eines ZFA im Empfang der Zahnarztpraxis den zum Teil sehr ausführlichen Einzelvorschriften entspricht, hat die Landeszahnärztekammer Baden-Württemberg auf insgesamt 17 Seiten eine sehr umfangreiche Checkliste entwickelt.

Landeszahnärztekammer Baden-Württemberg: https://phb.lzk-bw.de/PHB-CD/QM-Anhang/Merkblaetter/Bauliche_Anforderungen/Checkliste_Beschaeftigte_Bildschirmarbeitsplatz.doc

Es ist zu empfehlen, dass Sie sich diese Checkliste nicht nur ansehen, sondern sich in Bezug auf Ihren Arbeitsplatz auch damit auseinandersetzen und bei Bedarf ggf. mit Ihrer Chefin/Ihrem Chef darüber sprechen, wie die gegenwärtige Situation verbessert werden kann.

2.2 Der Behandlungsplatz

Was für den Arbeitsplatz im Büro oder im Empfangsbereich gilt, muss natürlich auch im Behandlungsraum beachtet werden. Hier spielt die Arbeitsergonomie sowohl für den Zahnarzt als auch für die Angestellten eine besondere Rolle. Daher sollten Zahnarzt und Mitarbeiter/-innen am Behandlungsstuhl technisch und ergonomisch ausgereifte Arbeitsstühle haben.

Sie müssen nicht nur den ergonomischen Maßstäben genügen, sondern insbesondere auch den Sicherheitsanforderungen entsprechen. Nicht alles, was ergonomisch sinnvoll ist, bringt aber auch in der Praxis einen Nutzen. So sind z. B. Armauflagen an den Stühlen im Behandlungszimmer evtl. eher hinderlich als vorteilhaft.

Einen großen Teil des Arbeitstages verbringen die Zahnärztin/der Zahnarzt und die Mitarbeiter/-innen am Patientenstuhl. Deshalb müssen auch hier arbeitsergonomische Gesichtspunkte beachtet werden. Ein Patientenstuhl muss einerseits eine günstige Sitz- und Liegeposition für den Patienten ermöglichen, darf aber andererseits auch den Arbeitsablauf nicht behindern. Hinzu kommt, dass die Ausleuchtung des Arbeitsfeldes optimal sein muss. Der Patient darf durch das Licht nicht zu sehr geblendet werden, aber es muss auch stark und gebündelt genug sein, um die Behandlungszonen gut auszuleuchten. Daher werden hier Spezialleuchten eingesetzt.

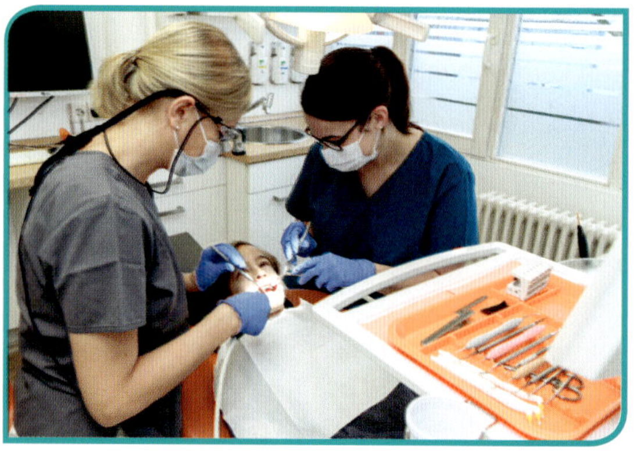

Arbeitsplatz im Behandlungsraum

Wichtig für die **Arbeitsergonomie** am **Zahnarztstuhl** sind folgende Faktoren:

- Alle Arbeitsabläufe sollten am Behandlungsstuhl in dem Bereich getätigt werden können, der mit maximal ausgestrecktem Arm erreicht werden kann (ca. 50 cm).
- Instrumente und sonstige Dinge, die häufig benötigt werden, sollten in einem Greifraum von 25 cm erreichbar sein.
- Arbeitsstühle sollten drehbar sein, sodass die Wirbelsäule nicht zu stark durch ständiges Drehen beansprucht wird.
- Der Abstand der Augen vom Arbeitsobjekt sollte ca. 33–37 cm betragen.
- Das Arbeitsobjekt sollte mit mindestens 8 000 Lux ausgeleuchtet sein (DIN 67505).
- Die Höhe der Arbeitsfläche soll auf die optische Arbeitshöhe eingerichtet sein.

- Sitzgelegenheiten sollten anatomisch angepasst sein.
- Hände, Arme und Beine brauchen ausreichenden Bewegungsraum.
- Zwangshaltungen mit einer ungünstigen Körperhaltung sollten vermieden werden.
- Sitzen ist dem Stehen vorzuziehen.
- Statische Muskelüberbeanspruchungen sollten vermieden werden.

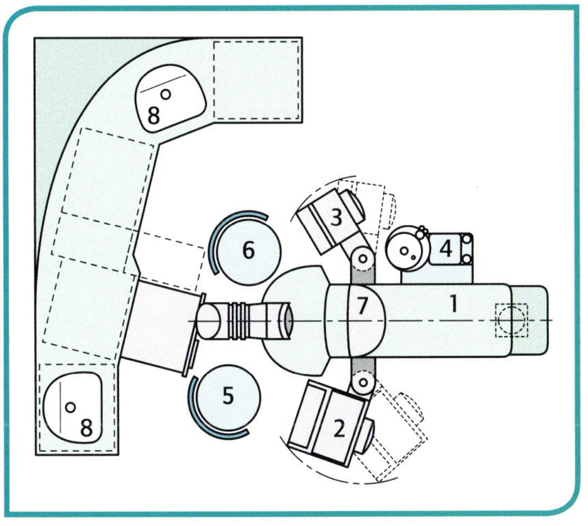

Zahnärztlicher Arbeitsplatz

1 Patientenstuhl
2 Zahnarztelement
3 Assistentinnenelement
4 Mundspülbecken
5 u. 6 Arbeitsstühle
7 Arbeitsfeldleuchte
8 Schrankelemente-Waschbecken

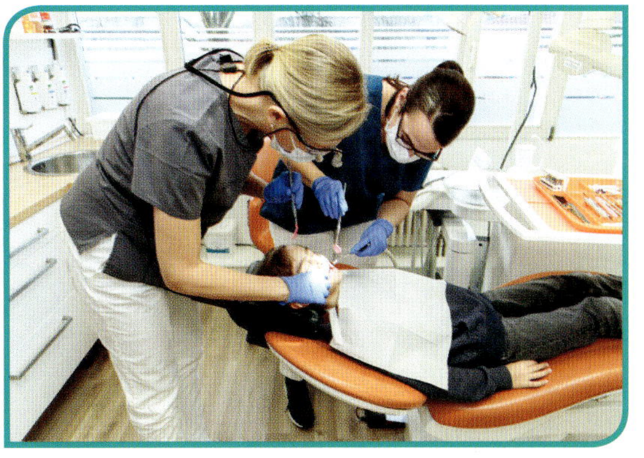

Ungünstige Arbeitshaltung am Zahnarztstuhl

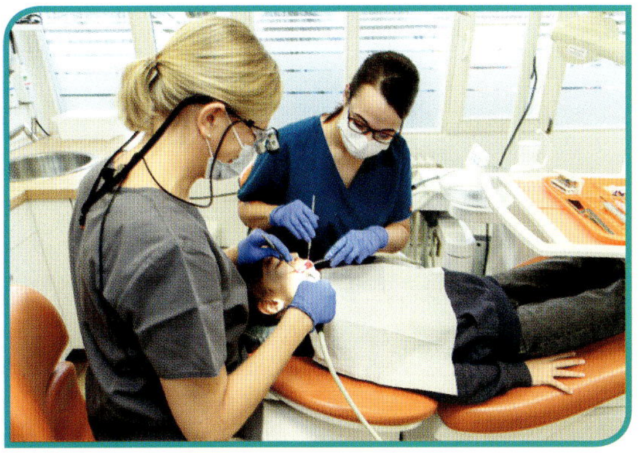

Gute Arbeitshaltung am Zahnarztstuhl

Arbeitsaufträge

1. Beschreiben Sie, wie ein idealer Arbeitsplatz im Empfangsbereich und im Büro aussehen sollte.

2. Im Rahmen einer effektiven Organisation der Arbeitsabläufe und der Einrichtung des Arbeitsplatzes kann man auch die sogenannte ABC-Analyse anwenden. Das bedeutet, dass z. B. der Platz für Arbeitsmittel (Aktenordner, Schreibmaterialien, Terminpläne usw.) danach vergeben wird, wie oft man im Laufe eines Tages darauf zurückgreifen muss. Je öfter dies der Fall ist, desto näher muss das Arbeitsmittel am Arbeitsplatz sein. Am besten wäre es, wenn man alles direkt um sich herum hätte, aber dafür reicht der Platz nicht aus.

   Beispiel:
   Ein Telefon gehört in Reichweite des Armes. Wenn man jedes Mal einige Schritte zum Telefon gehen muss, ist es falsch platziert. Ähnliches gilt für den Terminplaner. Dagegen kann der Urlaubsordner, auf den man im Monat nur ein paarmal zurückgreift, ruhig in einem etwas entfernteren Schrank stehen.

   Gruppieren Sie, die von Ihnen am Arbeitsplatz (Empfangsbereich, Büro, Behandlungsraum) benötigten Arbeitsmittel in die Kategorien A (wird ständig benötigt), B (wird öfters benötigt) und C (wird selten benötigt) ein. Ziehen Sie daraus geeignete Schlussfolgerungen für den Aufbewahrungsort dieser Arbeitsmittel und erklären Sie, worin der Sinn dieses Vorgehens liegt.

3. Was bedeutet der Begriff „Arbeitsergonomie"?

4. Warum ist eine ergonomische Einrichtung des Arbeits- und Behandlungsplatzes wichtig?

5. Übertragen Sie die folgende Skizze in Ihr Heft (oder fertigen Sie eine vergrößerte Kopie an) und zeichnen Sie ein, wie der Arbeitsplatz in Ihrer Praxis eingerichtet ist. Überlegen Sie sich eventuelle Verbesserungsvorschläge.

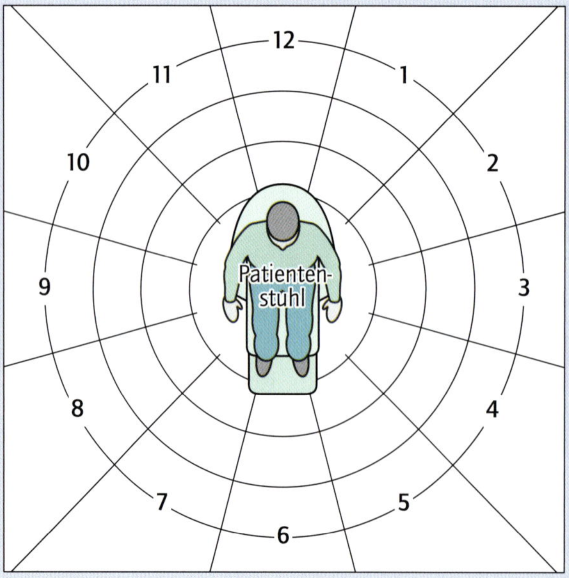

- ● Zahnarzt/Zahnärztin ---------------- A
- ● Assistent/-in ------------------------- B
- – Mundspülbecken --------------------- C
- – Arbeitsstühle ------------------------- D
- – Arbeitsfeldleuchte -------------------- E
- – Schrankelement ----------------------- F
- – Waschbecken ------------------------- G

3. Kampf den Zeitfressern
Zeitplanungen im Praxisteam

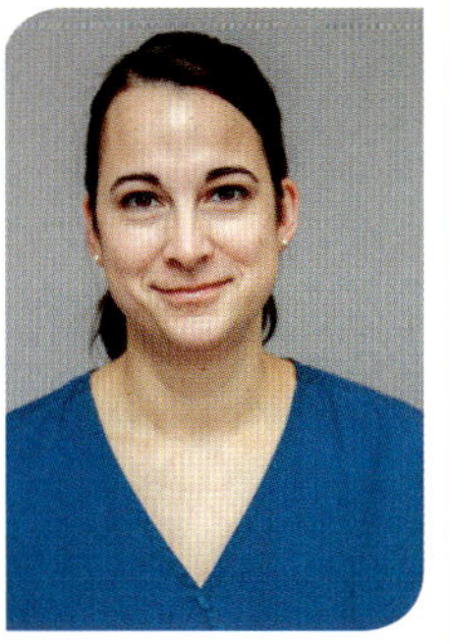

Teambesprechung oder besser „Krisensitzung" der Mitarbeiterinnen von Frau Dr. Heilmann. Es geht – wie jedes Jahr – darum, wer wann Urlaub machen kann. Am liebsten würde jeder im Sommer mindestens zwei Wochen ausspannen.

„Wenn ich schon Urlaub mache, dann soll auch das Wetter schön sein. Wenn es regnet und schneit, kann ich auch in die Praxis gehen", fasst **Corinna Maybaum** das zusammen, was sie denkt. Aber Corinna ist ledig und hat keine schulpflichtigen Kinder.

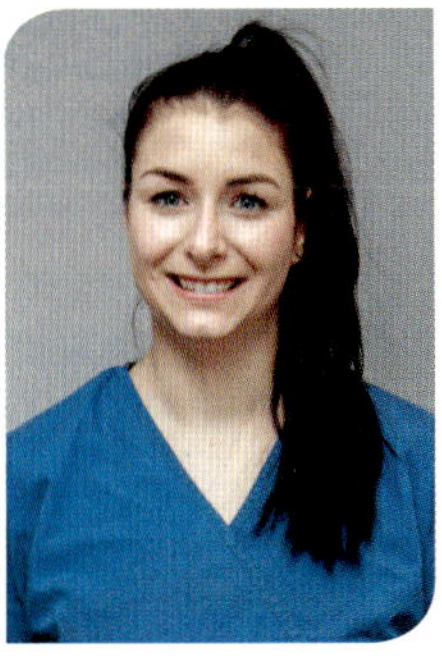

Die Auszubildende **Lucia Fernandez** „hat ihren Urlaub in den Ferien zu nehmen". So schreibt es zumindest das Gesetz vor, obwohl es Lucia eigentlich egal wäre. Sie würde auch außerhalb der Ferien fahren, denn „da sind die Preise oft viel niedriger und als Auszubildende muss man schon darauf achten!"

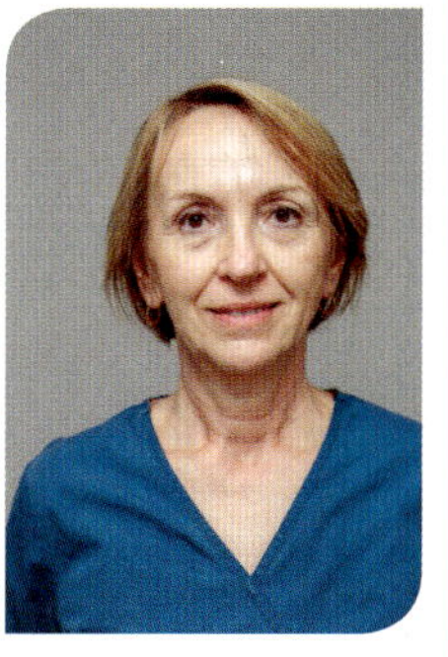

Manuela Harris ist verheiratet. Ihr Mann ist Lehrer. „Also kommen für uns nur die Ferien infrage. Und weil wir nur an die See fahren, müssen wir das schon im Sommer tun." Allerdings sind es die anderen Mitarbeiterinnen leid, dass sich immer alles um Manuela drehen soll, denn den Lehrern geht es doch sowieso so gut, dann müssen sie beim Urlaub eben mal Rücksicht auf andere nehmen.

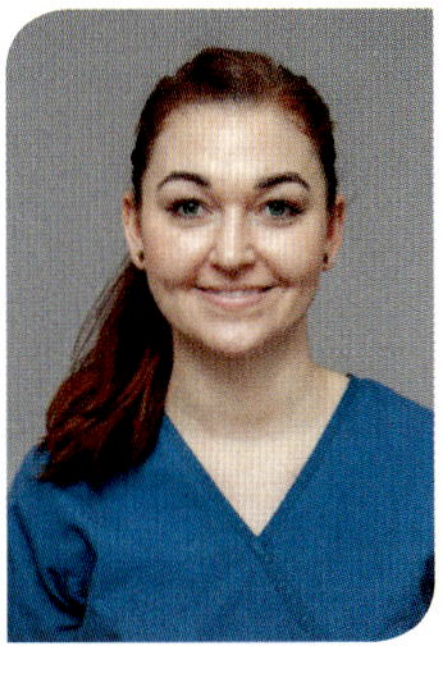

Frau Dr. Heilmann selbst ist leidenschaftliche Skifahrerin. Die ideale Urlaubszeit ist für sie die Winterzeit, „aber nicht, wenn Ferien sind, denn da sind die Pisten viel zu voll". Wenn die Chefin in Urlaub fährt, ist die Praxis geschlossen. Dann ist nur **Selma Kasta** ein paar Stunden am Tag da, um die Post zu bearbeiten, soweit es sich um Routinesachen handelt, die der Zahnärztin nicht vorgelegt werden müssen.

Es ist heute modern, dass man von „Teamarbeit" spricht. Welche Anforderungen werden an ein Praxisteam gestellt und wie läuft Teamarbeit ab?

Eine zentrale Rolle im Rahmen der Praxisorganisation stellt die Zeitplanung dar, denn die Behandlungszeit ist in der Regel ebenso ein Engpass wie die Zeit der Mitarbeiter/-innen.

Nicht umsonst gibt es den Spruch „Zeit ist Geld". Leerlaufzeiten in der Praxis sind genauso schädlich wie eine Praxis, die hoffnungslos überlaufen ist und wo die Patienten lange warten müssen oder das Gefühl haben, abgefertigt zu werden. Was für die Patienten gilt, gilt auch für die Mitarbeiter/-innen. Eine Zahnmedizinische Fachangestellte, die nicht weiß, wo ihr der Kopf steht, wird nicht nur nervös und unfreundlich, sondern sie macht eventuell auch Fehler, die mehr kosten als eine weitere Mitarbeiterin, die das Team verstärken könnte.

Mitarbeiter/-innen		Patienten/Patientinnen
• Anzahl der regulären Arbeitsstunden pro Tag • Behandlungszeiten • Nötige Zeit für Büroarbeiten und Abrechnungen • Urlaubspläne • Abwesenheit wegen Berufsschulbesuch • Fortbildungen	**planbare Ereignisse**	• Anzahl der bestellten Patienten • Behandlungsumfang • Behandlungsarten
• Krankheitsbedingte Ausfälle • Persönliche Verhinderungen der Dienstausübung • Kurzfristig anfallende „Sonderarbeiten" • Praxisprobleme (z. B. technische Defekte)	**unvorhersehbare Ereignisse**	• Absage von Terminen • Veränderungen der Behandlungszeiten • Aufnahme von Notfallpatienten • Sonstige ungeplante Behandlungen (z. B. Freunde, Bekannte des Chefs)

Planung mit Puffer- oder Reservezeiten

Stehen an der Kasse eines Supermarktes die Kunden Schlange, werden weitere Kassen geöffnet. In einer Zahnarztpraxis können zwar auch mehrere Patienten warten, aber behandelt werden kann immer nur einer nach dem anderen. Außer ein paar Zeitschriften lesenden Rentnern wartet niemand gern. Je besser es gelingt, die Wartezeiten zu verkürzen, desto ruhiger ist die gesamte Praxisatmosphäre und desto angenehmer ist das Behandlungs- und Arbeitsklima.

Während der Sprechstunde ist der Zahnarzt überwiegend mit der Behandlung der Patienten beschäftigt. Für einen reibungslosen Ablauf der Sprechstunden sind in erster Linie die Mitarbeiter/-innen verantwortlich. Sie haben dafür zu sorgen, dass weder die Patienten lange Wartezeiten in Kauf nehmen müssen noch behandlungsfreie Leerzeiten beim Zahnarzt entstehen.

3.1 Personaleinsatz als Rahmenbedingung für die Terminplanung

Zwischen dem Ziel eines möglichst reibungslosen Praxisablaufes und der Anzahl der eingesetzten oder benötigten Mitarbeiter/-innen besteht ein wechselseitiger Zusammenhang. Dies gilt unabhängig davon, ob sich die Terminplanung nach den vorhandenen Arbeitskräften oder die Anzahl der Angestellten nach der Terminplanung richtet.

Die Frage, wie viele Patienten behandelt werden können („Kapazitätsauslastung“), richtet sich nach dem Umfang und der Verteilung der Sprechstunden sowie den zur Verfügung stehenden Zahnärzten und Fachangestellten.

Die Zeitplanung darf nicht ohne eine ausreichende Beachtung der physiologischen und psychischen Belastbarkeit der Mitarbeiter/-innen und des behandelnden Zahnarztes erfolgen. Jeder Mensch unterliegt einem natürlichen **Biorhythmus,** der dafür verantwortlich ist, dass ein Mensch nicht wie eine Maschine funktioniert und keine gleichmäßige **Leistungsabgabe** erwartet werden kann. Auch wenn der Biorhythmus individuell verschieden ist, gibt es doch gewisse Grundregeln.

Die Arbeitsleistung von Zahnärztin/Zahnarzt und Mitarbeiter/-in ist mit dem Biorhythmus abzustimmen. Dies bedeutet, dass die Termin- und Arbeitsplanung nur durch eine sinnvolle Arbeitsteilung rationalisiert werden kann. Die Zeiten **höchster Leistungsfähigkeit** sollten bestmöglich genutzt werden. In diesen Zeiten „gehen die Arbeiten nicht nur schneller von der Hand“, sondern aufgrund der nachweislich vorhandenen hohen Konzentrationsfähigkeit halten sich die Fehler in Grenzen. Dies ist gerade bei schwierigen Behandlungen sehr wichtig. Die Mitarbeiterin am Empfang hat hier eine verantwortungsvolle Aufgabe bei der Terminvergabe.

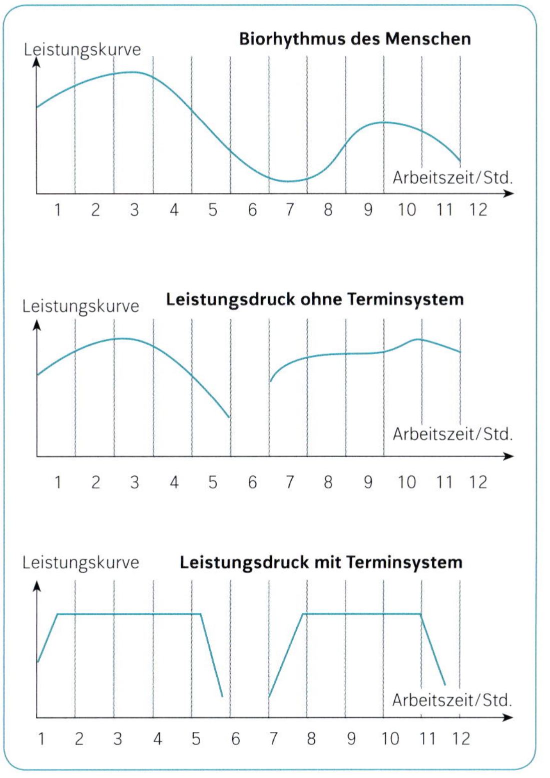

(Vgl. Heinrich, Erich; Hoffmann, Gerhard: Die Zahnarzthelferin. Stuttgart: MVS Medizinverlage 2001, S. 94.)

3.2 Äußere Terminplanung

Unter „äußerer Terminplanung“ versteht man die grundsätzlichen Regelungen bezüglich der Sprechstunden. Zum Teil verbinden sich damit auch schon konkrete Bestell- und Planungssysteme. Dabei gibt es nicht *das* richtige Vorgehen. Die Art und Weise, wie die Terminplanung organisiert ist, hängt von mehreren Faktoren ab:

- Art der Praxis,
- Standort der Praxis,
- Patienteneigenschaften (überwiegend „Stammpatienten“ oder „Laufkundschaft“),
- Gewohnheiten der Patienten,
- Terminplanung von „Nachbarpraxen“.

Dr. med. Hans Gorr
Zahnarzt

Sprechstunden:
Mo. bis Fr.
08:30 bis 12:00 Uhr
und 15:00 bis 18:00 Uhr

Dr. med. dent. Simone Marth

Sprechstunden:
Mo., Di., Do.
10:00 bis 12:00 Uhr
Di. nur für Arbeitnehmer/-innen
18:00 bis 20:30 Uhr
und nach Vereinbarung

Zahnarzt Johannes Karuth

Sprechstunden:
Montag, Donnerstag
09:00 bis 12:00 Uhr
sowie nach Vereinbarung

Dr. Dr. hc. Franziska Grosser

Sprechstunden:
Nur nach Vereinbarung
Telefonsprechstunde:
Di., Do. 16:00 bis 17:30 Uhr

Es obliegt allein der Entscheidung der Zahnärztin/des Zahnarztes, zu welchen feststehenden Zeiten eine Konsultation möglich ist.

Maßgebend sind unter anderem folgende Faktoren:

- **Patientenzahl**
  Je größer die Patientenzahl, desto länger ist der für Sprechstunden benötigte Zeitraum.
- **Fachrichtung**
  Unfallärzte haben in der Regel offene Sprechstunden, während Fachärzte und Zahnärzte eher Terminsprechstunden durchführen können.
- **Ausstattung, Anzahl der Räume und Mitarbeiter/-innen**
  Je größer die Praxis, desto umfangreicher können die Öffnungszeiten bzw. die Sprechstunden oder die Behandlungszeiten sein.

Bei der Planung der Sprechstunden ist sicherzustellen, dass sowohl den Bedürfnissen der Patienten (ärztliche Pflicht zur Hilfeleistung) als auch den Praxisbedingungen Rechnung getragen wird. Dazu gehört auch, dass jederzeit das nötige Personal zur Verfügung steht. Dies gilt insbesondere auch für Krankheitsfälle im Praxisteam und während der Urlaubszeiten.

Beispiel für eine Tagesplanung:

Zahnärztin
Dr. med. dent. Heilmann

Sprechstunden:

Mo., Mi., Do.	08:30 bis 12:00 Uhr 15:00 bis 18:00 Uhr
Mi.	10:00 bis 12:00 Uhr
Fr.	08:30 bis 12:00 Uhr

Praxisteam

- **Corinna Maybaum;** Vollzeitkraft – Empfang, Büro und Abrechnung – ganztags
- **Saskia Schultz;** Vollzeitkraft – Behandlungsassistentin
- **Carmen Kirsten;** Halbtagskraft – Behandlungsassistentin, Büro
- **Lucia Fernandez;** Auszubildende 3. Jahr, Berufsschule: montags ganztags, Mittwochnachmittag
- **Selma Kasta;** Auszubildende 1. Jahr, Berufsschule: dienstags ganztags, Donnerstagnachmittag

Einsatzplanung **Montag**
Sprechstunde: 08:30 bis 12:00 Uhr und 15:00 bis 18:00 Uhr

Name	**Uhrzeit**						**Sonstiges**
	07:30–08:00	08:00–09:30	09:30–12:00	12:00–13:30	13:30–14:30	14:30–18:00	
Empfang/Büro							
Maybaum	•	•	•	•	•	–	
Schultz	•	•	•	•	–	•	
Behandlung							
Kirsten		•	•		–	–	
Fernandez	–	–	–	–	–	–	Schule
Kasta	–	–	•	•	•	•	

Einsatzplanung **Dienstag**
Sprechstunde: 08:30 bis 12:00 Uhr und 15:00 bis 18:00 Uhr

Name	**Uhrzeit**						**Sonstiges**
	07:30–08:00	08:00–09:30	09:30–12:00	12:00–13:30	13:30–14:30	14:30–18:00	
Empfang/Büro							
Maybaum	•	•	•	•	–	•	bis 17 Uhr
Schultz	•	•	•	–	•	•	
Behandlung							
Kirsten	–	–	–	–	–	–	
Fernandez	–	•	•	•	•	•	bis 17 Uhr
Kasta	–	–	–	–	–	–	Schule

Einsatzplanung **Mittwoch**
Sprechstunde: 10:00 bis 12:00 Uhr

Name	**Uhrzeit**						**Sonstiges**
	07:30–08:00	08:00–09:30	09:30–12:00	12:00–13:30	13:30–14:30	14:30–18:00	
Empfang/Büro							
Maybaum	–	–	•	•	–	–	
Schultz	–	–	•	•	–	–	
Behandlung							
Kirsten	–	–	•	•	–	–	
Fernandez	–	–	•	–	–	–	Schule 4 Std.
Kasta	–	–	•	•	–	–	

Einsatzplanung			Donnerstag				
	Sprechstunde: 08:30 bis 12:00 Uhr und 15:00 bis 18:00 Uhr						
Name	**Uhrzeit**						**Sonstiges**
	07:30–08:00	08:00–09:30	09:30–12:00	12:00–13:30	13:30–14:30	14:30–18:00	
Empfang/Büro							
Maybaum	–	•	•	–	–	–	
Schultz	•	•	•	–	–	•	
Behandlung							
Kirsten	–	•	•	–	–	–	
Fernandez	–	–	•	•	•	•	
Kasta	•	•	•	–			Schule 4 Std.

Einsatzplanung			Freitag				
	Sprechstunde: 08:30 bis 12:00 Uhr						
Name	**Uhrzeit**						**Sonstiges**
	07:30–08:00	08:00–09:30	09:30–12:00	12:00–13:30	13:30–14:30	14:30–18:00	
Empfang/Büro							
Maybaum	•	•	•	•	–	–	
Schultz	•	•	•	•	–	–	
Behandlung							
Kirsten	•	•	–	–	–	–	
Fernandez	•	•	•	•	–	–	
Kasta	•	•	•	–	–	–	

3.3 Arbeitszeiten für das Praxisteam

Es empfiehlt sich, die zur Verfügung stehende Arbeitszeit der Mitarbeiter/-innen nicht bis auf die letzte Minute zu verplanen, weil sonst keine Reservezeiten als „freie Spitze" zur Verfügung stehen. Diese sind aber nötig, um z. B. unvorhersehbare Ereignisse abzufangen.

Aus dem voranstehenden Arbeitsplan lassen sich folgende Arbeitszeiten ableiten:

Wochentag / Mitarbeiterin	Montag	Dienstag	Mittwoch	Donnerstag	Freitag	Verplante Zeit	Wochenarbeitszeit	„Freie Spitze"
Maybaum	7,0	9,5	4,0	4,0	6,0	30,5	38,5	8,0
Schultz	9,5	9,0	4,0	8,0	6,0	36,5	38,5	2,0
Kirsten	4,0	–	4,0	4,0	2,0	14,0	15,0	1,0
Fernandez	8,0	9,0	2,5 + 4,0	8,5	6,0	38,0	38,5	0,5
Kasta	8,5	8,0	4,0	4,5 + 4,0	4,5	33,5	38,5	5,0

Zu beachten ist, dass die Arbeitszeit keineswegs mit den Öffnungszeiten der Praxis übereinstimmt. Ihre Erfahrungen aus dem Praxisalltag werden bestätigen, dass sich hier mitunter große Abweichungen ergeben können. Die Fachangestellten werden kaum damit rechnen können, früher als geplant nach Hause gehen zu können. Umso häufiger wird es vorkommen, dass die Behandlungen länger als geplant dauern. Und nach der letzten Patientin oder dem letzten Patienten muss die Praxis auch noch für den nächsten Tag vorbereitet werden ...

Optimal wäre es, wenn weitere Mitarbeiter/-innen abrufbereit zur Verfügung ständen, um unvermeidliche Spitzenbelastungen in der Praxis abzufangen. Aber auch aus dem Praxisteam kann jemand kurzfristig durch Krankheit oder Ähnliches ausfallen. Auch in diesem Fall wäre ein Rückgriff auf eine eingearbeitete Ersatzkraft sehr vorteilhaft.

Gerade aufgrund unvorhersehbarer Ereignisse lebt das Praxisgeschehen nicht nur von einer guten **Organisation,** sondern auch von dem Talent zur **Improvisation,** wenn einmal nicht alles nach Plan läuft.

Ärztin/Arzt und Fachangestellte sind gut beraten, wenn sie für solche Fälle „Schubladenpläne" zur Verfügung haben, damit auf solche Besonderheiten schnell und zielgerichtet reagiert werden kann, ohne dass die Patienten es überhaupt merken.

Neben den Tagesplänen empfiehlt es sich aber auch, z. B. zu Jahresbeginn eine Übersicht mit allen langfristigen Terminen zu erstellen. Hierin sind alle Zeiten enthalten, in denen die Praxis nicht vollständig oder gar nicht besetzt ist (Schulungen, Urlaub, Kuraufenthalte usw.).

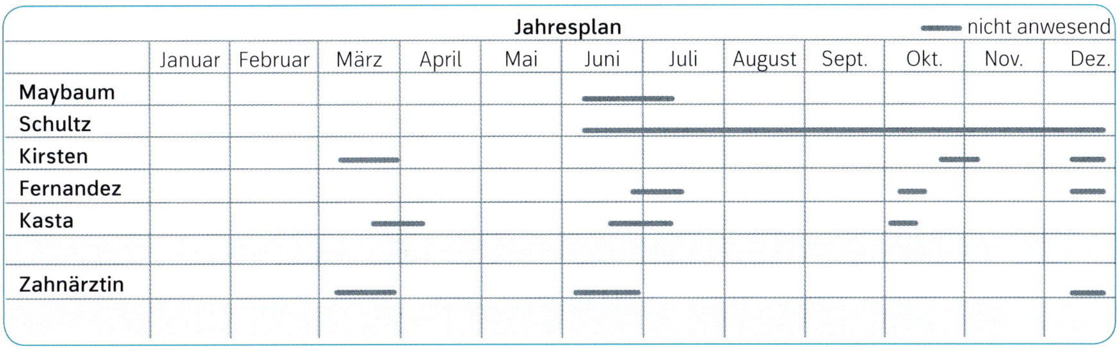

Arbeitsaufträge

1. Untersuchen Sie die Planung der Arbeitszeiten in der Praxis Dr. Heilmann. Erläutern Sie, von welchen Grundsätzen solche Planungen bestimmt werden und welche gegenseitigen Abhängigkeiten dabei zu beachten sind.

2. Welche Möglichkeiten haben Sie bei absehbaren oder unvorhersehbaren Personalausfällen (Urlaub, Krankheit, Unfall, Kur, Todesfall usw.)?

3. Was unterscheidet die Organisation von der Improvisation?

4. Stellen Sie sich vor,
   - ein langjähriger Stammpatient oder
   - ein Freund Ihres Chefs oder
   - Ihre Lehrerin/Ihr Lehrer oder
   - ein Patient, der bisher noch nie bei Ihnen war,

   ruft kurz vor Schluss der Sprechstunde bei Ihnen an und gibt vor, den ganzen Tag Schmerzen gehabt zu haben. Deshalb will er noch mal schnell zur Behandlung kommen. Es ist kurz vor 18:00 Uhr. Sie selbst haben für 19:00 Uhr eine Verabredung. Sie wissen, dass Ihr Chef um 18:30 Uhr zum Stammtisch will, um sich mit seinen Skatfreunden ein Länderspiel im Fernsehen anzuschauen. Wie verhalten Sie sich?

4. Nichts geht über Qualität

Qualitätsmanagement-Richtlinie der vertragszahnärztlichen Versorgung

Die Zahnarztpraxis von Frau Dr. Heilmann hatte bei den Patienten einen guten Ruf. Jedenfalls konnte man sich nicht über mangelnden Zuspruch beklagen. Fast jede Woche kamen nicht nur neue Patienten hinzu, sondern die Wartezeiten wurden auch länger. Selbst Schmerzpatienten mussten manchmal länger warten, als nach Ansicht des Praxisteams vertretbar war.

An eine Praxiserweiterung war im Moment aus verschiedenen Gründen nicht zu denken. Also wurden angebliche Routinearbeiten wie Zahnreinigungen auch schon von den „Zahnis" des dritten Ausbildungsjahres allein vorgenommen. Als bei einem Patienten dreimal hintereinander eine vor der endgültigen Überkronung eines Backenzahnes vorgenommene provisorische Zahnfüllung schon nach wenigen Stunden wieder herausfiel, machte dieser seinem Ärger Luft und drohte an, sich bei der zuständigen Landeszahnärztekammer zu beschweren, wenn sich dies noch einmal wiederhole. Jetzt war in der Praxis Dr. Heilmann wirklich Handeln angesagt.

Welche Probleme erkennen Sie in der Situationsschilderung und wo liegen deren mögliche Ursachen?
Frau Dr. Heilmann und ihr Praxisteam wollen sich konkrete Ziele setzen. Wie könnte das Leitziel bezogen auf die konkrete Situation aussehen?
In einer Teambesprechung kommt man zu dem Schluss, dass man interne Qualitätsziele benötige, an dem sich das ganze Handeln ausrichte. Was verbirgt sich dahinter?

4.1 Was bedeutet der Begriff „Qualitätsmanagement" für eine Zahnarztpraxis?

Unter Qualitätsmanagement (QM) ist die systematische und kontinuierliche Durchführung von Aktivitäten zu verstehen, mit denen eine anhaltende Qualitätsförderung im Rahmen der Patientenversorgung erreicht werden soll. Qualitätsmanagement bedeutet konkret, dass Organisation, Arbeits- und Behandlungsabläufe festgelegt und zusammen mit den Ergebnissen regelmäßig intern überprüft werden.

Eine patientenorientierte Prozessoptimierung sowie die Patientenzufriedenheit stehen im Mittelpunkt. Qualitätsmanagement muss für die Einrichtung, ihre Leitung und alle Mitarbeiterinnen und Mitarbeiter sowie für die Patientinnen und Patienten effektiv und effizient sein und eine Sicherheitskultur befördern.

Grundlegende Methodik
Qualitätsmanagement ist eine Führungsaufgabe, die in der Verantwortung der Leitung liegt. Dabei erfordert Qualitätsmanagement die Einbindung aller an den Abläufen beteiligten Personen.

Qualitätsmanagement ist ein fortlaufender Prozess und von der Leitung an konkreten Qualitätszielen zur Struktur-, Prozess- und Ergebnisqualität auszurichten. Die Festlegung von Qualitätszielen für das einrichtungsinterne Qualitätsmanagement sollte sich an folgenden Grundelementen orientieren:
- Patientenorientierung einschließlich Patientensicherheit,
- Mitarbeiterorientierung einschließlich Mitarbeitersicherheit,

- Prozessorientierung,
- Kommunikation und Kooperation,
- Informationssicherheit und Datenschutz,
- Verantwortung und Führung.

Vorgehensweise
Um die festgelegten Ziele des QM zu erreichen, ist folgenden Vorgehensweise sinnvoll:

1. Erhebung des Ist-Zustandes im jeweils betrachteten Bereich
2. Festlegung von Zielen
3. Beschreibung der nötigen Tätigkeiten und Prozesse
4. Benennung der Prozessverantwortlichen
5. Ausbildung/Schulung der verantwortlichen Personen
6. Durchführung von Veränderungsmaßnahmen
7. erneute Erhebung des Ist-Zustandes nach den Veränderungen
8. praxisinterne Rückmeldung und Besprechung der Wirksamkeit der QM-Maßnahmen

Das zahnärztliche Qualitätsmanagement ist ein Schlüssel zur ständigen Verbesserung des eigenen Tuns. Es geht um die Weiterentwicklung des Berufes und die Anpassung an gesteigerte Anforderungen.

Dieser Prozess ist nie abgeschlossen. Dabei liefern die Instrumente des Qualitätsmanagements eine wertvolle Hilfe. Der Zahnarzt entscheidet aber letztlich selbst, welche Instrumente für seine Praxis die besten sind. Erreicht werden kann eine höhere Qualität nur, wenn die Arbeit im gesamten Praxisteam ständig auf dem Prüfstand steht, denn nichts ist so gut, dass es nicht besser werden könnte.

Dies gilt umso mehr, als auch Zahnarztpraxen im Wettbewerb untereinander stehen und die Patienten, auch weil sie für bestimmte Leistungen (zu-)zahlen müssen, steigende Qualitätsansprüche an den Dienstleister Zahnarztpraxis haben.

Das betrifft nicht nur die Kernleistung der zahnmedizinischen Versorgung, sondern alles, was sich um den Praxisbetrieb dreht, ganz gleich, ob es die nette Stimme am Telefon bei der Terminanfrage oder die angenehme Einrichtung des Wartezimmers oder der Service ist, den man besonderen Patientengruppen bietet.

Hinter einer Zahnarztpraxis steht ein komplexes Zusammenspiel von vielen verschiedenen Prozessen. Der Patient beurteilt die Qualität durch seine eigene, persönliche Wahrnehmung und Empfindung: Maßgeblich ist dafür der Eindruck, den die Zahnarztpraxis bei seinem Besuch auf ihn gemacht hat. Man nennt dies auch **subjektive Qualität.**

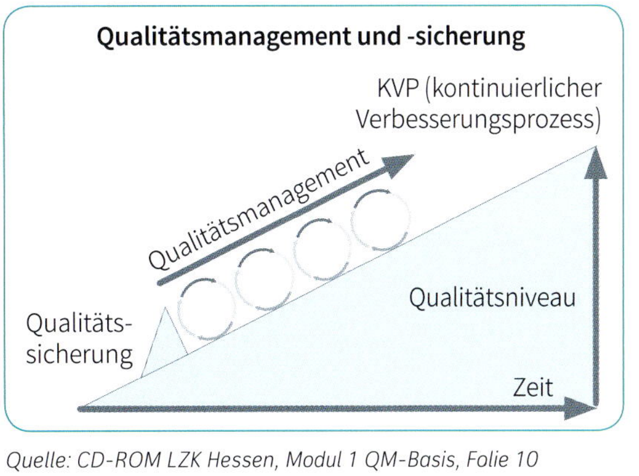

Quelle: CD-ROM LZK Hessen, Modul 1 QM-Basis, Folie 10

Qualitätsmanagement ist als Gesamtheit der Maßnahmen zur Planung, Steuerung und Überwachung der Qualität des betrieblichen Leistungsprozesses zu begreifen. Der Begriff beinhaltet mehrere unterschiedliche Bausteine, die sich alle zu einem Qualitätsmanagementsystem verbinden lassen.

Letztlich geht es bei der **Qualitätsfrage** um folgende Punkte:

1. Sämtliche Leistungen sollen auf einem hohem Niveau erbracht werden und die Erwartungen der Patienten erfüllen.
2. Es muss ein hohes Maß an Übereinstimmung zwischen Erwartung und Wirklichkeit bestehen.
3. Fehler in der Ausführung der vielfältigen Tätigkeiten sind zu vermeiden.

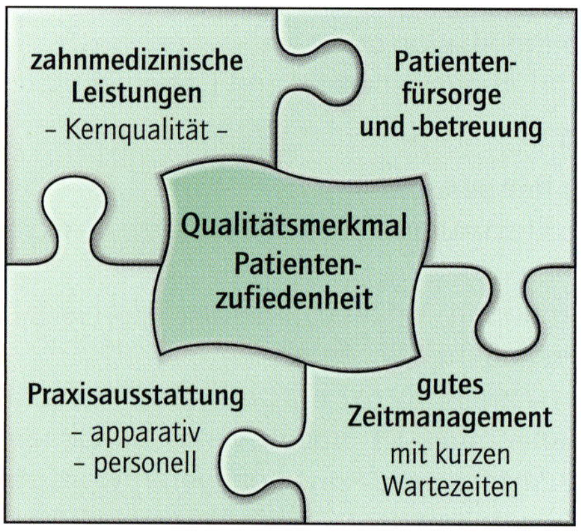

Qualitätsförderung umfasst sowohl die **externe Qualitätssicherung** als auch das **praxisinterne Qualitätsmanagement.**

Gleichwohl gilt auch hier, dass es nicht das allgemeingültige System gibt. Jede Zahnarztpraxis hat ihre spezielle Struktur, die sich nicht zuletzt in der Größe, der Anzahl der Beschäftigten, der Patientenzahl und auch in evtl. besonderen Behandlungsschwerpunkten niederschlägt.

„Qualität" heißt nichts anderes, als dass alle mit dem Praxisbetrieb verbundenen einschlägigen gesetzlichen Vorschriften ebenso zu erfüllen sind wie das, was die Patienten, die durchaus auch als „Kunden" zu verstehen sind, erwarten. Hinzu kommen natürlich auch die Anforderungen, die mit der Beschäftigung der Mitarbeiterinnen und Mitarbeiter verbunden sind.

Ohne Zweifel ist die Erfüllung qualitativer Kriterien in einer Zahnarztpraxis auch unabhängig vom Bestehen eines QM-Systems möglich. Dies wurde auch bis vor wenigen Jahren durchaus erfolgreich umgesetzt.

Die Kernidee von ZQMS ist, dass die qualitätssichernden Maßnahmen nicht dem Zufall oder dem Interesse einzelner Personen überlassen bleiben, sondern dass sie systematisch aufgearbeitet und miteinander in Beziehung gesetzt werden.

ZQMS ist ein von den Zahnärztekammern in Hessen, Niedersachsen, Rheinlad-Pfalz, Saarland, Brandenburg und Thüringen entwickeltes System.

Im Kern geht es dabei um die Umsetzung von **Qualitätskriterien bei der täglichen Praxisarbeit und der damit verbundenen Dokumentationen**.

Man unterscheidet dabei verschiedene Formen von Qualität bzw. verschiedene Qualitätsbereiche:

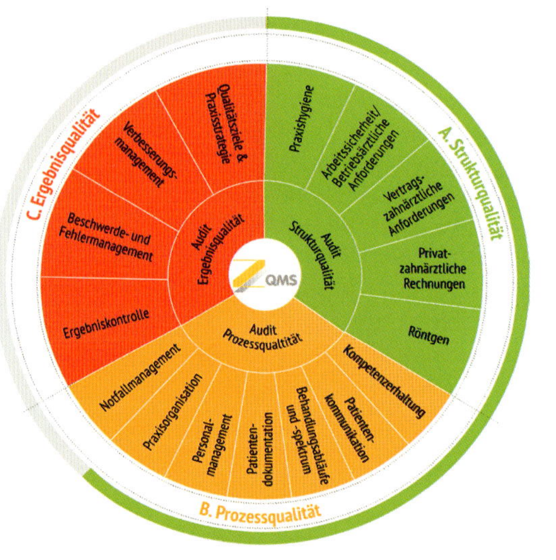

Entwicklungsbereiche im Sinne der Qualitätssicherung nach ZQMS Quelle: www.zqms-eco.de/login.php?target=&client_id=zqms-eco&auth_stat= [06.11.2020].

Strukturqualität

Sie beinhaltet alle in einer Zahnarztpraxis vorkommenden bzw. auftretenden formalen Rahmenbedingungen der täglichen Arbeit. Dazu gehören einerseits die grundsätzlichen Mindestanforderungen an die Praxisausstattung und andererseits ebenso die Qualifikationsanforderungen an die beschäftigten Mitarbeiter/-innen und insbesondere an die Zahnärztinnen/Zahnärzte:

- **Praxisausstattung** in Form der vorhandenen medizinischen Geräte, der verwaltungstechnischen Voraussetzungen und der Modernität der benutzten Anlagen,
- Gestaltung und optischer Eindruck der **Praxisräume**, des Anmelde- und Wartebereiches nicht zuletzt unter Berücksichtigung rechtlicher Vorgaben (z. B. Datenschutz) sowie arbeitsergonomischer Grundsätze,

- Ausbildungsstand, fachliche, aber auch menschliche **Qualifikationen** der Mitarbeiter/ -innen einschließlich deren ständiger Anpassungs- und Fortbildungsbereitschaft.

Prozessqualität

Hier geht es darum, dass der tägliche Praxisbetrieb möglichst gut organisiert und gut durchgeplant ablaufen kann. Dabei geht es nicht nur um formale Sachverhalte, sondern auch darum, dass den Bedürfnissen der Patienten einschließlich der Beachtung spezieller psychischer oder körperlicher Situationen (z. B. Ängste, Behinderungen, Schmerzen usw.) in angemessener Weise begegnet wird:

- verlässliche Ergebnisse der **Anamnese**,
- korrekte Durchführung von **Untersuchungen** (Diagnostik) sowie der darauf aufbauenden **Behandlungen** (Therapie),
- angemessene Information und Aufklärung in den Gesprächen mit den Patienten,
- **reibungslose Organisation** des Praxisablaufes mit möglichst verlässlicher Terminplanung,
- Sicherstellung der **Verfügbarkeit** von **Akten** und des Zugriffs auf sonstige für den Praxisablauf und die Behandlung wichtige Unterlagen und Informationsquellen.

Ergebnisqualität

In diesem Bereich geht es darum, dass der Erfolg einer durchgeführten Behandlung überprüft wird, um daraus nötige Rückschlüsse über die (Weiter-)Behandlung abzuleiten:

- Wahrnehmung und **Erfassung des objektiv veränderten Gesundheitszustandes** eines Patienten nach der (zahn-)medizinischen Versorgung,
- subjektives **persönliches Empfinden des Patienten**/Erfassung der **Zufriedenheit** des Patienten mit der durchgeführten Behandlung und/oder dem Praxismanagement. Das zahnärztliche Qualitätsmanagementsystem erfüllt zudem die Forderung gemäß **§ 135a Sozialgesetzbuch (SGB V)**:

§

(1) Die Leistungserbringer [Anmerkung der Verfasser: z. B. Ärzte, Zahnärzte] sind zur Sicherung und Weiterentwicklung der Qualität der von ihnen erbrachten Leistungen verpflichtet. Die Leistungen müssen dem jeweiligen Stand der wissenschaftlichen Erkenntnisse entsprechen und in der fachlich gebotenen Qualität erbracht werden.

(2) Vertragsärzte [...] sind[...] verpflichtet
- sich an [...] Maßnahmen der Qualitätssicherung zu beteiligen, die insbesondere zum Ziel haben, die Ergebnisqualität zu verbessern und
- einrichtungsintern ein Qualitätsmanagement einzuführen und weiterzuentwickeln [...].

ZQMS ist aber nicht zuletzt auch eine bestmögliche Vorbereitung auf die durchzuführenden Kontroll- und Auditierungsmaßnahmen. Schließlich geht es auch darum, dass in der Praxisarbeit ständig Verbesserungsmöglichkeiten erkannt und wahrgenommen werden.

Mit den zunehmenden gesetzlichen Anforderungen an Zahnarztpraxen steigt auch der Druck auf Praxisinhaber/-innen und deren Mitarbeiter/-innen, diese nicht nur konsequent, sondern auch zeit- und kostensparend umzusetzen. Auch hier kann das Qualitätsmanagement helfen.

Das **zahnärztliche Qualitätsmanagement (ZQMS)**, speziell für die zahnärztliche Praxis, ist ein Beispiel dafür, wie **praktikabel und effektiv** Qualitätsmanagement sein kann und wie es trotz Einhaltung gesetzlicher Vorgaben die täglichen Abläufe in der Praxis erleichtert. Ein zentraler Bestandteil ist dabei die Sicherstellung der Praxishygiene auf der einen und die Einhaltung der Schweigepflicht auf der anderen Seite (siehe dazu Lernfeld 1, Kapitel 6.1 und 6.3 sowie Kapitel 7).

4.2 Gesetzliche Grundlage der Qualitätsprüfung

Oberste Instanz für die Festlegung der Regeln für die Überprüfung der Qualität der zahnärztlichen Versorgung ist das Bundesministerium für Gesundheit. In dem Beschluss des Gemeinsamen Bundesausschusses über eine Qualitätsprüfungs-Richtlinie der vertragszahnärztlichen Versorgung vom 21. Dezember 2017 wird geregelt, wie die Qualitätsüberprüfung erfolgt.

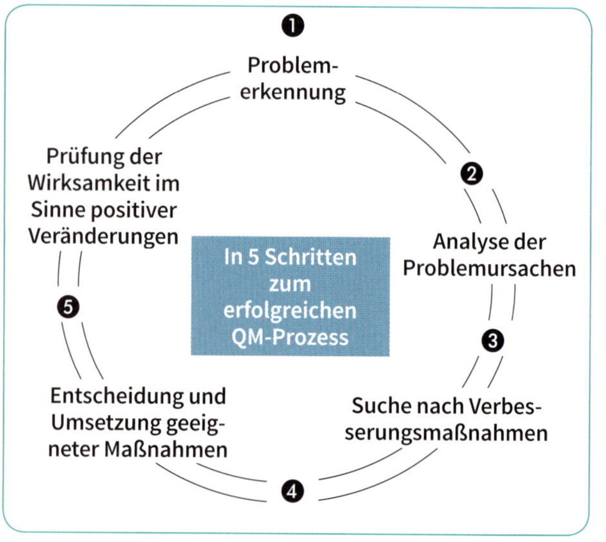

Der Gemeinsame Bundesausschuss (G-BA) hat in seiner Sitzung am 21. Dezember 2017 die Richtlinie zu Auswahl, Umfang und Verfahren der Qualitätsprüfungen nach § 135b Absatz 2 des Fünften Buches Sozialgesetzbuch (SGB V) (Qualitätsprüfungs-Richtlinie vertragszahnärztliche Versorgung, QP-RL-Z) beschlossen:

§

§ 3 Umfang und Auswahl der Qualitätsprüfungen

Der Umfang der Qualitätsprüfungen muss hinsichtlich der Anzahl der zu überprüfenden, in der vertragszahnärztlichen Versorgung erbrachten Leistungen aussagekräftige Ergebnisse ermöglichen und im Hinblick auf den Aufwand der KZVen vertretbar sein.

Zum Zweck der Qualitätsprüfung werden jährlich nach dem Zufallsprinzip per Stichprobe mindestens ein Prozent bis höchstens vier Prozent aller Zahnärztinnen und Zahnärzte ausgewählt, die die zu überprüfende Leistung bei mindestens zehn Patientinnen und Patienten innerhalb von zwölf Monaten abgerechnet haben.

Dabei ist durch den G-BA (Gemeinsamer Bundesausschuss) sicherzustellen, dass die Stichprobe repräsentativ ist

Zahnärztinnen und Zahnärzte, bei denen die Prüfung durch die KZV **keine Auffälligkeiten/ Mängel** ergab, werden für ... vier auf die Prüfung folgende Jahre aus der Grundgesamtheit der Stichprobe ausgenommen und in diesem Zeitraum nicht erneut geprüft.

Zahnärztinnen und Zahnärzte, bei denen die Prüfung durch die KZV **geringe Auffälligkeiten/ Mängel** ergab, werden für ... zwei auf die Prüfung folgende Jahre aus der Grundgesamtheit der Stichprobe ausgenommen und in diesem Zeitraum nicht erneut geprüft.

Inhalt der Qualitätsprüfung

Das Qualitätsmanagement in einer Zahnarztpraxis erstreckt sich auf viele Bereiche. Bei der Überprüfung im Sinn der voranstehend erwähnten gesetzlichen Grundlage geht es in erster Linie um folgende Schwerpunkte:

Grundsätzliche Anforderungen des Qualitätsmanagements einer Zahnarztpraxis:

- In welcher Form wird der Ist-Zustand des Praxisgeschehens und der Behandlungsabläufe erhoben und intern bewertet?
- Von welchen Zielen wird der Praxisalltag und die Ausrichtung auf die Patienten bestimmt?
- In welcher Form werden die Praxisprozesse sowie die Tätigkeits- und Verantwortungsbereiche der Mitarbeiterinnen und Mitarbeiter beschrieben?
- Welche Aus- und Weiterbildungsmaßnahmen werden den Mitarbeitern und Mitarbeiterinnen angeboten und in welchem Umfang wird davon Gebrauch gemacht?
- Wie sehen die praxisinternen Rückmeldesysteme über die Wirksamkeit erfolgter Qualitätsmaßnahmen aus?

Bereiche der Qualitätsprüfung
Die Vertragszahnärzte müssen über die verschiedenen Bereiche, die der Qualitätsüberprüfung zugrunde liegen, informiert sein. Dazu gehören:

1. **Die obligatorische Ausrichtung aller Praxisabläufe an den gesetzlichen und vertraglichen Vorgaben und Rahmenbedingungen** wie z. B.
   - allgemeine Behandlungsrichtlinien
   - Datenschutzvorschriften
   - Hygieneverordnungen
   - Abrechnungsvorschriften
2. **Maßnahmen aus dem Bereich der Arbeitsprozesse und der Praxisorganisation** wie z. B.
   - Checklisten für organisatorische Arbeitsabläufe
   - Praxishandbücher
   - Verfahren im Rahmen des Fehlermanagements
   - Notfallmanagement
3. **Diagnose- und Behandlungsprozesse** wie z. B.
   - Koordinierung von zahnärztlichen und zahntechnischen Maßnahmen
   - fachliche Fortbildungsmaßnahmen
4. **Mitarbeiterorientierung und -führung**
   - Teambesprechungen
   - Fortbildungsangebote
5. **Patientenorientierung**
   - Information, Aufklärung, Beratung
   - Patientenmitwirkung/Selbsthilfe
   - Beschwerdemanagement
6. **Kooperationspartner** wie z. B.
   - Fachkollegen
   - Krankenkassen

Ein in dieser Form angewandtes Qualitätsmanagement ist niemals beendet, sondern wird ständig von neuen Erkenntnissen und Herausforderungen begleitet.

INFO 1 Voraussetzungen für eine „gelebte“ Qualität im Praxisalltag

Qualität entsteht nicht von allein. Sie muss erarbeitet und jeden Tag aufs Neue bewiesen werden. Dies geschieht analog den gesetzlichen Vorgaben auf mehreren Ebenen:

Einhaltung der gesetzlichen Rahmenbedingungen

Hierunter versteht man die Anwendung der Normen, die für den Arbeitsschutz, den Patientenschutz, das Abrechnungswesen, die Zusammenarbeit mit den Krankenkassen sowie alle sonstigen Bestimmungen des Berufsrechtes gelten. Über die Anwendung hinaus ist auch die Dokumentation dessen, was und wie es gemacht wurde, ein wichtiger Baustein für das Qualitätsmanagement.

Gestaltung der Arbeitsprozesse

Alle organisatorischen Abläufe in einer Zahnarztpraxis müssen transparent und klar sein.
Dies erleichtert die Kooperation und Koordination und gibt die Sicherheit, dass trotz aller Arbeitsroutine immer eine Weiterentwicklung im Sinne des Qualitätskreislaufes erfolgt, denn nichts ist so gut, dass es durch Erfahrungen nicht besser werden könnte.

Diagnose- und Behandlungsprozesse

Die vielfachen und komplexen Herausforderungen wie z. B. das Zusammenspiel zwischen präventiven und operativen Maßnahmen sollte in Leitlinien festgelegt sein, nach denen man sich im Einzelfall richtet.

Controlling

Die Führung einer Zahnarztpraxis hat auch viel mit betriebswirtschaftlichem Sachverstand zu tun.
Die Kontrolle der Einnahmen und Ausgaben gehört im Zusammenhang mit einer klaren Finanzplanung ebenso zu den zentralen Aufgaben wie die Erfassung von bestimmten Trends in der zahnärztlichen Versorgung.

Mitarbeiterorientierung

Die Einbeziehung der Mitarbeiter/-innen ist ein wichtiger Eckpunkt des Qualitätsmanagements. Sie sollte nicht zufällig, sondern bewusst, gezielt und aktiv erfolgen. Klare und eindeutige Kompetenzverteilungen, regelmäßige Mitarbeiterbesprechungen, systematische Personalentwicklung durch Qualifizierung und Fortbildung gehören ebenso dazu wie eine gut funktionierende Informationsweitergabe.

Kooperation mit Partnern

Da die Zahnarztpraxis nicht isoliert arbeitet, sondern in ein Netzwerk von Kooperationspartnern wie Dentallabors, Dental-Depots, Fachärzten, Patientenberatungsstellen usw. eingebunden ist, sollten auch diese Beziehungen in ein QM-System einbezogen und ständig im Sinne einer Verbesserung und Weiterentwicklung kritisch beobachtet werden.

Praxisleitung

Das Verhalten und die Einstellung des Praxisinhabers sind der Schlüsselfaktor für das Gelingen des Qualitätsmanagements.

Das Qualitätsmanagement muss nicht nur von den Mitarbeitern, sondern uneingeschränkt auch von den Zahnärztinnen/Zahnärzten selbst gelebt werden.

Praxisleitbild

Eine wichtige Voraussetzung für die Einführung eines umfassenden Qualitätsmanagements ist die bewusste Formulierung eines Praxisleitbildes. Es gilt nur für eine Praxis und gibt Antwort auf die Fragen, welche Praxisziele verfolgt werden, welche Patientengruppen man erreichen will, wie die Praxisausstattung und das allgemeine Erscheinungsbild aussehen sollen und wie sich die Praxis nach außen hin und gegenüber den Kollegen darstellt.

Qualitätsmanagementsysteme sind nicht nur auf das Ergebnis einer Behandlung ausgerichtet, sondern sie umfassen den Prozessablauf in einer Praxis. Das heißt, dass ein optimales Ergebnis am Ende der Behandlung unmittelbar damit verbunden ist, dass alle einzelnen Schritte optimiert sind. Dazu gehört nicht nur die Behandlung im engeren Sinne, sondern auch der Umgang mit den Patienten sowie die Dokumentation der Behandlungsetappen. Gerade diese Dokumentation ist dringend erforderlich, um im Streitfall den Nachweis einer sachgerechten Behandlung führen zu können.

Genau diese Sichtweise steht auch hinter der folgenden Abbildung, die den Qualitätsprozess in die drei Bereiche

- Führungsprozesse,
- Kernprozesse und
- Unterstützungsprozesse

einteilt und auf diese Weise zu erklären versucht, wie Qualität in der Zahnarztpraxis entsteht:

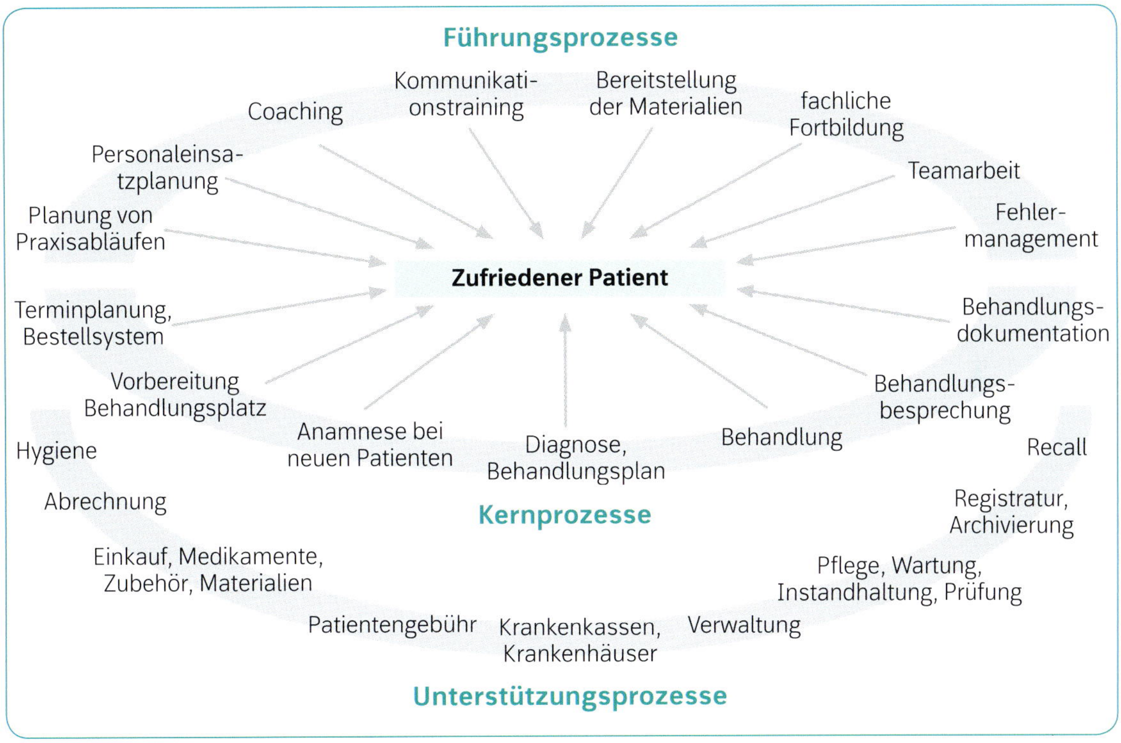

4.3 Festlegen von praxisbezogenen Qualitätsleitlinien und -zielen

Qualität zu leben und zu erzeugen findet – wie dargestellt – auf verschiedenen Ebenen statt. Eine allgemeine Ausgangsbasis für das Zusammenarbeiten kann ein gemeinsam festgelegtes **Praxisleitbild** sein. Es schreibt fest, woran sich die tägliche Arbeit ausrichtet und woran man sich bei der Umsetzung seiner Aufgaben orientiert. Daher ist das Praxisleitbild auch ein wesentlicher Bestandteil des Qualitätsmanagements.

4.3.1 Praxisleitbilder

Mit Praxisleitbildern wird versucht, das umfangreiche Geschehen in einer Zahnarztpraxis in einer möglichst einfachen, aber dafür insbesondere für die Patienten umso verständlicher wirkenden Form „auf den Punkt zu bringen“. Ein Beispiel aus der Zahnarztpraxis Dr. Heilmann:

Zahnarztpraxis Dr. Heilmann

Grundsätze

- Wir sind in erster Linie patientenorientiert. Freundlichkeit, Verständnis für unsere Patienten und Zuverlässigkeit sind unsere Stärken.
- Wir sind offen und ehrlich. Unser Kommunikationsverhalten ist einheitlich – auch gegenüber unseren Patienten.
- Wir sind eine gut gehende Praxis, weil wir erfolgreich sind. Ständige Aus- und Weiterbildung und ein kontinuierlicher Verbesserungsprozess sind für uns selbstverständlich.
- Wir haben den Anspruch, besser zu sein als andere Praxen.

Patientenkultur

- Die Patientenbelange verdienen unsere höchste Konzentration.
- Unsere Zielgruppe ist ein hoher Anteil an Patienten mit Sinn für Vorsorge, die auch über eine akute Behandlung hinaus regelmäßig zu uns in die Praxis kommen.
- Patientenverantwortung heißt für uns: eine umfassende Patientenberatung und -betreuung in allen Behandlungsphasen.
- Die Patientenzufriedenheit ist der Lohn für unsere Mühe und unseren mehr als durchschnittlichen Einsatz.

Ziele

- In den zahnmedizinischen Behandlungsmethoden, technisch und kommunikativ immer auf dem neuesten Stand sein.
- zu den Meinungsbildnern zu gehören.
- uns mit mündigen Patienten gegenseitig die Arbeit zu erleichtern;
- hohe Patientenbindung und stabile Umsatzzahlen.

Vgl. Oppenberg, Gabriele: Praxismanagement – Erfolgsstrategien für die Zahnarztpraxis, Berlin: Quintessenz-Verlag 2002.

Die Entwicklung eines Leitbildes ist ein langer Prozess, in den möglichst alle Mitarbeiterinnen und Mitarbeiter mit einbezogen werden sollten.

Qualität entsteht aber auch dadurch, dass bestimmte Abläufe klar und verbindlich festgelegt werden und die entsprechenden Handlungsanweisungen Bestandteil eines QM-Handbuches sind.

4.3.2 Festlegen von Abläufen und Zuständigkeiten

Das, was in einem Praxisleitbild nach außen ausgesagt wird, muss in der Praxis auch „gelebt" werden. Hier geht es darum, in Form von konkreten Handlungs- und Arbeitsanweisungen das zu regeln, was an Einzeltätigkeiten aus den Qualitätszielen und unabhängig davon nicht zuletzt für die tägliche Arbeit aus dem abzuleiten ist, was in den entsprechenden Vorschriften des Sozialgesetzbuches (siehe Kapitel 4.1) verankert ist.

Dazu zwei praktische Beispiele:

Beispiel 1

Anweisung: Behandlungszimmer säubern und desinfizieren
Ziel: Vermeidung von Infektionen
Verantwortlich: Zahnmedizinische Fachangestellte
Schriftliche Grundlage: Hygieneplan

Zu verrichtende Tätigkeiten:

1. Verwendete Instrumente im Tauchbad aus dem Behandlungszimmer entfernen
2. Behandlungszimmer lüften
3. Behandlungszimmer mit Desinfektionstüchern gründlich reinigen Stuhl, Lampe, Arbeitsflächen und Speibecken abwischen Schwerzugängliche Stellen (Speibecken, Instrumentenköcher) mit Desinfektionsspray behandeln
4. Nach chirurgischen Eingriffen Absauganlage durchspülen und desinfizieren
5. Abends Fußböden nass wischen durch Reinigungskraft

Beispiel 2

Anweisung: Vorbereitung einer Behandlung Extraktion Zahn 16
Ziel: Planmäßiger Ablauf der Behandlung
Verantwortlich: Zahnmedizinische Fachangestellte

Zu verrichtende Tätigkeiten:

1. Eingeschweißte, sterile Instrumente auf sterilem Tray vorbereiten und abdecken
2. Die für die Entfernung speziell dieses Zahnes notwendigen Instrumente anhand der Instrumentenliste heraussuchen:
   - Grundbesteck
   - Bein'scher Hebel
   - Extraktionszange für OK-Molaren rechts
   - Kürettage-Löffel
   - sterile Tupfer
   - Aufklärungsblatt „Verhalten nach Extraktionen“

4.3.3 Dokumentation und Umgang mit Fehlern

Fehler können unterschiedliche Ursachen, aber auch unterschiedliche Folgen haben. Unabhängig davon, um welchen Fehler es sich handelt, stört auch jedes noch so kleine Missgeschick das Streben nach Perfektion und höchstmöglicher Qualität. Jeder Fehler, der unentdeckt bleibt oder der verschwiegen wird, birgt die Gefahr von immer größer werdenden Folgefehlern. Es gilt der Grundsatz: Je früher man einen Fehler entdeckt, desto geringer sind die Kosten für seine Beseitigung. Eine Fehlersammelliste kann wirksam helfen, Schritt für Schritt die Qualität dadurch zu erhöhen, dass sich einmal gemachte Fehler nicht ständig wiederholen und immer wieder zu neuen Reibungsverlusten führen.

Beispiel

Dokumentation und Umgang mit Fehlern

Erstellung des Protokolls: 22.08.20..

Vorgang: Die Patientin Petra Meier hat zum 01.08.20.. die Krankenkasse gewechselt. Die neue Versichertenkarte der BKK wurde in den PC eingelesen, ohne die BEK zum 31.07.20.. abzumelden.

Fehlerprotokoll: Die Patientin hat den Kassenwechsel nicht angezeigt. Die Zahnmedizinische Fachangestellte hat es nicht bemerkt und nicht gezielt nachgefragt.

Das Programm hat die Kassenzugehörigkeit der Patientin zum 01.07.20.. auf die BKK überschrieben. Leistungen aus Juli 20.. können nicht mehr auf die BEK abgerechnet werden.

Fehlervermeidungsvorschlag: Die Patientin muss gefragt werden, ab welchem Datum der Kassenwechsel gilt. Das Ende der Mitgliedschaft bei der BEK muss im Patientenstamm eingetragen werden. Dann erst darf die neue Karte der BKK eingelesen werden. Das Anfangsdatum der Mitgliedschaft muss überprüft und eingetragen werden.

4.4 Weitere Zertifizierungsmöglichkeiten

Das System der Zertifizierung im Rahmen des „ZQMS" ist nicht die einzige Möglichkeit, es gibt unter anderem noch die Möglichkeit, eine Praxis nach den Vorgaben der ISO-Norm oder im Rahmen des EFQM-Systems zertifizieren zu lassen.

Praxen, die ein funktionierendes System zur Qualitätssicherung ganz gleich welcher Art eingeführt haben, dokumentieren dies in einem **Handbuch.** Während der Überprüfung (Audit) wird festgestellt, ob die tatsächlichen Abläufe dem Handbuch entsprechen. Im Gesundheitswesen kann dies entweder zur Selbstauskunft dienen oder von einem speziell geschulten Gutachter beurteilt werden. Es wird keine Einstufung der Angemessenheit und der Ergebnisqualität vorgenommen.

Bei einem externen **Audit** im System der QS wird bei positiver Beurteilung der Auditoren die Zahnarztpraxis für die Dauer von drei Jahren zertifiziert.

4.4.1 Zertifizierung nach DIN EN ISO 9001:2015

Die ISO 9001:2015 ist ein schwerpunktmäßig in der Industrie „beheimatetes" Verfahren der Qualitätssicherung. Es eignet sich aber durchaus auch für eine Zahnarztpraxis.

Der Name DIN EN ISO 9001:2015 setzt sich aus folgenden Elementen zusammen:

DIN	**D**eutsches **I**nstitut für **N**ormung
EN	**E**uropäische **N**orm
ISO	**I**nternational **O**rganization for **S**tandardization
9001	Standard für Qualitätsmanagement-Systeme für Dienstleistungs- und Produktionsbetriebe
2015	Letzter Stand der Überarbeitung

Im Mittelpunkt steht dabei die Erstellung eines Qualitätshandbuches, in dem alle Zuständigkeiten, Praxisabläufe und Behandlungsmethoden festgelegt werden. Eine damit verbundene Zertifizierung muss von einer externen Organisation vorgenommen werden. Dies setzt auch voraus, dass in der Praxis ein eigener Qualitätsmanagement-beauftragter ernannt wird. Das kann sowohl ein mit der nötigen Befähigung und entsprechenden Fortbildungsmaßnehmen befähigter Mitarbeiter als auch der Praxisinhaber selbst sein.

Allein daraus ist erkennbar, dass sich diese Art der Zertifizierung vor allem für größere Praxen oder Kliniken eignet.

4.4.2 European Foundation for Quality Management (EFQM)

Eine andere Möglichkeit ist die Zertifizierung nach dem **EFQM**-Modell (**E**uropean **F**oundation for **Q**uality **M**anagement). Hier steht die systematische Selbstbewertung im Mittelpunkt. Zu erreichen sind maximal 1 000 Punkte. Die Selbstbewertung wird unter Berücksichtigung der vorgegebenen Höchstpunktzahlen vorgenommen.

Das EFQM-Qualitätsmanagement-Modell enthält – ähnlich wie ISO 9001:2015 – einen Anforderungskatalog. Er besteht aus fünf sogenannten **Befähiger-Kriterien** der Struktur- und Prozessqualität:
- Führung,
- Mitarbeiterorientierung,
- Politik und Strategie,
- Ressourcen,
- kundenorientierte Prozesse

und drei sogenannten **Ergebnis-Kriterien,** die sich beziehen auf
- mitarbeiterbezogene Ergebnisse,
- kundenbezogene Ergebnisse und
- gesellschaftsbezogene Ergebnisse.

Beispiel

Beispiel einer Selbstbewertung (Auszug):

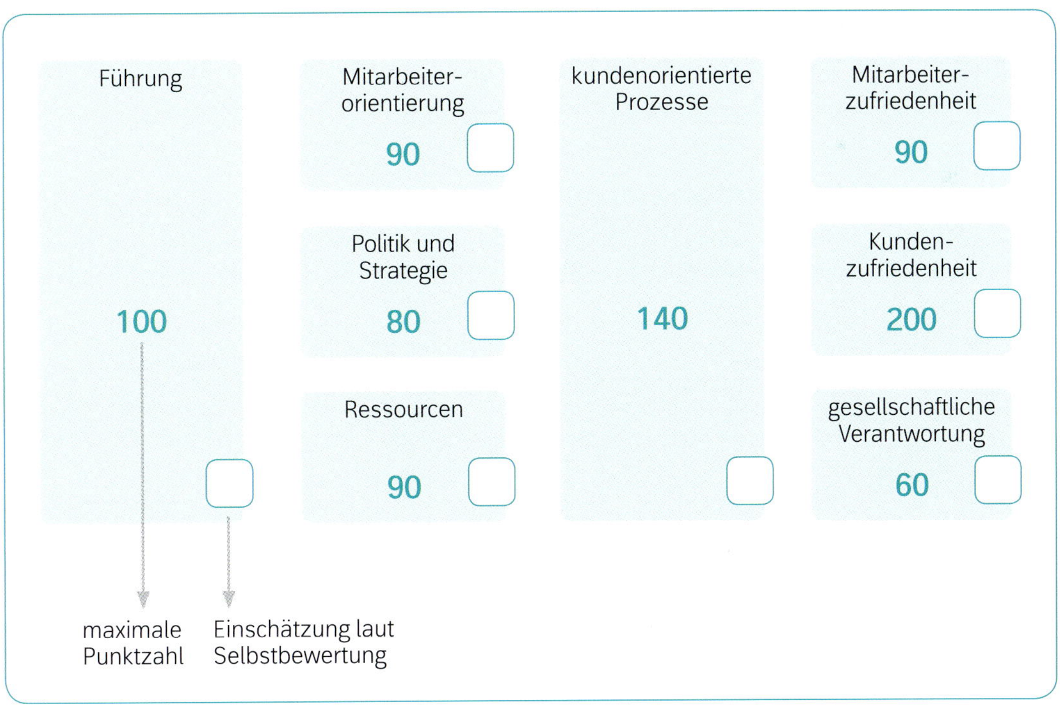

4.5 Umsetzung des Qualitätsmanagements

Zur Einführung eines Qualitätsmanagements in der Zahnarztpraxis sind eine gut strukturierte Organisation und Aufgabenteilung nötig. Die Praxisleitung wird in der Qualitätsmanagementsprache oftmals als „oberste Leitung einer Einrichtung" bezeichnet, da sie für alle Maßnahmen und Entscheidungen in der

Arztpraxis verantwortlich ist. Sie kann jedoch Aufgaben/Verantwortung im Rahmen des Qualitätsmanagements delegieren, z. B. an eine Zahnmedizinische Angestellte. Diese wird dann als Qualitätsmanagement-Koordinatorin (QMK) oder Qualitätsmanagement-Beauftragte (QMB) bezeichnet.

Der Ausdruck QM-Koordinator/-in verstärkt bewusst den Eindruck, dass die/der Zahnmedizinische Fachangestellte alle QM-Aktivitäten koordiniert, aber nicht alles allein durchführen muss. Die Bezeichnung QM-Beauftragte/-r weckt häufig die falsche Erwartung, dass alle Aktivitäten nur durch sie ausgeführt werden müssen.

INFO 1 Interne Qualitätssicherung

Bei der internen Qualitätssicherung unternimmt eine Einrichtung bzw. eine Zahnarztpraxis selbst Aktivitäten zur Sicherung der täglichen Arbeit. Neben medizinischen Sachverhalten gehören hierzu auch schon einfache Checklisten, z. B. zur Überprüfung der Einhaltung von Hygiene- und Reinigungsplänen oder für regelmäßig zu erledigende praxisinterne Wartungsarbeiten. Viele Praxen erheben auch regelmäßig die Wartezeiten ihrer einbestellten Patienten, nachdem sie sich ein praxisinternes Ziel (zum Beispiel „nicht länger als 30 Minuten") gesetzt haben.

INFO 2 Externe Qualitätssicherung

Im Gegensatz zur internen Qualitätssicherung, bei der die Maßnahmen zur Qualitätssicherung von der Arztpraxis selbst ausgehen, geht die externe Qualitätssicherung von einer offiziellen Stelle, wie z. B. dem Gesetzgeber, aus. Solche externen Qualitätssicherungsmaßnahmen sind für alle Praxen oder Krankenhäuser verbindlich, d. h., sie sind vom Gesetz her verpflichtet, daran teilzunehmen. Dazu gehören z. B. die Richtlinien zur Geräteausstattung einer Zahnarztpraxis oder die Beurteilung der Bildqualität von Röntgenaufnahmen.

4.6 Mit Checklisten den Ist-Zustand feststellen

Ein schwerwiegender Fehler besteht oft darin, dass man glaubt, besser zu sein, als man in Wirklichkeit ist. Mit Checklisten kann man in ganz unterschiedlichen Bereichen erfassen, wo man in der Praxisarbeit steht.

Dabei wird im Rahmen des Qualitätsmanagements zunächst eine Situationsanalyse erstellt. Konkrete **Arbeitsanweisungen** legen den Ablauf des Praxisalltags verbindlich fest.

Beispiel

Beispiele für einen sinnvollen Einsatz von Checklisten und Arbeitsanweisungen:

- Hygieneplan mit Belehrungsprotokoll;
- halbjährliche Belehrung des Personals nach RöV;
- Belehrung der Mitarbeiter/-innen über Gefahren am Arbeitsplatz und deren Abwendung;
- Verhaltensregeln zur Schweigepflicht und zum Datenschutz;
- Materialbeschaffung und richtige Lagerhaltung;
- Einsatz bei der Privat- und Kassenabrechnung;
- zur methodischen Praxisablauforganisation, z. B.
  - Patientenempfang
  - Patientenaufnahme/Datenerfassung

- Terminplanung/Wartezeiten/Bestellsystem
- Behandlungsplanung
- Einführung/Anleiten neuer Praxismitarbeiter/-innen
- Fehleranalysen
- Reparaturen/Gerätewartung und Instandhaltung
- standardisierte Vorbereitung von diagnostischen und zahnmedizinischen Behandlungsmaßnahmen, z. B.
  - Befundaufnahme
  - Schmerztherapie
  - Vorsorgeuntersuchung
  - Patientenaufklärung und -einwilligung
  - Vorbereitung von Trays für einzelne Behandlungsmaßnahmen
  - alle zahnmedizinischen Therapien (z. B. Individualprophylaxe, prothetische Restaurationen, PA-Behandlungen, chirurgische Maßnahmen)
  - Notfallmanagement
- Checklisten für Standardtexte und Redewendungen, z. B.
  - Begrüßung und Verabschiedung von Patienten
  - Grußformel am Telefon
  - Mustertexte für den Praxisanrufbeantworter
  - „Liste der 10 Gebote für erfolgreiches Telefonieren"
  - Mustertexte für Patientenberatungsgespräche durch die Zahnmedizinische Assistentin
  - Hilfen zur Vermeidung von negativen Formulierungen

INFO 3 Beispiele aus der Praxis für die Praxis: Praxis-Check – Wie gut sind wir?

Natürlich steht im Mittelpunkt der täglichen Arbeit der Erfolg bei der Behandlung der Patientinnen und Patienten. Aber jeder kennt auch aus der persönlichen Sicht und den schon gemachten Erfahrungen mit Besuchen in Arzt- oder Zahnarztpraxen, dass es auch andere Bereiche gibt, die dafür maßgeblich sind, wie gut eine Praxis nach außen auf die Patienten wirkt.

Ganz im Sinne des Qualitätsmanagements können Prozessabläufe nur dann besser werden, wenn man weiß, wo man steht und wohin man will. Darum geht es bei den folgenden Darstellungen.

Praxis-Check Beispiel 1
Wie sehen wir uns selbst?

	Praxisgebäude und Einrichtung	Stimmt total	Na ja	Stimmt eher nicht
1	Unsere Praxis ist für die Patienten sowohl mit dem Pkw als auch mit öffentlichen Verkehrsmitteln gut erreichbar.			
2	Das Praxisgebäude macht schon von außen einen guten Eindruck.			
3	Die Praxis selbst ist sowohl außen als auch im Gebäudeinneren gut ausgeschildert ...			
4	.... und auch für behinderte Patienten über entsprechende Hilfseinrichtungen problemlos erreichbar.			

Bitte keine Eintragung in das Buch

	Praxisgebäude und Einrichtung	Stimmt total	Na ja	Stimmt eher nicht
5	Wir haben für die wartenden Patienten ausreichende Kapazitäten im Wartebereich.			
6	Das Anmelde- und Wartezimmer strahlt eine angenehme und freundliche Atmosphäre aus.			
7	Im Wartezimmer stehen Möglichkeiten für eine sinnvolle Überbrückung der Wartezeit zur Verfügung (Auslage von Zeitschriften, Spielecke für Kinder, Versorgung mit Kaltgetränken usw.).	Bitte keine Eintragung in das Buch		
8	Die Ausstattung im Verwaltungsbereich der Praxis ist funktionell und entspricht auch den Erkenntnissen der Arbeitsergonomie.			

	Kontakt mit den Patienten	Stimmt total	Na ja	Stimmt eher nicht
1	Der Empfangsbereich und die Telefonanlage sind durchgehend besetzt und vom allgemeinen Praxisbetrieb weitgehend abgeschirmt.			
2	Wir versuchen, auf die besonderen Bedürfnisse und Behandlungswünsche der Patienten einzugehen.			
3	Die Wartezeiten werden durch eine gute Zeitplanung so gering wie möglich gehalten.			
4	Bei unvorhersehbaren Ereignissen, die zu längeren Wartezeiten führen, informieren wir die Patienten und bitten um Verständnis.	Bitte keine Eintragung in das Buch		
5	Die Patienten werden bestmöglich über die vorgesehenen und erforderlichen Behandlungsmaßnahmen informiert.			
6	Für besondere Behandlungsfälle (z. B. Implantationen, Wurzelfüllungen usw.) halten wir spezielle Informationsbroschüren mit Aufklärungshinweisen bereit und sprechen mit den Patienten darüber.			
7	Alle Mitarbeiter/-innen tragen Namensschildchen, sodass die Patienten wissen, mit wem sie es zu tun haben.			
8	Die Patienten erhalten bei evtl. notwendigen Maßnahmen, die mit einem Antrag auf Kostenerstattung verbunden sind, Hilfe durch das Praxispersonal.			

	Behandlungsablauf	Stimmt total	Na ja	Stimmt eher nicht
1	Die Behandlung der Patienten erfolgt in einer reibungslosen und ungestörten Atmosphäre.			
2	Im Rahmen der Vorbereitung der Behandlung werden alle nötigen Unterlagen für den behandelnden Zahnarzt im Behandlungsraum bereitgestellt.			
3	Zu Beginn der Behandlung erfolgt bei Bedarf eine Information der Patienten über evtl. Behandlungsalternativen und ggf. erforderliche persönliche Zuzahlungen.			
4	In die Behandlungsabläufe werden ausreichende „Pufferzeiten" eingeplant, um ggf. auf spezielle Problemsituationen und Bedürfnisse der Patienten eingehen zu können.			

Bitte keine Eintragung in das Buch

	Praxishygiene	Stimmt total	Na ja	Stimmt eher nicht
1	Die erforderlichen Hygienearbeiten werden in einem Service- und Hygieneplan dokumentiert und sind für alle Mitarbeiter/-innen verbindlich.			
2	Die verwendeten Geräte und Instrumente werden gemäß Hygieneplan regelmäßig kontrolliert und gewartet.			
3	Die Entsorgung der anfallenden Praxisabfälle erfolgt in eigens dafür zur Verfügung stehenden Behältern.			
4	Die gesamte Praxis wird täglich vor Arbeitsbeginn auf Sauberkeit kontrolliert und nach Arbeitsende gründlich gereinigt.			
5	Die Patiententoiletten werden in regelmäßigen Abständen von ca. 1,5 Stunden inspiziert und ggf. gesäubert.			

Bitte keine Eintragung in das Buch

Praxis-Check Beispiel 2
Wie sehen uns die Patienten?

Nicht immer reicht es aus, sich dabei auf das eigene Gefühl zu verlassen, weil es nicht selten auch eine Frage der Sichtweise ist, wie das Geschehen in der Praxis beurteilt wird oder bei den betroffenen Patienten „ankommt". Sie sind unabhängig von allen anderen Gesichtspunkten letztlich auch unsere bzw. Ihre „Kunden", deren Meinung über das Praxisgeschehen und die damit verbundenen Abläufe durchaus interessant sein kann. Schließlich gilt auch in einer Zahnarztpraxis der Leitspruch, dass nichts so gut ist, dass man es nicht verbessern könnte.

Dies sollte Anlass genug sein, die Meinung der Patienten über das, wie sie die Praxis und die Behandlungsabläufe empfinden, zu erkunden. Vorausgeschickt werden muss, dass es dabei nicht die für allen Praxen und alle Situationen gleiche Vorgehensweise gibt.

Die folgende Checkliste stellt nur ein Beispiel dar, wie man herangehen könnte, um die Meinung der Patienten einzuholen. Natürlich kann das nicht „im Vorbeigehen" oder „nebenbei" erfolgen. Aber wäre dies nicht eine Idee, mit der die Patienten auch einen kleinen Teil ihrer Wartezeit bis zur anstehenden Behandlung sinnvoll überbrücken könnten?

Natürlich kann man dazu niemanden zwingen, aber mit ein paar netten Worten lassen sich auch kritische oder weniger daran interessierte Patienten sicher davon überzeugen, dass dies letztlich auch ihrem eigenen Wohlbefinden dient.

1	**Wie haben Sie unsere Praxis erreicht?**	Pkw, Motorrad o.Ä. ☐	Öffentliche Verkehrsmittel ☐	Zu Fuß, per Fahrrad o.Ä. ☐
2	**Wie beurteilen Sie die Erreichbarkeit mit der von Ihnen gewählten Zugangsart?**	Problemlos ☐	Es geht so ☐	Schlecht ☐
3	**Für Pkw-Nutzer: Haben Sie in angemessener Zeit einen Parkplatz gefunden?**	Ja ☐	Nur mit Mühe ☐	Nein ☐
4	**Wie zufrieden sind Sie mit der Terminvergabe in unserer Praxis?**	Sehr zufrieden ☐	Es hätte schneller gehen können ☐	Wartezeit viel zu lang ☐
5	**Welchen allgemeinen Eindruck haben Sie von der Praxiseinrichtung?**	Modern und funktionell ☐	Schon etwas modernisierungsbedürftig ☐	Eher veraltet ☐
6	**Wie beurteilen Sie das Praxispersonal im Empfangsbereich ?**	Sehr höflich, aufgeschlossen, zuvorkommend und nett ☐	Na ja, es könnte besser sein ☐	Gestresst, oft unhöflich und „kurz angebunden“, kein besonderes Interesse für meine Probleme ☐
7	**Wurden Sie – nach Ihrem Gefühl – über die anstehenden Behandlungen hinreichend aufgeklärt?**	Ja, in jeder Hinsicht. Alle meine Fragen wurden in verständlicher Form beantwortet. ☐	Ja, man hat versucht, mich zu informieren, aber richtig verstehen konnte man das nicht. ☐	Nein, es gab gar keine richtige Aufklärung über das, was gemacht wurde. ☐
8	**Würden Sie uns als Praxis weiterempfehlen?**	Ja ☐	Na ja ☐	Nein, keinesfalls ☐

Bitte keine Eintragung in das Buch

9	**Was hat Sie an unserer Praxis und der Behandlung Ihres Anliegens besonders beeindruckt?**			
10	**Was hat Ihnen gar nicht gefallen?**			

Bitte keine Eintragung in das Buch

Arbeitsaufträge

1. Welches der vorgenannten Praxisziele halten Sie für das wichtigste?

2. Wie geht man in Ihrer Ausbildungspraxis mit der Anforderung des Qualitätsmanagements um? Fragen Sie Ihre Kolleginnen und/oder Ihre Chefin/Ihren Chef, welche konkreten Auswirkungen die Bestimmungen des Sozialgesetzbuches auf die Arbeit in der Praxis haben.

3. Fragen Sie nach, ob man sich mit dem Gedanken einer Zertifizierung trägt oder – sofern Ihre Praxis zertifiziert ist – welche Vorteile man durch die Zertifizierung erlangt haben.

4. **a)** Versuchen Sie in Gruppen, verschiedene alternative Praxisleitlinien zu entwerfen.
b) Was halten Sie von der Idee, dass jede Zahnarztpraxis ihre Leitlinien für die Patienten deutlich sichtbar aushängt?

5. Sie wollen wissen, was Sie tun können, damit die Patienten noch zufriedener mit Ihrer Praxis sind. Wie wird diesbezüglich in Ihrer Praxis vorgegangen?

6. Kopieren Sie den „Praxis-Check" und füllen Sie diese Checkliste für Ihre Ausbildungspraxis aus. Wenn Sie die Möglichkeit haben, sprechen Sie dieses Thema in der Praxis an und lassen Sie die Checkliste von Ihren Kolleginnen, aber auch von Ihrer Chefin/Ihrem Chef ausfüllen. Bringen Sie die Ergebnisse in die Schule mit und vergleichen Sie unter Wahrung der nötigen Anonymität die Ergebnisse.

7. Im Rahmen der Bemühungen um die ständige Verbesserung der Qualität der Praxisarbeit formulierte das Team der Zahnarztpraxis Dr. Heilmann eine Praxisleitlinie (siehe Kapitel 4.3.1).
a) Wie beurteilen Sie dieses Ergebnis und welche Wirkungen könnten davon nach innen und gegenüber den Patienten nach außen ausgehen?
b) Aus den Leitlinien soll ein kurzes und knackiges Leitziel abgeleitet werden, in dem in wenigen Worten die Philosophie der Arbeit in der Zahnarztpraxis auf den Punkt gebracht wird. Versuchen Sie, in Partnerarbeit hierzu Ideen zu entwickeln, die Sie sich dann gegenseitig vorstellen, um in der Klasse nach entsprechender Diskussion und Abwägung zu einem gemeinsamen Ergebnis zu kommen, wie das künftige Leitmotiv aussehen soll.

8. „Wer alles bewahren will, muss ständig alles verändern", erklärt Dr. Dr. Jürgen Weitkamp, Präsident der Bundeszahnärztekammer, und unterstreicht die Notwendigkeit einer stetigen Professionalisierung des Berufsstandes. „Mit Erteilung der Approbation ist der Zahnarzt zwar Profi, doch genau genommen ist er dies nur einen einzigen Tag. Danach beginnt die dauerhafte Aufgabe, sich diese Befähigung zu erhalten und aufzubauen."

(pr: Der Schlüssel zur Professionalisierung, In: Bundeszahnärztekammer, Kassenzahnärztliche Bundesvereinigung (Hrsg.): zm - Zahnärztliche Mitteilungen. (Heft 20/2004). https://www.zm-online.de/archiv/2004/20/titel/der-schluessel-zur-professionalisierung [14.02.2019].)

Und was für den Zahnarzt gilt, das gilt auch für die Zahnmedizinische Angestellte. Was bedeutet das konkret für die Arbeit in der Praxis und für Ihre berufliche Zukunft?

5. Mit einem Bein im Gefängnis?
Haftung und strafrechtliche Verantwortung von Zahnarzt und Fachangestellten

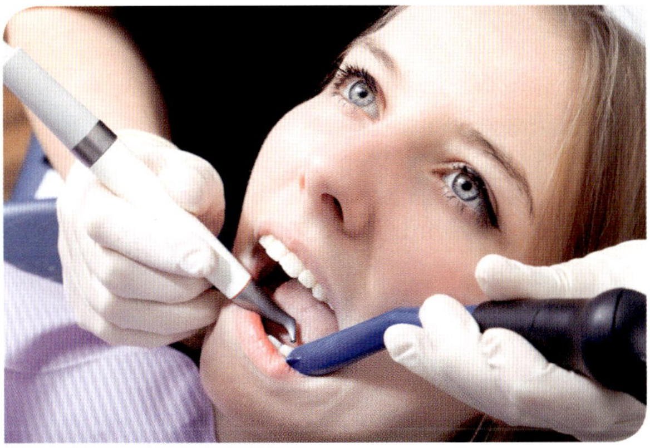

Die 38-jährige Monique Schleicher ist schon seit mehr als zehn Jahren eine alles in allem sehr zufriedene Patientin von Frau Dr. Heilmann. Der letzte Zahnarztbesuch wird ihr aber in Erinnerung bleiben. Bei der Extraktion eines Backenzahnes rutschte die Zahnärztin so unglücklich mit der Zange ab, dass ein nebenstehender Zahn beschädigt wurde. Die Folge: eine aufwendige Überkronung. Frau Dr. Heilmann gestand ihre Schuld zwar ein, aber Monique musste ihren ganzen beruflichen Terminplan für die folgende Woche ändern. Hinzu kam, dass sie den gebuchten Kurztrip nach London mit ihrem Mann auch nicht antreten konnte. Kosten: 1.400,00 €.

Vor einigen Jahren hatte Moniques Freundin bei ihrem Zahnarzt ähnliches Pech: Ihre Wange blieb nach einer Spritze zwei Tage lang fast völlig gefühllos. Erst danach gab es sich wieder langsam.

Als Monique im Treppenhaus ihren älteren Nachbarn traf, nickte der nur freundlich, ohne den Mund zu öffnen. Seine Frau berichtete, dass er nun schon zum fünften Mal bei seinem Zahnarzt gewesen sei und der Zahnersatz passe immer noch nicht.

Wofür können Zahnärztin/Zahnarzt und/oder die Mitarbeiter/-innen haftbar gemacht werden?

Zahnärztin und Zahnarzt haften für die Fehler der Mitarbeiterinnen und Mitarbeiter genauso wie für eigenes Fehlverhalten. Dies gilt (zunächst) auch, wenn die Mitarbeitenden Handlungen vornehmen, für die sie nicht befugt waren und/oder keine extra Anweisung hatten.

§ 223 Körperverletzung StGB

(1) Wer eine andere Person körperlich misshandelt oder an der Gesundheit schädigt, wird mit Freiheitsstrafe bis zu fünf Jahren oder mit Geldstrafe bestraft.

(2) Der Versuch ist strafbar.

§ 229 Fahrlässige Körperverletzung StGB

Wer durch Fahrlässigkeit die Körperverletzung eines anderen verursacht, wird mit Freiheitsstrafe bis zu drei Jahren oder mit Geldstrafe bestraft.

Im Schadensfall wird es darauf ankommen, ob der Zahnarzt nachweisen kann, dass er nicht gegen seine Sorgfaltspflicht verstoßen hat. Diese schreibt ihm vor, dass

- alles zu tun ist, um die **Eignung der Mitarbeiter/-innen** sicherzustellen. Dies beginnt schon bei einer sorgfältigen und gezielten Personalauswahl. So kann man z. B. von einer ungelernten Kraft nicht das Gleiche verlangen und erwarten wie von einer ausgebildeten Fachkraft;
- die Mitarbeiter/-innen die Möglichkeit bekommen, sich die sich mit der zahnmedizinischen Entwicklung verändernden **Fachkenntnisse** anzueignen;
- nötige **Spezialkenntnisse** (z. B. für den Bereich Röntgenassistenz) erworben werden können;
- sich der Zahnarzt ein **Bild von der Leistungsfähigkeit der Mitarbeiter/-innen** macht und er einschätzen kann, für welche Bereiche sie geeignet bzw. weniger geeignet sind;
- keine Mitarbeitenden in Bereichen eingesetzt werden dürfen, für die sie nicht ausgebildet sind;
- alle **Praxisgeräte** technisch einwandfrei sind und ordnungsgemäß gewartet werden.

Nur wenn trotz aller Sorgfalt (es gibt keine 100%ige Sicherheit!) ein Schaden nicht abwendbar war, kann sich der Zahnarzt ggf. aus der Regresspflicht befreien bzw. wird man ihm keine Fahrlässigkeit im Umgang mit Geräten und Patienten vorwerfen können. Dies kann sehr entscheidend sein. Vor allem wird auch die **Berufshaftpflichtversicherung** des Zahnarztes eine Leistung davon abhängig machen, ob ein Behandlungsfehler vermeidbar war oder nicht. Es kommt bei einem Behandlungsvertrag eigentlich nur darauf an, dass der Dienst ordnungsgemäß erbracht wird. Der Zahnarzt hat sich zu bemühen, dass die Behandlung erfolgreich verläuft.

§ 276 BGB

(1) Der Schuldner [hier der Zahnarzt] hat Vorsatz und Fahrlässigkeit zu vertreten, [...].

(2) Fahrlässig handelt, wer die [...] erforderliche Sorgfalt außer Acht lässt.

Arbeitsaufträge

1. Was ist der Unterschied zwischen „Fahrlässigkeit" und „Vorsatz"?
2. Eine Zahnmedizinische Fachangestellte hat am Vortag einen Geburtstag ausgiebig gefeiert. Pflichtbewusst kommt sie trotzdem am nächsten Tag zum Dienst. Und dann passiert es ... sie verwechselt beim Einsetzen einer provisorischen Überkronung den hierfür zu verwendenden Kleber mit dem richtigen Zement. Das Provisorium sitzt „bombenfest". Wer haftet für die Folgeschäden?
3. Erläutern Sie, was die „Fachkenntnisse" von den „Spezialkenntnissen" unterscheidet.
4. Ein Patient will den Zahnarzt verklagen, weil die Behandlung keinen Erfolg hatte und ein Zahn nicht mehr gerettet werden konnte, sondern extrahiert werden musste. Wie beurteilen Sie die Frage von Behandlungsziel und Behandlungserfolg?

5.1 Folgen nicht ordnungsgemäßer Leistung

§ 823 BGB

Wer vorsätzlich oder fahrlässig das Leben, den Körper, die Gesundheit [...] eines anderen widerrechtlich verletzt, ist dem anderen zum Ersatz des daraus entstehenden Schadens verpflichtet.

Einer nicht oder nur mangelhaft erbrachten Leistung können Schadensersatzansprüche folgen. Dies ist nicht nur bei ärztlichen Kunstfehlern der Fall. Sondern es gilt ganz allgemein dann, wenn der Schuldner seine Leistung nicht erbracht hat:

Leistung **unmöglich**	Leistung **verspätet** erbracht	Leistung **mangelhaft**
↓	↓	↓
Zahnarzt verunglückt	Zahnarzt hat Sonntagsdienst, lässt sich aber trotz Notfalls beim Anschauen einer Fußballübertragung nicht stören	Gesunder Zahn wurde extrahiert

Patient (Gläubiger) muss beweisen, dass eine dieser Bedingungen vorliegt

↓

Schadensersatz

oder

Zahnarzt (Schuldner) muss beweisen, dass er diese Pflichtverletzung nicht zu vertreten hat

5.2 Gravierende Fehler

Können dem Zahnarzt **gravierende Fehler** nachgewiesen werden, entfällt ggf. nicht nur der Honoraranspruch, sondern eventuell können Schadensersatzansprüche geltend gemacht werden.

Dieser Schadensersatzanspruch kann sich auf folgende Bereiche erstrecken:
- Kosten für eine **weitergehende zahnärztliche Behandlung oder einen Klinikaufenthalt** (z. B. kostspieliger Zahnersatz);
- Kosten der **beruflichen Wiedereingliederung und sozialen Rehabilitation** (z. B. bei einem Schauspieler, dessen rechte Gesichtshälfte nach einer Narkose vor einer Zahnextraktion gelähmt ist);
- Kosten für die **Notwendigkeit einer veränderten Lebensführung** aufgrund des Behandlungsfehlers;
- **Rechtsanwalts- und Gerichtskosten, Kosten für Gutachter;**
- **Einkommensverluste** (z. B. bei einem selbstständigen Handelsvertreter, der seiner Tätigkeit nicht nachgehen kann, weil eine Kieferoperation verpfuscht wurde).

5.3 Beweislast

Die **Beweislast** für einen Behandlungsfehler liegt beim Patienten. Liegt ein solcher Fehler vor, kommt es auf Antrag des Betroffenen oder der Hinterbliebenen zu einem **Zivil- oder Strafverfahren.** Dabei muss nachgewiesen werden, dass der Fehler zumindest fahrlässig verursacht wurde. In diesem Zusammenhang hat der Geschädigte oder dessen Anwalt natürlich das Recht auf Einsichtnahme in die ärztlichen Unterlagen. Wenn diese unvollständig oder gar nicht geführt wurden, dann gilt die **Beweislastumkehr.** In einem solchen Fall hat der Zahnarzt zu beweisen, dass ihn keine Schuld trifft.

Vor den Landeszahnärztekammern gibt es sogenannte **Gutachterausschüsse und Schlichtungsstellen,** die zeit- und kostenaufwendige Gerichtsverfahren abfangen sollen.

Die Kommission – bestehend aus zwei Zahnärzten und einem Juristen – wertet die schriftlichen Behandlungsunterlagen aus und holt ggf. ein Drittgutachten ein. Es entstehen keine Gebühren. Der Spruch des Schiedsgerichtes ist aber für keine Seite verbindlich. Er kann, muss aber nicht akzeptiert werden.

PRAXIS-TIPP

Verjährungsfristen für Behandlungsfehler beginnen zu dem Zeitpunkt, zu dem ein solcher Fehler entdeckt wurde.
- ***30 Jahre bei Schadensersatzansprüchen aus dem Behandlungsvertrag***
- ***3 Jahre für Ansprüche aus unerlaubten Handlungen im Rahmen eines Behandlungsvertrages***

Nicht selten werden Behandlungsfehler erst später entdeckt. Oft handelt es sich auch um versteckte Fehler. Dies ist z. B. dann der Fall, wenn eine fehlerhafte Behandlung zu anderen Beschwerden führt, die ggf. erst von einem anderen Arzt diagnostiziert werden müssen. Beispiel: Eine mangelhafte Zahnbehandlung führt bei einem Patienten zu dauerhaften Gleichgewichts- und Essstörungen.

5.4 Haftung konkret

Wie konkret die Haftung sein kann, zeigt die folgende Übersicht:

Möglicher Tatbestand	Beispiel	Strafmaß
Unterlassene Hilfeleistung	Ein Fußgänger wird auf dem Zebrastreifen angefahren, alle anderen gehen teilnahmslos vorbei.	Freiheitsstrafe bis zu einem Jahr oder Geldstrafe
Körperverletzung	Bei dem Entfernen eines Zahnes wird dem Patienten durch unsachgemäßes Arbeiten der Kiefer gebrochen.	Freiheitsstrafe bis zu fünf Jahren oder Geldstrafe
Fahrlässige Körperverletzung	Ein Bestrahlungsgerät wird falsch eingestellt. Dadurch wird die Mundschleimhaut verbrannt.	Freiheitsstrafe bis zu drei Jahren oder Geldstrafe
Schwere Körperverletzung	Durch ein defektes Röntgengerät wird der Patient zeugungsunfähig.	Freiheitsstrafe von ein bis zehn Jahren
Fahrlässige Tötung	Eine Kieferoperation wird unter Vollnarkose durchgeführt. Wegen einer falschen Dosierung stirbt der Patient.	Freiheitsstrafe nicht unter drei Jahren, in minderschweren Fällen ein bis zehn Jahre
Bruch der Schweigepflicht	Ein zahnärztlicher Befund wird an den geschiedenen Ehemann weitergegeben.	Freiheitsstrafe bis zu einem Jahr oder Geldstrafe
Betrug	Der Arzt rechnet Leistungen ab, die er nicht erbracht hat.	Freiheitsstrafe bis zu fünf Jahren oder Geldstrafe

Aus dem allgemeinärztlichen Bereich:

Unerlaubter Schwangerschaftsabbruch	Ein Schwangerschaftsabbruch wird ohne Vorlage der notwendigen Bescheinigung durchgeführt.	Freiheitsstrafe bis zu drei Jahren oder Geldstrafe

Ein Beispiel aus der Praxis:

Beispiel

Kein Zahnarzthonorar bei mangelhafter Leistung

Bei mangelhaften zahnärztlichen Leistungen kann ausnahmsweise der Honoraranspruch des Arztes entfallen. Diese Grundsatzentscheidung hat das Koblenzer Oberlandesgericht getroffen. Zwar schließe der Patient mit dem Arzt einen sogenannten Dienstvertrag ab, für den die Mängelhaftung nicht gelten würde. Der Zahlungsanspruch entfalle jedoch, wenn die Arbeit des Zahnarztes so schlecht sei, dass der Patient an einer weiteren Behandlung kein Interesse mehr habe, urteilten die Richter.

Damit gab das Gericht der Klage einer Patientin gegen ihren früheren Zahnarzt auf Zahlung von Schmerzensgeld statt und wies zugleich die Zahlungsklage des Zahnarztes ab. Der Arzt hatte der Klägerin eine Unterkiefer-Front-Zahnbrücke eingesetzt. Dies geschah jedoch so fehlerhaft, dass die Patientin über mehrere Wochen hinweg starke Schmerzen hatte. Sie verweigerte daraufhin die Zahlung des Honorars und verlangte stattdessen Schmerzensgeld in Höhe von mindestens 5.000,00 €.

Das OLG sprach ihr 1.500,00 € zu. Das Gericht war der Überzeugung, dass die zahnärztlichen Leistungen nicht vertragsgerecht waren. Die Richter ließen zwar erkennen, dass es eher ungewöhnlich sei, dass ein Zahnarzt bei einer fehlerhaften Behandlung seinen Honoraranspruch verliere. Dieser Rechtsgrundsatz greife im Prinzip nur bei sogenannten Werkverträgen. Allerdings räumten die Richter ein, dass bei nachhaltigen Verstößen gegen die Regeln der zahnärztlichen Kunst der Wegfall des Honoraranspruchs gerechtfertigt sei.

Arbeitsaufträge

1. Was sagen die Begriffe „ärztliche Kunst“ und „ärztlicher Kunstfehler“ aus und in welchem Zusammenhang stehen sie mit der ärztlichen Leistungspflicht?
2. Warum ist es nicht ganz einfach, im medizinischen und zahnmedizinischen Bereich den Begriff „mangelhafte Leistung“ anzuwenden? Nennen Sie trotzdem einige klare Beispiele für den Tatbestand einer mangelhaften Ausführung von zahnärztlichen Leistungen.
3. Erläutern Sie, wann ein Zahnarzt und/oder seine Fachangestellte haften.
4. Was unterscheidet „normale“ Fehler von „gravierenden“ Fehlern?
5. Welche Verjährungsfristen gelten für Behandlungsfehler?
6. Wer trägt die Beweislast für Behandlungsfehler?

6. „Es geht weiter [...]“
Bewerbung nach bestandener Prüfung

Lucia Fernandez wird in Kürze ihre Ausbildung zur Zahnmedizinischen Fachangestellten abgeschlossen haben. Frau Dr. Heilmann hat ihr frühzeitig mitgeteilt, dass sie sie leider nicht mit voller Stelle übernehmen kann. Daher sucht Lucia schon jetzt laufend nach einer neuen Anstellung. Sie hat alle Klassenkameradinnen befragt, ob in deren Praxen eine Zahnmedizinische Fachangestellte gesucht wird. Die meisten haben gleich abgewunken, denn sie wären froh, wenn sie selbst übernommen würden. Lucia schaut außerdem jeden Tag in die Stellenanzeigen ihrer regionalen Tageszeitung. Zusätzlich surft sie auf den Seiten der Bundesagentur für Arbeit. Dort findet sie folgende Stellenbeschreibung, die ihr sofort zusagt:

Sie druckt sich das Angebot aus und will sofort mit der Bewerbung beginnen.

Wie verfasst man eine erfolgreiche Bewerbung?
Wie bereitet man sich auf ein Vorstellungsgespräch vor?
Wie führt man ein erfolgreiches Vorstellungsgespräch?

Oftmals können die Auszubildenden nach bestandener Prüfung nicht übernommen werden, da alle Stellen im Praxisteam besetzt sind. Auch möchten zahlreiche Auszubildende aus persönlichen Gründen ihren Arbeitsplatz wechseln und suchen nach anderen Arbeitgebern.

(**fiktives** Stellenangebot)

6.1 Arbeitsplatzsuche

So können Sie mögliche Arbeitgeber finden:

Suche	Infos
• **Bundesagentur für Arbeit** **www.arbeitsagentur.de**	In der Jobbörse der Bundesagentur für Arbeit unter https://con.arbeitsagentur.de/prod/jobboerse/jobsuche-ui/ finden Sie unter den Stichwörtern Zahnmedizinische/r Fachangestellte/r, Zahnmedizinische/r Prophylaxeassistent/in, Zahnmedizinische/r Fachassistent/in und Zahnmedizinische/r Verwaltungsassistent/in je nach ausgewählter Region offene Stellenangebote.
• **Zeitungen**	Suchen Sie in den regionalen Tageszeitungen oder kostenlosen Anzeigenblättern nach Stellenanzeigen.
• **Landeszahnärztekammern** **www.bzaek.de**	Zahlreiche Landeszahnärztekammern bringen auf ihren jeweiligen Homepages die Verlinkung zu Jobbörsen für Stellenangebote, aber öfter auch die Möglichkeit, dass Sie hier kostenlos Stellen suchen können.
• **Initiativsuche**	Rufen Sie bei den Zahnärzten in Ihrer Umgebung an und fragen Sie nach offenen Stellen.
• **Stellenanzeige**	Sie können auch selbst mit einer Stellenanzeige mögliche Arbeitgeber suchen.

6.2 Die Bewerbung

Es gibt verschiedene Formen der Bewerbung:
- mündlich (oder persönliche Vorstellung);
- telefonisch (meist als erste Anfrage);
- im Internet auf Homepages von Zahnärzten oder per E-Mail (hiervon raten die Verfasser ab);
- schriftliche Bewerbung, (Sie ist noch immer die klassische Form. Mit ihr bewerben sich die meisten Arbeitsuchenden in Zahnarztpraxen.)

Mit einer „BeWerbung“ werben Sie für sich. Sie wollen sich aus der Menge der Mitbewerberinnen herausheben. Gemäß dem Sprichwort: „Der erste Eindruck zählt“ sollten Sie daher unbedingt auf eine ansprechende äußere Form Ihrer Bewerbungsunterlagen achten. So kommen Sie in die engere Wahl.

Von Ihrer Bewerbung muss eine gewisse Spannung ausgehen. Eine gute Bewerbung fällt z. B. allein dadurch auf, dass sie in allen Kleinigkeiten aufeinander abgestimmt ist. Die Botschaft, die Sie versenden, muss im Anschreiben, Lebenslauf und auf der eventuellen Seite „Spot“ dieselbe sein. Das Foto und die Anlagen müssen darauf abgestimmt sein. Auch die Gestaltung muss zur gesamten Bewerbung passen.

Eine erfolgreiche Bewerbung bewirkt bei der Lein Verhalten nach der **A I D A**-Regel (genau wie ein erfolgreicher Werbespot):

A ttention (Aufmerksamkeit erregen)

I nterest (Interesse an der Bewerbung und der Verfasserin/dem Verfasser bekommen)

D esire (den Wunsch haben, die Verfasserin/den Verfasser kennenzulernen)

A ction (Aktion, d. h. eine Einladung zum Vorstellungsgespräch oder Test versenden)

Je nachdem, wie man sich bewirbt, kann die eine oder andere Hürde schneller übersprungen werden. Auslassen kann man aber keine dieser vier Stufen. Sie sind bei allen Arten der Bewerbung zu meistern.

Sie haben die Wahl:

Herkömmliche Form	Moderne Form
Anschreiben (1 bis 1,5 Seiten mit Begründung der Bewerbung um **diese** Stelle und Schlüsselqualifikationen)	Anschreiben (kürzer mit Hinweis auf Bewerbungsmappe)
Lebenslauf (tabellarisch mit Foto)	Bewerbungsmappe bestehend aus • Deckblatt (mit Foto) • Lebenslauf (ohne Foto) • einer kurzen Zusammenstellung Ihrer „Pluspunkte“ • Anlagen
Anlagen (Kopien vom letzten oder den beiden letzten Zeugnissen, Kopien über Zusatzqualifikationen usw.); alles in einer Mappe	Bewerbungsmappe bestehend aus • Deckblatt (mit Foto) • Lebenslauf (ohne Foto) • Seite „Spot“ • Anlagen

www.

www.top-bewerbung.de

Der 30-Sekunden-Check

Wenn zahlreiche Bewerbungen eingehen, dann werden diese erst einmal überflogen. Im Durchschnitt dauert diese erste Auswahl dann ca. 30 Sekunden pro Bewerbung.

Zurückgeschickt werden Bewerbungen:
- die unvollständig sind (fehlende Unterlagen wie Zeugnisse, Lebenslauf usw.);
- die keine gute Form haben (keine DIN-Norm, Flecken, falsche Anschrift usw.);
- die Unterlagen enthalten, denen man ansieht, dass sie erneut versandt werden;
- die abgeschrieben und nicht auf den Betrieb bezogen sind;
- aus deren Lebenslauf eine klare Unterqualifizierung hervorgeht;
- die überhaupt nicht ansprechen.

Daher ist es erst einmal wichtig, dass die äußere Form (mit Foto) stimmt. Danach kommt es natürlich auf den Inhalt an.

PRAXIS-TIPP

Chancen-Killer: Damit Sie diese erste Hürde nehmen, sollten Sie auf folgende Formalien achten und die nachfolgenden Chancen-Killer vermeiden:

Diese Fehler wurden in meiner Bewerbung vermieden:

- ***kein weißes DIN-A4-Papier;***
- ***DIN-Norm 5008 wurde nicht eingehalten;***

PRAXIS-TIPP

- *falsche Adresse (falsche Schreibweise des Namens des Ansprechpartners, eventuell Doktor-titel vergessen);*
- *die Bewerbung wurde geknickt und in einen kleinen Umschlag gepresst (nehmen Sie grundsätzlich DIN-B4-Umschläge);*
- *die Unterlagen sind nicht vollständig (Anschreiben, Lebenslauf, letztes Schul-, Prüfungs- und alle Prüfungszeugnisse);*
- *die Bewerbung wird als Einschreiben geschickt;*
- *man sieht den Bewerbungsunterlagen an, dass sie schon oft verwendet wurden;*
- *kein professionelles Foto oder gar ein Urlaubsbild (außer in Onlinebewerbungen)*
- *das Anschreiben und/oder der Lebenslauf sind nicht unterschrieben;*
- *der Lebenslauf ist lückenhaft oder unübersichtlich.*

6.3 Eisbrecher – das Anschreiben

Der erste Eindruck ist entscheidend, daher ist die äußere Form sehr wichtig. Daneben kommt es beim Anschreiben natürlich auf den Inhalt an. Es ist der Eisbrecher, es macht neugierig auf Sie. Es zeigt aber auch, warum Sie sich bewerben und welche Vorteile es bringt, wenn Sie eingestellt würden.

Mit dem Anschreiben zeigen Sie auch, dass Sie in das Praxisteam passen, die in der Anzeige oder der Stellenbeschreibung geforderten Voraussetzungen besitzen sowie über die heute allgemein notwendigen Schlüsselqualifikationen verfügen. Das sind neben Ihren beruflichen Kenntnissen zusätzliche persönliche Eigenschaften, die Sie im Umgang mit den Patienten und dem Praxisteam benötigen und die Ihren Einsatzwillen und Ihr Engagement zeigen. Es gibt zahlreiche Schlüsselqualifikationen, sie sind individuell verschieden (→ LF 1, Kap. 3). Nachfolgend einige wichtige:

Freundlichkeit, Aufgeschlossenheit	Ihre Patienten stehen im Mittelpunkt Ihrer Praxis. Sie wollen freundlich und höflich empfangen und behandelt werden. Auch das Praxisteam und Ihr zukünftiger Chef arbeiten lieber mit freundlichen als mit verschlossenen Menschen zusammen.
Kommunikationsfähigkeit	Mit Patienten und Teammitgliedern reden zu können (auch am Telefon) wird heute immer wichtiger.
Einfühlungsvermögen	Nur wer sich in andere Menschen gut hineinversetzen kann, ist auch kundenfähig. Denn diese Schlüsselqualifikation benötigt man unbedingt, um Gespräche mit den Patienten führen zu können. Daneben ist diese Schlüsselqualifikation auch notwendig, um teamfähig zu sein, denn ohne sie kann man nur schwer im Team arbeiten.
Teamfähigkeit	Sie müssen in das Praxisteam passen. Einfühlungsvermögen, Rücksichtnahme und mit anderen zusammenarbeiten zu können sind ganz wichtig. Absprachen untereinander, auch einmal für die Kollegin einzuspringen und zu helfen, sind ebenso gefordert wie sich an die Praxisordnung und -abläufe zu halten.
Einsatzwillen	Ihr Chef bezahlt Sie für Ihre Einsatzbereitschaft. Dazu gehört auch, einmal etwas länger zu bleiben.

Weitere Schlüsselqualifikationen sind selbstständiges Arbeiten, Einsatzbereitschaft, Flexibilität, Konfliktfähigkeit, Stressfähigkeit, Belastbarkeit und Fortbildungsbereitschaft.

PRAXIS-TIPP

Wenn in Stellenanzeigen solche oder andere Schlüsselqualifikationen gefordert sind, müssen sie auf diese unbedingt im Anschreiben eingehen.

Schreiben Sie aber eine sogenannte Initiativbewerbung, d. h., Sie versenden eine Bewerbung ohne vorherige Stellenanzeige, dann sollten Sie auch unbedingt Ihre Schlüsselqualifikationen aufnehmen.

Lucia Fernandez

Birkenweg 5
64567 Neustadt
Tel: 06693 919293
E-Mail: mschmidt@gms.de

Zahnarztpraxis Müller
Frau Dr. Silke Müller
Im Triesch 7
34567 Glücksstadt

17.02.20..

Bewerbung um einen Arbeitsplatz als Zahnmedizinische Fachangestellte
Ihr Angebot in „SIS"/Arbeitsamt Borken, BKZ: 8562108

Sehr geehrte Frau Dr. Müller,

im Juli dieses Jahres werde ich meine Ausbildung zur Zahnmedizinischen Fachangestellten mit voraussichtlich gutem Erfolg beenden. Da das Praxisteam in meiner Ausbildungspraxis Dr. A. Heilmann (Andertensche Str. 92, 64289 Darmstadt) komplett ist, kann ich dort nicht übernommen werden, obwohl Frau Dr. Heilmann mit mir sehr zufrieden ist und ich auch mit dem Praxisteam harmonisch zusammen arbeite.

Ich bewerbe mich auf die von Ihnen ausgeschriebene Stelle, da ich die von Ihnen genannten Anforderungen erfülle.

Mein freundliches und aufgeschlossenes Wesen erleichtert mir den Umgang mit Patienten. Im Empfang und der Terminverwaltung habe ich in meiner Ausbildung selbstständig und oft allein gearbeitet. Die Assistenz am Stuhl macht mir besonderen Spaß. In der Berufsschule lernten wir mit dem Praxisprogramm „Dent-Plus". In unserer Praxis arbeitete ich selbstständig mit dem Programm „Dental-Star". Daneben holte ich Angebote mit dem Programm „AERA-Bestellkompass" ein und bestellte auch Materialien online.

Da mir der Beruf viel Freude bereitet, bin ich auch gern zu beruflichen Fortbildungsmaßnahmen bereit. Ich habe mich schon bei der Landeszahnärztekammer über einen Fortbildungskurs zur Zahnmedizinischen Fachassistentin informiert.

An selbstständiges Arbeiten bin ich gewohnt, denn Engagement und Eigeninitiative sind für mich selbstverständlich. Ich bin sicher, dass ich mich gut in ein neues Praxisteam integrieren werde.

Sie wollen einer Berufsanfängerin eine Chance geben – ich werde Sie nicht enttäuschen.

Über die Einladung zu einem Vorstellungsgespräch freue ich mich sehr.

Freundliche Grüße

Lucia Fernandez

Anlage:
Bewerbungsmappe

(Quelle: www.top-bewerbung.de)

6.4 Die Bewerbungsmappe

Ihr Anschreiben legen Sie auf Ihre Bewerbungsmappe. Kaufen Sie hierzu am besten eine Klemm-Mappe mit durchsichtigem Deckblatt (im Schreibwarenhandel erhältlich). In diese Mappe werden in Reihenfolge folgende Unterlagen geklemmt:
- Deckblatt,
- Lebenslauf,
- eine kurze Zusammenstellung Ihrer „Pluspunkte“ (kann auch entfallen),
- Anlagenverzeichnis (dahinter kommen Ihre Anlagen in richtiger Reihenfolge).

Der Aufreißer: ein kreativ gestaltetes Deckblatt
Ihr erstes Ziel ist es, die „30-Sekunden-Hürde“ zu überspringen. Um dies zu erreichen, muss sich Ihre Bewerbung positiv aus dem Stapel herausheben. Da das Deckblatt Ihres Bewerbungsordners natürlich sofort ins Auge fällt, ist dieses ausgesprochen wichtig.

Das Deckblatt muss neugierig machen. Jeder weiß zwar ganz genau, was sich in der Mappe verbirgt, aber die erste große Hürde ist schon geschafft, wenn der Leser neugierig wird und sich die Mappe mit dem besonderen Deckblatt herauszieht. Obwohl es sich bei der grafischen Gestaltung ganz bewusst um einen „Aufreißer“ handelt, muss Ihr Deckblatt zu Ihrer Bewerbung und zu Ihnen passen. Es darf aber auch nicht verschwiegen werden, dass Sie sich mit einer mutigeren Gestaltung auch auf einem schmalen Grat bewegen. Während ein modernerer Zahnarzt vielleicht von Ihrem Deckblatt ausgesprochen angetan ist, teilt ein konservativer Ihren Mut zur Gestaltung möglicherweise ganz und gar nicht.

6.5 Bitte recht freundlich: das Bewerbungsfoto

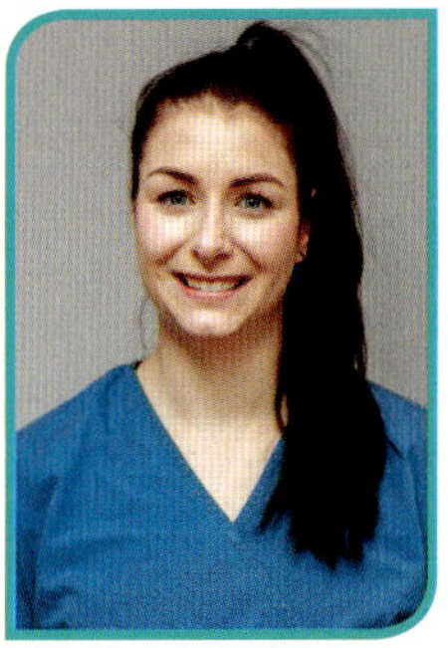

Zahnärzte/Zahnärztinnen wollen sich ein Bild von den Bewerbern machen. Daher ist das Foto in einer Bewerbung für die 30-Sekunden-Hürde ganz besonders wichtig. Beachten Sie daher:
- Nehmen Sie kein Automatenfoto, auch kein Urlaubs- oder ähnliches Foto.
- Gehen Sie zu einem Fotografen, dessen Bilder Ihnen gefallen, und lassen Sie Bewerbungsfotos machen.
- Sagen Sie dem Fotografen, ob die Fotos auf das Deckblatt oder den Lebenslauf kommen sollen (wegen der Größe und der Art).
- Machen Sie die Bilder früh genug und gehen Sie an einem Tag zum Fotografieren, an dem Sie sich besonders gut fühlen.
- Lächeln Sie überlegt auf dem Bild oder sagen Sie beim Fotografieren „Cheese“.
- Gehen Sie vor dem Fototermin zum Friseur.
- Seien Sie dezent geschminkt und dezent angezogen.
- Ob ein schwarz-weißes oder ein farbiges Bild steht in Ihrem Ermessen und sollte zur Bewerbung passen.

Alles andere macht ein guter Fotograf.

Wo gehört das Foto hin?
Bei modernen Bewerbungsunterlagen kommt das Foto auf das Deckblatt. Es kann hier ruhig etwas größer sein als ein Passfoto. Bei herkömmlichen Bewerbungsschreiben fehlt ja das Deckblatt. Hier kommt das Foto auf den Lebenslauf in die rechte obere Ecke (oder wenn Sie den Lebenslauf anders gestalten, auch in die Mitte bzw. nach links). Hier sollte es ein Passfoto sein.

6.6 Der Lebenslauf: die Visitenkarte Ihrer Bewerbung

Auch mit einem Lebenslauf kann man sich positiv aus der Masse der Bewerbungen abheben. Üblich ist der tabellarische Lebenslauf, denn er ist übersichtlicher und schneller zu bearbeiten. Den ausformulierten Lebenslauf wählen Sie nur, wenn er ausdrücklich verlangt wird. In diesem Fall empfehlen wir, noch zusätzlich einen tabellarischen Lebenslauf hinzuzufügen. Im Normalfall wählen Sie den deutschen Lebenslauf, der mit den persönlichen Daten beginnt. Daran schließen sich Schulbildung, Berufsausbildung, eventuelle Zusatzqualifikationen und Hobbys usw. an.

- Verfassen Sie den Lebenslauf wahr und richtig, d.h., die Daten müssen mit denen der Zeugnisse übereinstimmen.
- Präsentieren Sie den Lebenslauf in ansprechender Form – vor allem übersichtlich.
- Versuchen Sie sich doch einmal in einer individuellen Gestaltung.
- Vergessen Sie nicht das Datum und die Unterschrift.
- Nennen Sie aber auch keine Hobbys oder Qualifikationen, die Sie gar nicht haben. Früher oder später kommt es heraus. („Ehrlichkeit“ ist auch eine wichtige Schlüsselqualifikation.)
- Gerade beim Lebenslauf achtet man neben der Ausbildung und eventuellen Zusatzqualifikationen auch wieder auf die Schüsselqualifikationen. Hier können Sie Ihre persönlichen Schlüsselqualifikationen vor allem in den Rubriken „Hobbys“ oder „Persönliche Interessen“, „Berufliche Erfahrungen“ (oder auch: „Praktische Erfahrungen“) und „Besondere Kenntnisse“ (oder „Zusatzqualifikationen“) einbauen.
- Machen Sie sich Gedanken über Ihre Hobbys, Ihr Leben, Kurse, Zusatzqualifikationen, ehrenamtliche Tätigkeiten, Mitarbeit in Vereinen und Verbänden, Schul- oder Klassensprechertätigkeiten usw. und suchen Sie nach geeigneten Schlüsselqualifikationen. Wenn es zu viele werden, wählen Sie diejenigen aus, die zum Beruf und auch zu Ihnen am besten passen.

LEBENSLAUF

Persönliche Daten

Name:	Lucia Fernandez
Geburtsdatum:	22.09.2000
Geburtsort:	Gudensberg
Familienstand:	ledig
Anschrift:	Birkenweg 5, 64567 Neustadt Tel. 06693 919293 Fax 06693 919294

Schulbildung

2006 – 2010	Grundschule in Deute
2010 – 2016	Realschule in Gudensberg

Berufsausbildung

2016 – 2019	Ausbildung zur Zahnmedizinischen Fachangestellten in der Praxis Dr. Heilmann, Darmstadt Berufsschule: Friedrich-List-Schule, Darmstadt

Berufliche Lehrgänge

September 2017	Hygiene-Kurs der LZK-Hessen
November 2018	Kurs Abrechnungswesen der LZK-Hessen

Sonstige Fähigkeiten

Textverarbeitung mit Word,
gute Kenntnisse in „Libromed-Praxisprogramm“, Internet

Hobbys

Sport, Lesen, PC

Neustadt, 17.02.2019

Hernandez

Lucia Fernandez

6.7 Die „dritte Seite“ und das Anlagenverzeichnis

Auch die „dritte Seite“ gehört zu einer erfolgreichen Bewerbungsmappe:
Hinter das Deckblatt und den Lebenslauf wird heute oftmals die „dritte Seite“ gebracht. Diese ist eine Auflistung in Stichworten, in der nochmals plakativ alle Vorteile, Weiterbildungsmaßnahmen und wichtigen Schlüsselqualifikationen aufgelistet werden. Sie soll in Kürze dem Leser nochmals einen Impuls geben – unter dem Motto: „Stell mich ein [...]“

Das Anlagenverzeichnis
Hinter die „dritte Seite“ kommen die Anlagen wie Abschlusszeugnis der Schule, Berufsschule, Arbeitszeugnisse, Lehrgangsbescheinigungen usw. Wenn Sie mehrere Anlagen in die Mappe heften, machen Sie mit einem Anlagenverzeichnis und einer Nummerierung einen besseren Eindruck und erhöhen die Übersichtlichkeit.

6.8 Onlinebewerbung

Schnell und sparsam, das liegt im Trend. Da ist die Onlinebewerbung gerade richtig, denn mit ihr spart man Kosten für Papier, Bewerbungsmappe, Versandumschlag, Porto und Kopien. Daneben ist sie schnell an der richtigen Adresse und zeigt dem möglichen Arbeitgeber die Aufgeschlossenheit des Bewerbers gegenüber Neuem, wie den modernen Medien. So ist vor allem in groß- und mittelständischen Betrieben und in Krankenhäusern die Onlinebewerbung auf dem Vormarsch. Dagegen verlangen die meisten kleineren Unternehmen, zu denen auch die Zahnarztpraxen gehören, oftmals noch die alte Bewerbung in Papierform – ein Umdenken ist aber auch hier schon spürbar.

Generell sind folgende vier Arten der Onlinebewerbung möglich: die Kurz-, die Voll- oder die Formularbewerbung und die Bewerbungs-Homepage.

6.8.1 Kurzbewerbung

Einige Unternehmen gehen dazu über, sich zunächst eine Kurzbewerbung per E-Mail schicken zu lassen. Bei Interesse wird dann eine traditionelle Printbewerbung angefordert – ein für beide Seiten zeitsparendes und faires Verfahren. Mit dieser Form könnte man mit einer sogenannten Blindbewerbung erst einmal bei verschiedenen Praxen erkunden, ob ein genereller Bedarf besteht, um dann die Bewerbung zu schicken oder sich für später vormerken zu lassen.

6.8.2 Vollbewerbung

Diese Art der Onlinebewerbung wird inzwischen auch von zahlreichen Praxen gewünscht. Sie ist inhaltlich gesehen genauso aufwendig wie eine Printbewerbung, aber preiswerter. Die Bewerbung besteht aus einer E-Mail, die dem Anschreiben der Printbewerbung entspricht. Dieser Mail wird dann ein „Attachment“ als PDF-Datei mit Lebenslauf, Foto sowie Scans von Schul- und Arbeitszeugnissen usw. angehängt.

Es ist aber auch möglich, das Anschreiben in die PDF-Datei zu platzieren und in der E-Mail eine ganz kurze Anrede mit Grund und Hinweis auf die Anlagen zu schreiben.

6.8.3 Formularbewerbung

Immer mehr Unternehmen stellen auf ihrer Homepage ein spezielles Formular für die Onlinebewerbung zur Verfügung oder bieten die Möglichkeit, eine Onlinebewerberakte anzulegen. Diese Möglichkeiten sind in der Programmierung kostenaufwendig und daher für Praxen und kleinere Betriebe normalerweise nicht rentabel.

6.8.4 Bewerbungs-Homepage

Stellensuchende können sich für ihre Bewerbung auch eine eigene Bewerbungs-Homepage anlegen. Die wenigsten Arbeitgeber sind allerdings begeistert, wenn sie darauf verwiesen werden: Schließlich müssen sie dann Passwörter eingeben und finden nicht immer die Angaben, nach denen sie suchen.

Ganz wichtig für Onlinebewerbungen sind seriöse E-Mail-Adressen: lisa.mueller95@gmx.de ist eine seriöse, sexyblondi@hotmail.com oder sternchen1989@t-online.de nicht. Daneben sollten unbedingt Textmails und PDF-Anhänge und keine HTML-Mails verschickt werden, denn Letztere kann nicht jeder Empfänger problemlos öffnen.

6.9 Wie glänzen Sie im Vorstellungsgespräch?

Vorstellungsgespräche können individuell sehr verschieden ablaufen. Dennoch haben alle Vorstellungsgespräche gemeinsam: die Zielorientierung. Der zukünftige Arbeitgeber will Sie kennenlernen, Ihre Schlüsselqualifikationen erkennen, um zu sehen, ob Sie am besten von allen Bewerbern in das Praxisteam passen. Hier kann man mit der Vorbereitung ansetzen. Denn gut vorbereitet sollten Sie schon zu einem Vorstellungsgespräch gehen.

6.9.1 Einladungsbestätigung

Wenn Sie eine schriftliche Einladung erhalten haben, lassen Sie den Zahnarzt nicht warten. Bedanken Sie sich umgehend nach Erhalt schriftlich oder telefonisch für die Einladung. Wenn Sie telefonisch zusagen, bereiten Sie sich auf Ihr Telefongespräch vor.

Sie müssen auf einen Smalltalk oder bereits auf einige Fragen gefasst sein. Vielleicht will der Zahnarzt Sie schon vorab etwas kennenlernen. Denken Sie daran: Sie können einen ersten positiven, aber auch einen negativen Eindruck hinterlassen. Wenn Ihnen aus diesem Grund ein Anruf zu riskant ist, sollten Sie den Termin schriftlich bestätigen. Geben Sie sich auch hierbei große Mühe – mit diesem Brief können Sie einen weiteren positiven Eindruck erwecken. Eine gute Hilfe mit vielen Layoutvorschlägen bietet Ihnen auch hierfür www.top-bewerbung.de. Hier können Sie sich Ihre Gesprächsbestätigung aussuchen, individuell verändern und sogar mit Ihren Daten fertig zum Versand ausdrucken lassen. Sie müssen nur noch unterschreiben.

6.9.2 Ziele des Vorstellungsgesprächs

In einem Vorstellungsgespräch werden Sie daraufhin getestet, ob Ihre Persönlichkeit, Ihre Leistungsbereitschaft und Ihre fachliche Kompetenz und andere Schlüsselqualifikationen zum freien Arbeitsplatz und allgemein zum Praxisteam passen. Diese Hürde können nur diejenigen Bewerber nehmen, die sich gut vorbereiten.

Laufen Vorstellungsgespräche nicht alle sehr unterschiedlich ab, sodass man sich gar nicht gezielt darauf vorbereiten kann? Natürlich gibt es ganz verschiedene Arten von Vorstellungsgesprächen. Und Sie wissen auch nicht, was Sie erwartet. Dennoch kann man sich vorbereiten und erfolgreich sein.

Treten Sie zum Vorstellungsgespräch nicht nur gut gestylt an, sondern seien Sie topfit.

PRAXIS-TIPP

Erfolgsfaktoren für Vorstellungsgespräche:
- *angemessenes Erscheinungsbild und sicheres, höfliches Auftreten,*
- *innere Ausgeglichenheit trotz Anspannung,*
- *gute Vorbereitung,*
- *Selbstvertrauen, dass Sie es schaffen.*

6.9.3 Verhaltensweisen

Auch vor dem eigentlichen Gespräch mit der Zahnärztin oder dem Zahnarzt können Sie schon von den Mitarbeiter/-innen begutachtet und beobachtet werden. Wenn Sie warten müssen, sollten Sie hierfür auf einen kleinen Smalltalk vorbereitet sein und sich teamfähig zeigen.

Schalten Sie unbedingt vor Betreten des Vorzimmers das Handy aus – wie peinlich, wenn es mitten im Gespräch klingelt oder Sie ablenkt, wenn es in der Tasche oder am Bein vibriert. Denken Sie daran, die Zahnärztin oder der Zahnarzt muss abschätzen, ob Sie in das betriebliche Team passen, d. h., Mitarbeiter und Patienten müssen Sie sympathisch finden und mit Ihnen gut auskommen.
- Gehen Sie gerade und zielstrebig auf den Gesprächspartner zu, sehen Sie ihn dabei an und blicken Sie nicht verschämt nach unten;
- grüßen Sie ihn freundlich mit seinem Namen;
- warten Sie, bis er Ihnen die Hand zur Begrüßung reicht;
- bedanken Sie sich nochmals für die Einladung;
- lächeln Sie und zeigen Sie mit Ihrer Körpersprache (Gestik, Mimik), dass Sie Ihren Gesprächspartner sympathisch finden.

6.9.4 Gesprächsvorbereitung

Natürlich kann man nicht voraussagen, welche Fragen Ihnen im Vorstellungsgespräch gestellt werden. Versetzen Sie sich dafür aber einmal in Ihr Gegenüber. Er will aus mehreren Kandidatinnen diejenige auswählen, die gute fachliche Qualitäten hat, gut mit den Patienten umgehen kann und am besten in das Praxisteam passt. Dazu versucht er sich ein Gesamtbild von Ihnen zu machen. Er will Ihre Schlüsselqualifikationen herauszufinden, um zu prüfen, ob Sie seinen Anforderungen möglichst gut entsprechen.

Wenn ihm die Kandidaten fremd sind, was soll er mit ihnen reden? Sehr oft laufen Vorstellungsgespräche nach einem bestimmten Schema ab. Daher gibt es Standardfragen, mit denen Sie rechnen müssen. Mindestens auf diese sollten Sie gut vorbereitet sein. Auf eine vorbereitete Frage macht man natürlich auch rhetorisch einen besseren Eindruck als auf eine Überraschungsfrage (Schlüsselqualifikation „Kommunikationsfähigkeit").

Welche Fragen dürfen gestellt werden?
Fragen nach Ihrer Schullaufbahn, Lieblings- und Mangelfächern, beruflichen Fähigkeiten, Ihrer Lebensplanung, nach Ihren Hobbys und Betätigungen in der Freizeit, nach Ihren Schlüsselqualifikationen und Fragen nach Ihrer Gesundheit. Letztere sind wichtig, wenn eventuelle Krankheiten Ihre Arbeitsleistung beeinträchtigen. Diese Fragen haben eine konkrete Beziehung zum Arbeitsplatz, der Arbeitgeber hat ein berechtigtes Interesse an diesen Informationen. Verboten sind Fragen nach einer Schwangerschaft, Familienplanung, Religion, Herkunft, Vermögensverhältnisse und weitere. Manche Verbote hängen auch von individuellen Fakten ab. Daher sollten Sie sich vor einem Vorstellungsgespräch im Internet informieren („Vorstellungsgespräch Fragen u. Antworten; unzulässige Fragen").

PRAXIS-TIPP

Beantworten Sie erlaubte Fragen wahrheitsgemäß! Sollten Sie solche Fragen vorsätzlich falsch beantworten, kann Ihnen fristlos gekündigt werden – auch nach der Probezeit!

Fragen zu Ihrem Lebenslauf:

- **Können Sie sich bitte kurz vorstellen?**
  Name, Alter, Schulausbildung, Berufswunsch. Neigungen durch Hobbys, gute Noten, Zusatzqualifikationen belegen. Achtung: Ihre Schilderung muss mit den Daten in Ihrem Lebenslauf übereinstimmen.
- **Sind Sie körperbehindert?**
  Wenn ja, ruhig sagen. Größere Praxen müssen einen bestimmten Prozentsatz von Schwerbeschädigten einstellen oder sonst eine Abgabe bezahlen.
- **Nennen Sie Ihre Stärken und Schwächen.**
  Die Kenntnisse der eigenen Stärken und Schwächen zeigt Ihre Kritikfähigkeit. Spielen Sie nicht die „Superfrau" ohne Schwächen. Achten Sie aber auf Schlüsselqualifikationen: Sagen Sie z. B. nicht, dass Sie leicht reizbar sind oder bei Stress schnell nervös werden. Nennen Sie aber Stärken, die für den Beruf gebraucht werden.

Fragen zum Beruf:

- **Welches sind nach Ihrer Meinung die wichtigsten Qualifikationen für eine Zahnmedizinische Fachangestellte?**
  Denken Sie wieder an die Schlüsselqualifikationen (teamfähig, Umgang mit Patienten, immer freundlich, nicht nervös werden usw.).
- **Welche Tätigkeiten haben Ihnen während Ihrer Ausbildung besonderen Spaß gemacht?**
  Bereiten Sie sich auf eine solche oder ähnlich gestellte Frage fachlich gut vor!
- **Können Sie sich vorstellen, auch einmal länger zu arbeiten?**
  Zeigen Sie sich unbedingt flexibel.
- **Lassen Sie sich leicht von anderen ärgern?**
  Achtung: Schlüsselqualifikation Teamfähigkeit!

Arbeitsaufträge

1. Welche Schlüsselqualifikationen sollten Zahnmedizinische Fachangestellte unbedingt haben, welche sind weniger wichtig, aber eventuell auch noch wünschenswert?
2. Entwerfen Sie in Gruppen- oder Teamarbeit ein individuelles Anschreiben.
3. Verfassen Sie Ihren Lebenslauf und vergleichen Sie diesen mit denen Ihrer Mitschüler/-innen.
4. Eine neue Mitarbeiterin soll eingestellt werden. Sehr wichtig ist es, dass diese auch in das Praxisteam passt. Diskutieren Sie darüber, wie Sie sich eine solche neue Kollegin vorstellen. Auf welche Merkmale würden Sie besonders achten?
5. Stellen Sie in Gruppen- oder Partnerarbeit einen Fragenkatalog über mögliche weitere Fragen im Vorstellungsgespräch zusammen. Tragen Sie diese in der Klasse vor und wählen Sie dann die Ihnen am wichtigsten erscheinenden aus.

6. Simulieren Sie mit diesen Fragen ein Vorstellungsgespräch, indem eine Person die Zahnärztin und eine andere die Bewerberin spielt. Die Mitschüler/-innen achten auf Fehler und machen Verbesserungsvorschläge.

7. Stellen Sie sich kurz vor. Nennen Sie dabei Name, Alter, Schulausbildung, Berufswunsch. Belegen Sie Neigungen durch Hobbys, gute Noten, Zusatzqualifikationen. Lassen Sie Eltern, Geschwister usw. zunächst unerwähnt – wenn das interessieren sollte, wird danach gefragt.

8. Erzählen Sie etwas über sich selbst. Bereiten Sie dafür zu Hause Ihren Steckbrief vor. Achtung: Er muss mit den Daten in Ihrem Lebenslauf übereinstimmen. Tragen Sie frei vor der Klasse vor, was Ihrer Meinung nach Ihr zukünftiger Arbeitgeber über Sie und Ihre Fähigkeiten wissen sollte. Achten Sie darauf, dass Ihre Mimik und Ihre Körpersprache stimmen, und vermeiden Sie Wortwiederholungen. Ihre Mitschüler/-innen sollten Ihnen danach in einem offenen Feedback sagen, was ihnen gut gefallen hat und was sie noch verbessern würden.

6.10 Was man nicht schwarz auf weiß besitzt

Abschluss und Inhalte von Arbeitsverträgen

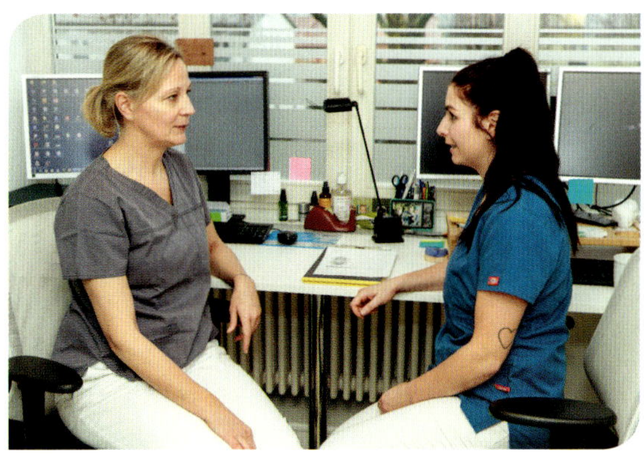

Lucia war glücklich. Frau Dr. Heilmann hatte ihr schon vor der Abschlussprüfung zugesagt, dass sie übernommen würde, wenn das Ergebnis der Prüfung mindestens „gut“ lautete. Dass es nun im praktischen Teil sogar eine „Eins“ wurde, hatte die Sache abgerundet.

Aber die raue Wirklichkeit holte Lucia schon kurze Zeit später wieder ein: „Ich hatte Ihnen zwar in Aussicht gestellt, dass Sie übernommen werden, aber ich konnte nicht damit rechnen, dass Frau Harris nach ihrem Erziehungsurlaub wieder einsteigt und ab nächstem Monat wieder in die Praxis zurückkehrt. Für Sie beide ist aber in der Praxis nicht genug zu tun.“

Lucia konnte das alles nicht verstehen. „Aber ich habe mich doch auf Ihre Zusage verlassen, habe mich nirgends beworben und stehe jetzt trotz meiner guten Noten plötzlich ohne alles da, das geht doch nicht, das können Sie doch nicht mit mir machen. Ein Wort muss doch gelten.“

„Schriftlich haben wir noch gar nichts abgemacht. Ich habe Ihnen die Übernahme nur in Aussicht gestellt. Aber lassen Sie uns morgen noch einmal in Ruhe darüber sprechen, ich überlege mir, ob ich Ihnen nicht zumindest mit einem Zeitvertrag weiterhelfen kann.“

Wie beurteilen Sie die Frage, ob durch die von Frau Dr. Heilmann in Aussicht gestellte Übernahme schon ein Arbeitsvertrag zustande gekommen ist?

Arbeitsverträge sind Dienstverträge, in denen sich eine Arbeitnehmerin oder ein Arbeitnehmer dazu verpflichtet, bestimmte Dienstleistungen zu erbringen.

Arbeitsverträge müssen nach EU-Recht schriftlich geschlossen und von beiden Partnern unterschrieben werden. Spätestens ein Monat nach Beginn der Tätigkeit muss der Vertrag dem Arbeitgeber übergeben werden.

Ein Arbeitsvertrag muss folgende Punkte beinhalten:
- Personalien der Parteien
- Dauer des Jahresurlaubs
- Arbeitsplatz
- einzuhaltende Kündigungsfristen
- Stellenbeschreibung/Stelle/Amtsbezeichnung
- Höhe des Arbeitsentgeltes
- Zeitpunkt des Beginns des Arbeitsvertrages
- Tages- oder Wochenarbeitszeit
- vorhersehbare Dauer des Arbeitsverhältnisses
- gegebenenfalls Angabe der Tarifverträge oder bei befristeten Arbeitsverhältnissen kollektiver Vereinbarungen

Dabei darf in Arbeitsverträgen nichts vereinbart werden, was gegen gesetzliche und tarifvertragliche Regelungen verstößt.

6.10.1 Arten von Arbeitsverträgen

INFO 1 Unbefristete Arbeitsverträge

Sie enden durch Kündigung oder Aufhebungsvertrag.

INFO 2 Befristete Arbeitsverträge

Eine von vornherein festgelegte zeitliche Befristung des Arbeitsverhältnisse ist durchaus möglich. Laut § 14 des Teilzeit- und Befristungsgesetzes (TzBfG) darf ein befristeter Arbeitsvertrag ohne Sachgrund nur auf maximal zwei Jahre abgeschlossen werden. Innerhalb dieser Zeit ist eine dreimalige Verlängerung zulässig. Bei einem befristeten Arbeitsvertrag mit einem konkreten sachlichen Grund wird dazu im Arbeitsvertrag explizit eine konkrete Erklärung abgegeben. Weiß zum Beispiel die Zahnärztin/der Zahnarzt ganz genau, dass eine ZFA nur vorübergehend gebraucht wird (z. B. wegen des Erziehungsurlaubs einer Mitarbeiterin der „Stammbelegschaft") kann sie oder er das auch so anführen. Wichtig ist, dass ein genaues Datum für das Ende des Arbeitsverhältnisses festgelegt wird.

Eine Sonderbestimmung regelt die Befristung für Arbeitnehmer, die das 52. Lebensjahr vollendet haben. Hier ist ein befristeter Arbeitsvertrag bis zu fünf Jahren möglich. Eine weitere Voraussetzung ist dabei aber, dass der Arbeitnehmer davor mindestens vier Monate erwerbslos war. Im zahnärztlichen Bereich dürfte diese keine oder eine nur sehr untergeordnete Rolle spielen.

6.10.2 Wichtige Pflichten aus einem Arbeitsvertrag

Pflichten des Arbeitgebers = Rechte der Angestellten	Pflichten des Arbeitnehmers = Rechte des Arbeitgebers
Beschäftigung: Die Arbeitnehmerin muss in der vertraglich festgelegten Tätigkeit beschäftigt werden.	**Arbeitsleistung:** Die Angestellte muss sich bemühen, die vereinbarte Arbeitsleistung zu erbringen.
Vergütung: Das vereinbarte Gehalt und etwaige vereinbarte Nebenleistungen wie Urlaubsgeld, vermögenswirksame Leistungen, Überstundengeld usw. müssen pünktlich gezahlt werden.	**Gehorsamspflicht:** Die Anweisungen des Arbeitgebers müssen befolgt werden, die Praxisordnung muss eingehalten werden.
Fürsorge: Der Arbeitgeber ist verpflichtet, Gesundheit und Leben seiner Angestellten zu schützen (z. B. durch Einhaltung des Arbeitszeitgesetzes, der Unfallverhütungsvorschriften, des Jugendarbeitsschutzgesetzes, Abführung der Sozialversicherungsbeiträge).	**Sorgfaltspflicht:** Die Arbeiten müssen sorgfältig und nach bestem Wissen erledigt werden.
	Schweigepflicht: Betriebsgeheimnisse und der Datenschutz (vor allem der Patientendaten) müssen gewahrt werden werden.
Zeugnis: Der Arbeitgeber muss bei Beendigung des Arbeitsverhältnisses ein Zeugnis oder auf Wunsch Zwischenzeugnisse ausstellen.	**Wettbewerbsverbot:** Die Fachangestellte darf dem Arbeitgeber keine Konkurrenz machen, nebenbei für die Konkurrenz arbeiten oder für diese werben.

Pflichtverletzungen können ein Kündigungsgrund sein oder sogar zu Schadensersatzansprüchen führen.

Zahnärztekammer Niedersachsen
Vorschlag zur Abfassung eines Arbeitsvertrages

Arbeitsvertrag

zwischen

Name:
Anschrift:
(im folgenden Arbeitgeber/in genannt)

und

Frau / Herrn:
Anschrift:
(im folgenden Arbeitnehmer/in genannt)

§ 1
Beginn des Arbeitsverhältnisses

Das Arbeitsverhältnis beginnt am____________________ Die/Der Arbeitnehmer/in wird als____________________ in der obigen Praxis beschäftigt.

§ 2
Ärztliche Untersuchung

(1) Die/Der Arbeitnehmer/in verpflichtet sich, innerhalb von vier Wochen ein ärztliches Attest vorzulegen, das bestätigt, dass
   a) die/der Arbeitnehmer/in nicht aus gesundheitlichen Gründen dauerhaft daran gehindert ist, die vorgesehene Tätigkeit auszuüben.
   b) die/der Arbeitnehmer/in nicht durch die vorgesehene Tätigkeit ihre oder die Gesundheit Dritter im erheblichen Maße gefährdet.
(2) Die Kosten der ärztlichen Untersuchung bzw. des Attestes trägt die/der Arbeitgeber/in.
(3) Das Arbeitsverhältnis steht unter der auflösenden Bedingung, dass das Attest innerhalb von vier Wochen nach Abschluss des Vertrages vorgelegt wird.

§ 3
Probezeit

Die ersten sechs Monate gelten als Probezeit. Innerhalb der Probezeit können beide Seiten das Arbeitsverhältnis mit einer Frist von zwei Wochen schriftlich kündigen.

§ 4
Pflichten der/des Arbeitnehmers/in

Die/Der Arbeitnehmer/in verpflichtet sich, die ihr/ihm übertragenen Aufgaben gewissenhaft zu erfüllen, den Weisungen der/des Arbeitgebers/in Folge zu leisten und sich deren/dessen Angestellten und den Patienten gegenüber höflich und freundlich zu verhalten. Ferner verpflichtet sie/er sich, die gesetzliche Schweigepflicht (§ 203 StGB) zu beachten und Betriebs-, Unfall- und Strahlenschutzvorschriften einzuhalten.

§ 5
Arbeitszeit

(1) Die vereinbarte Arbeitszeit beträgt ________________ Stunden wöchentlich.

Beginn und Ende der täglichen Arbeitszeit richten sich nach den Erfordernissen der Praxis unter Beachtung der gesetzlichen Bestimmungen.

(2) Der/die Arbeitgeber/in ist berechtigt, unter Beachtung der gesetzlichen Bestimmungen, einseitig Mehrarbeit anzuordnen. Die/Der Arbeitnehmer/in ist ferner verpflichtet, an den Tagen, an denen die/der Arbeitgeber/in zur Notfallbereitschaft eingeteilt ist, auch außerhalb der regelmäßigen wöchentlichen Arbeitszeit auf Verlangen der/des Arbeitgebers/in tätig zu sein. Besteht für die/den Arbeitgeber/in keine geregelte Notfallbereitschaft, so findet diese Bestimmung sinngemäß Anwendung.

§ 6
Vergütung, Entgeltfortzahlung, Dienstverhinderung

(1) Als Vergütung für ihre/seine Tätigkeit erhält die/der Arbeitnehmer/in ein monatliches Bruttogehalt in Höhe von € ________________ Diese Vergütung ist jeweils am letzten Tag des Monats durch Überweisung auf ein von der/dem Arbeitnehmer/in zu benennendes Konto zur Zahlung fällig.
(2) Ein Anspruch auf Urlaubs- oder Weihnachtsgeld besteht nicht. Gleiches gilt für ein 13. Monatsgehalt. Gewährt der/die Arbeitgeber/in dennoch eine solche Zahlung, erfolgt dies freiwillig und ohne Anerkennung einer Rechtspflicht. Auch eine wiederholte vorbehaltlose Leistung –selbst in mehreren aufeinanderfolgenden Jahren- begründet keinen Rechtsanspruch auf Leistungs-gewährung für die Zukunft.
(3) Eine über die vereinbarte (wöchentliche) Arbeitszeit hinaus geleistete Arbeitszeit (Mehrarbeit) ist durch Freizeit auszugleichen. Im gegenseitigen Einvernehmen kann auch eine finanzielle Abgeltung stattfinden. Ausgleichs- bzw. abgeltungsfähig sind in diesem Zusammenhang nur solche Stunden, die auf Anweisung oder mit Kenntnis und Billigung der/des Arbeitgebers/in entstanden sind.
(4) Die Entgeltfortzahlung im Krankheitsfall richtet sich nach den gesetzlichen Bestimmungen. Arbeitsunfähigkeit wegen Krankheit ist unverzüglich anzuzeigen. Dauert die Arbeitsunfähigkeit länger als drei Kalendertage, hat die/der Arbeitnehmer/in eine ärztliche Bescheinigung über das Bestehen der Arbeitsunfähigkeit sowie deren voraussichtliche Dauer spätestens am darauffolgenden Arbeitstag vorzulegen. Die/der Arbeitgeber/in ist berechtigt, bereits ab dem ersten Tag der Arbeitsunfähigkeit eine Arbeitsunfähigkeitsbescheinigung zu verlangen. Hierfür ist eine ausdrückliche Erklärung der/des Arbeitgebers/in erforderlich.
(5) Im Falle einer unverschuldeten Dienstverhinderung sind sich die Parteien darüber einig, dass § 616 BGB keine Anwendung findet.

§ 7
Abtretung von Schadensersatzansprüchen

Erleidet die/der Arbeitnehmer/in einen von einem Dritten zugefügten Schaden, der ihre/seine Arbeitsunfähigkeit zur Folge hat, so werden die Schadensersatzansprüche in der Höhe an die/den Arbeitgeber/in abgetreten, in der sie/er Entgeltfortzahlung wegen Arbeitsunfähigkeit leistet. Die/Der Arbeitnehmer/in ist verpflichtet, der/dem Arbeitgeber/in die zur Verfolgung eines Schadensersatzanspruches notwendigen Informationen zu geben.

§ 8
Urlaub

(1) Die/Der Arbeitnehmer/in hat in jedem Kalenderjahr Anspruch auf ________________ Arbeitstage bezahlten Urlaub. Der Zeitpunkt ist rechtzeitig zwischen den Parteien zu vereinbaren.
(2) Der Urlaubsanspruch entsteht erstmalig nach sechsmonatigem Bestehen des Arbeitsverhältnisses.
(3) Im Übrigen gelten die Bestimmungen des Bundesurlaubsgesetzes.

§ 9
Internet- und Telefonnutzung

(1) Die Nutzung des betrieblichen Internet- und Telefonanschlusses sowie die Versendung von E-Mails darf ausschließlich zu dienstlichen Zwecken erfolgen. Eine private Nutzung ist nur mit Zustimmung der/des Arbeitgebers/in gestattet.
(2) Die/Der Arbeitgeber/in ist berechtigt, jede Nutzung von E-Mail und Internet unter Beachtung der Bestimmungen des Datenschutzrechts zu speichern.

§ 10
Beendigung des Arbeitsverhältnisses

(1) Der Rücktritt vom Arbeitsvertrag oder seine Kündigung vor Aufnahme der Tätigkeit sind ausgeschlossen.
(2) Das Arbeitsverhältnis kann nach Ablauf der Probezeit jeweils mit einer Kündigungsfrist von 4 Wochen zum Fünfzehnten oder zum Ende eines Kalendermonats gekündigt werden. Unberührt hiervon bleiben die weitergehenden Kündigungsschutzvorschriften sowie die Möglichkeit der fristlosen Kündigung aus einem wichtigen Grund.
(3) Die Kündigung bedarf der Schriftform.

§ 11
Zeugnis

Die/Der Arbeitnehmer/in hat nach Beendigung des Arbeitsverhältnisses Anspruch auf Aushändigung eines Zeugnisses. Das Zeugnis muss Auskunft geben über Art und Dauer der Tätigkeit. Auf Wunsch der/des Arbeitnehmers/in hat es sich auch auf Leistung und Führung im Dienst zu erstrecken.

§ 12
Geltendmachung von Ansprüchen

(1) Alle Ansprüche aus dem Vertragsverhältnis sind von den Parteien innerhalb von 6 Monaten nach Fälligkeit, spätestens jedoch innerhalb von 3 Monaten nach Beendigung des Beschäftigungsverhältnisses, schriftlich geltend zu machen. Alle Ansprüche, die nicht innerhalb dieser Frist geltend gemacht werden, sind verwirkt.

(2) Im Falle einer Ablehnung müssen die Ansprüche innerhalb von 3 Monaten nach Zugang der Ablehnung gerichtlich geltend gemacht werden. Entsprechendes gilt, wenn nicht innerhalb von 14 Tagen auf die Geltendmachung reagiert wird.

§ 13
Besondere Vereinbarungen:

____
____
____
____
____

§ 14
Ergänzungen, Änderungen

Änderungen und Ergänzungen dieses Vertrages bedürfen der Schriftform.

§ 15
Unwirksamkeit einzelner Vereinbarungen

Sollten einzelne Vereinbarungen dieses Vertrages ganz oder teilweise unwirksam sein oder werden, berührt dies nicht die Wirksamkeit des übrigen Vertrages.

________________, den________________

____________________ ____________________
(Unterschrift Arbeitgeber/in) (Unterschrift Arbeitnehmer/in)

Arbeitsaufträge

1. Was ist ein Arbeitsvertrag, was beinhaltet er, wie kommt er zustande und warum wird er schriftlich abgeschlossen?
2. Warum sollte ein Arbeitsvertrag ggf. ausdrücklich auf die tarifvertraglichen Vereinbarungen Bezug nehmen?
3. Wie beurteilen Sie die Frage, ob in der Eingangssituation von Dr. Heilmann eine rechtsverbindliche Vertragszusage abgegeben wurde?
4. Eine direkte Übernahme nach bestandener Ausbildung kann ein sachlicher Grund für einen befristeten Arbeitsvertrag sein. Erläutern Sie die eventuellen Folgen.
5. Welche Pflichten sind in dem Musterdienstvertrag im Internet enthalten?

Bildquellenverzeichnis

Baaske Cartoons, Müllheim: Thomas Plaßmann 78.1.
BC GmbH Verlags- und Medien-, Forschungs- und Beratungsgesellschaft, Ingelheim: 57.3, 57.4, 57.6, 57.9, 58.2, 59.1.
Bergmoser + Höller Verlag AG, Aachen: Zahlenbilder 94.2, 95.1, 97.1, 101.1, 102.1, 109.1, 111.1, 128.1; Zahlenbilder 147 114 122.2.
Bundesverband der Deutschen Volksbanken und Raiffeisenbanken (BVR), Berlin: 344.1.
Bundeszahnärztekammer, Berlin: 23.1.
ENVIRO GmbH & Co. KG, Essen: 246.2.
fotolia.com, New York: B. Wylezich 376.1; bluedesign 337.1; cachecache 261.1, 261.2, 262.1, 262.2, 263.1; djama 250.1; eyetronic 359.1; goodluz 170.1; Jochen Schönfeld 211.9; Kzenon 168.1; maho 321.1; nerthuz 188.2; Nick Freund 419.1; T. Oczkowicz, Dariusz 32.1; vetkit 211.4; Volker Witt 188.1; wladi 57.1, 57.2, 57.5, 57.8; womue 401.1; XtravaganT 304.1. |Freier Verband Deutscher Zahnärzte, Berlin: 24.1.
gematik, Berlin: 220.1, 221.1.
Görmann, Felix, Rossdorf: 18.1, 33.1, 45.1, 49.1, 51.1, 94.1, 113.2, 150.1, 240.1, 259.1, 282.1, 296.1, 314.1, 338.1.
Haus der Geschichte der Bundesrepublik Deutschland, Bonn: Jupp Wolter (Künstler), Haus der Geschichte, Bonn 146.1.
Hild, Claudia, Angelburg: 103.1, 112.2, 113.1, 199.1, 200.1, 205.2, 205.3, 205.4, 205.5, 279.1, 279.2, 280.1, 305.1, 317.2, 367.2, 371.1, 372.1, 375.1, 391.1, 392.1, 402.1, 408.1.
iStockphoto.com, Calgary: Alvarez, Luis 34.1; koosen 388.1; Mitchell, Dean 158.2.
Jouve Germany GmbH & Co. KG, München: 172.1, 173.1, 201.1, 201.2, 367.1.
Kassenzahnärztliche Bundesvereinigung (KZBV), Köln: GKV-Spitzenverband, Berlin 370.1.
Krüper, Werner, Steinhagen: 3.1, 3.2, 3.3, 3.4, 3.5, 3.6, 3.7, 27.1, 27.2, 27.3, 27.4, 28.1, 28.2, 28.3, 28.4, 28.5, 29.1, 36.1, 37.1, 39.1, 40.1, 42.1, 53.1, 53.2, 61.1, 61.2, 61.3, 63.1, 64.1, 65.1, 68.1, 72.1, 76.1, 89.1, 89.2, 100.1, 108.1, 129.1, 129.2, 133.1, 145.1, 148.1, 156.2, 158.1, 165.1, 166.1, 170.2, 174.2, 176.1, 177.1, 195.1, 197.1, 207.1, 208.1, 235.1, 242.1, 245.1, 255.2, 255.3, 262.3, 289.1, 300.1, 333.1, 339.1, 366.1, 373.1, 379.1, 380.1, 384.1, 385.1, 390.1, 391.2, 391.3, 393.1, 393.2, 393.3, 393.4, 394.1, 429.1, 435.1.
Landeszahnärztekammer Hessen, Frankfurt: 402.2.
LEITZ ACCO Brands GmbH & Co KG, Stuttgart: 286.1, 286.2, 286.3, 286.4.
mauritius images GmbH, Mittenwald: Nikky 186.1.
Müller & Weygandt GmbH, Büdingen: 317.3.
OKS Group, Delhi: 205.1, 210.1, 210.2, 246.1, 265.1, 312.1, 317.1, 381.1.
Picture-Alliance GmbH, Frankfurt/M.: Beate Fahrnländer 69.1; chromorange/M. Weber 188.3; dpa-infografik 98.1, 98.2, 104.1, 112.1, 116.1, 120.1, 138.1, 292.1; dpa/Berg, Oliver 295.1; Schmid, R. / Bildagentur Huber 185.1; Shotshop/Birgit Reitz-Hofmann 291.1; ZB/Gröning, M. 329.1; ZB/J. Büttner 119.1.
Schneider, Peter-J., Neuental: 428.1, 430.1.
Shutterstock.com, New York: firek 1 211.2, 211.3, 211.5, 211.6, 211.7, 211.8; Horti, Jana 141.1; krisArt 106.1; Olson, Tyler 214.1; Tilly, Patrizia 219.1.
stock.adobe.com, Dublin: 8880 140.1; animaflora 150.2; bluedesign 424.1; coldwaterman 190.1; contrastwerkstatt 269.1; DDRockstar 114.2; drubig-photo 118.1; eccolo 324.1; elroce 156.1; fotohansel 226.1; H_Ko 354.1; Hähnel, Christoph 140.2; Ingo Bartussek 253.1; jokatoons 126.1; Keudel, Andreas 156.3; Kzenon 174.1, 202.1, 306.1; made_by_nana 357.1; MigrenArt 57.7; ok-foto 229.1; orelphoto 342.1; Picture-Factory 258.1; pikselstock Titel; PMDesign 344.2; radovlad 389.1; rcfotostock 182.1; Schüßler, C. 84.1; sdecoret 255.1; singkham 211.1; Stockfotos-MG 114.1; studio v-zwoelf 347.1; T. Michel 58.1, 59.2, 59.3; thongsee 294.1; thostr 58.3; vladimirfloyd 122.1; Zerbor 101.2.
TÜV Rheinland AG, Köln: 389.2.
YPS – York Publishing Solutions Pvt. Ltd.: 209.1.

Wir arbeiten sehr sorgfältig daran, für alle verwendeten Abbildungen die Rechteinhaberinnen und Rechteinhaber zu ermitteln. Sollte uns dies im Einzelfall nicht vollständig gelungen sein, werden berechtigte Ansprüche selbstverständlich im Rahmen der üblichen Vereinbarungen abgegolten.